1 공자의 어머니 안징재(顔徵在)가 사내아이를 낳게 해 달라고 기도했다는 니치오산(尼丘山, 산동성 泗水).

2 사마천을 보면 "공자는 취푸의 창핑시앙[昌平鄕, 현재명 魯源村] 출신"이라고 기록되어 있다. 창핑시앙의 니구산 기슭 부자동에서 태어났다고 한다. 동굴 바로 위에는 니산 공자묘가 있고, 동굴의 바로 앞에는 물이 흐르고 있었다고 한다.

3 공림과 멀지 않은 북쪽을 동에서 서로 향해 흘러가는 사수(泗水). 고대시대부터 취푸를 기름지게 만들어온 유수(流水)로서 이름이 높다. 산동성은 오랜 기간 진행되었던 한발로 인해 사수도 말라버릴 지경에 처해 있다.

취푸의 북쪽에 위치한 타이안[泰安]에 솟아 있는 타이산[泰山]은 고대시대부터 영산(靈山)으로 알려진 유명한 오악(五岳) 중에 하나로, 진시황제 이후 역대 왕조의 황제들은 이 산에 올라가 천신에게 드리는 제사인 "봉선(封禪)의 의(儀)"를 거행했다. 공자는 22, 23살 때 이 산에 올랐다.

1 취푸의 북쪽에 위치한 타이안[泰安]에 솟아 있는 타이산[泰山]을 오르는 입구에 있는 '공자등림처(孔子登臨處)'.
2 산록이 웅대한 흑용담(黑龍潭).

공자도 걸었을 산둥성 창칭[長淸]에 있는 팡산[方山] 근처.

동서양을 막론하고 성자는 여행길에 나선다.
예를 들면, 부처는 괴로움이 끊이지 않는 인간세상에서의 해탈을 위해
출가의 길을 나섰다.
그러나 공자는 속세에서 자신의 이상을 실현할 수 있는
장소를 찾아 여행을 떠났다.
부처의 여행이 절망에서 시작된 것이었다면,
공자의 여행은 희망에서 시작되었다고 할 수 있다.
하지만, 난세(亂世)라는 현실은 공자와 그 일행에게 냉소만을 퍼부었다.

초나라의 은자(隱者)인 접여(接輿)는 공자를 향해

"오는 세상 바라지도 말고 가는 시간 속으로 돌아가지도 말라.
정도(正道)가 있는 세상이야말로 성인이 다스려야 할 곳이고,
이치가 맞지 않는 세상은 성인이 숨어야 할 곳이요……
가시밭길이여, 제발 가고자 하는 사람은 막지 마시오."

하고 말했다.
그래도 공자는 고행의 길을 떠난다.

"인간은 무슨 일이 있어도 인간과 함께 살아나갈 수밖에 없다.
천하에 길이 있다면 나도 방랑을 하지는 않을 것이다"

길이 없는 세상에서는 분명 길을 찾아야 한다.

"아침에 도를 들으면 저녁에 죽어도 좋다."

전각 | 벽계(蘗溪)

학이(學而) 편 8장에 나오는 학즉불고(學則不固)를 학이불고(學而不固)로 전각(篆刻)했고, 후생가외(後生可畏)는 자한(子罕) 편 22장에 나온다. '널리 배우되 고루하지 말라(學而不固)'는 말씀도 변화의 길[變化之道]을 벗어나지 말라 함이고, '젊은 후배들을 두려워해야 한다(後生可畏)'는 말씀도 또한 변화지도(變化之道)를 벗어나지 말라 함이다. 성현(聖賢)은 다가올 것(미래)을 미리 염려(念慮)하면서 준비하라 하지 지나간 것에 얽매여 연연해하지 말라 한다. 학이불고(學則不固)하라, 후생가외(後生可畏)하라. 이는 곧 미래를 향해 준비하라 함이다.

사람인가를 묻는
논어

사람인가를 묻는

논어
전편

윤재근 ─ 編

동학사

머리말

　사람의 일에는 정신의 강령(綱領)이 따르게 마련이다. 사람의 생각에 벼리[綱]가 있고 그 벼리에 붙어 있는 가지[領]들이 있어야 사람의 일도 무성한 나무처럼 된다는 말이다. 벼리란 줄기·뿌리와 같다. 나무는 줄기·뿌리에 여러 가지들이 돋아 있을수록 무성하게 살아남는다. 사람의 일도 그와 다를 바가 없다. 무성하여 창창한 나무도 있고 그렇지 못해 뻗어나지 못하는 나무도 있다. 줄기·뿌리가 한 가지에만 치우쳐 있을수록 나무는 무성치 못하게 되고 만다. 사람의 정신도 이와 같다.
　20세기를 엮었던 우리네 정신은 튼튼하고 무성했던가? 21세기를 마주하고 이런 자문(自問)을 던질 수밖에 없다. 왜냐하면 우리는 옛 가지[溫故]를 팽개쳐버리고 서구(西歐)가 가꾸어낸 가지[知新]를 우리네 생각의 벼리[紀]가 되도록 접붙이기만 하면 된다는 듯 좇아 매달렸기 때문이다. 그래서는 우리네 생각들이 무성치 못하게 되리라는 사실을 무시해버렸다. 한 가지에만 매달려서는 열매가 여물기 어렵다는 것은 자연(自然)의 가르침이다. 사람의 삶[人生] 역시 다를 게 없다고 본다. 온고(溫故)를 소중히 해야 지신(知新)이 마땅해지기 때문이다. 그래서 친(親)해야 신(新)이라고 하는 것이다. 나무[木]를 심어[立] 소중히 여기고 잘 보살펴 줌[見]이 친(親)이다. 이런 친(親)이 벼리[綱]가 되고 지도리[樞]가 되어야 심어서[立] 소중하게 키워낸[見] 나무[木]를 베어내[斤] 마땅하게 재목으로 쓸 수 있다 함이 신(新)이다. 그래서 친민(親民)・교민(敎民)・신민(新民)을 한 말씀으로 여긴다.

　20세기 전반은 일제(日帝)였으니 제쳐두고라도, 20세기 후반을 엮은 우리네 마음쓰기는 한쪽[知新]으로만 치우쳐버리고 말았다는 생각이 든다. 우리 선인(先人)들이 가꾸었던 옛 가지들[親]을 무시해버리고, 심하게는 쳐내버리고서, 구미(歐美)가 가꾸어온 가지[新]를 그대로 수입(輸入)해 접붙이면 된다는 듯 우리네 마음쓰기를 몰아쳤기 때문이다. 구미(歐美)의 것을 그냥 하나의 새 가지로 여기고 선인(先人)들이 가꾸었던 여러 가지들과 더불어 마음쓰기를 했더라면 우리네 본래 얼굴이 더욱 번듯해졌을 터이다. 그러지 못했던 탓으로 지금 우리네 마음쓰기는 마치 제 얼굴을 무시하고 성형수술을 받아버린 꼴이 되고 만 셈이다. 제 얼굴을 무시한 새 얼굴은 가면과 다를 게 없다. 가면은 빨리 벗어버릴수록 좋다. 그러나 우리네 마음쓰기는 아직도 어물쩍거리고 있다.

　기계문명(機械文明)이 누려왔던 흐름을 20세기 후반부터 전자문명(電子文明)이 이으면서 사고방식(思考方式)의 패권(覇權)을 불허하는 새로운 흐름이 대세를 이루어가고 있다. 이런 문화변동(文化變動)의 흐름은 자문화(自文化)를 강문화(强文化)로 이끌어가야 함을 웅변해 준다. 이제부터는 그렇게 함으로써만이 생존(生存)의 미래(未來)가 보장된다는 것이 분명하다. 그러므로 우리네 마음쓰기[思考方式]를 20세기처럼 서구(西歐) 것에만 기대어서는 더 이상 종속시킬 수 없다는 시대의 흐름이 너무나 명백하다. 그런데도 지금 우리네 실정은 사고(思考)의 종속(從屬)이 얼마나 부끄러운지를 뉘우치고 고치려는 노력이 미미한 편이다. 이런 미적거림을 재빨리 뉘우치고 팽개치도록 가르쳐줄 가장 좋은 선생이 바로『논어(論語)』라고 확신한다.『논어』에 있는 공자(孔子)의 말씀[子曰]을 잘 살펴보면 미래를 열 수 있는 큰사람[君子]의 길을 저마다 나름대로 발견할 수 있는 까닭이다.

『논어(論語)』에서 공자는 '후생가외(後生可畏)' 하고 '학즉불고(學則不固)' 하라 한다. "앞으로 일어날 일을[後生] 두려워하고[可畏] 널리 두루 배우되[學] 하나에만 매달려 고집하지 말라[不固]." 이렇게 마음 쓰기를 하자면 무엇보다 먼저 온고지신(溫故知新)의 정도(正道)를 벗어나지 말아야 한다. 온고(溫故)를 요샛말로 하자면 바로 전통(傳統)일 터이다.『논어』와 친하면 친할수록 온고지신(溫故知新)의 바른 길[正道]을 찾아 넓히는 뜻을 갖춘 사람이 될 수 있다.『논어』는 분명 사람들로 하여금 제정신을 차리고 제대로 바르게 사는 뜻을 넓히고 찾도록 일깨워준다. 그런 뜻을 행동으로 실천하는 주인공을 일러 공자는 군자(君子)라고 부른다. 군자란 누구인가? 미래(未來)를 마땅하게 이끌어갈 큰사람이 곧 군자라고 여기면 된다. 군자는 온고(溫故)하여 지신(知新)함으로써 미래를 의젓하게 일구어낼 수 있는 주역을 스스로 맡는다. 그러니 군자(君子)를 지금 말로 하면 창조인(創造人)이라 하겠다. 그러니 군자를 낡은 인간형이라고 착각해서는 안 될 것이다.

20세기 후반 내내 창조력을 발휘하자고 줄곧 외쳤지만 따져보면 우리네 마음쓰기는 창조인[君子]의 길을 마다한 꼴이었다. 온고(溫故)를 무시하고 지신(知新)에만 정신이 팔렸던 까닭이다. 우리네 온고(溫故)는 우리네 선인(先人)들이 가꾸어놓은 사고(思考)의 본고장인데 본고장을 외면한 지신(知新)이란 제 얼굴을 무시하고 성형해버린 꼴과 다를 게 없다는 말이다. 그러므로 이제 우리는 구미(歐美)의 것이란 우리에게 분명 지신(知新)이지 온고(溫故)일 수 없다는 사실 앞에 뉘우쳐야 한다. 그렇듯 온고(溫故)를 떠난 지신(知新)을 부끄러워할 줄 알아야 21세기에는 부끄럽지 않을 수 있다. 그런 바람을 갖고 『논어(論語)』를 내 나름대로 펴내게 되었다.

『논어(論語)』를 위기(爲己)의 배움터라고 여기고 있다. 『논어』를 철학(哲學)의 서(書)로 여기고 싶지 않다는 말이다. 그렇기보다 『논어』의 자왈(子曰)들을 위기(爲己)의 가르침으로 여기고 싶다는 말이다. 그러니 『논어』를 연구하여 『논어』의 전문가가 되어 『논어』를 펴내고자 하는 생각이란 애초부터 없었다. 『논어』를 만나 큰사람[君子]이 되라는 말씀을 저마다 체험하여 제정신을 차리고 미래를 일구어낼 기운을 우리 함께 찾자는 바람으로 누구나 『논어』를 만나 위기(爲己)의 담소(談笑)를 나누어볼 수 있도록 마련해보았을 뿐이다.

위기(爲己)의 담소(談笑)란 '내가 내 자신을 살펴 어진 사람[仁者]이 되려고 한다'는 말씀으로 새겨들으면 될 것이다. 그러므로 위기(爲己)의 담소는 시비(是非)를 떠난 자신과의 홀가분한 대화일 수도 있고 나아가 침묵(沈默)일 수도 있다. 공자(孔子)의 말씀[子曰]을 경청하고 나면 침묵하는 순간을 마주하게 된다. 그 침묵 속에서 누구나 『논어(論語)』를 벗으로 삼아 자왈(子曰)과 담소해볼 수 있다는 생각이 앞선다. 자왈(子曰)과의 담소는 위기(爲己)를 스스로 겪어볼 수 있는 침묵의 대화라고 본다. 이런 대화(對話)를 즐길수록 제정신을 차리고 살 수 있다고 본다.

제정신을 차리고 삶을 경영해야 사람도 삶도 의젓해지는 법(法)인 것을 잘 알고 있다. 그러자면 삶을 엮어내는 마음쓰기가 선인(先人)들이 남겨놓은 온고(溫故)를 잘 살펴 지신(知新)을 잘 수용(受容)해 제대로 그 법(法)을 지켜 따라야 할 터이다. 『논어(論語)』에는 그렇게 해줄 수 있는 위기(爲己)의 가르침과 일깨움이 풍부하다고 확신한다.

특히 『논어』의 자왈(子曰)은 성인(聖人)의 말씀이다. 저마다 앞날을 생각하며 새사람이 되라는 성인의 말씀은 듣기가 쉽다. 그러니 늘 새로운 길을 터주는 『논어』를 젊은이들이 멀리하지 말아야 한다는 생각이다. 이런 뜻을 마음에 품고서 『논어』와 담소해볼 수 있는 기회를 마련해보았다. 이런 뜻을 선뜻 받아들여 『논어』를 출간(出刊)하도록 허락해준 동학사(東學社) 유재영 사장께 감사드린다.

2004. 9. 15
尹 在 根

일러두기

1. 『논어(論語)』에는 20편(篇)이 있다. 20편에는 499장(章)의 어록(語錄)들이 수록되어 있다. 각 장(章)을 원문(原文)·해독(解讀)·담소(談笑)로 꾸몄다. 그러나 『논어』를 만나 직접 체험할 때는 담소(談笑) → 원문(原文)의 순서를 택해주기 바란다. 시간이 없어 차분하게 『논어』와 담소할 수 없는 경우라면 해독(解讀)만 읽어보아도 된다. 그리고 『논어(論語)』의 어(語)는 공자께서 남겨준 말씀으로 새기고, 논(論)은 그 말씀[語]을 곰곰이 소중하게 살펴 깨우쳐 큰사람[君子]이 되는 길을 찾아가라는 뜻으로 새겼으면 한다.

2. 『논어(論語)』의 각 장(各章)을 문지(聞之)·원문(原文)·해독(解讀)·담소(談笑)로 구성해놓았다. 문지(聞之)는 각 장의 원문(原文)에서 살펴 새겨두었으면 하는 요지(要旨)를 밝혀준다. 원문(原文)

의 토는 조선시대의 것 그대로 달아두었다. 해독(解讀)은 원문(原文)을 따라 우리말로 옮겨놓은 것이다. 담소(談笑)는 『논어』의 어록(語錄)들을 저마다 나름대로 듣고 새겨 자문자답(自問自答)해보는 기회로 삼아보게 했다.

3. 담소(談笑)는 한글로 원문(原文)을 읽을 수 있게 해주면서, 우리말의 순서와 한문(漢文)의 순서가 얼마나 다른가를 눈여겨보면서 한문을 읽어내는 버릇을 들이게 하려고 한문을 우리말 순서에 맞춰두었다. 한문과 우리말의 순서가 아주 달라 억지스러운 데가 많다고 여기면서도 그렇게 해보았다. 이미 세종대왕이 우리말과 중국말이 너무나 다르다는 사실을 지적했다. 우리말 순서에 맞추어 한문을 해체해보면 두 말이 얼마나 다른지 실감할 수 있고, 동시에 우리말과 한문을 비교해볼 수 있는 경험을 쌓을 수 있으리라 여기고 억지스러움을 무릅쓰고 한문 구절을 해체하여 우리말에 맞추어보려고 했다. 그렇게 하면 한문을 어렵다 여기고 멀리하려는 버릇을 줄여줄 수 있을 것이다.

4. 한글만 사용하기를 고집해온 탓으로 젊은이들이 한문(漢文)을 몰라보게 되고 말았다. 그러나 우리가 한문을 멀리하면 할수록 동북아(東北亞) 문화권(文化圈)에서 공용(共用)하는 문자(文字)를 잃어버리게 될 것이다. 영어를 알아야 한다면서 한문은 몰라도 된다는 생각이 옳을 리 없다. 그래서 『논어(論語)』와의 담소(談笑)를 통해 젊은이들이 조금이라도 한문에 익숙해질 수 있는 기회를 누렸으면 하는 바람을 갖고 『논어』와 담소해보기를 바라면서 『논어』 어록(語錄)의 한문을 억지스러워도 우리말 순서에 맞추어두었다. 왜냐하면 『논어』의 어록들은 한문을 공부하는 데 가장 좋은 길잡이 구실을 한다는 생각

때문이다. 이런 바람 때문에 좀 억지스럽더라도 한문을 풀어서 우리말에 맞춰두었으니 독자들이 우리말과 중국말이 어떻게 다른지 눈여겨보면서 한문과 친숙해졌으면 한다. 말보다 더 강력한 경쟁수단은 없다. 외진 말이 아니라 우리가 살아갈 동북아(東北亞) 문화권(文化圈)에서 공용(共用)하고 세계에서 가장 많은 인구(人口)가 사용하는 한문자(漢文字)를 멀리하면 멀리할수록 우리만 손해 본다는 사실을 명심했으면 한다. 예를 들자면 한문자를 아는 사람은 일본글(가나)을 모른다 할지라도 일본 서적을 대강 알아서 읽어볼 수 있다. 일본글보다 한문자를 주로 하여 책을 만들었기 때문이다. 우리가 한글만 사용한다면 우리말을 우리만 알 수 있을 뿐이다. 이래서는 우리네 정신이 동북아 문화권 안에서조차 전파되기 어려울 것이 분명하다. 그러니 『논어』의 어록들을 통해서 한문과 친해져 한문자를 가까이하는 기회를 누렸으면 한다. 그런 바람 때문에 한문자(漢文字)로 익혀두어야 할 낱말들은 줄곧 지겨울 정도로 되풀이해서 한문자 괄호에 넣어 한글 낱말과 나란히 견주어 보게 해두었다.

5. 담소(談笑)를 먼저 만나본 다음에 스스로 원문(原文)을 만나보면 독자(讀者)는 저마다 나름대로 자신이 다시 새롭게 담소(談笑)해 볼 수 있을 것이다. 그러니 각 장(各章)에 있는 담소(談笑)를 하나의 예(例)라고 여겼으면 한다. 『논어(論語)』를 하나의 철학(哲學) 책으로 생각하지 말고 성인(聖人)과 현자(賢者)들이 '제정신 차리고 사는 사람의 길'을 터놓은 상담(相談)의 자리로 여기고 『논어』의 어록(語錄)들을 만나본다면 왜 저마다 나름대로 담소해보아야 하는지 그 까닭을 짐작하리라 싶다. 독자 스스로 직접 『논어』의 각 장과 담소해보면 누구나 제정신을 차리고 살 수 있는 길을 찾아 걷는 기회를 누릴 수 있다고 본다.

6. 『논어(論語)』의 20편을 10편씩 전후편(前後篇)으로 나누기도 한다. 그럴 만한 특별한 까닭은 없는 것으로 보인다. 전편(前篇)의 담소(談笑)에서는 한문자(漢文字)를 비교적 간단하게 다루고 넘어갔다. 처음부터 독자가 지루해하지 않고 한문(漢文)과 서서히 친숙해지기를 바라서였다. 그러나 후편(後篇)의 담소(談笑)에서는 보다 많은 도움을 주고자 한문자 풀이를 좀더 자상하게 해보았다. 한문을 아는 독자(讀者)의 입장에서 본다면 너무 장황해 보인다고 할 만큼 한문자와 한문에 관심을 갖게 하여, 한문자로 남겨진 우리네 온고(溫故)의 터전을 누구나 친근하게 드나들 수 있기 바라서였다. 한문자를 멀리하는 독자들에게 그런 자신감을 심어주고 싶어서 후편(後篇)으로 갈수록 한문자나 한문에 관한 이야기를 더 많이 한 셈이다. 『논어』 어록(語錄)들과 담소(談笑)하는 자리를 빌려서 독자들로 하여금 한문과 친숙해지면서 동시에 한문자와 가까워지도록 하고 싶었다.

머리말 ·· 5
일러두기 ·· 10

사람인가를 묻는 논어

『논어(論語)』와 위기(爲己) ······································· 29
자왈(子曰)과 담소(談笑) ··· 33
호학(好學)과 지래자(知來者) ··································· 38

논어(論語) 전편(前篇)

| 1. 학이(學而) |

제1장 열(說)・낙(樂)・군자(君子) ··························· 50
제2장 효제(孝弟) ·· 56
제3장 교언(巧言)・영색(令色) ································ 62
제4장 삼성(三省)・충(忠)・신(信)・전(傳) ············ 65
제5장 경(敬)・신(信)・절(節)・애(愛)・시(時) ······· 69

제6장 효제(孝弟)·근신(謹信)·애중(愛衆)·친인(親仁)·학문
         (學文) ·· 72
제7장 현현(賢賢)·이색(易色) ··· 77
제8장 과즉개(過則改) ··· 81
제9장 신종(愼終)·추원(追遠) ··· 85
제10장 온(溫)·양(良)·공(恭)·검(儉)·양(讓) ························· 87
제11장 효(孝) ·· 92
제12장 예지용(禮之用) 화위귀(和爲貴) ·· 95
제13장 신(信)·공(恭) ··· 99
제14장 취유도(就有道)·호학(好學) ·· 102
제15장 낙도(樂道)·호례(好禮)·고저왕(告諸往)·지래자(知來者)
         ··· 105
제16장 불기지(不己知)·부지인(不知人) ····································· 111

2. 위정(爲政)

제1장 위정이덕(爲政以德) ·· 114
제2장 시삼백(詩三百)·사무사(思無邪) ···································· 116
제3장 이정(以政)·이형(以刑)·이덕(以德)·이례(以禮) ········· 119
제4장 지(志)·입(立)·불혹(不惑)·지천명(知天命)·이순(耳順)·
         종심소욕(從心所欲) ·· 122
제5장 효(孝)·무위(無違) ··· 126
제6장 효(孝)·우(憂) ·· 130
제7장 효(孝)·불경(不敬) ··· 131
제8장 효(孝)·색난(色難) ··· 134
제9장 성기사(省其私)·불우(不愚) ·· 136
제10장 시(視)·관(觀)·찰(察)·인언수재(人焉廋哉) ················ 140
제11장 온고지신(溫故知新) ··· 142

제12장	군자불기(君子不器)	146
제13장	선행기언(先行其言)	148
제14장	주이불비(周而不比)	150
제15장	학(學)·사(思)	152
제16장	이단(異端)·해(害)	155
제17장	지(知)·부지(不知)	157
제18장	과우(寡尤)·과회(寡悔)	160
제19장	거직조저왕(擧直錯諸枉) 즉민복(則民服)	164
제20장	장(莊)·효(孝)·자(慈)·거선(擧善)·교불능(教不能)	167
제21장	시어(효제)유정(施於(孝弟)有政)	171
제22장	인이무신(人而無信)	174
제23장	백세가지(百世可知)	177
제24장	첨(諂)·무용(無勇)	180

3. 팔일(八佾)

제1장	팔일무어정(八佾舞於庭)	185
제2장	천자목목(天子穆穆)	187
제3장	인이불인(人而不仁)	190
제4장	예(禮)·검(儉)·상(喪)·척(戚)	192
제5장	이적지유군(夷狄之有君)	194
제6장	계씨려어태산(季氏旅於泰山)	196
제7장	군자무소쟁(君子無所爭)	198
제8장	회사후소(繪事後素)	201
제9장	문헌부족고(文獻不足故)	204
제10장	체자기관(禘自旣灌)	207
제11장	지기장(指其掌)	209

제12장 제신여신재(祭神如神在) ················· 211
제13장 획죄어천(獲罪於天) 무소도야(無所禱也) ········· 213
제14장 오종주(吾從周) ····················· 215
제15장 시례야(是禮也) ····················· 217
제16장 고지도(古之道) ····················· 219
제17장 아애기례(我愛其禮) ··················· 222
제18장 사군진례(事君盡禮) ··················· 224
제19장 군사신이례(君使臣以禮) ················· 225
제20장 낙이불음(樂而不淫)・애이불상(哀而不傷) ········ 228
제21장 성사불설(成事不說)・수사불간(遂事不諫)・기왕불구
       (旣往不咎) ······················ 229
제22장 관중지기소재(管中之器小哉) ··············· 232
제23장 악기가지야(樂其可知也) ················· 237
제24장 천장이부자위목탁(天將以夫子爲木鐸) ·········· 240
제25장 소(昭)・무(武) ····················· 243
제26장 불관(不寬)・불경(不敬)・불애(不哀) ·········· 246

4. 이인(里仁) 편(篇)

제1장 이인(里仁) ······················· 251
제2장 인자안인(仁者安仁)・지자리인(知者利仁) ········ 253
제3장 유인자(唯仁者) ····················· 255
제4장 순지어인(苟志於仁) ··················· 257
제5장 무위인(無違仁) ····················· 258
제6장 호인자(好仁者)・오불인자(惡不仁者) ·········· 262
제7장 관과사지인(觀過斯知仁) ················· 267
제8장 조문도(朝聞道) 석사가의(夕死可矣) ··········· 269
제9장 사지어도(士志於道) ··················· 270

제10장 무적(無適)·무막(無莫) ·········· 272
제11장 군자회덕(君子懷德)·소인회토(小人懷土) ·········· 275
제12장 다원(多怨) ·········· 277
제13장 능이례양위국(能以禮讓爲國) ·········· 279
제14장 불환무위(不患無位)·불환막기지(不患莫己知) ·········· 281
제15장 오도일이관지(吾道一以貫之) ·········· 283
제16장 군자유어의(君子喩於義) ·········· 286
제17장 견현사제언(見賢思齊焉) ·········· 288
제18장 사부모(事父母) ·········· 291
제19장 부모재불원유(父母在不遠遊) ·········· 294
제20장 가위효의(可謂孝矣) ·········· 297
제21장 부모지년(父母之年) ·········· 298
제22장 고자언지불출(古者言之不出) ·········· 300
제23장 이약실지자(以約失之者) ·········· 302
제24장 군자욕눌어언(君子欲訥於言) ·········· 303
제25장 덕불고(德不孤) ·········· 304
제26장 사군삭(事君數) 붕우삭(朋友數) ·········· 306

5. 공야장(公冶長)

제1장 가처야(可妻也) ·········· 310
제2장 방유도불폐(邦有道不廢) ·········· 312
제3장 군자재(君子哉) ·········· 314
제4장 여기야(女器也) ·········· 317
제5장 어인이구급(御人以口給) 누증어인(屢憎於人) ·········· 319
제6장 자사칠조개사(子使漆雕開仕) ·········· 323
제7장 호용과아(好勇過我) 무소취재(無所取材) ·········· 325
제8장 부지기인야(不知其仁也) ·········· 328

제9장 문일이지십(聞一以知十) ………………………… 333
제10장 후목불가조(朽木不可雕) 분토지장불가오(糞土之牆不可杇)
  …………………………………………………………… 337
제11장 오미견강자(吾未見剛者) ………………………… 341
제12장 비이소급야(非爾所及也) ………………………… 344
제13장 부자지문장(夫子之文章) ………………………… 346
제14장 자로유공유문(子路唯恐有聞) …………………… 350
제15장 민이호학(敏而好學) 불치하문(不恥下問) ……… 351
제16장 유군자지도사(有君子之道四) …………………… 354
제17장 선여인교(善與人交) ……………………………… 359
제18장 거채(居蔡) 산절(山節) 조절(藻梲) …………… 360
제19장 미지언득인(未知焉得仁) ………………………… 362
제20장 삼사이후행(三思以後行) ………………………… 367
제21장 방유도즉지(邦有道則知) 방무도즉우(邦無道則愚) … 369
제22장 비연성장(斐然成章) ……………………………… 371
제23장 불념구악(不念舊惡) ……………………………… 373
제24장 숙위미생고직(孰謂微生高直) …………………… 376
제25장 좌구명치지(左丘明恥之) 구역치지(丘亦恥之) … 378
제26장 노자안지(老者安之) 붕우신지(朋友信之) 소자회지(少者
  懷之) ………………………………………………… 381
제27장 오미견능견기과(吾未見能見其過) ……………… 385
제28장 불여구지호학야(不如丘之好學也) ……………… 388

| 6. 옹야(雍也) |

제1장 거경이행간(居敬而行簡) ………………………… 391
제2장 제자숙위호학(弟子孰爲好學) …………………… 395
제3장 군자주급(君子周急) 불계부(不繼富) …………… 397

제4장 산천기사저(山川其舍諸) ································· 403
제5장 기심삼월불위인(其心三月不違仁) ······················ 405
제6장 유야과(由也果)・사야달(賜也達)・구야예(求也藝) ··· 408
제7장 오필재문상의(吾必在汶上矣) ···························· 411
제8장 사인야이유사질야(斯人也而有斯疾也) ················· 414
제9장 일단사(一簞食) 일표음(一瓢飮) 재루항(在陋巷) ····· 416
제10장 역부족자(力不足者) 중도이폐(中道而廢) ············· 419
제11장 위군자유(爲君子儒) 무위소인유(無爲小人儒) ······· 422
제12장 여득인언이호(女得人焉爾乎) ··························· 425
제13장 맹지반불벌(孟之反不伐) ·································· 428
제14장 축타지녕(祝鮀之佞) 송조지미(宋朝之美) ············ 431
제15장 수능출불유호(誰能出不由戶) ··························· 433
제16장 문질빈빈(文質彬彬) ······································· 435
제17장 인지생야직(人之生也直) ·································· 438
제18장 지지자(知之者)・호지자(好之者)・낙지자(樂之者) ···· 440
제19장 중인이상가이어상야(中人以上可以語上也) ·········· 443
제20장 인자선난이후획(仁者先難而後獲) ······················ 445
제21장 지자요수(知者樂水) 인자요산(仁者樂山) ············ 448
제22장 노일변(魯一變) 지어도(至於道) ······················· 452
제23장 고불고(觚不觚) ·· 454
제24장 불가함(不可陷) 불가망(不可罔) ······················· 455
제25장 박학어문(博學於文) 약지이례(約之以禮) ············ 458
제26장 여소부자(予所否者) 천염지(天厭之) ·················· 460
제27장 중용지위덕야(中庸之爲德也) ··························· 464
제28장 기욕립이립인(己欲立而立人) 기욕달이달인(己欲達而達人)
··· 466

7. 술이(述而)

- 제1장　술이부작(述而不作) ········· 472
- 제2장　묵이지지(默而識之) ········· 476
- 제3장　덕지불수(德之不修) ········· 478
- 제4장　자지연거(子之燕居) ········· 481
- 제5장　오불복몽견주공(吾不復夢見周公) ········· 483
- 제6장　지어도(至於道) 거어덕(據於德) ········· 485
- 제7장　오미상무회언(吾未嘗無誨焉) ········· 489
- 제8장　불분불계(不憤不啓) ········· 491
- 제9장　곡즉불가(哭則不歌) ········· 494
- 제10장　용지즉행(用之則行) 사지즉장(舍之則藏) ········· 495
- 제11장　부이가구야(富而可求也) ········· 500
- 제12장　자지소신(子之所愼) ········· 503
- 제13장　자재제문소(子在齊聞韶) ········· 505
- 제14장　구인이득인(求仁而得仁) ········· 507
- 제15장　반소사(飯疏食) 음수(飮水) 곡굉이침지(曲肱而枕之) ········· 510
- 제16장　오십이학역(五十以學易) ········· 513
- 제17장　자소아언시서(子所雅言詩書) ········· 517
- 제18장　발분망식(發憤忘食) 낙이망우(樂以忘憂) ········· 519
- 제19장　아비생이지지자(我非生而知之者) ········· 521
- 제20장　괴력난신(怪力亂神) ········· 523
- 제21장　삼인행필유아사언(三人行必有我師焉) ········· 526
- 제22장　천생덕어여(天生德於予) ········· 528
- 제23장　오무은호이(吾無隱乎爾) ········· 529
- 제24장　문행충신(文行忠信) ········· 532
- 제25장　성인오부득이견지의(聖人吾不得而見之矣) ········· 535

제26장 자조이불강(子釣而不綱) ················ 539
제27장 택기선자이종지(擇其善者而從之) ········ 540
제28장 인결기이진(人潔己以進) 여기결야(與其潔也) ···· 543
제29장 인원호재(仁遠乎哉) ···················· 547
제30장 구유과(苟有過) 인필지지(人必知之) ······ 549
제31장 필사반지(必使反之) 이후화지(而後和之) ·· 554
제32장 궁행군자(躬行君子) ···················· 556
제33장 약성여인(若聖與人) ···················· 558
제34장 구지도구의(丘之禱久矣) ················ 561
제35장 사즉불손(奢則不孫) 검즉고(儉則固) ······ 564
제36장 군자탄탕탕(君子坦蕩蕩) ················ 566
제37장 공이안(恭而安) ························ 568

8. 태백(泰伯)

제1장 삼이천하양(三以天下讓) ················ 571
제2장 군자독어친(君子篤於親) 즉민흥어인(則民興於仁) ·· 574
제3장 계여족(啓予足) 계여수(啓予手) ············ 579
제4장 동용모(動容貌)・정안색(正安色)・출사기(出辭氣) ··· 583
제5장 유약무(有若無)・실약허(實若虛)・범이불교(犯而不校)
  ··························· 588
제6장 군자인야(君子人也) ···················· 591
제7장 사불가이불홍의(士不可以不弘毅) ·········· 593
제8장 흥어시(興於詩) ························ 596
제9장 민가사유지(民可使由之) ·················· 602
제10장 호용질빈(好勇疾貧) ···················· 604
제11장 여유주공재지미(如有周公才之美) ········ 606
제12장 삼년학(三年學) 부지어곡(不至於穀) ······ 608

제13장 방유도(邦有道) 빈차천언치야(貧且賤焉恥也) ········· 610
제14장 불모기정(不謀其政) ··················· 615
제15장 관저지란(關雎之亂) ··················· 616
제16장 광이부직(狂而不直) ··················· 618
제17장 학여불급(學如不及) ··················· 620
제18장 순우지유천하야(舜禹之有天下也) ············· 621
제19장 요지위군야(堯之爲君也) ················· 623
제20장 순유신오인(舜有臣五人) 이천하치(而天下治) ······· 627
제21장 우(禹) 오무간연의(吾無間然矣) ·············· 630

9. 자한(子罕)

제1장 자한언리(子罕言利) ···················· 635
제2장 오하집(吾何執) ······················ 636
제3장 오종중(吾從衆) ······················ 639
제4장 자절사(子絶四) ······················ 642
제5장 문왕기몰(文王旣沒) 문부재자호(文不在玆乎) ········ 644
제6장 군자다호재(君子多乎哉) 불다야(不多也) ·········· 647
제7장 아고양단이갈언(我叩兩端而竭焉) ·············· 651
제8장 봉황부지(鳳凰不至) ···················· 654
제9장 자견자최자(子見齊衰者) ·················· 656
제10장 부자순순연선유인(夫子循循然善誘人) ············ 658
제11장 오수기(吾誰欺) 기천호(欺天乎) ·············· 663
제12장 아대매자야(我待買者也) ·················· 666
제13장 자욕거구이(子欲居九夷) ·················· 669
제14장 오자위반로(吾自衛反魯) 연후악정(然後樂正) ······· 671
제15장 불위주곤(不爲酒困) ···················· 674
제16장 자재천상왈(子在川上曰) ·················· 676

제17장 오미견호덕(吾未見好德) ······ 678
제18장 지오지야(止吾止也) 진오왕야(進吾往也) ······ 679
제19장 어지이불타자(語之而不惰者) ······ 681
제20장 미견기지야(未見其止也) ······ 683
제21장 묘이불수자(苗而不秀者) ······ 684
제22장 후생가외(後生可畏) ······ 687
제23장 개지위귀(改之爲貴) 역지위귀(繹之爲貴) ······ 691
제24장 주충신(主忠信) ······ 695
제25장 필부불가탈지야(匹夫不可奪志也) ······ 698
제26장 불기불구(不忮不求) 하용부장(何用不臧) ······ 700
제27장 세한연후(歲寒然後) ······ 702
제28장 지자불혹(知者不惑) ······ 704
제29장 가여립(可與立) 미가여권도(未可與權道) ······ 707
제30장 미지사야(未之思也) 부하원지유(夫何遠之有) ······ 710

10. 향당(鄕黨)

제1장 공자어향당(孔子於鄕黨) 순순여(恂恂如) ······ 715
제2장 간간여(侃侃如) 은은여(誾誾如) 축적여(踧踖如) ······ 717
제3장 군소사빈(君召使擯) ······ 720
제4장 입공문(入公門) ······ 724
제5장 집규(執圭) ······ 728
제6장 군자불이감추식(君子不以紺緅飾) ······ 730
제7장 제필유명의(齊必有明衣) ······ 734
제8장 사불염정(食不厭精) 회불염세(膾不厭細) ······ 735
제9장 부좌(不坐) ······ 739
제10장 향인음주(鄕人飮酒)·향인나(鄕人儺) ······ 740
제11장 문인어타방(問人於他邦) ······ 742

제12장 상인호(傷人乎) ·· 744
제13장 군사식(君賜食)・군사성(君賜腥)・군사생(君賜生) ······ 746
제14장 입태묘(入太廟) ·· 750
제15장 붕우사(朋友死)・붕우지궤(朋友之饋) ························ 751
제16장 견제최자(見祭衰者)・견면자여고자(見冕者與瞽者) ····· 754
제17장 승거(升車)・거중(車中) ·· 756
제18장 산량자치(山梁雌雉) 시재시재(時哉時哉) ·················· 757

논어(論語) 후편(後篇)

11. 선진(先進)
12. 안연(顔淵)
13. 자로(子路)
14. 헌문(憲問)
15. 위령공(衛靈公)
16. 계씨(季氏)
17. 양화(陽貨)
18. 미자(微子)
19. 자장(子張)
20. 요왈(堯曰)

사람인가를 묻는 논어

『논어(論語)』와 위기(爲己)

무엇에 관해 좀 알아보려고 『논어(論語)』를 만나고자 하면 『논어』는 문을 열어주지 않는다. 그러면 『논어』에 늘 살아 계시는 공자(孔子)를 뵐 수 없게 된다. 『논어』를 어려운 철학(哲學) 책으로 여기지 말아야 한다. 『논어』를 한 성인(聖人)을 만나게 해주는 집이라고 여기면 누구나 편안한 마음으로 『논어』라는 집 안으로 들어갈 수 있다. 그러니 『논어』라는 집 안으로 들기가 어렵다고 여기지 않아도 된다. 할아버지 집을 찾아가는 심정으로 『논어』를 찾아가면 들기가 홀가분하다. 공자는 아무런 조건 없이 누구나 쉽게 만나준다. 공자는 교주(教主)도 아니고 위대한 철학자(哲學者)나 사상가(思想家)도 아니다. 공자는 모든 사람에게 그냥 엄하면서도 한없이 너그러운 할아버지 같은 성인(聖人)이다.

까다롭고 어려운 할아버지가 없듯 공자도 누구나 '사람이 되라[爲己]'는 길을 스스로 트도록 타일러주려고 말한다. 성인(聖人)은 궁극

변(窮則變)의 삶을 누리라고 타이른다. 멈추지 말고 변화하라 함이 궁즉변(窮則變)이다. 이는 늘 새롭게 살아 새로운 사람이 되라 함이다. 그래서 공자의 말씀[子曰]은 위기(爲己)로 통한다고 여기면 된다. '수기(修己)·극기(克己)·자비(自卑)'를 묶어둔 말씀이라고 위기(爲己)를 새기면 된다. 나 자신을[己] 늘 새롭게 닦고[修], 나 자신을[己] 절제하여 어긋나지 않게 하며[克], 나 자신을[自] 낮추어 공손히 한다[卑]는 위기(爲己)의 말씀은 성인이 아니면 못 하는 가르침이다. 왜 그러한가? 성인은 하늘이 바라는 바를 따라서만 말하기 때문이다. 하늘이 바라는 바를 공자는 인(仁)이라고 말씀하여 삶의 변화(變化)를 늘 강조한다. 변화란 새롭게 하라는 말이다. 그러므로 공자는 후생가외(後生可畏)하라고 당부하는 성인이다. 앞으로 일어날 것들을[後生] 두려워할 수 있어야 한다[可畏]. 이런 까닭에 자왈(子曰)은 어질게 살아야 함을 타일러주는 위기(爲己)의 말씀이다.

성인(聖人)이란 하늘 같은 선생(先生)을 말한다. 그러므로 성인(聖人)인 공자(孔子)는 삶이 어질도록 조화(造化)를 외면해서는 안 되는 까닭을 타일러줄 뿐 무슨 지식(知識) 같은 것을 전하려고 하지 않는다. 공자로부터 어떤 지식을 얻어 유식한 사람이 되고자 한다면 『논어(論語)』를 찾아보지 않아도 된다. 유식(有識)해지고 싶다면 온갖 학자(學者)들이 만들어놓은 책을 살펴 정보를 얻으면 될 것이다. 『논어』의 자왈(子曰)은 한 성인의 어록(語錄)이지 철인(哲人)이나 사상가(思想家)의 명언(名言)이 아니라는 말이다.

『논어(論語)』에는 어떤 다른 곳에서는 찾을 수 없는 위기(爲己)의 정보들이 수두룩하다. 수기(修己)하는 정보와 안인(安人)하고 지인(知人)하며 애인(愛人)하여 사람과 삶을 바른 길로 이끌어줄 수 있는 정보라면 『논어』를 능가할 것이 없다고 본다. 세상으로부터 당당하고 의젓하게 대접받고 싶다면 먼저 자신부터 다스려 바르고 어진 사람이 될 일[爲己]을 갈고 닦지 않으면 안 된다는 것이다. 이런 까닭을 터득하자면 『논어』의 자왈(子曰)들을 살펴 듣고 스스로 체험해볼 일이다. 그 어록(語錄)들은 마음을 넓고 크게 터주는 등대 구실을 하여 누구나 자신으로 하여금 큰사람[君子]의 길을 걷게 한다.

『논어(論語)』에는 이른바 과학적(科學的)인 정보란 없다. 그런 정보만으로 인생을 제대로 갈무리할 수 있으리라고 여긴다면 잘 될 리 없다고 본다. 아무리 세상을 잘 경영해 번듯하게 출세한다 해도 제 자신을 바르게 경영할 줄 모르면 삶의 끝은 좌초해 험하게 되기 쉽다. 의젓하고 당당하면서도 불패(不敗)의 삶을 누리고 싶다면 먼저 『논어』의 자왈(子曰)이 밝혀주는 위기(爲己)의 항로(航路)를 잘 살펴 인생을 저어 갈 일이다.

『논어(論語)』의 자왈(子曰)은 군자(君子)의 항로(航路)를 자상하게 마련해 가리켜준다. 군자는 늘 새로운 항로를 찾아 미래를 향하려고 하지 어디에 닻을 내리고 안주(安住)하려 하지 않는다. 그러니 군자는 지극히 미래적(未來的)인 인간형이다. 자왈(子曰)로 된 어록(語錄)들을 항로로 삼아 자신을 잘 살펴보라. 그러면 누구나 나름대로 미래를 얻을 것이다. 그래서 성인(聖人)의 자왈(子曰)을 직접 듣고 담소(談笑)하는 즐거움을 나누면서 절실하게 체험해보라는 것이다. 그러한 위기(爲己)의 체험이야말로 내 자신을 날마다 늘 새롭게 열리는 삶의 길로 틀림없이 안내해준다.

그러나 『논어(論語)』의 자왈(子曰)이 우리를 안내하여 갈 곳을 가리켜줄 뿐 업어다 주지는 않는다. 공자(孔子)는 우리에게 큰사람으로서 가야 할 길을 할아버지처럼 안내해주고 스스로 열심히 걸어가라고 한다. 그러니 공자께 업혀 갈 생각을 해서는 안 된다. 뿐만 아니라 자왈(子曰)을 나름대로 풀이해놓은 주자(朱子) 같은 철인(哲人)에 업혀 갈 생각을 하지 않을수록 성인(聖人)의 말씀을 나름대로 진솔하게 들을 수 있다고 본다. 그렇기 때문에 공자는 '인능홍도(人能弘道)하라'고 다짐해줄 뿐이다. "사람이라면 저마다[人] 어질어 바른 길을[道] 넓혀갈 수 있다[能弘]." 무슨 일이 있어도 어진 사람이 되는 길을 스스로 기꺼이 넓히는 일을 마다하지 말라 함이다. 이것이 바로 위기(爲己)의 참뜻인 셈이다. 이런 까닭에 『논어』의 자왈(子曰)들은 저마다 나름대로 잘 새겨 터득하다 보면 큰사람이 되는 위기(爲己)의 까닭을 깨우치게 해준다.

　무엇인가를 터득해 깨우치자면 남을 통해 배워서는 안 된다. 자신이 스스로 체험해야 한다. 『논어(論語)』의 자왈(子曰)은 위기(爲己)의 어록(語錄)이므로 사물(事物)에 관한 지식을 전달받겠다는 마음으로 들어서는 안 된다. 자왈(子曰)은 지식(知識)의 어록이 아니다. 오로지 '네 자신을 생각해 보라. 그리고 의젓하게 삶을 열어갈 수 있는 당당한 주인인가를 생각해 보라'는 위기(爲己)의 절절한 말씀일 뿐이다. 그러므로 『논어』의 자왈(子曰)은 우리로 하여금 자신에게 묻고 스스로 대답해보라는 성인(聖人)의 간절한 말씀이다.

자왈(子曰)과 담소(談笑)

『논어(論語)』의 어록(語錄)은 거의가 '자왈(子曰)'로 되어 있다. 공자께서[子] 해준 말씀[曰]을 잘 새겨들어 보면 왜 공자(孔子)가 성인(聖人)인지 알아차릴 수 있음을 앞에서 말했다. 성인(聖人) 공자(孔子)를 줄여 공성(孔聖)이라고 한다. 조선조(朝鮮朝) 영조(英祖)가 『대학(大學)』에 붙인 서(序)에 공성(孔聖)이란 말을 썼다. 『논어』에서 '담소(談笑)'를 저마다 나름대로 절실하게 하자면 공성(孔聖)이라고 하는 까닭을 충분히 터득해야 하리라 본다. 왜 그런지 그 까닭을 좀더 살펴둘수록 담소하기가 편안할 터이니 말이다.

주자(朱子)가 대학독법(大學讀法)을 밝히면서 이런 말을 남겼다. "어맹수사문답(語孟隨事問答)." 『논어(論語)』와 『맹자(孟子)』는[語孟] 일을[事] 따라[隨] 묻고[問] 답한다[答]. 그런데 『맹자』를 보면 일 따라[隨事] 문답(問答)한다는 주자의 말이 맞을 수도 있지만 『논어』의 자왈(子曰)은 그렇지가 않다. 자왈(子曰)은 사람 따라[隨人] 문답(問答)하는 것을 여실히 보여주기 때문이다. 그러니 일 따라 문답한다[隨事問答]는 주자의 말은 『논어』와는 걸맞지 않는다. 『논어』에는 문인(問仁)의 어록(語錄)이 여러 번에 걸쳐 나온다. 제자들이 공자께 어짊[仁]을 묻는[問] 경우마다 공자가 들려주는 말씀[子曰]은 한결같지 않고 제자에 따라 달리 드러난다. 이처럼 사람 따라[隨人] 묻기도 하고 답해주기도 하는 자왈(子曰)을 얼마든지 마주할 수 있다. 그래서 공성(孔聖)이라 하지 않는가. 공자는[孔] 성인이다[聖].

만일 공자가 철인(哲人)이었다면 그렇게 하지 않았을 것이다. 공자가 철인(哲人)이었더라면 어짊[仁]이란 무엇인가를 하나의 해답으로 밝혀내려고 애썼을 것이다. 그러나 성인(聖人)은 단정할 수 있는 해답이란 본래부터 없다는 이치를 안다. 뿐만 아니라 성인은 일[事]보다 사람[人]이 소중하다고 믿는다. 이런 믿음은 소중하고 귀한 것은 물(物)이 아니라 명(命)이라는 하늘의 뜻[天命]을 따른다. 그러니 자왈(子曰)은 무슨 일에 대한 답(答)을 결정하려는 말씀이라기보다는 듣는 이가 자왈(子曰)을 듣고 스스로 해답을 찾아 어진 사람[君子]이 되게 하려는 말씀인 셈이다.

철인(哲人)은 한사코 하나의 답을 내릴 수 있기를 바라고 또 고집한다. 어떤 고집이든 궁(窮)하게 마련이다. 철인(哲人)이 내린 하나의 해답은 세월이 흐르면 낡아 뒷전으로 밀려나 궁해지고 만다. 무엇이든 궁(窮)하다면 한물 간 것이 되고 만다. 그러나 성인(聖人)의 말씀은 아무리 시간이 흘러가도 낡아 바래지기는커녕 오히려 새롭게 살아난다. 이처럼 성인의 말씀은 올 것[未來]을 말하지 간 것[過去]을 말하지 않는다. 성인(聖人)은 우리네 마음을 풀어주려 하고 철인(哲人)은 우리네 마음을 한사코 묶어두려고 하는 데서 성인의 말씀과 철인의 말씀이 달라진다.

자왈(子曰)을 스스로 새겨들어 보면 늘 마음이 홀가분해지는 기운(氣運)을 얻는다. 그래서 자왈(子曰)을 성인(聖人)의 말씀으로 여기고 들을 수 있다. 왜 자왈(子曰)이 그렇게 홀가분한 기운을 내는가? 공자(孔子)가 '무가무불가(無可無不可)'로써 묻기도 하고 답하기도 하는 까닭이다. "반드시 해야 할 것도[可] 없고[無] 해서는 안 된다고 할 것도[不可] 없다[無]." 이 말씀은 시비(是非)에 말려들 것이 없다는 말이다. 바로 그러한 성인의 말씀이므로 자왈(子曰)은 듣는 사람의 마음을 풀어주되 묶지 않는다. 그러니 자왈(子曰)을 유가(儒家)의 이념(理念)이라고 몰아 가두어서는 안 될 것이다.

긍정할 것도[可] 없고[無] 부정할 것도[不可] 없다[無]. 이는 공자가 중용(中庸)을 풀이해놓은 말씀으로 듣고 새기면 된다. 『논어(論語)』 맨 끝 장(章)에 '윤집중(允執中)'이란 말이 있다. "무슨 일이 있어도[允] 중용을[中] 버리지 말라[執]." 이 말씀은 요(堯)임금이 한 것으로 알려져 있지만 공자(孔子)의 말씀이라고 여겨도 된다. 마치 탕왕(蕩王)의 반명(盤銘)이라는 '일신(日新)'을 공자의 말씀으로 여겨도 무방한 것처럼 말이다. 집중(執中)이란 도가(道家)의 도추(道樞)란 말과 같고, 불가(佛家)의 무주(無主)란 말과도 같다. 시비(是非)에 얽매이지 말라 함이 집중(執中)이요 무주(無主)요 도추(道樞)가 아닌가. 어느 성인(聖人)이든 시비(是非)에 말려 시(是)니 비(非)니 따져 가르마 긋기를 마다한다. 자왈(子曰)이 바로 그러한 말씀이므로 이것은 이렇고 저것은 저렇다는 식으로 정답을 찾으려 하지 않을수록 좋다. 그래야 공자가 왜 인(仁)을 두고 이 제자한테는 이렇게 말해주고 저 제자한테는 저렇게 말해주었는지 그 까닭을 헤아려 짚어내기 쉽다. 인(仁)을 사람에 따라 알맞게 일깨워주려는 바람이 지극한 까닭에 성인의 말씀이 듣는 이의 마음을 파고드는 것이다.

자왈(子曰)을 두고 이러면 맞고 저러면 틀린다고 시비(是非)를 가릴 것 없는 셈이다. 그러지 말고 저마다 나름대로 자문(自問)해서 자답(自答)을 찾아보라는 길잡이로 여기고 들을수록 좋다. 왜 공자(孔子)가 군자(君子)와 소인(小人)을 자주 대비(對比)했겠는가? 군자와 소인을 분별하기 위해서 대비해놓았다고는 여겨지지 않는다. 자왈(子曰)을 듣고 자문하고 자답해볼 때 소인의 마음가짐으로 자문자답(自問自答)하지 말고 대인(大人) 즉 군자(君子)의 마음가짐으로써 자문해보고 자답해보기를 바라고 군자와 소인을 대비해놓았다고 여기는 편이 낫다고 본다. 물론 무슨 일이 있어도 먼저 소인배(小人輩)의 무리에 들지 말라는 당부도 자왈(子曰)에 들어 있다는 생각이다. 수기(修己)하고 극기(克己)하라는 공자의 말씀을 소인배가 되지 말라는 말씀으로 들어도 되는 까닭이다. 자신을[己] 닦아[修] 큰사람이 되라. 자신을[己] 힘껏 절제하여[克] 소인이 되지 말라. 그래서 군자와 소인의 마음가짐과 마음쓰기를 서로 견주어두고 있을 뿐 시비(是非)하자고 그러는 것은 아니라는 말이다.

군자(君子)와 소인(小人)을 대비(對比)하는 자왈(子曰)이 자주 나온다. 군자에 관한 자왈(子曰)이 무려 65번 나오고, 소인에 관한 자왈(子曰)이 16번에 걸쳐 나온다. 그 중에서 14번에 걸쳐 군자와 소인을 대비하는 자왈(子曰)이 『논어(論語)』에 등장하니 공자가 이 문제를 얼마나 중요하게 여겼는지 짐작할 수 있다. 군자와 소인을 대비하는 자왈(子曰)을 여기서 하나만 예로 들어본다. "군자주이불비(君子周而不比)하고 소인비이부주(小人比而不周)한다." 두루 통하되[周] 시비를 걸어 견주지 않는다[不比]면 군자가 된다는 것이다. 그러니 시비(是非)를 걸어 따지자 하면 소인(小人)이고, 그런 걸림에서 벗어나 살면 큰사람[君子]임을 자왈(子曰)이 일깨워주는 것이다. 그래서 어떻게 마음을 쓰면 군자가 되고 소인배가 되는지 자문하고 자답해보도록 자왈(子曰)은 이끌어준다.

성인(聖人)은 말을 물가로 끌어다줄 뿐이다. 깨끗한 물도 있고 더러운 물도 있다는 것을 타일러주고 어느 물을 마실지 결정은 말이 하라는 것이다. 억지로 하면 무슨 일이든 탈이 난다는 것을 성인은 알고 있는 까닭이다. 그래서 성인은 늘 지명(知命)한다고 한다. 이런 자왈(子

曰)이 있다. "획죄어천(獲罪於天)하면 무소도야(無所禱也)이다." 하늘에[於天] 죄를[罪] 지으면[獲] 빌[禱] 곳마저[所] 없다[無]." 잘 달래 말을 물가로 끌고 가는 것은 사람이 할 수 있는 일이다. 그러나 물을 마시는 일은 하늘이 할 수 있는 일이다. 억지로 물을 먹이면 그게 바로 물고문이 아닌가. 공자가 밝히는 인도(仁道)는 천명(天命)이지 인명(人命)이 아니라는 말이다. 차별하지 않고 살 만큼 편히 살다 가면 천명이다. 공자가 밝혀주는 인도(仁道) 역시 천명이란 말이다. 그러니 공맹(孔孟)의 인도(仁道)와 노장(老莊)의 자연(自然)이 다 천명(天命)으로 통하고 있음이다.

그러므로 자왈(子曰)을 성인(聖人)의 말씀으로 들어야지 철인(哲人)의 말씀으로 듣고 이러니저러니 따져 지식(知識)으로 받아들이지 말 일이다. 자왈(子曰)을 저마다 나름대로 자문(自問)해보고 자답(自答)해다 보면 누구나 나름대로 성인(聖人) 공자(孔子)를 직접 뵙고 편안하게 담소(談笑)하면서 침묵(沈默)할 수 있게 돼 자신을 새삼스럽게 만날 수 있다. 침묵하게 하여 저 자신을 만나게 함으로써 왜 어진 사람[君子]이 되어야 하는지 일깨워 깨우치게 하려는 말씀이 곧 자왈(子曰)이다. 그래서 자왈(子曰)은 성인과 담소하는 인연을 맺어준다.

호학(好學)과 지래자(知來者)

　20세기에 우리가 아무리 서구(西歐)를 뒤쫓아 흉내내기를 했다 한들 우리네 심중(心中)이 곧 서구식으로 탈바꿈할 리는 없다. 누가 뭐래도 우리는 삼가(三家)의 길을 벗어날 수 없음이 문화적 운명(運命)이기 때문이다. 이는 유(儒)·불(佛)·선(道) 이 삼가의 삼성(三聖)이 가리키는 삶의 길을 외면(外面)할 수 없다는 말이다. 여래(如來) 세존(世尊)을 성인(聖人)이라 하면 불교(佛敎)에서 언짢아할지 모르지만, 여래를 성인이라 한다 해서 낮추어 부르는 호칭일 리 없다. 그러니 우리네 삼성(三聖)을 일러 세존(世尊)·공자(孔子)·노자(老子)라고 보면 된다.
　삼성(三聖) 중에서 호학(好學)을 앞세우는 성인(聖人)은 공자(孔子)뿐이다. 여래(如來)는 마음에 있는 것을 다 버리라[空] 하고 노자(老子)는 안다는 일을 없애라[無] 하지만, 공자는 지인(知人)하고 애인(愛人)하는 길을 호학(好學)하여 넓히라 한다. 공자는 "인능홍도(人能弘

道)하라"고 한다. 사람이[人] 길을[道] 넓힐 수 있다[能弘]. 그러자면 배우기를[學] 좋아하라[好]는 것이다. 이 얼마나 인간을 믿고 인간의 삶을 소중하고 귀하게 여기는 성인인가. 공자는 삶의 고락(苦樂)을 그대로 받아들이고 인간의 선악(善惡)을 인정하면서 어떻게 하면 인간의 악(惡)을 줄여 없애고 인간의 선(善)을 드높일 수 있는지를 깨우쳐 주려고 하는 성인이다. 그러니 공자의 사상(思想)을 이러니저러니 따지는 일보다 공자를 성인으로 모시고 '인능홍도(人能弘道)'의 뜻을 새겨보는 일이 더욱 급하다는 생각이다.

성인(聖人)의 성(聖)을 '달어정(達於情)이어서 수어명(遂於命)이라'고 풀이하기도 한다. 성인은 달어정(達於情)에 노닐어 수어명(遂於命)한다는 말이다. 하늘이 드러내는 바대로[於情] 걸림 없다[達]. 그래서 성인은 하늘의 뜻에[於命] 더할 바 없이 이른다[遂]고 한다. 이는 곧 성인은 하늘과 땅 같다는 말로 들어도 된다. 성인은 달어정(達於情)하는 까닭이다. 달어정(達於情)의 정(情)은 천지의 뜻에 따라 만물이 드러내 보이는 그냥 그 모습이란 뜻이다. 이렇듯 정(情)은 자연(自然)이란 말과 같은 셈이니 마음이 사물을 직접 만나는 느낌의 현장이 곧 정(情)이라고 여기면 된다. 성인은 하늘의 뜻대로 느끼고 생각한다 함이 곧 달어정(達於情)하고 수어명(遂於命)한다는 말이다. 그러니 성인이 왜 시비(是非)를 일삼는 인간의 소견머리를 떠나 사는지 알 만하다. 그러므로 공자가 호학(好學)하라는 학(學)은 시비를 가려야 하는 학문(學問) 같은 것을 좋아하라는 뜻이 아니다.

학문(學問)의 문(問)은 사물(事物)을 관찰(觀察)하여 시비(是非)를 가리려고 하는데 성인(聖人)은 그런 문(問)을 앞세우지 않는다. 그러니 공자(孔子)가 바라는 호학(好學)은 어진 사람[仁者]이 되는 길을 열심히 넓혀가기[爲己]를 널리 배우라는 학(學)으로 새기면 될 것이다. 그런 위기(爲己)를 다한 다음에 학문(學文)을 할 수 있으면 하라고 한다. 학문(學文)의 문(文)은 성현(聖賢)이 남긴 말씀과 더불어 인간이 이룩해온 온갖 문물제도라고 여기면 된다. 그러므로 공자의 호학(好學)은 무엇보다 먼저 자신이 인자(仁者)가 되려고 노력한다[爲己]는 말미가 튼튼해야 한다.

"제자입즉효(弟子入則孝)하고 출즉제(出則弟)하며 근이신(謹而信)하며 범애중(汎愛衆)하되 이친인(而親仁)이니 행유여력(行有餘力)이어든 즉이학문(則以學文)이니라." 젊은이는 집안에서는 효도하고[弟子入則孝] 집을 나서서는 자애로우며[出則弟] 매사를 삼가 신의를 얻고[謹而信] 널리 여러 사람을 사랑하되[汎愛衆] 어진 사람을 가까이하라[而親仁]. 그렇게 하고서도 힘이 남거든[行有餘力] 비로소 육경(六經) 등등을 배워라[則以學文].

위의 자왈(子曰)은 「학이(學而)」 편 6장에 있다. 이런 말씀[子曰]을 잘 살펴 새기면 호학(好學)의 학(學)을 구체적으로 알아들을 수 있다. 공자(孔子)가 바라는 호학이란 효제(孝弟)·근신(謹信)·애중(愛衆)·친인(親仁) 등을 먼저 배우고 나서 능력이 되거든 학문(學文)하라는 당부임을 알 수 있기 때문이다. 학(學)에 본말(本末)이 있고 선후(先後)가 있다는 말씀이다. 근본[本]을 먼저[先] 배우고[學] 말단을[末] 뒤에[後] 배우라[學] 함이 공자가 바라는 호학(好學)이란 말이다. 아무리 박식(博識)해도 사람이 되어 있지 않다면 박식함이 무슨 소용이란 말인가.

"고지학자위기(古之學者爲己)러니 금지학자위인(今之學者爲人)이로다." 옛날의 학자는 자기를 알고자 공부했으나[古之學者爲己] 지금의 학자는 남에게 알려지고자 공부한다[今之學者爲人].

위의 자왈(子曰)은 「헌문(憲問)」 편 25장에 있다. 이 자왈(子曰)은 호학(好學)의 본말(本末)이 무엇이며 선후(先後)가 어떤지를 분명히 알아듣게 해주는 말씀이다. 위기(爲己)가 호학(好學)의 근본이며 위인(爲人)은 호학(好學)의 말단이란 말씀이다. 그래서 수기(修己)하고

치인(治人)하라는 것이다. 위기(爲己)는 '자기 자신을 닦아 인자(仁者)가 되게 한다' 는 뜻이다. 위인(爲人)은 '남에게 잘 알려져 유명해지려고 배운다' 는 뜻이다. 이 25장의 말씀이 지금 우리들을 참으로 부끄럽게 한다. 겉만 꾸미려고 발버둥치면서 속은 바람직하고 듬직하게 하고자 않는 우리를 부끄럽게 한다. 옷이 날개란 말만 믿고 인기만 얻으면 된다며 건방떠는 우리를 부끄럽게 한다. 위기(爲己)의 배움을 팽개친 지 이미 오래이고 위인(爲人)의 배움만 쫓느라 불나방처럼 허둥대는 우리를 부끄럽게 한다. 먼저 어진 사람이 되라[爲己]는 자왈(子曰) 앞에 부끄러워할 줄 안다면 그 사람의 미래는 밝다. 남에게 자기를 알리고자[爲人] 잔꾀를 부리는 사람의 미래는 어둡다고 여기면 된다. 한때 잘 나간다고 떠들던 사람이 끝에 가서는 흉하고 험해지는 경우를 얼마나 많이 목격하는가. 위기(爲己)를 떠난 위인(爲人)이 얼마나 부질없는지를 깨우치지 못해 흉해지고 마는 삶이 무섭다는 말이다. 그러므로 위기(爲己)의 배움[學]을 좋아한 다음에 문(文)의 배움[學]을 좋아하라 함이 곧 공자가 바라는 호학(好學)이라고 새기면 된다.

"오십유오이지우학(吾十有五而志于學)." 나는 열다섯 살에 배움에 뜻을 두었다[吾十有五而志于學].

위의 자왈(子曰)은 「위정(爲政)」 편 4장에 있다. 이 자왈(子曰)로 보아 공자는 이미 15세 전에 효제(孝弟)·근신(謹信)·애중(愛衆)·친인(親仁)의 위기(爲己)를 다진 다음에야 학문(學文)의 길로 접어들겠다고 마음먹었음을 알 수 있다. 그렇다면 공자는 배움[學]에의 뜻을 어떻게 두었단 말인가? 이에 대한 해답은 「위정」 편 10장의 자왈(子曰)에 잘 드러나 있다.

"온고이지신(溫故而知新)이면 가이위사의(可以爲師矣)니라." 옛 것을 잘 익혀 새 것을 알면[溫故而知新] 스승이 될 수 있다[可以爲師矣].

여기서 스승[師]은 사람을 가르치는 선생(先生)이다. 그러니 공자는 이미 열다섯 살에 온 세상 사람을 가르치는 스승이 되려는 뜻을 세웠던 셈이다. 온 세상 사람들에게 어진 사람이 되라[爲己]는 길[仁道]을 사람마다 나름대로 넓힐 수 있다는 '인능홍도(人能弘道)'를 가르치겠다는 뜻을 이미 열다섯 살에 세웠다는 것이다. 성인(聖人)은 사람을 묶어두기 위해서 가르치지 않는다. 그래서 성인은 꼭 이것이어야 한다면서 한가지만을 고집하지 않는다. 마음을 열어야 앞을 내다보는 눈을 뜬다. 스승은 그런 눈을 뜨게 하여 다가올 앞을 마련하도록 일깨워준다. 그러니 스승은 뒤돌아가게 하는 분이 아니라 앞으로 나아가게 하는 분이 아닌가. 그러므로 공자의 호학(好學)은 바로 지래자(知來者)가 되는 배움[學]을 좋아하라[好] 함이다.

"후생가외(後生可畏)니 언지래자지불여금야(焉知來者之不如今也)리오." 젊은 후배들을 두려워해야 한다[後生可畏]. 어찌 미래의 젊은이들이 지금 우리와 같지 않으리란 것을 모르는가[焉知來者之不如今也]?

위의 자왈(子曰)은 「자한(子罕)」편 22장에 있다. 이 장의 자왈(子曰)은 성인(聖人)이라야 더할 바 없는 스승임을 웅변해준다. 앞날에 닥칠 일을 걱정하지 지난 일을 두고 걱정하지 말라. 성인(聖人)은 설령 악(惡)일지라도 지난 것이라면 다 용서하고 더는 다시 악이 돋아나지 않도록 가르쳐 깨우치게 한다. 그래서 성인은 늘 미래(未來)를 잊지 않게 하고자 우리를 늘 변화시키려고 한다. 이 22장의 자왈(子曰)은 우리로 하여금 날마다 일신(日新)하라 한다. 그래서 탕왕(湯王)의 세숫대야[盤]에 새겨져 있다[銘]는 일신(日新)이란 말씀을 그냥 공자의 말씀이라고 새겨들어도 안 될 리 없지 싶다. 일신(日新)과 후생가외(後生可畏)는 따지고 보면 다 같은 말씀이기 때문이다. 공자는 이러한 가르침을 『주역(周易)』「계사전(繫辭傳)」에서도 들려준다.

"자왈(子曰) 지변화지도자(知變化之道者) 기지신지소위호(其知神

之所爲乎)인저." 공자께서 말했다[子曰]. "변화의 도를 아는 사람은[知變化之道者] 신이 하는 바를 안다[其知神之所爲乎].

『주역』「계사전」에서 위와 같이 밝힌 자왈(子曰)을 살펴 새기면 「자한(子罕)」편 22장의 '지래자(知來者)'를 분명하게 살펴 새겨볼 수 있을 것이다. 지래자(知來者)란 바로 지변화지도자(知變化之道者)임을 알 수 있지 않은가. 변화의 길[變化之道]을 한마디로 역(易)이라 한다. 이런 역(易)을 알고 그 역(易)에 어긋남 없이 살아가는 사람을 가리켜 지래자(知來者)라 함을 알 수 있을 것이다. 왜 앞날에 다가올 것[來者]을 알아야 한다[知] 하는가? 이에 대한 해답 역시 『주역』「계사전」에 잘 드러나 있다.

"궁즉변(窮則變)하고 변즉통(變則通)하고 통즉구(通則久)라 시이자천우지(是以自天祐之)하여 길무불리(吉无不利)니라." 궁하면 변하고[窮則變] 변하면 통하고[變則通] 통하면 오래간다[通則久]. 이러함으로써[是以] 하늘에서[自天] 역(易)을 아는 이를[之] 도와주어[祐] 이롭지 않음이 없다[吉无不利].

자천우지(自天祐之)의 지(之)는 역(易, 窮則變·變則通·通則久)을 따라 살 줄 아는 사람을 나타내는 지시어이다. 하늘에서[自天] 역(易)을 어기지 않고 사는 이[之]를 보살펴 준다[祐]는 말은 곧 지신지소위(知神之所爲)와 같다. 하늘이[神] 하는 바를[所爲] 안다[知]는 말과 하늘에서[自天] 그런 사람을[之] 보살펴 돕는다[祐]는 말은 다 같은 길로 통한다. 그런데 지금은 하늘이 도와준다[天祐]는 말씀을 헛소리라고 여기는 세태가 되었다. 도덕적(道德的)인 삶을 멀리하고 과학적(科學的)인 삶으로 치달아온 탓에 그렇게 되었다. 하늘이[天] 보살펴 도와준다[祐]고 할 때 그 천(天)이란 다음과 같은 마음가짐을 뜻한다고 여기고 새겨들어야 함을 알고 있다면 천우(天祐)란 말을 헛소리로 듣지는 않을 터이다.

"견리사의(見利思義)하며 견위수명(見危授命)하며 구요불망평생지언(久要不忘平生之言)이면 역가이위성인의(亦可以爲成人矣)니라."
이득을 보면 정의를 생각하고[見利思義] 위기에 부딪치면 목숨을 바칠 줄 알고[見危授命] 아주 옛날에 했던 약속이라도 평생의 언약으로 잊지 않는다면[久要不忘平生之言] 또한 인간 완성이 될 수 있겠다[亦可以爲成人矣].

 위의 자왈(子曰)은 「헌문(憲問)」 편 13장에 있다. 견리사의(見利思義)만 해도 그 마음가짐은 하늘과 같다고 하리라. 하늘[天]이 뜻하는 바[命]는 늘 무사(無私)하고 무친(無親)하며 공평(公平)하다는 것이다. 말하자면 천지(天地)는 사람은 귀하고 바퀴벌레는 천하다 하지 않는다는 것이다. 사람이 먹는 물이나 그 벌레가 마시는 물이나 다 같다. 사람이 쉬는 공기나 그 벌레가 쉬는 공기나 다 같다. 그러니 천지(天地)는 시비(是非)하거나 차별(差別)하지 않음을 알라 함이 자천우(自天祐)의 속뜻이라고 여기면 우리네 현대인이라도 하늘이 두렵지 않느냐는 말을 헤아릴 수 있을 터이다. 이제 위성인(爲成人)이 위기(爲己)와 같은 말씀임을 새겨 헤아린다면 공자가 바라는 호학(好學)을 왜 지래자(知來者)가 되라는 말씀으로 들어야 하는지 알 수 있을 터이다. 그 호학(好學)의 목표는 사람들로 하여금 군자(君子)가 되게 하는 데 있으니, 그 호학(好學)은 하늘[天]을 닮아 시비나 분별을 떠나 사람이 소중한 줄 알고[知人] 사람을 두루 사랑하는[愛人] 인도(仁道)를 넓혀갈 수 있기 때문이다. 이와 같이 인간 완성이 되자[爲成人]면 고루하게 얽매여서는 안 된다는 것을 『논어(論語)』의 자왈(子曰)들이 누누이 당부하고 있다.

 왜 공자가 무가무불가(無可無不可)라 하고 학즉불고(學則不固)하며 과즉물탄개(過則勿憚改)라고 하겠는가? "반드시 해야 할 것도[可] 없고[無] 해서는 안 된다고 할 것도[不可] 없다(無)." 이 말씀은 「미자(微子)」 편 8장에 있다. "배워야[學] 얽매여 고집하지 않고[不固] 잘못하면[過] 곧바로[則] 서슴없이[勿憚] 고친다[改]." 이 말씀은 「학이(學

而)」편 8장에 있다. 이런 자왈(子曰)을 잘 헤아리면 성인(聖人) 공자(孔子)가 바라는 호학(好學)은 지래자(知來者)가 되어야 날마다 새롭게 사는 큰사람[君子]이 될 수 있는 배움[學]을 게을리하지 말라는 뜻을 새겨들을 수 있다.

그래서『논어(論語)』를 펴냈던 공자의 후학(後學)들이 맨 앞머리에 다음과 같은 자왈(子曰)을 만나게 한 것이려니 싶다. "학이시습지(學而時習之)면 불역열호(不亦說乎)아." 배우고[學] 때때로[時] 배운 바를[之] 익히니[習] 또한[亦] 즐겁지 않은가[不說乎].

젊은 사람들이『논어(論語)』를 펼치면 맨 처음 나오는 자왈(子曰)이 뭐 이러냐며 시시하게 여길 수도 있을 것이다. 그러나 학이시습지(學而時習之)의 학(學)을 잘 새겨 지래자(知來者)가 되는 길을 걷자면 이 첫 말씀을 늘 마음에 새겨두고『논어』전편(全篇)을 만나 담소(談笑)를 나누어야 한다. 공자가 그렇게도 바라는 인자(仁者)는 먼저 정성을 다하며 살아가는 지래자(知來者)가 되어야 가능하다. 이러한 사실을 일깨워주는 공자의 호학(好學)을 모른 척하고 살아가는 우리가 안타깝다. 성인(聖人)의 말씀은 듣기가 쉽다. 그러니 멀리하지 말았으면 한다. 철인(哲人)이 말을 어렵게 하지 성인(聖人)은 말씀을 아주 쉽게 한다. 그렇게 쉬운 말씀이 물길처럼 늠름하게 흘러 멈출 줄 모르고 궁즉변(窮則變)의 뜻을 새기게 해 우리로 하여금 얽매여 고집부리며 어긋나는 짓을 범하지 않게 해준다.

논어 論語
전편

전편(前篇) 1

학이(學而)

입문　학이(學而)는 편명(篇名)이다. 『논어(論語)』의 각 편명은 맨 처음 시작하는 자(字)를 따서 그 이름으로 삼고 있다. 「학이(學而)」편은 『논어』 20편 중에서 가장 중요하고, 특히 학이(學而)의 학(學) 다음에 왜 '배울 것'에 해당하는 목적어 없이 그냥 곧장 접속어(而)로 이어졌는지 평생을 두고 생각하게 하는 묘미(妙味)가 있다. 왜 학이가 평생 삶 속에서 맴도는지 나이가 들면서 점점 깊이 새겨지는 그런 묘미 말이다.

공자(孔子)는 왜 『논어』 맨 앞에 학이(學而)란 말을 던져놓았을까? 이 학(學) 뒤에 목적어로 유자(有子)의 효제(孝悌)를 두어도 되고, 증자(曾子)의 삼성(三省)을 두어도 된다는 뜻은 아닌지 살아가면서 곱씹어보게 된다. 어디 그뿐이랴! 『논어』에 담긴 모든 내용들이 다 이 학(學)의 목적어임을 깨닫기까지는 아마도 불혹(不惑)의 나이는 넘어야 한다고 여겨진다. 하여튼 이 「학이」편이 공자의 정신(精神)과 덕행(德行)의 기본을 알려주고 있다는 것은 분명하다. 이 한 편만이라도 현대인이 가까이하면 지금처럼 마음이 모질어지지 않으리란 생각이다. 옥(玉)도 잘 갈고 다듬어야 구슬이 되듯이, 사람도 스스로를 갈고 닦지 않으면 사람 되는 길을 터서 걸어갈 줄 모른다. 『논어』의 「학이」편은 날마다 걸어가는 삶의 큰길이다.

제1장

【문지(聞之)】

열(說)・낙(樂)・군자(君子)

【원문(原文)】

子曰 學而時習之면 不亦說乎아 有朋이 自遠方
자왈 학이시습지   불역열호아 유붕 자원방
來면 不亦樂乎아 人不知而不慍이면 不亦君子乎아
래   불역락호아 인부지이불온   불역군자호아

【해독(解讀)】

공자께서 말했다[子曰]. "배우거나 본받거나 터득해 늘 그것을 익히니[學而時習之] 기쁘지 아니한가[不亦說乎]? 함께 배우려는 벗이 있어[有朋] 멀리서 찾아오니[自遠方來] 즐겁지 아니한가[不亦樂乎]? 남이 알아주지 않아도 성내지 않으니[人不知而不慍] 군자가 아니겠는가[不亦君子乎]?"

【담소(談笑)】

자왈(子曰)

자(子)는 남자를 부르는 존칭이다. 그러나 함부로 흔하게 쓰면 안 되는 존칭이다. 자(子)가 선생(先生)을 뜻하는 높임말이기 때문이다. 선생은 임금보다 높은 존칭이다. 선생은 사람 되는 길을 터주는 분이다. 교직(敎職)에서 지식을 가르치는 사람은 선생이라고 부르면 안 된다. 그런데 지금은 걸핏하면 아무한테나 선생이란 호칭을 함부로 달아준다. 이는 세상이 흐트러져 방자해진 탓이다. 그러니 지금 세상에서는 선생이란 호칭을 들을 수 있는 사람이 거의 없다고 여기면 된다. 선생께서 말씀하시다[子曰]. 여기서 그 선생[子]은 누구인가? 공부자(孔夫子)를 말한다. 공부자는 성인(聖人) 공자(孔子)이다.

학이시습지(學而時習之)
▶ 배우고[學而] 그것을[之] 늘[時] 익힌다[習].

여기서 학(學)은 효(效)도 되고 각(覺)도 된다. 본받아 배워라[效]. 터득해 깨우쳐라[覺]. 무엇을 배우란 말일까? 앞에서 말했듯이 『논어(論語)』에 담긴 모든 내용을 배우고 터득하라는 뜻으로 새겨도 된다. 공자는 학문(學文)에 앞서 수신(修身)을 먼저 할 것을 분명히 했다. 공자의 이런 뜻은 다음 6장에서 분명히 드러난다. 공자가 말하는 학문(學文)은 서양의 학문(學問, science)과는 다르다. 학문(學文)은 사람 되는 법을 배우는 쪽으로, 학문(學問)은 물질(物質)을 탐구하는 과학(科學, science) 쪽으로 나누어 생각해도 괜찮다. 학문(學文)의 문(文)이 육경(六經), 즉 『시경(詩經)』·『서경(書經)』·『예기(禮記)』·『악경(樂經)』·『역경(易經)』·『춘추(春秋)』를 말하기 때문이다. 이처럼 학문(學文)의 문(文)은 성인(聖人)들이 남긴 말씀을 담은 글이다. 문(文)을 배워 터득하라[學]. 이는 곧 성인의 말씀을 배우고 터득해 사람이 되라는 뜻이다. 그러므로 학이시습지(學而時習之)는 명(命)이 다할 때까지 쉼 없이 사람 되는 법을 배우기를 게을리하지 말라는 말씀으로 새겨들어야 한다. 늘[時] 배운 것[之]을 익혀라[習]. 사람 되기를 게을리하지 말라 함이다.

그래서 공자는 학(學)을 게을리하지 말라 한다. 「술이(述而)」편에서도 학이불염(學而不厭)이라 했고, 발분망식(發憤忘食)이라고 실토한다. 배우고 배우되 싫어하거나 꺼려하지 않았고[學而不厭], 더욱 더 열심히 배우고자 밥 먹는 일마저 잊었다[發憤忘食]. 사람 되는 길[人道]을 갈고 닦는 데 게을리하지 말라 함이 공자가 바라는 학(學)인 셈이다.

배울 학(學), 그리고 이(而), 늘 시(時), 익힐 습(習), 그것 지(之, 지시어)

불역열호(不亦說乎)
▶ 또한[亦] 기쁘지 아니한가[不說乎].
　공자께서 우리를 향해 강조형 반문(反問)을 던지고 있다. '또한 ~ 하지 않느냐[不亦~乎]'라는 강조형 반문에서 공자께서 우리가 사람 되기를 게을리하며 산다고 나무라고 있음이 느껴진다. 그래서 나한테는「학이(學而)」편 첫 장(章)의 구절들이 항상 새삼스럽게 다가온다. 공자의 말씀이 왜 이리 시시하냐고 흉보다가 서당 훈장님께 들켜 매를 맞았던 일 때문이다. 그 때 나는 어려서 학이(學而)의 묘미(妙味)를 미처 몰랐던 탓에 당신의 목침 위에 올려져 종아리에 피멍이 들도록 회초리로 매를 맞았는데 그 기억이 평생 생생하다. "네 놈이 깊은 뜻을 어찌 헤아리겠느냐. 모르면 배워야지 성인의 말씀을 흉보다니. 이 놈아 네 몸뚱이가 아프냐? 이 놈!" 하던 호통이 귓전에 쟁쟁하다. 여기의 열(說)을 어려서 어찌 터득할 수 있었겠는가. '인생이란 아 그렇구나' 속으로 실토하며 미처 몰랐던 뉘우침이 사무쳐 올 때까지는 시시하게 들리는 말씀이다.
　열(說)은 열(悅)이다. 깨우친 다음 메아리쳐 오는 기쁨[說]을 왜 누리려 하지 않느냐고 나를 향해 공자께서 나무란다는 느낌이 이 '역(亦)'이란 한 자(字)에 묻어 있다는 것을 내 어려서 어찌 알았겠는가? 하여튼 나이가 들어갈수록 사무치게 하는 말씀이 바로 학이시습지불역열호(學而時習之不亦說乎)라는 말씀이다.

아니 불(不), 또 역(亦), 기쁠 열(說), ~인가 호(乎, 부사형 어미)

유붕자원방래(有朋自遠方來)
▶ 벗이 있어[有朋] 멀리서부터[自遠] 사방에서 온다[方來].

유(有)는 주어(主語)를 뒤에 두는 동사이다. 한 선생 밑에서 배우는 벗을 붕(朋)이라 하고, 마음을 서로 주고받을 수 있는 벗을 우(友)라고 한다. 그러니 붕우(朋友)는 한 선생 밑에서 함께 배워 뜻마저 같은 벗이라는 말이다. 그런 벗이 멀리서[自遠] 온 사방에서 찾아온다[方來]. 방래(方來)를 내방(來訪)으로 새겨도 된다. 세상 여기저기서 학문(學文)을 같이 하자고 벗들이 찾아든다는 말이다.

유붕(有朋)의 붕(朋)을 여러 벗들이라고 새겨들어도 된다. 어려서는 벗이 찾아와 즐겁다는 공자를 시시하다 했었다. 어린 또래들은 끼리끼리 모이면 다 함께 벗이었으니 그 말씀이 시시하게만 들렸던 것이다. 한 동네 개구쟁이들한테는 벗이란 것이 대수롭지 않다. 어린 또래들끼리 하는 일이란 소꿉장난이요 뛰노는 일이어서 모두들 벗삼아 지낸다. 그러니 너도나도 다들 친구요 동무요 벗인지라 벗이 있다고 해서 유별나게 즐거워할 게 없었다. 그러나 어른이 되어서는 벗이 몇이나 있는지 자문해보았으면 한다. 새삼 소스라치리라. 벗은 하나도 없고, 있다면 동료들뿐이라는 생각만 들지 모른다. 동료는 벗이 아니다. 동료는 한패일 뿐 벗은 아니다. 손익(損益)을 따져 모인 한패, 달면 삼키고 쓰면 뱉는 동료일 뿐이다. 하지만 벗은 손익을 따지지 않는다. 서로 마음을 주고받을 뿐이다. 이쯤 생각해보면 공자(孔子)가 왜 『논어(論語)』 첫머리에 유붕자원방래(有朋自遠方來)란 말씀을 두었는지 알 만하다.

있을 유(有), 벗 붕(朋), ~에서 자(自), 멀 원(遠), 사방 방(方), 올 래(來)

1 ● 학이

불역락호(不亦樂乎)
▶ 또한[亦] 즐겁지 아니한가[不樂乎].

 마음 속 기쁨이 열(悅)이요, 마음 속에서 우러나 밖으로 드러나는 즐거움을 낙(樂)이라 한다. 마음을 다 줄 수 있는 벗이 있다면 그 삶이 얼마나 즐거울지 생각해보라는 말씀으로 들린다. 벗이 하나만 있어도 삶이 더없이 행복하다는 뜻을 살펴보게 한다. 벗과 더불어 삶을 나누어야 삶이 즐겁다는 것을 외면하고 살지 말라는 나무람이 또한[亦]이란 말 속에 담겨 있다고 생각하게 된다. 하여튼 성인의 말씀은 쉽게 들리지만 마음에 치는 메아리는 항상 울린다.

즐거울 락(樂)

인부지이불온(人不知而不慍)
▶ 남이[人] 알아주지 않아도[不知] 성내지 않는다[不慍].

 인부지(人不知)의 인(人)은 남[他人]으로, 부지(不知)는 부지기(不知己)로 새겨들으면 된다. 남이 나[己]를 알아주지 않아서 서글픈가? 그렇다면 마음 편할 날이 없을 터이다. 온(慍)은 노(怒)도 되고 원(怨)도 된다. 성을 내다 제 성화[怒]에 겨워 남을 탓하는 마음[怨]이 온(慍)이다.

 남들이 알아주지 않아도[人不知] 성내지 않는다[不慍]는 이 말을 잘 새겨들으면 공자(孔子)와 노자(老子)가 일일이 서로 대립한다고 볼 수는 없으리라. 노(老) · 공(孔)은 다 지천명(知天命)을 따랐던 성인(聖人)이니 말이다. 당신이 나를 소라 부르면 소가 될 것이고, 말이라 부르면 말이 되겠다던 노자의 말을 떠올려보라. 그리고 공자의 불온(不慍)을 새겨보면 그 말이 그 말이라고 느껴질 것이다.

 왜 나를 몰라주느냐고 화내는 인간을 가리켜 소인(小人)이라 한다. 소인배는 자기를 알아달라고 온갖 짓을 다 하며 세상이 제 것인 양 착각한다. 그러나 대인(大人)은 세상이란 제 뜻대로 되는 것이 아님을 안다. 그래서 대인은 세상에 드러나기 위해 학덕(學德)을 쌓는 것이 아니다. 스스로 사람이 되려고 학덕을 쌓을 뿐이다. 물론 이 세상에선 군자를 바보라며 따돌릴 게다. 지금은 오로지 "날 — 좀 — 보소" 하고 바동대는 세상이니 말이다. 그러나 군자는 낡은 인간형이 아니다. 인간의 이상형(理想型)일 뿐이다. 현실에 미쳐 이상(理想)을 얕보거나 흉보지 말라. 인간에게 이상이 없다면 개 돼지나 다를 바 없지 않은가.

사람 인(人), 알아줄 지(知), 성낼 온(慍)

불역군자호(不亦君子乎)
▶ 또한[亦] 군자가 아니겠는가[不君子乎].

　군자의 참모습이 어떤지 알 수 있다. 남이 나를 알아주지 않아도[人不知] 성내거나 원망하지 않는다[慍]는 것이다. 나는 군자(君子)의 군(君)을 임금 군(君)보다 부모(父母) 군(君)으로 새기기 좋아한다. 그렇게 새겨도 틀릴 일이 없다. 본래 군(君)이란 자(字)는 아버지[父]의 뜻도 되고, 아버지의 아내[妻]란 뜻도 되기 때문이다. 그래서 나는 공자가 말하는 군자(君子)를 온 인류의 부모(父母)라고 새겨듣고, 성인(聖人)을 온 인류의 조부모(祖父母)라고 여긴다. 그래서 나는 테레사 수녀를 군자로 여긴다. 군자는 남성만을 말하지 않는다. 모든 사람들에게 부모 노릇 하기를 마다하지 않는 사람이 있다면 성별을 따질 것 없이 곧 군자이다. 자식이 몰라주어도 버리지 않는 부모의 마음 같은 사랑이 곧 군자인 것이다.

　공자가 군왕(君王)들한테 왕도(王道)를 말하고자 천하를 돌아다녔지만 어느 군왕도 공자를 알아주지 않았다. 그럼에도 불구하고 공자가 성내고 원망하지 않을 수 있었던 것은 온 백성을 사랑하는 부모 같은 성인이었기 때문이다. 인도(仁道)를 행하는 왕도의 정치는 무엇인가? 부모 노릇을 다하는 정치를 하라 함이 곧 왕도이리라.

다만 공자는 세상 백성을 위해 탄식했을 뿐이다. 「헌문(憲問)」편에 공자가 "불원천(不怨天) 불우인(不尤人)"이라며 탄식하는 대목이 나온다. 하늘을 원망하지 않으며[不怨天] 사람을 탓하지 않는다[不尤人]. 공자가 군자의 세상이 되기를 바랐던 것은 온 세상이 한 가족, 한 가정처럼 되기를 바랐기 때문이다. 천하가 한 가족이 되게 함이 곧 인도(仁道)이다. 그러니 군자는 인도의 화신(化身)이다. 그래서 공자는 "통치자여 군자가 되라" 했다.

임금 군(君)

제2장

【문지(聞之)】
효제(孝弟)

【원문(原文)】

有子曰 其爲人也孝弟요 而好犯上者 鮮矣니 不
유자왈 기위인야효제   이호범상자   선의   불
好犯上이오 而好作亂者 未之有也니라 君子務
호범상   이호작란자 미지유야   군자무
本이니 本立而道生하나니 孝弟也者는 其爲仁之
본   본립이도생   효제야자   기위인지
本與인저
본여

【해독(解讀)】
　유자가 말했다[有子曰]. "사람됨이 부모를 모시고 집안 어른을 잘 받들면서[其爲人也孝弟] 윗사람의 뜻을 침범하기 좋아하는 사람은[而好犯上者] 적고[鮮矣], 윗사람의 뜻을 침범하기를 좋아하지 않으면서[不好犯上] 세상을 어지럽히기 좋아하는 사람은[而好作亂者] 있었던 적이 없다[未之有也]. 군자가 근본을 세우고자 애쓰므로[君子務本] 근본이 서고 그 근본의 길이 생긴다[本立而道生]. 부모를 모시고 형제자매를 서로 위하는 일이야말로[孝弟也者] 인(仁)을 실천하는 근본이 아니겠는가[其爲人之本與]!"

【담소(談笑)】
유자왈(有子曰)
　유자(有子)는 공자(孔子)의 제자이다. 성이 유(有)이고 이름은 약(若)이며, 노(魯)나라 사람으로 공자보다 13세 아래였다고 한다. 그러니 유자는 공자와 같은 시대 사람이었던 셈이다. 『논어(論語)』는 제자의 입을 통해 공자의 도(道)를 밝히고 있다. 공자를 열렬히 신봉했던 맹자(孟子)가 "친친인야(親親仁也) 경장의야(敬長義也)"라고 밝힌 것 역시 여기서 유자가 말한 뜻을 따랐다는 생각이다. 살붙이[親]를 사랑함[親]이 인(仁)이고, 어른을 받들어 모심[敬]이 의(義)라는 인의(仁義)가 바로 공자가 밝히는 인도(人道)의 근본이다.

기위인야효제(其爲人也孝弟)
▶ 그[其] 사람 됨됨이가[爲人也] 부모를 섬기고[孝] 웃어른을 잘 모신다[弟].
　위인(爲人)은 사람됨을 말하고, 효제(孝弟)는 살붙이[肉親]를 서로 사랑함을 말한다. 부모를 잘 모시는 것을 효(孝)라 하고, 집안 어른들[兄長]을 받드는 것을 제(弟)라고 한다. 제(弟)는 제(悌)와 같다. 어른들의 뜻을 소중히 여기고 따르는 마음가짐이 제(悌)이다. 사람이 되려면[爲人] 이 효(孝)와 제(弟)를 떠나서는 불가능함을 분명히 하고 있다. 공자의 인(仁)은 이 효제(孝弟)에서 시작한다는 것이다. 이렇듯 유가(儒家)의 인도(仁道)는 육친애(肉親愛)로부터 시작하는 것이 서양의 휴머니즘(humanism)과 다른 점이다.

효(孝)와 제(弟)는 스스로의 마음가짐이지 바깥 것들에 좌우되는 마음가짐이 아니다. 가난한 집에서 효자(孝子)가 나고 콩 한쪽도 나누는 형제(兄弟)가 나온다는 말이 있다. 이는 부유한 집에서 효제(孝弟)가 잘 되기 어렵다는 말로도 들린다. 그러나 지금은 돈이 없으면 자식들에게 버림받는 경우가 허다하다. 돈이 많은 부모니까 머리를 숙이겠다는 마음가짐은 효가 아니라 부모를 속이는 짓이다. 그런 짓보다 더한 불효(不孝)는 없다. 나아가 육친끼리 송사(訟事)도 마다 않는 세태를 보면 아예 효제는 없어졌나 싶다.

그 기(其), 될 위(爲), 사람 인(人), 어조사 야(也), 효도 효(孝), 나이 어릴 제(弟)

호범상자(好犯上者)
▶ 위를[上] 범하기를[犯] 좋아하는[好] 사람[者].
　범(犯)은 얕보고 업신여겨 거역한다는 말이다. 상(上)은 어른이나 어른의 뜻을 말한다. 집안 어른의 뜻을 어기기 좋아하는 자[好犯上者]는 육친(肉親)이 아닌 재물(財物) 등을 탐내는 마음을 갖고 있다. 그런 심술(心術)이 곧 범상(犯上)이다. 어른의 뜻을 어기고 저버리는 짓을 범하면 그게 바로 불효(不孝)라고 하는 불인(不仁)이다.

좋아할 호(好), 어긋날 범(犯), 위 상(上), 놈 자(者)

선의(鮮矣)
▶ 적어 거의 없다[鮮矣].

선(鮮)은 소(少)의 뜻이니 거의 없다는 말이다. 의(矣)는 종결어미로 문장의 마침표라고 보면 된다. 제 부모를 잘 모시고 집안 어른을 받드는 사람이 세상에 나아가 허튼 짓을 할 리 없다. 아무리 세상이 변한들 효자가 어찌 남의 손가락질받는 못난 인간이 되겠는가. 태초부터 효자가 못된 송아지처럼 된 적은 없다.

적을 선(鮮), 어조사 의(矣)

불호범상(不好犯上)
▶ 웃어른을[上] 범하기를[犯] 좋아하지 않는다[不好].

집안에서 어른들의 뜻을 범하기 싫어하는 사람이라면 세상에 나아가 허튼 짓을 할 리 없다. 이런 속뜻이 불호범상(不好犯上)에 숨어 있다고 보면 된다. 집안에서 새지 않는 바가지는 밖에 나가서도 새지 않는다는 속담이 생각난다. 집안에서 불효하는 인간이 세상에 나가 좋은 인간이 되기란 하늘의 별 따기와 같다.

이호작란자(而好作亂者)
▶ 어지럽히는 짓을[亂] 일으키기를[作] 좋아하는[好] 사람[者].

여기서 이(而)는 접속사이다. 작란(作亂)은 난(亂)을 만든다는 말이다. 난(亂)은 어긋나기를 하여 세상을 어지럽히고 질서를 망가뜨리는 짓이다. 그런 난(難)을 범하는 인간이 세상 사람들을 못살게 한다. 이런 작란자(作亂者)는 세상에 나와서 만들어지는 것이 아니라 집안에서 만들어진다는 것이 유자(有子)와 유가(儒家)의 입장이다. 그러니 수신(修身)도 효제(孝弟)에 있고, 제가(齊家)도 효제에 있고, 치국(治國)의 바탕도 효제에 있다 한다. 다음「위정(爲政)」편에서 공자가 효

(孝)를 연거푸 묻는 것에서도 알 수 있다. 세상을 다스리는 일[爲政]은 효가 바탕이라는 것이다.

일으킬 작(作), 어지럽힐 란(亂), 놈 자(者)

미지유야(未之有也)
▶ 아직까지 있었던 적이 없다[未之有].
　미지유(未之有)의 지(之)는 의미 없는 조사로 보아 '아직 없다[未有]'는 뜻으로 새긴다. 따라서 이 말은 역사상 있었던 적이 없다는 뜻이다. 효자(孝子)가 세상에 나아가 난동을 벌인 일이란 없었다고 단언하고 있다. 그러니 유가(儒家)의 입장에서 보면 세상이 시끄럽고 살기가 등등한 것은 효제(孝弟)의 마음가짐이 없어져가는 탓이다. 이러한 효제는 어질고[仁] 올바른[義] 사람이 가는 길이다. 그러니 효제가 바로 인도(仁道)의 실천임을 새겨두라고 한다.

아닐 미(未), 조사(助詞) 지(之), 있을 유(有), 어조사 야(也)

군자무본(君子務本)
▶ 군자는[君子] 근본에[本] 온 힘을 쏟는다[務].
　본(本)은 밑·뿌리·근원·바탕·근본·기본·원칙 또는 원리를 말하고, 무(務)는 전력하여 애쓴다는 말이다. 군자는 누구인가? 군자는 근본(根本)에 애쓰는 사람이다. 군자에 대해서는 「위정(爲政)」편 11장에 가서 더 이야기하고자 한다. 하여튼 군자는 사유본말(事有本末)을 깨우친 분이다. 일[事]에는 근본(根本)과[本] 말단(末端)이[末] 있음[有]을 깨우친 분을 맹자는 대장부(大丈夫)라고 불렀다. 대인(大人)은 근본에 애쓰고 소인(小人)은 말단에 애쓴다. 사람의 근본은 사람 되기에 있다는 것이 공자의 인도(人道)가 아닌가. 사람이 추구하려고 발버둥치는 권세, 재물, 명성 등등은 말단일 따름이다. 군자는 스스로 사람 되기를 힘쓰는 분이다. 그래서 군자는 인의(仁義)를 행하는 효제(孝弟)의 주인이요 으뜸가는 선생이다.

임금 군(君), 어조사 자(子), 힘쓸 무(務), 바탕 본(本)

본립이도생(本立而道生)
▶ 근본이[本] 서야[立] 길이[道] 생긴다[生].

군자가 근본을 세우고자 애쓰는 까닭이 드러난다. 근본이 없이는 길을 틀 수 없기 때문이다. 공자가 밝힌 인도(人道)는 사람이 닦아 터야 하는 길이지, 노자가 밝힌 자연처럼 그냥 그대로 있는 도(道)가 아니다. 이 부분에서 공자의 길과 노자의 길이 서로 다르다.

여기서 본(本)은 인의(仁義)이다. 그리고 입(立)은 결코 인의를 떠나거나 저버리며 살지 않고 실천함을 말한다. 인의를 실천하는 뜻이 서야[本立] 길이 생긴다[道生]. 그 길[道]은 지도 위에 그려져 있는 길이 아니라 살아가는 길, 즉 실천하는 길이다. 공자가 밝힌 학이시습지(學而時習之)가 왜 『논어(論語)』의 첫머리에 나오는지 알 만하다. 공자의 학문(學文)은 이론(理論)이 아니다. 그것은 인의를 아는 것에 그치지 않는다. 살면서 실천하라 한다. 유자(有子)는 그러한 실천을 효제(孝弟)라고 밝히고 있다. 다시 말해 유자는 부모를 모시고 형제자매를 서로 위하는 일이야말로[孝弟也者] 인(仁)을 실천하는 근본이 아니겠는가[其爲人之本與]라고 당부하고 있다.

공(孔) · 맹(孟)이든 노(老) · 장(莊)이든 다 같이 목숨을 소중히 하라 한다. 그 목숨은 내 것이 아니라 물려받은 것이다. 유가(儒家)는 부모로부터 목숨을 물려받았다 하고 도가(道家)는 천지로부터 목숨을 물려받았다고 하는 게 다를 뿐, 내 목숨이 내 것이 아니란 점에선 서로 통한다. 내 목숨은 내 것이 아니라 천명(天命)이다. 그러니 목숨을 소중히 하고 사랑하면 천명을 따르는 것이다.

　공자가 밝힌 인(仁)은 사람이 만든 계율이 아니라 인간이 어길 수 없는 천명이라고 생각해도 무방하리라. 그러니 효제(孝弟)는 수신(修身)의 인(仁)이며, 나아가 제가(齊家)의 인(仁)이라고 보아도 된다. 유자는 이러한 효제가 다져지고 나서야 치국(治國)과 평천하(平天下)의 인(仁)을 실천할 수 있는 길이 생긴다고 보았던 셈이다. 나는 그렇듯 집안에서의 인(仁)이 집밖으로 나오면 의(義)가 된다는 생각을 좋아한다. 하여튼 서로 어질게 사랑하라 함이 여기서 유자가 밝히려는 공자의 가르침이다.

세울 립(立), 생겨날 생(生)

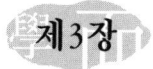

제3장

【문지(聞之)】
교언(巧言)・영색(令色)

【원문(原文)】

子曰 巧言令色이 鮮矣仁이니라
자 왈 교 언 영 색　　선 의 인

【해독(解讀)】
　공자께서 말했다[子曰]. "듣기 좋은 말이나 보기 좋게 꾸민 얼굴[巧言令色]은 분명 어짊이 적다[鮮矣仁]."

【담소(談笑)】
자왈(子曰)

공자(孔子)께서 유자(有子)가 역설한 인(仁)의 실천을 뒷받침해주는 말씀을 곧바로 제시하는 것에서, 이 3장(章)은 『논어(論語)』를 편찬하는 데 유자의 입김이 강했다는 느낌을 준다. 군자본무(君子本務)는 말로 되는 것이 아니라 삶으로써 실천해야 한다는 유자의 주장을 공자께서 옳다고 인정해주는 셈이다.

교언영색(巧言令色)
▶ 아름답게 꾸며 아부하는[巧] 말솜씨와[言] 곱게 꾸며 아부하려는[令] 얼굴[色].

번지르르한 말에는 진실이 없고[巧言無實], 꾸민 얼굴에는 질박함이 없다[令色無質] 한다. 왜 말을 꾸미는가? 마음 속에 숨기고 감춘 속셈이 있기 때문이다. 말이 마음 속 그대로를 실토하지 않는다면 그 말은 거짓말[巧言]이다. 왜 얼굴을 꾸미는가? 입으로는 얼마든지 거짓을 말할 수 있지만, 얼굴은 마음 속을 그대로 드러내기 때문이다. 그러니 얼굴을 그냥 그대로 둘 수 없어 표정을 만들어 짓는 것이다. 속 다르고 겉 다른 얼굴[令色]은 거짓말과 맞물리게 마련이다.

그러나 공자는 말을 꾸미지 말라고 한다. 겉을 꾸미지 말라[巧言令色]. 이는 거짓말하지 말라 함이다. 어진 마음가짐은 질박(質朴)하기 때문이다. 공자도 소박하라 하고 노자도 소박하라고 했으니 노(老)·공(孔)을 대립시켜 시비하지 않아도 된다. 공자가 교언영색(巧言令色)을 질타하는 것은 노자의 견소포박(見素抱樸)을 긍정한다는 의미다. 소박함을 살펴[見素] 그 소박함을 실천하라[抱樸]는 노자의 말과 교언영색을 하지 말라는 공자의 뜻이 다르지 않은 것이다. 「자로(子路)」편 27장에 나오는 강의목눌(剛毅木訥)의 목눌(木訥) 역시 노자의 포박(抱樸)과 서로 통한다. 소박하고[木] 말을 적게 하기[訥]가 노자의 견소포박(見素抱樸)으로 들린다. 본래 성인(聖人)들은 서로 통하지 등지지 않는다.

아름다울 교(巧), 말씀 언(言), 곱게 꾸밀 령(令), 얼굴 색(色)

선의인(鮮矣仁)
▶ 어짊이[仁] 적다[鮮].

여기서 선(鮮)은 소(少)와 같다. 어조사 의(矣)를 주목했으면 한다. 의(矣)로 인해 공자가 교언영색(巧言令色)에는 인(仁)이 적다[鮮]는 것을 단정적으로 말하고 있다는 어감(語感)이 더욱 두드러지기 때문이다. 물론 보통으로 말한다면 인선의(仁鮮矣)이지만, 적어서 드물다[鮮]는 뜻을 강조하기 위해 선의인(鮮矣仁)이라 한 것이다. 적다[鮮]는 없다[無]는 말로 바꾸어도 되니 어질기가 어렵다고 새기면 된다. 어질지 못한 마음씨는 모질고 옹색하게 마련이다. 지금은 모진 마음씨들이 서로 한 치의 양보도 없다는 듯 겨누고 있는 세상이라 해도 과언은 아닐 것이다. 그래서 너도 나도 삶이 살기(殺氣)로 등등한 세상을 피해가기 어렵다.

성인(聖人)은 무엇을 단정해서 말하지 않는다. 성인은 여러 갈래로 새김질하게 말하지 결단을 내는 말을 멀리한다. 그런데 왜 공자가 결단을 내는 수사(修辭)로 어짊이 적다[鮮矣仁]고 단언했단 말인가? 분명 공자는 교언영색(巧言令色) 같은 거짓말로 인(仁)을 팔지 말라고 경고한다. 그런데 우리는 어떠한가? 지금 세상은 성인을 비웃는 빨간 딱지가 덕지덕지 붙어 있는 꼴이다.

적을 선(鮮)

제4장

【문지(聞之)】

삼성(三省)·충(忠)·신(信)·전(傳)

【원문(原文)】

曾子曰 吾日三省吾身하노니 爲人謀 而不忠乎아
증자왈 오일삼성오신   위인모 이불충호
與朋友交 而不信乎아 傳不習乎하나라
여붕우교 이불신호   전불습호

【해독(解讀)】

증자가 말했다[曾子曰]. "나는 날마다 세 가지로써 내 자신을 반성한다[吾日三省吾身]. 남을 위하여 일을 도모하되[爲人謀] 불충하지 않았는가[而不忠乎]? 벗과 더불어 사귀는 데[與朋友交] 믿음을 잃지는 않았는가[而不信乎]? 전수받은 바를 익히지 못했는가[傳不習乎]?"

【담소(談笑)】

증자왈(曾子曰)

증자(曾子)는 공자(孔子)의 제자이다. 공자보다 46세 연하로 이름은 참(參), 자(字)는 자여(子輿), 노(魯)나라 무성(武城) 사람이라고 한다. 공자의 제자들 중에서 특히 효(孝)로 이름이 높다. 여기서 증자가 수신(修身)을 말하고 있다. 반성(反省)은 곧 수신(修身)이다.

오일삼성오신(吾日三省吾身)

▶ **나는[吾] 날마다[日] 내[吾] 자신을[身] 세 번[三] 반성한다[省].**

오(吾)는 증자 자신이다. 날마다[日] 세 가지 면에서[三] 살펴본다

[省]. 무엇을 살펴본다는 말인가? 내 몸[吾身]이다. 이 오신(吾身)이란 말이 처신(處身)이란 말보다 더 강하게 들린다. 물론 몸가짐만 말하는 게 아니라 마음가짐과 몸가짐을 아울러 뜻하는 오신(吾身)이다.

증자가 하루에 세 번 반성(反省)한다는 것이 삼성(三省)인 셈이다. 유가(儒家)는 인간의 완성은 자기반성(自己反省)을 통해서 이루어진 다고 본다. 본래 인간은 선하다는 맹자의 성선설(性善說)이 있지만, 그렇다고 처음부터 인간이 완전한 존재로 태어난다고 본 것은 아니다. 인간이란 선악(善惡)의 존재라 한다. 선(善)을 다해 악(惡)을 없애 자기완성을 위해 반성(反省)하라. 반성은 유가의 수신(修身)과 수신(守身)의 기초인 셈이다. 나를 닦는 것[修身]도 반성에서 시작하고 나를 지키는 것[守身]도 반성에서 시작한다. 반성은 정직(正直)과 정성(精誠)을 다하는 길. 증자는 그 길을 날마다 걷는다 말한다.

명지(明智)와 성찰(省察), 이 둘은 서로 이어진다. 명(明)은 자지자(自知者)라 하고, 지(智)는 지인자(知人者)라고도 한다. 내가 나를 알아보는 것[自知者]이 밝음[明]이고, 내가 남을 알아보는 것[知人者]이 앎[智]이라는 말이다. 성(省)은 살펴 깨닫는 것이고, 찰(察)은 살펴 조사해 아는 것이다. 성(省)은 주로 내가 나를 살펴 내 자신을 깨닫는 것이고, 찰(察)은 주로 바깥을 살펴 조사하고 탐구해 아는 것이다.

그러니 증자는 날마다 세 번에 걸쳐 세 가지에 대하여 자신이 어찌 했는가를 반성(反省)했노라고 말한다. 되돌아와[反] 살펴 깨달았다[省]. 증자가 어디로 되돌아왔단 말인가? 바로 자신으로 되돌아와 자기 마음 속을 살펴보았다는 말이다. 세상을 다 속여먹을 수 있을지라도 내가 나를 못 속이는 법이다. 증자에게는 거짓말[巧言令色]이 붙을 리 없으니 공자의 제자로서 당당하고 세상을 향해 의젓할 것 같다.

나 오(吾), 날 일(日), 석 삼(三), 살필 성(省), 몸 신(身)

위인모(爲人謀) 이불충호(而不忠乎)
▶ 남[人]을 위하여[爲] 일을 꾀하는 데[謀] 정성을 다하지 않았는가[不忠乎]?

여기서 인(人)은 남(타인)을 말한다. 음모(陰謀)·도모(圖謀)·모략(謀略) 따위로 인해 모(謀)는 나쁜 뜻으로 들리기 쉽다. 헤아려 꾀해 일을 꾸미는 일이 모(謀)이다.

나를 위하고 남을 해치려고 꾀함은 남을 속이는 거짓이다. 이런 거짓이 곧 불충(不忠)이다. 나를 위해서 일을 꾀하는 것이 아니라 남을 위하여 오로지 이로운 일을 하는 것이 충(忠)이다. 증자는 남을 위하는 일에 온 정성을 다했는지 반성한다. 불충(不忠)하지 않았는가[不忠乎]?

위할 위(爲), 남들 인(人), 꾀할 모(謀), 충성 충(忠), ~인가 호(乎)

여붕우교(與朋友交) 이불신호(而不信乎)
▶ 벗[朋友]과 더불어[與] 사귀는 데[交] 벗을 믿지 않았는가[不信乎]?

붕우(朋友)는 같은 선생 밑에서 배운 덕으로 서로 마음을 열어두고 왕래할 수 있는 벗을 말한다. 한 고장에서 같이 태어나 깨복쟁이(벌거숭이) 시절을 나눈 사이를 고우(故友)라 하듯이, 붕우는 한 선생 아래서 사람 되는 법을 배운 벗을 말한다. 그래서 오늘날 말하는 동창(同窓)이니 동문(同門)과는 다르다. 오늘날 학교에는 선생(先生)은 없고 교사(敎師)만 있는 형편이다. 선생은 사람 되는 길을 터주는데 오늘날 교사는 그런 일까지는 할 수 없는 현실이 아닌가. 그래서인지 오늘날에는 벗[朋友]은 없고 동료(同僚)만 있는 편이다. 벗 사이에는 이해(利害)가 없지만 동료는 이해로 맺어지는 친소(親疎)의 관계이다. 서로 이롭다면 가까워지고[親], 서로 이롭지 않으면 멀어지는[疎] 관계가 동료 아닌가. 그렇듯 붕우는 서로 심중(心中)을 나누고[交] 동료는 서로 이해를 나눈다[交]. 마음 속[心中]을 있는 그대로 다 드러내면 신(信)이요, 그렇지 않고 심중에 숨긴 것이 있다면 불신(不信)이다. 증자는 벗을 사귀는 일에 온 정성을 다했는지 반성한다. 불신(不信)하지 않았는가[不信乎]?

함께 여(與), 벗 붕(朋), 벗 우(友), 믿을 신(信)

전불습호(傳不習乎)
▶ 성현의 말씀을[傳] 익히지 않았는가[不習乎]?

불습전호(不習傳乎)로 고쳐 새겨도 무방하다. 습(習)의 목적어인 전(傳)을 앞에 쓴 것은 강하게 반문하여 반성하려는 증자의 의도 때문이다. 습(習)이란 전해 받은 바를 잊지 않고 익힌다는 말이다. 『논어(論語)』의 맨 앞에 학이시습(學而時習)이란 선생(공자)의 말씀이 있지 않은가. 그러니 여기서 전(傳)은 선생으로부터 물려받은 바를 뜻한다. 옛날에는 전운(傳云)이란 말을 자주 썼다. '성인(聖人)의 말씀에 의하면[傳云] 이러이러하다'고 했듯이, 선인(先人)들은 성인의 말씀을 귀담아듣고 살았다. 성인은 마음을 근본으로 삼고 재물을 말단으로 삼는 선생이다. 그러나 지금은 성인의 말씀을 헌신짝처럼 여기는 세상이다. 증자가 살았던 시대도 염불은 잊고 잿밥에만 눈이 팔려버린 세상이었을까? 그래서 증자는 선생께서 전한 바[傳]를 날마다 잘 익히며 사는지 스스로에게 단호히 반문하고 반성한다. 불습(不習)하지 않았는가[不習乎]?

성현의 말씀 전(傳), 익힐 습(習)

제5장

【문지(聞之)】

경(敬) · 신(信) · 절(節) · 애(愛) · 시(時)

【원문(原文)】

子曰 道千乘之國하되 敬事而信하고 節用而愛人하며 使民以時니라
자왈 도천승지국   경사이신   절용이애인
사민이시

【해독(解讀)】

공자께서 말했다[子曰]. "나라를 다스림에는[道千乘之國] 다스리는 일을 사악함이 없이 선하게 하여 신의를 얻고[敬事而信], 씀씀이를 절약하고 백성을 사랑하며[節用而愛人], 때를 맞추어 백성을 부려야 한다[使民以時]."

【담소(談笑)】

자왈(子曰)

공자(孔子)는 정치(政治)를 외면하지 않는다. 적극적으로 정치참여를 역설한다. 왕도(王道)가 바로 그런 것이다. 이 점에서 노(老) · 공(孔)의 길은 서로 다르다. 공자는 인간(군자)에 의한 덕치(德治)를 믿었고, 노자는 자연(自然)의 덕치를 믿었다. 그래서 『논어(論語)』에는 정치에 관한 이야기가 퍽 많다.

여기서 공자는 정치의 삼사(三事)와 오요(五要)를 설파하고 있다. 경사이신(敬事而信) · 절용이애인(節用而愛人) · 사민이시(使民以時)가 삼사(三事)이고, 경(敬) · 신(信) · 절(節) · 애(愛) · 시(時)가 오요

(五要)이다. 어느 시대 어느 곳에서든 백성은 선정(善政)을 바란다. 그러자면 선정의 정신은 특히 오요에 바탕을 두어야 하리라. 그 다섯은 다음과 같다. 하늘에 부끄럼 없이 선(善)하게 하라[敬],백성으로부터 신의(信義)를 얻어라[信], 세금을 내 돈처럼 아껴 써라[節], 백성을 사랑하라[愛], 백성이 원하는 때를 맞춰라[時]. 공자가 밝힌 오요는 지금도 다스리는 길[治道]의 표지(標識)다. 오늘날 왜 정치가 불신당하고 있는가? 정치한다는 사람들이 정치의 삼사를 얕보고 오요를 팽개친 탓이다. 이보다 더 나은 다스림의 덕목(德目)은 없을 터이다.

도천승지극(道千乘之國)
▶ 천승의[千乘] 나라를[國] 다스린다[道].

여기서 도(道)는 치(治)와 같다. 도국(道國)과 치국(治國)은 같은 말이다. 승(乘)은 4마리의 말이 끄는 병거(兵車), 즉 전차(戰車)를 뜻한다. 전차 한 대[一乘]를 800호(戶)가 낸다 했으니 천승(千乘)의 나라는 80만 호로 이루어진 제후(諸侯)의 나라이고, 백승(百乘)은 대부(大夫)의 나라이며, 만승(萬乘)은 천자(天子)의 나라이다. 나라를 어떻게 다스릴 것인가? 이에 대하여 공자는 삼사(三事)와 오요(五要)를 밝혀준다.

다스릴 도(道), 일천 천(千), 병거 승(乘), 나라 국(國)

경사이신(敬事而信)
▶ 나라를 다스리는 일에[事] 선을 넓혀 경건히 하라[敬]. 그리고[而] 신의를 지켜라[信].

여기서 사(事)는 나라를 다스리는 일이다. 경(敬)은 선(善)을 널리 행하고 사(邪)를 없애는 것이다. 따라서 경사(敬事)는 다스리는 일이란 선(善)을 베풀고 악(惡)을 폐하는 일이어야 한다는 뜻이다. 그리고

신의(信義)를 지켜라[信]. 여기서 신(信)은 백성에 대한 마음가짐이다. 백성으로부터 불신(不信)당하지 말라 함이다. 신(信)은 다스리는 일을 백성이 믿게 하라는 뜻이다. 이런 마음가짐으로 다스리는 일을 했던 임금이 없었다. 그래도 공자는 절망하지 않고 군자의 덕치(德治)를 외쳤다. 물론 지금도 덕으로 다스리는 일[德治]은 다스림의 길[治道]이다.

경(敬), 사(事), 그리고 이(而), 믿을 신(信)

절용이애인(節用而愛人)
▶ 씀씀이를[用] 아끼고[節] 백성을[人] 사랑하라[愛].

여기서 절용(節用)이란 나라의 예산을 아끼고 아껴 제대로 잘 쓰라는 뜻이다. 예산절감이란 말을 내걸면서도 예산낭비를 밥 먹듯이 하는 꼴이 어느 날에나 없어질까? 정치의 모든 씀씀이는 백성으로부터 나온다. 세금을 거두어야 정치를 한다는 말이다. 그 세금을 절약하라. 그리고 애인(愛人)하라. 백성[人]을 사랑하라[愛]. 백성을 모질게 등쳐먹는 정사(政事)를 학정(虐政)이라 한다. 백성을 업신여기고 모질게 구는 다스림[虐政]은 항상 세금을 도둑질한다. 다스리는 일을 함에 절용(節用)하고 애인(愛人)하라. 그러면 다스리는 일[政事]은 절로 맑고 깨끗해진다. 다스리는 일을 하는 자들이여, 세금을 아끼고 백성을 사랑하라. 이는 지금도 다스림의 길이다.

아낄 절(節), 씀씀이 용(用), 사랑할 애(愛), 백성 인(人)

사민이시(使民以時)
▶ 때에 맞추어[以時] 백성[民]을 부려라[使].

함부로 백성을 오라 가라 하지 말라는 뜻이다. 걸핏하면 백성을 동원해 함부로 부리지 말라 함이다. 못난 정치는 걸핏하면 백성을 동원하여 힘든 일을 시킨다. 백성을 못살게 하지 말고 백성이 마다 않게 알맞은 때를 잘 마련해 백성의 노동력을 선용(善用)하라 함이다. 이 또한 다스림의 길이다.

부릴 사(使), 백성 민(民), 써 이(以), 때 시(時)

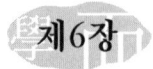
제6장

【문지(聞之)】
효제(孝弟)・근신(謹信)・애중(愛衆)・친인(親仁)・학문(學文)

【원문(原文)】

子曰 弟子入則孝하고 出則弟하며 謹而信하고 汎
자왈 제자입즉효   출즉제   근이신   범
愛衆하되 而親仁이라 行有餘力이어든 則以學文
애중   이친인   행유여력   즉이학문
이니라.

【해독(解讀)】
　공자께서 말했다[子曰]. "젊은이는 집안에서는 효도하고[弟子入則孝] 집을 나서서는 자애로우며[出則弟], 매사를 삼가 신의를 얻고[謹而信] 널리 여러 사람을 사랑하되[汎愛衆] 어진 사람을 가까이하라[而親仁]. 그렇게 하고서도 힘이 남거든[行有餘力] 비로소 육경(六經) 등과 같은 것을 배워라[則以學文]."

【담소(談笑)】
자왈(子曰)
　공자(孔子)께서 젊은이들[弟子]을 향하여 살아갈 길의 표지(標識)를 가르쳐주고 있다. 효(孝)·제(弟)·근(謹)·신(信)·애중(愛衆)·친인(親仁) 그리고 학문(學文)이 그것이다. 나는 이를 인도(人道)의 칠요(七要)로 여긴다. 따지고 보면 증자(曾子)의 삼성(三省)도 이 칠요에 정성을 다하려는 삶이고, 유자(有子)가 강조한 효제(孝弟) 또한 이 칠요에 성실하려는 삶이다.
　오늘날 사람이 되는 길[人道]에는 칠요(七要)의 표지가 없어져버렸다. 이는 물론 젊은이들의 잘못이 아니라 어른들[父母]의 잘못이다. 부모가 젊은이[子女]의 선생 되기를 포기했으니 말이다. 다시 공자가 오신다면 부모들한테 새삼 이 칠요를 깨달은 다음 자녀를 교육하라고 말할 듯싶다. 그러니 요새 어른들은 젊은애들 버르장머리 없다고 화낼 것 없다. 그리고 돈을 많이 들여 학교에 가 많은 것을 배우게 해본들 이 칠요를 가르칠 리도 없다. 그런 까닭은 이미 공자가 밝혀둔 대로이니 말이다. 「헌문(憲問)」편 25장을 찾아가 자왈(子曰)을 잘 살펴 새기면 왜 사람들이 겉만 번지르르한지 알 수 있을 것이다.

제자입즉효(弟子入則孝)
▶ 젊은 이는[弟子] 집안에 들면[入則] 부모께 효도하라[孝].
　제자(弟子)는 연소자(年少者) 즉 젊은이를 말한다. 여기서 들 입(入)은 집안의 생활을 뜻한다. 젊은이의 가정생활은 효(孝)를 떠날 수 없다. 목숨을 물려준 부모에게 고마워하고 모시며 받들며 살라 함이 효이다. 이런 효를 다함을 일러 효성(孝誠)이라 한다. 부모가 고마운 줄 모르는 젊은이를 망나니 같다고 한다. 사람 목 치는 사람이 망나니 아닌가. 부모의 속을 썩이고 애태우는 젊은이는 손에 칼만 안 들었을 뿐 망나니와 같다. 물론 자식을 망나니로 키우는 잘못은 부모에게 있다.

아우 제(弟), 아들 자(子), 들 입(入), 곧 즉(則), 효도 효(孝)

출즉제(出則弟)
▶ 집을 나서면[出則] 삼가 조심히 대하라[弟].
　여기서 출(出)은 집을 나가 사회생활을 한다는 말이다. 제(弟)는 동사로 쓰이고 있다. 제(弟)는 사회생활에 임하는 마음가짐이요 그 실천을 의미한다. 제(弟)는 제(悌)이다. 공경(恭敬)하라 함이 제(悌)이다. 삼가고 조심하고 정중히 대함이 공경이다. 이러한 마음가짐을 행함이 곧 제(弟)이다. 쉽게 말해서 제(弟)는 어른을 살펴 모시는 일[敬長]이다. 요새 젊은이들은 제(弟), 즉 경장(敬長)을 모른다. 이는 어른의 잘못이다.

날 출(出)

근이신(謹而信)
▶ 뜻을 삼가고[謹] 그리하여[而] 신의를 얻어라[信].
　근(謹)은 삶을 건방지거나 어긋나게 하지 말라 함이다. 삼가 조심조심 경계하며 정중하게 살아 듬직한 사람이 되라[謹]. 그리고[而] 믿어라[信]. 무엇을 믿는다는 말일까? 신의(信義)란 말을 떠올리면 알 것이다. 공자의 인도(人道)는 반드시 의(義)와 인(仁)을 전제로 한다. 그러니 무엇보다 인의(仁義)를 믿어 의심치 말라 함이 곧 신(信)이다.

삼갈 근(謹), 믿을 신(信)

범애중(汎愛衆)
▶ 널리 크게[汎] 모든 사람을[衆] 사랑하라[愛].

범애(汎愛)는 박애(博愛)라는 말이다. 미운 놈 고운 놈으로 패거리를 지어 편애(偏愛)하지 말라 함이 범애이다. 중(衆)은 무리요 대중이요 백성이다. 백성을 편 갈라 치우치게 사랑하지 말라. 우리는 왜 지역감정을 들먹이며 아옹다옹할까? 범애중(汎愛衆)의 길을 벗어났기 때문이다. 이는 이 땅에 군자(君子)는커녕 대인(大人)조차 없는 탓이다. 서로 어울려 하나같이 사랑하라[汎愛衆]. 노자(老子) 역시 하나 되라[爲一]고 했다. 그러니 노(老)·공(孔)을 무턱대고 대립시켜 시비할 것 없다.

넓고 클 범(汎), 사랑할 애(愛), 무리 중(衆)

이친인(而親仁)
▶ 그리고[而] 인자(仁者)를[仁] 가까이하라[親].

친인(親仁)의 친(親)은 근(近)이다. 가까이 지내라[親]. 인(仁)은 인인(仁人)이라고 새기면 된다. 인(仁)은 사람[人]이다. 인(仁)은 관념적인 것이 아니다. 어질고 착한 사람이 곧 인(仁)이다. 그러니 친인(親仁)은 인자(仁者)와 가까이 지내며 살라는 뜻이다.

가까이할 친(親), 어진 사람 인(仁)

행유여력즉이학문(行有餘力則以學文)
▶ 수신(修身)과 제가(齊家)를 다하고 나서[行] 남은[餘] 힘이[力] 있으면[有則] 경전(經典)의 글을[文] 배워라[學].

아는 것으로 그치지 않고 아는 것을 실천하는 것이 행(行)이다. 여기서 행(行)은 효제(孝弟)·범애중(汎愛衆)·친인(親仁)을 생활화하라는 뜻이니 수신(修身)·제가(齊家)를 생활화하라는 의미다. 효제(孝弟)는 자신을 닦고[修身] 집안을 잘 다스리는[齊家] 길이고, 범애중(汎愛衆)과 친인(親仁)은 나라를 다스리고[治國] 온 세상을 평화롭게 하는[平天下] 길이다. 집안의 길(孝弟)과 집밖의 길(汎愛衆·親仁)을 걸어가라 함이 여기서의 행(行)이다.

그렇게 한 다음에 더할 힘이 있거든 글[文]을 배우라[學]고 한다. 학문(學文)의 문(文)은 주로 성현(聖賢)의 말씀을 말한다고 보는 편이 좋다. 그러니 학문(學文)은 경전(經典)을 배운다는 뜻이다. 공자는 학문을 숭상하되 그 학문을 먼저 하는 게 아니라 수신(修身)과 제가(齊家)를 한 다음에야 할 것임을 분명히 하고 있다. 사람부터 되고 나서 모든 일을 하라는 것이다.

학문(學文)은 사람을 유식(有識)하게 한다. 글[文]을 배우면[學] 미처 몰랐던 것들을 알게 된다[有識]. 물론 서양의 학문(學問, science)도 사람을 유식하게 한다. 학문(學文)의 유식(有識)은 주로 미처 몰랐던 사람 되는 길을 알게 하지만, 학문(學問)의 유식은 주로 미처 몰랐던 물질(物質)의 비밀을 알게 해준다. 성현(聖賢)은 사람이 되는 길을 알라 하고, 과학자(科學者, scientist)는 물질의 비밀을 탐구하라 한다. 『논어(論語)』에는 과학자는 없지만 성현들이 모여 있다.

여기서 학문(學文)의 문(文)은 성현들이 남긴 글을 뜻한다. 그러니 그 문(文)은 성현의 말씀이다. 성현의 말씀을 듣고 본받고 배워 터득해 깨우쳐라 함이 곧 학문(學文)이다. 유가(儒家)에서는 그런 성현의 말씀을 모아둔 글[文]을 육경(六經)이라고 한다. 여기에는 『시경(詩經)』·『서경(書經)』·『예기(禮記)』·『악경(樂經)』·『역경(易經)』·『춘추(春秋)』가 있다. 효제(孝弟)를 다하고 범애중(汎愛衆)과 친인(親仁)을 다 한 다음에 육경을 배우라[學文]고 했으니, 무엇보다 먼저 사람이 되어야지 그렇지 않고선 학문(學文)이 아무리 높아도 소용없다는 말이다. 이 얼마나 무서운 말인가. 똥 묻은 개가 겨 묻은 개 흉본다는 속담이 왜 생겼는지 알 만하다.

행할 행(行), 남을 여(餘), 힘쓸 력(力), 배울 학(學), 글 문(文)

제7장

【문지(聞之)】
현현(賢賢)·이색(易色)

【원문(原文)】

子夏曰 賢賢하되 易色하며 事父母하되 能竭其力
자하왈 현현   이색   사부모   능갈기력
하며 事君하되 能致其身하며 與朋友交하매 言而
     사군   능치기신   여붕우교   언이
有信이면 雖曰未學하되 吾必謂之學矣라 하리라
유신   수왈미학   오필위지학의

【해독(解讀)】
자하가 말했다[子夏曰]. "어진 사람을 어진 줄 알아보고[賢賢] 여색을 가볍게 여기며[易色], 부모를 섬기되[事父母] 온 힘을 다할 줄 알며[能竭其力], 임금을 섬기되[事君] 제 몸을 다 바칠 줄 알고[能致其身] 벗과 사귐에[與朋友交] 말마다 믿음이 있으면[言而有信], 비록 못 배웠다 해도[雖曰未學] 나는 그를 글을 아는 이라 부르겠다[吾必謂之學矣]."

【담소(談笑)】
자하왈(子夏曰)

자하(子夏)는 공자의 제자이다. 성(姓)은 복(卜), 이름은 상(商)으로 자하(子夏)는 자(字)이다. 공자보다 44세 아래였다고 하며, 공자의 제자들 중에서 성현(聖賢)의 글 배우기[學文]에 뛰어났다. 앞서 공자께서 제자(弟子)들에게 밝힌 가르침을 자하가 어른들(사회인)에게 다짐하고 있다.

현현(賢賢)
▶ 어진 사람을[賢] 받들어 모셔라[賢].

앞의 현(賢)은 타동사, 뒤의 현(賢)은 그 목적어로서 현자(賢者)를 의미한다. 현명한 사람[賢者]을 보고 어질고 착한 사람인 줄 알아본다[賢賢]. 자하가 밝히는 현현(賢賢)은 앞의 6장에서 선생(공자)이 밝힌 친인(親仁)을 본받는 것이다. 인자(仁者)를[仁] 가까이 하라[親]. 눈뜬 봉사란 말이 있다. 못된 인간은 어진 사람[仁者]를 보고도 착한 줄을 모른다. 눈뜬 봉사가 되지 말라 함이다.

존경할 현(賢), 어진 사람 현(賢)

이색(易色)
▶ 여색을[色] 가벼이 여긴다[易].

열흘 가는 꽃 없다 하지 않는가. 미인의 얼굴도 시들고 찌그러져 변하니 믿을 게 못 된다. 그러니 미색(美色)을 가볍게 본다 함이 이색(易色)이다. 여기서 이(易)는 홀(忽)과 같다. 헐하게 여긴다[易]. 이와 같으므로 이색은 호색(好色)의 반대말인 셈이다. 또한 이색은 정욕(情慾)을 멀리한다는 말로 들어도 된다. 지금은 이색을 강조하다간 큰일난다. 지금은 몸매로 다하려는 세상이니 너도나도 호색한이면서 아닌 척할 뿐이다. 그러나 이색을 마음에 새겨두면 망신당할 일은 없을 것이다.

> 소홀히 여길 이(易), 얼굴 색(色)

사부모(事父母) 능갈기력(能竭其力)
▶ 어버이를[父母] 받들어 모시는 데[事] 있는 힘을[其力] 다 쏟아라[能竭].

　사부모(事父母)의 사(事)는 효성(孝誠)을 바치라는 뜻이다. 사부모(事父母)는 곧 사천(事天)이다. 하늘을 모시듯이[事天] 부모를 모셔라. 낳아주고 길러준 부모를 잊지 말라는 뜻이다. 그래서 도가(道家)에서도 천사(天食)를 사모(食母)라고 하지 않는가. 하늘 천(天), 먹여 키워줄 사(食). 그러니 효도하는 척하지 말라. 무슨 일이 있어도 부모를 정성껏 모시고 섬기기를 다하라[竭其力]. 쉽게 말해서 이는 부모의 마음과 몸을 편히 해드리라는 말이다. 부모의 재물(財物)이나 노리고 효도하는 척하는 사람이야말로 천하의 불효자(不孝子)가 아닌가. 자하가 효(孝)를 우러러보라 한다.

> 섬길 사(事), 잘할 능(能), 다할 갈(竭)

사군(事君) 능치기신(能致其身)
▶ 임금을 받들어 모시는 일에[事君] 온 몸을[其身] 다 바쳐라[能致].

　사군(事君)은 충(忠)을 말한다. 충(忠)은 목숨을 바치겠다는 마음가짐으로 정성을 다함을 뜻한다. 제 몸을 다 바쳐 임금을 모셔라[致其身]. 물론 지금은 임금의 세상이 아니다. 그렇다고 이 말을 버릴 것은 없다. 이제는 사군(事君)을 사민(事民)으로 옮기면 되기 때문이다. 그러면 충(忠)을 우러러보라는 자하의 말을 버릴 수 없을 것이다. 주인을 따르는 개처럼 되지 말라는 뜻이리라. 밥 주면 주인한테 꼬리를 치고 안 주면 이빨을 드러내는 개 말이다.

임금 군(君), 바쳐 맡길 치(致), 몸 신(身).

여붕우교(與朋友交) 언이유신(言而有信)
▶ 벗들과[與朋友] 사귀는 데[交] 말한 대로[言] 믿게 하라[有信].

붕[朋]은 한 선생 밑에서 같이 배운 벗이라는 말이고, 우(友)는 서로 마음을 열고 나눌 수 있는 벗이라는 말이다. 삶의 즐거움을 서로 남김없이 나누며 누리는 사이를 붕우(朋友)라 한다. 돈으로 동료를 살 수 있을지는 모르지만 마음이 아니면 벗은 결코 살 수 없다. 그러니 벗[朋友]과 더불어[與] 사귄다[交]는 것은 어질고 착한 마음[仁]을 서로 주고받으며 산다는 뜻이다. 그래서 정자(程子)는 우소이보인(友所以輔仁)이라고 했다. 벗과 사귐은 인(仁)을 북돋우기 때문이다[友所以輔仁].

마음 속을 열고 드러내는 일이 언(言)이다. 어찌 입으로만 말하는 것이겠는가. 몸짓도 언(言)이요 눈짓도 언(言)이요 표정도 언(言)이다. 눈을 감고 고요히 제 마음 속을 살피면 그것은 내가 나한테 말하는 것이다. 이를 묵언(默言)이라 하지 않는가. 벗끼리는 그런 묵언도 알아듣는다. 네 마음 내 마음이 서로 통하기 때문이다. 그러므로 벗끼리의 말에는 믿음[信]이 있다[有]. 믿음[信]이 있다[有] 함은 실천에 옮긴다는 뜻이리라. 서로 믿어야 서로 벗이지 서로 의심해서야 어찌 벗이 되겠는가.

함께 여(與), 벗 붕(朋), 벗 우(友), 사귈 교(交), 말할 언(言), 있을 유(有), 믿을 신(信).

수왈미학(雖曰未學) 오필위지학의(吾必謂之學矣)
▶ 비록[雖] 배우지 않았다[未學] 해도[曰] 나는[吾] 반드시[必] 그를[之] 일컬어[謂] 배운 사람이라고 하겠다[學].

미학(未學)의 학(學)은 배워 본받는다[效]는 뜻으로 헤아리고, 위지학(謂之學)의 학(學)은 터득해 깨우친 자[覺者]로 새기면 된다. 위지학(謂之學)은 위지학자(謂之學者)인 셈이다. 물론 여기서 지(之)는 영어의 'him'과 같은 대명사이다.

현현(賢賢)·이색(易色)·사부모(事父母)·사군(事君)·여붕우교(與朋友交)를 실천한다면, 비록[雖] 성현의 글을 배우지 않았다[未學] 해도 그런 사람은 이미 성현의 말씀을 터득한 사람이라[謂之學]고 자하가 분명히 밝히고 있다.

자하는 앞의 6장에서 선생(공자)이 강조한 인(仁)의 실천을 다짐하면서 단정적으로 강조한다. 공자가 밝힌 인도(人道)는 관념적인 길이 아니라 일상생활에서 실천해야 하는 길이다. 인(仁)은 관념(觀念)이 아니다. 인(仁)에 관한 지식(知識)을 실천하지 않는다면 그런 지식은 불인(不仁)임을 자하가 단언하고 있다.

비록 수(雖), 아닐 미(未), 배울 학(學), 나 오(吾), 반드시 필(必), 일컬을 위(謂), 이 지(之), 어조사 의(矣)

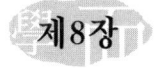

제8장

【문지(聞之)】
과즉개(過則改)

【원문(原文)】

子曰 君子不重則不威니 學則不固니라 主忠信하고
자왈 군자부중즉불위   학즉불고   주충신
無友不如己者요 過則勿憚改니라
무우불여기자   과즉물탄개

【해독(解讀)】

공자께서 말했다[子曰]. "군자는 무겁지 않으면 위엄이 없다[君子不重則不威]. 배워 터득하면 고루하지 않다[學則不固]. 성심과 신의를 지켜라[主忠信]. 자기만 못한 자를 벗으로 삼지 말라[無友不如己者]. 허물이 있으면 꺼리지 말고 고쳐라[過則勿憚改]."

【담소(談笑)】

자왈(子曰)

공자가 군자(君子)가 되는 길, 즉 군자에 대한 가르침을 밝히고 있다. 군자는 학(學)·덕(德)을 쌓아가는 인자(仁者)를 말한다. 맹자(孟子)는 그 인자를 대장부(大丈夫)라고 불렀다. 왜 군자는 학(學)과 덕(德)을 쌓아야 하는가? 인(仁)을 세상에 널리 펼 선생(先生)이 되어야 하기 때문이다. 공자가 군자는 지도자로 불리기 전에 먼저 선생이 되어야 한다고 밝히는 것에 주목했으면 한다. 군자는 인자(仁者)이지 반드시 치자(治者)가 되어야 하는 것은 아니다.

인자(仁者)로서 군자는 누구인가? 그는 자기향상(自己向上)을 쉼없이 성취하는 주인(主人)이다. 군자는 그런 삶을 떠나 살면 안 된다. 이것이 군자의 학문정신(學問精神)이다. 여기서 학문(學問)의 문(問)은 자기완성의 탐구를 통한 끊임없는 자기향상을 뜻한다. 이런 군자의 정신을 공자는 「술이(述而)」편 2장에서 자랑삼기도 했다. "학이불염(學而不厭) 회인불권(誨人不倦)."

군자부중즉불위(君子不重則不威)
▶ 군자가[君子] 무겁지 않다면[不重] 위엄이 없다[不威].

여기서 중(重)은 입이 무겁다는 뜻으로 새기면 된다. 위(威)는 믿음직하다는 뜻이다. 반성(反省)하고 자문(自問)하며 생각이 깊은 사람은 여간해서 함부로 입을 열지 않는다. 하물며 군자(君子)는 더 말할게 없다. 군자는 입이 있어도 말이 없다 하지 않는가. 그래서 군자는 위엄을 갖춘다. 사람이 가볍다면[不重] 두려워할 줄 모른다[不威]. 그래서 소인(小人)은 겁이 없지만 대인(大人)은 두려워할 줄 안다. 군자는 삶 앞에 겸허하다. 소인이 까발리며 까분다.

무거울 중(重), 곧 즉(則), 위엄 위(威)

학즉불고(學則不固)
▶ 배워 본받으면[學] 곧 [則] 막혀 답답하지 않다[不固].

소인(小人)은 사사건건 막히되 군자(君子)는 걸림이 없다. 소인은 자기 중심으로 세상을 바라보지만, 군자는 자기를 버리고 세상을 바라보기 때문이다. 고집불통은 항상 궁할 뿐이다. 그러나 변통(變通)은 항상 향상(向上)한다. 소인은 불통(不通)하지만 군자는 변통한다. 배우면 흐르는 물과 같다 하지 않는가. 그래서 꽉 막혀 답답하지 않다.

막혀 어두울 고(固)

주충신(主忠信)
▶ 정성과[忠] 신의를[信] 지켜 다하라[主].

숨기는 것 하나 없이 바르고 곧은 마음이 충(忠)이다. 충(忠)은 정성을 다하는 마음이요 성실한 마음이다. 그래서 충(忠)을 진심불기(盡心不欺)라 한다. 정성을 다하는 마음[盡心]은 속이지 않는다[不欺]

함이 곧 충(忠)이다.

믿고 의심치 않음이 신(信)이다. 상대를 의심하지 말라 함이 신(信)이다. 소인은 상대를 이해(利害)의 저울로 저울질하지만, 군자는 상대를 믿는다. 신(信)이란 마음과 행동은 둘이 아니라 하나란 말이요 마음 속에 감춘 것이 없다 함이다.

지킬 주(主), 정성을 다할 충(忠), 믿을 신(信)

무우불여기자(無友不如己者)
▶ 나하고[己] 같지 않은[不如] 자와[者] 사귀지[友] 말라[無].

여기서 우(友)는 사귄다는 뜻의 동사이다. 나보다 어질고 착한 사람과 사귀라는 말이다. 사귀는 사람을 보면 그 사람됨을 안다고 한다. 함부로 친구 따라 강남 간다 하지 말라. 도둑놈을 따라 가면 도둑질을 배우고, 현자(賢者)를 따라 가면 어진 삶을 본받는다. 그래서 공자께서는 세 사람만 있어도 그 중에 선생이 하나는 있다고 했다.

~하지 말라 무(無), 사귈 우(友), 같을 여(如), 나 기(己), 놈 자(者)

과즉물탄개(過則勿憚改)
▶ 잘못하면[過] 즉시[則] 꺼리지[憚] 말고[勿] 고쳐라[改].

여기서 과(過)는 과실(過失)이란 뜻이다. 잘못한 일[失]을 그냥 넘겨 버리는 짓을 심하다고 한다. 치우쳐 심하면 그런 짓이 곧 과(過)이다. 그래서 과(過)는 허물이 된다. 허물은 부끄러운 것이다. 허물인 줄 알면서도 감추거나 숨기면 부끄러움이 이내 더럽게 되고 만다. 못난 인간은 어떻게든 허물을 덮어보려고 잔꾀를 부리다 흉하고 험한 꼴을 본다. 소인(小人)은 허물을 숨기려 들지만, 대인(大人)은 허물을 범했으면 그 즉시 부끄러운 줄 알고 뉘우치며 고친다.

여기서 개(改)는 물론 자기향상(自己向上)으로 통한다. 수신(修身)도 자기를 고쳐가는 일[改]이다. 잘못을 부끄러워하라. 그러면 뉘우치고 뉘우치면 새로운 나를 만난다. 주(周)나라 탕왕(湯王)의 반명(盤銘)을 기억해보라. 그 세숫대야[盤]에 새겨둔 말씀[銘]은 이렇다. "순일신(荀日新) 일일신(日日新) 우일신(又日新)." 진실로 날로 새로워지면[荀日新] 날마다 새로워지고[日日新] 또한 나날이 새로워진다[又日新].

나는 일신(日新)이란 말씀을 공자께서 한 것처럼 생각하고 있다. 그래서 나는 자주 공자께서 일신하라 했다고 자주 말하곤 한다. 공자께서 온고지신(溫故知新)하라 재촉하고 지래자(知來者)를 항상 칭찬했기 때문에, 탕왕의 반명에 있었다는 일신이란 말씀을 공자의 것으로 여기는 것이다. 미래를 아는 자[知來者]란 누구이겠는가? 바로 일신하는 당사자이리라. 그러니 그 일신은 공자의 말이나 다름없다. 일신(日新)하라. 이는 곧 물탄개(勿憚改)를 잊지 말라 함이리라. 디지털 시대는 업그레이드(upgrade) 시대가 아닌가. 몸매만 업그레이드하지 말고 마음가짐부터 먼저 업그레이드하라[勿憚改].

> 잘못할 과(過), ~하지 말라 물(勿), 꺼릴 탄(憚), 고칠 개(改)

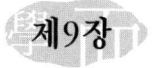

제9장

【문지(聞之)】
신종(愼終)·추원(追遠)

【원문(原文)】

曾子曰 愼終追遠이면 民德이 歸厚矣라
증자왈 신종추원   민덕 귀후의

【해독(解讀)】
증자가 말했다[曾子曰]. "부모의 상을 신중히 모시고 선조의 영혼을 정성껏 추모하면[愼終追遠] 백성의 덕성이[民德] 그만큼 두터워진다[歸厚矣]."

【담소(談笑)】
증자왈(曾子曰)

증자(曾子)가 죽음을 들어서 인간의 존엄(尊嚴)을 밝히고 있다. 죽음은 장엄하다. 죽음 앞에 인간은 엄숙해야 한다는 것이다. 죽음은 곧 천명(天命)이요 삶의 마감이기 때문이다. 『주역(周易)』의 비괘(賁卦)도 무덤이 왜 장엄한지 헤아리게 한다.

신종추원(愼終追遠)
▶ 부모의 죽음을[終] 삼가 조심조심 모시고[愼], 조상의 혼을[遠] 삼가 추모하라[追].

부모의 죽음을 슬퍼하고 정성을 다해 상례(喪禮)를 모시는 일을 신종(愼終)이라 한다. 그리고 조상의 영혼을 좇아 정성을 다해 모시는 제례(祭禮)를 추원(追遠)이라고 한다. 요새 사람들은 신종이란 낱말을 잊은 지 오래이고, 추원이란 낱말은 아예 모른다. 추석 때 놀러가서 맞춤 제사상을 사서 제례를 치르는 지경까지 왔으니 인생이 거짓말로 출렁일 수밖에 없으리라. 그러니 죽음이 왜 장엄해야 하는지 알 리가 없다.

삼갈 신(愼), 끝 종(終), 쫓을 추(追), 멀 원(遠)

민덕귀후의(民德歸厚矣)
▶ 백성[民]이 올바른 마음가짐으로 어질어지기가[德] 그만큼 더[歸] 두터워진다[厚].

여기서 민덕(民德)의 덕(德)은 덕을 행한다는 동사로 쓰였다. 덕(德)은 득(得)으로 통한다. 유가(儒家)에서 덕이란 어진 마음[仁]을 간직하여 행하는 일이다. 그래서 덕을 득이라 한다. 물론 의(義)를 얻는다[得] 함이 덕이다. 여기서 귀(歸)는 상례(喪禮)와 제례(祭禮)를 잘 치른 뒤끝을 뜻한다고 보면 된다. 잘 치르면 잘 치를수록 그만큼 더 백성의 덕행이 두터워진다는 말이다. 후(厚)는 여기서 두터워진다고 새기면 된다.

백성 민(民), 어질 덕(德), 돌아올 귀(歸), 두터울 후(厚)

제10장

【문지(聞之)】
온(溫)·양(良)·공(恭)·검(儉)·양(讓)

【원문(原文)】

子禽이 問於子貢曰 夫子가 至於是邦也하사 必
자금   문어자공왈   부자   지어시방야   필
聞其政하시니 求之與아 抑與之與아
문기정   구지여   억여지여

子貢이 曰 夫子는 溫良恭儉讓以得之시니 夫子
자공 왈 부자   온량공검양이득지   부자
之求之也는 其諸異乎人之求之與인저
지구지야   기제이호인지구지여

【해독(解讀)】

자금이 자공에게 물었다[子禽問於子貢曰]. "선생께서 들리고자 나라에 이르면[夫子至於是邦也] 반드시 그 나라의 정치를 물으시는데[必聞其政] 선생께서 물으시는가요[求之與], 아니면 임금이 자진하여 들려주는지요[抑與之與]?"

자공이 대답했다[子貢曰]. "선생께서는 온유(溫柔)·선량(善良)·공경(恭敬)·검소(儉素)·겸양(謙讓)으로써 정사(政事)를 들으신 것이라네[夫子溫良恭儉讓以得之]. 선생께서 듣고자 한 것이지[夫子之求之也]. 따라서 다른 사람이 듣고자 한 것과는 다르다네[其諸異乎人之求之與]."

【담소(談笑)】

자금문어자공왈(子禽問於子貢曰)

자금(子禽)은 공자의 제자로 성은 진(陳), 이름은 강(亢)이며, 진(陳)나라 사람이다. 공자보다 40세 아래였다고 한다. 자공의 제자라는 말도 있다. 자공(子貢) 역시 공자의 제자이다. 성은 단목(端木), 이름은 사(賜)이고, 위(衛)나라 사람이다. 공자보다 31세 아래였다고 한다.

두 제자의 문답을 통해 공자가 인(仁)을 온 세상에 구현하고자 천하를 두루 돌며 얼마나 애썼는지 헤아릴 수 있다. 공자가 바라는 정치는 어진 정치[仁政]였다. 그 인정(仁政)은 공자의 오덕(五德)에 바탕을 두고 있음을 자공이 밝히고 있다.

부자지어시방야(夫子至於是邦也)
▶ 공자께서[夫子] 들르시려는[是] 나라에[於邦] 이르렀다[至].

부자(夫子)는 본래 100승(乘)의 고을을 다스리는 대부(大夫)를 말하지만, 『논어(論語)』에서는 선생으로서 공자(孔子)를 뜻한다. 시방(是邦)의 시(是)는 차(此)와 같다. 시방(是邦)은 공자가 들렀던 모든 나라를 말한다.

이를 지(至), ~에 어(於, 어조사), 이 시(是), 나라 방(邦)

필문기정(必聞其政)
▶ 반드시[必] 그 나라의[其] 정사를[政] 물어 들었다[聞].

공자가 왜 많은 나라를 방문했는지 알 수 있다. 기정(其政)의 기(其)는 공자가 찾아간 나라를 뜻하고, 정(政)은 그 나라가 다스려지는 일 즉 정사(政事)를 뜻한다. 공자가 찾아간 나라의 군왕에게 어떻게 정사를 펴느냐고 반드시 물어보아 그 나라의 실정을 살폈음을 알 수 있다. 필설(必說)이라고 하지 않고 필문(必聞)이라 한 데 주목했으면 한다. 군왕들의 말을 들어주었지 먼저 인도(仁道)를 설교하려고 한 게 아니라는 느낌을 주기 때문이다. 성인은 말을 많이 하지 않는다. 주로 듣고, 할 말이 있으면 간명하되 은근하게 찔러 말한다.

반드시 필(必), 들을 문(聞), 그 기(其), 나라를 다스리는 일 정(政)

구지여(求之與)
▶ 공자께서 그 나라의 정사를[之] 말해 달라고 했는지요[求與]?

구지여(求之與)의 지(之)는 앞서의 기정(其政)을 받고, 여(與)는 여(歟)로서 의문형을 이끈다. 이는 공자가 찾아간 나라의 군왕에게 정사(政事)에 대해 설명해달라고 먼저 요청했느냐는 질문이다.

구할 구(求), 그것 지(之), ~한가 여(與, 의문조사)

억여지여(抑與之與)
▶ 아니면[抑] 군왕이 공자께 제 나라의 정사를[之] 들려준 것인지요[與與]?
　여기서 억(抑)은 억누른다는 억(抑)이 아니라 오히려, 또한 등으로 쓰이는 부사이다. 여지여(與之與)에서 앞의 여(與)는 준다는 동사이고, 뒤의 여(與)는 의문조사이다. 여지(與之)는 공자가 찾아간 나라의 군왕이 정사(政事)를 들려주었음을 뜻한다. 이는 찾아간 나라의 군왕이 공자께 자기 나라의 정사를 들려주었느냐는 질문인 셈이다.

또는 억(抑), 줄 여(與)

부자온량공검양이득지(夫子溫良恭儉讓以得之)
▶ 공자께서는[夫子] 온화[溫]·선량[良]·공경[恭]·검소[儉]·겸양[讓] 등을 써서[以] 그것들을[之] 실천했다네[得].
　여기서 득(得)은 군왕이 말해주는 정사[之]를 그냥 들려주는 대로 듣는 것이 아니라 오덕(五德, 溫·良·恭·儉·讓)을 써서[以] 견주어 새겨들었음을 살피게 한다. 여기서 이(以)는 용(用)과 같다. 이(以)는 ~을 쓴다[以]는 뜻으로 동사 구실을 하고 목적어를 앞에 둘 때가 많다. 온량공검양(溫良恭儉讓)을 이(以)의 목적어로 여기고 새기면 된다. 득지(得之)의 지(之)는 온량공검양(溫良恭儉讓)을 대신하는 부정대명사처럼 보고 새기면 된다.
　공자가 벼슬을 하자고 이 나라 저 나라를 들렀던 것은 아니다. 모든 군왕들로 하여금 어질게 나라를 다스릴 수 있도록 인도(仁道)라는 왕도(王道)를 터주기 위해서였음을 자공이 말하고 있다. 나라를 다스린다 함은 곧 백성을 다스린다는 뜻이다. 그러니 임금은 백성을 위해 오덕을 갖추어야 한다는 것이다. 이미 앞서 5장에서 본 치국(治國)의 삼사(三事, 敬事而信·節用愛人·使民以時)와 오요(五要, 敬·信·節·愛·時)는 이 오덕을 떠나서는 이루어질 수 없다.

임금은 백성에게 온유(溫柔)해야 한다. 이것이 정사(政事)의 첫째 덕목(德目)인 온(溫)이다. 온(溫)은 마음이 따뜻함이다. 따뜻한 마음은 후(厚)하다. 너그러운 마음[厚]은 유(柔)하다. 부드러운 마음[柔]은 서로 화(和)한다. 마음이 따뜻해야[溫] 서로 어울린다[和]. 다스리는 사람[治者]은 무엇보다 먼저 마음가짐이 따뜻해야 한다. 하지만 폭군(暴君)은 불온(不溫)하다.

임금은 백성에게 더없이 선량(善良)해야 한다. 이것이 둘째 덕목인 양(良)이다. 양(良)은 직(直)이다. 곧은 마음[直]은 솔직(率直)하다. 솔직한 마음은 음흉하지 않다[行不犯物]. 솔직한 마음은 훔치는 짓[犯物]을 하지 않는다. 그러나 폭군은 불량(不良)하다.

임금은 선(善)으로 충만하고 사악(邪惡)함이 없는 마음가짐[敬]을 받들어야 한다. 이것이 셋째 덕목인 공(恭)이다. 공손(恭遜)하라. 몸을 낮추어라[恭遜]. 그러면 화종(和從)한다. 서로 어울려 따른다[和從]. 그러면 거역(拒逆)도 없고 항거(抗拒)도 없다. 왜 폭군이 백성에게 맞아 죽는가? 폭군은 불공(不恭)하기 때문이다.

임금은 낭비와 사치를 피하고 소박(素樸)해야 한다. 이것이 넷째 덕목인 검(儉)이다. 노자(老子)도 이 검(儉)을 삼보(三寶, 儉·慈·不敢爲先) 중에서 첫째로 삼았다. 이 검(儉)을 거사(去奢)·거심(去甚)·거태(去泰)로 새겨도 된다. 사치하지 말라[去奢]. 지나치지 말라[去甚]. 태만하지 말라[去泰]. 유가(儒家)에서도 사치를 버리고 절약을 따르기[去奢從約]를 검(儉)이라고 한다. 하지만 폭군은 호사(豪奢)한다.

임금은 내가 아니면 안 된다고 오만(傲慢)해선 안 된다. 이것이 다섯째 덕목인 양(讓)이다. 노자의 말로는 불감위선(不敢爲先)이 곧 양(讓)이다. 나를 앞세워 잘난 척 주장하지 말라[不敢爲先]. 이런 마음가짐과 행동이 곧 양(讓)이다. 선인후기(先人後己)하라. 남을 앞으로 하고 나를 뒤로 하라[先人後己]. 그러면 양(讓)이다. 양(讓)은 곧 예(禮)이다. 폭군은 항상 불손(不遜)하다. 그래서 폭군은 무례(無禮)하고 무도(無道)해 망하고 만다.

> 온유할 온(溫), 선량할 량(良), 공경할 공(恭), 검소할 검(儉),
> 겸양할 양(讓), 써 이(以), 얻을 득(得)

기제이호인지구지여(其諸異乎人之求之與)
▶ 따라서[其諸] 다른 사람이 정사(政事)를 청해 들는 것과는[乎人之求之] 다르단[異] 말일세[與].

　기제(其諸)는 '아마, 혹은, 따라서' 라는 뜻의 부사구이다. 여기서는 '선생이 듣는 것에 비추어' 정도로 새기면 무방하다. 선생께서 묻고 듣는 것은 여느 사람들이 묻고 듣는 것과 다르다는 점을 강조해 자공이 자금에게 대답하고 있다. 공자는 치자(治者)의 오덕(五德)을 들어 임금을 품평(品評)했으므로 다르다는 것이다.

> 그 기(其), 여러 제(諸), 다를 이(異), ~과 호(乎), ~일세(與, 감탄사)

제11장

【문지(聞之)】
효(孝)

【원문(原文)】

> 子曰 父在에 觀其志오 父沒에 觀其行이니 三年을
> 자왈 부재   관기지   부몰   관기행   삼년
> 無改於父之道라야 可謂孝矣니라
> 무개어부지도   가위효의

【해독(解讀)】

공자께서 말했다[子曰]. "부친이 살아 계시면[父在] 어른의 뜻을 살피고[觀其志], 돌아가셨으면[父沒] 살아 계실 적의 행적을 살펴라[觀其行]. 세 해를 넘겨서도[三年] 선친의 길을 고치지 않아야[無改於父之道] 비로소 효라고 할 수 있다[可謂孝矣]."

【담소(談笑)】

자왈(子曰)

어떻게 효도할 것인가를 밝히고 있다. 비록 선친(先親)에게 옳지 않은 면이 있다 해도 3년상(三年喪) 기간만은 선친의 명복(冥福)을 정성껏 빌어야 한다고 암시하고 있다. 선친의 유지(遺志)를 가볍게 해서야 어찌 효(孝)이겠느냐고 반문(反問)하고 있다.

부재관기지(父在觀其志)
▶ 부친이[父] 살아 계시면[在] 부친의[其] 뜻을 잘 살펴라[觀].

부재(父在)의 재(在)는 살아 계신다는 말이다. 지(志)는 마음이 가는 바이다. 아버지께서 마음 두는 바가 무엇인가를 잘 살펴 그 뜻을 거스르지 않게 하라는 게 여기서의 관(觀)이다. 왜 그래야 하는가? 아버지의 마음을 편안하게 해야지 아프게 하면 안 되기 때문이다. 부모의 속을 썩이는 짓보다 더한 불효는 없다.

아버지 부(父), 있을 재(在), 살필 관(觀), 뜻 지(志)

부몰관기행(父沒觀其行)
▶ 부친이[父] 돌아가셨으면[沒] 선친의[其] 자취를[行] 잘 살펴라[觀].

부몰(父沒)의 몰(沒)은 돌아가셨다는 뜻이다. 삶에는 물려받아야 하는 길이 있다. 선친이 어떻게 가정을 일구어왔는가를 살펴 선친이 삶을 통해 남긴 소중한 가르침을 저버리지 말라 한다. 선친이 잘한 일은 잘한 대로 살펴 본받고, 잘못한 일이 있다면 잘못한 대로 살펴 되풀이하지 않으면 된다. 도둑도 제 자식더러 도둑놈 되라고 하지 않는 법이다. 선친의 체취를 살펴라. 그러면 인생이 얼마나 내리받이인가를 터득할 수 있다. 내가 효도했으면 내 자식이 효도할 것이고, 내가 불효했다면 내 자식도 불효한다는 내리받이를 기억해두라.

없어질 몰(沒), 갈 행(行)

삼년무개어부지도(三年無改於父之道) 가위효의(可謂孝矣)
▶ 3년 동안 상중(喪中)에[三年] 선친의 도를[於父之道] 고치지[改] 않아야 한다[無]. 그래야 비로소 효라고 할 수 있다[可謂孝矣].

여기서 3년(三年)이란 부친상을 당한 뒤 3년 동안을 말한다. 3년상(三年喪)이란 말을 떠올리면 된다. 어부지도(於父之道)의 도(道)는 선친의 지행(志行)으로 새기면 무방하다. 어(於)는 목적어 앞에 그냥 붙어 있는 허사(虛辭)이다.

설령 선친의 도(道)에 마땅치 않은 면이 있더라도 상중(喪中)에 고치려 들지 말고 명복을 정성껏 빌어라. 그래야 비로소 효(孝)라 할 수 있다[可謂孝矣]. 이처럼 효는 부모가 돌아가신 후에도 이어지는 정성

(精誠)이다. 부모가 돌아가시면 곧장 재산 때문에 다투는 꼴이 빈번하니 어이하리.

> ~하지 않을 무(無), 고칠 개(改), 길 도(道)

제12장

【문지(聞之)】

예지용(禮之用) 화위귀(和爲貴)

【원문(原文)】

有子曰 禮之用이 和爲貴하니 先王之道 斯爲美
유자왈 예지용   화위귀   선왕지도 사위미
니라 小大由之이나 有所不行이니라 知和而和로대
     소대유지   유소불행   지화이화
不以禮節之면 亦不可行也니라
불이례절지   역불가행야

【해독(解讀)】

유자가 말했다[有子曰]. "예를 활용하는 데는[禮之用] 서로의 어울림이 소중하다[和爲貴]. 선왕의 예도(禮道)라는 것도[先王之道] 그렇게 하여 아름다웠다[斯爲美]. 작든 크든 이러한 어울림에 말미암다 보면[小大由之] 행하지 못할 것이 있다[有所不行]. 서로 어울림이 소중함을 알아서 조화한다 해도[知和而和] 예로써 그 어울림을 절제하지 않으면[不以禮節之] 또한 잘 되지 않는 것이 있다[亦不可行也]."

【담소(談笑)】
유자왈(有子曰)
　유자(有子)가 예(禮)와 화(和)가 서로 어떤 관계인지를 말하고 있다. 예(禮)는 본래 내 욕망(欲望)을 잘 다스려 사양(辭讓)하는 마음가짐을 이끌어내라고 한다. 그래서 사양하는 마음[辭讓之心]이 예의 실마리[禮之端]라고 한다. 인간의 욕망은 서로 부딪치게 한다. 남의 밥에 든 콩이 커 보인다는 것이다. 서로를 부딪치게 하는 욕망을 다스리라 함이 곧 예이다. 왜 그렇게 하라 하는가? 서로 부딪치는 것보다 서로 어울리는 것이 소중하기 때문이다. 어떠한 어울림도 예를 떠나서는 그 어울림[調和]이 온전하지 못함을 밝히고 있다.

예지용(禮之用) 화위귀(和爲貴)
▶ 예를[禮] 활용하는데[用] 서로의 어울림이[和] 소중하다[爲貴].
　예절[禮]의 활용[用], 이는 예절(禮節)을 사회생활에서 널리 쓴다는 말이다. 어떻게 예를 활용하는가? 그 해답은 바로 화(和)에 있다고 유자가 밝힌다. 서로의 어울림[和]이 소중하도록 하라[爲貴]. 그러니 예절이란 서로의 어울림을 서로 소중히 하라는 약속이다. 서로의 어울림[和]을 소중히 하겠다고 약속하고 잘 지켜라. 이것이 예(禮)이다. 그러하므로 결례(缺禮)나 무례(無禮)는 화(和)를 어기는 짓이다. 예지용(禮之用)을 용례(用禮)로 고쳐 새기면 문의(文意)가 잘 드러난다. 한문은 목적어를 앞으로 낼 때 뜻 없이 지(之)를 넣는다고 보면 된다.

예절 례(禮), 쓸 용(用), 서로 어울릴 화(和), 할 위(爲), 소중할 귀(貴)

선왕지도(先王之道) 사위미(斯爲美)
▶ 선왕들의[先王] 예도는[道] 어울림의 소중함을[斯] 아름다움으로[美] 삼았다[爲].

선왕(先王)의 도(道), 이는 선왕들이 행하게 했던 예절의 길[禮道]을 말한다. 유가(儒家)에서 말하는 선왕은 성왕(聖王, 堯·舜·禹·湯·文·武)을 뜻한다. 선왕지도(先王之道)의 지(之)는 여기서 '~의'로 소유격(所有格) 구실을 하고, 도(道)는 예도(禮道)의 준말로 여기고 새기면 된다. 그 성왕들이 닦아놓은 예절의 길이 서로의 어울림[和]을 행하게 했다는 것이다. 여기서 사(斯)는 위에서 서로의 어울림을 소중히 하는 것[和爲貴]을 받는 대명사이다. 그 화위귀(和爲貴)가 아름다움이 된다[爲美] 또는 아름다움으로 삼는다[爲美]는 데 주목했으면 한다. 화위귀(和爲貴)의 화(和)는 먼저 마음이 서로 어울려야 한다고 전제했기 때문이다. 그러나 요새는 미(美)의 근거를 화(和)에 두되, 그 어울림을 겉(몸)에다 맞추려 하지 안(마음)에다 맞추려 하지 않는다. 화목한 마음이 행동으로 이어지지 않으면 결례나 무례라고 했다. 왜 우리는 겉과 속이 다른 세상에서 사는가? 우리 모두 탈을 쓰고 사는 까닭이다. 탈을 벗어라. 그러면 예(禮)의 화(和)는 시작된다.

먼저 선(先), 길 도(道), 이 사(斯, 대명사), 아름다울 미(美)

소대유지(小大由之) 유소불행(有所不行)
▶ 작든[小] 크든[大] 이로[之] 말미암아[由] 행하지 않을[不行] 바가[所] 있다[有].

여기서 소대(小大)는 살아가는 일로 여기면 된다. 생활이란 대소사(大小事)의 연속이 아닌가. 그리고 소불행(所不行)은 살아가면서 서로 어울리기 위해 하지 않거나 해서는 안 되는 일들로 보면 무방하다. 세상은 내 것이 아니다. 그러니 세상이 내 뜻대로 될 리 없다. 따라서 남들과 서로 어울려 화목하게 살려면 나를 절제해야 한다. 이러한 유가(儒家)의 예(禮)는 노자(老子)의 소사과욕(小私寡欲)을 떠올리게 한다. 나를 작게 하여[小私] 욕심을 줄여라[寡欲]. 그러면 살아가면서 하지 않을 바란[所不行] 없다.

> 작을 소(小), 큰 대(大), 말미암을 유(由), 이것 지(之), 있을 유(有), 바 소(所), 행할 행(行)

지화이화(知和而和) 불이례절지(不以禮節之) 역불가행야(亦不可行也)
▶ 서로의 어울림을[和] 알고[知] 서로 어울린다 해도[而和], 예절로써[以禮節] 서로의 어울림을 행하지 않는다면[之] 또한[亦] 행하지 못할 바가 있다[不可行也].

불이례절지(不以禮節之)를 부지이례절(不之以禮節)로 고쳐 읽으면 문의(文意)가 드러난다. 예절을[禮節] 활용해서[以] 어울림에 이르지 않는다면[不之]이라고 새기면 된다. 부지(不之)의 지(之)는 앞에 있는 이화(而和)의 화(和)를 받는다. 이처럼 지(之)는 참 편리하게 지시어도 되고 대명사도 되고 또한 동사 노릇도 한다. 여기서는 지(至)와 같은 동사로 이른다[之]고 새긴다.

지화이화(知和而和)의 지화(知和)는 서로의 어울림을 안다 함이다. 어떻게 왜 아는가? 화(和)가 소중함을 안다는 것이다. 이화(而和)는 그래서[而] 서로 어울린다[和]는 뜻이다. 내키지 않지만 마지못해 서로 어울린다고 생각해보라. 전략적인 화합(和合)에 불과할 뿐 마음을 나눌 수 있는 화목(和睦)은 아니다. 겉 다르고 속 다른 어울림은 위선(僞善)이다. 위선이란 무례(無禮)가 아닌가. 예(禮)를 벗어난 어울림은 일시적인 담합(談合)에 불과하다. 그런 짓은 애초부터 하지 말라. 이런 숨은 뜻을 역불가행(亦不可行)이 곰곰이 새겨보라 한다.

> 알 지(知), 말 이어갈 이(而), 써 이(以), 마디 절(節), 이것 지(之), 또한 역(亦)

제13장

【문지(聞之)】
신(信)・공(恭)

【원문(原文)】

有子曰 信近於義면 言可復也고 恭近於禮면 遠
유자왈 신근어의   언가복야   공근어례   원
恥辱也며 因不失其親이면 亦可宗也이니라
치욕야   인부실기친   역가종야

【해독(解讀)】
　유자가 말했다[有子曰]. "말한 대로 믿어달라 함이 의(義)에 벗어나지 않으면[信近於義] 말했던 대로 실천할 수 있고[言可復也], 삼가 섬기는 마음이 예(禮)에서 벗어나지 않아야[恭近於禮] 부끄러움과 욕됨을 멀리할 수 있다[遠恥辱也]. 인척이라도 위와 같은 친근함을 잃지 않아야[因不失其親] 비로소 웃어른으로 모실 수 있다[亦可宗也]."

【담소(談笑)】
유자왈(有子曰)

　신(信)과 공(恭)을 들어 의(義)와 예(禮)를 말하고 있다. 인(仁)은 마음가짐이지만, 의(義)는 그 마음가짐(仁)을 행동으로 드러내야 한다는 것이다. 그리고 예는 사양(辭讓)하는 마음이 행동으로 드러나는 것이다. 그런 예로써 공손(恭遜)해야 함을 말하고 있다.

신근어의(信近於義) 언가복야(言可復也)
▶ 언약은[信] 의(義)에[於義] 가까이 머물러야[近] 말한 대로[言]

실천할 수 있다[可復].

이는 언약한 내용이 올발라야 한다는 뜻이다. 도둑들이 서로 도둑질하자고 약속하는 것 따위는 신(信)이 아니다. 또한 거짓말은 신(信)을 속이는 짓이다. 내가 남한테서 믿음[信]을 얻으려면 네 가지 덕목에 합당해야 한다. 검(儉)·척(戚)·애(愛)·경(敬)이 그것이다. 내가 무엇보다 검소해야[儉] 신(信)을 얻고, 피붙이를 아껴야[戚] 신(信)을 얻으며, 세상에 나아가 사랑할 줄 알아야[愛] 신(信)을 얻고, 못된 마음[邪]을 멀리하고 선(善)을 따라야[敬] 신(信)을 얻는다. 내가 옳다 하려면 먼저 검·척·애·경을 잘 지켜야 한다. 그러니 어의(於義)에서 의(義)는 검·척·애·경을 간직한 마음가짐과 그 마음을 잘 지키려는 몸가짐으로 새길 수 있다. 신(信)은 의(義)를 떠나면 안 된다. 이렇게 말하는 유자(有子)를 누가 비웃겠는가?

언가복야(言可復也)에서 언(言)은 말로써 약속한 바[言約]를 뜻한다. 옳은 마음으로 옳은 일을 약속했다면 거리낌없이 행동으로 옮길 수 있다는 의미다. 여기서 복(復)은 천(踐)으로 통한다. 내가 말했던 대로 한다 함은 내 자신을 내가 지킨다 함이다. 유자의 이 말이 맹자의 수신(守身)을 떠올리게 한다. 나를 의(義)로써 지켜라[守身]. 이 역시 누가 비웃겠는가?

> 믿을 신(信), 가까울 근(近), ~에 어(於), 옳을 의(義), 말씀 언(言), 가할 가(可), 실천할 복(復)

공근어례(恭近於禮) 원치욕야(遠恥辱也)

▶ 삼가 섬기는 마음은[恭] 예(禮)에[於禮] 가까이 머물러야[近] 부끄러움[恥]과 욕됨[辱]을 멀리할 수 있다[遠].

공손(恭遜)히 살라[恭]. 나를 낮추고 남을 높여라. 이것이 예(禮)의 출발이다. 그러면 남이 나를 공손히 마주한다. 나도 공손하고 남도 공손할 때가 예에 알맞는 공손함이다. 내 공손함이 남을 오만스럽게 한다면 그런 공손함은 과례(過禮)이다. 지나친 예[過禮]란 예를 흉내낼 뿐 속이는 짓이므로 비례(非禮)이다. 그러면 나는 실신(失身)한다. 그러니 예로써 나를 잘 지켜라[守身]. 그리함이 공(恭)이다.

원치욕야(遠恥辱也)에서 치(恥)는 내가 나를 부끄럽게 함이고, 욕(辱) 역시 내가 나를 욕되게 함이다. 스스로를 부끄럽게 하는 짓보다 더 더러운 짓은 없다. 따지고 보면 예야말로 나를 깨끗이 씻어준다. 이런 예를 낡았다고 비웃겠는가.

삼가 섬길 공(恭), 멀 원(遠), 부끄러울 치(恥), 욕될 욕(辱)

인부실기친(因不失其親) 역가종야(亦可宗也)
▶ 인(因)이 그[其] 가까움을[親] 잃지 않아야[不失] 비로소[亦] 웃어른이 될 수 있다[可宗].

여기서는 인(因)을 인(姻)으로 헤아려 인척(姻戚)이나 친척(親戚)으로 풀이한다. 하여튼 이 구절은 인(因) 이 한 자(字) 때문에 설(說)이 분분한 부분이다.

기친(其親)의 기(其)는 앞의 내용인 신근어의(信近於義)와 공근어례(恭近於禮)을 받는다고 보면 된다. 즉 기(其)는 관형사 역할을 하는 셈이다. 그러니 기친(其親)의 친(親)은 앞의 내용을 가까이한다는 뜻이다. 그 가까이함을[其親] 잃지 않아야[不失] 집안에서 어른 노릇을 하고 존경받을 수 있다 한다.

역가종야(亦可宗也)에서 종(宗)은 어른 대접을 받는다는 의미로 쓰인 동사이다. 한자(漢字)에는 품사가 따로 없다. 같은 글자가 문맥(文脈)에 따라 동사도 되고 명사도 된다.

아무나 집안 어른으로 대접받는 것은 아니라는 말이다. 연하(年下)만 예(禮)를 따라야 하는 것이 아니다. 오히려 연상(年上) 쪽에서 더 엄격히 예를 따라야 함이 우리네 예도(禮道)이다. 웃어른이 예를 잘 지켜야 아랫사람들이 따라서 예를 잘 지킬 수 있다. 그래서 어른 노릇 하기가 어렵다. 집안 웃어른이 존경받을 수 있는 까닭이 어디에 있겠는가? 신근어의(信近於義)와 공근어례(恭近於禮)를 벗어나지 않는 데 있다. 그러니 젊은것들 버릇없다 하지 말 일이다.

유래할 인(因), 잃을 실(失), 그 기(其), 가까이할 친(親), 비로소 역(亦), 마루 종(宗).

제14장

【문지(聞之)】

취유도(就有道)・호학(好學)

【원문(原文)】

子曰 君子食無求飽며 居無求安하며 敏於事而愼
자왈 군자식무구포   거무구안   민어사이신
於言이고 就有道而正焉이면 可謂好學也已니라
어언   취유도이정언   가위호학야이

【해독(解讀)】

공자께서 말했다[子曰]. "군자로서 배불리 먹기를 구하지 않고[君子食無求飽], 편히 살기를 구하지 않으며[居無求安], 할 일을 미루지 않으면서 말은 신중하고[敏於事而愼於言], 도를 좇아서 바르게 한다면[就有道而正焉] 배우기를 좋아하는 자라고 할 수 있다[可謂好學也已]."

【담소(談笑)】
자왈(子曰)

군자(君子)가 어떤 사람인지를 말하고 있다. 군자의 마음가짐이 왜 큰지를 살피게 한다. 앞의 10장에서 자공(子貢)은 공자의 오덕(五德, 溫·良·恭·儉·讓)을 닦은 다음에 호학(好學)하라고 했다. 여기서 공자가 군자를 밝히는 것은 모든 사람들로 하여금 군자를 어떻게 본받아야 하는지 깨닫게 하려는 뜻이 아닌가 한다.

군자식무구포(君子食無求飽)
▶ 군자가[君子] 먹을 때는[食] 배불리 먹기를[飽] 구하지[求] 않는다[無].

여기서 군자식(君子食)은 군자의 식성(食性)을 말한다. 구포(求飽)는 식탐(食貪)이 게걸스러움을 뜻한다. 소인(小人)은 제 배만 부르기를 욕심내지만 대인(大人)은 콩 한쪽도 나누어 먹으려 한다. 군자에게는 식탐이 없다 함이 곧 군자식무구포(君子食無求飽)이다. 군자는 배불리 먹기를 구하지 않는다. 노자(老子)의 천사(天食)가 생각난다. 하늘 천(天), 먹여줄 사(食). 하늘이 먹여주는데 게걸스럽게 배불리 먹으려 발버둥치지 말라는 천사(天食) 말이다. 군자의 식성은 검소하다. 그러니 노(老)·공(孔)을 대립시켜 시비하지 않아도 된다.

먹을 식(食), ~않을 무(無), 구할 구(求), 물릴 포(飽)

거무구안(居無求安)
▶ 사는 곳이[居] 편안하기를[安] 바라지[求] 않는다[無].

여기서 거(居)는 군자가 사는 곳을 말한다. 구안(求安)은 편히 살기를 바란다는 말이다. 군자는 거처가[居] 편안하기를 바라지[求安] 않는다[無]. 군자의 집은 수수하다. 소인의 집이 호화로울 뿐이다. 군자는 거처(居處)에 신경 쓰지 않아 사는 곳이 수수하다 못해 초라하다는 게 무구안(無求安)이다. 공자의 무구안(無求安)이 노자의 말을 떠올리게 한다. "숲 속의 새는 나뭇가지 하나로 집을 삼는다."

있을 거(居), 편안할 안(安)

민어사이신어언(敏於事而愼於言)
▶ 일을[事] 재빨리 한다[敏]. 그리고[而] 말하기를[言] 삼간다[愼].

군자는 일을 두고 핑계대거나 꾸물거리지 않는다 함이 민어사(敏於事)이다. 어(於)는 뜻 없이 목적어 앞에 온다. 해야 할 일이면 주저하지 않고 하면 안 되는 일이면 즉시 물리친다. 군자는 후회할 짓을 가장 부끄럽게 여긴다. 말한 대로 하고 한 말에 책임진다 함이 곧 신어언(愼於言)이다. 군자는 후회할 말은 하지 않는다. 소인은 입이 가볍고 대인은 입이 무겁다. 노자는 아예 불언(不言)하라 했다. 말하지 말라[不言]나 말을 삼가라[愼言]나 거기서 거기다.

재빠를 민(敏), 어조사 어(於), 일할 사(事), 삼갈 신(愼), 말할 언(言)

취유도이정언(就有道而正焉) 가위호학야이(可謂好學也已)
▶ 유도(有道)를 좇는다[就有道]. 그래서[而] 그 도에 따라[焉] 바르게 고친다[正]. 그러면 배우기를[學] 좋아한다고[好] 말할 수 있다[可謂].

유도(有道)는 도(道)를 따르고 벗어나지 않는다 함이다. 이것을 도인(道人)으로 이해해도 틀리지 않는다. 취(就)는 앞서의 구(求)와 같다고 보아도 된다. 도(道)를 좇아 구한다[就有道]. 이렇게 이해해도 무방하다. 말하자면 인의(仁義)의 도를 좇아 산다는 말이다. 정언(正焉)의 정(正)은 개정(改正)으로 보면 된다. 고쳐 바르게 한다[改正]. 언

(焉)은 원래 종결어미로 쓰이지만 여기서는 '그 도에 따라서' 정도로 새기면 무방하다. 언(焉)은 지시어로 쓰이기도 하기 때문이다.

  그런데 도에 따라 무엇을 고친다는 말인가? 바로 나를 고친다 한다. 내가 불인(不仁)하고 불의(不義)했는가? 말하자면 공자의 오덕(五德)을 어겼는가? 이렇게 자문해보고 나를 인의의 길[道]에서 벗어나지 않게 하라는 뜻이리라. 취유도(就有道)하여 정언(正焉)하라. 이런 명령은 듣기가 몹시 거북살스럽다. 지금 우리는 성현(聖賢)의 말씀이라면 팽개치고 살기 때문이다. 못된 청개구리처럼 인생을 요리한 지 너무 오래되어서 성현의 말씀이라면 이 세상에서는 겉돌기만 한다.

> 쫓을 취(就), 바를 정(正), 이에 언(焉, 어조사), 가할 가(可),
> 이를 위(謂), 좋아할 호(好), 이미 이(已, 어조사)

제15장

【문지(聞之)】

낙도(樂道) · 호례(好禮) · 고저왕(告諸往) · 지래자(知來者)

【원문(原文)】

子貢曰 貧而無諂하며 富而無驕하되 何如입니까
자공왈 빈이무첨   부이무교   하여

子曰 可也나 未若貧而樂하며 富而好禮者也니라
자왈 가야   미약빈이락   부이호례자야

子貢曰 詩云 如切如磋하며 如琢如磨라 하니 其
자공왈 시운 여절여차   여탁여마   기

斯之謂與인저
사지위여

> 子曰 賜也는 始可與言詩己矣로다 告諸往而知
> 자왈 사야   시가여언시이의   고저왕이지
> 來者이로다
> 래자

【해독(解讀)】

자공이 여쭈었다[子貢曰]. "가난해도 아첨하지 않고[貧而無諂] 부유해도 교만하지 않으면[富而無驕] 어떻겠습니까[何如]?"

공자께서 말해주었다[子曰]. "괜찮겠지[可也]. 허나 가난하지만 삶을 즐거워하고, 부유하면서 예(禮)를 좋아하는 이만 못하지[未若貧而樂 富而好禮者也]."

자공이 여쭈었다[子貢曰]. "시에 말하기를[詩云] 절차탁마라 하는데[如切如磋 如琢如磨], 바로 이를 두고 한 말입니까[其斯之謂與]?"

공자께서 말해주었다[子曰]. "사야[賜也]! 비로소 너와 더불어 시를 논할 수 있겠구나[始可與言詩己矣]! 과거를 말해주면 미래를 아니 말이다[告諸往而知來者]!"

【담소(談笑)】

자공왈(子貢曰)

자공(子貢)은 어려서 가난했지만 이재(理財)에 밝아서 부유해졌다고 한다. 그러니 선생께 빈(貧)과 부(富)에 관해 여쭈어볼 만하다. 선생께 "하여(何如)"냐고 묻는다. 직접적으로 묻는 대신 빈부에 대한 자신의 뜻이 어떠냐고[何如] 여쭙고 있다.

빈이무첨(貧而無諂)

▶ 가난하다[貧]. 그러나[而] 알랑거리지[諂] 않는다[無].

가난하다고 비굴하게 굽실거릴수록 더 비참해질 뿐이다. 알랑거리

지 말라[無諂]. 떡고물 같은 작은 이득을 얻으려고 비굴하게 굽실거리지 말라 함이다. 비굴한 가난뱅이는 거지꼴을 면하기 어려운 졸부(卒夫)일 뿐이다. 가난하더라도 졸부(卒夫)는 되지 말라 함이 무첨(無諂)인 셈이다.

가난할 빈(貧), ~하지 않을 무(無), 알랑거릴 첨(諂)

부이무교(富而無驕)
▶ 부유하다[富]. 그러나[而] 잘난 체하지[驕] 않는다[無].

부유하다고 잘난 체할수록 더욱더 방정맞을 뿐이다. 잘난 체 버릇없이 굴지 말라[無驕]. 부유하다고 남을 업신여기면 세상의 손가락질을 받는 졸부(拙夫)일 뿐이다. 부유하더라도 졸부(猝富)는 되지 말라 함이 무교(無驕)인 셈이다.

부유할 부(富), 잘난 체할 교(驕)

자왈(子曰)
자공이 여쭙는 말을 듣고 공자께서 빈자(貧者)의 무첨(無諂)보다는 낙도(樂道)가, 부자(富者)의 무교(無驕)보다는 호례(好禮)가 왜 더 높은 덕행(德行)인지 가르쳐준다. 제자의 뜻을 괜찮다고[可也] 긍정하면서 다시금 생각해보도록 이끌어준다.

미약빈이락(未若貧而樂) 부이호례자야(富而好禮者也)
▶ 가난하지만[貧而] 삶을 즐기고[樂], 부유하면서도[富而] 예도를[禮] 좋아하는[好] 사람만[者] 못하다[未若].

무엇만 같지 못하다[未若]. 여기서 미약(未若)은 빈이무첨(貧而無諂)은 빈이락(貧而樂)만 못하다는 말이다. 가난하다[貧]. 그러나[而]

즐긴다[樂]. 가난한데 무엇을 즐긴단 말인가? 물론 가난을 즐긴다는 것은 아니다. 가난하지만 낙도(樂道)한다는 것이다. 가난해도 인의(仁義)의 도(道)를 즐기면서 산다[貧而樂]. 빈이무첨(貧而無諂)은 가난을 알고 산다 함이요, 빈이락(貧而樂)은 가난을 잊어버리고 산다 함이다. 잊어버리면 마음이 편안하다. 그래서 안빈(安貧)이라 한다. 가난을 잊어 마음이 편하다[安貧]. 그래야 도를 즐긴다[樂道].
　부이호례자야(富而好禮者也)에서 야(也)는 문장의 마침표와 같다. 부유하지만 잘난 체하지 않는 사람[富而無諂者]보다 부유하면서도 예도(禮道)를 따르기 좋아하는 사람[富而好禮者]이 낫다고 공자가 자공에게 타이르고 있다. 호례자(好禮者)는 서로의 어울림을 소중히 하는 마음가짐[和爲貴]을 간직했으므로 후덕(厚德)하다.

아닐 미(未), 같을 약(若), 즐길 락(樂), 부유할 부(富), 좋아할 호(好), 예도 례(禮), 놈 자(者)

자공왈(子貢曰)

　공자의 문하에서 십철(十哲)에 드는 자공은 특히 언어(言語)에 뛰어났다 하는데, 그래서인지 시(詩)를 들어 선생이 듣고자 하는 바를 아뢰고 있다. 토론(討論)이 아니라 담론(談論)으로 이끌어주는 선생의 뜻을 알아차리고 스승을 기쁘게 한다.

시운(詩云)

　여기서 시(詩)는 『시경(詩經)』을 말한다. '『시경』에 말하기를[詩云]' 하고 자공이 선생의 뜻을 받는 대목이다. 자공이 인용하는 절차탁마(切磋琢磨)란 말은 『시경』에 있는 위(衛)나라 민요[衛風]인 「기오(淇澳)」에 나온다.

이를 운(云)

여절여차(如切如磋) 여탁여마(如琢如磨)
▶ 뼈를 간[切] 듯[如] 상아를 간[磋] 듯[如] 구슬을 간[琢] 듯[如] 돌을 간[磨] 듯[如].

이 시구(詩句)는 『시경』「위풍(衛風)」「기오(淇澳)」의 첫 장(章) 4~5행(行)이다. 『모전(毛傳)』에 보면 절(切)은 뼈를 가공함이고, 차(磋)는 상아를 가공함이며, 탁(琢)은 구슬을 가공함이고, 마(磨)는 돌을 가공함이라고 되어 있다. 절차탁마(切磋琢磨)는 수신(修身)을 지극하게 비유하는 말이다. 이를 통해 왜 공자가 일신(日新)하라 했는지 자공이 깨우쳤음을 암시한다. 날마다 새롭게 태어나도록 갈고 닦아라[日新].

갈을 여(如), 칼로 벨 절(切), 줄로 쓸 차(磋), 끌로 다듬을 탁(琢), 숫돌로 갈 마(磨)

기사지위여(其斯之謂與)
▶ 그 시구가[其] 바로 스승의 말씀을[斯] 일컬음[謂]인지요[與]?

기사(其斯)의 기(其)는 절차탁마(切磋琢磨)를 말하고, 사(斯)는 선생의 말씀(樂道·好禮)을 받는다고 볼 수 있다. 자공이 지금 『시경』의 절차탁마(切磋琢磨)가 곧 무첨(無諂)과 무교(無驕)에 머물지 말고 낙도(樂道)와 호례(好禮)로 향상(向上)하라는 말씀이 아니냐고 여쭈어 묻는다. 그런 제자의 여쭘을 여(與)가 은근히 내비친다. 이런 경지를 두고 불가(佛家)에서는 줄탁동시(啐啄同時)라 한다. 알껍질을 새끼는 안에서 쪼고[啐], 어미는 밖에서 쪼아[啄] 함께 쫀다[啐啄同時]. 그래서 알이 새가 된다. 이 또한 공자의 일신(日新)이다.

그 기(其), 이 사(斯), 이를 위(謂)

자왈(子曰)

공자가 기뻐 자공의 이름을 부른다. "사야[賜也]." 그래 사(賜)로구나[賜也]. 사(賜)는 자공의 이름이다. 제자가 선생의 속뜻을 새겨 알아차리니 선생은 기쁠 수밖에 없으리라. 이보다 더한 스승의 즐거움이 있겠는가. 그 기쁨을 감추지 않으면서 더욱더 수신(修身)해가라는 공자의 속뜻을 담고 있는 담론(談論)이 그윽하다.

시가여언시이의(始可與言詩已矣)

▶ 비로소[始] 너와 함께[與]『시경(詩經)』의 시(詩)를 말해 볼 수[可言] 있구나[已矣]!

이의(已矣)는 감탄의 느낌을 드러내는 마침표 같다고 보면 된다. ~이구나[已矣]. 공자는 시(詩)를 교화(敎化)의 으뜸으로 친다. 시보다 더 좋은 선생이 없음을 공자는 알았다. 시란 것은[者] 무엇인가? 시자지지소지야(詩者志之所之也)라 한다. 마음의 뜻이[志] 가는 바가[所之] 시라 한다. 어떻게 가게 한단 말인가? 그 가는 바를 온유돈후(溫柔敦厚)하게 한다. 마음의 뜻이 가는 바를 따뜻하게[溫], 부드럽게[柔], 도탑게[敦], 두텁게[厚] 한다 함이다. 이런 시를 담론(談論)할 수 있다고 제자를 반긴다.

비로소 시(始), 가할 가(可), 함께 여(與), 말할 언(言), 시경 시(詩), 이미 이(已), 어조사 의(矣)

고저왕이지래자(告諸往而知來者)

▶ 지난 일을[諸往] 말해준다[告]. 그러면[而] 미래[來]라는 것을

[者] 안다[知].

　여기서 저(諸)는 목적어 앞에 오는 어조사이다. 모두 제(諸)가 아니라 지어(之於)의 합자(合字)이다. 왕(往)은 지난 일[往事]로 새기면 된다. 거일반삼(擧一反三)이란 말이 생각난다. 하나를 말해주면 하나를 아는 제자보다 하나를 알려주면 셋을 알아차리는 제자를 어느 스승이 기뻐하지 않겠는가. 일신(日新)하라. 온고지신(溫故知新)하라. 공자는 과거의 것[溫故]에 묶이지 말라 한다. 미래의 것[知新]으로 나아가라 한다. 이는 『주역(周易)』에서 말하는 궁즉변(窮則變)인 셈이다. 미래로 이끌어주는 선생이 진정 스승이다.

말해줄 고(告), 어조사 저(諸), 지난 왕(往), 알 지(知), 올 래(來)

제16장

【문지(聞之)】
불기지(不己知)·부지인(不知人)

【원문(原文)】

子曰 不患人之不己知오 患不知人也니라
자왈 불환인지불기지　　환부지인야

【해독(解讀)】
　공자께서 말했다[子曰]. "남들이 나를 몰라준다고 걱정하지 말고[不患人之不己知], 내가 남을 모르는 것을 걱정하라[患不知人也]."

【담소(談笑)】
자왈(子曰)

우리네 약점을 콕콕 찌르고 있다. 지금 우리는 남들에게 인정받아 인기를 얻어야 산다고 아우성이다. 날 좀 보소 야단들이다. 그러나 공자는 요새 사람들이 비웃을 말씀을 서슴없이 하고 있다. 공자의 말씀이 틀린 것이 아니라 우리네 마음가짐이 틀린 것이다.

불환인지불기지(不患人之不己知)
▶ 남이[人] 나를[己] 알아주지 않을까[不知] 걱정하지 말라[不患].

공자께서 유명해지기를 바라는 사람들에게 하는 말이다. 저명한 사람이 되려고 매명(賣名)하는 사람들에게 하는 말이다. 학문(學文)이란 사람 되는 법을 배우는 일이다. 남이 몰라준다 해서 학문이 뒤질 리 없다. 수신을 위한 절차탁마(切磋琢磨)는 남에게 보여주는 과시나 연기가 아니다.

걱정할 환(患), 나 기(己), 알 지(知)

환부지인야(患不知人也)
▶ 남을[人] 모르는 것을[不知] 걱정하라[患].

오죽하면 공자께서도 예순이 되어서야 이순(耳順)을 터득했다고 말했겠는가. 남의 심정을 헤아릴 줄 아는 사람은 어질고 착할 수 있다. 남의 말을 그대로 믿어주는 마음가짐[耳順]이라야 남을 알아본다[知人]는 것이다. 지인(知人)은 남을 염탐하라는 뜻이 아니다. 이 지인(知人)이 역지사지(易地思之)를 떠올리게 한다. 상대의 형편으로 돌아가 헤아려보라[易地思之].

전편(前篇) 2

위정(爲政)

입문 맨 처음의 '위정(爲政)'을 따서 편명(篇名)을 삼고 있다. 위정(爲政)은 정사(政事)에 참여한다는 말이다. 세상을 다스리는 일을 한다[爲政]. 배운 다음에 정사에 참여한다는 것이 공자의 위정이다. 이는 곧 유가(儒家)의 위정이다. 그래서 「학이(學而)」편에 이어서 「위정(爲政)」편을 둔 셈이다.

    누가 세상을 다스려야 하는가? 세상을 다스리는 사람[爲政者]은 덕(德)으로써 다스려야 한다는 것이 공자의 치세정신(治世精神)이다. 법치(法治)가 아니라 덕치(德治)를 펴는 위정자(爲政者)를 일러 성현(聖賢)·군자(君子)라고 한다. 「위정」편은 정치의 덕을 다음처럼 논(論)하고 있다. 효(孝)·경(敬)·신(信)·용(勇). 공자는 이런 정치가 인(仁)이요 예악(禮樂)이라고 한다. 그러므로 공자가 밝히는 정치의 덕은 인(仁)에서 비롯되지 법(法)에 의한 권력(權力)에서 나오지 않는다. 그래서 공자가 밝히는 덕치는 곧 인정(仁政)이다. 어질고 착하게 다스려라[仁政]. 그러므로 정치는 군자가 해야 한다는 것이다.

제1장

【문지(聞之)】
위정이덕(爲政以德)

【원문(原文)】

子曰 爲政以德이 譬如北辰이 居其所이어던 而衆
자왈 위정이덕   비여북신   거기소   이중
星共之니라
성 공 지

【해독(解讀)】
공자께서 말했다[子曰]. "덕으로써 다스림은[爲政以德], 비유해 말하자면[譬如] 북극성은[北辰] 제자리에 있고[居其所] 여러 별들이 북극성을 향해 손을 모으고 있는 것과 같다[而衆星共之]."

【담소(談笑)】
자왈(子曰)

정치의 근본을 말하고 있다. 『서경(書經)』 1편 「우서(虞書)」 「대우모(大禹謨)」에 나오는 우(禹)임금의 덕유선정(德惟善政)을 생각나게 한다. "오로지 덕이라야 선정을 베풀 수 있다[德惟善政]."

위정이덕(爲政以德)
▶ 덕으로써[以德] 나라 다스리기를[政] 하라[爲].

여기서 정(政)은 법령(法令)의 정(政)이 아니고 정(正)을 지킨다는 뜻이다. 다시 말해 다스리는 일을 바르게 한다 함이다. 그러므로 정사(政事)란 부정(不正)을 바로잡는 일이다. 덕(德)으로 세상일을 바로

잡아라[爲政以德].

　노자(老子)는 보원이덕(報怨以德)이라고 했다. 이는 다 덕치(德治)를 말한다. 그것을 공자는 왕도(王道)라고 했고, 노자는 도덕(道德)이라고 했을 뿐이다. 덕치의 왕도는 곧 인정(仁政)이다. 이것이 공자가 밝힌 치세(治世)이다. 덕치의 도덕은 곧 자연(自然)이다. 이것은 노자가 밝힌 치세인 셈이다.

　덕으로써 다스려라[德治]. 덕(德)으로 바로잡아야지 법(法)이나 힘[力]으로 바로잡으려 하지 말라는 것이다. 법과 힘으로 다스리는 것을 패도(覇道)라고 한다. 패도는 폭력으로 다스리는 짓이다. 그런 다스림은 곧 학정(虐政)이다. 패도를 버리고 덕으로 다스려라. 왜 공자가 이렇게 말했는가? 백성이 원하기 때문이다. 그래서 공자가 수많은 군왕들에게 덕치(德治, 爲政以德)를 설파했지만, 이를 들어준 임금은 하나도 없었고 오로지 백성만 그러기를 원했다.

~할 위(爲), 나라를 다스리는 일 정(政), 써 이(以), 큰 덕(德)

　비여북신(譬如北辰) 거기소(居其所) 이중성공지(而衆星共之)
▶ 비유해서 말하면[譬如], 북극성[北辰]은 제자리에 머물러 있는데[居其所] 주변에 널려 있는 별들이 북신(北辰)을 향해 두 손을 모으고 있다[衆星共之].

　비여(譬如)는 '마치 ~같다'는 뜻의 관용어(慣用語)이고, 북신(北辰)은 북극성(北極星)을 말한다. 거기소(居其所)의 기소(其所)는 북극성의 제자리를 뜻하고, 거(居)는 머문다는 뜻이다. 중성(衆星)은 북극성 주변에 널려 있는 별들이다. 중성공지(衆星共之)의 공(共)은 공(拱)이다. 두 손을 마주 잡고 절한다[拱].

　왜 위정이덕(爲政以德)을 북신을 들어 비유했겠는가? 북극성은 여기서 근본을 비유한다. 덕을 근본으로 삼고 정치하라는 소망 때문이었을 터이다. 덕을 두 손으로 받들어 세상일을 하라. 그러면 백성의 마음을 얻는다. 그래서 덕(德)을 득(得)이라 한다. 큰 것을 얻는다[得]. 큰 것이 무엇이란 말인가? 민심(民心)이다. 민심은 천심(天心)이다. 천심보다 더 큰 것은 없다. 그 천심이 곧 덕이다. 그러니 위정이덕(爲政以德)은 백성을 하늘같이 여기고 다스리라는 말이다. 그래서 치자(治者)는 날마다 새롭게 생각하고 행동하라 함이다.

> 비유할 비(譬), 같을 여(如), 별 신(辰), 머물 거(居), 곳 소(所), 무리 중(衆), 별 성(星), 함께할 공(共)

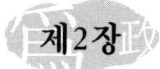

제2장

【문지(聞之)】

시삼백(詩三百)·사무사(思無邪)

【원문(原文)】

> 子曰 詩三百에 一言以蔽之하니 曰 思無邪니라
> 자왈 시삼백 일언이폐지   왈 사무사

【해독(解讀)】

공자께서 말했다[子曰]. "『시경(詩經)』에 들어 있는 300편의 시(詩)들은[詩三百] 한마디로 모두 다[一言以蔽之] 말해서[曰] 생각함에 간사함이란 없다[思無邪]."

【담소(談笑)】
자왈(子曰)
덕치(德治)의 마음가짐을 말하고 있다.

시삼백(詩三百)
▶ 『시경(詩經)』에 있는 시들[詩三百].

　시삼백(詩三百)의 시(詩)는 『시경(詩經)』에 있는 시들을 말한다. 『시경』에는 305편의 시가 있다. 본래 311편이었다고 하는데 6편은 제명(題名)만 남아 있다. 『시경』은 세계에서 가장 오래된 시집이라고 할 수 있는데, 주(周)나라 건국(B.C. 1122년) 이래 약 700년 동안의 시 3,000편을 공자가 추렸다는 설이 있다. 『시경』의 내용은 주나라 건국 선조(建國先祖)의 공덕을 찬양한 송(頌), 왕족과 귀족의 정치(政治)·의식(儀式)·연회(宴會)·전쟁(戰爭)·수렵(狩獵) 등등을 읊은 아(雅), 여러 지방의 민요(民謠)와 풍습(風習)을 엮은 풍(風) 등 세 갈래로 나누어진다.

　공자가 말하는 덕치(德治)는 예악(禮樂)으로 민심(民心)을 다스린다 함이다. 시(詩)는 가무(歌舞)의 출발이다. 시가무(詩歌舞)는 곧 악(樂)이다. 이러한 악으로써 백성을 교화하라는 게 곧 덕치인 셈이다. 그래서 유가(儒家)는 『시경』을 수덕(修德)의 교과서로 삼으라고 했다. 시삼백(詩三百)으로써 덕을 닦아라[修德].

　왜 위정이덕(爲政以德) 다음에 곧장 시삼백(詩三百)이 이어지는지 곰곰이 생각해야 한다. 오늘날 정치한다는 사람들은 시를 알기는커녕 거들떠보지도 않는다. 세상의 민심을 알고 싶은가? 그러면 당대(當代)의 시를 읽어라.

시경 시(詩), 셋 삼(三), 일백 백(百)

일언이폐지(一言以蔽之)
▶ 한마디로[一言以]『시경』의 시들을[之] 일괄해서 말한다[蔽].

두말 할 것 없다는 뜻이다. 두루두루 마땅하다 함을 일러 일언이폐지(一言以蔽之)라고 한다. 성현(聖賢)은 잘라 말하는 법이 거의 없다. 그런데 공자가 이렇게 잘라 말하다니! 성인(聖人)은 무엇을 단정하지 않는데 말이다. 성인이 단정했을 때는 의심할 여지가 없는 진실이요 사실이다. 그러니 정치가여 제발 시(詩)를 좀 읽어라.

말할 언(言), 써 이(以), 덮을 폐(蔽), 그것 지(之)

사무사(思無邪)
▶ 생각함에[思] 간사함이란[邪] 없다[無].

무(無)는 주어를 뒤에 둔다. A 無 B라면 A에는 B가 없다는 뜻이다. 사(思)는 시상(詩想)으로 새기면 무방하다. 시(詩)로써 생각하기가 곧 시상이니 말이다. 그래서 이 사(思)는 『시경(詩經)』의 시들이 생각하게 하는 정신(精神)이라고 이해하면 된다. 그 정신에는 사(邪)란 것이 없다고 공자가 단언하고 있다. 성현이 단언한 것은 의심할 것 없이 진실이다.

사(邪)가 없으면 곧 덕(德)이다. 간사한 마음은 사람을 어긋나게 하고 치우치게 한다. 그래서 노자는 무사(無私)하라고 했고, 공자는 무사(無邪)라고 했다. 사(邪)는 사(私)에서 나온다. 무사(無邪)는 수신(修身)의 목표인 셈이다. 그러니 무사(無私)·무사(無邪)는 같은 바람이다. 인간을 무사(無邪)로 이끌어라. 이것이 유가(儒家)의 덕치(德治)요 왕도(王道)이다. 도가(道家)는 그런 바람을 무위(無爲)라고 했고, 유가는 인의(仁義)라고 했으니 이를 두고 시비(是非)할 것 없다.

생각할 사(思), 없을 무(無), 간사할 사(邪)

제3장

【문지(聞之)】
이정(以政)·이형(以刑)·이덕(以德)·이례(以禮)

【원문(原文)】

子曰 道之以政하고 齊之以刑이면 民免而無恥니라
자왈 도지이정   제지이형   민면이무치
道之以德하고 齊之以禮면 有恥且格이니라
도지이덕   제지이례   유치차격

【해독(解讀)】
　공자께서 말했다[子曰]. "법으로 이끌고[道之以政] 형벌로 다지면[齊之以刑] 백성은 빠져나가려 하되 부끄러움을 느끼지 않는다[民免而無恥]. 덕으로써 이끌고[道之以德] 예로써 다지면[齊之以禮] 부끄러움을 느끼고 나아가 선하게 된다[有恥且格]."

【담소(談笑)】
자왈(子曰)
　법치(法治)를 버리고 덕치(德治)를 해야 하는 까닭을 말하고 있다.

도지이정(道之以政)
▶ 갖가지 법률로써[以政] 이끌어간다[道之].
　여기서 도지(道之)는 도(導)와 같다. 지도해서 이끌어간다[導]. 이정(以政)의 정(政)은 정령(政令)·법률(法律)을 뜻한다. 도지이정(道之以政)은 힘[力]으로 다스림[覇道]을 말한다.

이끌어갈 도(道), 법률 정(政)

제지이형(齊之以刑)
▶ 온갖 형벌로써[以刑] 모두 가지런히 다진다[齊之].

여기서 제지(齊之)는 정(整)과 같다. 가지런히 처리한다[整]. 형(刑)은 형법(刑法)을 말한다. 칼을 들이대고 겁(怯)을 주듯 벌(罰)을 앞세워[以刑] 백성을 겁주는 것이 곧 제지이형(齊之以刑)이다. 이것이 전형적인 패도(霸道)이다. 패도는 소를 물가에 억지로 끌고 가서 억지로 물을 먹이려는 짓과 같다.

가지런히 할 제(齊), 형벌 형(刑)

민면이무치(民免而無恥)
▶ 백성은[民] 법망(法網)을 피하려고 하면서도[免] 부끄럽게 여기지 않는다[無恥].

왜 법망(法網)을 거미줄에 비유하겠는가. 법망에는 새는 걸리지 않고 벌레만 걸려든다. 법망은 애초부터 강자한테는 약하고 약자한테는 강했다. 강자는 법을 빙자해 불법을 범하고, 약자는 법망을 피해 불법을 저지르려 하면서도 부끄러운 줄 모른다. 법치(法治)와 난세(亂世)는 이렇듯 동행하는 것이다.

피할 면(免), 부끄러워할 치(恥)

도지이덕(道之以德)
▶ 덕으로써[以德] 이끈다[道之].

이는 군자(君子)가 할 일이다. 온 세상 사람들이 따뜻하고[溫], 부드러우며[柔], 도탑고[敦], 두터운[厚] 마음가짐으로 서로 더불어 살게 하려는 이를 군자라고 한다. 군자는 백성 뒤를 따라가며 백성 스스로 하고 싶어하게 한다. 그러나 현실에는 언제나 군자는 없고 군왕(君王)만 있다.

제지이례(齊之以禮)
▶ 예로써[以禮] 가지런히 한다[齊之].

「학이(學而)」편 12장의 '예지용(禮之用) 화위귀(和爲貴)'란 말을 떠올렸으면 한다. 여기서 가지런히 한다[齊之] 함은 모두가 스스로 어울림을 소중히 한다는 뜻이다. 순종(順從)은 본래부터 복종(服從)이 아니다. 내가 좋아 기꺼이 따르는 짓[順從]은 못 이겨서 억지로 따르는 척하는 짓[服從]과는 너무나 다르다. 군자의 예(禮)는 소를 억지로 끌고 가 억지로 물을 먹이지 않는다. 목이 마르면 절로 물가에 간다. 군자의 예는 목이 마르거든 물가로 가서 물을 마시라 한다.

유치차격(有恥且格)
▶ 부끄러움이[恥] 있고[有], 또한[且] 이르게 된다[格].

여기서 유치(有恥)는 백성에게 부끄러워하는 마음이 있다[民有恥]는 뜻으로 새기면 된다. 백성이 부끄러워할 줄 안다는 뜻이다. 사람이 선하고 착해 어질게 되려면 먼저 스스로 부끄러워할 줄 알아야 한다. 그래야 뉘우칠 줄 안다. 이것이 악에서 벗어나 선으로 옮겨가는 과정이다. 예(禮)란 그 과정에서 벗어나지 않게 하는 마디인 셈이다. 그래서 예절(禮節)이라 하지 않는가.

무례(無禮)하면 격(格)을 잃는다고 한다. 이럴 때 격은 선(善)에 이른다[至善] 함이요, 바르게 된다[正] 함이다. 치자(治者)가 부끄러운 줄 모르면 썩는다. 그러면 백성도 덩달아 썩기를 마다 않고 뻔뻔스러워진다. 지금 우리는 어떤 지경인가? 공자의 말씀을 낡았다고 흉보겠는가?

> 부끄러워할 치(恥), 또 차(且), 이를 격(格)

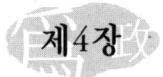
제4장

【문지(聞之)】
지(志)・입(立)・불혹(不惑)・지천명(知天命)・이순(耳順)・종심소욕(從心所欲)

【원문(原文)】

> 子曰 吾十有五而志于學하고 三十而立하고 四十
> 자왈 오십유오이지우학 삼십이립   사십
> 而不惑하고 五十而知天命하고 六十而耳順하고 七
> 이불혹   오십이지천명   육십이이순   칠
> 十而從心所欲하야 不踰矩라
> 십이종심소욕   불유구

【해독(解讀)】
　공자께서 말했다[子曰]. "나는 열다섯 살에 학문(學文)에 뜻을 두게 되었고[吾十有五而志于學], 서른 살에 독립하게 되었으며[三十而立], 마흔 살에 망설임이 없게 되었고[四十而不惑], 쉰 살에 천명을 알게 되었으며[五十而知天命], 예순 살에 남의 말을 그냥 그대로 듣게 되었고[六十而耳順], 일흔 살에 마음대로 해도[七十而從心所欲] 할 바를 넘어서지 않았다[不踰矩]."

【담소(談笑)】
자왈(子曰)

자기(自己)를 분명히 하고 있다. 살다 보니 이렇게 되었다고 말하지 말라 함이다. 앞일[來者]을 내다보고 살라는 것이다. 성인(聖人)이 제 자랑을 할 때는 귀를 꼭꼭 기울여라. 날마다 향상했노라[日新] 한다. 미래(未來)를 만들라는 뜻이다. 공자의 말씀이 왜 21세기에 더욱 마땅한지 알겠다.

오십유오이지우학(吾十有五而志于學)
▶ 나는[吾] 열다섯 살에[十有五] 학문에[于學] 뜻을 두게 되었다[志].

이러한 공자의 뜻을 이해하기 위해서는 「학이(學而)」편 6장을 새삼 새겨두어야 한다. "젊은이는 집안에서는 효도하고[弟子入則孝] 집을 나서서는 자애로우며[出則弟], 매사를 삼가 신의를 얻고[謹而信] 널리 여러 사람을 사랑하되[汎愛衆] 어진 사람을 가까이 하라[而親仁]. 그렇게 하고서도 힘이 남거든[行有餘力] 비로소 육경(六經)을 배워라[則以學文]." 공자는 열다섯 살 이전에 제자(弟子)로서 자기완성을 한 것이다. 그러니 자랑해도 되리라.

나 오(吾), 뜻할 지(志), ~에 우(于), 배우고 터득할 학(學)

삼십이립(三十而立)
▶ 서른 살에[三十而] 자립했다[立].

여기서 입(立)은 학문(學文)을 터득하고 인격을 갖추어 사회인이 되었음을 뜻한다. 삶의 목표가 확고하여 어떻게 살아갈 것인지 자신 있게 분명히 알았다 함이다.

설(자립할) 립(立)

사십이불혹(四十而不惑)
▶ 마흔 살에[四十] 헷갈리지 않았다[不惑].

　헷갈림이 없으니 망설일 것이 없다[不惑]. 군자의 길을 걷기로 했으니 권세(權勢), 부귀(富貴) 등에 현혹당하지 않는다 함이다. 명성을 좇아 불나방처럼 살려는 우리에게 제일 거북살스러운 말이 곧 불혹(不惑)이다.

넉 사(四), 헷갈리게 할 혹(惑)

오십이지천명(五十而知天命)
▶ 쉰 살에[五十] 천명(天命)을[天命] 알게 되었다[知].

　생사(生死)는 하늘의 것임을 알았다 함이요, 세상은 사람의 뜻대로 되지 않음을 깨우쳤다 함이다. 하늘이 준 목숨이니 그 목숨을 거두어 가는 것 역시 하늘이다. 이것이 곧 천명(天命)이다. 그 천명을 알았다[知] 한다. 살려고 발버둥친들 소용없다. 천하가 제 것인 양 착각하지 말라. 하늘이 준 목숨을 더럽히지 말고 살라. 하늘을 무서워하라. 그렇게 삶에 만족하라. 그러면 지천명(知天命)이다. 공자의 지천명(知天命)은 노자의 지족(知足)과 불인(不仁)을 떠올리게 한다. 만족할 줄 알라[知足]. 세상은 사람한테만 어진 것이 아니다[不仁].

다섯 오(五), 목숨 명(命)

육십이이순(六十而耳順)
▶ 예순에[六十] 귀가[耳] 순종하게 되었다[順].

　남의 말을 그냥 그대로 들었다[耳順]. 남의 의견이나 주의, 주장을 내 뜻에 억지로 맞추려고 고집하지 않고 그냥 그대로 들어주는 것은 시비(是非)를 떠난 것이다. 공자의 이순(耳順)은 노자의 위일(爲一)을 떠올리게 한다. 이순(耳順)이면 서로 하나 된다[爲一]. 성현의 뜻은 서로 한 울타리 안에 있지 갈라서지 않는다.

> 여섯 육(六), 귀 이(耳), 따를 순(順)

칠십이종심소욕(七十而從心所欲) 불유구(不踰矩)
▶ 일흔에[七十] 마음이[心] 바라는[欲] 바대로[所] 좇아도 되었고[從], 할 바를[矩] 넘어서지 않았다[不踰].

 욕심이 없어져 허심(虛心)하게 돼 어떤 일을 하든 거리낄 것이 없다 함이다. 공자의 종심소욕(從心所欲)은 노자의 무친(無親), 여래(如來)의 무아(無我)와 서로 통한다. 불유구(不踰矩)의 구(矩)는 바라는 바[所欲]를 비유한다. 여기서 구(矩)는 법도(法度)란 뜻으로, 유(踰)는 넘어서 어긴다는 말로 새겨도 된다. 마음 내키는 대로 해도[從心所欲] 법도를[矩] 넘어서지 않았다[不踰]는 말이니 참으로 무아(無我)요 무친(無親)이 아닌가. 공자도 인도(仁道)를 편다고 욕심부리지 않고 알맞게 만족하는 자유인(自遊人)이 되었다 한다. 노년기에 이르러 자연인(自然人)의 삶을 누린다는 말씀이다. 이러하므로 노(老)·공(孔)을 두고 시비 걸지 않아도 된다.
 또한 공자는 「계씨(季氏)」편 7장에서 이렇게 말한다. "급기로야(及其老也) 혈기기쇠(血氣旣衰) 계지재득(戒之在得)." 노년기가[老] 되면[及] 정신과 체력이[血氣] 이미[旣] 쇠약하였으니[衰] 경계해야 함이[戒之] 노욕을 부리는 데[得] 있다[在].
 불유구(不踰矩)를 계지재득(戒之在得)으로 새겨들어도 된다. 득(得)을 '탐(貪)할 득(得)'이 아니라 '만족할 득(得)'으로 여기면 곧 불유구(不踰矩)한다는 말이다. 만족할 득(得)은 곧 덕(德)이 아닌가. 늙어서는 노욕(老欲)을 부리지 말고 남김없이 베풀라[厚德] 함이다. 빈손으로 왔으니 빈손으로 갈 순간에 무엇을 탐하겠는가!

일곱 칠(七), 좇을 종(從), 마음 심(心), 바 소(所), 바랄 욕(欲), 넘을 유(踰), 곱자로 그릴 구(矩)

제5장

【문지(聞之)】

효(孝) · 무위(無違)

【원문(原文)】

孟懿子問孝하매 子曰 無違니라
맹의자문효   자왈 무위
樊遲御러니 子告之曰 孟孫이 問於我어늘 我對曰
번지어   자고지왈 맹손 문어아   아대왈
無違호라
무위
樊遲曰 何謂也이꼬
번지왈 하위야
子曰 生事之以禮하며 死葬之以禮하고 祭之以禮
자왈 생사지이례   사장지이례   제지이례
니라

【해독(解讀)】

맹의자가 효에 대해 묻자[孟懿子問孝] 공자께서 말해주었다[子曰]. "어기지 말라[無違]."

번지가 수레를 몰았다[樊遲御]. 공자가 그에게 말을 걸었다[子告之曰]. "맹손이 나한테 효가 무엇이냐고 물었다[問孝於我]. 그래서 내가 어기지 말라 함이라고 말해주었다[我對曰無違]."

이에 번지가 무슨 뜻이냐고 여쭈었다[樊遲曰何謂也].

공자께서 말해주었다[子曰]. "부모가 살아 있을 때는 예로써 받들고[生事之以禮], 돌아가셨을 때는 예로써 장례를 치르며[死葬之以禮], 예로써 제사를 모신다[祭之以禮]."

【담소(談笑)】
맹의자문효(孟懿子問孝)
▶ 맹의자가[孟懿子] 공자께[子] 효를[孝] 물었다[問].

맹의자(孟懿子)는 노(魯)나라의 대부(大夫)로, 이름은 가기(柯忌)이고 의(懿)는 시호(謚號)이다. 맹손(孟孫)으로 불리기도 한다. 당시 세도를 부렸던 삼대부(三大夫) 중 한 사람이다. 그 맹의자가 효를 물었다는 것이다.

맏이 맹(孟), 훌륭할 의(懿), 물을 문(問)

자왈(子曰) 무위(無違)
▶ 공자가 [子] 말했다[曰]. "어기지[違] 말라[無]."

공자가 맹손 앞에서 딱 잘라 '무위(無違)' 한마디를 거침없이 던지는 모습을 상상해보라. 본래 성인은 무외(無畏)의 어른이다. 두려워할 게 없다[無畏]. 그래서 공자는 이같이 무례한 세도가를 난타할 수 있다.

노나라 환공(桓公)에서 갈라진 맹손(孟孫)·숙손(叔孫)·계손(季孫) 삼대부(三大夫)는 무도(無道)하고 무례(無禮)한 본보기로 삼는 패거리다. 『논어(論語)』 「팔일(八佾)」 편 1장, 6장이 그러함을 잘 말해준다. 대부이면서 천자나 제후라도 되는 양 무도한 짓을 저지르는 패거리의 맏이에게 어기지 말라고[無違] 질타하는 모습을 상상해보라.

성현(聖賢)은 무외자(無畏者)란 말이 실감난다. 공자는 맹손이란 세도가(勢道家) 앞에서 두려워하지 않는다[無畏].

어기지 말라[無違]. 이 한마디는 맹손의 심장에 던지는 단칼인 셈이다. 촌철살인(寸鐵殺人)이란 이런 걸 두고 한 말이리라. 한마디로 작살내버린다[寸鐵殺人]. 무엇을 어기지 말라는 것인가? 무위(無違) 이 한마디에는 예(禮)를 어기지 말아야 효(孝)라는 속뜻이 담겨 있다. 성현은 잔말하지 않는다. 폐부를 찌르는 한마디를 던질 뿐이다.

~하지 말라 무(無), 어길 위(違)

번지어(樊遲御)
▶ 번지가[樊遲] 수레를 몰았다[御].

번지(樊遲)는 공자의 제자로 노나라 사람인데 이름이 수(須)이다. 번지와 공자의 대화에서 공자가 맹손한테 대질러주고 나왔음을 알 수 있다. 번지가 끄는 수레에 앉은 공자가[子] 제자를[之] 불러[告] 말을 건넨다[曰]. 공자는 번지에게 왜 말을 건넸을까? 맹손을 질타한 후에 느끼는 후련함 때문이었을 것이다. "맹손이[孟孫] 나한테[於我] 효를 묻기에[問孝] 어기지 말라고[無違] 내가 대질러주었어[我對曰]." 이러한 공자의 말투에서 후련함이 느껴진다. 나는 새도 떨어뜨리는 세도가를 혼내준 공자가 통쾌하다. 그러자 번지가 물었다[樊遲曰]. "무슨 뜻입니까[何謂也]?" 그러자 공자께서 무위(無違)에 담긴 뜻을 번지가 헤아릴 수 있게 말해준다[子曰].

수레를 부릴 어(御)

생사지이례(生事之以禮)
▶ 부모가 살아계실 때는[生] 예로써[以禮] 부모를[之] 모신다[事].

사지(事之)의 지(之)는 지시어로 부모를 받는다고 보아도 되고, 사(事)를 동사 구실을 하게 만드는 어조사로 보아도 된다. 예(禮)는 무엇보다 먼저 효제(孝弟)를 지키는 길이다. 유가(儒家)는 효제를 덕의 근본[德之本]으로 삼는다. 효제를 떠난 인의(仁義)는 헛것이기 때문이다.

살 생(生), 섬길 사(事), 써 이(以)

사장지이례(死葬之以禮)
▶ 부모가 돌아가시면[死] 예로써[以禮] 장사 지낸다[葬之].

이는 살아계실 때처럼 부모를 받들어 모시라 함이다. 산 자는 죽은 자를 장엄하게 하라. 태어남[生]도 천명(天命)이요 죽음[死]도 천명이니 천명에 따라 순종(順從)하라는 것이다.

죽을 사(死), 장사 지낼 장(葬)

제지이례(祭之以禮)
▶ 예로써(以禮) 제사를 올린다(祭之).

이는 목숨을 물려준 부모와 조상을 잊지 말라 함이다. 부모는 천지와 같다.

제사 올리는 제(祭)

제6장

【문지(聞之)】

효(孝) · 우(憂)

【원문(原文)】

孟武伯問孝한대 子曰 父母는 唯其疾之憂시니라
맹 무 백 문 효   자 왈 부 모   유 기 질 지 우

【해독(解讀)】

맹무백이 효에 대해 묻자[孟武伯問孝] 공자께서 말해주었다[子曰]. "부모는 오로지 자식의 병을 걱정하신다[父母唯其疾之憂]."

【담소(談笑)】

맹무백문효(孟武伯問孝)

▶ 맹무백이[孟武伯] 공자께 효를(孝) 물었다[問].

맹무백(孟武伯)은 맹손의 큰 아들로 이름이 체(彘)이다. 심성은 순하고 착했으나 몸이 약했다 한다. 이런 맹무백이 효(孝)를 물었을 때 공자가 대답한 내용을 잘 살펴야 한다. 성인은 어떤 이론을 말하지 않는다. 사람에 따라 그 사람한테 맞게 말해주지 하나를 정해두고 강요하지 않는다. 성인은 지식으로 무장한 이론을 간직하지 못한다. 성인은 유식한 할아버지가 아니라 무식하지만 슬기로운 할아버지를 닮은 편이다. 공자는 효란 무엇이라고 규정하지 않는다. 하나라고 못 박아 규정하는 것은 이단(異端)이다. 이단을 공격해 뿌리치라고 다짐하는 공자의 모습을 16장에서 볼 수 있다.

글씨 무(武), 맏이 백(伯)

부모유기질지우(父母唯其疾之憂)
▶ 부모는[父母] 오직[唯] 자식이[其] 병들까 걱정한다[疾之憂].

　병약한 자식이 효(孝)를 물었을 때 『효경(孝經)』을 보면 효는 이러이러하더라고 알려주는 사람은 효에 관한 이론(理論)만 알지 실다운 효가 무엇인지 모르는 편이다. 효에 관한 이론이나 지식(知識)은 없더라도 사람에 따라 해야 할 바 효가 어떤 것인지 알려주는 분이 곧 성현이다. 그 아비[孟孫]한테는 효를 무위(無違)라고 말해주고, 그 아들[孟武伯]한테는 몸을 튼튼히 하는 것이 효라고 말해주는 공자를 보라. 성현의 말씀은 이렇다. 병약한 자식에게 효란 오로지 제 몸을 튼튼히 해 부모가 근심하지 않게 하는 것이다. 성현의 말씀은 물샐 틈 없다.

오직 유(唯), 병 질(疾), 그기(其), 근심할 우(憂)

제7장

【문지(聞之)】
효(孝)・불경(不敬)

【원문(原文)】

子游問孝한대 子曰 今之孝者는 是謂能養이니 至
자유문효　　　자왈　금지효자　　시위능양　　　지
於犬馬하야도 皆能有養이니라 不敬이면 何以別乎리오
어견마　　　　개능유양　　　　불경　　　하이별호

【해독(解讀)】
자유가 효에 대해 묻자[子游問孝] 공자께서 말해주었다[子曰]. "요새는 효를[今之孝者] 공양하는 것으로만 생각하지만[是謂能養], 개와 말도[至於犬馬] 다 주는 먹이를 받아먹고 클 수 있다[皆能有養]. 존경하지 않으면[不敬] 무엇이 다르겠는가[何以別乎]?"

【담소(談笑)】
자유문효(子游問孝)
▶ 자유가[子游] 공자께 효를[孝] 물었다[問].

자유(子游)는 공자의 제자이다. 성은 언(言)이고 이름은 언(偃)이며, 오(吳)나라 사람으로 공자보다 45세 아래였는데 학문(學文)에 뛰어났다고 한다. 이러한 제자가 공자께 효(孝)를 물었다[問]. 앞서 5장, 6장과 비교해보면 성인의 변통(變通)이 어떠한지 짐작할 수 있다. 자유의 물음에 공자께서 말해준다[子曰].

금지효자(今之孝者) 시위능양(是謂能養)
▶ 지금은[今] 효라는 것을[孝者] 말하건대[是謂] 부양하는 것으로만 볼 수 있다[能養].

부모의 마음이 편하게 정성껏 섬기는 것이 효(孝)라 한다. 부모의 의식주를 아무리 잘 해결해준다 해도 그것으로써 효가 되지는 않는다. 마지못해 하는 효는 불효(不孝)를 숨기는 위선이 아니냐고 반문(反問)하는 셈이다. 공자의 시대에도 지금처럼 부모의 호주머니 사정을 보고 효자(孝子)인 척하는 자들이 많았던 모양이다.

이제 금(今), 이것 시(是), 잘할 능(能), 먹여줄 양(養)

지어견마(至於犬馬) 개능유양(皆能有養)
▶ 개[犬]나 말[馬]까지도[至於] 다[皆] 사료를 받아먹을 수 있다[能養].

정성을 다하지 않고 마지못해 부모와 함께 사는 것은 집 지켜주고 밥 얻어먹는 개나 일해주고 사료 받아먹는 말을 대하는 것과 다를 바 없다는 것이다. 공자가 불효(不孝)가 어떤 것인지 사정없이 몰아붙이고 있다. 성현(聖賢)은 본래 제자한테는 사정없다. 그래야 깨우칠 것이 아닌가. 효(孝)를 하려면 지극 정성으로 하라. 불효하면서 효자인 양 사기치지 말라 함이다. 『대학(大學)』의 무자기(無自欺)란 말이 생각난다. 내가 나를 속이지 말라[無自欺].

이를 지(至), 개 견(犬), 말 마(馬), 모두 개(皆).

불경(不敬) 하이별호(何以別乎)
▶ 공경하지 않는다면[不敬] 어찌[何以] 다르다 하겠는가[別乎]?

경(敬)은 받들어 섬기는 마음가짐이다. 불경(不敬)은 그런 마음가짐이 없다는 말이다. 불경은 학대(虐待)로 이어진다. 귀찮아 업신여기는 마음[虐待]보다 더한 불효(不孝)는 없다. 그래서 공자는 불효란 부모를 개 돼지처럼 여기는 학대(虐待)라고 사정없이 질타한다. 파고다 공원에 나가보라. 집안의 애완용 강아지보다 못한 신세를 한탄하는 늙은이가 수두룩하다. 부모도 늙으면 업신여긴다는 적족(狄族)만 오랑캐라고 누가 흉볼 수 있겠는가. 공자 당대에 이미 불효하는 세상을 개탄했으니 지금 세상이야 더 말해 무엇 하겠나.

공경할 경(敬), 어떻게 하(何), 나눌 별(別).

제8장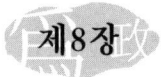

【문지(聞之)】
효(孝)・색난(色難)

【원문(原文)】

子夏問孝한대 子曰 色難이니 有事이어든 弟子服其
자하문효   자왈 색난   유사   제자복기
勞하고 有酒食이어든 先生饌이라 曾是以爲孝乎아
로   유주사   선생찬   증시이위효호

【해독(解讀)】
자하가 효에 대해 묻자[子夏問孝] 공자께서 말해주었다[子曰]. "항상 좋은 낯으로 섬기기는 어렵다[色難]. 일이 있으면[有事] 젊은이가 그 일을 맡아서 하고[弟子服其勞], 술이나 먹을 것이 있으면[有酒食] 어른께 차려드린다[先生饌]. 그런데 이런다고 해서 효라 할 수 있겠느냐[曾是以爲孝乎]?"

【담소(談笑)】
자하문효(子夏問孝)
▶ 자하가[子夏] 공자께 효를[孝] 물었다[問].

색난(色難)
▶ 얼굴빛은[色] 어렵다[難].
공자께서 말씀하신 이 색난(色難)이란 한마디를 두고 말들이 많다. 색난(色難)의 색(色)을 부모의 얼굴 표정으로 보고 그 표정에 따라 섬긴다고 해석하거나, 자녀의 얼굴 표정으로 보고 부드러운 얼굴

빛으로 섬긴다고 해석하기도 한다.『예기(禮記)』를 보면 효성(孝誠)이 깊은 효자의 얼굴에는 반드시 완용(婉容)이 깃든다[必有婉容]는 말이 나온다. 여기서 완용(婉容)은 얼굴 표정 너머 있는 순하고 착하고 어질어 은근한[婉] 마음이 우러나오는 모습[容]을 말하지 시늉하는 얼굴을 말하는 게 아니다. 색난(色難)의 색(色)이『예기』의 완용(婉容)이 아님은 공자의 말씨에서 짐작할 수 있을 것이다. 그러므로 색난(色難)의 색(色)이 부모의 얼굴빛이냐 자식의 얼굴빛이냐 갈래짓기를 해 시비할 필요는 없다고 본다. 공자가 색난(色難)에 담아둔 속내를 뒷말에서 엿볼 수 있기 때문이다. 이렇게 새겨듣고 싶다. "효(孝)란 겉보기 생색내기로는 어렵다[色難]."

얼굴빛 색(色), 어려울 난(難)

유사(有事) 제자복기로(弟子服其勞)
▶ 몸으로 때울 일이 생기면[有事] 젊은 사람들이[弟子] 맡아서 수고한다[服其勞].

이는 힘든 일을 어른들께 떠밀지 않으려는 젊은이의 마음가짐을 말한다. 물론 어른을 모시는 마음가짐도 효(孝)로 통할 수 있다. 그러나 효는 자녀가 부모를 섬기는 마음가짐이다. 그 효가 부모의 마음을 읽기는 참으로 어렵다. 제 자식이 힘든 일 하는 것을 보고 마음 편할 부모는 없다. 부모의 마음을 아프게 하면 불효(不孝)가 아닌가. 힘든 일일수록 부모가 모르게 얼굴을 찌푸리지 말라.

어린 사람 제(弟), 떠맡아 일할 복(服), 힘들여 일할 로(勞)

유주사(有酒食) 선생찬(先生饌)
▶ 술과 먹거리가[酒食] 있으면[有] 어른들께서[先生] 드시도록 먼저

차려드린다[饌].

어른 먼저 음식을 드시게 하는 마음이 사양(辭讓)할 줄 아는 예절(禮節)의 첫걸음이다. 그런데 부모 자식 사이란 세상이 요구하는 예절만으로 다 되는 것은 아니다. 손자가 왜 할아버지 밥상에 함께하기를 바라는지 아는가? 며느리는 맛있는 것을 시아버지 상에 올리지만, 할아버지는 손자가 먹게 하려고 먹는 시늉만 하기 때문이다. 이처럼 효(孝)란 마음 속에 있지 드러나지 않는다. 그러니 효란 참으로 색난(色難)이 아니겠는가.

> 술 주(酒), 먹거리 사(食), 음식을 차려 낼 찬(饌)

증시이위효호(曾是以爲孝乎)
▶ 그런데[曾] 이런다고[是以] 효가 되겠는가[爲孝乎]?

여기서 증(曾)은 내(乃)와 같다. 그래서 되겠느냐는 공자의 속내를 느껴게 하는 말투로 보면 된다. 사회생활에서 예절을 지키는 마음가짐만으로는 효(孝)가 만족스럽게 지켜지지 않는다 함이다. 이름 좀 얻어보겠다고 집을 나서선 어른들 앞에서 싹싹하게 굽실거리면서도 집안에선 불효(不孝)하는 인간들이 의외로 많다. 그러니 얼굴빛의 생색으로 효가 되겠는가. 공자의 말씀대로 참으로 효는 색난(色難)이다.

> 이에 증(曾), 이것 시(是), 될 위(爲)

제9장

【문지(聞之)】
성기사(省其私) · 불우(不愚)

【원문(原文)】

子曰 吾與回言終日하나 不違如愚러니 退而省其
자왈 오여회언종일   불위여우   퇴이성기
私한대 亦足以發하나니 回也不愚로다
사   역족이발   회야불우

【해독(解讀)】

공자께서 말했다[子曰]. "안회와 더불어 내 온종일 말해보았지만[吾與回言終日] 대꾸 한번 한 적이 없어서 어리석은 사람처럼 보였다[不違如愚]. 그런데 물러간 다음 그의 사생활을 살피면[退而省其私] 분발하여 또한 만족스럽다[亦足以發]. 안회야 너는 어리석지 않구나[回也不愚]!"

【담소(談笑)】

자왈(子曰)

공자께서 회(回)를 제자로 둔 것을 내놓고 자랑하며 기뻐한다. 회(回)는 공자의 수제자(首弟子)로 공자가 가장 많이 칭찬한 제자이다. 성은 안(顔)이고 이름은 자연(子淵)이며, 노(魯)나라 사람으로 공자보다 30세 아래였다고 한다. 『논어(論語)』에는 안회(顔回)에 관한 공자의 말씀이 여러 번 나온다. 그런 제자가 당신보다 먼저 죽으니 공자가 하늘을 원망할 정도였다고 한다. 공자묘(孔子廟)에 공자 다음으로 모셔져 있다.

오여회언종일(吾與回言終日)

▶ 내가[吾] 안회에게[與回] 하루 내내[終日] 말해주었다[言].

공자가 안회를 얼마나 아꼈던가를 느낄 수 있다. 성인(聖人)이 함께 온종일 말했다니 말이다. 그냥 오여회언(吾與會言)이 아니라 종일

(終日)을 붙여 밝힌 것에서 안회를 한없이 아끼는 속뜻이 우러나온다. 안회에게 온종일 무슨 말을 했을까? 물론 인도(仁道)였을 터이다.

나 오(吾), 함께 여(與), 말할 언(言), 끝날 종(終)

불위여우(不違如愚)
▶ 바보처럼[如愚] 어기지 않았다[不違].

불위(不違)의 위(違)를 다른 의견을 내서 반문(反問)한다는 뜻으로 새기면 좋겠다. 공자께서 종일토록 인도(仁道)에 관해 말했고 안회는 온종일 선생의 말씀을 경청했다[不違]는 것이다. 가만히 열심히 듣는 안회의 모습이 마치 어리석은 바보처럼 보였다[如愚]는 공자의 말씀 속에는 가시가 있다. 겉똑똑이들, 입만 살았지 실천하지 않는 인간은 헛것이란 일침(一針)을 여우(與愚)의 '우(愚)'에 숨겨둔 듯하다.

어길 위(違), 같을 여(如), 어리석을 우(愚)

퇴이성기사(退而省其私)
▶ 물러가서[退] 안회의[其] 사사로움을[私] 살핀다[省].

성인의 말씀이란 본래 알쏭달쏭하다. 하나 더하기 하나는 둘이라는 말 같은 단정을 피하는 게 성인이다. '하나를 말해주면 둘을 알아야지.' 이런 게 성인의 말씨다. 성기사(省其私)의 성(省)이 바로 그렇다. 안회의 사생활[其私]을 누가 살핀단 말인가? 공자께서 손수 살폈다는 말인가 아니면 안회가 자신을 살폈다는 말인가? 물론 이런들 어떻고 저런들 어떻겠는가. 내 자신을 살핀다[自省]는 뜻으로 새겨도 되고 선생이 제자의 생활태도를 살핀다는 쪽으로 새겨도 되리라.

물러갈 퇴(退), 살필 성(省), 개인 사(私)

역족이발(亦足以發)
▶ 밝혀내니[以發] 크게[亦] 흡족하다[足].

역족(亦足)의 족(足)은 만(滿)으로 통하고, 이발(以發)의 발(發)은 명(明)으로 통한다. 나는 발(發)을 노자가 말한 자명(自明)으로 새기고 싶다. 안회가 안회를 밝힌다[自明]. 무엇을 밝힌단 말일까? 공자의 인도(仁道)이리라. 자기를 밝게 한다[自明], 이는 곧 성(省)이다. 다시 말해 안회가 공자의 인도(仁道)를 밝혀 덕(德)으로써 일상생활을 실천하니[以發] 공자가 안회를 크게 흡족해한다[亦足]는 말씀이리라. 이렇게까지 사제(師弟)가 서로 믿고 사랑하는 모습을 역족이발(亦足以發)이란 말이 떠올리게 해준다. 스승과 제자 사이에 오가는 정이 물씬 풍겨 나온다.

크게 역(亦), 흡족할 족(足), 밝힐 발(發)

회야불우(回也不愚)
▶ 안회야[回也] 너는 어리석지 않구나[不愚].

공자가 감동한다. 공자가 안회의 덕성에 감동한다. 도가(道家)의 덕성(德性)은 자연에 따름이고, 유가(儒家)의 덕성은 인도(仁道)에 따름이다. 인도를 벗어나지 않는 안회. 그래서 공자가 제자를 탄복한다. "회야(回也)!" 감탄하고 감동하는 모습이 눈에 보이는 듯하다. 그리고 안회는 어리석은 사람이 아니라[不愚]고 단언한다. 성인께서 단언하면 틀림이란 없다. 안회는 덕(德)의 화신(化身)임이 분명하다. 지금 세상에 안회가 산다면 천치 바보가 되고 말리라. 지성(知性)이 덕성(德性)을 짓밟아온 지 오래 되었기 때문이다.

제10장

【문지(聞之)】
시(視)・관(觀)・찰(察)・인언수재(人焉廋哉)

【원문(原文)】

子曰 視其所以하고 觀其所由하며 察其所安이면
자왈   시기소이   관기소유   찰기소안
人焉廋哉리오 人焉廋哉리오
인언수재   인언수재

【해독(解讀)】
공자께서 말했다[子曰]. "그 행동거지를 곧장 바라보고[視其所以], 그 지내온 바를 꼼꼼히 살피며[觀其所由], 일을 하고 나서 편안해하는지 더 곰곰이 살펴보라[察其所安]. 어찌 사람 됨됨이를 감추겠는가[人焉廋哉]! 어찌 저라는 사람됨을 숨기겠는가[人焉廋哉]!"

【담소(談笑)】
자왈(子曰)

공자가 사람됨을 밝혀내는 방법을 알려준다. 우리네 부끄러운 속을 사정없이 들춰내는 길을 폭로하고 있다. 왜 공자는 오시기소이(吾視其所以)라고 말하지 않았을까? 나는 사람의 행동거지를 직시한다[吾視其所以]고 말하지 않고 시기소이(視其所以)라고 시작해 '보고 살핀다'는 뜻을 점차 강조하는가? 시(視)・관(觀)・찰(察)로 뜻을 점점 강조하고 있음을 새겨보라. 그러면 누구든 속이 뜨끔할 것이다. 그래서 나는 따끔하게 속 차리게 해주려는 성인(聖人)의 명(命)으로 여긴다. 나는 『논어(論語)』의 10장을 성인의 명령문으로 듣는다.

시기소이(視其所以)
▶ 그[其] 하는 바를[所以] 곧바로 보아라[視].

시(視)는 두 눈으로 직접 본다는 뜻이고, 소이(所以)의 이(以)는 할 위(爲)와 같다. 사람의 행동거지를 보면 그 사람됨을 알아볼 수 있다는 말이다. 아무리 눈속임을 하려 해도 결국 속이 드러나고 만다.

볼 시(視), 바 소(所), 할 이(以)

관기소유(觀其所由)
▶ 그[其] 따라온 바를[所由] 잘 들여다보라[觀].

소유(所由)의 유(由)는 종(從)의 뜻이다. 따라온 바[所由]는 이제껏 지내온 바[經歷]와 같은 뜻이다. 사람이 밟아온 내력을 살피면 그 사람 됨됨이가 드러난다. 아무리 지워도 남는 것이 사람이 남긴 흔적이다.

자세히 들여다 볼 관(觀), 따를 유(由)

찰기소안(察其所安)
▶ 그[其] 즐거이 좋아하는 바를[所安] 잘 살펴라[察].

어떤 일을 하고서 즐거워하는지 살펴보란 말이다. 못된 짓을 해놓고도 부끄러워할 줄 모르는 사람이 있는가 하면, 곧 부끄러워하고 뉘우치는 사람이 있다. 뉘우치는 사람은 같은 허물을 두 번 짓지 않는다. 그래서 그 사람의 지나온 바를 잘 살피면 사람 됨됨이가 드러나는 것이다. 이런 까닭에 「옹야(雍也)」편 2장에서 두 번 다시 잘못을 범하지 않는다[不二過]고 공자가 안회(顔回)의 인품(人品)을 기린 것이 아닌가.

살필 찰(察), 즐겨 좋아할 안(安)

인언수재(人焉廋哉)

▶ 사람을[人] 어찌[焉] 감출 수 있겠는가[廋哉].

목적어를 앞으로 끌어내 말투를 강조하니 더욱 절절하게 들린다. 사람이 사람을 못 속인다는 말씀이다. 눈빛에 그 사람이 보인다 하지 않는가. 그러나 소인(小人)은 속마음을 감출 수 있다고 믿는다. 그래서 속이 들여다보이는 짓을 저지르고도 부끄러워할 줄 모른다. 소인은 남을 속일 수 있다고 생각한다. 마음 속은 들여다볼 수 없다고 믿는다. 그러나 대인(大人)은 사람을 속일 수 없음을 안다. 왜냐하면 설령 세상을 다 속여먹는다 한들 내가 나를 속일 수 없기 때문이다. 공자의 인언수재(人焉廋哉)는 네가 너를 속일 수 있느냐는 반문인 셈이다. 인간은 무엇인가? 이에 공자는 한마디로 직(直)하라 했다. 그리고 무자기(無自欺)하라고도 했다. 자신을 속이지 말라[無自欺]. 그러니 인언수재(人焉廋哉)라고 두 번에 걸쳐 성인이 절절하게 부르짖는 것이 아닌가.

어찌 ~할 언(焉), 숨기고 감출 수(廋), 어조사 재(哉)

제11장

【문지(聞之)】
온고지신(溫故知新)

【원문(原文)】

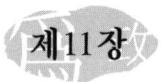
子曰 溫故而知新이면 可以爲師矣니라
자 왈 온 고 이 지 신   가 이 위 사 의

【해독(解讀)】

공자께서 말했다[子曰]. "지난 것을 잘 익히고 새로운 것을 알아야[溫故而知新] 스승이 될 수 있다[可以爲師矣]."

【담소(談笑)】

자왈(子曰)

공자가 스승이 될 수 있는 길을 밝혀주고 있다. 물론 이런 길은 학문(學文)뿐만 아니라 학문의 자기면목(自己面目)을 깊고 넓게 하는 방편이다. 이 길을 벗어나면 인간의 사고(思考)가 꼭두각시 노릇을 하거나 앵무새가 되기 쉽다. 우리는 이 길을 가볍게 여기고 벗어나려 하므로 사고의 부실(不實)함을 면치 못하는 셈이다. 그런 부실에서 이른바 사대주의가 싹튼다. 온고지신(溫故知新)의 사고를 게을리하면 두뇌가 식민지로 변해버리는 탓이다. 20세기에 그랬듯이 21세기에서도 우리네 사고를 구미(歐美)의 소비시장처럼 팽개쳐둘 것인가? 아니라면 공자의 말씀대로 온고지신(溫故知新)의 길에서 벗어나지 않아야 하리라. 다음 16장에서 공자가 왜 단호한지 여기서부터 우리는 긴장해야 한다.

온고이지신(溫故而知新)
▶ 지난 것을[故] 찾아 잘 익혀[溫] 새로운 것을[新] 안다[知].

온고(溫故)의 온(溫)은 심(尋)과 같다. 찾아서 생각해보고 익힌다[溫] 함이다. 온고(溫故)의 고(故)는 고(古)와 같다. 지난 것[故]. 이 고(故)는 인간의 과거 역사(歷史)와 문화(文化)가 남겨준 모든 것을 뜻한다. 지신(知新)의 신(新)은 온고(溫故)의 고(故)를 변화시킨다는 말이다. 현재(現在)는 과거(過去)를 미래(未來)로 변화시키는 현장(現場)이다. 그런 현장이 아닌 현재는 고인 물과 같아서 궁(窮)해진다. 자신을 궁(窮)하게 하지 말고 변(變)하게 하라는 게 곧 온고이지신(溫

故而知新)이다.

현재의 나[我]를 멈추게 하지 말라는 공자의 온고이지신을 나는 내 나름대로 새기고 있다. 이 말씀의 근원은 『주역(周易)』의 궁즉변(窮則變)과 『대학(大學)』의 일신(日新)에 있다. 나는 공자의 온고지신(溫故知新)을 그냥 공자의 일신(日新)이라고 바꾸어 말하곤 한다. 그래서 나는 노자의 일손(日損)과 공자의 일신(日新)을 겹쳐서 자주 중얼거리며 선가(禪家)의 화두(話頭)처럼 여기고 산다.

온고지신(溫故知新)은 곧 궁즉변(窮則變)이다. 왜 막혀서 멈춘 것[窮]인지 이유를 잘 생각해본 다음이어야 그 막힌 것을 뚫어 멈춤[窮]을 흐름으로 바꾸어놓을 수 있다[變]. 궁(窮)을 변(變)으로 옮기는 일을 『주역』은 역(易)이라 한다. 미래가 과거를 물려받게 하지 말라. 그러려면 온고지신하라. 역(易)하라 함이다. 이를 옛날에는 성덕(盛德)하라 했고, 지금은 창조(創造)하라 한다.

온고지신(溫故知新)은 또한 일신(日新)이다. 이는 『대학』에 나오는 말로, 물론 공자가 『논어(論語)』에서 한 말은 아닌 줄 알고 있다. 『대학』의 각론(各論) 「명덕(明德)」에 보면 탕왕(湯王)의 세숫대야[盤]에 이런 말씀이 새겨져[銘] 있다고 한다. "순일신(苟日新)이면 일일신(日日新)하고 우일신(又日新)하라." 진실로[苟] 날로[日] 새롭게 하면[新] 날마다[日日] 새로워져[新] 더욱[又] 날로[日] 새롭다[新].

무엇을 새롭게 하라 함인가? 물론 덕(德)이다. 덕을 득(得)이라 하는 까닭을 알 것이다. 덕은 얻는 일[得]이기 때문이다. 무엇을 얻으란 말인가? 새로움[新]을 얻어내라 한다. 날마다 새롭게 변화하라[日新]. 『주역』은 이를 일신지위성덕(日新之謂盛德)이라 한다. 일신(日新)은 덕을 왕성하게 한다[盛]는 뜻이다. 이는 곧 덕을 쉼없이 닦는다는 말이다. 유가(儒家)의 덕은 인의(仁義)의 삶을 행하는 것이고, 도가(道家)의 덕은 무위(無爲)의 삶을 누리는 것이다. 이러한 덕을 닦았다고 말하지 말라. 덕을 요샛말로 한다면 창조력의 모태(母胎)와 같다고 단언할 수 있겠다. 덕이란 무엇인가? 만물에 두루 통하는 이치다. 이는 덕은 곧 만물을 두루 사랑하며 하나가 되는 이치라는 말이다. 이런 이치를 터득하지 않으면 새로운 것을 찾아내지 못한다. 그러니 덕을 낡았다고 하지 말라. 부덕한 사람에게는 창조력이라는 즐거움이 샘솟지 못함을 알아두었으면 한다.

　탕왕의 반명(盤銘)에 새겨진 일신(日新)은 공자의 온고지신(溫故知新)과 다를 바 없다고 생각한다. 매일 학문(學文)을 새롭게 닦으라는 공자의 말씀[溫故知新]이나, 매일 덕을 새롭게 하라[日新]는 말씀은 다 같은 뜻이다. 본래 학문은 덕을 배우라는 말이다. 이렇듯 쉼없이 자신을 새롭게 하라는 뜻으로 궁즉변(窮則變)·일신(日新)·온고지신(溫故知新)을 새길 수 있으리라. 해석(解釋)은 시의(時宜)를 따라야 하는 것, 그래서 해석의 관점(觀點)은 변하는 것이다. 공자의 온고지신을 요샛말로 옮기면 바로 자신을 매일 업그레이드(upgrade)하라는 말씀이다.

찾아 익힐 온(溫), 지난 고(故), 그리고 이(而), 알 지(知), 새로울 신(新)

가이위사의(可以爲師矣)
▶ 스승이[師] 될[爲] 수 있다[可以].

　여기서 사(師)는 성덕(盛德)의 주인이다. 덕을 무성하게 하라[盛德]. 그래서 오늘날의 교사와는 다르다. 오늘날 교사는 성지(盛知)에 매달리기 때문이다. 지식을 무성하게 하라[盛知]. 성덕(性德)의 스승[師]은 자신이 자신을 먼저 닦는[修身] 선생(先生)이다. 오늘날 교사(敎師)의 사(師)는 남을 가르치는 분이다. 그러나 이 가이위사(可以爲師)의 사(師)는 스스로 학문(學文)과 학문(學問)을 다 할 수 있는 주인(主人)을 말한다. 이는 곧 자기면목(自己面目)을 갖고 자기변화(自己變化)를 통하여 자기향상(自己向上)을 스스로 할 수 있는 주인을 말한다. 물론 그런 스승이 된 다음에야 남들을 가르칠 수 있다. 부덕(不德)한 스승이 어찌 제자들에게 후덕(厚德)한 사람이 되라 하겠는가. 미래를 이끌어내는 스승은 먼저 자기혁신을 날마다 하는 주인이다. 그런 주인이 되는 길을 이렇게 말해줄 수 있으리라. "온고이지신(溫故而知新)이요 일신(日新)이요 자명(自明)이요 역(易)이다." 그러므로 여기서 사(師)는 날마다 자신을 새롭게 태어나게 하려는 바로 내 자신이다.

> ~할 수 있을 가(可), ~할 이(以), 될 위(爲), 스승 사(師), 종결어미 의(矣)

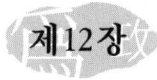

제12장

【문지(聞之)】
군자불기(君子不器)]

【원문(原文)】

> 子曰 君子는 不器니라
> 자 왈 군 자   불 기

【해독(解讀)】
　공자께서 말했다[子曰]. "군자는[君子] 한 분야의 전문 지식인이나 전문 기능인이 아니다[不器]. 군자는 항상 온고지신(溫故知新)으로써 온 세상의 부모 노릇을 하려는 어른이요 스승이다."

【담소(談笑)】
자왈(子曰)
공자께서 군자(君子)를 간명하게 밝히고 있다. 더욱 온고지신(溫故知新)을 새겨보게 한다.

군자불기(君子不器)
▶ 군자는[君子] 한 가지 그릇 같은 노릇을 아니한다[不器].
여기서 기(器)는 어느 한 가지 일에 종사할 수 있는 전문인을 말한다. 전문직은 자기의 전문 분야에 대해선 잘 알지만 다른 분야는 몰라 두루 통할 줄 모른다. 그러나 군자는 인도(仁道)가 온 세상에 두루 통하도록 하는 덕(德)을 실행하는 어른이다. 군자는 온고지신(溫故知新)으로써 온 세상에 두루 통하는 어른이 된다.
군자는 인도(仁道)가 온 세상에 실현되도록 주재하는 주인이지 어느 한 가지 일에 종사하는 전문 직업인이 아니다. 비유하면 군자는 사회를 인도로써 관장하는 온 백성의 부모이다. 자신을 닦고[修身], 집안을 잘 단속하며[齊家], 나라를 다스려[治國], 온 세계를 평화롭게 하는[平天下] 주인이 군자란 말이다. 군자는 유가(儒家)가 추구하는 치자(治者)의 이상형(理想型)이다. 유가의 인도(仁道)는 치세(治世)로 이어져야 한다. 그러므로 유가는 군자를 치자의 이상형으로 삼는다. 아무리 세상이 변하더라도 정치인은 유가의 군자상(君子像)을 잊으면 안 되리라. 쉽게 말해서 정치는 온 백성의 부모 노릇이기 때문이다. 정치하는 자가 어느 한편에 기울어진다면 세상은 난세로 옮아가고 만다.
군자한테는 미운 놈 고운 놈이 없다. 그는 덕의 화신이기 때문이다. 덕(德)이란 무엇인가? 만물에 두루 통하는 이치라고 한다. 불가(佛家)에서도 덕을 무애(無碍)라고 부른다. 덕은 걸림이 없다[無碍]. 유가의 덕도 그러하고 도가의 덕도 그러하다. 이런 덕이 온 세상에 구현되도록 인도를 행하는 주재자(主宰者)가 군자이다. 그래서 공자는 군자를 불기(不器)라고 간단히 밝혀두었다.

아니 불(不), 그릇으로 쓸 기(器)

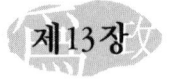

【문지(聞之)】
선행기언(先行其言)

【원문(原文)】

子貢問君子 子曰 先行이오 其言而後從之니라
자공문군자 자왈 선행   기언이후종지

【해독(解讀)】
자공이 군자에 관해서 묻자[子貢問君子] 공자께서 말했다[子曰]. "먼저[先] 행한다[行]. 행한 것을[其] 말하고[言], 그 후로는[而後] 그가 한 말을[之] 좇아 따른다[從]."

'선행(先行) 기언이후종지(其言而後從之)'를 '선생기언 이후종지(先行其言 而後從之)'로도 읽는다. 이 경우 다음과 같이 해석한다. 말하고자 하는 바를[其言] 먼저[先] 행하고[行], 그 뒤에야[而後] 자기가 한 말을[之] 따른다[從].

【담소(談笑)】
자왈(子曰)

자공(子貢)이 군자(君子)에 관해 묻자 군자는 먼저 행동으로 보여주는 이라고 밝힌다. 말이 앞서고 실천을 잘 하지 못했다는 말을 들었던 제자 자공에게 일침을 놓고 있다. 제자에게 군자가 되는 길을 열어주고 있다. 공자는 억지로 말을 강가로 끌고 가 물을 억지로 먹이지 않는다. 강으로 가는 길을 안내하고 스스로 물을 마시길 바랄 뿐이다.

선행(先行)
▶ 먼저[先] 행동으로 보여준다[行].

그래서 군자불언(君子不言)이라 한다. 군자는 이래라저래라 말로 하지 않는다. 남들한테 선하라 어질어라 말하지 않는다. 당신이 먼저 선하고 어질게 산다. 군자를 덕(德)의 화신(化身)이라 함은 이를 두고 하는 말이다. 군자는 내가 나를 비추어볼 수 있는 거울이라고 여겨도 무방하다. 그 거울을 바라보고 자신이 부끄럽게 살고 있음을 뉘우치는 사람이 있다면 그 사람이 곧 이 시대의 깨어 있는 사람이리라. 아무리 창조적인 능력이 있는 두뇌라도 자기만 알고 남을 모르면 좋은 인간일 리 없다. 유능하지만 마음씨 나쁜 인간들이 많은 세상에서 군자는 인간의 품성(品性)을 측정할 수 있는 저울 노릇을 한다. 그러니 IT(정보기술)의 세상일지라도 군자는 우리가 여전히 부러워하는 삶의 거울이다. 항상 살아 있되 낡은 꼴이 아니다.

먼저 선(先), 나아갈 행(行)

기언이후종지(其言而後從之)
▶ 행동한 바에 관한 말은[其言] 시행하고 나서[而後] 좇아 따른다[從之].

먼저 실천하고, 말은 그 실천의 뒤를 따른다는 말이다. 기언(其言)은 행한 다음에 말해준다는 뜻으로 새기면 되고, 종지(從之)의 지(之)는 선행(先行)을 대신하는 지시어(指示語)로 새기면 무방하다.

공자가 말과 행동이 하나같다[言行一致]고 말하지 않고 먼저 행동하고 그 행동한 바를 말한다[先行其言]고 밝힌 대목을 주목해야 한다. 공자는 묻는 사람의 성품에 걸맞게 대답한다는 점을 고려하라는 것이다. 자공은 말만 앞세우고 실천에는 등한한 제자였다는 설이 있다. 이 말씀을 해서 자공의 간담을 서늘하게 했던 셈이다. 어찌 자공한테만 그러겠는가. 우리를 향해 꾸짖는 말씀으로 들리기 때문이다. 말만 앞세우고 사는 우리들 말이다.

뒤 후(後), 좇을 종(從), 그 지(之, 지시어)

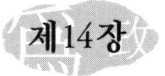

【문지(聞之)】
주이불비(周而不比)

【원문(原文)】

子曰 君子는 周而不比하고 小人은 比而不周한다
자왈 군자 주 이 불 비   소 인   비 이 부 주

【해독(解讀)】
공자께서 말했다[子曰]. "군자는[君子] 골고루 통하되 패를 지어 견주지 않으며[周而不比], 소인은[小人] 패거리 지어 서로 견주되 두루두

루 통하려 하지 않는다[比而不周]."

【담소(談笑)】
자왈(子曰)
　군자(君子)가 왜 소인(小人)과 다른지를 밝힌다. 「자로(子路)」편 23장에서도 군자와 소인을 견주어 말한다. "군자화이부동(君子和而不同) 소인동이불화(小人同而不和)." 물론 여기서도 왜 군자가 온고지신(溫故知新)의 스승[師]이 되는지를 새겨보게 한다.

군자주이불비(君子周而不比)
▶ 군자는[君子] 두루 골고루 하나같이 통하되[周而] 패 지어 견주지 않는다[不比].
　여기서 주(周)는 무사(無私)하여 공평(公平)해 두루 통한다는 뜻이고, 비(比)는 패를 지어 손익(損益)에 따라 그때 그때 야합한다는 뜻이다. 군자는 인도(仁道)를 따를 뿐 이해(利害)에서 벗어나 있으므로 사사로움이 없다. 인(仁)이란 두루 사랑한다 함이 아닌가. 그러니 인도(仁道)는 누구나 다 서로 어울리며 살라는 말씀이다. 그래서 「자로」편 23장에서 공자는 군자란 서로 어울리되 패거리를 짓지 않는다[和而不同]고 말한다. 주(周)는 무사(無私)하므로 화(和)이다. 공자가 왜 학문(學文)을 날마다 때때로 익히라고 했겠는가? 성현의 말씀을 배우라[學文] 한 것은 무사(無私)의 길이 거기 있기 때문이다. 그러니 학문은 학덕(學德)을 말하고, 덕을 배워 터득한다[學德] 함은 곧 두루 걸림 없이 통한다는 말이다. 군자는 이해 따위에 걸려들지 않는 주인이다. 불가(佛家)의 무애(無碍)는 유가(儒家)의 학덕(學德)과 서로 통한다.

두루 골고루 주(周), 그러나 이(而), 견줄 비(比)

소인비이부주(小人比而不周)
▶ 소인은[小人] 패 지어 견주되[比而] 두루 골고루 하나같이 통하지 못한다[周].

부유한 사람들이 모여 사는 동네의 나이 어린 초등학생들이 패거리를 지을 때 자가용차가 고급이냐 아니냐를 따진다 한다. 아무리 나이가 들어도 소인은 이런 어린아이처럼 패를 갈라 우열을 따지고, 호오(好惡)를 따지고, 빈부를 따진다. 만물을 귀천(貴賤)이란 잣대로 상대 비교를 하는 것이다. 상대가 나보다 낫다 싶으면 시샘하고 심술을 부리려 하고, 나보다 못하다 싶으면 깔보고 과시하는 무리를 소인배(小人輩)라 한다. 소인배의 심보는 마치 막다른 골목처럼 꽉 막혀 세상을 틈새로 곁눈질하기 좋아한다. 이런 소인배가 어떤 분야의 전문가가 되면 제 눈에 색안경을 끼고 온 세상을 사납게 색칠해버린다. 그리고선 초록은 동색이라며 패를 갈라 세상이 제 것인 양 오두방정을 떤다. 하지만 군자는 그냥 맨눈으로 세상을 어질게 하나로 본다. 불가에도 이런 말이 있다. "돼지의 눈에는 돼지만 보이고 부처의 눈에는 부처만 보인다." 소인의 눈에는 군자도 소인으로 보이지만, 군자의 눈에는 소인도 군자로 보인다. 우리 모두 소인배라고 자인(自認)하는 것이 솔직하리라. 다만 군자를 알아 모실 줄 아는 소인이 되고자 한다면 그래도 양질의 소인배가 될 수 있다.

작을 소(小)

제15장

【문지(聞之)】
학(學) · 사(思)

【원문(原文)】

子曰 學而不思 則罔하고 思而不學 則殆니라
자왈 학이불사 즉망   사이불학 즉태

【해독(解讀)】

공자께서 말했다[子曰]. "배우기만 하고[學而] 생각하지 않으면[不思則] 어둡고[罔], 생각만 하고[思而] 배우지 않으면[不學則] 든든하지 못하다[殆]."

【담소(談笑)】

자왈(子曰)

온고지신(溫故知新)을 실현하는 방편을 말하고 있다. 그 방편으로 배우기[學]와 생각하기[思]를 같이 해야만 온고지신의 길을 제대로 밟아갈 수 있다고 한다. 배우기만 해 꼭두각시가 되지 말라. 제 생각으로만 따지는 옹고집이 되지 말라 함이다. 이 또한 앞 장에서 말씀한 주(周)와 비(比)를 더 새겨보게 한다.

학이불사(學而不思) 즉망(則罔)

▶ 성현(聖賢)의 말씀을 배우기만 하고[學而] 생각해보지 않으면 [不思則] 어둡다[罔].

여기서 학(學)은 학문(學文)의 준말로 보고 효(效)와 같이 새기면 된다. 문(文)을 배운다[學] 함은 문(文)을 본받는다[效] 함이다. 여기서 문(文)은 육경(六經)을 떠올리면 된다. 성현의 말씀[六經]인 문(文)을 배운다[學] 함은 곧 성현의 말씀을 본받는다[效]는 뜻이다.

성현의 말씀만을 졸졸 외어 앵무새가 되지 말라. 성현이 왜 그런 말씀을 했는지 곰곰이 생각하여 스스로 여러 뜻을 터득하고 깨우치려면 생각하고 생각해야 한다. 외운 것을 그냥 기억해내는 것으로 만족하지 말라. 생각하라[思]. 학(學)은 남한테서 배우는 것이지만 사(思)는 내 스스로 해야 한다.

불망(不罔)의 망(罔)은 자신을 어둡게 한다는 말이다. 생각하기를 꺼리면 등잔 밑이 어두운 꼴이 된다. 왜 등잔 밑이 어둡단 말인가? 자기를 비추어 밝히지 않기 때문이다. 자명(自明)하라. 내가 나를 밝힌다[自明]. 이는 생각하라[思之]와 같은 말이다. 유식한 사람이 꼭두각시 노릇을 잘하는 것은 스스로 생각하기보다 남이 생각해놓은 것을 훔쳐서 흉내내기 때문이다. 그런 흉내내기로는 온고이지신(溫故而知新)의 길을 밟을 수 없다.

배울 학(學), 아니할 불(不), 생각할 사(思)

사이불학(思而不學) 즉태(則殆)

▶ 제 나름대로만 생각하고[思而] 성현의 말씀을 배우지 않으면[不學則] 위태로워 든든하지 못하다[殆].

여기서 태(殆)는 위(危)와 같다. 위태롭다[殆] 함은 불안(不安)하다는 말이다. 불안하면 든든하지 못하다. 옹고집이든 벽창호든 다 위험하다. 하나만 알고 둘은 모르기 때문이다. 뛰는 놈 위에 나는 놈 있다 하지 않는가. 배움이 없는 자는 세상에서 제가 제일 나은 줄 안다. 하나를 알아야 둘을 아는 경우가 있다. 이는 학(學)과 사(思)가 함께하는 경우이다. 그래야 온고지신(溫故知新)의 길을 걸어갈 수 있다. 그러나 하나만 알고 둘을 모르는 경우가 있다. 배우기만 하고 생각하지 않는 사람이나, 생각만 하고 배우지 않는 사람은 다 하나만 알지 둘을 몰라 온고지신의 길을 밟을 수 없다. 학(學)은 온고(溫故)를 익히게 하고, 사(思)는 지신(知新)을 이룩해낸다.

공자는 온고지신의 방편으로 학(學)과 사(思)를 함께 하라 말씀하신 셈이다. 이런 뜻은 「술이(述而)」편 8장에서도 잘 드러난다. "거일 우(擧一隅) 불이삼우반(不以三隅反) 즉불복야(則不復也)." 한 구석을 [一隅] 들어 알려주어[] 세 구석을 알아채고[以三偶] 반응하지 않으면 [不反則] 더는 가르치지 않는다[不復也]. 하나를 배웠으면[學] 세 가지를 알아내도록 생각하라[思]. 그래야 든든히 온고지신의 길을 줄곧 걸어갈 수 있다. 공자는 그런 제자를 가르치고자 했다.

위태로워 든든하지 못할 태(殆)

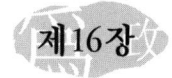
제16장

【문지(聞之)】
이단(異端)・해(害)

【원문(原文)】

子曰 攻乎異端이면 斯害也已니라
자왈 공호이단   사해야이

【해독(解讀)】
공자께서 말했다[子曰]. "이단에[乎異端] 매달리면[攻] 그런 짓은[斯] 해로울 뿐이다[害也已]."

【담소(談笑)】
자왈(子曰)
온고지신(溫故知新)의 길을 든든히 하기 위해서는 온고(溫故)를 잘 살펴 지신(知新)해야 그 길을 안전히 걸어갈 수 있다고 밝히고 있다.

공호이단(攻乎異端) 사해야이(斯害也已)
▶ 옳은 것과 다른 것에[乎異端] 힘을 쏟으면[功] 그런 짓은[斯] 해로울[害] 뿐이다[也已].

여기서 공(攻)은 습(習)이다. 온 힘을 쏟아 매달려 익힌다[攻]. 이단(異端)은 육경(六經)이 아닌 것들을 말한다. 육경은 유가(儒家)의 여섯 가지 경전인 『역경(易經)』·『시경(詩經)』·『서경(書經)』·『춘추(春秋)』·『예기(禮記)』·『악경(樂經)』을 말한다. 이들을 육예지과(六藝之科)라고 한다. 『역경』은 오묘한 조화(造化)를 알게 하고, 『시경』은 정감(情感)을 조화(調和)롭게 하며, 『서경』은 일을 알게 하고[道事], 『악경』은 사람의 속내를 통하게 하며[達意], 『예기』는 사람을 절도(節度) 있게 하고, 『춘추』는 의가 무엇인지를 알려준다[道義].

유가는 이러한 육경(六經)을 성인(聖人) 군자(君子)의 길을 걷게 하는 정통적이고 중심적인 경전으로 받든다. 이 육경에서 벗어난 말씀들을 이단으로 삼은 탓에 유가의 학(學)과 사(思)가 궁(窮)하게 되었다는 비판이 있다. 도가(道家)는 이런 육경을 비웃는다. 『장자(莊子)』 「천운(天運)」편을 보면 이른바 육경이란 선왕들이 남긴 낡은 흔적에 불과하다고 꼬집는다. 조선조(朝鮮朝)를 보라. 주자(朱子)의 유학(儒學)을 거스르면 사문난적(斯文亂賊)으로 몰려 귀양을 가야 했던 일을 떠올리면 알 것이다. 어쩌면 공자의 이 한마디 때문에 유가가 유일사상(唯一思想)으로 치달아 궁하게 되었는지도 모른다.

사해야이(斯害也已)의 사(斯)는 앞의 내용을 이어 받는 대명사로 보면 된다. 이단에 매달리는 것은[斯] 해롭다[害]. 이 말을 더욱 강조해 야이(也已)라는 토를 달아두었으니 유가가 이단(異端)에 대해 더욱 강경해졌을 것이다. 공자 같은 성인이 왜 이렇게 단호하게 단언했을까? 아마도 인도(仁道)를 벗어나지 말라는 경고를 이렇게 했는지 모른다. 공자가 육경 이외의 모든 것들은 다 이단이라고 단언한 적은 없다. 다만 육예(六藝) 즉 육경을 정통이라고 했을 뿐이다. 후대의 유자(儒者)들이 여기의 이단을 유가의 이념(理念)으로 몰아간 것은 아닌지 모른다. 여기서는 인도를 벗어나지 말라는 뜻으로 새기면 될 것이다. 하여튼 16장의 이단(異端)이란 말을 융통성 있게 새겼으면 한다.

익힐 공(攻), 어조사 호(乎), 다를 이(異), 바를 단(端), 이 사(斯), 해로울 해(害), 이미 이(已)

제17장

【문지(聞之)】

지(知)・부지(不知)

【원문(原文)】

子曰 由아 誨女知之乎인저 知之爲知之오 不知
자왈 유   회여지지호   지지위지지   부지
爲不知이 是知也니라
위부지   시지야

【해독(解讀)】

공자께서 말했다[子曰]. "유야[由]! 안다는 것이 어떤지를[知之乎] 너에게[女] 가르쳐주마[誨]! 아는 것을[知之] 안다 하고[爲知之] 모르는 것을[不知] 모른다 함이[爲不知] 참으로[是] 아는 것이다[知也]."

【담소(談笑)】
자왈(子曰)
유(由)를 은근하게 불러 안다는 것[知]이 어떤 것인지 단호히 가르쳐주는 대목이다. 성인이 제자를 어루만지면서 엄하게 가르치는 모습이 마치 손자를 가르치는 할아버지 같지 않은가? 다정하면서도 따뜻한 분위기를 느끼게 하면서도 온고지신(溫故知新)의 지(知)를 준엄하게 가르치고 있다. 무엇을 알고 있고 무엇을 모르고 있는지 스스로 정직하게 확인하라 한다. 적당히 알고 만족하지 말라는 말씀이 『대학(大學)』에 있는 격물치지(格物致知)의 지(知)와 온고지신(溫故知新)의 지(知)를 겹쳐서 새기게 한다.

유(由) 회여지지호(誨女知之乎)
▶ 유야[由] 네게[女] 안다는 것이[知之] 무엇인지[乎] 가르쳐주마[誨].
유(由)는 공자의 제자 이름으로, 자는 자로(子路) 또는 계로(季路)이고 성은 중(仲)이다. 노(魯)나라 사람으로 성격이 용맹스럽고 급해 학문이 얕아 여기 『논어(論語)』에서도 자주 꾸지람을 듣는다. 아마도 모르면서 안다고 한 탓인지 이 자로가 스승에게 혼나고 있다.
회여(誨女)의 여(女)는 너 여(汝)와 같다. 너에게 말해주마[語女]라 하지 않고 너에게 가르쳐주마[誨女]라고 하여 더욱 간곡하게 들린다. 성인은 무엇을 일률적으로 가르치지 않는다. 사람을 보아가면서 가르친다. 기성복을 사서 입히는 것이 아니라 아이 몸에 맞추어 옷을 지어 입히는 어머니 손길처럼 보살피며 가르친다. 공자께서 성질이 급해 학문이 얕았다는 유(由)를 불러다 놓고 안다는 것이 어떤 것인지[知之乎]를 맞춤교육으로 가르치는 중이다.

가르쳐 인도할 회(誨), 너 여(女), 알 지(知), 의문사 호(乎)

지지위지지(知之爲知之) 부지위부지(不知爲不知) 시지야(是知也.)

▶ 무엇을[之] 안다고 하는 것은[知] 그 무엇을[之] 안다는 것이[知] 되고[爲], 무엇을[之] 모른다 하는 것은[不知] 그 무엇을[之] 모른다는 것이[不知] 된다[爲]. 이러함이[是] 아는 것이다[知也].

지지(知之)의 지(之)는 부정대명사로 보면 된다. 무엇을 지정하는 것이 아니라 그냥 목적어로 붙어 앞의 말[知]이 동사 노릇을 하도록 만든다.

지(知)는 시비(是非)를 가려야 한다. 유가(儒家)는 지(知)를 숭상한다. 그러나 도가(道家)는 무지(無知)를 숭상한다. 그래서 유가는 시비를 마다하지 않고, 도가는 시비를 그만두라 한다. 시비가 또 다른 시비를 낳아 끝이 없기 때문이라는 것이다. 불가(佛家)에서도 시비를 멀리하라 한다. 그런데 유가는 시비지심(是非之心)을 지지단(知之端)이라 했으니 이 때문에 노공(老孔)의 후학들이 서로 다투게 된 셈이다. 시비를 거는 마음[是非之心]이 앎의 참모습[知之端]이라는 유가를 향해 도가는 그런 마음이란 소지(小知)라며 비웃는다.

그렇다고 앎의 엄정성을 가르치는 공자를 탓할 수는 없다. 어느 것에 대해 알려면 먼저 그 어느 것이 맞느냐[是] 틀리느냐[非]를 가려야 한다. 그러니 지지(知之)는 엄정해야 한다. 지지(知之)란 시비를 가려 내가는 과정이기 때문이다. 그 과정은 내 자신의 사고(思考)이므로 내 자신의 사고가 엄정해야 한다. 공자는 지금 유(由)에게 지식의 성취란 엄정(嚴正)해야 한다고 가르치고 있다. 적당히 알면서 안다 하지 말라. 차라리 모른다고 하라. 반풍수가 남의 집안 망친다 하지 않는가. 알지 못하면서 안다고 하면 온고지신(溫故知新)이 될 리 없다. 어디 유(由)만 그러랴. 그를 닮은 사람들이 99%를 넘을 듯싶다.

될 위(爲), 이 시(是)

2 위정

제18장

【문지(聞之)】
과우(寡尤) · 과회(寡悔)

【원문(原文)】

子張이 學干祿한대 子曰 多聞闕疑오 愼言其餘면
자장   학간록   자왈 다문궐의   신언기여
則寡尤하고 多見闕殆오 愼行其餘면 則寡悔니
즉과우   다견궐태   신행기여   즉과회
言寡尤하며 行寡悔면 祿在其中矣니라
언과우   행과회   녹재기중의

【해독(解讀)】
　자장이 녹봉을 구하는 법을 묻자[子張學干祿] 공자께서 말해주었다[子曰]. "많이 듣되 의심되는 것을 제쳐두고[多聞闕疑] 나머지를 신중히 말하면[愼言其餘] 허물을 줄이고[則寡尤], 많이 보되 위태로운 것을 제쳐두고[多見闕殆] 그 나머지를 신중하게 실천하면[愼行其餘] 뉘우침을 줄인다[則寡悔]. 말에 허물이 적고[言寡尤] 행동에 뉘우침이 적으면[行寡悔] 녹봉은 절로 있게 마련이다[祿在其中矣]."

【담소(談笑)】
자장학간록(子張學干祿)
▶ 자장이[子張] 봉급이 많은 벼슬을[祿] 구하기를[干] 물었다[學].
　자장(子張)은 공자의 제자로 성은 전손(顓孫), 이름은 사(師)이다. 자(字)가 자장(子張)이다. 진(陳)나라 사람으로 공자보다 48세나 아래였다 한다. 아마도 자장은 이미 20대에 출세를 탐했던 모양이다.

선생께 학간록(學干祿)이라고 묻다니 당돌하다. 여기서 학(學)은 문(問)과 같고 간(干)은 구(求)와 같다. 녹(祿)은 녹봉(祿俸)의 준말로 보면 된다. 즉 부귀영화를 누릴 수 있게 해줄 벼슬자리를 말한다.

베풀 장(張), 물어볼 학(學), 구할 간(干), 녹 록(祿)

자왈(子曰)
부귀영화를 누릴 수 있는 벼슬길을 어떻게 구할 수 있느냐고 묻는 제자에게 녹(祿)이란 구한다고 해서 오는 것이 아님을 매섭게 일깨워준다. 성인은 화내거나 호통치는 법이 없다. 손자한테 화내는 할아버지는 없다. 사람이 되는 길을 터주려 할 뿐이다.

다문궐의(多聞闕疑)
▶ 많이[多] 들어주되[聞] 의심되는 것을[疑] 제쳐둔다[闕].
많이 들어라[多聞]. 이는 말을 적게 하고 상대의 말을 많이 들어주라 함이다. 의심나는 것을 빼라[闕疑]. 여기서 궐(闕)은 과(過)처럼 지나쳐버린다[過]는 말이다. 이는 상대를 믿어주고 공연히 의심하지 말라는 뜻이다.

많을 다(多), 들어줄 문(聞), 제쳐놓을 궐(闕), 의심할 의(疑)

신언기여(愼言其餘)
▶ 그[其] 나머지를[餘] 신중히[愼] 말한다[言].
말조심을 다하라[愼言]. 이는 차라리 침묵하라 함이다. 그러면 세 치 혀가 탈을 낼 리 없다. 기여(其餘)의 여(餘)는 의심나는 것을 제외한 확신할 만한 내용을 말한다. 말이 씨가 된다 하지 않는가. 책임지지 못할 말을 함부로 하다간 경을 치는 법이다. 그러면 들어온 복(福)

마저 내치게 된다. 그러니 입 다물고 말조심하라 한다.

삼갈 신(愼), 말할 언(言), 남을 여(餘)

즉과우(則寡尤)
▶ 그러면[則] 허물을[尤] 줄인다[寡].

즉과우(則寡尤)의 즉(則)은 앞의 것을 본받는다는 뜻이다. 그렇게 하면[則] 허물을 줄인다[寡尤]. 우(尤)는 원(怨)과 같다. 남이 나를 원망하게 하는 짓이 허물이다. 남한테 못할 짓을 줄여가라 함이 곧 과우(寡尤)이다. 이는 자장을 향해 젊어서부터 밥 걱정하지 말라고 일침을 놓는 말씀이다. 그러니 온고지신(溫故知新)으로 학덕(學德)을 쌓아라. 그러면 절로 녹봉은 굴러올 것이니 걱정하지 말라는 것이다.

곧 즉(則), 적을 과(寡), 허물 우(尤)

다견궐태(多見闕殆)
▶ 많이[多] 보고[見] 위태로운 것을[殆] 제쳐둔다[闕].

많이 보라[多見]. 이는 앞의 10장을 떠올리면 된다. "인언수재(人焉廋哉)." 어찌[焉] 사람을[人] 감출 수 있겠는가[廋哉]? 다견(多見)은 두 눈으로 직접 보고[視], 잘 들여다보며[觀], 샅샅이 살펴보라[察] 한 10장의 말씀을 떠올리면 된다. 위태로운 것을 제쳐두라[闕殆]. 이는 어긋나는 짓을 말라 함이다.

볼 견(見), 위태할 태(殆)

신행기여(愼行其餘)
▶ 그[其] 나머지를[餘] 신중히[愼] 시행한다[行].

삼가 행동거지를 잘하라[愼行]. 여기서 행(行)은 소행(所行)이다. 이는 곧 위태롭지 않은 것[餘]만을 택해 신중히 시행하라 함이다. 경망스런 사람은 해놓고 후회한다. 돌다리도 두들겨보고 건너가라 했고, 아는 길도 물어서 가라 했다. 삼가 행동할수록 세상 눈에 나지 않는다. 행동거지를 조심하라고 자장만이 아니라 우리에게 일침을 놓는 말씀이다.

행실 행(行)

즉과회(則寡悔)
▶ 그렇게 하면[則] 뉘우침을[悔] 줄인다[寡].

뉘우침[悔]이란 하지 말았어야 할 것을 범해서 오는 안타까움이다. 쏟아진 물은 주워 담을 수 없다. 처음부터 물그릇을 단단히 잡아야 한다. 그러니 과회(寡悔)란 부끄러운 짓을 범하지 말라 함이다. 남들에게 부끄러운 짓을 범하지 말라. 그러면 녹봉 따위의 밥걱정을 하지 않아도 될 것이다. 그러니 온고지신(溫故知新)으로 학덕(學德)을 쌓아라. 그러면 절로 녹봉은 굴러올 것이니 걱정하지 말라 한다.

뉘우칠 회(悔)

녹재기중의(祿在其中矣)
▶ 부귀영화를 누리게 할 녹봉은[祿] 그[其] 가운데[中] 있다[在].

여기서 기중(其中)은 위의 과우(寡尤)와 과회(寡悔)를 실행하는 과정을 말한다. 말에[言] 허물이[尤] 적고[寡] 행동거지에[行] 뉘우침이[悔] 적으면[寡] 녹봉이 절로 따르게 마련이라 한다. 그런데 소인은 잿밥에 눈이 어두워 말이 많고 성급해한다. 소인은 욕심부릴 줄만 알지 봉사할 줄은 모른다. 소인은 오덕(五德), 즉 온(溫)·양(良)·공(恭)·검(儉)·양(讓)을 비웃고 온고지신(溫故知新)으로써 학문(學文)하기를 멀리한다. 그러면서 명리(名利)를 좇는 데는 불나방 같다. 공자는 자장에게 그런 불나방이 되지 말라고 일침을 가한다. "언과우(言寡尤) 행과회(行寡悔)." 우리도 자장같이 출셋길만 탐하는 편이니 민망스럽다.

있을 재(在), 가운데 중(中), 어조사 의(矣, 종결어미)

제19장

【문지(聞之)】
거직조저왕(擧直錯諸枉) 즉민복(則民服)

【원문(原文)】

哀公이 問曰 何爲則民服인지요
애공   문왈 하위즉민복

孔子對曰 擧直錯諸枉 則民服하고 擧枉錯諸直
공자대왈 거직조저왕   즉민복   거왕조저직

則民不服입니다
즉민불복

【해독(解讀)】
애공이 물었다[哀公問曰]. "어떻게 하면[何爲則] 백성이 따르겠소[民服]?"

공자께서 답해주었다[孔子對曰]. "곧은 것을 들어 굽은 것 위에 두면[直錯諸枉] 백성이 따르고[則民服], 굽은 것을 들어 곧은 것 위에 두면[枉錯諸直] 백성은 따르지 않습니다[則民不服]."

【담소(談笑)】
애공문왈(哀公問曰)
▶ 애공이[哀公] 물었다[問曰].

　애공은 노(魯)나라 군주(君主)로, 이름은 장(蔣)이고 정공(定公)의 아들이다. 애(哀)는 시호(諡號)이다. 공자는 애공을 섬길 때 나라를 문란(紊亂)하게 하던 맹손(孟孫)·숙손(叔孫)·계손(季孫) 등의 삼환(三桓)을 퇴출하려 했으나 실패하고 말았다. 자왈(子曰)이라 하지 않고 공자대왈(孔子對曰)이라 한 구절이 공자가 애공을 섬겼음을 느끼게 한다. 그리고 이 19장은 공자가 맹손(孟孫)한테 어기지 말라[無違]고 일갈했던 앞서의 5장을 새삼 떠올리게 한다.

슬플 애(哀), 어른 공(公), 물어볼 문(問)

하위즉민복(何爲則民服)
▶ 어떻게[何] 하면[爲] 곧장[則] 백성이[民] 따르겠는가[服]?

　하(何)가 앞머리에 있으면 그 문장은 거의 다 의문문이 된다. 여기서 즉(則)은 앞의 하위(何爲)를 받는다. 민(民)은 백성이다. 백성을 일러 민초(民草)라고도 불렀다. 지금은 국민(國民) 또는 시민(市民)·민중(民衆)·대중(大衆)이라 한다. 복(服)은 종(從)과 같다. 뒤를 따라 좇는다[從]. 그러니 복(服)은 순종한다는 말이다. 백성이 절로 따르게 하는 임금은 성군이지만, 억지로 따르게 하면 폭군이기 쉽다. 아마도 백성은 삼환의 모진 등쌀 탓에 애공을 원망했을 것이다. 공자가 이를 모를 리 없었을 터이다.

어찌 하(何), 곧 즉(則), 좇을 복(服)

거직조저왕(擧直錯諸枉) 즉민복(則民服)
▶ 곧은 사람을[直] 등용하여[擧] 굽은 사람[枉] 위에[諸] 올려놓는다면[錯] 곧장[則] 백성이[民] 따라 온다[服].

거직(擧直)의 직(直)은 정직한 사람이라고 보면 된다. 거(擧)는 사람을 찾아서 쓴다는 말이다. 정직한 사람을 등용한다[直]는 말이다. 천거(薦擧)의 준말로 보면 된다. 여기서 직(直)은 인자(仁者)를 비유한다. 저(諸)는 지어(之於)의 준말로 위치의 어조사 구실을 하고 있다. 조(錯)는 치(置)와 같다. 놓아둔다[錯]. 놓을 조(錯), 어지러울 착(錯)으로 뜻에 따라 발음이 달라진다. 왕(枉)은 여기서 부정직한 사람을 비유한다고 보면 된다. 거직조저왕(擧直錯諸枉)은 치세(治世)를 이끌어내는 방편이다.

공자가 여러 나라를 돌아다니며 왕도(王道)를 주창한 뒤 노나라로 돌아와 애공에게 직언을 드리는 중이다. 그 당시 노나라는 삼환의 횡포로 망가져가고 정의로운 사람들은 발붙일 곳이 없었던 때였다. 이런 현실을 두고 공자는 직(直)과 왕(枉)을 들어 바른말을 한다. 굽은 가지를 곧은 가지 위에 두면 굽은 가지가 곧게 된다[擧直錯諸枉]는 속담을 인용해 직언하고 있다.

곧은 사람[直]은 누구인가? 바로 인자(仁者)를 말한다. 인자는 누구인가? 그 해답은 「이인(里仁)」편 3장에 잘 나타나 있다. "유인자능호인(唯仁者能好人) 능오인(能惡人)." 오로지[唯] 어진 사람만이[仁者] 사람을[人] 좋아할 수도 있고[能好] 사람을[人] 싫어할 수도 있다[能惡]. 인자는 선과 악을 분명히 안다. 그래서 선한 사람과 악한 사람을 분별한다. 선인(善人)이 악인(惡人)을 물리치는 세상이라야 백성이 절로 나라를 좇아 따른다고 공자가 애공에게 직언하고 있다.

들 거(擧), 곧을 직(直), 놓을 조(錯), 어조사 저(諸), 굽을 왕(枉)

거왕조저직(擧枉錯諸直)
▶ 굽은 사람을[枉] 추겨 들어[擧] 정직한 사람[直] 위에[諸] 놓아둔다[錯].

거왕조저직(擧枉錯諸直)은 곧 난세(亂世)를 말한다. 난세에서는 즉민불복(則民不服)하고야 만다. 난세라면[則] 백성은[民] 따르지 않는다[不服]. 치세(治世)를 엎으면 난세가 된다. 학정(虐政)을 일삼는 모진 권세가 판치면 살기 좋은 세상[治世]이 뒤집어져 거왕조저직(擧枉錯諸直)의 난세가 된다. 백성이 못사는 세상[亂世]에서는 악(惡)이 선(善)을 짓밟는다. 모진 사람들[不仁者]이 어진 사람들[仁者]을 핍박하는 세상에 어느 백성이 따르겠는가? 못 죽어 억지로 따를 뿐이다. 난세를 누리는 무리를 '왕(枉)'이란 한마디로 비유해 설파하는 공자를 상상해보라. 성인도 백성을 괴롭히는 무리를 싫어한다.

굽은 사람[枉]은 누구인가? 사악(邪惡)한 인간을 말한다. 애공은 사악한 무리의 우두머리였던 삼환 탓에 성군이 될 수 없었으니 슬픈 임금[哀公]이었던 셈이다. 지금도 굽은 것[枉]들이 세상을 어지럽히고 더럽히고 있으니 성인의 말씀은 항상 옳을 뿐 낡지 않는다.

제20장

【문지(聞之)】
장(莊)・효(孝)・자(慈)・거선(擧善)・교불능(敎不能)

【원문(原文)】

季康子問 使民敬忠以勸한데 如之何인지요
계강자문　사민경충이권　　　여지하

子曰 臨之以莊則敬하고 孝慈則忠하며 擧善而敎
자왈 임지이장즉경   효자즉충   거선이교
不能則勸이니라
불능즉권

【해독(解讀)】

계강자가 물었다[季康子問]. "백성으로 하여금 나를 존경하게 하면서 충성하게 하고 부지런히 일하게 하려면[使民敬忠以勸] 어찌하면 좋겠소[如之何]?"

공자께서 말해주었다[子曰]. "백성 앞에서 바른 말씨와 의젓한 모습으로 임하면 경건할 것이고[臨之以莊則敬], 효도하면서 자애로우면 충성할 것이며[孝慈則忠], 한 사람을 등용하고 능력이 부족한 사람을 가르치면 부지런히 일할 것이오[擧善而敎不能則勸]."

【담소(談笑)】

계강자문(季康子問)

▶ 계강자가[季康子] 물었다[問].

계강자(季康子)는 노(魯)나라의 대부(大夫)로 삼환(三桓)의 하나이다. 이름은 비(肥), 강(康)은 시호(諡號)이다. 노나라를 난세로 이끈 장본인이었다. 공자께서 앞 장에선 애공에게 삼환을 물리치라 했고, 여기선 그 삼환의 하나인 계강자에게 백성에게서 바랄 수 없는 것을 바라고 있다고 사정없이 면박하고 있다. 공자가 여기서 말하는 내용을 뒤집어 생각하면 계강자의 사람 됨됨이가 얼마나 건방졌는지를 미루어 짐작할 수 있다. 성인은 악인(惡人)을 선인(善人)의 자질로써 혼내준다.

막내 계(季), 온화할 강(康)

사민경충이권(使民敬忠以勸) 여지하(如之何)
▶ 백성으로 하여금[使民] 따르게 하면서[以勸] 존경하게 하고[敬] 충성하게 하도록 하자면[忠] 어떻게 하면 되겠소[如之何]?

사민경충(使民敬忠)의 경(敬)은 백성이 자기(계강자)를 존경하게 한다 함이고, 충(忠)은 백성이 충성하게 한다는 말이다. 그리고 이권(以勸)의 권(勸)은 종(從)과 같다. 백성을 순종하게 함으로써[以勸] 백성이 자기를 존경하게 하고 충성하게 하려면 어떻게 해야 하느냐고 묻고 있다. 세상을 제 것인 양 얕잡아보고 백성이 무서운 줄 모르고 나라를 문란하게 하는 대부에게 공자가 아부할 리 없다. 세도(勢道)만 믿고 건방을 떠는 대부가 어찌 백성의 존경과 충성과 순종을 탐한단 말인가.

하여금 사(使), 공경할 경(敬), 충성할 충(忠), 써 이(以), 순종할 권(勸), 같을 여(如)

자왈(子曰)
공자께서 계강자한테 선인(善人)이 되라고 충고한다. 이는 계강자가 선인이 아니라는 반증이다. 사악한 인간이 팽개치게 마련인 장(莊)・효(孝)・자(慈)・거선(擧善)・교불능(教不能)을 하라고 일침을 가한다. 그래서 여기 20장을 공자가 계강자한테 반문하는 명령문처럼 새겨보고 싶다. 성인은 세도를 부리는 대부 따위는 두려워하지 않는다. 성인은 두려울 게 없다.

임지이장즉경(臨之以莊則敬)
▶ 엄숙한 몸가짐으로[以莊] 백성을[之] 대하시오[臨]. 그러면[則] 존경할 것이오[敬].

임지(臨之)의 임(臨)은 대부답게 백성을 대하라는 뜻이고, 지(之)는 백성을 받는 대명사이다. 장(莊)은 엄(嚴)과 같다. 엄숙한 모습이 장(莊)이다.

자식을 대하는 엄숙한 아버지처럼 백성을 대하라 한다. 백성 앞에 오만하게 과시하지 말라는 속뜻이 숨어 있다고 봐도 된다. 또한 이장(以莊)의 장(莊)에는 대부라면 백성의 아버지 노릇을 해야지 권세로 행패를 부려서 되겠느냐는 숨은 뜻이 있다고 새겼으면 한다. 아버지처럼 엄숙하게 백성을 대하면[則] 백성이 당신을 공경할 것이다[敬]. 공자가 세도를 떨치는 계강자에게 면박을 주고 있다. 성인은 권세 따위를 두려워하지 않는다.

임할 임(臨), ~으로 이(以), 씩씩할 장(莊), 공경할 경(敬)

효자즉충(孝慈則忠)

▶ **효도하고[孝] 사랑하시오[慈]. 그러면[則] 충성할 것이오[忠].**

효(孝)는 제 부모를 섬기는 것이고, 자(慈)는 어머니가 자식을 사랑하듯이 사람들을 섬긴다는 말이다. 대부로서 불효(不孝)해서야 되겠느냐는 반문이 효(孝)에 숨어 있고, 대부로서 백성의 어머니 노릇을 하고 있느냐는 반문이 자(慈)에 숨어 있다고 새겼으면 한다. 그러면 백성이 어찌 대부에게 충성하지 않겠느냐고 반문하는 중이다. 충(忠)은 한낱 속임 없이 마음을 다해 받들어 모시는 마음가짐이다. 그래서 충(忠)을 불기(不欺)라고 한다. 속이지 않는다[不欺]. 나는 공자의 충(忠)은 『대학(大學)』의 성의(誠意)를 실천하는 것이라고 생각한다. 그래서 『대학』의 무자기(無自欺)를 그냥 공자의 말씀으로 여긴다. 자기를 속이지 말라[無自欺].

사랑할 자(慈), 충성 충(忠)

거선이교불능즉권(擧善而敎不能則勸)

▶ 선한 사람을[善] 등용하고[擧] 능력이 부족한 사람을[不能] 가르치시오[敎]. 그렇게 하면[則] 부지런히 좇아 따를 것이오[勸].

거선(擧善)의 선(善)은 선자(善者)로 볼 수 있다. 선한 사람[善者]을 찾아 쓴다[擧]. 교불능(敎不能)의 불능(不能)은 불능자(不能者)로 보면 된다. 능력이 부족한 사람[不能者]을 능력을 갖추게 잘 가르친다[敎]. 즉권(則勸)의 권(勸)은 종(從)과 같다. 그렇게 하면[則] 순종한다[勸]고 공자가 계강자에게 대질러주고 있다. "반성하고 인도(仁道)를 벗어나지 말라." 이는 백성을 탄압해 못살게 하지 말라 함이다. 지금도 권력은 변하지 않고 백성을 얕보려고 한다. 그러니 성인의 말씀은 항상 유효하다.

추겨 들 거(擧), 착할 선(善), 가르칠 교(敎), 능할 능(能), 순종할 권(勸).

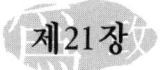

제21장

【문지(聞之)】
시어(효제)유정(施於(孝弟)有政)

【원문(原文)】

或이 謂孔子曰 子奚不爲政이시니까
혹   위 공 자 왈 자 해 불 위 정

子曰 書云 孝乎인저 惟孝하고 友于兄弟하야 施於
자 왈 서 운 효 호   유 효   우 우 형 제   시 어

有政이라 하니 是亦爲政이니 奚其爲爲政이겠나
유 정   시 역 위 정   해 기 위 위 정

【해독(解讀)】

어떤 사람이[或] 공자께 물었다[謂孔子曰]. "선생께서는 왜 정치를 하지 않으십니까[子奚不爲政]?"

공자께서 말해주었다[孔子曰]. "『서경(書經)』에 이런 말이 있지요. '효도해라[孝乎]. 오로지 효도만 해라[惟孝]. 그리고 형제간에 우애롭게 살아라[友于兄弟]. 효제를 실천하는 것이 정치하는 것이다[施於有政].' 이런 것이 역시 정치하는 것이오[是亦爲政]. 그런데 어찌 따로 정치할 것이 있겠소[奚其爲爲政]?"

【담소(談笑)】

혹위공자왈(或謂孔子曰) 자해불위정(子奚不爲政)
▶ 어떤 사람이[或] 공자께[謂孔子] 말했다[曰]. "선생께선[子] 왜[奚] 정치를[政] 하지 않습니까[不爲]?"

자(子)는 높임말로 선생에 해당하는 존칭이다. 부자(夫子)의 준말로 여겨도 무방하다. 해(奚)는 여기서 의문사로 '왜'란 뜻이다. 누군가가 공자께 왜 정치를 해서 높은 벼슬을 하지 않느냐고 물었던 모양이다. 혹(或)은 혹자(或者)의 준말이다. 그 어떤 사람[或]은 정치하기[爲政]를 임금 밑에서 벼슬하는 것으로 알았던 모양이다. 하기야 지금도 그런 혹자(或者)가 너무나 많다.

어떤 사람 혹(或), 이를 위(謂), 높임말 자(子), 왜 해(奚), 할 위(爲), 나라 다스릴 정(政)

자왈(子曰)

정(政)이란 남을 다스리는 데서 시작하는 것이 아니라 나를 먼저 다스리는 데서 시작한다는 것을 가르쳐주려고 한다. 나를 인자(仁者)가 되게 하려면 내가 그렇게 해야지 남이 그렇게 해주기를 바라서야 되겠는가? 이렇게 반문해보라 한다.

서운(書云) 효호(孝乎) 유효(惟孝) 우우형제(友于兄弟) 시어유정(施於有政) 시역위정(是亦爲政)

▶『서경(書經)』에 이르기를[書云], "효도해라[孝乎]. 오로지 효도해라[惟孝]. 형제끼리 도탑게 살아라[友于兄弟]. 정사(政事)를[於有政] 베풀어라[施]." 이것이[是] 또한[亦] 정치를[政] 실행하는 것이다[爲].

서운(書云)의 서(書)는 『서경(書經)』 즉 『상서(尙書)』를 말한다. 효호(孝乎)의 호(乎)는 효(孝)를 찬미하는 감탄사이다. 유효(惟孝)의 유(惟)는 '오직'이란 뜻으로 독(獨)과 같다. 시어유정(施於有政)은 시(施) 다음에 앞에 나온 효우(孝友)가 생략된 것으로 보고 새긴다. 한문(漢文)은 반복하지 않으려는 말버릇이 강하다. 그리고 어유정(於有政)의 어(於)는 목적어를 이끄는 어조사(語助辭)이고 유정(有政)의 유(有)는 뜻 없이 그냥 말을 잇는 접두사(接頭辭)로 여기면 된다. 그래서 일상적으로 시어유정(施於有政)은 시정(施政)이라고 줄여 쓴다. 유정(有政)은 정치한다는 말이다. 그러니 『서경』은 효우(孝友)를 남김없이 베푸는 것이 곧 정치의 기초요 바탕이라고 말하는 셈이다.

베풀기[施]를 낙(樂)이라고 한다. 효우(孝友)를 남김없이 베푸는 것을 유가(儒家)에서는 낙도(樂道)라고 한다. 낙도란 곧 인도(仁道)를 즐기는 일이다. 이어서 공자는 그런 낙도를 떠나서 어찌 정치할 수 있겠느냐고 반문한다. "해기위위정(奚其爲爲政)."

이를 운(云), 감탄사 호(乎), 오직 유(惟), 우애 있을 우(友), ~부터 우(于), 베풀 시(施), 어조사 어(於)

해기위위정(奚其爲爲政)

▶ 어찌[奚] 그것만[其] 정치하는 것이[爲政] 된단 말이오[爲]?

여기서 해(奚)는 하(何)와 같은 뜻인데, 어찌하여(奚) 또는 왜(奚)라는 의문사로서 반문을 강조하는 말투가 느껴진다. 기(其)는 잘 생각해서 새겨야 한다. 그것이 어찌 위정(爲政)이 된단[爲] 말이오? 이렇게 반문하는 말투를 잘 새겨보면, 이 기(其)는 어떤 사람[或]이 공자께 질문한 내용을 받는다고 볼 수 있을 것이다. 그래서 '벼슬길에 나선 정치' 정도로 이해하면 될 것이다. 공자가 우리에게 이렇게 반문하는 것 같다. "정치하고[爲政] 싶은가?" 그렇다면 효제(孝弟)부터 철저하게 해야 하리라. 그러면 백성을 아프게 하는 정치는 사라질 것이다. 성인의 말씀은 항상 옳다.

제22장

【문지(聞之)】
인이무신(人而無信)

【원문(原文)】

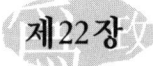

子曰 人而無信이면 不知其可也이라 大車無輗이거나
자왈 인이무신   부지기가야   대거무예

小車無軏이라면 其何以行之哉리오
소거무월   기하이행지재

【해독(解讀)】

공자께서 말했다[子曰]. "사람이면서 신의가 없다면[人而無信] 그의 사람됨을 알 수 없다[不知其可也]. 큰 수레에 멍에가 없거나[大車無輗]

작은 수레에 멍에가 없다면[小車無軏] 어떻게 수레를 끌고 갈 수 있겠는가[其何以行之哉]?"

【담소(談笑)】
자왈(子曰)

앞 장에서는 집안[家內]의 위정(爲政)을 말했다. 유가(儒家)가 말하는 집안의 위정은 수신(修身)이요 제가(齊家)이다. 이 장에서는 그리한 다음에야 집밖[社會]의 위정을 다할 수 있다고 밝힌다. 유가가 말하는 집밖의 위정은 치국(治國)이요 평천하(平天下)이다. 세상을 다스리려면[治國] 신의(信義)를 떠날 수 없다고 단언한다.

인이무신(人而無信) 부지기가야(不知其可也)
▶ 인간이면서[人而] 신의가[信] 없다면[無] 그 사람이[其] 착한지[可] 알지 못한다[不知].

인이(人而)의 이(而)는 여기서 어감을 강조하기 위해 쓰였다. 신(信)은 공자사교(孔子四敎)의 하나이다. 「술이(述而)」편 24장에서 공자는 문(文)·행(行)·충(忠)·신(信)을 사교(四敎)로 삼고 있다고 밝힌다. 신(信)은 신의(信義)의 준말로 보면 된다. 신(信)은 사회생활의 질서를 잇는 축이다. 그 축이 무너지면 무질서가 온다. 그러므로 말과 행동을 잇는 신의가 없는 사람은 마땅하고 착한지[可] 알 수 없다는 것이다. 기가(其可)의 기(其)는 그 사람이란 지시어이고, 가(可)는 뜻이 마땅하다는 의(宜)와 착하다는 선(善)과 같다. 선하고 마땅한 사람이어야 쓸모 있는 사람이다. 사회에서 신용 없는[無信] 사람은 쓸모가 없다.

말이을 이(而), 믿을 신(信), 착할 가(可)

대거무예(大車無輗) 소거무월(小車無軏) 기하이행지재(其何以行之哉)

▶ 큰[大] 수레에[車] 멍에가[輗] 없거나[無] 작은[小] 수레에[車] 멍에가[軏] 없다면[無] 그래서야[其] 어찌[何] 수레를[之] 끌고 갈 수 있겠느냐[以行]?

성인은 비유를 빼어나게 쓴다. 여기서는 소가 끄는 달구지를 연상하기 바란다. 소의 목에 멍에를 걸어야 소가 수레를 끌고 갈 수 있다. 사람은 저마다 능력에 따라 사회라는 수레를 끌고 가는 당사자이다. 나만 살짝 빠져나와 사회를 끌어가는 멍에를 벗겠다면 파렴치한 인간이 되고 만다. 그런 파렴치범을 비유해 신용 없는 인간이 되지 말라 한다. 여기서 기(其)는 '멍에 없이는' 정도로 이해하면 되는데 없어도 되는 말이다. 그리고 행지(行之)의 지(之)는 멍에 없는 수레를 가리키는 대명사로 보면 된다. 신의는 세상을 질서 있게 끌어가는 멍에와 같다 한다. 인간이라면 누구든 그 멍에를 벗어 던질 수 없다. 신의야말로 생존의 의무요 권리이다.

수레 거(車), 멍에 예(輗), 멍에 월(軏)

제23장

【문지(聞之)】
백세가지(百世可知)

【원문(原文)】

子張이 問 十世를 可知也일까요
자 장   문 십 세   가 지 야
子曰 殷因於夏禮하니 所損益可知也이며 周因於
자 왈 은 인 어 하 례   소 손 익 가 지 야   주 인 어
殷禮하니 所損益可知也이니 其或繼周者면 雖百
은 례   소 손 익 가 지 야   기 혹 계 주 자   수 백
世可知也이리라
세 가 지 야

【해독(解讀)】

자장이 물었다[子張問]. "10대를 넘어 앞일을 알 수 있습니까[十世可知也]?"

공자께서 말해주었다[子曰]. "은(殷)은 하(夏)의 예의를 따랐으니[殷因於夏禮] 그 잘잘못을 알 수 있고[所損益可知也], 주(周)는 은의 예의를 따랐으니[周因於殷禮] 그 잘잘못을 알 수 있다[所損益可知也]. 그러니 다른 나라가 주의 예의를 잇는다면[其或繼周者] 100대 후일지라도 알 수 있다[雖百世可知也]."

【담소(談笑)】

자장문(子張問) 십세가지야(十世可知也)

▶ 십대를 지나 훗날 일을[十世] 알 수 있겠습니까[可知也]?

십세(十世)는 10대(十代)란 말이다. 세(世)는 한 때를 뜻한다. 그 한 때를 30년으로 잡아 세(世)를 부자(父子)의 세대 교체를 뜻하는 말로 쓰기도 하고, 나라의 흥망을 나타내는 기간으로 말하기도 한다. 여기서 십세(十世)는 몇백 년 후의 앞일을 뜻한다. 목적어인 십세(十世)를 앞으로 끄집어내 어감을 강조하고 있다. 가지야(可知也)의 야(也)는 호(乎)와 같다. 때때로 야(也)는 의문사 호(乎)를 대신해 공손히 묻는

말투를 나타낼 때 쓰인다. 여기서 야(也)는 자장(子張)이 선생께 공손히 묻고 있음을 느끼게 해준다.

> 때 세(世), 의문어조사 야(也)

자왈(子曰)
세상의 미래(未來)를 말해주고 있다. 그 미래를 예의(禮儀)의 흥망성쇠(興亡盛衰)로 이해해도 무방하다. 그것을 『주역(周易)』은 궁즉변(窮則變)이라 풀이하고 한마디로 역(易)이라고 했다. 노자(老子)는 모든 것은 되돌아오는 것[反者]이니 미래(未來)라고 하지 않고 왕래(往來)라고 한다.

여기서 공자는 미래에 대해 간명하게 말하고 있다. 앞날이 불확실하다고 말하지 말라. 백성을 이롭게 하면 세상의 미래는 흥(興)할 것이고, 백성을 해롭게 하는 세상의 미래는 망(亡)할 것이다. 이 말에 시비를 걸 수 있겠는가? 성인의 말씀은 항상 군더더기 하나 없이 깔끔하다.

은인어하례(殷因於夏禮) 소손익가지야(所損益可知也)
▶ 은나라는[殷] 하나라 예의(禮儀)를[於夏禮] 따랐으니[因] 잘잘못을[所損益] 알 수 있다[可知也].

여기서 인(因)은 습(襲)과 같다. 바탕을 삼아 따라 잇는다[因]. 어하례(於夏禮)의 어(於)는 의미 없이 목적어 앞에 있는 어조사이므로 없다고 여기면 된다. 예(禮)는 예절(禮節)을 뜻하는 것이 아니라 문물제도 전반을 나타내는 예의(禮儀)를 의미한다. 하례(夏禮)는 하나라의 문물제도 즉 문화를 뜻한다. 하은대(夏殷代)의 예의는 귀신(鬼神)을 섬기는 제의(祭儀)가 중심이었다. 귀신은 천지(天地)를 말한다. 은나라는 하나라의 예의를 그대로 따랐다고 보아도 된다.

소손익(所損益)은 소손(所損)과 소익(所益)을 합친 말이다. 해로운 바[所損]와 이로운 바[所益]를 합쳐 소손익(所損益)이라 했다. 물론 어감을 강조하기 위해 앞으로 끄집어냈다. 버릴 것은 버리고 얻을 것은 얻어 문물제도를 따르면 미래를 짚어볼 수 있다는 말이다.

성할 은(殷), 이을 인(因), 여름 하(夏), 바 소(所), 잘못할 손(損), 잘할 익(益)

주인어은례(周因於殷禮) 소손익가지야(所損益可知也)
▶ 주나라가[周] 은나라의 예의를[於殷禮] 바탕 삼아 따랐으니[因], 그 잘잘못을[所損益] 알 수 있다[可知也].

주(周)나라는 은(殷)나라의 예의를 답습하지 않았다. 유가(儒家)는 주나라에 들어서야 귀신 중심이 아니라 인간 중심의 예의가 갖추어졌다고 본다. 다시 말해 하은(夏殷)의 제왕은 천지의 기운(氣運)인 귀신을 섬기는 제의(祭儀)를 중심으로 삼았지만, 주나라 제왕은 귀신보다는 선조(先祖)의 종묘(宗廟)를 섬기는 제사(祭祀)와 더불어 인간과 인간 사이의 질서·법률·제도·규범 등 인간의 일상생활을 위한 예의를 갖추었다고 보는 것이 유가의 입장이다. 그러므로 주례(周禮)는 은례(殷禮)를 답습하지 않고 개혁(改革)한 셈이다. 유가는 이러한 개혁을 칭송한다.

두루 주(周)

기혹계주자(其或繼周者) 수백세가지야(雖百世可知也)
▶ 따라서[或] 앞으로[其] 주의 것[周者]을 좇아 잇는다면[繼] 백대 후의 앞일지라도[雖百世] 알 수 있을 것이다[可知也].

주례(周禮)라 하지 않고 주자(周者)라고 한 것에 주목했으면 한다.

이로써 공자의 의중을 짚어볼 수 있기 때문이다. 이렇게 다르게 말한 것에서 귀신을 섬겼던 하은(夏殷)의 제의(祭儀)와 인간을 중심으로 한 주(周)의 예의(禮儀)를 분별하려는 의중이 엿보인다.

지금 우리가 사는 세상을 보면 공자의 말이 틀리지 않음을 알 수 있다. 주나라의 예의가 인간 중심의 문화를 싹트게 했으니 말이다. 물론 지금까지 숱한 폭군들이 백성을 못살게 학정을 연이어왔지만, 그래도 인간 중심의 물길을 막을 수 없으리란 공자의 미래 진단이 옳았음을 오늘날의 시민사회는 증명한다. 조선조가 공자를 모시고 유교를 이념으로 삼았지만, 아마도 공자는 조선조를 옹호하지 않으리라 생각된다. 양반과 상민의 틈새를 지나치게 벌려놓고 권세의 입맛대로 예의를 맞추었기 때문이다. 그래서 조선이란 일대기가 문을 닫은 것이 아닌가. 미래를 성취하고 싶은가? 그렇다면 어질고 착한 사람의 뜻을 따르려는 예의를 존중해야 한다. 나라의 흥망(興亡)이나 개인의 흥망이나 다를 게 없다.

아마 혹(或), 이을 계(繼), ~할지라도 수(雖)

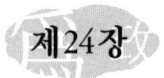
제24장

【문지(聞之)】
첨(諂)·무용(無勇)

【원문(原文)】

子曰 非其鬼而祭之는 諂也요 見義不爲는 無勇
자왈 비기귀이제지   첨야   견의불위   무용

也니라
야

【해독(解讀)】

공자께서 말했다[子曰]. "조상의 귀신도 아닌데 제사 지내는 것은[非其鬼而祭之] 아첨이고[諂也], 의를 보고도 실천하지 않는 것은[見義不爲] 용기가 없는 것이다[無勇也]."

【담소(談笑)】
자왈(子曰)

공자는 괴(怪) · 역(力) · 난(亂) · 귀(鬼)를 말하지 말라 한다. 공자 스스로 철저한 현실주의자요 합리주의자임을 분명히 하고 있다. 이는 곧 공자의 정치사상을 지탱하는 기본이다. 이 장에서 공자는 유목사회였던 은대(殷代)에서 벗어나 농경사회로 옮겨간 주대(周代)의 예의를 다시 한번 강조하고 있다. 공자의 지(知)는 '경귀신이원지(敬鬼神而遠之)'에 그 중심을 두고 있다. 여기서는 앞의 17장에서 지(知) · 부지(不知)를 엄격히 하라던 뜻을 더 잘 헤아릴 수 있게 말한다.

비기귀이제지(非其鬼而祭之) 첨야(諂也)
▶ 내가 모셔야 할 귀신도[其鬼] 아닌데[非] 제사 지내는 것은[祭之] 아첨이다[諂也].

기귀(其鬼)는 마땅히 제사 지내야 할 귀(鬼)를 말한다. 귀(鬼)는 죽은 사람의 영혼을 말하기도 하고 땅의 기운을 말하기도 한다. 천자(天子)는 천신(天神)을 제사 지내고, 제후(諸侯)는 지기(地祇)를 제사 지내며, 사대부(士大夫)와 서민(庶民)은 선조(先祖)의 귀(鬼), 즉 영혼(靈魂)을 제사 지내는 것이 유가의 제례(祭禮)이다. 왜 이런 말을 하는지 「팔일(八佾)」편에 가서 보면 알 수 있다.

제 신분에 맞게 제사 지내라. 「학이(學而)」편 9장에서 증자(曾子)가 왜 신종추원(愼終追遠)하라 했는지 알 만하다. 제의(祭儀)를 바르게 지켜라. 그렇지 않으면 첨(諂)이라고 단언한다. 여기서 첨(諂)은 소인배가 하는 짓을 말한다. 첨(諂)은 첨녕(諂佞) 또는 첨유(諂諛)의 준말이다. 간사하고 어긋나 악한 소인(小人)의 짓을 첨녕이라 한다. 천하에 못난 소인배의 짓거리가 첨(諂)이다. 공자는 간사하고 어긋나고 치우쳐 못된 짓을 범하는 무리를 조금도 두려워하지 않았다. 공자는 괴이(怪異)한 짓[怪], 난동(亂動) 부리는 짓[亂], 무력(武力)을 일삼는 짓[力], 그리고 귀신(鬼神)을 앞세우는 짓[神] 등을 물리치라고 했다. 공자는 괴력난신(怪力亂神)을 용서하지 않았다. 이를 공자의 용(勇)이라고 새겨도 된다.

아닐 비(非), 선조의 영혼 귀(鬼), 제사 지낼 제(祭), 아첨할 첨(諂)

견의불위(見義不爲) 무용야(無勇也)
▶ 옳음을[義] 보고[見] 행하지 않는 것은[不爲] 용맹이[勇] 없는 것이다[無].

의(義)를 외면하지 말라는 말씀이다. 즉 불의(不義)를 용서하지 말고, 타협하지 말라 함이다. 불위(不爲)의 위(爲)는 옹호하며 실행하라는 뜻이다. 의를 과감하게 실천하라. 이것이 곧 공자의 용(勇)이다.

군자(君子)는 지(知)·인(仁)·용(勇)을 떠나 살 수 없는 주인이다. 군자는 알고만 있는 식자(識者)가 아니다. 유가(儒家)의 군자는 공문(孔門)의 사교(四敎, 文·行·忠·信)를 실천하는 당사자이다. 그러므로 군자는 의와 불의 앞에 과감(果敢)하다. 이런 용맹(勇猛)이 곧 여기서 공자가 말하는 용(勇)이다. 이러한 유가의 용(勇)은 불가(佛家)의 무외시(無畏施)와 통하는 데가 있다. 악(惡) 앞에 두려워 말고

[無畏施] 선을 베풀기를 두려워 말라[無畏施]. 이는 곧 공문(孔門)의 용(勇)과 같다. 성인은 불의를 소멸시킨다. 불의 앞에 비겁하지 말고 비굴하지 말라. 공자의 말씀이 우리네 정수리에 벼락을 치는 듯하다.

볼 견(見), 옳을 의(義), 할 위(爲), 과감할 용(勇)

전편(前篇) 3

팔일(八佾)

입문 팔일(八佾)은 무악(舞樂)의 한 이름이다. 고대 중국에서는 예(禮)·악(樂)을 치세(治世)의 기조로 삼았다. 그래서 「위정(爲政)」 편 다음에 「팔일(八佾)」 편을 뒤따르게 한 것이다.

　예(禮)는 치세(治世)의 질서를 잡아주는 벼리로서 나라의 평안과 계층간의 질서를 외적(外的)으로 유지하게 했다. 반면에 사람의 성정을 교화하는 데는 인간의 성정을 화목하게 하는 악(樂)을 활용했다. 즉 악을 덕치(德治)의 근간으로 삼은 것이다. 그러므로 정치가 예악(禮樂)을 떠날 수 없었다. 만일 예악을 문란하게 한다면 그런 짓은 바로 세상을 난세로 몰아가는 행패와 다르지 않았다.

　앞머리를 따 편명(篇名)을 삼는 원칙을 벗어나 팔일(八佾)로 편명을 삼은 속뜻은 이 편을 읽어가면 알게 될 것이다. 팔일은 여기서 예의(禮儀)를 나타내는 징표가 되고 있다. 『예기(禮記)』「악기(樂記)」에 이런 말이 있다. "악유중출(樂由中出) 예자외작(禮自外作)." 악은[樂] 안에서[由中] 나오고[出] 예는[禮] 밖에서[自外] 이루어진다[作]. 이처럼 예악은 안팎으로 사람을 사람 되게 한다. 「팔일」 편은 예를 중심으로 하여 왜 예가 치세의 기둥인가를 밝히고 있다. 이 편에 공자의 예론(禮論)이 있다 해도 틀린 말은 아닐 것이다.

제1장

【문지(聞之)】
팔일무어정(八佾舞於庭)

【원문(原文)】

孔子謂季氏 八佾舞於庭하니 是可忍也일댄 孰不
공 자 위 계 씨   팔 일 무 어 정   시 가 인 야   숙 불
可忍也리오
가 인 야

【해독(解讀)】
공자께서 계씨를 일러 말했다[孔子謂季氏]. "제 집 뜰에서 팔일(八佾)을 춤추게 하다니[八佾舞於庭], 이런 짓을 서슴없이 저지른다면[是可忍也] 무슨 짓인들 못하겠느냐[孰不可忍也]?"

【담소(談笑)】
공자위계씨(孔子謂季氏)

공자가 계씨(季氏)를 탓하고 있다. 위계씨왈(謂季氏曰)이 아니라 위계씨(謂季氏)라 했으니 아마도 제자들 앞에서 계씨란 인물을 문제 삼고 있는 듯하다. 계씨는 노(魯)나라를 문란하게 했던 삼대부(三大夫, 孟孫·叔孫·季孫)의 막내이다. 「위정(爲政)」편 5장에서 공자가 계씨의 맏형인 맹손(孟孫)에게 무위(無違)하라고 일침을 가하던 대목을 떠올려보라. 왜 어기지 말라[無違] 했는지 여기서도 알 만하다.

이를 위(謂), 막내 계(季)

팔일무어정(八佾舞於庭) 시가인야(是可忍也)
▶ 팔일을[八佾] 뜰에서[於庭] 춤추게 하다니[舞], 이런 짓을[是] 서슴없이 저질렀다[可忍也].

　팔일(八佾)의 일(佾)은 열(列)을 뜻한다. 춤을 출 때 열(列)은 8명의 춤꾼이 늘어선 한 줄을 말한다. 따라서 팔일은 8명이 한 줄을 이룬 8줄의 춤이다. 다시 말해 64명이 춤을 추는 춤이 팔일(八佾)이다. 팔일(八佾)은 천자(天子) 앞에서, 육일(六佾, 48명)은 제후(諸侯) 앞에서, 사일(四佾, 32명)은 대부(大夫) 앞에서, 이일(二佾, 16명)은 사(士) 앞에서 추는 무악(舞樂)이다. 그런데 계씨란 대부는 제 앞에서 천자의 무악인 팔일을 추게 했으니 대부가 천자 노릇을 한 셈이다. 이러한 계씨의 행동은 예의(禮儀)를 어긴 불의(不義)이다.
　시가인(可忍也)의 시(是)는 앞의 내용을 받는 지시어이다. 여기서 인(忍)은 강(强)과 같다. 거리낌 없이 못된 짓을 강행한다[忍]. 권세만 믿고 임금마저 능멸하는 대부를 백성들은 어떻게 보았겠는가? 계씨 같은 자는 권력 밑에 항상 있다. 그래서 장자(莊子)는 권력을 개가 물고 있는 썩은 고깃덩이라고 했다. 계씨가 바로 그렇다.

춤 일(佾), 춤출 무(舞), 뜰 정(庭), 서슴없이 나쁜 짓을 할 인(忍)

숙불가인야(孰不可忍也)
▶ 무슨 짓인들[孰] 범하지 못하겠느냐[不可忍也]?

　여기서 숙(孰)은 반문하는 말투를 강하게 한다. 야(也)는 호(乎)와 같이 볼 수 있다. 공자는 계씨 일파를 제거하려고 했지만 도리어 쫓겨나는 수모를 겪었다고 한다. 그런 상황을 이해하면 공자의 마음을 읽을 수 있을 것이다. 공자는 처음부터 신분 계층을 확립해야 세상의 질서를 잡을 수 있다고 보았다. 물론 마르크스 레닌(Marx-Lenin)주의의 공산주의 계급 같은 것이 아니라 인륜에 의한 신분을 확립하려고 했다. 이런 뜻은 「안연(顔淵)」편 11장에 잘 드러나 있다. "군군(君君) 신신(臣臣) 부부(父父) 자자(子子)." 임금은 임금답고, 신하는 신하답고, 아비는 아비답고, 자식은 자식다워야 한다는 것이다. 이러함이 곧 유가(儒家)의 인륜(人倫)이다. 이런 인륜을 어기는 무리를 공자가 외면할 리 없다.

어느것·무엇·누구 숙(孰)

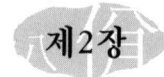

【문지(聞之)】
천자목목(天子穆穆)

【원문(原文)】

三家者以雍徹 子曰 相維辟公이어늘 天子穆穆을
삼 가 자 이 옹 철   자 왈 상 유 벽 공   천 자 목 목
奚取於三家之堂고
해 취 어 삼 가 지 당

【해독(解讀)】
　삼대부가 옹시(雍詩)를 읊으면서 제상(祭床)을 거두었다[三家者以雍徹]. 이를 두고 공자께서 말했다[子曰]. "제후들이 제사를 돕거늘[相維辟公] 천자의 모습은 그윽이 아름다워라[天子穆穆]. 이런 주송(周頌)의 옹(雍)을 어쩌자고 세 대부가 자기들 사당에서 따서 쓴단 말인가[奚取於三家之堂]?"

【담소(談笑)】
삼가자이옹철(三家者以雍徹)
▶ 세 대부가[三家者] 주송의 옹(雍)을 읊으면서[以雍] 제상을 거두었다[徹].

여기서 옹(雍)은 『시경(詩經)』「주송(周頌)」편에 나오는 옹시(雝詩)를 말한다. 천자가 제후들을 거느리고 종묘(宗廟)에서 제사 지낼 때 부르는 노래가 이 옹시다. 그러니 이 옹은 천신(天神)께 제사 지내는 천자를 노래하는 송(頌)이다. 천자는 천신을 제사 지내고, 제후는 지기(地祇)를 제사 지내며, 대부는 조상의 영혼을 제사 지내는 것이 예의(禮儀)였다. 그런데 삼대부가 그 예의를 저버리고 천자인 양 행세했으니 그들은 결례(缺禮)가 아니라 무례(無禮)를 범했던 것이다.

온화해 기뻐할 옹(雍), 거두어낼 철(徹)

자왈(子曰)
위와 같이 행동한 삼대부를 몰아서 규탄하고 있다. 그리고 왜 규탄해야 하는지 그 이유를 분명히 밝히고 있다. 대부이면서도 천자가 제후들과 함께 천신께 제사를 올린 뒤 제상(祭床)을 거둘 때 읊는 옹(雝)이란 송(頌)을 읊었다는 것이다. 천자 행세를 하는 삼대부의 방자함을 공자가 질타하고 있다.

상유벽공(相維辟公) 천자목목(天子穆穆)
▶ 제상(祭床)을 거두는 일을 돕는[相] 벽공들이거늘[維辟公] 천자는[天子] 그윽이 아름다운 모습이어라[穆穆].

여기서 상(相)은 서로 도와 제상을 거둔다는 뜻으로 새길 수 있다. 유(維)는 강조형 어조사이다. 『시경(詩經)』에서는 유(維)를 그런 어조사로 자주 활용했다. 우리에게 낯익은 유신(維新)이란 낱말에서도 유

(維)는 신(新)을 강조하는 어조사 역할을 한다. 벽공(辟公)은 제후(諸侯)의 다른 말이다. 천자 다음 가는 임금이란 말이다. 목목(穆穆)은 그윽이 아름다운 모습을 뜻한다.

천신(天神)에게 올리는 제사를 다 마친 다음 제후들이 서로 도와 제상을 거두고, 그 광경을 삼가 예를 표하며 묵묵히 서서 바라보는 천자의 모습을 상상해보기 바란다. 제후도 천자 앞에선 신하로서 제상을 손수 거두거늘, 한낱 대부에 불과하면서 천자의 옹(雝)을 제 집 사당(祠堂)에서 부르게 한 삼대부의 행동은 당시의 사회질서를 파괴하는 짓이다.

서로 도울 상(相), 어조사 유(維), 공경할 목(穆)

해취어삼가지당(奚取於三家之堂)
▶ 어찌[奚] 맹씨(孟氏)·숙씨(叔氏)·계씨(季氏)의[三家之] 사당에서[於堂] 옹시(雝詩)를 빼앗아 따서 쓸 수 있단 말인가[取]?

여기서 해(奚)는 강한 반문의 의문사를 이끈다. 취(取)는 탈(奪)과 같은 뜻이다. 빼앗아 쓴다[取]. 당(堂)은 여기서 제사를 올리는 곳을 말한다.

대부가 천자 행세를 자행하는 난세(亂世)를 질타하고 있다. 불의 (不義)를 눈감아선 안 된다. 불의를 타파하는 것이 곧 공자의 용(勇) 이 아닌가. 그 용(勇)은 곧 군자(君子)의 사명이다. 군자를 낡은 인간 형으로 몰지 말라. 어느 시대의 정치든 군자가 맡아야 백성이 편안하다. 물론 시대마다 불의는 다르게 나타나지만 그 속성은 같다. 왜냐하면 불의는 힘[武力]으로 백성을 짓밟기 때문이다. 그런 힘을 부정하고 타파하는 자를 공자는 군자라고 했다. 그러니 공자가 환호하는 군자는 항상 미래상(未來像)이다. 그 당시 삼대부는 난세의 원흉이었으므로 공자는 그들을 용서할 수 없었다. 삼대부 같은 소인배들은 어느 시대나 있지만 군자는 없다. 지금도 어떤 자들이 삼대부의 짓을 하는지 백성은 안다.

어찌 해(奚), 빼앗아 따서 쓸 취(取), 묘(廟) 당(堂)

제3장

【문지(聞之)】
인이불인(人而不仁)

【원문(原文)】

子曰 人而不仁이면 如禮何이며 人而不仁이면 如
자왈 인이불인   여례하   인이불인   여
樂何오
악 하

【해독(解讀)】

공자께서 말했다[子曰]. "사람이 어질지 않다면[人而不仁] 예를 어찌하며[如禮何], 사람이 어질지 않다면[人而不仁] 악을 어찌할까[如樂何]?"

【담소(談笑)】
자왈(子曰)

공자가 인간주의를 간명하지만 절절하게 설파하고 있다. 『논어(論語)』 500여 장(章) 중에서 가장 중요한 말씀이라 할 수 있다. 인도(仁道)를 떠나 공자를 생각할 수 없다. 수신(修身)·제가(齊家)·치국(治

國)·평천하(平天下)를 이루려는 군자의 길이 곧 인도(仁道)이다. 인도(仁道)는 곧 인도(人道)임을 분명히 하고 있다.

인이불인(人而不仁) 여례하(如禮何)
▶ 인간의 탈을 쓰고서[人而] 어질지 않다면[不仁] 예를[禮] 어찌할 것인가[如何]?

여례하(如禮何)라고 말하여 여하례(如何禮)보다 더 절절하게 들린다. 어진 마음이 없으면 예(禮)라는 것 자체가 이루어질 수 없다. 어진 마음이 없으면 덕(德)이 소멸하기 때문이다. 인덕(仁德)이 없으면 모습만 사람이지 사나운 짐승과 다를 바 없다. 유가(儒家)는 인수지변(人獸之辨)이라 한다. 사람과 짐승은 다르다[人獸之辨]. 왜 다른가? 인간에게는 인도(仁道)가 있기 때문이다. 예란 무엇인가? 인도로써 살려는 사람의 뜻이 아닌가. 아무리 위대한 일을 한들 어진 사람이 아니면 사람값을 못한다. 무엇보다 먼저 어진 사람이 되라[仁道]. 이 길이 공자의 전부라면 전부이다.

어찌 하(何)

인이불인(人而不仁) 여악하(如樂何)
▶ 인간의 탈을 쓰고서[人而] 어질지 않다면[不仁] 악이 있다 한들[樂] 어찌할 것인가[如何]?

여악하(如樂何) 역시 절절한 성인의 마음을 읽을 수 있게 한다. 어진 마음이 없다면 처음부터 악(樂)은 없다. 물론 유가(儒家)도 악이란 하늘에서 비롯되어[出於天] 인간에게 머문다[寓於人] 하여 도가(道家)와 같은 입장을 보인다. 다만 머물기[寓]를 달리 해석할 뿐이다. 유가는 인심(仁心)에 머문다 하고 도가는 무심(無心)에 머문다 한다. 유가는 그 인심을 성현을 통해 배울 수 있다[學文] 하고 도가는 자연이 곧 무심(無心)이라고 하는 게 서로 다르다. 하여튼 어진 마음이 없으면 마음을 편안하게 하여 즐겁게 하는 악(樂)은 머물 데가 없다. 그러니 무엇보다 먼저 어진 사람이 되라. 그래서 공자는 「위령공(衛靈公)」편 35장에서 이렇게 단언한다. "당인(當仁) 불양어사(不讓於師)." 어진 마음을[仁] 행함에는[當] 스승에게도[於師] 양보하지 않는다[不讓]. 그러니 공자는 인(仁)은 곧 인(人)이라고 한다.

제4장

【문지(聞之)】
예(禮)·검(儉)·상(喪)·척(戚)

【원문(原文)】

林放이 問禮之本한대 子曰 大哉라 問이어 禮이 與
임방 문례지본   자왈 대재   문   예 여
其奢也론 寧儉이오 喪이 與其易也론 寧戚이니라
기사야   영검   상   여기이야   영척

【해독(解讀)】
임방이 예의 근본을 물었다[林放問禮之本]. 공자께서 답해주었다[子曰]. "크나큰 물음이구나[大哉問]! 예는 사치스러움보다는 검소해야 한다[禮與其奢也寧儉]. 초상은 물건으로 쉽게 하기보다는 마음으로 슬퍼해야 한다[喪與其易也寧戚]."

【담소(談笑)】
자왈(子曰)

임방(林放)이란 사람이 예(禮)의 근본이 무엇이냐고 묻자 공자께서 간명하게 대답해주고 있다. 임방은 노(魯)나라 사람이라는 설만 있을 뿐 누구인지 확실하지 않다. 하여튼 공자의 말씨로 보아 임방이란 자가 예를 대단치 않게 보았던 듯싶다. 그래서인지 공자가 간명하지만 단호하게 대답해주고 있다.

대재문(大哉問)
▶ 크나큰[大] 물음이구나[哉問]!

여기서 재(哉)는 말 사이에 끼어들어 감탄하는 어조를 내는 간격사(間隔辭) 같은 어조사이다. 어감(語感)을 드러내는 데 쓰인다. 이런 재(哉)가 말씀 중에 있으니, 임방이 예(禮)의 근본을 물은 데 대해 공자께서 의외(意外)로 여겼다는 느낌이 든다.

~답다 재(哉), 물어볼 문(問)

예여기사야녕검(禮與其奢也寧儉)
▶ 예란[禮] 사치하기보다는[與其奢也] 차라리[寧] 검소해야 한다[儉].

'여기(與其) A 영(寧) B'라는 관용구가 쓰였다. A하기보다는 차라리[與其A] B해라[寧B]. 이 관용구를 써서 지금 공자가 임방한테 예(禮)를 간명하게 알려주고 있다.

어쩌면 임방은 남의 눈이 무서워 겉보기로만 사치스럽게 예를 차리려고 했는지 모른다. 성인은 사람에 따라 가르친다. 남의 눈이 무서워 사치스럽게 차려 예의바른 척한다면 무례하다고 딱 잘라 말해준다. 예를 눈속임하는 짓을 범하지 말라. 그런 짓은 불인(不仁)이다.

이미 공자는 인(仁)을 떠난 예란 없다고 했다.

더불어 여(與), 사치할 사(奢), 차라리 녕(寧)

상여기이야녕척(喪與其易也寧戚)
▶ 상[喪]은 쉽게 치르기보다는[與其易也] 차라리[寧] 슬퍼해야 한다 [戚].

상(喪)은 죽은 사람을 장사 지내는 것이다. 상례(喪禮)를 지킨다 함이 상(喪)이다. 여기서 이(易)는 정성을 들이지 않고 쉽게 해버린다는 뜻이다. 이런 이(易)는 불인(不仁)이다. 척(戚)은 진실로 마음 아파하며 슬퍼한다는 뜻이다.

진심으로 사자(死者)를 슬퍼하는 마음이 인(仁)이다. 슬퍼하지 않으면서 남보란 듯이 거창하게 장사 지내기보다, 초라해 보이더라도 진정 슬픈 마음으로 죽은 자의 명복을 비는 것이 상례(喪禮)라는 말이다. 남의 눈이 무서워 겉보기로만 그럴 듯하게 상을 치르는 자들은 잿밥에 눈독을 들이는 경우가 지금도 허다하다. 유산을 보고 굽실거리는 상주가 있다면 그보다 더 쾌씸한 경우는 없다. 인(仁)을 떠난 상례는 있을 수 없다.

초상 칠 상(喪), 쉬울 이(易), 슬퍼할 척(戚)

제5장

【문지(聞之)】
이적지유군(夷狄之有君)

【원문(原文)】

> 子曰 夷狄之有君이 不如諸夏之亡니라
> 자왈 이적지유군   불여제하지망

【해독(解讀)】
공자께서 말했다[子曰]. "오랑캐가 군주를 두고 있음은[夷狄之有君] 하(夏)나라가 망해서 천자(天子)가 없는 것만 못하다[不如諸夏之亡]."

【담소(談笑)】
자왈(子曰)
임금이 있어도 예의(禮儀) 즉 문물제도(文物制度)가 없다면 망해서 군주가 없지만 문물제도를 갖춘 하(夏)나라가 더 낫다는 뜻으로 말했는가? 아니면 오랑캐도 군주를 두어 통일돼 있는데, 천자를 잃어 통일을 이루지 못하는 하나라는 오랑캐만 못하다는 뜻으로 말했는가? 이렇게 이 5장은 공자의 의중을 놓고 두 갈래로 나누어 해석할 수 있다. 여기서는 조선조(朝鮮朝)의 『논어언해(論語諺解)』에 따라 해독했다.

이적지유군(夷狄之有君) 불여제하지망(不如諸夏之亡)
▶ 임금을[君] 두고 있는[有] 오랑캐라 한들[夷狄] 천자를 두지못한[亡] 중국만[諸夏] 못하다[不如].

공자도 중화(中華)를 들어 자부심을 드러냈을까? 성인이라면 패를 갈라 편들 리가 없다. 그러나 공자의 경우에는 무력(武力)이 아니라 예의(禮儀)를 숭상하는 문화를 이루었는가를 따져 나라들을 비교하려 했을지도 모른다. 물론 유가(儒家)는 한족(漢族)을 문화민족이라고 자부했지만 도가(道家)는 그러지 않았다.

오랑캐라 하여 타민족을 얕보던 유가의 버릇은 아마도 공자 때 이미 있었던 모양이다. 제하(諸夏)는 사방의 미개한 나라들과 대비하여 옛 중국의 여러 제후의 나라들을 뜻한다. 하(夏)는 대국이란 뜻인데 한족은 제하(諸夏)를 중화(中華)라고 해석한다. 중화는 천하의 문화 중심국이라는 말이다. 한족은 동서남북 변방의 나라들을 각각 동이(東夷), 남만(南蠻), 북적(北狄), 서융(西戎)이라 하여 이융만적(夷戎蠻狄)이라고 불렀다. 공자도 중화병에 걸렸던 것일까? 그럴 리는 없을 것이다. 인도(仁道)는 곧 문화를 일군다는 뜻을 나타내려 위와 같이 말했을 것이다.

> 동쪽 오랑캐 이(夷), 북쪽 오랑캐 적(狄), 모두 제(諸), 나라 이름 하(夏), 망할 망(亡)

제6장

【문지(聞之)】
계씨려어태산(季氏旅於泰山)

【원문(原文)】

> 季氏旅於泰山이러니 子謂冉有曰 女弗能救與아
> 계 씨 려 어 태 산   자 위 염 유 왈 여 불 능 구 여
> 對曰 不能이로소이다
> 대 왈 불 능
> 子曰 嗚呼라 曾謂泰山이 不如林放乎아
> 자 왈 오 호   증 위 태 산   불 여 림 방 호

【해독(解讀)】
　계씨가 태산에서 제사를 지내려 하자[季氏旅於泰山] 공자가 염유를 불러 말했다[子謂冉有曰]. "자네가 막을 수 없겠는가[女弗能救與]?"
　염유가 아뢰었다[對曰]. "저로서는 해볼 수가 없습니다[不能]."
　이에 공자께서 말했다[子曰]. "아아(嗚呼)! 이미 태산의 예(禮)를 물었던[曾謂泰山] 임방만도 못하단 말이냐[不如林放乎]?"

【담소(談笑)】
계씨려어태산(季氏旅於泰山)
▶ 계씨가[季氏] 태산에서[於泰山] 제사를 올리려 했다[旅].

　계씨(季氏)는 삼대부의 한 사람이다. 삼대부가 모여 자기 집 사당에서 천자인 양 옹시(雝詩)를 부르는 무례를 범하더니, 이번에는 삼대부의 막내 계씨가 태산에 올라 제사를 올리려 한다. 제후여야 지기(地祇)를 제사 지낼 수 있다. 대부는 조상신(祖上神)에게만 제사를 올릴 수 있다. 그런데도 대부가 태산에 올라 만천하에 산제를 올림을 알린다면 노(魯)나라 임금(제후)은 없어지는 셈이 된다. 난세의 원흉 노릇을 내놓고 하니 그 행패가 두말 할 필요 없었을 것이다.

산제(山祭) 지낼 려(旅), 클 태(泰), 뫼 산(山)

자위염유왈(子謂冉有曰) 여불능구여(女弗能救與)
▶ 공자가[子] 염유를[冉有] 불러다[謂] 물었다[曰]. "자네가[女] 말릴 수 없겠는가[弗能救與]?"

　염유는 공자의 제자이다. 성씨는 염(冉), 이름은 유(有), 자(字)는 자유(子有)라고 했다. 자로(子路)와 더불어 정사(政事)에 뛰어나 그 당시에 계씨 밑에서 재상(宰相) 노릇을 하고 있었다. 그 염유를 불러 계씨가 무도한 짓을 못하도록 말릴 수 없겠느냐고 묻자 염유가 이렇게 아뢰었다[對曰]. "저로써는 어찌 할 수가 없습니다[不能]." 이에 공자가 통탄한다. "오호(嗚呼)." 그리고 공자는 염유를 심하게 꾸짖었다[子曰].

부를 위(謂), 나아갈 염(冉), 있을 유(有), 너 여(女), 아닐 불(弗), 도울 구(救), 어조사 여(與)

증위태산(曾謂泰山) 불여림방호(不如林放乎)
▶ 일찍이[曾] 태산의 예[禮]를 말했던[謂泰山] 임방만도[林放] 못하단 말인가[不如乎]?

증(曾)은 내(乃)와 같다. 태산(泰山)은 중국의 오악(五岳) 중 하나로 당시 노나라, 지금은 산동성(山東省)에 있다. 신하로 있으면서 무도한 대부를 그냥 그대로 보고만 있으니 얼마나 딱한가. 그래서 공자가 제자를 심하게 꾸짖고 있다. 못난 제자를 어이하리.

일찍이 증(曾), 같을 여(如), 놓을 방(放)

제7장

【문지(聞之)】
군자무소쟁(君子無所爭)

【원문(原文)】

子曰 君子無所爭이나 必也射乎인저 揖讓而升하야
자왈 군자무소쟁   필야사호   읍양이승

下而飮하나니 其爭也君子니라
하 이 음   기 쟁 야 군 자

【해독(解讀)】

공자께서 말했다[子曰]. "군자는 다투지 않는다[君子無所爭]. 피치 못할 다툼은 활쏘기뿐이다[必也射也]. 활쏘기를 할 때면 서로 두 손을 모아 절하고 서로 사양하며 사대(射臺)를 오르내리고[揖讓而升], 진 사람은 이긴 사람이 권하는 술을 마신다[下而飮]. 그 다툼이 군자다워라[其爭也君子]!"

【담소(談笑)】

자왈(子曰)

군자는 활쏘기를 해도 예(禮)를 다 갖춘다고 밝히고 있다. 군자는 겸손하게 겨룬다는 것이다. 힘을 과시하는 겨루기가 아니라는 말이다. 군자로서 갖추어야 할 교양을 육예(六藝)라고 한다. 예(禮)·악(樂)·사(射)·어(御)·서(書)·수(數)가 그것이다. 이 중에서 활쏘기[射]와 말타기[御]가 무예(武藝)에 속한다. 군자는 무예라 할지라도 승패(勝敗)를 떠나 겸손하게 겨루어야지 과시해서는 안 된다고 말한다.

군자무소쟁(君子無所爭)
▶ 군자에겐[君子] 다툼이란[所爭] 없다[無].

공자는 「위정(爲政)」편 14장에서 군자는 두루 통하되 상대를 지어 겨루지 않는다[周而不比]고 말했고, 「자로(子路)」편 23장에서는 서로 어울리되 패거리를 짓지 않는다[和而不同]고 밝혔다. 두루 통하니[周] 다툴 것이 없고 두루 어울리니[和] 또한 다툴 것이 없다. 패를 갈라 힘을 겨루어 다툰다[爭]. 군자는 그런 다툼을 하지 않는다. 어질기 때문이다. 군자(君子)와 인자(仁者)는 한 사람이니 다툴 리가 없다.

> 다툴 쟁(爭)

필야사호(必也射乎)
▶ 피치 못할 다툼이라면[必也] 활쏘기가 아닐까[射乎].

필(必) 다음에 쟁(爭)이 생략되었다고 여기면 된다. 사(射)는 육예(六藝)의 하나이다. 군자는 마음을 단련하는 예(藝)로써 궁술을 익히지, 무예를 다듬기 위해서 익히는 게 아니다. 그러니 겨루더라도 예를 갖추어야 하는 것이 군자의 사(射)이다.

> 반드시 필(必), 궁술 사(射), 감탄사 호(乎)

읍양이승(揖讓而升) 하이음(下而飮)
▶ 활쏘기를 할 적엔 서로 읍하고[揖] 서로 사양하며[讓] 대(臺)에 올랐다가[升], 내려와[下] 술을 마신다[飮].

읍(揖)은 상대방에게 공손한 몸가짐을 취한다는 뜻이고, 양(讓)은 나보다 남을 먼저 헤아려 베푸는 마음가짐을 뜻한다. 그러니 읍(揖)과 양(讓)은 공손한 몸가짐으로 서로 상대방에게 양보하면서 활터에 오르는 예절을 말한다. 승(升)은 여기서 등(登)과 같다. 활터[射臺]에 올라간다는 말이다. 반대로 하(下)는 활터에서 내려오는 것이다. 음(飮)은 활쏘기를 마친 다음 일을 말한다. 이 음(飮)은 화살을 과녁에 적중시킨 사람이 그렇게 하지 못한 이에게 술을 권함을 뜻한다.

승패를 따지는 것은 사예(射藝)가 아니다. 사예는 어디까지나 수신(修身)의 한 방편일 뿐이니, 맞힌 자가 못 맞힌 자에게 위로의 뜻으로 술을 권하는 것은 승자가 패자에게 벌주(罰酒)를 내리는 게 아니다. 이렇듯 군자의 사(射)에는 무인(武人)의 그것과 달리 힘겨루기나 힘을 뽐내는 일이 없음을 밝히며 공자는 다음처럼 예찬한다. "기쟁야군자(其爭也君子)." 다툼이 없는 겨루기[其爭]야말로 군자답지 않은가[君子]. 소인배는 내기를 걸어 빼앗으려 하지만, 군자는 서로 어울려 나누고 베푼다. 이 또한 인도(仁道)이다.

상대방에게 공경히 예를 갖출 읍(揖), 사양할 양(讓), 오를 승(升), 마실 음(飮)

제8장

【문지(聞之)】

회사후소(繪事後素)

【원문(原文)】

子夏이 問曰 巧笑倩兮며 美目盼兮며 素以爲絢
자 하   문 왈 교 소 천 혜   미 목 반 혜   소 이 위 현
兮라 하니 何謂야이꼬
혜   하 위
子曰 繪事後素니라
자 왈 회 사 후 소
曰 禮後乎인저
왈 예 후 호
子曰 起予者는 商也로다 始可與言詩已矣로다
자 왈 기 여 자   상 야   시 가 여 언 시 이 의

【해독(解讀)】

자하가 물었다[子夏問曰]. "'고운 웃음 예쁘네[巧笑倩兮]. 아름다운

눈에 맑고 검은 눈동자네[美目盼兮]. 흰 분으로 더욱 빛나네[素以爲絢兮]' 하는데, 무슨 뜻입니까[何謂]?"

공자께서 말했다[子曰]. "그림을 그린 뒤에 흰 색으로 바탕을 칠하는 것이지[繪事後素]."

자하가 다시 물었다[曰]. "예로써 마감한다는 뜻입니까[禮後乎]?"

공자께서 말했다[子曰]. "나를 일깨워준 사람은[起予者] 상 너로구나[商也]. 비로소 너와 더불어 시를 말할 수 있겠구나[始可與言詩已矣]!"

【담소(談笑)】
자하문왈(子夏問曰)

자하(子夏)는 공자의 제자 중에서 엄숙한 인격자로 알려져 있고, 특히 예악(禮樂)에 밝았다고 한다. 순자(荀子)도 자하의 학풍을 따랐다고 하며, 하나라 때의 경학(經學)에도 큰 영향을 미쳤다고 한다. 이 자하가 스승에게 재치 있는 질문을 던지고 있다.

교소천혜(巧笑倩兮) 미목반혜(美目盼兮) 소이위현혜(素以爲絢兮)

▶ 보기 좋은[巧] 웃음[笑] 예쁘네[倩兮]. 아름다운[美] 눈[目] 맑고 검은 눈동자네[盼兮]. 흰 분[素]으로[以] 한결 빛나네[絢兮].

「옹야(雍也)」편 16장의 문질빈빈(文質彬彬)을 떠올리게 한다. 예뻐 보이는 웃음을 짓고 검은 눈동자가 맑은 아름다운 얼굴이 있다. 그 얼굴에 흰 분을 곱게 발라 더욱 빛난다는 표현을 들어 묻고 있다. 얼굴이 질(質)인 셈이고, 예쁜 얼굴을 더 빛나게 하는 흰 분[素]은 문(文)인 셈이다. 자하가 스승께 소이위현(素以爲絢)의 소(素)에 담긴 뜻을 묻고 있다.

좋을 교(巧), 웃음 소(笑), 예쁠 천(倩), 어조사 혜(兮),

눈이 예쁠 반(盼), 힐 소(素), 빛날 현(絢)

회사후소(繪事後素)

▶ 그림을 다 그린[繪事] 뒤에[後] 흰 가루로 바탕을 칠하는 것과 같다[素].

자하의 물음에 공자가 이같이 대답했다. 이 대답은 『주례(周禮)』 「고공기(考工記)」에 나오는 다음 구절을 떠올리면 숨은 뜻을 쉽게 헤아릴 수 있다. "회화지사(繪畫之事) 후소공(後素功)." 그림을 다 그리고[繪畫之事] 나서[後] 흰 가루를[素] 공들여 뿌린다[功]. 그림을 더 빛나게 하는 공역(功役)이 곧 소공(素攻)이다. 자하가 물었던 소(素)의 뜻을 자하 스스로 음미할 수 있게 대답해주고 있다. 마치 사제간에 재치 문답을 주고받는 식이다.

답이라기보다 반문해 돌이켜보게 하는 회사후소(繪事後素)를 헤아리고 자하가 스승께 다시금 묻는다. "예후호(禮後乎)." 예(禮)를 끝으로 한다 함인가요[禮後乎]? 이는 사람이 사람답게 되려면 예로써 완성되어야 한다는 말씀이시냐는 반문이다. 제자가 정곡을 찔러 말하면 스승은 한없이 기쁜 법이다. 이에 공자께서 기뻐 어찌할 바를 몰라 감탄한다[子曰].

그림 회(繪), 일 사(事), 뒤 후(後), 힐 소(素)

기여자(起予者) 상야(商也) 시가여언시이의(始可與言詩已矣)
▶ 나를[予] 일깨워주는[起] 사람은[者] 상(商)이로구나[商也]! 비로소[始] 더불어[與] 시를[詩] 말할 수 있구나[可言己矣]!

여기서 상(商)은 자하(子夏)의 이름이다. 이의(已矣)는 이의이(已矣耳)와 같이 강조형 마침표로 쓰이는데, 여기서는 감탄사 구실을 하고 있다.

「학이(學而)」편 15장에서도 자공(子貢)에게 똑같은 말을 한 바 있다. 공자는 더불어 시(詩)를 이야기할 수 있는 사람을 가장 기뻐한 셈이다.『시경(詩經)』이 왕도를 일구는 치세(治世)의 길로 인도한다고 믿었고, 군자와 시는 하나이면서 둘이라고 여겼기 때문이다.

> 일깨워줄 기(起), 나 여(予), 헤아릴 상(商), 비로소 시(始), 더불어 여(與), 어조사 이(已), 어조사 의(矣).

제9장

【문지(聞之)】
문헌부족고(文獻不足故)

【원문(原文)】

> 子曰 夏禮를 吾能言之나 杞不足徵也며 殷禮를
> 자왈 하례 오능언지 기부족징야 은례
> 吾能言之나 宋不足徵也는 文獻不足故也니 足則
> 오능언지 송부족징야 문헌부족고야 족즉
> 吾能徵之矣로리라
> 오능징지의

【해독(解讀)】
공자께서 말했다[子曰]. "하(夏)의 예(禮)를 내가 말할 수 있지만[夏禮吾能言之] 그 후손의 나라인 기(杞)에는 실증할 수 있는 것들이 부족하고[杞不足徵也], 은(殷)의 예(禮)를 내가 말할 수 있지만[殷禮吾能

言之] 그 후손의 나라인 송(宋)에는 실증할 수 있는 것들이 부족하다
[宋不足徵也]. 문헌이 부족한 까닭이다[文獻不足故也]. 문헌만 충분하
면 내 능히 실증해 보일 수 있다[足則吾能徵之矣]."

【담소(談笑)】
자왈(子曰)
　학문(學文)과 학문(學問)이 어떤 것이며, 왜 해야 하는가를 말하고
있다. 온고지신(溫故知新)을 하고자 해도 할 수 없는 까닭을 밝히고
있다. 하(夏)·은(殷)·주(周)의 문화와 전통을 계승하고, 그 손익(損
益)을 밝혀 현재를 변화시켜 미래로 향하려는 공자의 뜻을 살펴 헤아
리게 한다. 공문(孔門)의 학문(學文)이 어떠한지 여기서 엿볼 수 있
고, 조선조가 공자를 받들었다 하지만 왜 공자의 진정한 뜻을 외면했
는지 살펴보게 한다. 조선조는 미래성(未來性)을 멀리했다. 그러면
역사상(易思想)에 어긋나고 만다. 공자의 학문(學文)은 『주역(周易)』
을 떠나지 않는다. 공자의 온고지신(溫故知新)이 바로 『주역』이 밝힌
궁즉변(窮則變)의 방편이기 때문이다.

하례오능언지(夏禮吾能言之) 기부족징야(杞不足徵也)
▶ 하나라의[夏] 예를[禮] 내가[吾] 말할 수 있으나[能言之], 그 후손
의 나라인 기는[杞] 증거를 댈 만한 것이[徵] 부족하다[不足也].

　기(杞)는 때로 히(杞)로도 읽힌다. 이 기나라는 주(周) 무왕(武王)
이 하(夏) 우왕(禹王)의 후예인 동루공(東樓公)으로 하여금 우왕을 제
사(祭祀) 지내게 하려고 세워주었다 한다. 여기서 징(徵)은 증(證)과
같다. 사실임을 밝혀주는 것을 징(徵)이라 한다.
　하례(夏禮)는 하(夏)나라가 이룩한 예의(禮儀)를 뜻한다. 예의는 넓
은 의미의 문물제도를 말한다. 그 하례를 분명하게 밝힐 수 있는 증거
들이 있지만, 그보다 뒤에 있었던 기(杞)나라의 예의는 밝힐 수 없다

고 한다. 이는 하나라에는 문물제도에 관한 징표들이 있지만 기나라에는 없다는 말이다. 문물제도, 즉 예의를 증명할 수 있는 증거를 남겨야 한다. 문화가 살아 있어야 한다는 뜻이리라.

> 큰 나라 하(夏), 지시어 지(之), 나라 이름 기(杞), 만족할 족(足), 증거로 댈 징(徵)

은례오능언지(殷禮吾能言之) 송부족징야(宋不足徵也)
▶ 은나라의[殷] 예를[禮] 내가[吾] 말할 수 있으나[能言之], 그 후손의 나라인 송은[宋] 증거를 댈 만한 것이[徵] 부족하다[不足也].

 은례(殷禮)란 은(殷)나라가 이룩했던 예의(禮儀)를 말한다. 주나라 무왕이 은나라의 마지막 왕이었던 폭군 주(紂)를 멸한 뒤, 주(紂)의 서형(庶兄)인 미자계(微子啓)를 봉하여 은나라 시조인 탕왕(湯王)을 제사 지내게 한 나라가 송(宋)이다. 은과 송을 들어 앞서와 같은 문화 계승 문제를 연거푸 강조하고 있다.

> 나라 이름 은(殷)

문헌부족고야(文獻不足故也) 족즉오능징지의(足則吾能徵之矣)
▶ 남겨진 문헌이[文獻] 부족한[不足] 까닭이다[故也]. 문헌만 충분하다면[足] 내가[吾] 사실을 들어 증거를 댈 수 있다[能徵之矣].

 문헌(文獻)이란 글로 남겨진 과거의 문화유산 등을 말한다. 남겨진 문헌으로써 증거를 댄다는 말에서 공자의 학문(學問)이 실증적이었음을 알 수 있다. 물론 문헌만 가지고 실증을 대하려는 것에 이론을 제기할 수도 있다. 문화유산이란 유물로써도 밝힐 수 있기 때문이다. 그러나 예의(禮儀)라는 문물제도는 철저한 기록으로 남겨야 한다. 조선조의 『승정원일기(承政院日記)』와 『경국대전(經國大典)』, 『왕조실록(王朝實錄)』 등등은 공자가 바라던 바와 같은 문헌들이다. 그러나 고려와 그 이전의 문헌은 너무도 빈약하다. 그 때의 문물제도를 문헌으로 남기지 못한 데 대해 우리는 공자로부터 꾸중을 들어야 한다.

바칠 헌(獻), 까닭 고(故)

제10장

【문지(聞之)】
체자기관(禘自旣灌)

【원문(原文)】

子曰 禘自旣灌而往者는 吾不欲觀之矣로라
자왈 체 자 기 관 이 왕 자 오 불 욕 관 지 의

【해독(解讀)】
공자께서 말했다[子曰]. "체(禘)를 지낸답시고[禘] 울창주(鬱鬯酒)를 뿌린 후부터는[自旣灌而往者] 나는 그런 제사를 보고 싶지 않다[吾不欲觀之矣]!"

【담소(談笑)】
자왈(子曰)
성인(聖人)은 화내는 법이 없는데 왜 공자가 이렇듯 역정을 내고 있을까? 분명 심각한 까닭이 있을 것이다. 노(魯)나라는 제후(諸侯)의 나라이다. 만약 노나라가 체(禘)라는 제사(祭祀)를 올렸다면 비례(非

禮)를 범한 셈이다. 체처럼 큰 제사는 천자(天子)가 제주(祭酒)가 되어야 하기 때문이다. 그 당시는 제사가 예의(禮儀)의 벼리였다. 제후가 체(禘)의 제주 노릇을 하면 비례(非禮)였다. 공자는 그러한 비례를 용서하지 않는다.

체자기관이왕자(禘自旣灌而往者) 오불욕관지의(吾不欲觀之矣)
▶ 체(禘)를 지낸다고[禘] 이미[旣] 강신(降神)의 술을 뿌린[灌] 후부터는[自往者] 나는[吾] 그런 제사를[之] 보고 싶지 않다[不欲觀].

체(禘)는 정월에 천자가 제주(祭酒)가 되어 조신(祖神)을 모시는 큰 제사이다. 관(灌)은 제사를 모시기 전 신내림[降神]을 위하여 울창나무 향(香)을 들인 술을 뿌리는 제의(祭儀)를 말한다. 왕(往)은 여기서 후(後)와 같다. 자기관이왕자(自旣灌而往者)는 그냥 기관이후(旣灌以後)라고 새겨도 된다. 강신(降神)의 예를 다 마쳤다는 말이다. 그러니 위의 내용은 노나라 제후가 관(灌)을 하고 체(禘)라는 큰 제사를 올리기 직전을 말한다.

공자가 그런 자리에는 참관하지 않겠다 하는 것은 제후가 체(禘)의 제주가 될 수 없음을 밝힌 셈이다. 비례(非禮)가 자행되는 현장에 나가 공자가 읍(揖)하겠는가. 예의도 아닌데 그 앞에서 손을 마주 잡고 절하면 아첨(阿諂)이다. 이미「위정(爲政)」편 24장에서 분명히 밝혔다. "비기귀이제지(非其鬼而祭之)는 첨야(諂也)이다." 모셔야 할 귀신도 아닌데[非其鬼] 제사를 올리는 짓은[齊之] 아첨이다[諂也]. 체(禘)가 모시는 귀신은 천자의 조신(祖神)이지 제후의 조신이 아니다. 그러니 노나라 제후가 아첨하는 자리에 성인이 갈 리 없다. 아첨하는 성인은 천하에 없다.

제사 이름 체(禘), ~으로부터 자(自), 이미 기(旣).

강신제 지낼 관(灌), 뒤 왕(往), 하고자 할 욕(欲), 볼 관(觀)

제11장

【문지(聞之)】
지기장(指其掌)

【원문(原文)】

或이 問禘之說한대 子曰 不知也로라 知其說者
혹   문 체 지 설   자왈 부지야   지 기 설 자
之於天下也애 其如示諸斯乎인저 하시고 指其掌
지 어 천 하 야   기 여 시 저 사 호   지 기 장
하시다

【해독(解讀)】
어떤 사람이 체(禘)에 관해서 물었다[或問禘之說].
공자께서 말했다[子曰]. "모르겠소[不知也]. 그 뜻을 아는 이가 있다면[知其說者之於天下也] 마치 이 손바닥에 천하를 놓고 보여주는 것과 같을 게 아니오[其如示諸斯乎]"라고 말하시며 당신의 손바닥을 가리켰다[指其掌].

【담소(談笑)】
자왈(子曰)
어떤 사람[或]이 체(禘)에 관한 것[禘之說]을 묻자 모르겠다[不知也]고 응대하는 공자의 모습에서 앞 장에서 보였던 불쾌감이 이어지고

있다는 느낌을 받는다. 체(禘)가 어떤 제사인지 진정 안다면 어찌 제후가 천자인 양 체의 제주 노릇을 할 수 있겠느냐? 이런 반문(反問)을 세상에 던지고 있는 듯 여겨진다.

지기설자지어천하야(知其說者之於天下也) 기여시저사호(其如示諸斯乎)
▶ 그 뜻을[其說] 아는 사람이[知者] 천하에 있다면[之於天下也], 그것은[其] 이것에 놓고[諸斯] 천하를 보여주는 것과 같지 않을까[如示乎]?

기설(其說)은 앞서의 체지설(禘之說)을 받는 말이다. 설(說)은 관련설(關聯說)의 준말로 보면 된다. 그러므로 기설(其說)은 체(禘)에 관한 여러 가지 설이라고 해석할 수 있다. 이 11장을 헤아리기 어렵게 하는 이유가 지어천하야(之於天下也)의 지(之)에 있다고 생각하면 어떨까 한다. 지(之)는 여러 가지로 활용되기 때문에 뜻을 확실하게 해석하기 어려울 때가 많다. 여기서도 지(之)가 뜻을 헷갈리게 하는 편이다. 그렇다고 공자의 의중을 전혀 알 수 없다는 말은 아니다. 알면 무얼 하겠는가? 알면서 아는 대로 실천하지 않으면 무슨 소용이란 말이냐? 이런 나무람이 공자의 말씀에 배어 있지 않은가 한다. 하여튼 왜 10장 바로 다음에 이러한 내용을 두었을까를 헤아리면 어느 정도 성인의 의중을 짐작할 수 있다고 생각된다.

기여시저사호(其如示諸斯乎)에서 기(其)는 앞에 나온 지기설자지어천하(知其說者之於天下)를 가리키는 지시어로 보았으면 한다. 기(其)를 '그런 일' 정도로 새기면 어떨까 싶다. 시(示)는 제시(提示)라는 낱말을 떠올리면 된다. 눈앞에 드러내 보여준다[示]. 그리고 여기서 저(諸)는 지어(之於)의 준말이다. 그러니 기여시지어사호(其如示之於斯乎)로 고쳐 읽어도 무방할 것이다. 시지어사(示之於斯)의 지(之)를 천하(天下)를 받는 지시어로 보면 어림짐작이라도 공자의 의

중을 헤아릴 수 있지 않을까 한다. 그리고 사(斯)는 바로 이어지는 상황을 살피면 바로 공자의 손바닥[掌]임을 알 수 있다. "(자 보라고) 손바닥을 내밀었다[指其掌]." 기장(其掌)은 공자의[其] 손바닥[掌]이다. 성인은 이렇듯 인간적일 때 더욱 감동을 준다.

알 지(知), 말씀 설(說), 같을 여(如), 보여줄 시(示), 이것 사(斯)

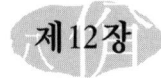

제12장

【문지(聞之)】

제신여신재(祭神如神在)

【원문(原文)】

祭如在하시며 祭神如神在하시다
제여재   제신여신재

子曰 吾不與祭면 如不祭니라
자왈 오불여제   여부제

【해독(解讀)】

공자께서 제사를 올릴 때는 조상이 앞에 있는 듯이 했고[祭如在], 산천의 신께 제사를 올릴 적에는 신들이 앞에 있는 듯이 했다[祭神如神在].

공자께서 말했다[子曰]. "내가 제사에 참석하지 않으면[吾不與祭] 제사를 지내지 않음과 같다[如不祭]."

【담소(談笑)】

제여재(祭如在) 제신여신재(祭神如神在)
▶ 조상의 제사를 모실 때는[祭] 마치 조상신이 앞에 있는 듯이 했[如在], 산천의 신께[神] 제사를 지낼 때는[祭] 산천신이[神] 마치 앞에 있는 듯이 했다[如在].

여기서 제(祭)는 조신(祖神)을 제사 모신다는 말이고, 제신(祭神)의 신(神)은 산천신(山川神)을 의미한다고 보는 편이 좋겠다. 따라서 제신(祭神)은 산천신을 제사 지낸다는 말이다. 물론 여기서 제(祭)와 제신(祭神)은 시간의 부사절 구실을 한다. 여(如)는 '마치 ~ 하는 듯하다'라는 뜻의 관용어이다. 마치 A가 있는 듯하다[如A在]고 말할 때 쓰는 여(如)이다.

제사를 모시는 공자의 모습을 묘사하고 있다고 이해했으면 한다. 제(祭)에는 조상신이 앞에 있는 듯이 정중했고, 제신(祭神)에는 산천신이 앞에 있는 듯이 경건했다는 묘사로 보면 무방하다.

> 제사 제(祭), 같을 여(如), 있을 재(在), 귀신 신(神)

자왈(子曰)
어떤 이가 제사(祭祀)에 임하는 공자의 모습을 묘사하자, 이에 공자가 제사를 올리는 자신의 마음가짐과 몸가짐에 대해 간명히 밝힌다고 상상해보라. 정중하고 경건하게 모든 제사에 임했다는 성인의 모습을 떠올렸으면 한다.

오불여제(吾不與祭) 여부제(如不祭)
▶ 내가[吾] 제사에[祭] 참석하지 않으면[不與] 마치 제사를 지내지 않는 것과 같다[不如祭].

앞서 10장에서 본 불욕관(不欲觀)의 속뜻을 여기서 알 만하다. 보고 싶지 않다[不欲觀]는 말은 예의(禮儀, 文物制度)를 어기는 어떠한 제사에도 참석하지 않겠다는 말이다. 공자는 비례(非禮)를 단호하게 물리친다. 비례는 난세(亂世)를 불러와 인도(仁道)를 짓밟는 무도(無道)를 말한다.

참석할 여(與)

제13장

【문지(聞之)】
획죄어천(獲罪於天) 무소도야(無所禱也)

【원문(原文)】

> 王孫賈問曰 與其媚於奧론 寧媚於竈라 하니 何
> 왕손가문왈   여기미어오   영미어조   하
> 謂也이꼬
> 위 야
> 子曰 不然하다 獲罪於天이면 無所禱也니라
> 자왈 불연   획죄어천   무소도야

【해독(解讀)】

왕손가가 물었다[王孫賈問曰]. "'안방에 아첨하느니보다는[與其媚於奧] 차라리 부엌에 아첨하라[寧媚於竈]' 하니 무슨 말입니까[何謂也]?"

공자께서 말해주었다[子曰]. "그렇지 않아요[不然]. 하늘에 죄를 지으면[獲罪於天] 빌 곳도 없어요[無所禱也]."

【담소(談笑)】

여기미어오(與其媚於奧) 영미어조(寧媚於竈) 하위야(何謂也)

▶ "안방에[於奧] 아첨하느니보다는[與其媚] 차라리[寧] 부엌에[於竈] 아첨하라[媚]."이 말은 무슨 뜻입니까[何謂也]?

위와 같이 공자께 왕손가란 자가 물었다[王孫賈問曰]. 왕손가(王孫賈)는 위(衛)나라 대부(大夫)로, 왕손(王孫)은 성씨이고 가(賈)는 이름이다. 그는 위나라 영공(靈公)을 도운 명신(名臣)이었다고 한다. 여(與)와 영(寧)은 서로 짝하여 'A하기보다는[與A] 차라리 B한다[寧B]'는 뜻의 관용어 구실을 한다. 오(奧)는 주인이 있는 안방을 뜻하지만 여기서는 위나라 영공을 암시하고, 조(竈)는 부엌을 뜻하지만 여기서는 위나라 대부 즉 왕손가 자신을 암시하는 셈이다. 위나라를 찾아온 공자에게 영공보다는 자기한테 잘 보이도록 해야 한다고 은근히 실력을 과시하고 있다. 이에 공자께서 한마디로 잘라 말한다[子曰]. "불연(不然)."

아첨할 미(媚), 안방 오(奧), 부엌 조(竈)

획죄어천(獲罪於天) 무소도야(無所禱也)

▶ 하늘에[於天] 허물을[罪] 지으면[獲] 빌 곳마저[所禱] 없다[無].

왕손가의 물음에 그렇지 않다[不然]고 한마디로 뿌리친 다음 단언한 천하에 유명한 말씀이다. 이 한마디는 지금도 시퍼렇게 살아 숨쉬는 명언(名言)이다. 공자 같은 성인이 소인배 왕손가의 야망을 그냥 둘 리 없다. 혼쭐을 내주고 있다. "하늘에 죄 짓지 말라[不獲罪於天]." 이는 공자가 항상 천명(天命)을 우러러 따랐음을 말해준다. 인도(仁道)란 천명에 순종하는 덕행(德行)이 아닌가. 천명을 어기면 곧 소인배가 된다. 이처럼 성인이 소인배를 혼내주고 있다.

얻을 획(獲), 허물 죄(罪), 빌 도(禱)

제14장

【문지(聞之)】
오종주(吾從周)

【원문(原文)】

子曰 周監於二代하니 郁郁乎文哉라 吾從周호리라
자왈 주감어이대   욱욱호문재   오종주

【해독(解讀)】
공자께서 말했다[子曰]. "주(周)나라는 하(夏)·은(殷) 두 대를 본 땄으니[周監於二代] 빛나고 빛나는 문물제도여[郁郁乎文哉]! 나는 주를 따르겠다[吾從周]."

【담소(談笑)】
자왈(子曰)
 유가(儒家)의 문화정신이 어디에 근거하는지를 밝히고 있다. 그 근거는 바로 주례(周禮)라고 할 수 있다. 다시 말해 주례를 한족 정통문화의 벼리로 삼은 것이다. 공자의 학문(學文)과 학문(學問) 정신인 온고지신(溫故知新)을 어떻게 실천하는지 여기 '감(監)'이란 한 단어에서 짚어낼 수 있다.

주감어이대(周監於二代) 욱욱호문재(郁郁乎文哉)
▶ 주나라는[周] 하와 은 두 대를[於二代] 살펴 본받았으므로[監] 문물제도가[文] 빛나고 빛났구나[郁郁乎哉]!

여기서는 감(監)을 주목해야 한다. 살펴본다[監]는 이 말이 주(周)나라가 하(夏)·은(殷) 두 나라의 문물제도(文物制度)를 그냥 그대로 물려받지 않았음을 암시하기 때문이다. 주례(周禮), 즉 주나라의 문물제도가 맹목적(盲目的)인 문화가 아니라는 말이다. 동시에 공자가 주례를 맹목적으로 따르지 않았다는 것을 이 감(監)이란 한 글자에서 읽어낼 수 있을 것이다. 소손익(所損益)을 살펴 나쁜 것[所損]은 버리고 좋은 것[所益]을 택한다는 뜻도 짐작할 수 있다. 그러니 이 감(監)은 주나라가 하·은의 문물제도를 오사선취(惡捨善取)했다는 말이다. 이러한 문화의 발전적 계승을 공자는 빛나는 문화[郁郁乎文哉]라며 감탄하고 있다. 그러므로 공자는 단언했다. "오종주(吾從周)."

나라 주(周), 살펴 본받을 감(監), 빛날 욱(郁), 어조사 재(哉)

오종주(吾從周)
▶ 나는[吾] 주를[周] 따랐다[從].

여기서는 종(從)의 속뜻을 잘 헤아려야 한다. 따랐으되 맹종하지 않았다는 것에 주목해야 하기 때문이다. 주나라의 문화정신이 온고지신(溫故知新)에 있었으므로 공자는 주나라의 문물제도를 따른다고 한 것이다. 그러므로 여기서 공자는 자문화(自文化) 정신이 분명했음을 분명히 짚어낼 수 있다. 이로써 조선조(朝鮮朝)의 모화(慕華)는 불감(不監)의 추종(追從)이었음을 짐작할 수 있다. 공자의 뜻과 달리 지금 우리는 모서(慕西)의 불감증(不監症)에 걸려 구미(歐美)의 문물제도를 맹신(盲信)하고 있으니 부끄럽다. 공자의 자문화 정신을 본받아야 하리라.

제15장

【문지(聞之)】
시례야(是禮也)

【원문(原文)】

> 子入大廟하사 每事를 問하신대 或이 曰 孰謂鄹人
> 자입대묘   매사   문   혹 왈 숙위추인
> 之子오 知禮乎오 入大廟하야 每事를 問이오녀 子
> 지자   지례호   입대묘   매사   문   자
> 聞之曰 是禮也니라
> 문지왈 시례야

【해독(解讀)】

공자께서 대묘에 들어가[子入大廟] 일일이 물었다[每事問].

어떤 사람이 이를 누고 말했다[或曰]. "누가 추인의 아들을 일러[孰謂鄹人之子] 예를 안다고 말했는가[知禮乎]? 대묘에 들더니[入大廟] 일일이 묻기만 하더라[每事問]."

공자께서 이를 전해 듣고 말했다[子聞之曰]. "그렇게 하는 것이 예이다[是禮也]."

【담소(談笑)】

자입대묘(子入大廟) 매사문(每事問)

▶ 공자께서[子] 대묘에[大廟] 들어가[入] 일일이[每事] 물었다[問].

대묘(大廟)는 노(魯)나라 주공단(周公旦)을 모신 사당(祠堂)이다. 공자가 그 대묘에 들른 것은 노나라에서 벼슬했을 때의 일인 듯하다. 공자가 들어가서 일일이 꼬치꼬치 정성껏 물었던 모양이다. 이를 본

어떤 사람이 입방아를 찧다[或曰].

들 입(入), 사당 묘(廟), 매양 매(每), 일 사(事), 물을 문(問)

숙위추인지자지례호(孰謂鄹人之子知禮乎)
▶ 누가[孰] 추인의 아들을[鄹人之子] 일러[謂] 예를[禮] 안다고 했던가[知乎]?

위와 같이 어떤 이가 공자를 흉보았다. 추인의 아들[鄹人之子]은 공자를 얕보아 말하는 호칭이다. 추(鄹)는 공자의 아버지 숙량흘(叔梁紇)이 대부(大夫)로서 다스리던 고을의 이름이다. 어떤 사람이 대묘에 들러 일일이 묻는 공자를 보고 공자가 예(禮)를 몰라 물어보는 것이라고 여기고, 예를 잘 안다고 소문난 공자가 왜 저러냐고 흉을 보았다는 것이다.

누구 숙(孰), 말할 위(謂), 나라 이름 추(鄹)

시례야(是禮也)
▶ 일일이 물어보는 것이[是] 곧 예이다[禮也].

공자가[子] 어떤 사람의 군소리를 듣고[聞之] 더 말하는 대신 왜 일일이 물어야 하는지를[每事問] 따끔하게 대답해주고 있다. 이미 공자는 예(禮)에 통달했다고 널리 알려져 있는 터였다. 그런데 일일이 물어보았다. 이 모습을 보고 안다면 왜 묻겠느냐는 상식(常識)만으로 어떤 사람이 공자를 흉본 것이다. 그러나 예는 상식에서 그치는 것이 아니다. 예는 항상 경건히 마주하는 정성이 있어야 한다. 행여 소홀할세라 두려운 마음[悚懼]이 앞서야 한다. 송구(悚懼)함이 없다면 예를 다하기 어렵다.

다시 앞의 4장의 내용을 상기해보았으면 한다. "상여기이야녕척

(喪與其易也寧戚)." 초상은[喪] 쉽게 하는 것보다는[與其易也] 진정으로 슬퍼해야 한다[寧戚]. 가장 장엄한 예가 장례(葬禮)이다. 공자는 왜 그 예를 쉽게 하지 말라 하는가? 익숙하다고 건성으로 해버리면 정성이 없어진다. 그러면 마음이 가볍게 되어 예를 얕보게 된다. 그래서 예 앞에 경건히 하라는 것이다. 지극한 예는 항상 삼가 조심하는 마음에 있음을 그 어떤 사람은 미처 알지 못했다. 본래 남의 흉이나 보는 사람은 무엇이든 미처 몰라 매를 맞는 법이다.

무례한 시대를 사는 우리네 귀에는 공자의 예가 하찮게 들릴지 모른다. 그러나 생사(生死) 앞에 경건히 살라는 예의 근본을 비웃을 수 있는가? 까불지 말라. 어느 누구도 죽음을 면할 수 없으니 말이다. 따지고 보면 예란 죽음에 앞서 경건히 살라는 다짐이 아니겠는가. 더럽게 살지 말라 함이 예가 아니겠는가.

제16장

【문지(聞之)】
고지도(古之道)

【원문(原文)】

子曰 射不主皮는 爲力不同科니 古之道也니라
자왈 사부주피 위력부동과 고지도야

【해독(解讀)】

공자께서 말했다[子曰]. "활쏘기를 할 때는 적중에 주력하지 않았고[射不主皮] 부역에는 등급을 매겨서 갖지 않게 했다[爲力不同科]. 옛날의 도의는 이러했다[古之道也]."

【담소(談笑)】
자왈(子曰)
다투거나 겨루면 예(禮)가 아님을 깨닫게 해준다. 왜 예가 사양지심(辭讓之心)인지 헤아려보게 한다. 나를 강조하다 보면 다투거나 겨루게 된다. 내가 중심이고 너는 변두리라고 여기면 서로 힘을 겨루며 다투게 된다. 그러면 무력(武力)만 남는다. 힘을 과시하는 일[武力]을 버려라. 그러면 절로 사양하는 마음[辭讓之心]이 생긴다. 여기서 예가 드러난다. 내가 너를 소중히 하면 너도 나를 소중히 해준다. 그러면 예는 절로 살아난다. 그러니 다투거나 겨루어보자고 주력(主力)하지 말라. 이렇게 자문(自問)해보라 한다.

사부주피(射不主皮)
▶ 활쏘기를 할 때는[射] 과녁에 맞추기를[皮] 주력하지 않는다[不主].

여기서 주(主)는 장(掌)과 같다. 주장한다[主]. 이는 주력(主力)한다는 말이다. 힘을 앞세운다[主力]. 그러니 부주(不主)는 힘을 앞세워 겨루거나 다투지 않는다는 말이다. 물론 사람마다 체력이 같지 않은 이유도 있지만, 이렇게 하는 이유는 겨루어 다투기를 멀리하기 때문이다. 피(皮)는 과녁을 말한다. 옛날에는 과녁을 곰이나 호랑이, 표범의 가죽으로 만들었기 때문이다. 오늘날 모든 운동경기는 힘을 겨루어 상대를 제압하려고 한다. 그래서 투기(鬪技) 아닌 것이 없으니 공자가 지금 계신다면 운동장에는 아니 갈 터이다.

활쏘기 할 사(射), 주장할 주(主), 가죽 피(皮)

위력부동과(爲力不同科)

▶ 일을 맡길 때는[爲力] 등급을 따져[科] 같지 않게 했다[不同].

위력(爲力)은 일을 맡긴다는 말이다. 위력(爲力)·임력(任力)·부역(負役) 등은 같은 말이다. 백성에게 노역(勞役)을 맡긴다[爲力]. 과(科)는 여기서 등(等)과 같다. 즉 노동력의 등급에 따라 나눈 무리라는 뜻이다. 부동(不同)은 노동력의 등급에 따라 일을 맡겼다는 말이다. 백성의 형편에 따라 노역을 맡겼지 지배자의 뜻대로 백성을 부리지 않았음을 밝히고 있다.

할 위(爲), 힘 력(力), 같을 동(同), 무리 과(科)

고지도야(古之道也)

▶ 이런 것이 옛날의[古之] 도였다[道].

여기서 도(道)는 종(從)과 같다. 좇아 따른다[道]. 무엇을 좇아 따른단 말인가? 의(義)를 따른다는 말로 들으면 무방하다. 사람이 마땅히 해야 할 바[義]를 따른다 함이 곧 도의(道義)이다. 그러니 고지도(古之道)의 도(道)는 도의로 새기면 된다.

왜 우리는 예를 따라야 하는가? 사람이 사람으로서 마땅히 할 바인 의(義)를 따라야 하기 때문임을 군더더기 없이 알려주고 있다. 사람이 사람을 억울하게 하면 이 또한 하늘에 죄를 짓는 것이다[獲罪於天]. 그러면 빌 곳도 없다[無所禱]는 공자의 경고가 이 장에서도 새삼스럽다.

옛 고(古), 좇을 도(道)

제17장

【문지(聞之)】
아애기례(我愛其禮)

【원문(原文)】

子貢이 欲去告朔之餼羊한대 子曰 賜也아 爾愛
자공   욕거곡삭지희양   자왈 사야   이애
其羊가 我愛其禮하노라
기양   아애기례

【해독(解讀)】
자공이 곡삭(告朔)의 제례에 바치는 양을 치우고자 했다[子貢欲去告朔之餼羊].
이에 공자께서 말했다[子曰]. "사야[賜也] 너는 양을 아끼지만[爾愛其羊], 나는 예를 아낀다[我愛其禮]."

【담소(談笑)】
자공욕거곡삭지희양(子貢欲去告朔之餼羊)
▶ 자공이[子貢] 곡삭례에[告朔] 바칠 양을[餼羊]을 치우고자 했다[欲去].

자공(子貢)은 본명이 단목사(端木賜)로 성이 단목(端木)이다. 자(字)가 자공(子貢)이며, 위나라 사람으로 위(魏)와 노(魯)의 재상을 지냈다. 이재(利財)에 밝아 공문(孔門)에서 가장 부유해 공자가 여러 나라를 돌며 왕도를 설파할 때 후원자가 되었다. 『논어(論語)』에 38회나 등장하고, 「자공(子貢)」편이 따로 있을 만큼 공문십철(孔門十哲)의 하나이다. 말주변이 좋고 과단성이 있어서 염유(冉有)와 함께 정사(政事)에 뛰어났다고 한다.

곡삭(告朔)은 음력 초하루마다 선조묘(先祖廟)에 들어 조상신(祖上神)에게 고(告)하는 제례(祭禮)를 뜻한다. 곡(告)은 고(告)라고 발음해도 틀리지는 않지만, 조상에 고한다고 할 때는 곡(告)으로 읽는다.

공자는 달마다 초하루가 되면 조상신에게 산양을 제물(祭物)로 바쳤던 모양이다. 자공의 생각에는 그 제물이 허례(虛禮)로 비쳤던지 거두고자 했던 모양이다.

바칠 공(貢), 치울 거(去), 알릴 곡(告), 초하루 삭(朔), 보낼 희(餼)

자왈(子曰)

자공을 대하는 공자의 모습이 예(禮)에서 정신과 형식의 관계를 살펴보게 한다. 물론 예는 정신을 주로 하고 형식은 그 다음이다. 그러나 형식은 정신을 지극한 정성으로 이끄는 방편이 될 수 있다. 예를 지키는 형식에는 예물(禮物)이 따르게 마련이다. 제사(祭祀)는 제물(祭物) 없이는 안 된다. 물론 제물을 사치스럽게 하지 않아도 된다고 했다. "예(禮)는 번다하게 하느니보다는 검소하게 하라[禮與其奢也寧儉]." 이미 앞 4장에서 이렇게 말하지 않았는가.

사야(賜也) 이애기양(爾愛其羊) 아애기례(我愛其禮)
▶ 사야[賜] 너는[爾] 제물로 쓸 양을[其羊] 아끼지만[愛], 나는[我] 제물로 바치는 예를[其禮] 아끼고 싶구나[愛]!

양을 물건으로 보지 말라는 말씀이다. 그보다는 조상신에게 바치는 정성의 징표로 보라 한다. 양을 물건으로 보면 재물(財物)로 여겨진다. 자공은 이재(理財)에 밝았다니, 아마도 제물(祭物)로 쓰일 양[餼羊]이 재물(財物)로 보였던 것일까? 스승 앞에서 자공이 혼나고 있는 중이다. 재물보다 예(禮)를 존중하라. 그러나 세상은 젯밥에만 눈독이 든 지 이미 오래이다.

줄 사(賜), 너 이(爾), 아낄 애(愛).

제18장

【문지(聞之)】
사군진례(事君盡禮)

【원문(原文)】

子曰 事君盡禮를 人이 以爲諂也라 하난다
자왈 사군진례 인 이위첨야

【해독(解讀)】
공자께서 말했다[子曰]. "임금을 섬기는 데 예를 다하는 것을[事君盡禮] 사람들이 아첨한다고 하는구나[人以爲諂也]."

【담소(談笑)】
자왈(子曰)

공자가 안타까워하고 있다. 자신을 몰라주어서 그렇다는 것이 아니다. 예와 아첨을 분별하지 못하는 세태가 안타깝다는 것이다. 본래 소인(小人)은 선(善)을 선(善)으로 보려 하지 않고 악(惡)으로 몰아가려고 시샘한다. 예(禮)를 첨(諂)이라고 입방아 찧는 세태를 성인도 어찌할 수 없었으리라.

사군진례(事君盡禮) 인이위첨야(人以爲諂也)

▶ 임금을[君] 섬기는 데[事] 예를 다하는 것을[盡禮] 사람들이[人] 아첨한다고 하는구나[以爲諂也].

임금을 섬기는 일에 예(禮)를 다함은 지극히 당연하다. 어디 임금 뿐이랴. 윗사람을 예로써 대하는 것은 지당하다. 그러나 소인배들은 예(禮)를 첨(諂)으로 보고 입방아를 찧는다. 소인은 간사스럽게 아양 떨며 알랑거리는 짓[諂]을 잘도 하면서 남이 예를 다하면 아첨이라고 몰아붙이려 한다. 이처럼 소인은 시샘하기를 좋아한다. 예를 다함[盡禮]은 절로 순종하는 마음이지 억지로 굴복하는 복종(服從)이 아니다. 오죽하면 사람에게 개 같다고 욕하겠는가. 밥 주면 꼬리 치고 안 주면 물려고 덤비는 개 말이다. 소인은 예를 다할 줄 모른다. 그래서 순종과 복종을 분별하지 못한다. 순종하는 마음씨는 아름답다. 예를 다함[盡禮]은 사람을 아름답게 한다. 얼굴이 고와야 아름다운 것이 아니다. 공자가 우리에게 인간미가 무엇인지를 가르치고 있다.

섬길 사(事), 임금 군(君), 다할 진(盡), 아첨할 첨(諂)

제19장

【문지(聞之)】
군사신이례(君使臣以禮)

【원문(原文)】

定公問 君使臣하며 臣事君호대 如之何이고
정공문 군사신   신사군   여지하

> 子曰 君使臣以禮하며 臣事君以忠이니라
> 자왈 군사신이례   신사군이충

【해독(解讀)】

　정공이 물었다[定公問]. "임금이 신하를 부리고[君使臣] 신하가 임금을 섬기는 데[臣事君] 어떻게 해야 하는지요[如之何]?"
　공자께서 말했다[子曰]. "임금이 신하를 부리되 예로써 다하고[君使臣以禮], 신하가 임금을 섬기되 충으로써 다하면 됩니다[臣事君以忠]."

【담소(談笑)】

　군사신(君使臣) 신사군(臣事君) 여지하(如之何)
▶ 임금이 신하를 쓰고[君使臣] 신하가 임금을 섬기는 데[臣事君] 어떻게 해야 합니까[如之何]?

　정공(定公)은 노(魯)나라 군주이다. 정공 때 맹손(孟孫)·숙손(叔孫)·계손(季孫) 등 삼대부(三大夫)가 권세를 부리며 횡포를 저지른 탓에 군신(君臣)의 예(禮)가 혼미해졌다. 그 정공이 군신의 관계를 어떻게 해야 하는지 공자께 묻고 있다. 공자는 43~57세까지 14년 동안 정공을 섬겼는데, 그 사이에 삼대부의 전횡을 막으려다 도리어 노나라에서 쫓겨나는 수모를 겪었다. 이들 삼대부를 삼환(三桓)이라고도 한다.

> 부릴 사(使), 신하 신(臣), 섬길 사(事), 같을 여(如), 어찌 하(何)

　자왈(子曰)
　임금은 신하를 부리는 일에 오만하지 말고, 신하는 임금을 섬기는 일에 거짓이 있어선 안 된다고 밝히고 있다. 높다고 하대하면 안 되고 낮다고 비굴해선 안 된다. 군신 사이에 질서가 있어야 한다는 것이다. 임금의 입장에서 보면 그 질서는 예(禮)로써 유지되고, 신하의 입장에서 보면 충(忠)으로써 유지된다고 말하고 있다.

군사신이례(君使臣以禮) 신사군이충(臣事君以忠)
▶ 임금은[君] 신하를[臣] 쓰는 데[使] 예로써 다하고[以禮], 신하는[臣] 임금을[君] 섬기는 데[事] 충으로써 다한다[以忠].

예(禮)는 사양(辭讓)하는 마음이 앞서야 한다. 오만하면 곧 결례(缺禮)나 무례(無禮)가 되고 만다. 임금은 신하를 부림에 오만하지 말라 한다. 그러니 이례(以禮)는 임금이 신하를 귀하게 여기라는 말이다. 그러면 아랫사람이 마음으로써 순종하기 때문이다. 임금이 없어진 세상이니 필요 없는 말이라고 생각해서는 안 된다. 여전히 관료사회는 있다. 관료에는 상하(上下)가 있게 마련이다. 윗사람이 아랫사람을 얕보지 말라는 말로 이례(以禮)의 속뜻을 새겨들으면 된다.

충(忠)은 중심(中心)이란 뜻이다. 그 중심은 불기(不欺)라고도 한다. 거짓이 없어 속이지 않는다[不欺]. 그래서 충(忠)은 직(直)과 같다. 직(直)은 무사(無私)로 통한다. 무사(無私)면 성(誠)이다. 그러니 성(誠)을 다하면 곧 충(忠)이다. 신하는 정성을 다하여 임금을 섬겨라. 이것이 곧 충(忠)이다. 임금이 없는 시대라고 해서 충을 무시하지 말라. 지금은 백성이 임금이기 때문이다. 그러니 치자(治者)는 이제 백성에게 충성(忠誠)을 바쳐야 한다.

정성을 다할 충(忠)

제20장

【문지(聞之)】
낙이불음(樂而不淫)·애이불상(哀而不傷)

【원문(原文)】

子曰 關雎는 樂而不淫하고 哀而不傷한다
자왈 관저 낙이불음   애이불상

【해독(解讀)】
공자께서 말했다[子曰]. "「관저」는[關雎] 즐거우면서도 음란하지 않고[樂而不淫], 슬프면서도 마음을 상하게 하지 않는다[哀而不傷]."

【담소(談笑)】
자왈(子曰)

공문(孔門)에서 덕치(德治)를 일구는 예치(禮治)의 세 요소가 예(禮)·악(樂)·시(詩)이다. 이렇듯 시로써 사람을 가르치고 백성의 뜻을 살피며 바른 말을 할 수 있다고 보았다. 시의 이러한 기능을 교화풍간(敎化諷諫)이라고 한다. 「관저(關雎)」는 『시경(詩經)』 305편의 시 중에서 맨 처음에 나오는 시편(詩篇)이다. 그 「관저」를 들어 공자가 치우침이나 처짐 없이 평(評)하고 있다.

낙이불음(樂而不淫) 애이불상(哀而不傷)
▶ 즐거우나[樂] 음란하지 않고[不淫], 슬프나[哀] 마음 아프게 하지 않는다[不傷].

음(淫)은 낙(樂)이 지나쳐 넘친 것이고, 상(傷)은 애(哀)가 지나쳐 넘친 것이다. 사람의 정이 넘쳐도[過] 안 되고 처져도[不及] 안 된다. 유가의 예악(禮樂)은 어디까지나 중용(中庸)을 잃으면 안 된다. 그래서 『예기(禮記)』「악기(樂記)」에 이런 말이 나온다. "악승즉류(樂勝則流) 예승즉리(禮勝則離)." 악이 지나치면 방탕하고[樂勝則流], 예가 지나치면 멀어진다[禮勝則離].「관저」란 시를 중용의 관점에서 평하고 있다. 그러나 지금은 서구의 영향을 받아 중용이 정서(情緖)의 균형임을 잊고 말았다. 부끄럽다.

> 즐거울 락(樂), 음란할 음(淫), 슬플 애(哀), 아플 상(傷)

제21장

【문지(聞之)】
성사불설(成事不說)·수사불간(遂事不諫)·기왕불구(旣往不咎)

【원문(原文)】

> 哀公이 問社於宰我하신대 宰我對曰 夏后氏는
> 애공   문사어재아   재아대왈   하후씨
> 以松이오 殷人은 以柏이오 周人은 以栗이니 曰
> 이 송   은인   이 백   주인   이 률   왈
> 使民戰栗이니이다
> 사민전률
> 子聞之曰 成事라 不說하며 遂事라 不諫하며
> 자문지왈 성사   불설   수사   불간
> 旣往이라 不咎이로다
> 기왕   불구

【해독(解讀)】

애공이 사(社)에 관하여 재아에게 물었다[哀公問社於宰我].

재아가 이에 답했다[宰我對曰]. "하후씨는 소나무를 심었고[夏后氏以松], 은나라 사람은 잣나무를 심었으며[殷人以柏], 주나라 사람은 밤나무를 심었답니다[周人以栗]." 이어서 말하기를[曰], "백성을 두렵고 무섭게 하려고 그런 것입니다[使民戰栗]."

공자께서 전해듣고 말했다[子聞之曰]. "다된 일을 들먹이지 않겠고[成事不說], 끝난 일을 간하지 않겠으며[遂事不諫], 지나간 일을 두고 탓하지 않겠다[旣往不咎]."

【담소(談笑)】

애공문사어재아(哀公問社於宰我)

▶ 애공이[哀公] 재아에게[於宰我] 사(社)에 관해[社] 물었다[問].

애공(哀公)은 노(魯)나라 마지막 군주이다. 재아(宰我)는 공자의 제자로 성이 재(宰), 이름은 모(矛), 자는 자아(子我)였고, 공문(孔門)에서 특히 언어(言語)에 뛰어났다. 사(社)는 토지신(土地神)을 모시는 곳이다. 흙으로 단(壇)을 쌓고 단에는 신주(神主)로 나무를 심었다. 지금 애공은 사(社)에 나무를 심은 전례(前例)를 묻고 있다.

슬플 애(哀), 토지신 사(社), 주관할 재(宰)

하후씨이송(夏后氏以松) 은인이백(殷人以柏) 주인이률(周人以栗)

▶ 하후씨는[夏后氏] 소나무를 심었고[以松], 은나라 사람은[殷人] 잣나무를 심었으며[以柏], 주나라 사람은[周人] 밤나무를 심었답니다[以栗].

위는 재아가 애공에게 대답한 내용이다. 토지신의 신주로 하(夏)나라는 소나무[松]를 심었고, 은(殷)나라는 잣나무[柏]를 심었으며, 주(周)나라는 밤나무[栗]를 심었다는 것은 역사적인 사실일 것이다. 이런 사실을 답하는 데 그치지 않고 이어 재아가 토를 달았다.

여름 하(夏), 임금 후(后), 소나무 송(松), 성할 은(殷), 잣나무 백(柏), 두루 주(周), 밤나무 률(栗)

왈(曰) 사민전률(使民戰栗)
▶ 더 사뢰기로는[曰], 백성으로[民] 하여금[使] 두려워 무섭게 한 것입니다[戰栗].

재아가 주인이률(周人以栗)의 이률(以栗)을 전율(戰栗)이라고 자신의 소견을 덧붙여 해석해버렸다. 주나라 사람이 심었던 밤나무[栗]를 전율(戰慄)이라고 하여 임금에게 아첨한 꼴이라 할 수 있다. 무서워 벌벌 떨다[慄]. 아마도 재아는 밤송이의 가시만 생각하고 그 속에 든 밤알은 무시해버린 탓에 밤나무의 알밤[栗]을 두려운 것[慄]로 잘못 옮긴 게 아닐까? 이런 상상을 해보게 한다. 하여튼 재아는 애공으로 하여금 이률(以栗)의 율(栗)을 그냥 밤나무[栗]로만 알아듣기 어렵게 율(慄)로 잘못 말한 셈이다.

하여금 사(使), 두려워할 전(戰), 무서울 률(栗)

성사불설(成事不說) 수사불간(遂事不諫) 기왕불구(既往不咎)
▶ 다된 일을[成事] 말하지 않겠고[不說], 끝난 일을[遂事] 따지지 않겠으며[不諫], 지난 일을 두고[既往] 탓하지 않겠다[不咎].

위는 공자가 재아가 한 말을 전해듣고 하신 말씀이다[子聞之曰]. 여기서 사(事)는 재아가 애공에게 토를 달아 아뢰었던 내용[使民戰栗]을 말한다. 이를 통해 공자의 말뜻을 더 잘 새겨들을 수 있을 것이다. 입에서 나온 말은 주워 담을 수 없다. 그러니 성인이 무슨 말을 더하랴. 그런 심기를 불설(不說)·불간(不諫)·불구(不咎)로 드러냈다고 보면 무방하다. 여기서 설(說)은 사(辭)와 같다. 이러니저러니 더 말하지 않겠다[不說]. 간(諫)은 쟁(諍)과 같다. 바른 말해서 일깨워준다[直言以悟人] 함이 간(諫)이요 쟁(諍)이다. 이러니저러니 따지지 않겠다[不諫]. 구(咎)는 건(愆)과 같다. 잘못했다고 탓하지 않겠다[不咎].

함부로 말하지 말라 함이다. 그러면 불충(不忠)이다. 자의(自意)로 해석해 아뢰다간 자의(恣意)가 되기 쉽다. 자신의 뜻이 방자한 뜻[恣意]이 될 위험이 있다면 불충이다. 앞 19장에서 신하는 임금을 충(忠)으로써 섬긴다[臣事君以忠]고 했다. 주나라 사람이 밤을 곡식으로 생각하고 토지신(土地神)의 단(壇)에 밤나무를 심었다면 재아(宰我)야 너는 어찌하겠는가? 공자가 이렇듯 책망한다고 생각해보자. 재아는 「공야장(公冶長)」편 10장에서도 공자로부터 모진 꾸지람을 듣는다. 거기서 공자는 후목(朽木)과 분토(糞土)를 들어 재아 같은 자를 꾸짖어 무엇하겠느냐고 반문한다. 제자의 능력을 썩은 나무[朽木] 더러운 흙[糞土]을 빌어 비유하다니. 사람의 능력에 대한 성인의 품평은 서슬이 퍼래 무섭다.

이룰 성(成), 일 사(事), 끝낸 수(遂), 바른 말할 간(諫), 이미 기(旣), 옛 왕(往), 책망할 구(咎)

제22장

【문지(聞之)】
관중지기소재(管仲之器小哉)

【원문(原文)】

子曰 管仲之器小哉라
자왈 관중지기소재

或曰 管仲儉乎잇까
혹왈 관중검호

曰 管氏有三歸하며 官事를 不攝하니 焉得儉이리오
왈 관씨유삼귀   관사 불섭   언득검

然則管仲은 知禮乎잇까
연즉관중   지례호

曰 邦君이야 樹塞門이어늘 管氏亦樹塞門하며 邦
왈 방군   수색문   관씨역수색문   방

君이야 爲兩君之好에 有反坫이어늘 管氏亦有反坫
군   위양군지호   유반점   관씨역유반점

하니 管氏而知禮면 孰不知禮리오
     관씨이지례   숙부지례

【해독(解讀)】

공자께서 말했다[子曰]. "관중의 기량은 작다[管仲之器小哉]."

어떤 사람이 물었다[或曰]. "관중은 검소합니까[管仲儉乎]?"

공자께서 말했다[曰]. "관중 그자는 세 집 살림을 했고[管氏有三歸] 관사를 겸직하게 하지 않았는데[官事不攝] 어찌 검소하다 할 것인가[焉得儉]?"

"그렇다면 관중이 예를 알았나요[然則管仲知禮乎]?"

공자께서 말했다[曰]. "임금이 나무로 문을 가리거늘[邦君樹塞門] 관중도 나무로 문을 가렸고[管氏亦樹塞門], 임금이 친효를 위하여 반점을 지어 갖거늘[邦君爲兩君之好有反坫] 관중 또한 반점을 가졌으니[管氏亦有反坫], 그 자가 예를 안다면[管氏而知禮] 어느 누군들 예를 모르겠소[孰不知禮]?"

【담소(談笑)】
자왈(子曰)

공자가 관중(管仲)의 사람됨을 평가하며 한마디로 소기(小器)라고 한다. 작은 그릇[小器]은 소인배를 말한다. 관중은 제(齊)나라 대부(大夫)인데, 무력으로 환공을 도와 패권을 잡게 하였고 백성을 평안하게 한 큰 정치가였다. 그런 관중을 공자는 왜 작은 그릇이라고 절하하는가? 관중은 인간적으로 오만했고 권모술수에 능했으며, 의리를 저버리는 현실적인 자였다고 한다. 관중은 성이 관(管), 이름은 이오(夷悟)이고, 자가 중(仲)이며『관자(管子)』라는 저서를 남겼다. 관중은 공자보다 약 200년 전 사람이다. 공자는 논공행상(論功行賞)을 하는 무리를 소인배로 보았는데 관중도 그 중에 하나라고 말한다. 그래서 공자는 관중의 사람됨을 이렇게 평했다. "관중의[管仲] 그릇은[器] 작다[小]."

관중검호(管仲儉乎)
▶ 관중은[管仲] 검소했는지요[儉乎]?

공자께 어떤 사람이 위와 같이 물었다[或曰]는 것이다. 그러자 공자가 아래와 같이 관중의 사람됨을 사례를 들어 검소하지 않았다고 대답해준다.

> 대롱 관(管), 버금 중(仲), 검소할 검(儉)

관씨유삼귀(管氏有三歸) 관사불섭(官事不攝)
▶ 관중은[管氏] 부인을 셋씩이나[三歸] 두었고[有], 가신들한테 일을[官事] 겸하지 않게 했다[不攝].

삼귀(三歸)의 귀(歸)는 가(家)와 같다. 그래서 삼귀(三歸)는 부인이 셋이라는 말로 해석하면 무방하다. 관사(官事)는 관청의 일거리를 말한다. 섭(攝)은 여기서 겸(兼)과 같다. 관가의 일을 겸하지 않게 했다[不攝] 함은 많은 가신을 거느렸다는 말이다. 대부의 가신(家臣)은 여러 일을 같이 맡아하는 것이 원칙이었다. 그 원칙을 어기고 일의 가짓수마다 가신을 하나씩 두었다는 것이 여기 불섭(不攝)의 뜻이다. 가신의 수가 많았을 테니 그만큼 씀씀이가 컸을 게 아닌가. 그러니 관중은 호화롭게 살았던 것이다.

돌아갈 귀(歸), 벼슬 관(官), 겸할 섭(攝)

언득검(焉得儉)
▶ 어찌 검소하다[得儉] 하겠는가[焉]?

언(焉)은 관용어로 쓰인다. 어찌 ~하겠는가[焉]. 득검(得儉)은 검소한 생활을 익혔다는 말이다. 관중이란 자가 전혀 검소하지 않았다는 것을 공자가 반어법으로 말하고 있다. 그러자 그 어떤 사람이 공자께 다시 물었다. "그러면 관중이 예(禮)는 아는지요[然則管仲知禮乎]?" 그러자 다시 아래와 같이 답해주었다.

어조사 언(焉), 얻을 득(得), 검소할 검(儉)

방군수색문(邦君樹塞門) 관씨역수색문(管氏亦樹塞門)
▶ 나라의 임금이라야[邦君] 나무로 짠 병장(屛墻)으로 대문 안을 가리거늘[樹塞門], 관중이[管氏] 그렇게[亦] 대문 안을 가렸다[樹塞門].

대부이면서도 임금의 흉내를 다 냈다는 말이다. 수색문(樹塞門)의 수(樹)는 나무판으로 짜 맞춘 병풍 구실을 하는 가리개를 말한다. 그 가리개로 대문 안이 보이지 않게 한다. 수색문은 대문[門]을 가리는[塞] 나무 병장[樹]이다. 궁궐에는 그런 시설을 해야 비례(非禮)가 아님을 밝히고 있다.

나라 방(邦), 임금 군(君), 나무 수(樹), 닫을 색(塞), 문 문(門)

방군위양군지호유반점(邦君爲兩君之好有反坫) 관씨역유반점(管氏亦有反坫)
▶ 임금이라야[邦君] 친교를 위하여[爲兩君之好] 술잔을 놓을 대를[反坫] 설치하거늘[有], 관중이[管氏] 그렇게[亦] 술잔 놓는 대[反坫]를 설치했다[有].

반점(反坫)은 흙을 높게 돋우어 술잔을 놓을 수 있게 한 대(臺)를 말한다. 이런 반점은 임금이라야 설치하는 것인데 관중이 그 예를 어겼음을 밝히고 있다. 관중이 임금도 아니면서 임금 흉내를 냈으니 무례(無禮)했다고 지적하고 있다.

좋을 호(好), 되돌릴 반(反), 술잔 놓는 대(臺) 점(坫)

관씨이지례(管氏而知禮) 숙부지례(孰不知禮)
▶ 관중이란 자가[管氏而] 예를[禮] 안다면[知] 어느 누가[孰] 예를[禮] 모른단 말인가[不知]?

반어법을 써서 감정이 여실히 드러나고 있다. 관중이 예(禮)를 저버린 채 오만스럽고 방자했던 점을 단호하게 지적하고 있다. 패권을 잡고 아무리 정치를 잘 했다 해도 사람답지 못하면 소인배라고 서슴없이 판정하는 공자를 보라. 무위하라[無違]. 예를 어기지 말라[無爲]. 이렇게 맹손(孟孫)을 질타하지 않았던가. 임금인 양 권세를 누리며 떵떵거렸던 관중이 200년 뒤에 공자에게 호된 매를 맞을 줄 어찌 알았겠는가. 성인은 앞날이 무서워서도 허물을 범하지 않는다. 그러나 소인(小人)은 내일을 무서워할 줄 모른다. 그래서 관중도 내일이 있는 줄 모르고 당시 방자하게 살았던 것이다. 그러니 관중의 그릇은 작다고 평한 것이 아닌가.

누구 숙(孰)

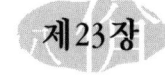

【문지(聞之)】
악기가지야(樂其可知也)

【원문(原文)】

子語大師樂曰 樂은 其可知也이니 始作에 翕如
자 어 대 사 악 왈 악   기 가 지 야   시 작   흡 여
也하야 從之에 純如也하며 皦如也하며 繹如也하야
야   종 지   순 여 야   교 여 야   역 여 야
以成이니라
이 성

【해독(解讀)】
　공자께서 노(魯)나라 대사에게 악(樂)을 일러 말했다[子語大師樂曰]. "악은 잘 알 수 있다[樂其可知也]. 연주를 시작할 때는 잘 화합하고[始作翕如也], 연주를 해가면서 더욱 조화되면서도[從之純如也] 악기들이 내는 저마다의 소리는 뚜렷하며[皦如也] 부드럽게 이어져 끝난다[繹如也以成]."

【담소(談笑)】
자어대사악왈(子語大師樂曰)
▶ 공자가[子] 노(魯)나라의 대사에게[大師] 악을[樂] 일러[語] 말했다[曰].

어(語)는 고(告)와 같다. 누구에게[人] 말해주다[語]. 대사(大師)는 노나라의 음악[樂]을 관장(管掌)하는 직위이다. 악(樂)은 여기서 팔음(八音)을 말한다. 곧 모든 악기(樂器)의 소리[八音之總名]를 뜻한다. 팔음이란 각각 쇠·돌·실·대·박·흙·가죽·나무로 만든 악기의 소리를 말한다.

공자의 말씀이 마치『서경(書經)』「우서(虞書)」「순전(舜典)」에 나오는 순(舜)임금의 말을 쉽게 풀이해주는 듯하다. 순임금은 기(夔)를 전악(典樂)의 직위에 임명하면서 다음과 같이 말했다. "팔음극해(八音克諧) 무상탈륜(無相奪倫) 신인이화(神人以和)." 팔음을 조화시켜[八音克諧] 저마다 소리의 질서를 잃지 않게 하면[無相奪倫] 신과 사람은 하나가 된다[神人以和].

공자가 악(樂)을 탐미적으로 말하는 게 아니다. 공자는 악을 치세(治世)의 방편으로 삼아야 한다고 말한다. 이것이 공자의 악관(樂觀)이다. 왜냐하면 악으로써 사람의 감정을 다스릴 수 있다고 보았기 때문이다.

말할 어(語), 스승 사(師), 풍류 악(樂)

악기가지야(樂其可知也)
▶ 악이란[樂] 그것을[其] 잘 알 수 있다[可知].

팔음(八音)의 극해(克諧)를 잘 알 수 있다는 말로 들어도 되리라. 여러 악기가 내는 소리[八音]들이 저마다 제 소리만 앞세우지 않고 서로 조화를 이룸을 알 수 있다는 뜻이다. 만일 노자(老子)라면 이런 말은 못했을 것이다. 도가(道家)의 악(樂)은 인락(人樂)이 아니라 천락(天樂)이기 때문이다. 천락(天樂)이란 무슨 낙(樂)인가? 삼라만상이 저마다 제 구멍 생긴 대로 바람 따라 내는 소리가 바로 천락이다. 천락에게 팔음극해(八音克諧)란 하찮은 것이다.

시작흡여야(始作翕如也)
▶ 연주를 시작할 때는[始作] 서로 잘 들어맞는다[翕如也].

흡(翕)은 화(和)와 합(合)으로 통한다. 악기(樂器), 즉 팔음(八音)의 소리들이 서로 합하여[合] 서로 어울린다[和] 함이 곧 흡(翕)이다. 그리고 여(如)는 여기서 연(然)과 같고 '그렇다'는 뜻이다.

> 처음 시(始), 지을 작(作), 화합할 흡(翕), 그럴 여(如)

종지(從之) 순여야(純如也) 교여야(曒如也) 역여야이성(繹如也以成)
▶ 소리들을 따라가면서[從之] 서로 맑게 조화되고[純如也], 서로 또렷하면서도[曒如也] 부드럽게 연이어 가다가[繹如也] 완성된다[以成].

순(純)은 화(和)와 같다. 곧 화음(和音)을 뜻한다. 물론 화음의 음(音)은 팔음(八音)을 뜻한다. 교(曒)는 명(明)과 같다. 팔음이 저마다 또렷하다는 말이다. 역(繹)은 연(聯)과 같다. 팔음이 저마다 또렷하면서도 따로 놀지 않고 서로 연이어져 있다는 말이다. 이렇게[翕·純·曒·繹] 악은 완성된다고 밝히고 있다. 공자는 예악(禮樂)을 떠난 치세는 패도(覇道)에 불과하다고 생각했다. 유가(儒家)의 예악은 왕도(王道)를 트는 길목인 셈이다. 공자는 그 길목을 벗어나지 말아야 편안한 세상을 누린다고 보았고, 특히 악(樂)은 수신(修身)의 덕목으로 삼았다.

따라갈 종(從), 순수할 순(純), 또렷할 교(皦), 연이어갈 역(繹)

제24장

【문지(聞之)】
천장이부자위목탁(天將以夫子爲木鐸)

【원문(原文)】

儀封人이 請見 曰 君子至於斯也에 吾未嘗不得
의 봉 인   청 견 왈 군 자 지 어 사 야   오 미 상 부 득
見也로다 從者見之한대 出曰 二三子는 何患於
견 야   종 자 견 지   출 왈 이 삼 자   하 환 어
喪乎리오 天下之無道也久矣라 天將以夫子爲木
상 호   천 하 지 무 도 야 구 의   천 장 이 부 자 위 목
鐸이시리라
탁

【해독(解讀)】

의(儀)의 봉인이 공자를 뵙자고 청하며 말했다[儀封人請見曰]. "군자가 이 곳에 오시면[君子至於斯也] 제가 모두 찾아뵈었습니다[吾未嘗不得見也]."

공자를 수행하는 사람이 뵙게 해주었다[從者見之]. 공자를 뵙고 나오면서 봉인이 말했다[出曰]. "여러분은[二三子] 선생께서 벼슬 좀 잃었다고 뭘 그리 걱정들입니까[何患於喪乎]? 천하에 도가 없어진 지 오래라[天下之無道也久矣] 하늘이 선생을 목탁으로 삼으려는 것입니다[天將以夫子爲木鐸]."

【담소(談笑)】
의봉인청견왈(儀封人請見曰)
▶ 의라는 고을의[儀] 국경지기가[封人] 뵙기를[見] 청하며[請] 말했다[曰].

　의(儀)는 위(衛)나라의 한 읍(邑)으로, 지금의 하남성(河南省) 난의현(蘭儀縣)에 해당한다. 봉인(封人)은 국경을 지키는 사람이다. 공자가 노(魯)나라를 떠나 위나라에 들렀던 모양이다.

끌 의(儀), 봉할 봉(封), 청할 청(請), 볼 견(見)

군자지지어사야(君子之至於斯也) 오미상부득견야(吾未嘗不得見也)
▶ 군자가[君子] 이 곳에[於斯] 오시면[至] 내가[吾] 지금껏 뵙지 않은 적이 없었습니다[未嘗不得見].

　여기서 사(斯)는 의(儀)라는 고을을 말한다. 미상불(未嘗不)은 관용어구로 '여태껏 ~하지 않은 바가 없다'는 뜻이다. 득견(得見)은 만나본다는 말이다. 위(衛)나라 의(儀) 고을의 국경지기[封人]라는 나[吾]는 누구일까? 국경지기였다는 설(說)이 있는 노자(老子)였을까? 하여튼 여기의 '나'라는 인물이 누구인지는 알기 어렵다. 그는 『논어(論語)』에서 공자를 군자로 여긴 최초의 등장인물인 셈이다. 공문(孔門)의 후학(後學)들이 등장인물의 입을 빌리고 있지는 않은가 하여 이 24장은 묘한 느낌을 준다.

이를 지(至), 여기 사(斯), 나 오(吾), 일찍이 상(嘗), 얻을 득(得)

종자견지(從者見之)
▶ 공자를 수행한 이가[從者] 공자를[之] 뵙게 해주었다[見].

여기서는 종자(從者)란 표현에 주목하게 된다. 모시는 주인이 여기 저기로 돌아다니고 있음을 암시하기 때문이다. 그렇지 않고 한곳에 있다면 시자(侍者)라고 하는 것이 맞다. 종자는 요샛말로 하면 수행 비서인 셈이고, 시자는 사비서(私秘書)이다. 그러니 종자라는 이 한마디가 공자의 주유(周遊)를 떠올리게 한다.

따를 종(從), 만나볼 견(見)

이삼자(二三者) 하환어상호(何患於喪乎)
▶ 여러분은[二三者] 잃어버림을 두고[於喪] 뭘 그리[何] 걱정합니까[患乎]?

이 말은 봉인(封人)이 공자를 만나고 나오면서 한 말이다[出曰]. 이삼자(二三者)는 여러 사람을 뜻한다. 수행자[從者]가 여럿임을 알 수 있다. 환(患)과 상(喪)이란 두 자(字)가 공자와 그 종자들의 심경을 잘 드러내고 있다. 스승이 잃어버린 것이 상(喪)이요, 종자들이 그 상(喪)이란 현실을 어떻게 받아들이고 있는가를 느끼게 해주는 말이 환(患)이기 때문이다.

공자 스스로 벼슬을 팽개쳤더라면 상(喪)이 아니라 기(棄)라고 했을 것이다. 벼슬을 잃었다는 것[喪]과 벼슬을 버렸다는 것[棄]은 엄청난 감정의 차이가 있기 마련이다. 잃었다[喪] 함은 빼앗겼음[脫]을 뜻한다. 공자가 벼슬자리에서 밀려난 현실을 상(喪)과 환(患) 이 두 글자가 느끼게 해준다. 공자가 아마도 봉인을 만나 쓸쓸한 심회를 드러냈던 모양이고, 제자들은 벼슬을 잃은 스승을 걱정했던 모양이다.

걱정할 환(患), 잃어버릴 상(喪)

천하지무도야구의(天下之無道也久矣) 천장이부자위목탁(天將以夫子爲木鐸)

▶ 찬하에[天下] 도가[道] 없어진 지[無] 오래라[久矣], 하늘이[天] 장차[將] 공자를[以夫子] 목탁으로[木鐸] 삼고자 함이지요[爲].

이 또한 봉인(封人)이 나오면서 한 말이다. 여기서도 무도(無道)란 말을 잘 새기면 봉인의 심중에 도가(道家)의 가시 같은 게 숨겨져 있음을 느끼게 된다. 도가가 유가(儒家)의 왕도(王道)를 비판할 때 위와 같은 말을 자주 하기 때문이다. 군왕을 찾아다니며 헛수고하지 말라는 것이다. 그러나 공자는 절망하지 않는 유가의 성인이다. 하여튼 유가는 벼슬을 잃으면 복권하기를 바라지만 도가는 벼슬 자체를 하찮게 여긴다.

봉인의 마지막 말은 위안으로 들리기도 한다. 또한 벼슬을 빼앗긴 것은 하늘의 뜻이며, 하늘이 장차 공자를 세상을 일깨우게 할 목탁으로 삼으려 한다는 그 말은 적중한 예언이라 할 수 있다. 공자의 인도(仁道)는 인간세상이 있는 한 사람을 사람 되게 하는 길임이 분명하기 때문이다. 그러나 이 24장은 그 당시 공문(孔門)의 분위기가 씁쓸했음을 느끼게 해준다.

오래 구(久), 앞으로 장(將), 요령 탁(鐸)

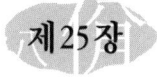

제25장

【문지(聞之)】
소(韶)・무(武)

【원문(原文)】

子謂韶하시며 盡美矣오 又盡善也라 하시고 謂武
자 위 소   진 미 의   우 진 선 야   위 무
하시되 盡美矣오 未盡善也라하시다
        진 미 의   미 진 선 야

【해독(解讀)】
　공자께서 소(韶)를 일컬어[子謂韶] 더할 수 없이 아름답고[盡美矣] 더할 수 없이 선하다고 하셨다[又盡善也]. 그러나 무(武)에 대해선[謂武] 더할 수 없이 아름다우나[盡美矣] 더할 바 없는 선을 이루진 못했다고 하셨다[未盡善也].

【담소(談笑)】
자위소(子謂韶)
▶ 공자께서[子] 순(舜)임금의 무악[舞樂]인 소를[韶] 평했다[謂].
　악(樂)은 하늘[神]과 사람[人]을 하나 되게 한다고 보았다. 그래서 악은 하늘에서 나와[樂出於天] 사람에게 있다[樂寓於人]고 한다. 이러한 악을 인간의 몸에 실어 드러내는 일이 무악(舞樂)이라고 생각하면 된다. 그러므로 무악은 치세(治世)의 정신을 드러내는 하나의 의식(儀式)인 셈이다. 그러므로 공자는 무악의 선(善)·미(美)를 강조한다. 여기서 공자는 선과 미를 나누어 보는 경우가 가능함을 알려준다.

일컬을 위(謂), 순(舜)의 무악(舞樂) 이름 소(韶)

진미의(盡美矣) 우진선야(又盡善也)
▶ 더 바랄 바 없이[盡] 아름답고[美矣] 더 바랄 바 없이[盡] 선하다[善也].

공자는 소(韶)를 위와 같이 평(評)했다. 즉 순(舜)임금의 무악인 소가 완벽하고 완전하다는 것이다. 진미(盡美)와 진선(盡善)은 한마디로 인(仁) 그 자체라는 의미다. 어진 마음은 장하고 크며[壯大] 동시에 평안(平安)하다. 진미(盡美)는 지극한 장대(壯大)함이요, 진선(盡善)은 지극한 평안(平安)이라고 새기면 된다. 무악은 그런 선미(善美)를 몸으로 표현하는 하나의 정치적(政治的) 의식(儀式)에 속한다. 그러니 무악을 오늘날의 무곡(舞曲, dance music)처럼 생각해서는 안 된다. 순임금의 무악을 왜 진선(盡善)·진미(盡美)하다고 하는가? 임금의 자리를 물려받은 순(舜)은 왕도(王道)를 베푼 유가의 성왕(聖王)이기 때문이다. 왕도란 곧 인도(仁道)를 치세로서 실천하는 길이다. 그런 인도에 따른 공자의 비평이 깔끔하고 군더더기 하나 없다.

다할 진(盡), 아름다울 미(美), 착할 선(善)

진미의(盡美矣) 미진선야(未盡善也)
▶ 더할 바 없이[盡] 아름다우나[美矣] 더할 바 없는[盡] 선에는[善] 이르지 못했다[美也].

공자가 주(周)나라 무왕(武王)의 무악인 소(韶)를 위와 같이 평했다. 무왕은 무력(武力)으로 천하를 장악했으므로 그의 무악은 장대(壯大)하지만 평안(平安)하지는 않다는 평이다. 공자는 패권(覇權)을 철저하게 불인(不仁)으로 보았다.

그런데 왜 공자는 미진선야(未盡善也)에서 미(未) 대신 비(非)라고 말하지 않았을까? 주나라 무왕이 은(殷)나라 폭군 주(紂)의 패도(覇道)를 제거했기 때문이라고 생각하면 무방할 것이다. 패도란 힘을 믿고 학정(虐政)을 일삼아 백성을 짓밟는 짓으로 난세를 불러온다. 무왕이 무력을 쓰되 그런 난세를 평정했으니 공자가 양해한 것이지, 무왕의 무력 자체를 칭송하지는 않았다는 징후가 바로 이 미

(未) 한 자에 숨어 있다. 이 또한 공자의 인도(仁道)에 따른 엄격한 평가인 셈이다.

아닐 미(未)

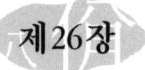
제26장

【문지(聞之)】
불관(不寬)·불경(不敬)·불애(不哀)

【원문(原文)】

子曰 居上不寬하며 爲禮不敬하며 臨喪不哀면 吾
자왈 거 상불관   위례불경   임 상불애   오
何以觀之哉리오
하 이 관 지 재

【해독(解讀)】
공자께서 말했다[子曰]. "윗자리에 있으면서 관대하지 못하고[居上不寬], 예를 갖추면서 공경하지 못하며[爲禮不敬], 초상을 치르면서 슬퍼하지 않으면[臨喪不哀] 내 어찌 그 사람됨을 봐줄 수 있겠는가[吾何以觀之哉]?"

【담소(談笑)】
자왈(子曰)
예의바른 사람이 어떤 사람인지 밝히고 있다. 다시 말해 사람다운 사람을 밝히고 있다. 염불에는 뜻이 없고 젯밥에만 눈을 판다는 속담이 왜 나왔겠는가? 겉은 사람이지만 속은 사람이 아닌 자들이 세상에 많기 때문 아닌가. 유가(儒家)에서 비인(非人)이란 불인(不仁)하고 불의(不義)를 범하는 자를 말한다. 불인·불의를 줄여 그냥 비례(非禮)라고 해도 되고, 무례(無禮)라고 해도 된다. 무례하지 말라. 특히 정치한다는 자들일수록 무례하지 말라. 그래서 「팔일(八佾)」편 맨 끝 장에서 비례(非禮)를 말하는 것이 아닐까?

거상불관(居上不寬)
▶ 위에[上] 있으면서[居] 너그럽지 않는다[不寬].

거상(居上)은 윗사람으로 새기면 된다. 관(寬)은 유(宥)와 같다. 마음이 넓고 너그러워 도와주고[助] 용서하는[恕] 마음이 곧 관(寬)이다. 윗사람이 꼬장꼬장하면서 대접받기를 바라면 볼품없다. 아랫사람을 거둘 줄 알아야 어른이다. 어른이란 누구인가? 예(禮)를 손수 먼저 지키는 사람이다. 그러니 버르장머리 없다고 어린 사람만 탓하지 말라는 것이다. 관대(寬大)하라. 그러면 소인배(小人輩)는 면한다.

있을 거(居), 윗 상(上), 너그러울 관(寬)

위례불경(爲禮不敬)
▶ 예를[禮] 차리면서[爲] 공경하지 않는다[不敬].

경(敬)은 공(恭)·숙(肅)·경(警)·신(愼)을 합친 말로 보면 무방하다. 삼가 조심한다 함이 곧 경(敬)이다. 이는 마음가짐이지 겉보기 몸가짐을 말하는 것이 아니다. 겉으로 굽실거리면서 속으로 꽁하면 불경(不敬)이다. 그러니 예를 어기면서 눈속임으로 예의바른 척하지 말라 한다. 신중(愼重)하라. 그러면 결례(缺禮)는 면한다.

할 위(爲), 공경할 경(敬)

임상불애(臨喪不哀)
▶ 상제 노릇[喪] 하면서[臨] 슬퍼하지 않는다[不哀].

여기서 임상(臨喪)은 상주들만을 뜻하지는 않는다고 본다. 초상에 임하는 모든 사람들을 일컫는다고 보아도 된다. 유가(儒家)에서는 죽음을 정중하게 애도하라고 한다. 그런데 도가(道家)는 죽음을 그냥 있는 일로 생각하라 한다. 장자(莊子)는 아내의 주검 옆에서 인생이란 고생길 접고 잘 가라고 노래를 불러주었다. 그 광경을 유가가 흉보는 대목이 『장자(莊子)』에 나온다. 유가는 현실적이다. 죽음 앞에 어찌 슬퍼하지 않겠는가. 죽음 앞에 애도하라. 그러면 무례(無禮)는 면한다.

임할 림(臨), 상제 노릇 상(喪), 슬플 애(哀)

오하이관지재(吾何以觀之哉)
▶ 내[吾] 달리 무엇을[何] 생각해[以] 그 사람 됨됨이를[之] 봐주겠는가[觀]?

공자가 비례(非禮)를 모른 척할 수 없다고 밝히고 있다. 하이(何以)의 하(何)는 여기서 무엇 하(何)로 명사 노릇을 하는데, 그 뜻은 '불관(不觀)·불경(不敬)·불애(不哀)가 아닌 다른 그 무엇'이라고 여기고 새기면 된다. 이(以)는 사(思)와 같이 보고 새기면 된다. 생각해보다[以]. 관지(觀之)의 지(之)는 비례를 범하는 사람을 가리킨다고 보면 된다.

아무리 높은 자리에서 군림한다 하더라도 예(禮)가 없으면 그 사람은 사람답지 못하다고 단언하고 있다. 오만하고 불손한 사람을 어찌 좋게 봐줄 수 있겠는가. 임금이라도 무례하면 사람이 아니다. 앞 3장에서 공자가 절규한 대목을 다시 상기했으면 한다. "인이불인(人而不仁)이라면 여례하(如禮何)이겠는가? 불관(不寬)·불경(不敬)·불애(不哀)가 전형적으로 불인(不仁)하는 꼴이다. 인간이면서 어질지 못하다면[人而不仁] 예를 따져본들 무엇 할 것인가[如禮何]?" 이렇게 절규했던 공자를 새삼 생각나게 하는 말씀을 왜 「팔일(八佾)」편 끝에다 두었을까? 저마다 생각해볼 일이지 누가 나서서 한마디로 답할 일은 아니리라.

나타내 보일 관(觀), 어조사 재(哉)

전편(前篇) 4

이인(里仁)

입문 앞머리의 '이인(里仁)'을 따서 편명(篇名)으로 삼았다. 「이인(里仁)」편은 26장으로 되어 있고, 인(仁)에 관한 어록(語錄)으로 짜여져 있다.

맹자(孟子)는 인(仁)을 인지안택(人之安宅)이라고 비유했다. 인이란 사람이 편안히 들어가 사는 집[人之安宅]이라는 말이다. 맹자의 이런 말씀은 공자(孔子)의 이인(里仁)에서 따왔다는 생각이 든다. 맹자의 말씀보다 공자의 말씀이 간명하다. "이인(里仁)."

「이인」편의 말씀을 듣다 보면 인(仁)이 바로 어머니의 가슴 속이라고 믿게 된다. 어질어라. 이 한 말씀이 어머니의 가슴 속 마음을 잊지 말라는 메아리로 돌아온다. 인은 어머니 같다가 아니라 그냥 어머니라는 믿음을 준다. 왜냐하면 인은 천지생물지심(天地生物之心)이기 때문이다. 하늘 땅이[天地] 온갖 것들을[物] 낳는[生] 마음[心]을 일러 인이라 한다. 그러므로 사람에게만 어진 마음[仁心]이 있다고 여기지 않음이 이인(里仁)의 근저에 있음을 알아야 한다. 이인(里仁)하라. 거인(居仁)하라. 이는 곧 천심(天心)을 따라 만물과 더불어 온 세상을 편안한 집이 되도록 하라 함이다. 공자의 뜻이 잘 드러나는 편(篇)이다.

제1장

【문지(聞之)】
이인(里仁)

【원문(原文)】

子曰 里仁이 爲美하니 擇不處仁이면 焉得知리오
자왈 이인   위미   택불처인   언득지

【해독(解讀)】
　공자께서 말했다[子曰]. "인(仁)에 사는 것이 아름답다[里仁爲美]. 스스로 인에 머물기를 마다한다면[擇不處仁] 어찌 지혜롭다 하겠는가[焉得知]."

【담소(談笑)】
자왈(子曰)
　인(仁)을 간명하게 밝히고 있다. 어진 사람은 슬기롭다고 한다. 슬기로운 사람이란 누구인가? 모든 것을 사랑하려는 사람이 아닌가. 이런 마음가짐이 있어야 만물이 다 새롭게 보이고 신비롭게 다가오는 법이다. 요새는 불문곡직(不問曲直)하고 창조력이 있는 사람이 되라고만 주문한다. 그러기 위해서는 먼저 절대적인 조건이 있다. 어진 사람이 되라. 무엇을 사랑할 줄 모르면 새로운 것을 느낄 수도 없고 생각할 수도 없다. 그러니 먼저 어질어라. 이렇게 들어보라고 한다.

이인위미(里仁爲美)
▶ 인에[仁] 머물러 사는 것이[里] 아름답다[爲美].

이(里)는 스물다섯 가구가 모여 있는 마을을 뜻한다. 『주례(周禮)』에는 오린위리(五隣爲里)라고 되어 있다. 『논어언해(論語諺解)』본(本)에는 주자(朱子)의 해석을 따라 이인(里仁)을 '마을이[里] 인함[仁]'이라고 옮겨놓았다. 그러나 여기서는 바로 아래에 처인(處仁)이 있으니 이(里)를 처(處)라는 동사로 보았으면 한다. 한자(漢字) 하나마다 품사(品詞)가 정해져 있는 것은 아니다. 문맥에 따라 품사 구실을 자유롭게 바꾸는 성질을 갖고 있으니 마을 이(里)를 머물러 살 이(里)라고 새겨도 무방할 것이다. 그러니 이인(里仁)을 인(仁)에 머물러 살라[里仁]는 뜻으로 새기고 싶다.

위미(爲美)는 아름답다는 뜻이다. 미(美)는 장대(壯大)함이다. 장엄하고 커서 보기 좋다 함이 미(美)이다. 천사(天食)를 즐기는 큰 양을 보라 함이 미(美)이다. 하늘 천(天) 먹여줄 사(食). 풀밭에서 풀을 먹고 있는 큰 양을 아름답다[美]고 본 것이다. 위미(爲美)란 말씀이 인(仁)이란 곧 하늘의 뜻임을 일깨워준다.

마을 리(里), 어질 인(仁), 될 위(爲)

택불처인(擇不處仁) 언득지(焉得知)
▶ 인에[仁] 머물러 살지 않기를[不處] 스스로 택한다면[擇] 어찌[焉] 지혜롭겠는가[得知].

택(擇)은 선(選)과 같다. 가리고 추려 뽑는다[擇]. 처(處)는 거(居)와 같다. 머물러 살라[處]. 인(仁)을 떠나지 말라 함이 처인(處仁)이다. 그러니 불처인(不處仁)은 인을 버리고 떠나 산다는 뜻으로 처불인(處不仁)과 같다. 사납고 모질게 살면 그런 삶이 곧 불인(不仁)이다. 모진 인간은 어둡게 마련이니 어찌 지혜를 얻겠는가? 지혜를 얻었다[得知] 함은 사물을 새롭게 보는 마음의 눈을 얻었다 함이다. 도가(道家)에서는 득지(得知)보다 자명(自明)이란 말을 좋아한다. 둘 다 나를 밝게 밝히라는 뜻이다. 어질게 살라[處仁]. 그래야 마음이 밝아 만물을 새롭게 본다[得知]. 득지(得知)의 지(知)를 남에게 배워 아는 지식(知識)이라고 여기면 곤란하다. 스스로 터득해 알아내라는 지(知)다. 이를 자지(自知)라고 한다. 그러니 어질게 살아야 스스로 만물을 새롭게 알게 된다는 게 여기서의 득지(得知)다. 창조적인 인간이야말로 득지의 인간이다. 그러므로 창조의 시대일수록 어질게 살라. 공자야말로 디지털 시대의 참다운 선생이 아닌가!

가릴 택(擇), 머물러 살 처(處), 어찌 언(焉), 얻을 득(得)

제2장

【문지(聞之)】
인자안인(仁者安仁)・지자리인(知者利仁)

【원문(原文)】

子曰 不仁者는 不可以久處約이며 不可以長處樂
자왈 불인자   불가이구처약   불가이장처락
이니 仁者는 安仁하고 知者는 利仁이니라
     인자   안인   지자   이인

【해독(解讀)】
　공자께서 말했다[子曰]. "어질지 않은 사람은[不仁者] 곤궁에 오래 처하지 못하고[不可以久處約] 안락해도 오래 처하지 못한다[不可以長處樂]. 어진 사람은 인(仁)에 머물고[仁者安仁], 지혜로운 사람은 인을 이용한다[知者利仁]."

【담소(談笑)】
자왈(子曰)

불인(不仁)을 간명하게 말하고 있다. 어진 사람[仁者]과 어질지 못한 사람[不仁者]을 꼭 집어 밝혀주고 있다. 그리고 인자(仁者)와 지자(知者)가 어떻게 다른가를 말해주고 있다.

인간의 삶에는 명암(明暗)이 있기 마련이다. 불인자(不仁者)는 그런 명암에 성화를 낸다. 그래서 쥐구멍에도 볕 들 날 있다 하지 않는가. 인자(仁者)는 명암에 변덕을 부리지 않는다. 왜 군자는 불온(不慍)한 다고 하는가. 성내지 않는다[不慍]. 한결같기 때문이다. 그러함이 곧 어머니의 마음 아닌가. 여기서는 불인(不仁)을 들어 인(仁)을 사무치게 한다. 그리하여 인자와 지자를 잘 살펴듣게 한다.

불인자(不仁者) 불가이구처약(不可以久處約) 불가이장처락(不可以長處樂)

▶ 어질지 못해 덕이 없는 사람은[不仁者] 오래도록[久] 검소하게 살지 못하고[不可處約], 오래오래[長] 안락하게 살지도 못한다[不可長處樂].

처약(處約)의 처(處)는 거(居)와 같고, 약(約)은 검(儉)과 같다. 어질지 못한 사람은 검소한 삶을 곤궁한 삶으로 여긴다. 그러니 이 약(約)을 가난한 삶이라고 새겨도 무방하다. 구(久)와 장(長)은 긴긴 시간을 말한다. 장구(長久)한 세월이라는 말을 떠올리면 된다. 처락(處樂)의 낙(樂)은 푼푼하게 삶을 즐기려는 것을 말한다. 어질지 못한 사람은 안락(安樂)을 물질적인 것으로만 생각하려 한다. 돈이 많아야 편하지 마음이 편한 것은 소용없다고 장담하는 사람들이 많다. 그런 사람은 감옥을 두려워하지 않는다. 그래서 탈이다.

오래 구(久), 검소할 약(約), 길 장(長)

인자안인(仁者安仁) 지자리인(知者利仁)

▶ 인자는[仁者] 인에[仁] 머물러 편히 살고[安], 지자는[知者] 인을[仁] 이용한다[利].

  인자(仁者)는 성인(聖人)을 닮은 사람이다. 성인은 인류 전체를 자신의 손자나 손녀로 맞아들이는 분이다. 인자는 그런 성인을 닮아 살려고 하는 분이므로 할아버지 같다고 여겨도 틀리지 않는다. 또한 성인은 온 인류의 어머니 같은 분이라고 여겨도 된다. 그래서 인자는 어진 삶을 즐기라고 한다.

  지자(知者)는 현명한 사람이다. 현명(賢明)의 현(賢)은 성인의 뜻을 실천하려고 노력하는 사람을 뜻한다. 그러니 여기서 지자는 유식한 사람이 아니라 성인의 뜻을 살펴 펼치려는 현자(賢者)를 일컫는다고 보아도 된다. 인(仁)을 이용하여 세상을 편하게 하려고 정치한다면 그 사람이 곧 공자가 칭송하는 지자이다. 물론 불인(不仁)하는 지자가 많아 탈인 줄 공자께서도 잘 알고 있었다. 그래서 공자는 「헌문(憲問)」편 37장에서 절규한 것이 아닌가. "불원천(不怨天) 불우인(不尤人)." 하늘도 원망하지 않겠고[不怨天] 사람도 탓하지 않겠다[不尤人]. 불인자(不仁者)들이 득실거리니 이 세상을 어이한단 말인가! 공자께서 한탄할 만하다.

편안히 머물 안(安), 이용할 리(利)

제3장

【문지(聞之)】
유인자(唯仁者)

【원문(原文)】

子曰 唯仁者이아 能好人하며 能惡人이니라
자왈 유인자　　능호인　　능오인

【해독(解讀)】
공자께서 말했다[子曰]. "오로지 인자라야[唯仁者] 사람을 사랑할 줄도 알고[能好人] 미워할 줄도 안다[能惡人]."

【담소(談笑)】
자왈(子曰)

인자(仁者)에게는 미운 놈 고운 놈이 따로 없다. 그러나 소인배는 제 마음대로 사람을 호오(好惡)로 갈라놓으며 변덕을 부린다. 달면 삼키고 쓰면 뱉는다고 하는 속담이 왜 생겼겠는가? 소인배 탓에 생긴 속담이다. 함부로 사람을 사랑한다 미워한다 하지 말라. 사랑한다 하더니 그만 원수가 되고 마는 경우를 수없이 본다. 어제 친구였다 오늘 적이 된다는 말들이 왜 생기는가? 이 또한 소인의 심술 때문이다. 함부로 사람을 호오(好惡)로 구분하지 말라고 한다.

유인자(唯仁者) 능호인(能好人) 능오인(能惡人)
▶ 오로지[唯] 인자만이[仁者] 사람을[人] 사랑할 수도 있고[能好] 사람을[人] 싫어할 수도 있다[能惡].

성인은 여간해서는 유(唯)를 달지 않는다. 본래 성인은 단언하기를 멀리한다. 그러나 한번 단언했다 하면 그것은 보통 일이 아니다. 말씀이 얼마나 단호한가. 인자(仁者)는 상선자(上善者)이다. 변함없는 선(善)을 깨우친 자[上善者]가 곧 인자이다. 상선(上善)·상덕(常德)·인덕(仁德) 등은 다 인자를 일컫는다. 인자는 무엇이 선(善)이고 무엇이 악(惡)인지 분명히 안다. 인자는 선악을 두고 착각하지 않는다. 도가(道家)에서는 그런 자를 일러 무기(無己)라고 부른다. 사실 유가(儒家)의 인자도 무사(無私)하고 무친(無親)하므로 자기가 없는 자[無己]이다.

그러나 소인(小人)의 선악은 이랬다저랬다 변덕스럽다. 나한테 좋으면 선이고 나한테 나쁘면 악이라고 눈치 빠르게 계산하기 때문이다. 저밖에 모르는 소인을 일러 아집(我執) 덩어리라 하지 않는가. 그래서 소인은 제 중심으로 사람을 호오(好惡)로 가려 난도질하려고 덤빈다. 이 얼마나 무서운 일인가? 위의 말씀을 따끔히 들어둘 일이다.

오직 유(唯), 좋아할 호(好), 싫어할 오(惡)

제4장

【문지(聞之)】
순지어인(苟志於仁)

【원문(原文)】

子曰 苟志於仁矣면 無惡也니라
자 왈 순 지 어 인 의   무 악 야

【해독(解讀)】
공자께서 말했다[子曰]. "진실로 인(仁)에 뜻을 둔다면[苟志於仁矣] 악이란 없다[無惡也]."

【담소(談笑)】
자왈(子曰)
악(惡)에서 벗어나지 않는 한 인(仁)을 실현하기는 불가능하다고 말하고 있다. 악은 욕(慾)에서 나온다. 그러니 무욕(無慾)하라고 단언한다. 쇠귀에 경 읽어주는 꼴인 줄 알면서도 공자는 절망하지 않고 인에 뜻을 두라 한다.

순지어인의(荀志於仁矣) 무악야(無惡也)
▶ 진실로[荀] 인에[於仁] 마음을 둔다면[志] 사악함이란[惡] 없다[無].
욕(慾)을 버리라는 말씀이다. 욕은 나만을 이롭게 하려는 수작[利己]이다. 이 이기(利己)가 악(惡)을 돋군다. 사리사욕(私利私慾)이 바로 악의 소굴이다. 그런 소굴을 진실로 완전히 벗어나 버려라. 그러면 인(仁)에 뜻을 둔 것이다[志於仁].
성인의 말씀을 듣다 보면 참으로 괴롭다가 부끄러워진다. 부끄러움을 숨기지 말라. 그러면 하늘을 바라볼 낯이 없어진다. 왜 공자가 획죄어천(獲罪於天)이면 무소도(無所禱)라고 했겠는가?「팔일(八佾)」편 13장의 하늘에 죄를 지으면[獲罪於天] 빌 곳도 없다[無所禱]는 말은 나를 내가 부끄럽게 하지 말라는 말씀이 아닌가. 그래서 공자는 진실로 인에 뜻을 두라[荀志於仁] 한다.

진실로 순(荀), 뜻 지(志), 없을 무(無), 사악할 악(惡)

제5장

【문지(聞之)】
무위인(無違仁)

【원문(原文)】

子曰 富與貴는 是人之所欲也나 不以其道得之이
자왈 부여귀 시인지소욕야 불이기도득지
면 不處也하며 貧與賤은 是人之所惡也나 不以其
  불처야   빈여천   시인지소오야   불이기
道得之라도 不去也니라
도득지   불거야
君子去仁이면 惡乎成名이리오 君子無終食之間을
군자거인   오호성명   군자무종식지간
違仁이니 造次必於是하며 顚沛에 必於是니라
위인   조차필어시   전패   필어시

【해독(解讀)】

공자께서 말했다[子曰]. "부귀란 것은 누구나 바라는 바이나[富與貴是人之所欲也] 정도(正道)로써 얻은 것이 아니면[不以其道得之] 거기에 연연하지 말아야 하며[不處也], 빈천이란 것은 누구나 싫어하는 바이지만[貧與賤是人之所惡也] 도(道)로써 얻은 것이 아니라도[不以其道得之] 빈천을 벗어나려 하지 말라[不去也].

군자가 인도(仁道)를 버린다면[君子去仁] 제 이름을 어찌 지키겠는가[惡乎成名]. 군자는 밥 먹는 새라도 인도(仁道)를 어기지 말아야 하고[君子無終食之間違仁], 급할 때라도 인(仁)에 반드시 의지해야 하고[造次必於是] 엎어져 넘어질지라도 인에 의지해야 한다[顚沛必於是]."

【담소(談笑)】

자왈(子曰)

처신을 분명히 하라 한다. 앉았던 자리가 더럽다는 말을 듣지 않으려면 어떻게 해야 할까? 그 해답이 바로 이 장(章)에 있다. 왜 버려야 하고 왜 버리지 말아야 하는지 새겨두라 한다. 좋아하는 것일수록 버릴 줄 알아야 하고, 싫은 것일수록 견뎌낼 줄 알아야 한다. 인도(仁道)에 어긋나면 그것이 무엇이든 버리고, 인도에 알맞으면 그것이 무엇이든 소중히 간직하라 한다. 그러니 모든 것들에 앞서 인도가 있다. 그 길에서 무슨 일이 있어도 벗어나지 말라 한다.

부여귀(富與貴) 시인지소욕야(是人之所欲也) 불이기도득지(不以其道得之) 불처야(不處也)
▶ 부귀란[富與貴] 것은[是] 사람이[人] 바라는 바이지만[所欲也], 정도로써[以其道] 그것을 얻지 않았다면[不得之] 누리지 말라[不也].

이기도(以其道)의 기도(其道)는 인도(仁道)로 새겨도 되고 정도(正道)로 새겨도 된다. 또한 부귀(富貴)를 누리는 바른 길로 생각해도 무방하다. 불처(不處)의 처(處)는 머물러 누린다는 말로 새기면 좋겠다.

땀 흘려 노력한 대가로서 누리는 부귀라면 자랑스럽다. 그렇지 않고 부정하게 얻은 부귀라면 그보다 더 더러운 것은 없다고 한다. 이런 말씀을 귀담아들을 사람이 몇이나 될까? 도둑질을 해서라도 부귀를 누리려는 요즘 같은 탐욕이 공자 당신의 시대에서도 요란했을 터이다. 그래서 성인이 이렇게 단호하게 말했으리라.

부자 부(富), 더불어 여(與), 귀할 귀(貴), 이것 시(是), 바랄 욕(欲)

빈여천(貧與賤) 시인지소오야(是人之所惡也) 불이기도득지(不以其道得之) 불거야(不去也)
▶ 빈천이란[貧與賤] 것은[是] 사람이[人] 싫어하는 바이지만[所惡也], 정도로써[以其道] 얻지 않았다 해도[不得之] 피하려 들지 말라[不去也].

불거(不去)의 거(去)는 기(棄)와 같다. 버리지 말라[不去]. 난세에 가난하고 천한 것은 오히려 떳떳하다. 부패로 얼룩진 세상에서 가난한 것은 곧 정직하다는 반증이다. 가난한 사람을 천하다고 여기는 자가 있다면 그 자가 진정 가난하고 천하다. 물론 게을러서 가난하다면 그런 자는 하늘도 어쩔 수 없다. 성경에도 하늘은 스스로 돕는 자를 돕는다는 말씀이 있지 않는가.

> 가난할 빈(貧), 천할 천(賤), 싫어할 오(惡), 버릴 거(去)

군자거인(君子去仁) 오호성명(惡乎成名)
▶ 군자가[君子] 인도를[仁] 버린다면[去] 어찌[惡乎] 그 이름을[名] 지키겠는가[成]?

여기서도 거(去)는 기(棄)와 같다. 버린다[去]. 벗어난다[去]. 거인(去仁)은 곧 불의(不義)이다. 의(義)란 무엇인가? 인도(仁道)를 지킴을 뜻하지 않는가. 그래서 인도에서 벗어남을 부끄러워하면 바로 그 마음을 의라고 하는 것이다.

인도(仁道)가 없으면 군자(君子)도 없다. 그래서 군자는 불의(不義)와 타협하지 않고 물리치려고 노력한다. 다음 「위령공(衛靈公)」편 31장에 이런 말이 나온다. "군자모도(君子謀道) 불모식(不謀食)." 군자는 도를 구하지[君子謀道] 밥을 구하지 않는다[不謀食]. 물론 여기서 도(道)는 인도(仁道)를 넓힌다는 뜻도 된다. 또한 「위령공」편 28장을 보아도 인간을 장대하게 하는 말씀이 있다. "인능홍도(人能弘道) 비도홍인(非道弘人)." 이 말의 깊은 뜻은 거기 가서 이야기해보자.

> 지킬 성(成), 이름 명(名)

군자무종식지간위인(君子無終食之間違仁)
▶ 군자는[君子] 밥 먹는 잠깐 사이라도[終食之間] 인도를[仁] 어기지 않는다[無違].

종식지간(終食之間)은 식사하는 동안 내내라는 뜻이다. 밥을 먹는 동안에도 인도(仁道)를 벗어나지 말라. 감사하는 마음으로 먹어라. 굶는 자가 천하에 많음을 잊지 말라. 땀 흘려 얻은 곡식이 얼마나 소중한가! 게걸스럽게 내 배만 채우면 그만이라고 여기는가? 그렇다면 당신은 인도를 어기고 있다[違仁]. 군자는 굶어도 인도를 어기지 말라고 한다. 이런 군자가 세상을 다스린다면 어찌 백성이 굶겠는가.

끝낼 종(終), 먹을 식(食), 사이 간(間), 어길 위(違).

조차필어시(造次必於是) 전패필어시(顚沛必於是)
▶ 급할 때라도[造次] 반드시[必] 그것에[是] 살아야 하고[於], 곤경에 처할 때라도[顚沛] 반드시[必] 그것에[是] 살아야 한다[於].

조차(造次)는 다급한 때라는 뜻이다. 전패(顚沛) 역시 한마디로 엎어지고 자빠진다는 뜻이다. 어시(於是)의 어(於)는 동사로서 거(居)와 같고, 시(是)는 인(仁) 또는 인도(仁道)를 의미한다.

인(仁)에 머물러 산다[於是]. 어떠한 위기에서도 군자라면 인을 떠나서는 안 된다는 말을 강조하고 있다. 하지만 세상에는 항상 군자는 없고 소인만 득실거린다. 그래서 공자의 말씀이 항상 겉돌지만, 여전히 그 말씀은 사람됨을 되살아나게 한다.

이룰 조(造), 버금 차(次), 꼭대기 전(顚), 늪 패(沛).

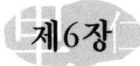
제6장

【문지(聞之)】
호인자(好仁者)·오불인자(惡不仁者)

【원문(原文)】

> 子曰 我未見好仁者와 惡不仁者케라 好仁者는
> 자왈 아미견호인자 오불인자   호인자
> 無以尙之오 惡不仁者는 其爲仁矣에 不使不仁
> 무이상지 오불인자   기위인의   불사불인
> 者로 加乎其身이니라
> 자   가호기신
> 有能一日에 用其力於仁矣乎아 我未見力不足
> 유능일일   용기력어인의호   아미견력부족
> 者케라 蓋有之矣어늘 我未之見也로다
> 자   개유지의   아미지견야

【해독(解讀)】

공자께서 말했다[子曰]. "나는 아직 인(仁)을 좋아한다는 사람도 못 보았고[我未見好仁者] 불인(不仁)을 싫어한다는 사람도 못 보았다[惡不仁者]. 인을 좋아하는 사람은[好仁者] 그 이상 더할 것이 없을 것이고[無以尙之], 불인을 싫어하는 사람은[惡不仁者] 그렇게 인을 실천하여[其爲仁矣] 불인의 짓으로 하여금 자기에게 더는 붙지 못하게 할 것이다[不使不仁者加乎其身].

단 하루라도 인을 실천하는 힘을 기울일 수 있다면 인을 실천하는 일이 있을 게 아닌가[有能一日用其力於仁矣乎]? 내 아직 실천할 힘이 부족한 사람을 보지 못했다[我未見力不足者]. 혹시 있을지도 모르겠다만[蓋有之矣], 내 아직 그런 일을 보지 못했다[我未之見也]."

【담소(談笑)】

자왈(子曰)

입으로는 인(仁)이 어떻다 불인(不仁)이 어떻다 말하지만 인을 실천하는 데는 너무나 인색하다고 우리를 서슴없이 꾸짖는다. 이 장에서는 '좋아할 호(好)', '싫어할 오(惡)'에 담긴 성인의 속뜻을 잘 헤아려 들어야 한다. 성인이 이렇게까지 면박하는 경우는 거의 없다. 그러한 공자가 우리를 꾸짖고 있다. 오죽하면 이렇게 공박(攻駁)하겠는가. 인을 좋아한다느니 불인을 싫어한다느니 입으로만 떠들지 말라. 하루에 단 한 번만이라도 인을 몸소 실천하라. 이렇게 우리네 부끄러운 곳을 꼬집고 꾸짖는다. 더 이상 우리는 변명할 수 없다.

아미견호인자(我未見好仁者) 오불인자(惡不仁者)

▶ 나는[我] 인을[仁] 입으로가 아니라 행동으로 좋아하는[好] 사람이나[者], 불인을[不仁] 입으로가 아니라 행동으로 싫어하는[惡] 사람을[者] 지금껏 보질 못했다[未見].

너는 날마다 인(仁)을 실천하느냐? 언제 어떠하든 틀림없이 어질게 사느냐? 이렇게 자성(自省)해보라 한다. 나를 위해서만 모질게 사는 나를 후려친다. 내 입에만 인(仁)이 붙어 있고 내 손에는 불인(不仁)이 묻어 있음을 숨길 수가 없다. 그래도 성인의 말씀 앞에 조아릴 수 있으니 조금은 어질게 될 수 있지 않겠는가.

나 아(我), 아닐 미(未), 볼 견(見), 싫어할 오(惡)

호인자(好仁者) 무이상지(無以尙之)

▶ 인을[仁] 입으로가 아니라 행동으로 좋아하는[好] 사람은[者] 그리하여[以] 어짊을 좋아하기를[之] 더할 것이 없다[無尙].

여기서 상(尙)은 가(加)이다. 더 보탠다는 말이다. 무이상지(無以尙之)의 이(以)는 여기서 할 위(爲)와 같고 시이(是以)에서 시(是)를 생략한 것으로 보면 된다. 물론 생략된 시(是)는 호인(好仁)을 대신한다고 본다. 호인(好仁)함으로 써[以]. 그리고 상지(尙之)의 지(之) 역시 호인(好仁)을 나타내는 부정대명사로 보고 새기면 된다.

진실로 인(仁)을 실행하면 그것으로 족할 뿐 더 보탤 게 없다는 말씀이다. 어진 일에 무슨 귀천이 따르고 경중이 있겠는가. 아무리 사소해도 어진 일이면 다 소중하고 으뜸이다. 어진 일에 이렇다저렇다 더 말할 것 없다. 어진 사람은 본래 공치사 따위는 아예 마음 속에 두지도 않는다. 그래서 어질게 사는 사람은 어질다는 말을 모른다. 그러니 어진 사람이 입으로 인을 떠올리겠는가. 좋은 일 할 테니 날 좀 봐달라는 사람은 인을 팔고 이용할 뿐이다.

더할 상(尙)

오불인자(惡不仁者) 기위인의(其爲仁矣) 불사불인자가호기신(不使不仁者加乎其身)
▶ 불인을[不仁] 싫어하는[惡] 사람은[者] 인을[仁] 행하여[爲] 인을 어기는 짓으로[不仁者] 하여금[使] 자신에게[乎其身] 더는 붙지 못하게 할 것이다[不加].

　기위인의(其爲仁矣)의 기(其)는 오불인(惡不仁)을 대신한다고 보면 된다. 불인(不仁)을 미워하면 곧 인(仁)이 된다[爲仁] 함이다. 불인(不仁)은 인(仁)을 행하지 않을 따름이지 입으로 인(仁)을 부정하는 것이 아니다. 모질고 사납게 살면 곧 불인(不仁)이다. 이런 삶을 행동으로 미워하는 자[不仁者]라면 그 자체가 바로 인을 실천하는 것[其爲仁矣]이라고 한다. 그러니 오불인자(惡不仁者)는 곧 호인자(好仁者)라는 말이다. 행동으로 불인을 미워함을 보여라. 이는 곧 어질게 사는 데 호인(好仁)과 오인(惡仁)이 따로 없다는 말이다. 이런저런 말을 더 붙일 것 없다. 뭐라 하든 어질게만 살라 한다. 누구든 꼼짝할 수 없다.

하여금 사(使), 더할 가(加), 몸 신(身), 쓸 용(用)

유능일일용기력어인의호(有能一日用其力於仁矣乎)
▶ 단 하루라도[一日] 인에[於仁] 자신의 힘을[其力] 쏟을 수 있다면[能用] 인[仁]을 실천하는 일이 있다[有].

유(有)는 주어를 뒤로 받는다. 여기서는 그 주어가 생략되었다고 보면 된다. 생략된 주어의 내용은 무엇일까? 능(能) 이하를 살펴보면 어떤 내용이 생략되었는지 짚어낼 수 있을 것이다. 아마도 인(仁)을 실천하는 삶이 아닐까 한다. 어질게 살려고 노력한다 함이 바로 기력어인(其力於仁)이다. 어질게 살겠다는 마음이 행동으로 이어지는 것이 곧 기력(其力)이리라. 날마다 어질게 사느냐? 아니면 악착같이 모질고 사납게 사느냐? 스스로 저마다 물어보라 한다. 누구든 꼼짝할 수 없다.

능할 능(能), 쓸 용(用), 힘 력(力)

아미견력부족자(我未見力不足者) 개유지의(蓋有之矣) 아미지견야(我未之見也)
▶ 나는[我] 인을 실천할 힘이[力] 모자라는[不足] 사람을[者] 아직 본 적이 없다[未見]. 혹시[蓋] 그런 자가[之] 있을지 모르지만[有], 나는 그런 자를[之] 아직까지 본 적이 없다[未見].

힘이 모자라 인(仁)을 실천하지 못한다는 사람을 본 적이 없다. 인을 실천하지 않을 뿐이지 능력이 모자라 못하는 사람은 없다는 뜻이다. 공자는 인간의 현실을 있는 그대로 속절없이 바라본다. 그러면서도 인을 멀리하는 속셈을 꼬집는다. 남에게 어질게 살라 하면서 왜 네 자신은 그리 살기를 마다하느냐? 내 얼굴을 빤히 들여다보면서 묻는 것 같아 얼굴을 들 수 없을 정도이다. 성인은 죽지 않는다. 성인의 말씀을 듣다 보면 바로 내 앞에 성인이 앉아 계심을 내 마음이 숨길 수 없다. 알겠구나! 성(誠)이 어떤 경지인지를. 마음이 정성이라면 그 마음이 곧 성인의 말씀인 것을 말이다. 우리가 지금 불성실해 성인을 멀리하고 사납게 살고 있음을 모를 뿐이다.

충분할 족(足), 아닐 미(未), 볼 견(見), 혹시 개(蓋)

제7장

【문지(聞之)】
관과사지인(觀過斯知仁)

【원문(原文)】

子曰 人之過也 各於其黨이니 觀過에 斯知仁矣니라
자왈 인지과야 각어기당   관과   사지인의

【해독(解讀)】
　공자께서 말했다[子曰]. "사람의 과실은[人之過也] 저마다 그 부류에 따른다[各於其黨]. 과실을 살펴보면[觀過] 인(仁)을 알아볼 수 있다[斯知仁矣]."

【담소(談笑)】
　자왈(子曰)
　인자(仁者)와 불인자(不仁者)를 살피는 방법을 말해주고 있다. 관과(觀過)하라. 열 길 물 속은 알 수 있어도 한 길 사람 속은 알 수 없다 하지만, 사람의 속은 겉으로 드러나게 마련이니 따지고 보면 숨길 수 없는 것이 사람 속이다. 허물[過]을 숨길 수 있다고 여긴다면 제 손바닥으로 하늘을 가리려는 것과 마찬가지다. 속속들이 살펴보라[觀]고 한다. 남을 그렇게 하라는 것만이 아니다. 스스로를 잘 살펴보라 한다.

인지과야(人之過也) 각어기당(各於其黨)
▶ 사람의[人之] 허물은[過] 끼리끼리 따라서[於其黨] 저마다 각각이다[各].

여기서 과(過)는 오(誤)와 같다. 심하여 그릇되다[過]. 과실(過失)을 생각하면 된다. 잘못[失]을 미처 모르고 지나쳐버린다[過]. 과실은 허물이다. 사람이라면 누구나 잘못할 수 있다. 그렇다고 함부로 친구 따라 강남 간다고 하지 말라. 도둑을 따라 가면 같이 도둑이 되기 때문이다. 사람은 제가 저지른 잘못을 알고 부끄러워할 줄 알아야 지은 허물을 씻을 수 있다. 『서경(書經)』에서 유과무대(宥過無大)라 했지만, 용서받기[宥過]보다 스스로 허물을 먼저 알아차리고 고쳐가면 인자(仁者)의 길로 접어들고, 모르고 지나치면 불인자(不仁者)가 되기 쉽다. 어진 사람은 자신의 과실을 가장 부끄러워한다. 그래서 공자는 잘못을 두 번 다시 범하지 않는 사람을 칭찬한다.

그릇될 과(過), 여러 각(各), 무리 당(黨)

관과(觀過) 사지인의(斯知仁矣)
▶ 허물을[過] 잘 살펴보라[觀]. 그러면[斯] 인자인지를[仁] 안다[知].

관(觀)은 시(視)와 같다. 그러나 시(視)보다 더 샅샅이 살펴본다 함이 관(觀)이다. 남의 허물을 따져가며 시비(是非) 걸라는 것이 아니다. 사람의 허물을 눈감아주지 말고 잘 살펴보라는 것이다. 그러면 사람의 됨됨이가 드러나기 때문이다. 순자(荀子)도 봉생마중(蓬生麻中)이라 했다. 쑥[蓬]도 삼밭에[麻中] 나면[生] 부축해주지 않아도[不扶] 곧게 자란다[直]. 생선을 만지면 생선 냄새가 묻고 향을 만지면 향 냄새가 밴다. 「위정(爲政)」편 10장에서 인언수재(人焉廋哉)란 말씀을 듣지 않았는가? 어찌[焉] 자신을[仁] 감추겠는가[廋哉]? 감출 수 없다. 허물을 알아차리고 부끄러워 뉘우치면 어진 사람이고, 허물을 감추고 뻔뻔스레 부끄러워할 줄 모르면 어진 사람일 리 없다. 그러니 남의 허물을 탓하지 말라. 내 허물을 샅샅이 살펴라. 남보다 먼저 나부터 인자(仁者)인지 아닌지 살펴보라 함이 곧 여기서의 관과(觀過)이리라. 똥 묻은 개 겨 묻은 개 흉보는 짓을 범하지 말라. 요새 사람들이 왜 성현(聖賢)을 가까이하기 싫어하는지 알 만하리라. 성현의 말씀을 듣다 보면 자신이 곧 인간 말자(末者)란 것을 자백해야 하기 때문이다. 인자(仁者)는 남의 허물에는 후하지만 자신의 허물에는 참으로 엄하다. 물론 소인은 그 반대로 산다. 관과(觀過)하라. 이 말씀에 뜨끔하지 않을 사람이 하나도 없을 터이다.

살펴볼 관(觀), 그러면 사(斯), 어조사 의(矣)

제8장

【문지(聞之)】
조문도(朝聞道) 석사가의(夕死可矣)

【원문(原文)】

子曰 朝聞道면 夕死라도 可矣니라
자왈 조문도 석사   가의

【해독(解讀)】
공자께서 말했다[子曰]. "아침에 도(道)를 들으면[朝聞道] 저녁에 죽어도 좋다[夕死可矣]."

【담소(談笑)】
자왈(子曰)

석가모니가 설법 중에 연꽃을 들어올리자 많은 청중 중에서 오직 한 사람 가섭(迦葉)만 답하여 미소했다는 고사(故事)를 떠올리게 할 만큼 공자의 말씀이 장엄하다. 너는 인도(仁道)를 벗어나 살고 있는가? 그렇다면 산다고 말하지 말라. 그런 삶이란 죽은 것이니 말이다. 이런 심정을 가누지 못할 만큼 성인의 말씀이 장엄하다.

조문도(朝聞道) 석사(夕死) 가의(可矣)
▶ 아침에[朝] 도를[道] 듣고 깨우쳤다면[聞] 저녁에[夕] 죽어도[死] 좋다[可矣].

이 장대하고 엄숙한 말씀을 두고 군말을 더해서 무엇 하리. 다음 「위령공(衛靈公)」편 28장에 가서 인능홍도(人能弘道)를 살펴들을 때 곁말이라도 더해볼까 할 뿐이다. 여기서 가(可)는 노래부를 만큼 좋다는 말이다.

아침 조(朝), 들을 문(聞), 저녁 석(夕), 죽을 사(死), 좋을 가(可)

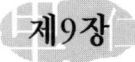
제9장

【문지(聞之)】
사지어도(士志於道)

【원문(原文)】

子曰 士志於道 而恥惡衣惡食者는 未足與議也니라
자왈 사지어도 이치오의오식자 미족여의야

【해독(解讀)】

공자께서 말했다[子曰]. "선비로서 도에 뜻을 두고서[士志於道] 험한 옷과 험한 음식을 부끄러워하는 자와는[而恥惡衣惡食者] 더불어 이야기해볼 것이 못 된다[未足與議也]."

【담소(談笑)】

자왈(子曰)

선비의 됨됨이가 어떠한지를 말하고 있다. 바로 앞의 문도(聞道)를 말한 다음 선비로서 갖추어야 할 뜻을 간명하게 밝히고 있다. 성인은 뜻을 우려내서 말하지 한 가지로 딱 잘라 말하지 않는다. 여기서는 치(恥)를 잘 돌이켜보게 콕콕 찔러주고 있다.

사지어도(士志於道)
▶ 선비로서[士] 도에[於道] 마음을 둔다[志].

지(志)는 마음 가는 바, 마음 두는 바를 뜻한다. 뜻 지(志)는 갈 지(之)와 마음 심(心)의 합자(合字)이다.

유가(儒家)는 선비의 뜻이나 군자의 뜻이나 다 같다고 본다. 군자든 선비든 다 인도(仁道)에 뜻이 있기 때문이다. 그런 마음 쓰기를 명덕(明德)이라고 한다. 덕(德)을 밝혀라[明]. 그래야 인도(仁道)가 트인다. 군자든 선비든 명덕으로 인도를 넓혀가야 한다. 그래서 공자가 인능홍도(人能弘道)라 한 것이 아닌가. 사람이 인도(仁道)를 넓힐 수 있다[人能弘道]. 그러나 군자와 선비가 동일하다는 것은 아니다. 주로

4 이인

선비는 군자의 신하에 준한다고 보는 것이 상식이다.

> 선비 사(士), 마음 둘 지(志)

치오의오식자(恥惡衣惡食者) 미족여의야(未足與議也)
▶ 나쁜[惡] 옷이나[衣] 나쁜[惡] 음식을[食] 부끄러워하는[恥] 사람과는[者] 더불어[與] 의논할 것이[議] 못 된다[未足].

치(恥)는 참(慙) 또는 욕(辱)과 같다. 부끄럽게 여기거나[慙] 욕되게 여기는 마음가짐이 치(恥)다. 미족(未足)은 못한다는 말이다.

험한 옷이나 거친 음식을 부끄럽게 여기는 선비는 부정부패를 일삼으며 호의호식하려고 할 것이다. 그런 인간이 선비랍시고 벼슬자리에 앉는다면 백성의 삶이 곤궁에 빠져들게 마련이다. 도둑질하는 짓이 치욕(恥辱)이지 어찌 험한 옷가지 험한 음식이 치욕거리란 말인가. 옷이 날개라는 말은 소인들의 허세이리라. 속이 빈 것일수록 빛 좋은 개살구 같은 법이다. 호의호식하며 거들먹거리는 벼슬아치는 결코 인도(仁道)를 틀 수 있는 선비가 아니다. 그런 가짜 선비와 어찌 더불어 함께 인도를 논의하겠는가.

> 부끄러워할 치(恥), 나쁠 오(惡), 옷 의(衣), 밥 식(食), 의논한 의(議)

제10장

【문지(聞之)】
무적(無適) · 무막(無莫)

【원문(原文)】

子曰 君子之於天下也에 無適也하며 無莫也하며
자왈 군자지어천하야 무적야   무막야
義之與此니라
의지여차

【해독(解讀)】

공자께서 말했다[子曰]. "군자가 세상에 나가면서[君子之於天下也] 한 가지만 옳다고 고집할 것도 없고[無適也] 모두 싸잡아 부정할 것도 없다[無莫也]. 오로지 옳고 바른 것만을 좇는다[義之與此]."

【담소(談笑)】

자왈(子曰)

　군자의 사고방식을 밝히고 있다. 군자의 사고(思考)는 어디까지나 중용(中庸)이다. 균형감각을 잃지 말라[中庸]. 팔은 안으로 굽게 마련이라는 말은 소인의 변명일 따름이다. 옳고 바르면 그만이다. 시비를 위한 시비를 하지 말라 한다. 유가(儒家)를 시비지학(是非之學)이라 하지만, 서구(西歐)의 시비논리(是非論理)와 왜 다른지 여기서 알아두었으면 한다. 시(是)와 비(非)는 따로 갈라져 있지 않다.

군자지어천하야(君子之於天下也) 무적야(無適也) 무막야(無莫也)

▶ 군자가[君子] 세상에 두루 몸을 두면서[於天下] 하나의 주장만을 고집할 것[適] 없고[無], 모두 다 아니라고 할 것도[莫] 없다[無].

　여기서 어천하(於天下)의 어(於)는 처신한다는 뜻이다. 적(適)은 주(主)와 같다. 주장한다[適]. 막(莫)은 물(勿)과 같다. 부정한다[莫]. 안 된다[莫]. 하지 못한다[莫]. 그런데 조선조(朝鮮朝)의 예절에는 하지

4 ● 이인

말라는 막(莫)이 분분했으므로 꽁생원 같다는 소리를 듣는다. 그러나 공자가 말하는 군자는 크다.

특히 유가(儒家)에서 말하는 무적(無適)은 도가(道家)의 무주(無主), 불가(佛家)의 무상(無常) 등과 같은 말이다. 하나만 고집해 주장하지 말라는 뜻이다. 그러니 무적(無適)하라 함은 변통(變通)하라, 무애(無碍)하라, 자재(自在)하라 함이다. 군자는 두루 통하지만 소인은 고집한다. 이미 「위정(爲政)」편 14장에서 군자는 주이불비(周而不比)라고 했다. 두루두루 통하되[周] 이것이냐 저것이냐 갈라 상대하지 않는다[不比].

없을 무(無), 주장할 적(適), 말아야 할 막(莫)

의지여차(義之與此)
▶ 오로지 의와 함께[義之與] 따른다[此].

여기서 여(與)는 여(如)와 같고, 차(此)는 종(從)과 같다. 의지여(義之與)는 여의(與義)에서 의(義)를 강조하고자 맨 앞에 쓴 변형이라고 보면 된다. 따라서 의와 같음[與義]을 오로지 의인 것[義之與]이라고 의(義)를 강조해 새겨도 무방하다. 의지여차(義之與此)란 이 말씀을 평이하게 옮긴다면 여의차(與義此) 내지 차여의(此與義)로 바꾸면 된다. 그러나 공자는 의(義)를 강조하고 싶었다. 인(仁)을 실천함이 곧 의(義)이니 말이다. 군자는 의만을 따르고 산다. 그런 삶이 곧 인능홍도(人能弘道)의 삶이리라. 오로지 인도(仁道)만을 넓힌다 함이 곧 의지여차(義之與此) 아닌가. 오로지 의로써 살라. 이는 곧 인도로써 살라 함이 아닌가.

옳을 의(義), 같을(함께) 여(與), 따를 차(此)

제11장

【문지(聞之)】

군자회덕(君子懷德) · 소인회토(小人懷土)

【원문(原文)】

子曰 君子는 懷德하고 小人은 懷土하며 君子는
자왈 군자 회덕   소인   회토   군자
懷刑하고 小人은 懷惠니라
회형   소인   회혜

【해독(解讀)】

공자께서 말했다[子曰]. "군자는 덕을 생각하고[君子懷德] 소인은 땅을 생각하며[小人懷土], 군자는 벌을 생각하고[君子懷刑] 소인은 은혜 입기를 생각한다[小人懷惠]."

【담소(談笑)】

자왈(子曰)

군자와 소인을 비교하고 있다. 소인을 채찍질하려는 뜻이리라. 쇠귀에 경 읽기란 속담이 있지만, 열 번 찍어 안 넘어가는 나무 없다는 속담 또한 있다. 하기야 물방울 하나하나가 바위에 구멍을 낸다 하지 않는가. 소인이 얼마나 부끄러운 자인지 깨닫고 뉘우치는 모습을 자주 보면, 수만 명의 소인배 중에서 단 한 사람이라도 부끄러워 뉘우칠 수 있다고 어찌 바라지 않겠는가. 군자와 소인을 자주 대비하는 것에서 공자에게 그런 소망이 간절했음을 본다.

군자회덕(君子懷德) 소인회토(小人懷土)
▶ 군자는[君子] 덕을[德] 생각하고[懷], 소인은[小人] 땅을[土] 생각한다[懷].

여기서 회(懷)는 염(念)이나 사(思)와 같다. 마음 속에 품고 있다[懷]. 덕(德)은 만물에 두루 통하는 이치다. 그래서 덕을 통륜리(通倫理)라거나 대일(大一) 또는 위일(爲一)이라 한다. 윤리(倫理)의 윤(倫)은 유(類)이니 곧 물물(物物)인 셈이다. 물물(物物) 즉 저마다 마땅히 갖춘 이치[倫理]에 두루 통하는 것이 덕이라 한다. 바로 앞 장에서 의지여차(義之與此)라 했다. 이는 곧 덕으로써 베푼다는 뜻이다. 군자는 모든 것을 베푼다. 그래서 군자는 크고 넓다. 무사(無私)하기 때문이다. 이런 까닭은 다음 16장에서 드러난다. "군자유어의(君子喩於義)."

그러나 소인은 땅[土]을 생각한다. 여기서 토(土)는 편히 살 거처(居處)를 뜻하는데 재물로 보아도 무방하다. 자기만 편히 살게 해주기를 바라는 땅이니 재물로 볼 수 있다. 이런 거처라면 이(利)로 통하고, 이(利)는 욕(慾)을 부른다. 그러니 여기서 땅을 품는다[懷土] 함은 이욕(利慾)을 버리지 못한다는 말로 들어도 된다. 본래 욕(慾)이란 자기만 안락하기를 고집하는 심술이다. 소인은 그런 심술을 즐기면서 부끄러워할 줄 모른다. 그래서 소인은 작고 얕다. 사사(私事)롭기 때문이다. 이런 까닭 역시 16장에서 드러난다. "소인유어리(小人喩於利)."

생각할 회(懷), 큰 덕(德), 작을 소(小), 흙 토(土)

군자회형(君子懷刑) 소인회혜(小人懷惠)
▶ 군자는[君子] 벌 받기를[刑] 생각하고[懷], 소인은[小人] 혜택 받기만[惠] 생각한다[懷].

형(刑)은 온갖 벌(罰)을 말한다. 군자는 사소한 허물도 벌이라고 여긴다. 그래서 군자는 항상 조심조심 삼가며 삶에 임한다. 형(刑)은 남을 해롭게 한 탓에 대가로써 치르는 벌이다. 그러니 형(刑)을 잊지 않고 항상 마음 속에 품는다 함은 죄(罪)를 짓지 않겠다는 공경(恭敬)이다. 군자는 죄를 두려워한다.

  그러나 소인은 죄를 겁내지 않는다. 그래서 죄를 짓고도 재수 없이 걸려들어 벌을 받는다고 억울하다 아우성치며 세상을 탓하는 경우가 허다하다. 혜택을 독차지해야 직성이 풀리는 꼴이 곧 소인의 회혜(懷惠)이다. 도움을 주는 데는 인색하고 받기만을 생각하는 소인은 저밖에 모른다. 소인은 세상이 마치 자기를 위해서 있어야 하는 양 저만 챙기려 든다. 그래서 죄를 겁내지 않다가 막상 벌을 받아도 뻔뻔스럽다. 이른바 개인주의는 철저한 이기주의를 그럴 듯하게 포장한 꾸러미로 여기라 한다. 나만 이로우면 되지 남이야 해롭든 말든 모른다는 속셈을 싼 꾸러미 말이다. 그러니 소인은 죄를 짓는 것을 겁내지 않는다. 이 앞에 나는 변명할 수 없다.

형벌 형(刑), 은혜 혜(惠)

제12장

【문지(聞之)】
다원(多怨)

【원문(原文)】

子曰 放於利而行이면 多怨이니라
자 왈 방 어 리 이 행 　　　다 원

【해독(解讀)】

공자께서 말했다[子曰]. "탐하는 데 치우쳐 행동하면[放於利而行] 많은 미움을 산다[多怨]."

【담소(談笑)】
자왈(子曰)

이익을 탐하지 말라 한다. 이익을 탐하다 보면 남을 해롭게 하고 만다. 남의 밥에 있는 콩이 커 보인다고 샘내지 말라는 말씀이다. 땀 흘린 만큼 거두면 된다. 그러면 이(利)가 나쁠 이유란 없다. 그런데 이(利)가 내 몫이 커야 한다는 욕(慾)으로 이어져 원성을 산다는 것이다. 성인의 말씀에는 한 치의 오차도 없다.

방어리이행(放於利而行) 다언(多怨)
▶ 탐욕에[於利] 치우쳐[放] 행동하면[行] 원수진다[多怨].

여기서 방(放)은 지(至)와 같다. 그래서 치우친다는 뜻으로 새기면 된다. 이(利)는 탐(貪)과 같다. 탐한다[利] 함은 제 이익만 챙긴다는 말이다. 제 잇속만 챙기면서 행동하다가는 결국 남을 해치고 만다. 남을 누르고 일어서려는 사람은 모질고 무섭다. 그러니 그런 일을 하고도 세상의 원망을 면할 수 있겠는가. 살면서 원(怨)을 사지 말라. 특히 탐욕 때문에 원망을 사면 원수진다. 그래서 원(怨)은 한(恨)이 되었다가 다시 구(仇)가 되는 법이다. 그러니 다원(多怨)을 불구(不仇)로 들어도 된다. 원수지고 살지 말라[不仇].

이를 방(放), 탐할 리(利), 많을 다(多), 미워할 원(怨)

제13장

【문지(聞之)】

능이례양위국(能以禮讓爲國)

【원문(原文)】

子曰 能以禮讓爲國乎에 何有며 不能以禮讓爲
자왈 능이례양위국호 하유   불능이례양위
國이면 如禮何리오
국   여례하

【해독(解讀)】

공자께서 말했다[子曰]. "예(禮)인 사양(辭讓)하는 마음으로 나라를 다스릴 수 있다면[能以禮讓爲國乎] 무슨 일이 있겠는가[何有]! 예인 사양하는 마음으로 나라를 다스릴 수 없다면[不能以禮讓爲國] 예가 있은들 무엇 하겠는가[如禮何]!"

【담소(談笑)】

자왈(子曰)

나라를 다스리는 마음가짐의 본질을 말하고 있다. 바로 앞 장에서는 모든 개인의 무례(無禮)함을 들었다. 여기서는 치자(治者)의 무례함을 문제삼고 있다. 예(禮)를 떠나면 정치는 물고 물리는 싸움을 벌이게 마련이다. 그런 탓에 장자(莊子)는 정치란 썩은 고깃덩이 같다고 했다. 예는 탐욕을 부숴주는 망치 같은 것. 세상에 무서운 것이 권력에 대한 탐욕임을 새삼 깨닫게 한다.

능이례양위국호(能以禮讓爲國乎) 하유(何有)
▶ 예(禮)의 본질인 사양심(辭讓心)으로써[以禮讓] 나라를[國] 위할 수 있다면[能爲] 무슨 걱정이 있겠는가[何有]?

예양(禮讓)은 '예(禮)의 양(讓)'으로 또는 '예(禮)인 양(讓)'으로 새기면 된다. 여기서 양(讓)은 겸(謙)과 같다. 남을 앞세우고 나를 뒤로 하는 마음가짐이 곧 양(讓)이요 겸(謙)이다. 예(禮)란 무엇인가? 서로 사양하는 마음이다. 군자는 사양하고 소인은 요구한다.「팔일(八佾)」편 7장에서 왜 군자한테는 다툴 것이 없다[君子無所爭]고 했겠는가. 유가(儒家)의 군자는 오늘날로 친다면 이상적인 정치가이기 때문이다. 다툼[爭]은 이미 예를 떠난 짓이다. 예를 저버리고는 치자(治者)를 생각할 수 없다 한다. 나라의 혼란은 분명 치자의 다툼에서 오지 않는가.

예도 례(禮), 사양할 양(讓), 위할 위(爲), 어찌 하(何)

불능이례양위국(不能以禮讓爲國) 여례하(如禮何)
▶ 예(禮)의 본질인 사양심(辭讓心)으로써[以禮讓] 나라를[國] 위할 수 없다면[不能爲] 예 같은 것이[如禮] 무슨 소용이 있겠는가[何]?

권력 다툼으로 지샌다면 예(禮)가 무슨 소용이겠는가. 나는 사양하지 않으면서 남에게만 사양하라 하면 될 리가 없다. 그래서 술수가 생기고 온갖 수단과 방법이 판친다. 사양하면 패배하고, 억척같이 덤벼뜯어야 이긴다는 밀림의 법칙이 무엇 때문에 생겨나는가? 여례하(如禮何)란 세찬 말투가 "너는 지금 밀림 속의 하이에나처럼 되기를 원하느냐?"고 묻는 듯하다.

같을 여(如)

제14장

【문지(聞之)】
불환무위(不患無位)·불환막기지(不患莫己知)

【원문(原文)】

子曰 不患無位오 患所以立하며 不患莫己知오
자왈 불환무위   환소이립   불환막기지
求爲可知也니라
구위가지야

【해독(解讀)】

공자께서 말했다[子曰]. "자리가 없음을 걱정하지 말고[不患無位] 무엇으로 자립할지를 걱정하며[患所以立], 나를 몰라줄까 걱정하지 말고[不患莫己知] 알아줄 수 있는 일을 찾아라[求爲可知也]."

【담소(談笑)】
자왈(子曰)

현실에 급급해하지 말라 한다. 꿈을 가지라 한다. 미래를 향해 뛰라 한다. 이는 물론 인(仁)을 실천하며 살라는 말씀이다. 그러면 지위도 얻고 명예도 얻는다. 그러니 큰 꿈을 갖고 현실을 널리 구제하라 한다. 인도(仁道)를 벗어난 공(功)을 생각하지 말라 한다. 이러한 공자의 역설(力說)을 도가(道家)는 철저하게 비웃는다. 도가는 공이란 그것이 어떤 것이든 사람을 묶는 조롱이라고 보기 때문이다. 그러나 유가(儒家)는 인도를 넓히는 공을 찬양한다. 어진 공은 보상받아야 마땅하다는 것이다. 이러한 유가의 주장이 틀린 말은 아니다. 공자는 인간을 솔직하게 진단한 성인이다.

불환무위(不患無位) 환소이립(患所以立)
▶ 벼슬이[位] 없을까[無] 걱정하지 말고[不患] 이루어 설[立] 까닭이 될 것을[所以] 걱정하라[患].

　환(患)은 여기서 우(憂)와 같다. 걱정하다[患]. 위(位)는 관작(官爵) 즉 벼슬자리[官爵]를 뜻하는 위(位)이다. 소이(所以)는 무슨무슨 까닭이 되는 것, 원인이 되는 것을 뜻한다. 입(立)은 여기서 성(成)과 같다. 벼슬자리를 얻는다는 뜻으로 새기면 무방하다.

　젯밥에 눈 팔지 말라는 속담을 떠올렸으면 한다. 벼슬자리를 탐하지 말고 벼슬자리에 나가야 하는 까닭을 철저하게 자문(自問)해보라 한다. 내 자신의 명리를 위해 벼슬하고 싶은가? 그렇다면 소인배이니 벼슬을 탐하지 말라 한다. 세상 사람들을 위해 벼슬자리에 나가려 하는가? 그렇다면 대장부이니 벼슬자리에 올라도 된다 한다. 벼슬자리를 가질 수 있는 이유[所以]는 분명하다. 인도(仁道)를 실천하려는 뜻이 앞서야 한다. 그 길을 벗어난 벼슬길이란 없다는 게 공자의 준엄한 판단이다.

걱정할 환(患), 벼슬 위(位), 이룰 립(立)

불환막기지(不患莫己知) 구위가지야(求爲可知也)
▶ 나를[己] 알아주지 않을까[莫知] 걱정하지 말고[不患] 알아줄 수 있는[可知] 일을[爲] 찾아내라[求].

　막기지(莫己知)를 막지기(莫知己)로 바꾸어 읽어도 무방하다. 나[己]를 강조하려고 지(知) 앞에 두었다. 막(莫)은 여기서 무(無)와 같다. 나를 알아줄 일이 없다[莫己知]. 없을 막[莫, 無]·말 막[莫, 勿]·저물 모[莫, 暮]·고요할 맥[莫, 靜] 등 뜻에 따라 여러 가지로 발음되는 자(字)이다. 구(求)는 색(索)과 같다. 찾아내라[求]. 위가지(爲可知)는 위가지기(爲可知己)로 새겨 나를[己] 알아줄 수 있게 할[可知] 일[爲]이라고 해석하면 될 것이다.

이 말씀은 곧 세상을 위하는 일을 잘하면 저절로 세상이 나를 알아준다는 뜻이다. 그러니 남이 알아주기를 탐하지 말고 먼저 세상을 위하여 어진 일을 스스로 하라고 한다. 그런데 남의 집 제사 떡 보고 김칫국부터 마시려는 자들이 언제 어디나 많다. 쉽게 말해 뻔뻔스레 살지 말라는 것이다. 우리를 꼼짝 못하게 하는 말씀이다.

없을 막(莫), 나 기(己), 애쓸 구(求), 할 위(爲)

제15장

【문지(聞之)】

오도일이관지(吾道一以貫之)

【원문(原文)】

子曰 參乎아 吾道는 一以貫之니라 曾子曰 唯라
자왈 삼호 오도   일이관지   증자왈 유
子出커시늘 門人이 問曰 何謂也잇고
자 출   문 인 문왈 하위야
曾子曰 夫子之道는 忠恕而已矣니라
증자왈 부자지도   충서이이의

【해독(解讀)】

공자께서 말했다[子曰]. "삼아[參乎]! 내 도는 한줄기로 관철되어 있느니라[吾道一以貫之]."

증자가 답했다[曾子曰]. "예[唯]."

선생께서 나가시자[子出] 제자들이 물었다[門人問曰]. "무슨 뜻입니까[何謂也]?"
증자가 말해주었다[曾子曰]. "선생님의 도는[夫子之道] 충서일 따름이라네[忠恕已矣耳]."

【담소(談笑)】
자왈(子曰)
공자께서 당신의 도(道)가 변함없이 오로지 하나의 길을 간직하고 있음을 밝힌다. 그 하나의 길이 곧 인(仁)이다. 그래서 공자의 도를 인도(仁道)라고 한다. 인은 온갖 덕(德)을 안고 있다. 나는 자주 인을 어머니의 가슴에 비유한다. 어머니가 나를 안은 심정이 인을 잘 드러낸다고 본다. 온 세상을 어머니처럼 안는 길이 인도라는 말이다. 공자 당신께서 자신의 길은 인도일 뿐이라고 선언하고 있다. 옷깃을 여미게 한다.

삼호(參乎) 오도일이관지(吾道一以貫之)
▶ 삼아[參乎], 나의[吾] 도는[道] 하나로써[一以] 꿰고 있다[貫之].
삼(參)은 증자(曾子)의 이름이다. 여기서 관(貫)은 천(穿)과 같다. 꿰고 있다[貫]. 일이관지(一以貫之)는 이일관지(以一貫之)에서 일(一)을 강조하는 말이다. 여기서 하나[一]는 무엇일까? 인(仁)으로 보면 된다. 공자의 도(道)는 바로 인도(仁道)이기 때문이다. 공자의 도에서 인은 절대(絶對)이다.

석 삼(參), 나 오(吾), 꿸 관(貫)

증자왈(曾子曰)
스승이 일이관지(一以貫之)라고 하자 증자만 유(唯)라고 아뢴다.

"예, 알았습니다[唯]." 여기서 유(唯)는 절대 긍정을 드러낸다고 보아도 된다. 일이관지(一以貫之)란 한마디를 남기고 공자가 나간 광경을 떠올리면 좋겠다. 그러자 다른 제자들[門人]이 일이관지(一以貫之)가 무슨 말씀인지[何謂也] 증자에게 물었고, 곧 증자가 답해주었다.

부자지도(夫子之道) 충서이이의(忠恕而已矣)
▶ 선생의[夫子之] 도는[道] 충과[忠] 서일[恕] 뿐이다[而已矣].

중심(中心)을 충(忠)이라 한다. 중심, 즉 충은 진심(盡心)이라는 말이다. 진심을 일러 불기(不欺)라고 한다. 정성을 다하는 마음[盡心]은 남을 속이지 않는다[不欺]. 그러니 충은 직(直)과 같다. 곧은 마음이 곧 충이다. 그래서 충은 곧 무사(無私)와 통한다. 무사는 남을 위하려는 마음가짐이다. 이런 마음가짐이 곧 어짊[仁]이다. 서(恕)는 인(仁)과 같아서 어질다는 뜻이다. 또한 촌(忖)과도 같아 헤아려 마음을 같게 한다[忖]는 뜻도 된다.

충서(忠恕)는 한마디로 인(仁)을 뜻한다고 보아도 된다. 그러니 충(忠)과 서(恕)를 같은 뜻으로 이해해도 괜찮을 것이다. 마음을 다해[忠] 남을 헤아리면[恕] 그러한 마음가짐과 몸가짐이 곧 인이다. 이를 증자가 선생을 대신해 우리에게 알려주고 있다고 여기면 된다.

그런데 이 장에서는 자출(子出)이란 표현이 은근히 걸린다. 왜 공자가 일이관지(一以貫之)란 한마디를 남기고 나가버렸다[子出]고 묘사해놓았는가? 이는 그냥 스쳐버릴 광경이 아니라고 생각된다. 그 자출(子出)이란 묘사에 제자들[門人]을 나무라는 선생의 속뜻이 담겨 있지 않은가 한다. 이렇게 한번쯤 생각해보게 하는 것이 바로 이 장의 자출(子出)이란 묘사이다. 언제나 서글프게 하는 인간들이 우리 주위에 차고 넘친다.

선생 부(夫), 정성을 다할 충(忠), 용서할 서(恕)

제16장

【문지(聞之)】
군자유어의(君子喩於義)

【원문(原文)】

子曰 君子喩於義하고 小人은 喩於利니라
자왈 군자유어의 소인 유어리

【해독(解讀)】
공자께서 말했다[子曰]. "군자는 의(義)를 밝히고[君子喩於義], 소인은 이(利)를 밝힌다[小人喩於利]."

【담소(談笑)】
자왈(子曰)
공자는 자주 군자와 소인을 구분해서 말해준다. 앞 11장에서도 그랬고, 「위정(爲政)」편14장과 「자로(子路)」편 23장에서도 군자와 소인을 비교하고 있다. 이 장 역시 공자가「팔일(八佾)」편 7장에서 밝힌 군자무소쟁(君子無所爭)의 까닭을 더욱 분명하게 밝히고 있다. 큰 사람[君子]은 의(義)를 탐하므로 욕(慾)을 버릴 수 있지만, 소인은 이(利)를 탐하므로 욕을 버릴 수 없다. 이(利)란 내 몫을 크게 하는 일이니 어쩔 수 없이 다투게 된다. 다투려면 뻔뻔스러워야 한다. 왜 군자가 겸손한지 아는가? 의를 밝히기 때문임을 말해주고 있다. 의(義)냐? 이(利)냐? 여기서 큰 사람[君子]과 작은 사람[小人]이 나누어진다.

군자유어의(君子喩於義)
▶ 군자는[君子] 정의를[於義] 좋아한다[喩].

의(義)는 어질어서 마땅하다는 말이다. 인(仁)을 저버리는 의는 없다. 그래서 의를 유인득의(由仁得宜)라고 한다. 어진[仁] 까닭으로[由] 마땅함을[義] 얻는다[得]. 이러한 마땅함이 곧 의(義)이다. 어(於)는 목적어 앞에 붙는 어조사이다. 그리고 유(喩)는 여기서 호(好)와 같다. 좋아한다[喩]. 그냥 좋아하는 게 아니라 왜 좋아하는지 깨우치게 하여 가르쳐주기까지 한다는 말이 곧 유(喩)이다. 그래서 유(喩)는 깨우쳐주고 알려준다는 효(曉)와 같다. 효(曉)는 어둠을 걷어내는 새벽을 뜻한다. 유(喩)·유(諭)·효(曉)는 같은 말이다. 군자는 의를 밝혀 깨우치게 하고 알려주려고 한다. 의를 어렵게 생각할 것 없다. 남을 이롭게 하면 바로 그것이 의이다. 군자는 누구인가? 남을 이롭게 하는 주인이다. 그래서 군자는 인자(仁者)인 것이다.

좋아할 유(喩), 어조사 어(於), 옳을 의(義)

소인유어리(小人喩於利)
▶ 소인은[小人] 이(利)를[於利] 밝힌다[喩].

여기서 이(利)는 탐(貪)과 같다. 애써서 찾아내는 것이 탐(貪)이다. 물론 이(利)는 길(吉)과 같은 말로 이로워 좋다[吉]는 뜻으로 새겨들어야 한다. 그러자면 「자로(子路)」편 23장에 나오는 소인동이불화(小人同而不和)란 말을 알아두면 좋겠다. 『장자(莊子)』에서 동(同)은 하나가 된다[爲一]는 뜻이지만, 『논어(論語)』에서는 한패[黨]가 된다는 뜻이다. 소인은[小人] 패거리를 짓되[同而], 모두 다 함께 어울려 하나 되지 않는다[不和].

왜 하나 될 수 없다[不和]고 하는가? 소인은 동(同)을 위한 이(利)를 탐하지, 화(和)를 위한 이(利)를 바라지 않기 때문이다. 그래서 소인의

이(利)는 탐(貪)이지만, 군자의 이(利)는 길(吉)이다. 우리네 개천(開天)이념인 홍익인간(弘益人間)의 홍익(弘益)이 바로 군자의 이(利)인 셈이다. 그러나 소인의 이(利)는 탐욕으로 이어져 같은 패거리가 아니면 다투어 상대의 것을 빼앗게 하는 빌미가 된다. 그래서 견리사의(見利思義)면 군자요, 견리사탐(見利思貪)이면 소인이라 한다. 이로움을 보거든[見利] 남을 이롭게 하기를[義] 생각하라[思]. 사탐(思貪)의 탐(貪)은 나와 내 패거리만 이롭게 하는 행동이다. 팔은 안으로 굽는다고 하지 말라. 이는 소인배가 한패끼리 수작하는 속셈이다. 이런 속셈 탓에 세상이 밀림의 법칙이 통한다고 욕을 먹는다. 나부터가 소인배이니 공자를 만나기가 무섭다. 그러나 무섭다고 피하지 말라 한다. 하늘에 죄를 지으면[獲罪於天] 빌 곳도 없기[無所禱] 때문이라는 것이다.

작을 소(小), 탐할 리(利)

제17장

【문지(聞之)】
견현사제언(見賢思齊焉)

【원문(原文)】

子曰 見賢思齊焉하며 見不賢而內自省也니라
자왈 견현사제언   견불현이내자성야

【해독(解讀)】
공자께서 말했다[子曰]. "어진 이를 보면 그 분과 같이 되기를 생각

하고[見賢思齊焉], 어질지 못한 이를 보거든 내 스스로를 깊이 살핀다
[見不賢而內自省也]."

【담소(談笑)】
자왈(子曰)

초록은 동색이라는 속담이 부끄러운 것인 줄 알라 한다. 나아가 돼지 눈에는 돼지만 보이고 부처 눈에는 부처만 보인다는 불가(佛家)의 말도 떠올리게 한다.

나는 공자의 '온고지신(溫故知新)'과 '견현사제(見賢思齊)', 그리고 '지래자(知來者)' 이 세 마디를 그냥 일신(日新)이란 한마디로 묶어서 보는 버릇이 있다. 그래서 일신이란 말이 『대학(大學)』「명덕(明德)」에 나오는 탕왕(湯王)의 반명(盤銘)인 줄 알면서도 그냥 공자의 말씀이라고 공언(公言)해왔다. 일신은 공자의 말씀이 아니지 않느냐는 유식한 반문을 받을 때면 아 그러냐 하고 시치미를 떼고 만다. 하여튼 여기서도 공자는 일신하라 한다. 요새 말하는 업그레이드(upgrade)를 바로 공자의 일신이란 뜻으로 새기면 좋겠다. 남하고 겨루는 경쟁력을 높이려는 향상(向上, upgrade)만 고집하지 말고, 자기의 품질(稟質)을 높이라는 일신이 더 긴요한 업그레이드임을 알아두라 한다.

견현사제언(見賢思齊焉)
▶ 어진 이를[賢] 보거든[見] 그 분[焉]같이 되기를[齊] 생각하라[思].

여기서 견(見)은 회(會)와 같다. 만나본다[見]. 현(賢)은 여기서 현자(賢者)를 말한다. 현(賢)은 선(善)과 같다. 인(仁)을 행하면 곧 현(賢)이요 선(善)이다. 제(齊)는 여기서 등(等)과 같다. 가지런히 한다[齊] 함은 곧 같게 한다[同等]는 말이다. 언(焉)은 종결어미로 쓰이지만, 때때로 어시(於是)의 준말로도 쓰여 이것·그것이란 지시어를 담는 노릇도 한다. 그러니 여기서는 현자를 받는 지시어를 담고 있다 여

기고 새겨도 무방하다.
　어진 사람[賢者]은 누구인가? 덕(德)을 행하는 분이다. 인(仁)을 행함이 곧 덕행(德行)이다. 그러니 덕행이란 인을 행하는 것이다. 남을 이롭게 하는 분이 곧 현자이다. 현자(賢者)와 식자(識者)는 다르다. 오히려 무식(無識)한 분이 현자일 때가 더 많다고 하면 유식(有識)한 식자들이 화를 낼까? 차가운 지성(知性)이란 말이 있지 않은가? 어진 사람은 마음이 항상 따뜻해 어머니 품안 같다고 한다. 이미 증자(曾子)가 그런 따뜻한 마음가짐을 일러 충서(忠恕)라고 했다.

만나볼 견(見), 어진 사람 현(賢), 생각할 사(思), 같게 할 제(齊), 지시어 언(焉).

견불현이내자성야(見不賢而內自省也)
▶ 현명하지 못한 사람을[不賢] 만나거든[見] 안으로 들어가[內] 자기를[自] 살펴 깨우쳐라[省].

　자(自)는 여기서 기(己)와 같다. 나 자신이 자기(自己)다. 그리고 성(省)은 시(視)·찰(察)과 같다. 자성(自省)이란 내가 나를 시찰(視察)한다 함이다. 내(內)는 입(入)과 같다. 들인다[內]. 어디로 들인단 말인가? 내(內)는 곧 내 마음 속으로 내가 들어간다는 뜻이다. 아무도 내 마음 속에 들어갈 수는 없다. 내 마음 속은 나만이 들어가 시찰할 수 있다. 군자의 마음 속은 나들목이 사방으로 터 있지만, 소인의 마음에 나들목이란 아예 없다. 그래서 열 길 물 속은 알아도 한 길 사람 속은 모른다고 한다. 그 사람 속은 바로 소인의 마음 속을 말한다. 오로지 군자의 마음 속이 맑고 투명하다. 그래서 군자의 마음을 일러 허심(虛心)하다, 무심(無心)하다, 무욕(無欲)하다, 무사(無私)하다 한다.
　현명하지 못한 사람[不賢]을 본받지 말라 한다. 오히려 그런 사람을 만나면 나도 저런 사람은 아닌지 살펴보라 한다. 이 얼마나 무서운 지시인가. 이는 곧은 사람이 되라는 말씀이다. 그래서 공자는 사람을 한마디로 직(直)이라고 풀이한다. 사람이 정직하려면 무엇보다 자성(自省)하는 버릇을 가져야 한다. 제 마음 속으로 들어가 시찰(視察)해서 허물을 서슴없이 들추어내 부끄러워하고 뉘우칠 수 있으려면 자성이란 방법밖에 없다. 내가 모진 사람[不賢]인지 어진 사람[賢者]인지 내 스스로 확인해보라 한다. 그리고 내가 불현(不賢)이거든 사정없이 팽개치라고 한다. 이 얼마나 무서운 지시인가?

불러들일 내(內), 자기 자(自), 살필 성(省)

제18장

【문지(聞之)】
사부모(事父母)

【원문(原文)】

子曰 事父母하되 幾諫이니 見志不從하되 又敬
자왈 사부모   기간   견지부종   우경
不違하며 勞而不怨이니라
불위   노이불원

【해독(解讀)】

공자께서 말했다[子曰]. "부모를 섬기면서[事父母] 부모께 직언을 올릴 때는 완곡하게 아뢴다[幾諫]. 아뢴 말을 따라주지 않는지 부모의 뜻을 살피되[見志不從] 따라주지 않아도 부모를 존경해야지 어겨서는 안 되고[又敬不違], 부모가 간함을 걱정해도 부모를 원망하지 않아야

한다[勞而不怨]."

【담소(談笑)】
자왈(子曰)
부모와 나(자식) 사이에 이견(異見)이 있을 때 어떻게 해야 부모를 잘 모실 수 있는지 알려주고 있다. 부모와 내 의견이 다르다면 숨기지 말고 솔직하게 알리라 한다. 시비(是非)에 대한 의견을 솔직하게 올리는 일은 불효(不孝)가 아니라는 뜻이다. 그러나 부모에게 내 의견을 들어달라고 해서는 안 된다고 한다. 어디까지나 부모의 뜻에 맡겨야 함을 분명히 하고 있다. 내 의견을 받아주지 않는다고 해서 어긋나지 말고 그런 부모를 원망하지도 말라 한다. 이는 어떤 경우이든 부모를 서운하게 하지 말라는 말씀이다. 효(孝)를 다하라는 말이다. 그러나 달면 삼키고 쓰면 뱉는 그런 성질머리로 부모를 대하는 자식들이 많은 게 사실이다. 부모에 대한 효에는 어떠한 전제조건도 없다. 효는 천명(天命)이기 때문이다. 「위정(爲政)」편 5장에서 맹손(孟孫)이 효를 물었을 때 "어기지 말라[無違]"고 질타했지만, 여기서는 "부모를 어기지 않고[不違] 부모를 원망하지 않아야 한다[不怨]"고 온 세상의 자식들을 타이른다.

사부모(事父母) 기간(幾諫)
▶ 부모를[父母] 섬기면서[事] 부모가 마음 상하지 않게 은근히[幾] 간한다[諫].

여기서 사(事)는 받들 봉(奉), 섬길 사(仕)와 같다. 기(幾)는 미(微)와 같다. 기미가 있다[幾]. 기미란 은근히 완곡하게 하여 마음 상하지 않게 함을 뜻한다. 간(諫)은 쟁(諍)과 같다. 간한다[諫]. 간한다 함은 바른 말을 해서 일깨운다[直言以悟]는 뜻이다. 그래서 간(諫)은 상대로 하여금 시(是)와 비(非)를 잘 살필 수 있도록 솔직하게 알려준다

[忠告]는 말이다.

자식이 부모에게 충고해선 안 된다고 여기지 말라 한다. 부모에게 간할 일이 있으면 예(禮)를 다해서 간해야 한다는 것이다. 부모가 어떤 쟁(諍)에 말려들지 않도록 하는 일 역시 효성(孝誠)이다. 기간(幾諫)의 기(幾)에는 예를 다해서 간하라는 속뜻이 있다. 부모에게 시비에 대한 의견을 간할 때는 은근히 완곡하게 아뢰어 부모의 마음을 아프지 않게 하라[幾諫].

받들어 섬길 사(事), 기미 기(幾), 간할 간(諫).

견지부종(見志不從) 우경불위(又敬不違)

▶ 간함을 따라주지 않는지[不從] 부모의 마음 가는 바를[志] 살펴라[見]. 부모께서 간을 들어주지 않는다 해도[又] 부모를 공경하고[敬] 부모를 어기지 않아야 한다[不違].

여기서 종(從)은 수(隨)와 같다. 따라준다[從]. 우(又)는 여기서 복(復)과 같다. 다시[又]. 그리고 경(敬)은 공(恭)과 같다. 위(違)는 배(背)와 같다. 어겨 달리한다[違]. 견지(見志)의 지(志)는 부모의 뜻[父母之志]으로 보면 된다. 그리고 부종(不從)은 나의 간함을 들어주지 않는다[不從吾諫]를 줄였다고 보면 된다. 우(又)에는 깊은 뜻이 숨어 있다. '설령 부모가 나의 간함을 들어주지 않아도 변함없이 다시'란 속뜻이 이 우(又)에 숨어 있음을 알면 존경하라[敬]는 말씀이 더욱 절절하게 다가오리라. 내 말을 들어주면 좋아라 하고, 안 들어주면 토라지는 인간은 속 좁은 빈 강정이다. 어느 부모가 제 자식이 못된 놈 되기를 바라겠는가? 그런데 제 말 안 들어준다고 부모를 어기고 딴 짓을 한다면 부모의 마음이 아플 수밖에 없다. 그런 짓을 해서는 안 된다는 게 여기서의 불위(不違)이다. 어긋나면 행패를 부린다. 그런 자식을 패륜아(悖倫兒)라고 한다. 그런 놈이 되지 말라. 모두 섬뜩하리라.

마음 가는 바 지(志), 따를 종(從), 다시 우(又), 공경할 경(敬),
어길 위(違)

노이불원(勞而不怨)
▶ 간함을 근심해도[勞] 부모를 원망하지 않아야 한다[不怨].

　여기서 노(勞)는 우(憂)와 같다. 그래서 부모가 자식의 간함을 듣고 마땅치 않아 걱정한다는 뜻으로 보았으면 한다. 무슨 그런 말을 하느냐고 면박을 당했다고 상상하면 좋겠다. 부모께 간했다가 심한 꾸중을 듣는 광경을 여기 노(勞)에서 떠올려보라는 말이다. 심한 꾸중을 들었다 해서 부모를 원망하면 안 된다 함이 곧 여기의 불원(不怨)이리라. 원(怨)은 여기서 한(恨)과 같다. 한이 맺히면 미움으로 변한다. 자식이 부모를 미워하는 짓을 패(悖)라 한다. 망가질 패(悖).

　부모를 원망하기 시작하면 망가진 인간이 되기 시작한다. 이 얼마나 무서운 일인가. 그러니 순(舜)임금이 효성을 다해도 모질기만 한 부모를 원망하지 않고 하늘을 우러러 자신의 불효(不孝)를 안타까워했다는 고사(故事)를 떠올리게 된다. 하늘이 무너져도 부모를 원망해서는 안 된다. 이 말씀이 우리를 꼼짝 못하게 한다.

근심할 로(勞), 원망할 원(怨)

제19장

【문지(聞之)】
부모재불원유(父母在不遠遊)

【원문(原文)】

子曰 父母在어시던 不遠遊하며 遊必有方이니라
자왈 부모재   불원유   유필유방

【해독(解讀)】

공자께서 말했다[子曰]. "부모가 살아 계시면[父母在] 여행을 멀리 가서는 안 된다[不遠遊]. 멀리 여행을 간다면 반드시 행선지를 밝혀드려야 한다[遊必有方]."

【담소(談笑)】

자왈(子曰)

부모의 마음을 편안하게 해드리라고 한다. 부모의 마음을 불안하게 하면 그런 짓이 곧 불효(不孝)이다. 자식이 밖에 나가 어디서 무얼 하는지 모르면 부모는 불안하게 마련이다. 부모와 떨어져 있을수록 부모의 마음이 편안하도록 정성을 다하라 한다. 그러나 요새는 멀리 있으면서도 부모가 먼저 전화해야 하는 세상이니 공자의 이런 말씀이 겉돌고 있는 셈이다. 그러나 인생은 내리받이란 사실을 명심해야 한다. 그래서 콩 심은 데 콩 나고 팥 심은 데 팥 난다고 하지 않는가. 불효한 자식은 훗날 늙어서 불효자를 만난다. 그러니 성인의 말씀을 새겨둘 일이다. 부모 속 썩이지 말라 한다.

부모재불원유(父母在不遠遊)
▶ 부모가[父母] 살아 계시면[在] 여행을[遊] 멀리 가지 않는다[不遠].

여기서 재(在)는 생존해 계신다는 뜻이다. 유(遊)는 여행 가서 즐겁게 노닌다는 말이다. 부모를 멀리 두고 놀아나지 말라 한다. 그러면 괘씸한 자식이 되고 만다. 한때 효도관광이란 것이 있었다. 부모를 귀찮게 여기고 효도관광을 보낸 일이 있는가? 그렇다면 역시 괘씸한 놈이란 욕을 먹어야 할 것이다. 하여튼 위 말씀은 요새 헌 신짝처럼 되어버린 셈이다. 부모 팽개쳐두고 젊은 자식들만 유람 다니는 세상을 성인인들 어쩔 수 없는 지경이다.

있을 재(在), 멀리 갈 원(遠), 여행할 유(遊)

유필유방(遊必有方)
▶ 여행을 가면[遊] 반드시[必] 가는 곳을[方] 알려야 한다[有].

여행을 가면 반드시 어디에 있는지 부모께 말씀드리라는 말이다. 집을 나가 소식을 모르면 부모의 가슴은 타게 마련이다. 이보다 더한 불효는 없다. 부모 가슴에 못질하지 말라는 속담을 생각해보라. 무슨 일이 있어도 젊어서 부모의 가슴에 못질하지 말기 바란다. 젊어서 떠돌며 부모께 소식을 전하지 못한 죄는 하늘에 죄를 짓는 것과 다를 바 없음을 늙어지면 반드시 알게 된다. 부모가 돌아가신 뒤에 어쩌고저쩌고 해본들 하늘에 진 죄는 용서받지 못한다. 돌아가신 부모를 생각하면 가슴이 아픈가? 그렇다면 하늘에 죄를 지은 셈이다. 그러면 반드시 천벌(天罰)을 받는다. 내가 하늘을 어기면 내 아들이 나를 아프게 하는 것이 천벌이다. 내가 불효하면 그 불효를 바로 내가 받는다 함이 곧 천벌이다. 천벌받을 짓인 불효(不孝)를 요새 사람들은 밥 먹듯이 한다. 성인의 말씀이 이처럼 겉돌아서야 되겠는가?

반드시 필(必), 방향 방(方)

제20장

【문지(聞之)】

가위효의(可謂孝矣)

【원문(原文)】

子曰 三年無改於父之道라야 可謂孝矣니라
자왈 삼년무개어부지도　　　　가위효의

【해독(解讀)】

공자께서 말했다[子曰]. "3년 동안 선친의 도를 고치지 않아야[三年無改於父之道] 효라고 할 수 있다[可謂孝矣]."

【담소(談笑)】

자왈(子曰)

선친의 뜻을 함부로 고치거나 버리지 말라 한다. 물론 이런 말씀이 겉돈 지 오래이다. 이제는 돌아가신 부모의 명복만 빌어도 괜찮을 지경이다.

삼년무개어부지도(三年無改於父之道) 가위효의(可謂孝矣)
▶ 돌아가신 뒤로 3년 동안[三年] 선친의 도를[父之道] 고치지 않아야[無改] 효라고 할 수 있다[可謂孝矣].

옛날에는 부모를 여의면 적어도 3년 동안은 돌아가신 부모를 살아계신 듯이 모셨다. 그렇게 해야 낳아서 길러주신 부모의 은혜를 조금이라도 갚는다고 여겼다. 그러나 이제는 부모에게 입은 은공을 정성껏 헤아리려 하지 않는다. 한 1년 가슴에 삼베 헝겊을 달고 다녀도 대견할 정도가 되었다. 부모가 돌아가시면 곧장 잊고 말려는 세상이라 고칠 것도 없지 싶다. 이는 우리가 목숨이 소중하다는 사실을 잊어버린 탓이다. 물려준 재산만 탐하지 물려준 목숨은 고마운 줄 모른다. 내 부모가 나에게 물려준 목숨이 소중한 줄 알아야 효성(孝誠)이 살아날 것이다. 그러나 유산(遺産)만 탐나지 목숨이 천명(天命)인 것은 모른다.

고칠 개(改)

제21장

【문지(聞之)】
부모지년(父母之年)

【원문(原文)】

子曰 父母之年不可不知也니 一則以喜오 一則
자왈 부모지년불가부지야   일즉이희   일즉
以懼니라
이 구

【해독(解讀)】
공자께서 말했다[子曰]. "부모의 나이를 반드시 알아두어야 한다[父母之年不可不之也]. 한편으로는 기쁘지만[一則以喜] 한편으로는 두렵다[一則以懼]."

【담소(談笑)】
자왈(子曰)

연로한 부모를 모시는 심정을 말하고 있다. 부모의 나이를 제대로 모르는 자녀들이 대부분이다. 그래선 안 된다고 단언한다. 이 장의 말씀이 애일(愛日)을 떠올리게 한다. 연로한 부모를 모시는 효자에게는 하루하루가 아깝다[愛日].

부모지년불가부지야(父母之年不可不知也)
▶ 부모의 연세를[父母之年] 반드시[不可不] 알아두어야 한다[知].

부모지년(父母之年)을 강조하려고 맨 앞에 썼다. 불가불(不可不)은 필(必)과 같은 뜻으로 보면 된다. 이 또한 강조하는 꼴이다. 부모의 연세를 모르면 안 된다고 한다. 연로한 부모를 모시는 자식은 항상 마음의 준비를 해두어야 한다.

가할 가(可)

일즉이희(一則以喜) 일즉이구(一則以懼)
▶ 한편으로는[一] 부모가 장수해서[則以] 기쁘고[喜], 다른 한편으로는[一] 언제 명을 달리할지 몰라[則以] 두렵다[懼].

즉이(則以)를 즉이부모지년(則以父母之年)으로 새겼으면 한다. 여기서 희(喜)는 낙(樂)과 같다. 연로한 부모를 모시니 마음이 즐겁다[喜]. 구(懼)는 공(恐)과 같다. 두렵다[懼]. 부모가 장수하면 오래 사시니 기쁜 일이지만, 언제 명을 달리할지 몰라 날마다 두렵다[懼].

연로한 부모를 둔 자식은 밤중에 전화만 와도 가슴이 덜컥 하는 법이다. 그래서 연로한 부모를 둔 효자는 애일(愛日)한다. 연로한 부모를 모시며 하루가 가는 것이 아깝다는 마음을 일러 효자의 애일(愛日)이라 한다. 물론 애일의 참뜻을 잊어버린 세태임을 알고 있다. 그러나 연로한 부모를 둔 젊은이들이여, 애일(愛日)을 기억해두라.

곧 즉(則), 기뻐할 희(喜), 두려울 구(懼)

제22장

【문지(聞之)】
고자언지불출(古者言之不出)

【원문(原文)】

子曰 古者에 言之不出은 恥躬之不逮也니라
자왈 고자 언지불출   치궁지불태야

【해독(解讀)】
공자께서 말했다[子曰]. "옛사람이 말을 아낀 것은[古者言之不出] 몸소 실천하지 못할까봐 두려워했기 때문이다[恥躬之不逮也]."

【담소(談笑)】
자왈(子曰)
　말을 함부로 뱉지 말라 한다. 한번 뱉은 말은 거두어들일 수 없다. 한 말은 책임을 져야 한다. 언행(言行)이 하나여야지 말이 다르고 행동이 다르면 그 말은 거짓말이 되고 만다. 거짓말은 남만 속이는 것이 아니라 먼저 내 자신을 속이는 짓이다. 헤픈 말은 본의 아니게 거짓말이 될 수 있다. 그러면 누구든 실없는 사람이 된다. 이는 부끄러움이다. 말을 함부로 하면 부끄러움만 쌓임을 두려워하라 한다.

고자언지불출(古者言之不出)
▶ 옛사람은[古者] 말이[言] 입에서 나오지 않게 했다[不出].

언지불출(言之不出) 같은 구절을 보면 한문(漢文) 문장(文章)에는 영어와 비슷한 점들이 많음을 알 수 있다. 지(之)는 마치 영어의 관계대명사 같고, 언(言)은 선행사(先行詞) 같으며, 불출(不出)은 언(言)을 꾸며주는 형용사절과 같기 때문이다.

언지불출(言之不出)을 우리말로 직역하면 나오지 않는 말[言之不出]이라고 옮길 수 있다. 그러니 불출(不出) 다음에 어구(語句)가 생략돼 있다고 보면, 말이 함부로 입 밖으로 나오지 않게 했다고 새길 수 있다. 옛사람은 말을 아꼈지 헤프게 하지 않았다 한다. 온갖 탈이 세 치 혀에서 나온다 하지 않는가. 말보다 더 무서운 것은 없다.

옛 고(古), 놈 자(者), 나올 출(出)

치궁지불태야(恥躬之不逮也)
▶ 몸소 행함이[躬] 미치지 못할까 보아[不逮] 창피하게 여기기 때문이다[恥].

궁(躬)은 여기서 친행(親行)과 같다. 몸소[親] 행한다[行] 함이 궁(躬)이다. 궁은 신(信)의 모습으로 보아도 된다. 태(逮)는 여기서 급(及)과 같다. 미치다 또는 이르다[逮]. 태(逮)를 체(逮)라고 읽기도 한다. 치(恥)는 구(懼)와 같다. 창피하게 여기고 두려워하라[恥].

입이 가벼워 실없는 사람이 되겠는가 아니면 입이 무거워 실다운 사람이 되겠는가? 그 선택은 오로지 나에게 있다. 만일 신실한 사람으로 대접받고 싶다면 언행(言行)이 하나가 되도록 항상 두려워하라. 그러면 절로 염치없다는 욕을 먹지는 않는다. 뻔뻔스럽기 짝이 없는 사람을 일러 불치(不恥)한 자라고 한다. 부끄러움을 두려워할 줄 몰라 창피한 줄 모른다[不恥]면 세상의 손가락질을 받게 마련이다. 그렇게 손가락질을 받지 말라 한다. 그러자면 함부로 입을 열지 말라. 성인은 나를 부끄럽게 하여 철이 들게 한다.

창피하게 여길 치(恥), 몸소 행할 궁(躬), 미칠 태(逮).

제23장

【문지(聞之)】
이약실지자(以約失之者)

【원문(原文)】

子曰 以約失之者 鮮矣니라
자왈 이약실지자 선의

【해독(解讀)】
공자께서 말했다[子曰]. "검소해서 잃어버릴 것이란[以約失之者] 거의 없다[鮮矣]."

【담소(談笑)】
자왈(子曰)

자신을 엄격히 다스리라 한다. 자신에게 엄격한 사람이 남에게 관대하다. 그래서 어진 사람은 자신에게 어진 게 아니라 남에게 어질다. 자기에게는 너그러우면서 남에게 인색한 인간은 모질고 사납다. 노자(老子)의 거사(去奢)란 말씀을 떠올리게 한다. 사치하지 말라[去奢]. 성인은 서로 다 통한다. 하여튼 건방떨지 말라 한다.

이약실지자(以約失之者) 선의(鮮矣).
▶ 검소해서[以約] 잃어버릴 것은[失之者] 거의 없다[鮮矣].

약(約)은 여기서 검(儉)과 같다. 검소하다[約]. 낭비하면 아무리 많아도 날마다 부족하고, 검소해서 검약하면 부족할 일이 별로 없다. 그래서 검소하면 예(禮)에 알맞고, 사치하면 예에서 멀어진다. 「팔일(八佾)」편 4장에서 "예여기사야녕검(禮與其奢也寧儉)"이라 했다. 예는 사치하느니보다는 검소해야 한다[禮與其奢也寧儉]. 그러니 실지자(失之者)는 예를 잃어버린다고 헤아려도 무방하다. 검소한 사람이 결례(缺禮)할 리 없고, 하물며 무례(無禮)할 리는 더더욱 없다. 근검(勤儉)절약(節約)하라. 그러면 예에서 어긋나지 않는다.

검소할 약(約), 잃을 실(失), 적을 선(鮮)

제24장

【문지(聞之)】
군자욕눌어언(君子欲訥於言)

【원문(原文)】

子曰 君子欲訥於言 而敏於行이니라
자왈 군자욕눌어언 이민어행

【해독(解讀)】
공자께서 말했다[子曰]. "군자는 말은 과묵해도[君子欲訥於言] 행동은 재빠르고자 한다[而敏於行]."

【담소(談笑)】
자왈(子曰)

앞서 22장의 말씀을 다시 떠올리게 한다. 말은 아끼면서 행동이 민첩한 사람을 높이 사고 있다. 말이 헤픈 사람은 믿을 사람이 못 된다. 지키지 못할 말이거든 입을 다물어라. 그래서 3번 생각해본 다음에 한마디를 하라는 것이다. 말을 아끼라[言之不出]던 말씀을 떠올려라.

군자욕눌어언(君子欲訥於言) 이민어행(而敏於行)
▶ 군자는[君子] 차라리 침묵하고자 한다[欲訥於言]. 그러나[而] 행동은 민첩하고자 한다[敏於行].

눌어언(訥於言)은 그냥 눌언(訥言)이라 해도 된다. 목적어 앞에 붙는 어(於)는 없다고 보아도 된다. 눌(訥)은 말이 입 밖으로 나오지 않고 입 안에서 맴도는 모습이다. 말하기보다는 차라리 침묵하고자 하는 것이다. 민(敏)은 첩(捷)과 같다. 재빠르다[敏捷].

「학이(學而)」편 14장에서 "민어사(敏於事) 신어언(愼於言)"이라 했다. 일은 미루지 말고[敏於事] 말은 아껴라[愼於言]. 이 또한 말을 함부로 쉽게 하지 말라 함이다. 그러니 말로 천 냥 빚을 갚는다 함은 함부로 말을 많이 하라는 뜻이 아니다. 예(禮)를 다해 조심조심 말하란 뜻이다. 성인은 항상 교언(巧言)을 멀리하라 한다. 말재주[巧言] 부리지 말라.

하고자 할 욕(欲), 과묵할 눌(訥), 재빠를 민(敏)

제25장

【문지(聞之)】
덕불고(德不孤)

【원문(原文)】

子曰 德不孤라 必有隣이니라
자 왈 덕 불 고   필 유 린

【해독(解讀)】
공자께서 말했다[子曰]. "덕은 외롭지 않다[德不孤]. 반드시 이웃이 있다[必有隣]."

【담소(談笑)】
자왈(子曰)

후덕한 사람이 되라 한다. 부덕한 사람이 되지 말라 한다. 어진 사람이 되라 한다. 어질고 착한 사람이 곧 유덕자(有德者)이다. 덕은 벗을 만든다. 모진 사람에게 벗이 있겠는가? 오로지 후덕한 사람만이 벗을 두고 산다. 공자가 『논어(論語)』맨 앞머리에서 "벗들이 멀리서 찾아오니[有朋自遠方來] 이 어찌 즐겁지 않겠느냐[不亦說乎]"고 한 심정을 알 만하다.

덕불고(德不孤) 필유린(必有隣)
▶ 덕은[德] 외롭지 않다[不孤]. 반드시[必] 이웃이[隣] 있다[有].

덕(德)은 득(得)과 같다. 얻는다[德]. 무엇을 얻는단 말인가? 인도(仁道)를 얻는다 한다. 어진 삶을 살아가는 사람이 어찌 외롭겠는가. 벗과 더불어 살아가고 싶다면 어질어야 한다. 공자의 인간주의는 서로 이웃하는 데 있다. 온 인류가 이웃사촌처럼 서로 벗이 되어 사는 이상(理想)을 공자는 버린 적이 없었다. 성인은 항상 인간을 믿고 인생을 낙관한다. 다만 소인이 불안해하며 오두방정을 떨 뿐이다. 지금 세상을 두고 경쟁의 시대라고 하는데 누구와 경쟁하자는 것인가? 남과 경쟁하라는 것인가? 그렇다면 세상은 사나울 수밖에 없다. 그러나 남과 경쟁하자는 게 아니라 자신을 새롭게 향상한다고 생각하면 그만큼 세상은 밝지 않겠는가. 날마다 후덕한 사람이 되고자 해보라. 즉 인도(仁道)를 걸어가보라. 그러면 내일이 불안하다는 압박에서 벗어날 수 있으리라. 이러한 이상(理想)을 공자는 버린 적이 없었다. 필유린(必有隣)은 인자(仁者)의 한결같은 믿음이리라.

> 큰 덕(德), 외로울 고(孤), 반드시 필(必), 이웃 린(隣)

제26장

【문지(聞之)】
사군삭(事君數) 붕우삭(朋友數)

【원문(原文)】

> 子游曰 事君數이면 斯辱矣요 朋友數이면 斯疏
> 자유왈　사군삭　　　사욕의　　　붕우삭　　　사소
> 矣니라
> 의

【해독(解讀)】
　　자유가 말했다[子游曰]. "임금을 섬기면서 자주 간하면[事君數] 욕되고[斯辱矣], 벗을 사귀면서 자주 간하면[朋友數] 멀어진다[斯疏矣]."

【담소(談笑)】
자유왈(子游曰)

자유(子游)는 공자의 제자로 성은 언(言)이고 이름은 언(偃)이다. 자(字)가 자유(子游)이고 문학(文學)에 뛰어났다고 한다.

바른 말도 자주 들으면 짜증난다고 한다. 간언(諫言)은 가능한 적을수록 좋다. 아무리 옳아도 입바른 소리는 듣는 이의 마음을 편하게 하지 못한다. 오죽하면 듣기 좋은 말도 한두 번이란 속담이 있겠는가. 좋은 말도 잦으면 잔소리로 들리는 것을 잊지 말라 한다.

사군삭(事君數) 사욕의(斯辱矣)
▶ 임금을[君] 모시면서[事] 자주 간언하면[數] 이는[斯] 욕되게 한다[辱矣].

사(事)는 여기서 봉(奉)과 같다. 섬긴다[事]. 삭(數)은 빈(頻)과 같다. 자주 한다[數]. 여기서 삭(數)은 간언(諫言)을 자주 한다는 뜻으로 새긴다. 사(斯)는 차(此)와 같다. 욕(辱)은 치(恥)와 같다. 창피하고 두렵다[辱].

자주 간언하지 말라는 것이다. 간언이란 시비를 가리는 일이다. 그래서 간(諫)을 쟁(諍)이라 한다. 의견을 겨루기[諍]가 곧 간(諫)이다. 옛날에는 임금에게 자주 간언하다간 명을 재촉할 수밖에 없었다. 명을 다 누리지 못하게 하는 짓은 두려운 일이다. 목숨을 욕되게 하지 말라. 하늘이 준 목숨을 제대로 누리지 못하는 것보다 더한 욕됨은 없다. 그래서 천명(天命)을 어기지 말라 했다. 요새는 천명이란 말을 우습게 여기려 든다. 그런다고 천명이 없어질 리 없다. 하늘이 무서운 줄 알아. 그러니 입 조심하라는 것이다.

섬길 사(事), 자주 삭(數), 이 사(斯), 욕되게 할 욕(辱)

붕우삭(朋友數) 사소의(斯疏矣)
▶ 친구 사이에도[朋友] 너무 자주 간언하면[數] 그 사이가[斯] 멀어진다[疏矣].

붕(朋)은 한 선생 밑에서 함께 배운 사이를 말한다. 그리고 우(友)는 서로 마음을 나누어 한마음인 사이를 말한다. 세상에 동료(同僚)는 많아도 벗을 두기는 참으로 어렵다. 벗이 하나만 있어도 그 사람은 큰 사람[大人]이다. 작은 사람[小人]에게는 벗이 없는 법이다. 대인은 동료를 멀리하고 소인은 동료만 사귀다 헤어진다.

그런데 대인과 소인이 각각 따로 태어나는 것은 아니다. 사람은 누구나 선악(善惡)을 함께하지, 선한 이는 항상 선하고 악한 놈은 항상 악한 것이 아니다. 한 사람이 선할 때는 대인이 되었다가 악할 때는 소인이 되는 것이다. 그러니 인간은 하나이면서 둘인 셈이다. 선한 나 그리고 악한 나가 있는 것이다. 벗[朋友]이란 선한 사람을 말한다. 그런 벗 사이라도 자주 의견을 다투다 보면 어쩔 수 없이 둘 사이에 틈이 나게 마련이다. 그러니 벗 사이라 해도 입바른 소리를 참아라.

벌어지고 멀어질 소(疏)

전편(前篇) 5

공야장(公冶長)

입문 맨 첫 장에 나오는 인명(人名)을 따서 편명(篇名)으로 삼고 있다. 이 편은 주로 인물평(人物評)으로 채워져 있다. 현명한 사람인지 아니면 엉뚱한 사람인지 인물을 품평하고 있다. 이러한 인물평이 자연스레 내 자신을 알아보는 계기를 만들어준다.

가장 바람직한 인간형은 무엇인가. 이에 대한 해답을 주려는 의도가 「공야장(公冶長)」 편에 숨어 있다는 생각이다. 사람은 누구나 대인(大人)도 될 수 있고 소인(小人)도 될 수 있다. 태어날 때부터 대인과 소인이 결정되어 있는 것은 아니라는 말이다. 살아가면서 인간은 대인 노릇도 하고 동시에 소인 노릇도 한다. 그런 인간의 이중성을 부끄럽게 하는 성인의 어록이 곧 『논어(論語)』이다. 『논어』 20편 중에서 특히 여기 「공야장」 편이 "너는 군자가 될 수 없겠느냐" 자문(自問)해보라 한다. 그래서 「공야장」 편은 우리를 뜨끔하게 한다.

제1장

【문지(聞之)】
가처야(可妻也)

【원문(原文)】

子謂公冶長하사대 可妻也로다 雖在縲絏之中이나
자위공야장   가처야   수재류설지중
非其罪也라 하시고 以其子로 妻之하시다
비기죄야   이기자   처지

【해독(解讀)】

공자께서 공야장을 평하여 말했다[子謂公冶長]. "사위로 삼을 만하다[可妻也]. 비록 그가 감옥에 있지만[雖在縲絏之中] 그 사람의 죄가 아니다[非其罪也]"라고 한 다음, 자신(공자)의 딸을 써[以其子] 그(공야장)에게 아내로 삼게 했다[妻之].

【담소(談笑)】

자위공야장(子謂公冶長)

▶ 공자께서[子] 공야장에[公冶長] 대하여 평했다[謂].

공야장(公冶長)은 성씨가 공야(公冶)이고, 이름이 장(長)이며, 자(字)는 자장(子長)이라고 한다. 공자의 제자로서 이 장에서 딱 한 번 등장하는 인물이다. 공자가 사위로 삼았는데도 다른 제자들처럼 『논어(論語)』에서 다시는 드러나지 않는다. 공자가 인척 관리를 투명하게 했던 게 아닌가 한다.

사람을 따져보려고 할 때 어떻게 해야 하는지 간명하게 보여주고 있다. 사람 됨됨이를 보고 그 사람을 말해야지 그 사람의 주변을 따져

사람을 달아보지 말라는 것이다. 어느 누가 옥중에 있는 자에게 딸을 주겠는가? 공자가 옥중에 있는 공야장의 사람 됨됨이 하나만 보고 사위로 삼은 사실이 인간에 대한 믿음이 변덕스러워서는 안 된다는 것을 일깨워준다.

> 대하여 말할 위(謂), 공변될 공(公), 꾸밀 야(冶)

가처야(可妻也) 수재류설지중(雖在縲絏之中) 비기죄야(非其罪也)
▶ 공야장에게 딸을 시집 보낼 수 있다[可妻也]. 비록[雖] 감옥[縲絏] 안에[中] 있지만[在] 그의[其] 죄가[罪] 아니다[非].

여기서 처(妻)는 가(嫁)와 같다. 시집 보낼 처(妻). 동사로 쓰이고 있다. 유설(縲絏)은 감옥을 말한다. 아주 옛날에는 죄인을 검은 새끼줄[縲]로 묶어두었다[絏] 한다. 비기죄(非其罪)의 기(其)는 공야장을 소유격으로 나타내는 구실을 한다.

공야장이 어느 날 새들이 사람의 시신을 쪼아 먹는 것을 보고 알려주었다가 도리어 살인 누명을 쓰고 말았다는 이야기가 있다. 누명은 억울한 것이다. 억울하게 옥살이를 한다고 그 사람이 죄인일 수는 없다. 죄 없는 사람에게 죄를 지우는 쪽이 비인간이다. 공자는 그런 비인간적인 처사를 용납하지 않았을 것이다.

> 시집보낼 처(妻), 비록 수(雖), 있을 재(在), 포승 류(縲), 묶을 설(絏), 아닐 비(非), 형벌 죄(罪)

이기자처지(以其子妻之)
▶ 공자는 자기의 딸을[以其子] 공야장에게 시집 보냈다[妻之].

이기자(以其子)의 기(其)는 공자를 말하고, 자(子)는 공자의 딸을 말한다. 처지(妻之)의 지(之)는 공자의 딸을 가리키는 목적어로 보면 된다.

공자가 옥중에 있는 공야장을 사위로 삼았다는 말이다. 이는 공자가 말하던 바를 행동으로 옮겼음을 밝혀주는 대목이다. 성인은 말로만 그치지 않고 행동으로 보여준다. 성인 군자에게 언행(言行)은 하나이지 둘이 아니다. 다만 언행이 둘이 되는 것은 소인의 이(利) 탓이다. 그래서 「이인(里仁)」편 16장에서 "군자는 의(義)를 밝히고[君子諭於義] 소인은 이(利)를 밝힌다[小人諭於利]"고 했다.

제2장

【문지(聞之)】
방유도불폐(邦有道不廢)

【원문(原文)】

子謂南容하사대 邦有道에 不廢하며 邦無道에 免
자 위 남 용   방 유 도   불 폐   방 무 도   면
於刑戮이라 하시고 以其兄之子로 妻之하시다
어 형 륙   이 기 형 지 자   처 지

【해독(解讀)】

공자께서 남용을 평하여 말했다[子謂南容]. "나라에 도가 있을 때는[邦有道] 버림받지 않고[不廢], 나라에 도가 없을 때는[邦無道] 형벌이나 생죽음을 당할 자가 아니다[免於刑戮]." 그리고 형님의 딸을 남용에게 시집 보냈다[以其兄之者妻之].

【담소(談笑)】

자위남용(子謂南容)

▶ 공자께서[子] 남용에[南容] 대하여 평했다[謂].

공자께서 남용(南容)의 인간됨을 평하고 있다. 남용의 성씨는 남궁(南宮), 이름은 괄(适)이다. 일명(一名) 도(絁)라고 하고, 자(字)는 자용(子容)이다. 남궁자용(南宮子容)을 줄여 남용(南容)이라고 불렀다. 이 편의 1장과 2장을 같은 내용으로 보아 한데 묶는 경우가 있다. 그래서 이 편은 28장이 27장으로 줄어들기도 한다.

혼사를 들어 사람됨을 평하는 것보다 더 구체적이고 분명한 경우는 없을 터이다. 공자께서 지금 매파 노릇을 하고 있다. 중신 잘못하면 뺨이 석 대란 말이 있지 않은가. 공자가 참으로 인간적인 성인(聖人)임을 이런 데서 알 수 있다. 어느 부모가 딸을 시집 보내며 고생하기를 바라겠는가. 딸이 시집가 고생하지 않고 잘 살리란 확신을 당신의 형님에게 보증 서주고 있는 셈이다. 사람을 믿는 근거를 확실하고 간명하게 보여주고 있다.

대하여 말할 위(謂), 남녘 남(南), 얼굴 용(容)

방유도불폐(邦有道不廢) 방무도면어형륙(邦無道免於刑戮)

▶ 나라에[邦] 도가 있을 때는[有道] 버림받지 않고[不廢], 나라에[邦] 도가 없을 때는[無道] 형벌을 받거나 생죽음을[於刑戮] 모면한다[免].

유(有)는 주어를 뒤에 둔다. 도가[道] 있다[有]. 폐(廢)는 내친다는 방(放)과 같다. 내치다[廢]. 따라서 여기서 불폐(不廢)는 반드시 등용된다는 말이다. 형륙(刑戮)은 형벌(刑罰)과 주륙(誅戮)을 말한다. 주륙이란 주검을 토막내는 참혹한 형벌이다.

공자가 이복형 맹피(孟皮)에게 사윗감으로 남용을 천거하면서 그의 사람 됨됨이를 유도(有道)와 무도(無道)를 들어서 간명히 밝히고 있다. 바른 세상[有道]이면 나아가 자신의 능력을 발휘해 살기 좋은 세상을 이룩하는 데 봉사하고, 못된 세상[無道]이면 건방떨지 않고 자중하면서 난세를 피하는 게 현명한 사람일 것이다. 남용은 스승으로부터 현명한 제자로 인정받은 셈이다. 무모한 사람은 섶을 지고 불구덩이에 들어가기를 마다하지 않아 가솔을 고생시키기 쉽다. 세상에는 현명한 사윗감보다 무모한 사윗감이 훨씬 더 많다. 하기야 사람 보고 딸 주는 것이 아니라 재물 보고 딸 주는 세상이니, 지금 세상에서는 공자께서 매파 노릇 하기 어려울 것이다. 하여튼 사윗감을 추천하는 공자를 보면 선생은 분명 인간적인 성인이다.

나라 방(邦), 폐할 폐(廢), 면할 면(免), 형벌 형(刑), 죽일 륙(戮).

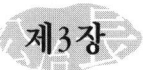

제3장

【문지(聞之)】
군자재(君子哉)

【원문(原文)】

子謂子賤하시대 君子哉라 若人이여 魯無君子者면
자 위 자 천   군 자 재   약 인   노 무 군 자 자
斯焉取斯리오
사 언 취 사

【해독(解讀)】
공자께서 자천을 평하여 말했다[子謂子賤]. "군자로다[君子哉]. 그

같은 사람은[若人]. 그런데 노나라에 군자가 없었다면[魯無君子者] 그 자가 어떻게 군자 됨을 터득했겠는가[斯焉取斯]."

【담소(談笑)】
자위자천(子謂子賤)
▶ 공자께서[子] 자천을[子賤] 평했다[謂].

공자께서 자천(子賤)을 칭찬하고 있다. 자천의 성씨는 복(宓), 이름은 부제(不齊), 자(字)는 자천(子賤)이고, 노(魯)나라 사람이다. 공자보다 49세나 아래였다고 하니 공자의 제자로 보기는 어렵고 문인(門人)으로 보면 되겠다. 그러니 여기서 공자가 자기 자신을 군자라고 일컬으며 자만한다고 흉볼 것은 없다. 당신 자신을 자랑하는 것이 아니라 자천을 빌려 당신의 제자들이 자천을 군자로 가르쳤음을 자랑할 뿐이다. 선생(先生)이 제일 좋아하는 말이 청출어람(靑出於藍)이 아니던가. 자천을 군자로 길러낸 환경을 누가 일구었을까 생각해보라. 공자 자신을 자랑하는 것이 아니라 당신의 제자들을 자랑하고 있음을 알 수 있을 것이다. 군자를 길러내는 분위기를 일군 사람들, 즉 공문(孔門)을 치하하는 중이다. 하여튼 공자가 자천을 들어 군자의 인간상(人間像)을 칭송하고 있다.

천할 천(賤)

군자재(君子哉) 약인(若人)
▶ 그와 같은 사람은[若人] 참으로 군자로다[君子哉].

여기서 재(哉)는 감탄을 자아내는 어조사이다. 공자가 군자(君子)를 강조하는 모습이 뚜렷하다. 성인은 반드시 알아차릴 수 있는 말씨를 쓴다. 약인군자재(若人君子哉)라고 하면 보통 때의 평이한 말투이다. 이를 뒤집어 약인(若人)도 강조하고 군자(君子)도 강조하여 말씀이 힘있게 느껴진다. 약인(若人)의 인(人)은 물론 자천(子賤)을 가리킨다. 약자천(若子賤)이라 하지 않고 약인(若人)이라 하여 자천이 없는 자리에서 문인(門人)들에게 자천의 사람됨을 칭찬하는 광경을 그대로 살려낸다. 성인의 말씀에는 사람을 사로잡아 감동시키는 힘이 있다. 그래서 성인에게는 권력도 법도 필요하지 않다.

어조사 재(哉), 같을 약(若)

노무군자자(魯無君子者) 사언취사(斯焉取斯)
▶ 노나라에[魯] 군자의 정신이[君子者] 없었다면[無] 어찌[焉] 자천이[斯] 그 덕을[斯] 깨우쳤겠는가[取].

무(無)는 주어를 뒤로 받는 동사이다. 군자자(君子者)가 무(無)의 주어이다. 이것을 군자야자(君子也者)를 줄인 말로 보고 싶다. 그러면 군자자(君子者)를 이렇게 새겨볼 수 있을 것이다. '군자라는[君子也] 것[者].' 이처럼 군자자(君子者)를 '군자의 정신'이라고 새겨 헤아렸으면 한다. 군자의 정신은 한마디로 덕(德)이다. 한편 사언취사(斯焉取斯)에서 앞의 사(斯)는 자천(子賤)을 가리키고, 뒤의 사(斯)는 군자자(君子者)를 가리킨다. 말하자면 사(斯)는 지시대명사인 셈이다.

지금 공자는 문인(文人)들 앞에서 자천을 예로 들어 군자자(君子者)를 게을리하지 말 것을 강조하고 있다. 자천이 군자가 되었음을 강조하는 것이 아니라 군자의 도(道)를 열심히 닦고 있음을 상기시키고 있다. 공자가 어찌 자기 문하생(門下生)들한테만 군자의 도를 강조하겠는가? 공자는 『논어(論語)』의 어록(語錄)을 통하여 군자의 도를 벗어나지 말라고 경고하고, 부탁하고, 갈망하며 지금까지도 영원히 살아 있다. 다만 공자가 칭송하는 자천을 비웃는 세태가 서글플 뿐이니, 공자를 낡았다거나 죽었다고 말하지 말라. 성현은 인간이 있는 한 불사(不死)한다.

나라 이름 로(魯), 없을 무(無), 이것 사(斯), 어찌 언(焉), 취할 취(取)

제4장

【문지(聞之)】
여기야(女器也)

【원문(原文)】

子貢이 問曰 賜也는 何如하니이꼬
자공   문왈 사야   하여

子曰 女는 器也니라
자왈 여   기야

曰 何器也니이꼬
왈 하기야

曰 瑚璉也니라
왈 호련야

【해독(解讀)】
자공이 공자께 여쭈었다[子貢問曰]. "저는 어떻습니까[賜也何如]?"
공자께서 대답해주었다[子曰]. "너는 그릇이다[女器也]."
자공이 다시 여쭈었다[曰]. "어떤 그릇인지요[何器也]?"
공자께서 대답해주었다[曰]. "호련이다[瑚璉也]."

【담소(談笑)】
자공문왈(子貢問曰) 사야하여(斯也何如)
▶ 자공이[子貢] 여쭈어 보았다[問曰]. "저는[賜也] 어떻습니까[何

如]?"

　　여기서 사(賜)는 자공(子貢)의 이름이다. 공자의 제자 중에서 자공은 구변이 좋고 이재(利財)에 밝았다고 한다. 『논어(論語)』에 38회 정도로 자주 등장하는 공문십철(孔門十哲)의 한 사람이다. 이런 자공이 스승께 자기는 어떤 사람이냐고 묻고 있다. 자천(子賤)을 군자라고 칭송한 장(章) 바로 다음에 이렇게 자공의 인품을 다룬 것이 아무 이유가 없는 게 아니다. 그리고 다음 8장에 가면 자공을 안회(顔回)와 비교하는 대목도 나온다. 거기서 공자가 자공을 어떻게 아끼는지 살펴보는 것이 좋겠다. 한편 「옹야(雍也)」편 6장에서는 공자가 자공이 정치에 통달했노라고 천거하는 대목이 나온다. 이로 보아 공자가 자공의 사람됨을 어떻게 보고 있는지 알 만하다. 구변이 좋아야 정치할 수 있다는 것은 예나 지금이나 다름이 없어 보인다.

바칠 공(貢), 줄 사(賜), 어찌 하(何), 같을 여(如)

자왈(子曰) 여기야(女器也)
▶ 너는[女] 그릇이다[器也]라고 공자께서 말했다[子曰].
　　여(女)는 여기서 여(汝)와 같다. 성인의 말씀은 간명하다. 기(器)에는 군자가 아니라는 속뜻이 있다. 공자가 「위정(爲政)」편 12장에서 "군자불기(君子不器)"라고 단언했던 점을 떠올리면 된다. 그런데 왜 「옹야(雍也)」편 6장에서 자공이 정치에 통달했다면서 벼슬자리에 천거하려고 했을까? 임금이나 대통령이 군자면 되지, 여타의 벼슬은 분야에 따라 능력 있는 일꾼들이 맡으면 된다는 뜻인가? 공자가 자공을 대하는 관점을 보면 그렇게 짐작해도 틀리지 않으리라 생각된다. 그러니 반드시 군자라야만 정치할 수 있다는 것은 아니다.

너 여(女), 그릇 기(器)

왈(曰) 하기야(何器也) 왈(曰) 호련야(瑚璉也)
▶ 어떤[何] 그릇이냐고[器也] 자공이 다시 여쭙자[曰], 호련이라고 [瑚璉也] 공자께서 대답해 주었다[曰].

　호련(瑚璉)은 종묘(宗廟)에서 쓰는 제기(祭器)의 한 종류이다. 이 호련에 서직(黍稷)을 담아서 제상에 올린다. 서직(黍稷)에서 서(黍)는 기장이란 곡식을 뜻하고, 직(稷)은 오곡(五穀)의 신을 뜻하는데 농사를 다스리는 벼슬을 뜻하기도 한다. 그리고 사직(社稷)이라 하면 토지의 신과 농사의 신을 합쳐 나라를 뜻하기도 한다.

　이런 서직을 괴어 담는 그릇이 호련(瑚璉)이므로 그 제기는 매우 소중한 그릇이다. 공자가 자공을 소중한 일을 잘 처리할 능력이 있는 인재로 여겼음을 이 호련이라는 비유에서 잘 알 수 있다. 자공이 정치를 하면 부정부패를 저지르지 않을 것이다. 하여튼 자공은 군자가 아니라고 평한다. 공자의 인물평은 사정없이 엄격하다. 호련에는 백성을 위해 오곡의 신에게 빈다는 뜻이 숨어 있기 때문이다. 백성을 위해 거짓없이 일하는 사람이라면 군자가 못 된들 어떠랴. 소인배에 불과한 자들이 군자라고 자처하는 세상에 호련만 한 그릇이 어디 있겠는가. 그저 고만고만한 그릇들이 도토리 키 재기 하듯이 아웅다웅하는 세태(世態)가 부끄러울 따름이다.

산호 호(瑚), 종묘에서 제사 지내는 그릇 련(璉)

제5장

【문지(聞之)】
어인이구급(御人以口給) 누증어인(屢憎於人)

【원문(原文)】

或曰 雍也는 仁而不佞이로다
혹왈 옹야   인이불녕

子曰 焉用佞이리오 御人以口給하야 屢憎於人하나니
자왈 언용녕   어인이구급   누증어인

不知其仁이어니와 焉用佞이리오
부지기인   언용녕

【해독(解讀)】

어떤 사람이 말했다[或曰]. "옹은 어질지만 말주변이 없답니다[雍也 仁而不佞]."

공자께서 대답해주었다[子曰]. "어찌 말재주를 쓴단 말인가[焉用佞]. 주변머리로 사람을 상대하려 하다가는[御人以口給] 흔히 남들한테서 미움을 산다오[屢憎於人]. 그 사람이 어진지 모르겠으나[不知其仁] 어찌 말재주를 이용한단 말이오[焉用佞]."

【담소(談笑)】

혹왈(或曰) 옹야(雍也) 인이불녕(仁而不佞)

▶ 옹이란 사람은[雍也] 어질지만[仁而] 구변은 없다고[不佞] 어떤 이가[或] 말했다[曰].

여기서 혹(或)은 혹자(或者)의 준말이다. 혹(或)은 '어떤 사람'이라는 뜻이다. 그리고 옹(雍)은 공자의 제자로, 성은 염(冉)이고 이름은 옹(雍)이며, 자는 중궁(仲弓)이다. 노(魯)나라 사람으로 인덕(仁德)이 높았다고 한다. 영(佞)은 재(才)와 같다. 말하는 재주가 있다[佞].

여기서 어떤 사람[或]은 영(佞)을 말 잘하는 재주로 보고 있다. 그 사람은 영(佞)을 중요하게 여겼던 모양이다. 어질면서[仁] 말을 잘 하는 재주[佞]를 겸비하면 좋지 않겠느냐고 공자 앞에서 옹을 얕보고 있

다는 느낌을 준다.

> 어떤 사람 혹(或), 누그러질 옹(雍), 어질 인(仁), 그러나 이(而), 재주 있을 녕(佞)

자왈(子曰) 언용녕(焉用佞)
▶ 어찌[焉] 아첨하는 짓을 하겠는가[用佞]라고 공자께서[子] 되받아주었다[曰].

여기서 영(佞)은 첨(諂)과 같다. 아첨하다[佞]. 여기서 옹(雍)에 대해 말하고 있는 어떤 사람은 영(佞)을 쓸모 있는 것으로 여기지만, 공자는 쓸모가 없다고 여긴다. 이미 「이인(里仁)」편 24장에서 "군자욕눌어언(君子欲訥於言)"이라 했고, 「학이(學而)」편 3장에서는 교언영색(巧言令色)을 멀리하라 하지 않았던가. 공자는 눌언(訥言)을 높이 살 뿐, 구변(口辯) 따위는 별 것 아닌 것으로 본다. 말을 앞세워 아첨하면서 마음 속은 정직하지 못한 것이 영(佞)이요 첨(諂)이다. 인덕이 높은 옹에게 말재주 따위가 무슨 소용이란 말인가. 공자는 지금 옹을 평하려는 어떤 사람을 따끔하게 혼내주는 중이다.

> 어찌 언(焉), 쓸 용(用), 아첨할 녕(佞)

어인이구급(御人以口給) 누증어인(屢憎於人)
▶ 그럴싸한 말만 갖고[以口給] 사람을[人] 상대하다가는[御] 흔히[屢] 사람들로부터[於人] 미움을 산다[憎].

여기서 어(御)는 당(當)과 같다. 마주 대한다[御]. 구급(口給)은 구첩(口捷)과 같은 말이다. 급(給)과 첩(捷)은 변(辯)과 같다. 말로 잘 둘러대는 재주를 가리켜 구급(口給)이나 구첩(口捷)이라고 한다.

그때 그때 형편 따라 이리저리 말을 잘 둘러대는 재주가 구급(口

給)이다. 말을 잘 둘러댄다[口給]. 말만 번듯하게 늘어놓고 책임질 줄 모르는 사람을 누가 좋아하겠는가. 사람들 모두 그런 자를 싫어할 것이다. 여기서 증(憎)은 오(惡)와 같다. 미워하고 싫어한다[憎]. 공자는 지금 어떤 사람[或]을 꼼짝 못하게 면박하고 있다. 우리 모두를 향해 꾸짖는 중이다. 개그맨이 설치는 세상에서 말재주 없으면 바보 소리 듣는다고 아우성이다. 그래서 사람들끼리 서로 원수지고 살기를 마다하지 않으니 날마다 증오만 쌓여간다.

상대할 어(御), 입 구(口), 말 잘할 급(給), 흔히 루(屢), 미움받는 증(憎)

부지기인(不知其仁) 언용녕(焉用佞)

▶ 옹(雍)이[其] 어진지[仁] 모르지만[不知] 어찌[焉] 말재주를[佞] 부리겠는가[用].

기인(其人)의 기(其)는 옹(雍)을 받는 지시어이다. 이 부분은 공자가 옹을 두둔해서 그 어떤 사람[或]을 꾸짖는 게 아님을 느끼게 해주는 대목이다. 혹자(或者)한테 당신의 제자인 옹을 변호하려고 구급(口給)의 영(佞)을 질타하는 것이 아니라는 말이다. 말이 앞서면 마음이 정직하기 어렵기 때문이요, 마음이 부정하면 어질기 어렵기 때문에 공자가 영(佞)을 나무라는 것이다. 빈 수레 요란하다는 속담이 왜 생겼는지 알 것이다. 언제나 세 치 혀가 탈을 낸다. 그 혀를 묶어두고 입을 다물라 한다. 그래서 삼사일언(三思一言)이라 하지 않던가. 세 번 생각해본 다음[三思] 한마디 하라[一言]. 왜 군자는 말이 어눌하기를 바라는지[君子欲訥於言] 알 만하다. 노랑 주둥아리 함부로 놀리지 말라고 조주선사(趙州禪師)도 일갈했다. 다들 공자의 뜻을 따랐던 것이다.

알 지(知), 그 기(其)

제6장

【문지(聞之)】
자사칠조개사(子使漆雕開仕)

【원문(原文)】

子使漆雕開로 仕하신대 對曰 吾斯之未能信이로
자 사 칠 조 개   사   대 왈   오 사 지 미 능 신
이다 子說하시다
      자 열

【해독(解讀)】
　공자께서 칠조개로 하여금 벼슬을 하게 하려고 하자[子使漆雕開仕] 칠개조가 스승께 아뢰었다[對曰]. "저는 아직 벼슬을 해낼 만한 능력이 없습니다[吾斯之未能信]." 이 말을 듣고 공자께서 기뻐했다[子說].

【담소(談笑)】
자사칠조개사(子使漆雕開仕)
▶ 공자께서[子] 칠조개로[漆雕開] 하여금[使] 벼슬을 해보라고 했다[仕].
　칠조개(漆雕開)는 공자의 제자로 성은 칠조(漆雕), 이름은 계(啓), 자는 자개(子開)이고 노(魯)나라 사람이다. 여기서 사(使)는 영어의 사역동사 같은 구실을 한다고 보면 된다. 사(仕)는 관(官)과 같다. 벼슬하다[仕]. 벼슬을 그만둔다고 할 때 불사(不仕)라고 한다.
　공자는 제자가 벼슬길에 나가는 것을 막지 않았던 성인이다. 만일 노자(老子)라면 벼슬하겠다는 말만 들어도 입 다물고 외면했을 터이다. 그래서 공자를 늘 현실적이고 인간적인 성인이라고 평하는 것이다.

하여금 사(使), 옻나무 칠(漆), 새길 조(雕), 열 개(開), 벼슬할 사(仕)

대왈(對曰) 오사지미능신(吾斯之未能信) 자열(子說)
▶ 제가[吾] 벼슬하기는[斯] 아직 자신이 없다고[未能信] 곧장[對] 여쭙자[曰], 공자께서[子] 기뻐하셨다[說].

여기서 대(對)는 마주한다는 말이다. 이 대목은 대왈(對曰)에 깊은 뜻을 담겨 있다고 느껴진다. 이리저리 속셈해본 다음 선생께 의사를 밝힌 것이 아니라, 스승의 말씀을 듣자마자 곧장 자신의 뜻을 밝혔다는 느낌 말이다. 칠조개는 손익을 따지지 않았다는 것이다. 그러면 본심이 저절로 드러나게 마련이다.

오사(吾斯)의 사(斯)는 사(仕)를 받는 지시어이다. 미능신(未能信)의 신(信)은 자신(自信)의 준말이고, 미능(未能)에는 앞으로 능(能)할 때까지 더욱 닦는다는 속뜻이 있다고 보면 칠조개의 의중이 잘 드러난다. 앞으로 더욱 열심히 해서 벼슬길에 나가도록 자신 있게 하겠다는 다짐이 이 미능(未能)이란 말 속에 담겨 있다고 새기면 좋겠다.

자신의 능력을 스스로 따져보지도 않고 자리만 나면 얼씨구나 좋아할 칠조개가 아님을 짐작할 수 있다. 벼슬이 중요한 것이 아니라 벼슬에 나가도 될 만큼 인도(仁道)를 닦았느냐가 문제라는 말이다. 칠조개는 뜻을 잘 갈무리하여 도를 더 깊게 닦고 있다고 보아도 된다. 이런 칠조개가 선생께 겸양(謙讓)의 미덕(美德)을 보인다고 말할 것은 없다. 자신(自身)을 자신(自信) 있게 하겠다는 야무진 다짐을 스승께 보이고 있기 때문이다. 이런 제자를 보고 기뻐하지 않을 스승이 어디 있겠는가. 그러니 자열(子說)의 모습이 너무도 자연스럽다. 스승께서 [子] 기뻐하셨다[說]. 여기서 열(說)은 열(悅)과 같다. 즐거워하고 기뻐한다[說]. 칠조개 앞에서만은 공자께서 시름을 잊었으리라.

마주할 대(對), 나 오(吾), 이것 사(斯), 아닐 미(未), 믿을 신(信), 기뻐할 열(說)

제7장

【문지(聞之)】

호용과아(好勇過我) 무소취재(無所取材)

【원문(原文)】

子曰 道不行이라 乘桴하야 浮于海하리니 從我者
자왈 도불행   승부   부우해   종아자
는 其由與인저
   기유여
子路聞之하고 喜한대
자로문지   희
子曰 由也는 好勇過我하나 無所取材니라
자왈 유야   호용과아   무소취재

【해독(解讀)】

　공자께서 말했다[子曰]. "도가 행해지지 않아[道不行] 뗏목을 타고 바다로 둥둥 떠나간다면[乘桴浮于海], 나를 따라나설 자는 바로 중유(仲由)일 게다[從我者其由與]."
　자로가 이 말씀을 듣고 기뻐했다[子路聞之喜].
　공자께서 말해주셨다[子曰]. "중유야 네가 용맹을 좋아하기는 나보다 더하지만[由也好勇過我], 사리를 따져 분간할 줄 모른다[無所取材]."

【담소(談笑)】
자왈(子曰)

공자께서 중유(仲由)를 은근 슬쩍 꾸짖고 있다. 유(由)는 공자의 제자로서 공문십철(孔門十哲)의 하나이다. 성씨는 중(仲)이고, 자는 자로(子路) 또는 계로(季路)이다. 노(魯)나라 사람으로 공자보다 9세 연하였으며, 염유(冉有)와 함께 정사(政事)에 뛰어났다. 무모하리만큼 과감해서 스승으로부터 자주 꾸지람을 들었다고 한다.

도불행승부부우해(道不行乘桴浮于海) 종아자기유여(從我者其由與)

▶ 세상에 도가[道] 행해지지 않아[不行] 떼를[桴] 타고[乘] 바다로[海] 둥둥 떠서[浮] 나간다면[于], 나를[我] 따라나설[從] 사람은[者] 바로[其] 유일[由] 거야[與]!

승부(乘桴)는 뗏목을 타고 물길을 간다는 말이다. 부(浮)는 여기서 범(汎)과 같다. 둥둥 뜨다[浮]. 우(于)는 어(於)처럼 쓰일 때가 많지만 여기서는 왕(往)과 같은 동사로 본다. 가다[于]. 바다로 둥둥 떠나간다[浮于海].

도(道)가 행해지지 않으니 땅을 버리고 차라리 뗏목에 몸을 싣고 바다로 뛰어들어 둥둥 떠나간다는 비유를 잘 새겨들어야 한다. 세상에 도가 행해지지 않으면 바로 그 세상에서 도가 행해지도록 용기를 내야지, 그렇다고 땅을 떠나 바다에 들어가는 것은 용기(勇氣)가 아니라 용맹(勇猛)이라 한다. 사려 깊게 두려움을 물리치려 하는가? 그러면 용기 있는 마음이요 행동이다. 죽을 줄 모르고 겁 없이 무모하게 덤비는 짓은 용맹스럽긴 해도 만용(蠻勇)으로 끝나기 쉽다.

지금 스승이 제자를 칭찬하는 것이 아니다. 꾸짖는 마음을 승부부우해(乘桴浮于海)란 비유를 거쳐 기유여(其由與)란 말씀으로 내비치고 있다. 여기서 기(其)는 앞뒤 생각 없이 당장 뗏목을 타고 나갈 것임을 가리키는 지시어로 보면 된다. 그런데 자로 즉 유(由)는 스승이 든 비유를 액면 그대로 받아들이고 자기를 스승이 버리지 않는다고 여겼던 모양이다. 그래서 자로문지희(子路聞之喜)했던 것이다. 자로가[子路] 스승의 말씀을[之] 듣고[聞] 기뻐했다[喜]는 것이다.

올라탈 승(乘), 떼 부(桴), 뜰 부(浮), 갈 우(于), 따를 종(從), 어조사 여(與)

유야호용과아(由也好勇過我) 무소취재(無所取材)
▶ 유는[由也] 용맹을[勇] 좋아하기는[好] 나를[我] 능가하는데[過], 곰곰이 따져볼 것들을[材] 챙겨보려는[取] 바가[所] 없다[無].

자로를 꾸짖는 대목이다. 무소취재(無所取材)란 말씀에서 호용(好勇)의 용(勇)이 사려 깊고 신중한 용기(勇氣)가 아니라 앞뒤 가리지 않고 행동부터 앞서는 용맹(勇猛)임을 짐작할 수 있을 것이다. 성인의 꾸짖음은 완곡하되 듣는 사람을 꼼짝 못하게 한다. 그런 말솜씨가 과아(過我)에서 드러난다. 이렇듯 공자 당신을 비유해 제자를 꾸짖으니 자로가 앞서 기뻐했음[喜]을 뉘우치지 않겠는가. 뉘우침으로 이어지지 못하는 꾸짖음은 안 하느니만 못하다.

공자는 지금 아끼는 제자인 자로에게 매사에 신중하라고 타이르고 있다. "무소취재(無所取材)." 무(無)는 주어를 뒤로 받는 동사로 무(無) 앞에 유(由)가 생략되었다고 볼 수 있다. 유(由)에게는 소취재(所取材)가 없다[無]는 말씀이다. 여기서 재(材)는 신중히 따져 살펴볼 거리[材料]로, 취(取)는 챙긴다는 뜻으로 새기면 된다. 과감하되 만용을 부리지 말라 함은 정확히 알아본 다음 잘 살펴 생각한 다음에 행동하라는 당부이다. 그래서 공자는 이미「위정(爲政)」편 17장에서 "회여지지호(誨女知之乎) 지지위지지(知之爲知之) 부지위부지(不知爲不知) 시지야(是知也)"라고 타일러주지 않았던가. 너에게[女] 안다는 것을[知之] 가르쳐주마[誨]. 아는 것은[知之] 아는 것이[知之] 되고[爲], 모르는 것은[不知] 모르는 것이[不知] 된다[爲]. 이런 것이[是] 아는 것이다[知也].

알면 안다 하고 모르면 모른다 하라는 말씀이다. 이는 곧 신중하게 거듭 생각해 분명히 알라 함이다. 무모한 과단성을 꾸짖으며 신중히 하라는 스승의 말씀이 어찌 자로에게만 해당되겠는가. 그 나무람 앞에 우리 모두 뉘우쳐야 하지 않겠는가.

좋아할 호(好), 과감할 용(勇), 넘을 과(過), 취할 취(取), 재목 재(材)

제8장

【문지(聞之)】

부지기인야(不知其仁也)

【원문(原文)】

孟武伯問 子路는 仁乎이꼬 子曰 不知也로다 又
맹무백문 자로 인호 자왈 부지야 우
問한대 子曰 由也는 千乘之國에 可使治其賦也
문 자왈 유야 천승지국 가사치기부야
어니와 不知其仁也케라
부지기인야
求也는 如何니이꼬 子曰 求也는 千室之邑과 百
구야 여하 자왈 구야 천실지읍 백
乘之家에 可使爲之宰也어니와 不知其仁也케라
승지가 가사위지재야 부지기인야
亦也는 如何니이꼬 子曰 亦也는 束帶立於朝하야
역야 여하 자왈 역야 속대립어조

可使與賓客言也어니와 不知其仁也케라
가사여빈객언야   부지기인야

【해독(解讀)】

맹무백이 물었다[孟武伯問]. "자로는 인자한지요[子路仁乎]?"
공자께서 말했다[子曰]. "모릅니다[不知也]."
다시 묻자[又問] 공자께서 말했다[子曰]. "유는[由也] 천승의 나라에서[千乘之國] 정치의 책임자가 될 수 있으나[可使治其賦也], 그가 인자한지는 모릅니다[不知其仁也]."
"구는 어떻습니까[求也如何]?"
공자께서 말했다[子曰]. "구는[求也] 천호의 큰 읍이나[千室之邑] 백승의 나라에서[百乘之家] 재상은 될 수 있겠지만[可使爲之宰也], 그가 인자한지는 모릅니다[不知其仁也]."
"역은 어떻습니까[亦也如何]?"
공자께서 말했다[子曰]. "역은[亦也] 예복에 속대를 두르고 조정에 나가[束帶立於朝] 빈객들을 맞이하게 할 수는 있겠지만[可使與賓客言也], 그가 인자한지는 모릅니다[不知其仁也]."

【담소(談笑)】

자왈(子曰)

맹무백(孟武伯)이 공자께 유(由)와 구(求)와 역(亦)에 대해 물었다. 이에 공자는 세 사람의 능력을 사실대로 말해줄 뿐, 당신의 문하(門下)라 하여 더하거나 덜하지 않는다. 맹무백은 노(魯)나라의 대부로 「위정(爲政)」편 6장에 등장했었다.

본래 성인은 무친(無親)하고 무사(無私)하다. 그러나 공자가 "부지기인(不知其仁)"이라 한 까닭은 「안연(顏淵)」편 1장의 "위인유기(爲

仁由己)"를 보면 알 수 있다. 인자함은[爲仁] 나로부터 비롯된다[由 己]. 그러니 남은 알 수 없다. 당신의 제자라고 해서 없는 것을 보태 과장하지 않는 공자를 보라. 제자를 천거할 때는 냉엄하고 엄격한 것 이 오히려 제자를 위하는 일이다. 그러나 이를 어기는 통에 세상이 은 사(恩師)가 써준 추천서를 믿지 않으려 한다. 왜 믿지 못하는가? 과장 해서 제자를 부풀리기 때문이다. 공자가 제자를 어떻게 평하는지 잘 살필 일이다. 물론 제자는 스승이 칭찬하지 않으면 섭섭해하겠지만, 그런 제자는 하나만 알지 둘은 모르는 바보일 뿐이다. 공자는 바보면 바보라고 거짓없이 타일러준다. 이것이 스승의 진정한 애정이요 인 자함이 아닌가.

유야(由也) 천승지국(千乘之國) 가사치기부야(可使治其賦也) 부지기인야(不知其仁也)
▶ 자로(子路)가[由] 천승의[千乘] 나라에서[國] 그[其] 나랏살림을 [賦] 다스리게[治] 시킬 수 있겠으나[可使] 자로가[其] 어진지는 [仁] 모릅니다[不知].

맹무백이 공자께 자로(子路)가 어떤 사람이냐고 묻자 위와 같이 대 답해주었다. 천승(千乘)은 군왕(君王)이 다스릴 수 있는 나라의 크기 이다. 부(賦)는 여기서 세(稅)와 같다. 나라를 다스리는 구실을 부(賦) 라 한다. 세금(稅金)이 곧 부(賦)이다. 기부(其賦)의 기(其)는 천승(千 乘)을 받는 지시어이다. 가사(可使)는 맡길 수 있다는 말이고, 나라 살림을 다스린다[治其賦] 함은 곧 재상(宰相) 즉 총리를 말한다.

공자는 노나라의 대부 맹무백에게 당신의 제자인 자로가 영의정감 은 된다고 평한다. 요새로 치면 총리감은 된다는 말이다. 그러나 총 재가 될 수 있는 인물이지만, 그렇다고 인자한 사람인지 아닌지는 모 른다고 분명히 밝힌다. 사람의 능력은 저울질할 수 있어도 인자한 사 람인지는 알 수 없다는 공자를 보라. 공자는 매우 합리적인 성인이다. 사람의 능력은 밖으로 드러나지만 사람 속은 드러나지 않는다. 인(仁)은 마음에 있으니 그 속을 누가 알 수 있겠는가? 어질고[仁] 모질고는[不仁] 저마다 마음가짐에 달려 있다는 말이다. 인(仁)을 함부로 저울질해 사람을 달지 말라.

수레 승(乘), 가할 가(可), 시킬 사(使), 구실 부(賦)

구야(求也) 천실지읍(千室之邑) 백승지가(百乘之家) 가사위지재야(可使爲之宰也) 부지기인야(不知其仁也)

▶ 염구(冉求)는[求] 천 가구의[千室] 읍이나[邑] 백승의[百乘] 문벌(門閥)에서[家] 가신(家臣)의 장(長)이 할 일거리를[爲之宰] 시킬 수 있겠으나[可使] 염구가[其] 어진지는[仁] 모릅니다[不知].

맹무백이 구(求)를 묻자 공자께서 위와 같이 말해준다. 구는 공자의 제자 염구(冉求)를 말한다. 「팔일(八佾)」편 6장에서 삼대부(三大夫)의 무도함을 막지 못한다고 공자께 꾸지람을 들었던 염유가 바로 염구이다. 백승(百乘)은 대부(大夫)가 다스리는 나라의 크기를 말한다. 재(宰)는 가신(家臣)의 수장이란 말인데 읍장(邑長)이라고 보면 된다. 위지재(爲之宰)는 가신의 일[爲]이라고 보면 된다.

염구의 능력을 맹무백에게 알려줄 뿐, 여기에서도 사람을 저울질할 수 없음을 보여준다. 성인은 사람을 차별하지 않는다. 모진 사람은 미워하고 어진 자만 사랑하는 것은 성인이 하는 일이 아니다. 어진 사람이 어떻고 모진 사람이 어떻고 하는 것은 소인배들의 입방아에 불과함을 알아두라 한다. 그러니 사람을 두고 험담하지 말라.

구할 구(求), 집 실(室), 고을 읍(邑), 재상 재(宰)

역야(亦也) 속대립어조(束帶立於朝) 가사여빈객언야(可使與賓客言也) 부지기인야(不知其仁也)

▶ 자화(子華)는[亦] 조복(朝服)의 띠를[帶] 두르고[束] 조정에[於朝] 서서[立] 조정을 방문한 손님들을[賓客] 맞아[與] 담소하는 일을[言] 시킬 수 있겠으나[可使] 자화가[其] 어진지는[仁] 모릅니다[不知].

맹무백이 역(亦)을 묻자 공자께서 위와 같이 말해준다. 역(亦)은 공자의 문하(門下)로, 성은 공서(公西)이고 자는 자화(子華)이다. 예(禮)에 능통했고, 공자보다 42세 연하였다고 한다. 속대(束帶)는 조복에 둘러매는 띠인데 조정의 신하임을 나타낸다. 조(朝)는 조정(朝廷)의 준말이니 곧 신하들이 임금을 알현하는 자리를 뜻한다. 따라서 여기서 속대는 의전실장 정도를 암시한다고 볼 수 있다. 가사여빈객언야(可使與賓客言也)는 가사언여빈객야(可使言與賓客也)로 고쳐 읽으면 뜻을 새기기 더 쉬울 것이다. 언(言)은 여기서 어(語)와 같다. 말하다[言]. 언(言)은 조정에 찾아오는 내방객들을 맞아 상대해 모시는 일을 뜻한다.

역시 공자는 사람의 능력을 알려줄 뿐 사람됨까지 알려줄 수는 없다고 말한다. 함부로 사람을 평가하지 말라 한다. 사람값을 따지기도 어려운데 사람을 제 감정에 치우쳐 악질이니 양질이니 저울질하는 입방아는 재앙을 불러올 뿐이다.

또 역(亦), 묶을 속(束), 띠 대(帶), 설 립(立), 조정 조(朝), 더불어 여(與), 손 빈(賓), 손 객(客), 말할 언(言)

제9장

【문지(聞之)】

문일이지십(聞一以知十)

【원문(原文)】

子謂子貢曰 女與回也로 孰愈오
자위자공왈 여여회야   숙유
對曰 賜也는 何敢望回리이꼬 回也는 聞一以知十
대왈 사야   하감망회   회야   문일이지십
하고 賜也는 聞一以知二하노이다
     사야   문일이지이
子曰 弗如也니라 吾與女의 弗如也니라
자왈 불여야   오여여   불여야

【해독(解讀)】

　공자께서 자공을 불러 말했다[子謂子貢曰]. "회(回)하고 자네 중에서[女與回也] 누가 더 낫겠느냐[孰愈]?"

　자공이 응답해 아뢰었다[對曰]. "제가[賜也] 어찌 안회를 감히 넘본단 말입니까[何敢望回]? 안회는[回也] 하나를 들으면 열을 알아차리지만[聞一以知十], 저는[賜也] 하나를 들으면 둘을 아는 정도입니다[聞一以知二]."

　자공의 말을 듣고 공자께서 말했다[子曰]. "안회만 못하리라[弗如也]. 나와 네가 다 함께[吾與女] 안회만 못하리라[弗如也]!"

【담소(談笑)】

자위자공왈(子謂子貢曰)

공자가 자공(子貢)과 안회(顔回)를 서로 견주어 누가 더 나은지를 묻는다. 안회는 공문(孔門)에서 덕(德)이 가장 높은 제자이고, 자공은 구변이 좋고 이재(理財)에 밝았던 제자이다. 공자가 가장 아꼈던 안회와 자공을 왜 대비시키는가? 자공의 이재(理財)와 안회의 낙도(樂道)를 견주어 낙도를 잊지 말라고 당부하는 뜻이리라. 「선진(先進)」 편 18장을 보면 이보다 더 강하게 안회의 안빈낙도(安貧樂道)를 들이대며 자공에게 반성하라는 어록(語錄)이 나온다. 그리하여 자공의 현실주의(現實主義)가 안회의 안빈낙도보다 못하다는 것을 자공 자신이 인정하게 한다. 자인(自認)하지 않고서는 반성할 수 없고, 반성하지 않고서는 뉘우칠 수 없다. 여기서 공자는 '당신과 자공을 묶어[吾與女]' 자공을 더욱 몸 둘 바 모르게 한다.

여여회야(女與回也) 숙유(孰愈)
▶ 안회와[與回] 너[女] 중에 누가[孰] 낫겠느냐[愈]?

여(女)는 여(汝)와 같다. 너 여(女). 여(汝) 대신에 여(女)를 쓴 경우로 여기서는 단목사(端木賜)를 말한다. 그는 성이 단목(端木)이고 자는 자공(子貢)이며, 위(魏)나라 사람으로 위(魏)와 노(魯)의 재상을 지냈다. 이재(利財)에 밝아 공문(孔門)에서 가장 부유해 공자가 여러 나라를 돌며 왕도를 설파할 때 후원자가 되었다. 『논어(論語)』에 38회 정도로 자주 등장하고, 「자공(子貢)」 편이 묶여 있을 만큼 공문십철(孔門十哲)의 하나이다. 구변이 좋고 일처리에 과감해 염유(冉有)와 함께 정사(政事)에 뛰어났다고 한다. 이런 자공이니 현실주의자일 수밖에 없었다. 「팔일(八佾)」 편 17장에서 곡삭(告朔)에 제물로 바치는 양, 즉 희양(餼羊)을 그만 거두자고 했던 일을 상기하면 자공의 현실주의가 어떠한지 알 만할 것이다. 공자는 희양(餼羊)을 제사의 예물(禮物)로 보았고, 자공은 재물(財物)로 보았다. 이런 자공을 공자가 지금 안빈낙도(安貧樂道)의 화신인 안회와 비교하고 있다.

회(回)는 안회(顔回)를 말한다. 성은 안(顔), 자는 연(淵) 또는 자연(子

淵)이라고 한다. 노나라 사람으로 공자보다 30세 연하였고 32세에 요절했다. 공자의 수제자라 할 수 있다. 『논어』에 「안연(顏淵)」편을 묶어놓았을 만큼 덕행이 으뜸이었다 한다. 공자묘에 공자 다음으로 모셔져 있다. 「안연」편에 가면 공자와 안연 사이를 더 절절하게 만날 수 있다.

숙유(孰愈)에서 숙(孰)은 누구라는 뜻의 의문사로 수(誰)와 같다. 말하자면 영어의 'who'와 같은 셈이다. 유(愈)는 승(勝)과 같다. 더 낫다[愈]. 공자가 너와 안회 중에서 누가 더 낫겠느냐고 자공한테 마치 심문하듯 직접 묻는 말씨를 헤아려보라. "둘 중에 누가 훌륭하느냐[孰愈]?" 성인은 뒤에서 말하지 않는다. 성인은 말은 느려도 결단은 빠르다. 결단을 내렸을 때는 이미 많이 생각해본 다음이므로 사정없이 단호하다. 공자가 자공에게 묻는 숙유(孰愈)는 꼼짝 못하게 하는 심문(審問)과 같다. 스승의 심문에 응하는 자공을 보라. 이재에 밝고 정사에 밝아 극히 현실적인 사람이지만, 공자가 왜 앞 4장에서 소중한 그릇[瑚璉]이라고 평했는지 알 만하리라.

너 여(女), 함께 여(與), 돌아올 회(回), 누구 숙(孰), 나을 유(愈)

사야(賜也) 하감망회(何敢望回) 회야(回也) 문일이지십(聞一以知十) 사야(賜也) 문일이지이(聞一以知二)
▶ 제가[賜] 어찌[何] 감히[敢] 안회를[回] 넘보겠습니까[望]? 안회는[回] 하나를[一] 들으면[聞] 그 하나를 생각해보고 나서[以] 전체를[十] 터득하지만[知], 저는[賜] 하나를[一] 들으면[聞] 둘을[二] 터득하는 정도입니다[知].

망(望)은 여기서 첨(瞻)과 같다. 굽어본다[望]. 물론 망(望)에는 우러러본다는 뜻도 있지만, 앞에 어찌 감히[何敢]란 말이 있으므로 여기서는 얕보고 넘본다는 뜻으로 새긴다. 뒤이어 자공이 실토하는 문일이지십(聞一以知十)과 문일이지이(聞一以知二)를 견주어보면 자공의 솔직한 인품을 알 수 있다.

문일이지십(聞一以知十)은 전체를 두루 다 통달한다는 말이다. 여기 일(一)은 한 가지란 의미보다 처음 또는 시작이란 속뜻이 있고, 십(十)은 끝 또는 종결이란 속뜻이 있다. 일(一)이 수(數)의 시(始)라면 십(十)은 수의 종(終)이다. 그래서 일(一)과 십(十)은 시종(始終)과 동시에 완전한 전체를 뜻한다. 문일이지십(聞一以知十)에서 이(以)는 사(思)와 같다. 생각해보다[以]. 자공이 안연을 일러 그는 온전한 인품이지만 자기는 안연에 비하면 2할에 불과한 인품이라고 아뢴다. 자공이 이재(利財)에 밝아 현실주의자이지만 소인배는 아님을 알 수 있는 대목이다. 공자가 현실적으로 신세를 지면서도 면박하듯 자공을 대하지만, 정작 자공은 섭섭하다 여기지 않고 사실을 사실대로 아뢰고 있으니 그 모습이 커 보인다.

줄 사(賜), 감히 감(敢), 바랄 망(望), 들을 문(聞)

불여야(弗如也) 오여여(吾與女) 불여야(弗如也)

▶ 안회만 못하리라[弗如也]. 너와[與女] 내가[吾] 다 안회만 못하리라[不如也].

여기서 불(弗)은 불(不)과 같고, 여(如)는 사(似)와 같다. 불여(弗如)는 불여어회(弗如於回)로 보충해 새기면 쉽다. 어회(於回)를 생략하여 스승(자공)과 제자(자공)가 서로의 심중을 더욱 절절하게 나누는 효과를 낸다. 성인이 감탄하면 따라서 감탄해도 된다. 이렇게 "불여야(弗如也)"라고 감탄한 다음, "오여여(吾與女)"라고 말한다. 자공의 아쉬운 점을 지적하되 감동적으로 자공을 이끄니 스승과 제자가 하나가 된다. 성인은 듣는 사람이 꼼짝 못하게 가르친다. 나(공자)도 안회만 못하니, 너(자공)를 안연만 못하다 해서 서운해하거나 섭섭해 말아라. 안연을 따라 안연처럼 살면 바로 그 삶이 인도(仁道)가 아니겠느냐는 스승의 절절한 호소가 "오여여불여야(吾與女弗如也)"란 말씀에 숨어 있다. 이 말씀은 우리 모두를 향한 절규이리라.

왜 이렇게 공자가 안회를 칭송하는가. 안회는 공문(孔門)에서 덕(德)의 화신(化身)이기 때문이다. 공문에서 덕이란 무엇인가? 인(仁)을 실천하는 일이다. 그러므로 덕은 인도(仁道)를 넓혀가는 일을 몸소 행하는 것이다. 공자가 「위령공(衛靈公)」편 28장에서 인능홍도(人能弘道)라 한 것이 곧 덕을 말함이 아니었겠는가. 덕 없이는 인도를 넓힐 수 없다는 말이다. 이런 덕 앞에서는 공자든 노자든 다 같다. 다만 노자는 자연의 도(道)를 행함이 덕이라 했고, 공자는 인(仁)의 도(道)를 넓히는 것이 덕이라 했을 뿐이다. 여하튼 도를 실천하는 일을 덕이라고 한다. 서른두 살에 요절한 안연을 공자께서 하늘을 원망하리만큼 안타까워했던 그 뜻을 어느 날에나 사람들이 알아차릴 수 있을까? 감감할 뿐이다. 덕성(德性)은 팽개치고 지성(知性)을 닦아야 산다는 세상이니 말이다.

아니 불(弗), 같을 여(如), 나 오(吾), 함께 여(與)

제10장

【문지(聞之)】

후목불가조(朽木不可雕) 분토지장불가오(糞土之牆不可杇)

【원문(原文)】

宰予晝寢이어늘 子曰 朽木은 不可雕也며 糞土
재 여 주 침   자 왈 후 목   불 가 조 야   분 토

> 之牆은 不可杇也니 於予與에 何誅리오
> 지장 불가오야 어여여 하주
> 子曰 始吾於人也에 聽其言而信其行이러니 今吾
> 자왈 시오어인야 청기언이신기행 금오
> 於人也에 聽其言而觀其行하노니 於予與에 改是
> 어인야 청기언이관기행 어여여 개시
> 와라

【해독(解讀)】

재여가 낮잠을 잤다[宰予晝寢]. 공자께서 말했다[子曰]. "썩은 나무는 조각할 수 없고[朽木不可雕也] 지저분한 흙으로 쌓은 담은 흙손으로 다듬을 수 없으니[糞土之牆不可杇也] 재여 같은 자를 두고 나무라서 무엇 하겠는가[於予與何誅]!"

다시 공자께서 말했다[子曰]. "전에 내가 사람을 대함에[始吾於人也] 말을 들어주고 그의 행실을 믿었지만[聽其言而信其行], 지금은 내가 사람을 대함에[今吾於人也] 말을 듣고서도 그의 행실을 살피게 되었다[聽其言而觀其行]. 재여 같은 자로 해서[於予與] 사람 대하기를 바꾸게 됐다[改是]."

【담소(談笑)】

재여주침(宰予晝寢)

▶ 재여가[宰予] 대낮에[晝] 잠을 잤다[寢].

재여(宰予)는 공문(孔門) 중에서 언어(言語)에 뛰어났다 한다. 재(宰)는 성이고 여(予)는 이름이며, 자는 자아(子我)이다. 재여는 이미 「팔일(八佾)」편 21장에서 공자로부터 꾸중을 들은 적이 있다. 그 때 재여는 주인이률(周人以栗)의 이률(以栗)을 자신의 소견을 붙여 전율(戰栗)이라고 주나라 애공(哀公)에게 아뢰었다. 제멋대로 해석해 주나라 사람이 심은 밤나무[栗]를 율(慄)이라고 말하며 아첨한 셈이다. 무서워 벌벌 떨다[慄]. 아마도 재여는 밤송이의 가시만 생각하고 그 속에 든 밤알은 무시해버린 탓에 밤나무의 알밤[栗]을 두려운 것[慄]으로 잘못 옮겼으리라. 그 일을 두고 공자가 이러니저러니 더 말하지 않겠고[不說], 더는 따지지 않겠으며[不諫], 더는 탓하지 않겠다[不咎]고 재여의 구변(口辯)을 비판했었다. 그런데 여기선 낮잠을 자며 게으름피우는 재여를 두고 공자가 더할 바 없는 비유를 들어 심하게 꾸짖는다.

주관할 재(宰), 나 여(予), 낮 주(晝), 잠잘 침(寢)

후목불가조야(朽木不可雕也) 분토지장불가오야(糞土之牆不可杇也) 어여여하주(於予與何誅)
▶ 썩은 나무는[朽木] 조각할[雕] 수 없고[不可], 더러운 흙을 넣은[糞土] 담은[牆] 흙손으로 손질[杇]할 수 없다[不可].

조(雕)와 장(牆)은 여기서 인재가 되는 과정을 비유하고 있다. 사람이 쓸모 있는 인재가 되려면 수련(修鍊)을 쌓아 다듬어져야 한다. 좋은 조각을 하려면 나무가 좋아야 하고, 좋은 담을 쌓으려면 돌과 돌 사이를 메워주는 흙이 찰져야 한다. 썩은 나무나 더러운 흙은 인재감이 못 된다는 말이다. 후목(朽木)이나 분토(糞土) 같은 인간이 되지 말라 한다. 게으른 재여를 통하여 우리 모두를 혹독하게 꾸짖고 있다는 생각이다. 성인은 나무랄 일이 있으면 사정을 봐주지 않는다. 쇠뿔은 단김에 빼라. 못된 버릇 여든까지 간다. 성인은 이를 알지만 우리는 모른다. 그래서 성인이 나무랄 때는 무섭다.

썩을 후(朽), 새길 조(雕), 똥 분(糞), 담 장(牆), 흙손 오(杇),
~를 어(於), 어조사 여(與), 나무랄 주(誅)

시오어인야(始吾於人也) 청기언이신기행(聽其言而信其行)
금오어인야(今吾於人也) 청기언이관기행(聽其言而觀其行)
▶ 전에는[始] 내가[吾] 사람을[人] 대함에[於] 그 사람이 했던[其] 말을[言] 듣고[聽] 그 사람의[其] 행동을[行] 말 그대로 믿었다[信]. 지금은[今] 내가[吾] 사람을[人] 대함에[於] 그자의[其] 말을[言] 듣고[聽] 그 사람의 말과 같은지[其] 행동을[行] 살펴본다[觀].

오어인(吾於人)의 어(於)는 대(對)와 같다. 마주 대한다[於]. 여기서는 사람을 대하는 방법을 말한다. 사람됨을 알아볼 수 있는 것은 그 사람의 말과 행동이다. 공자가 처음에는 사람이 하는 말을 그대로 그냥 믿었다가, 재여 같은 사람 탓에 지금은 사람의 말을 살펴서 듣게 되었다 한다. 이는 사람을 의심하는 버릇이 생겼다는 말이다. 「옹야(雍也)」편 17장에서 공자는 "삶은 직(直)이다[人之生直也]"라고 단언한다. 곧지 않으면 삶이 아니다. 그래서 공자는 재여를 썩은 나무와 더러운 흙에 비유한 것이다. 당신의 말은 곧 행동인가? 그렇지 않고 겉 다르고 속 다르다면 당신도 썩은 나무요 더러운 흙과 같다는 혹평을 면하기 어렵다.

처음 시(始), 대할 어(於), 들을 청(聽), 믿을 신(信), 이제 금(今), 살필 관(觀)

어여여(於予與) 개시(改是)
▶ 재여를[予] 대하고[於] 말이야[與], 위와 같이 사람 대하는 것을[是] 고치게 되었다[改].

어여여(於予與)의 여(與)는 어조사로서 공자의 심정을 드러내고 있다. 여기서 여(與)는 실망하는 마음을 토로하고 있다고 볼 수 있다. 시개(是改)는 개시(改是)를 강조하려고 시(是)를 앞에 둔 것이다.

공자가 「위정(爲政)」편 4장에서 "육십이이순(六十而耳順)"이라 했는데, 지금처럼 재여를 꾸짖었던 때는 아마도 공자가 예순이 되기 전이었을 터이다. 남의 말을 살펴듣는다고 하면 이순(耳順)은 아니기 때문이다. 남의 말을 그냥 그대로 듣는다[耳順]. 이 이순은 서(恕)의 극치다. 이해하고 믿고 사랑해 용서해준다[恕].

그렇다고 여기서 공자의 시개(是改)를 절하해서는 안 된다. 정직을 버린 사람은 용서할 수 없기 때문이다. 정직하지 못하면 삶을 망가지게 하고 만다. 성인은 그런 일을 결코 용서하지 않는다. 따지고 보면 세상에는 성인의 용서를 받을 사람이 별로 없다. 그래서 난세(亂世)라 한다. 재여 같은 인간이 많아서이다.

> 어조사 여(與), 고칠 개(改), 이것 시(是)

제11장

【문지(聞之)】
오미견강자(吾未見剛者)

【원문(原文)】

> 子曰 吾未見剛者케라
> 자왈 오미견강자
> 或對曰 申棖이니이다
> 혹대왈 신정
> 子曰 棖也는 慾이어니 焉得剛이리오
> 자왈 정야 욕 언득강

【해독(解讀)】
공자께서 말했다[子曰]. "나는 아직 강직한 사람을 본 적이 없다[吾未見剛者]."
이 말씀에 대하여 어떤 이가 말했다[或對曰]. "신정이 있습니다[申棖]."
공자께서 말했다[子曰]. "신정은 욕심이 많다[棖也慾]. 어찌 강직하다 하겠는가[焉得剛]?"

【담소(談笑)】
자왈(子曰)
인생지직(人生之直)을 더욱 강조하고 있다. 강자(剛者)란 굳센 사람이다. 굳세다 함은 자신을 강하게 한다는 뜻이다. 체력이 강하다고 강자가 아니다. 정신이 강해야 강자임을 공자가 말하고 있다. 정신을 비겁하게 하는 것을 욕(慾)이라고 한다. 강자가 되려면 먼저 욕(慾)을 물리칠 수 있는 힘이 있어야 한다. 그런 힘은 내 안에 있지 내 밖에는 없음을 알라 한다.

오미견강자(吾未見剛者)
▶ 나는 아직 굳센 사람을 보지 못했다[吾未見剛者].
강(剛)을 풀이하여 건강단(健强斷)이라고도 한다. 건강(健强)은 『주역(周易)』의 「십익(十翼)」「상사(象辭)」상(上)의 건괘상사(乾卦象辭)에 나오는 '천행건(天行健) 군자이자강불식(君子以自强不息)'을 상기하면 알 수 있다. 건강(健强)은 여기서 따온 말이다. 하늘의[天] 움직임이[行] 건실하니[健], 군자는[君子] 그것으로[以天行] 스스로 힘써[自强] 쉬지 않는다[不息].
여기서 강(剛)은 곧 자강(自强)을 뜻한다. 강(强)은 내가 나를 굳세게 하는 것. 그래서 노자는 자승자강(自勝者强)이라고 했다. 자기를

[自] 이겨내는[勝] 것[者]이 강이다[强]. 자기 몸을 강건하게 하는 게 아니라 자기 마음을 강건하게 함이 강(剛)이요 강(强)이다. 그러니 여기서 강자(剛者)는 자강불식(自强不息)하는 사람이다. 쉬지 않고[不息] 자신을 강하게 한다[自强].

하늘을 본받아 자강불식(自强不息)하는 이를 군자라 한다. 그런데 공자는 지금껏 군자를 본 적이 없다고 말하고 있다. 아마도 제자들을 단련시키기 위하여 이렇게 단언했으리라. 공자의 이 같은 말을 듣고 어떤 자가 강자라고 하면 신정(申棖)이 있지 않느냐고 했다.

아닐 미(未), 볼 견(見), 꼬장꼬장할 강(剛), 놈 자(者)

정야욕(棖也慾) 언득강(焉得剛)
▶ 신정은[棖也] 욕심이 사납다[慾]. 그런데 어찌[焉] 강직하겠는가[得剛]?

욕(慾)은 여기서 탐(貪)과 같다. 욕심이 사납다[慾]. 욕(慾)은 천행(天行)을 어기는 심술(心術)이다. 천행은 무사(無私)하다. 이는 하늘이 하는 일[天行]에는 사(私)가 없다는 뜻이다. 그래서 노자(老子)는 천지불인(天地不仁)이라 했다. 천지는 욕심을 부리지 않는다는 뜻이다. 무사(無私)는 무욕(無慾)이다. 무욕하려고 쉼 없이 스스로 힘쓰는 마음가짐이 곧 강(剛)이다. 이것을 맹자(孟子)는 호연지기(浩然之氣)라 했다. 그러니 공자가 욕심 사나운 신정(申棖)이 어찌 강(剛)을 얻겠는가[得] 하고 반문한 것이다. 신정이란 자는 누구였을까? 공자의 제자란 설이 있지만 확실하지 않다. 하여튼 무사(無私)한 인간을 아직 본 적이 없다는 말하는 공자의 심정은 노자의 심정과 하나도 다를 바 없다. 성인은 서로 다르지 않은데 소인들이 다르다고 서로 시비를 다투는 게 아닌지 모르겠다. 욕심 없는 자를 아직 본 적이 없다. 이 말씀이 우리를 따끔하게 한다.

문설주 정(棖), 욕심 욕(慾), 어찌 언(焉), 얻을 득(得)

제12장

【문지(聞之)】
비이소급야(非爾所及也)

【원문(原文)】

子貢曰 我不欲人之加諸我也를 吾亦欲無加諸
자공왈 아불욕인지가저아야   오역욕무가저
人하노이다
인
子曰 賜也아 非爾所及也니라
자왈 사야   비이소급야

【해독(解讀)】

자공이 여쭈었다[子貢曰]. "저는 남이 저에게 억지 쓰는 것을 바라지 않고[我不欲人之加諸我也], 저 또한 남에게 억지부리기를 바라지 않습니다[吾亦欲無加諸人]."

이에 공자께서 말했다[子曰]. "사야[賜也] 네가 해낼 수 있는 바가 아니다[非爾所及也]."

【담소(談笑)】
자공왈(子貢曰)
자공(子貢)이 복잡하게 살지 않고 간명하게 산다고 스승께 아뢰었다가 면박을 당하고 있다. 누구나 제 얼굴을 쳐다보기란 불가능하니 함부로 자기를 과시해서는 안 된다. 입이나 다물고 있으면 반은 건진 다는 속담이 생각난다. 자공이 입을 잘못 놀렸다. 언변이 뛰어나 정사(政事)에 능한 자공이 자신은 가해(加害)하지도 않고 가해를 당하지도 않는다고 하니 공자가 면박을 주는 것이다.

아불욕인지가저야야(我不欲人之加諸我也) 오역욕무가저인(吾亦欲無加諸人)
▶ 저는[我] 남이[人之] 저를[諸我] 업신여기기를[加] 바라지 않고[不欲], 저[吾] 또한[亦] 남을[諸人] 업신여기지 않기를[無加] 바랍니다[欲].

욕(欲)은 여기서 원(願)과 같다. 하기를 바란다[欲]. 가(加)는 능(凌)과 같다. 깔보고 얕본다[加]. 얕보기를 바라지 않는다[不欲加] 함은 너그러운 마음가짐을 뜻한다. 너그럽고 넉넉한 마음이 곧 용서하는 마음[恕]이다. 저(諸)는 지어(之於)의 준말인데, 어조사 저(諸)로 읽지 제(諸)로 읽지 않는다. 저아(諸我)는 '나한테[諸我]' 정도로 새기면 무난하다.

자공이 남을 얕보지도 않고 남에게 업신여김을 당하기도 싫다고 스승께 아뢴다. 자신은 너그럽게 살려고 노력한다는 말이리라. 말하자면 인도(仁道)를 실천하기 위해 너그러운 마음인 서(恕)를 바탕으로 산다고 말씀드리고 싶었던 모양이다. 그러나 공자는 자공의 뜻을 한마디로 일축해버린다. 이미 앞 4장에서 자공에게 대놓고 "여기(女器)"라고 밝혔는데도 자공이 다시 군자인 척하니 공자가 봐줄 리 없다. 자공을 두고 소중한 인재[瑚璉, 器]이지 인자한 군자(君子)는 아니라고 했었다. 아마도 자공은 오만한 데가 있었던 모양이다. 하기야 위(衛)나라 사람이면서 노(魯)나라 재상까지 지냈으니 자공이 목에 힘준 일도 있었을 것이다.

나 아(我), 하고자 할 욕(欲), 업신여길 가(加), 어조사 저(諸), 나 오(吾), 또 역(亦)

사야(賜也) 비이소급야(非爾所及也)
▶ 사야[賜也] 네가[爾] 해볼 수 있는[及] 바가[所] 결코 아니다[非].
　사(賜)는 자공의 이름이다. 비(非)를 맨 앞에 두면 강한 부정이 된다. 부정으로써 단정하는 말씨이니 비이소급(非爾所及)은 여불급(汝不及)보다 강한 부정을 나타낸다. 왜 스승이 제자의 바람을 결코 행할 수 없는 바라고 한마디로 잘라 말하는가? 다음「위령공(衛靈公)」편 23장에 가면 단호한 스승의 심정을 알 것이다. 죽을 때까지 행해야 할 덕행이 무엇이냐고 묻는 자공에게 서(恕)라고 잘라 말한다. 이는 자공에게 용서하는 마음가짐[恕]이 한결같지 않은 탓이리라. 군자는 변덕스럽지 않으니, 자공이여 스승의 면박에 서러워 말라.

줄 사(賜), 아닐 비(非), 너 이(爾), 바 소(所), 미칠 급(及)

제13장

【문지(聞之)】
부자지문장(夫子之文章)

【원문(原文)】

子貢曰 夫子之文章은 可得而聞也어니와 夫子之
자 공 왈　부 자 지 문 장　　가 득 이 문 야　　　　부 자 지

言性與天道는 不可得而聞也니라
언 성 여 천 도   불 가 득 이 문 야

【해독(解讀)】

자공이 말했다[子貢曰]. "선생의 문물은 얻어들을 수 있으나[夫子之文章可得而聞也], 선생께서 말씀한 성리와 천도는 얻어들을 수 없다[夫子之言性與天道不可得而聞也]."

【담소(談笑)】

자공왈(子貢曰)

공자의 어록이 인생에 관한 이야기임을 말하고 있다. 다시 말해 『논어(論語)』에는 인간이 있고 문화가 있고 정치가 있을 뿐 관념적인 것은 없다는 말이다. 공문(孔門)의 정신은 치세의 길을 넓히는 것이 목적이지 도가(道家)처럼 현묘(玄妙)한 도리를 말하려 하지 않는다. 『논어』가 인간 중심이라면, 『도덕경(道德經)』은 자연이 중심이다. 여기서 자공은 공문의 핵심을 말하고 있다. 『논어』에서 공자는 성(性)과 천(天)에 관해서 각각 두 번 언급했을 뿐, 천(天)과 성(性)에 대해서는 거의 언급하지 않았다. 여기 「공야장(公冶長)」편 외에 「양화(陽貨)」편 2장에서 "성상근야(性相近也)"라 했고, 「양화(陽貨)」편 19장에서 "천하언재(天何言哉)"라고 했을 따름이다.

그렇다고 공자가 천성(天性)에 대하여 거의 언급하지 않았다고 여기지는 말라. 다만 『논어』에서 그렇다는 것이다. 『주역(周易)』「계사전(繫辭傳)」을 보면 역(易)을 풀이한 공자의 말[子曰]을 들을 수 있고, 『중용(中庸)』과 『대학(大學)』을 보아도 공자의 도(道)가 송대(宋代)에 이르러 나온 성리학(性理學)의 연원(淵源)이 될 만큼 천성을 사유(思惟)했음을 알 수 있다. 따라서 13장에서 밝힌 자공의 견해는 어폐가 있다는 생각이다. 하여튼 공자는 가장 인간적인 성인이므로 더욱 위대하다.

부자지문장(夫子之文章) 가득이문야(可得而聞也)
▶ 선생의[夫子] 문물제도에 대한 말씀은[文章] (누구나) 얻어[得] 들을[聞] 수 있다[可].

여기서 문장(文章)은 글월을 말하는 게 아니다. 문물제도 즉 문화 전반을 의미하는 문장이다. 여기서 문(文)은 문(紋)과 같고, 장(章)은 표(表)와 같다. 무늬[文]를 드러냄[章]이 곧 문장(文章)이다. 천문(天文)·지문(地文)·인문(人文) 중에서 부자지문장(夫子之文章)의 문장(文章)은 인문(人文)을 말한다고 보면 된다. 공자의 말씀에는 인문에 관한 것들이 많아 누구든 그 말씀을 얻어들을 수 있다고[可得而聞] 자공이 밝히고 있다. 자공의 이런 지적은 과연 타당한가?

무늬 문(文), 표할 장(章), 가할 가(可), 얻을 득(得), 들을 문(聞)

부자지언성여천도(夫子之言性與天道) 불가득이문야(不可得而聞也)
▶ 인간의 성리(性理)와 천도(天道)에 대한[天道] 선생의 말씀은 [夫子之言] 얻어들을 수 없다[不可得而聞].

성(性)은 성리(性理)란 뜻으로서 본성(本性)의 준말로 보면 된다. 성리는 본성의 이치(理致)라는 말이다. 본성을 우리말로 하면 목숨이리라. 그러니 성(性)은 '만물이 있게 된 저마다의 이치'라는 말이다. 다시 말해 본분(本分)이란 말이다.

천도(天道)는 하늘이 하는 일을 말한다. 그 도(道)가 하는 일을 변동(變動)이라 한다. 자공의 의견과 달리 유가(儒家)의 기본 경전인 『주역(周易)』을 보면 공자가 천성(天性)에 관해 언급하지 않았다고 볼 수는 없다. 물론 『주역』에 붙어 있는 「십익(十翼)」을 공자가 썼다고 확신할 수 없다는 설이 있지만, 공자가 썼다고 보는 쪽이 우세하다. 『주역』의 역사상(易思想)은 천지인(天地人)과 더불어 삼라만상(森羅萬象)에 관류하는 일들의 변화를 깨닫도록 하려는 사려(思慮)를 일깨워 북돋아준다. 따라서 자공의 위와 같은 말은 어폐가 있다고 생각한다.

공자가 밝힌 문물제도[文章] 역시 천도와 밀접한 관련이 있다고 볼 수 있다. 그래서 문장(文章)의 문(文)을 역(易)과 더불어 살피면 인문(人文) 내지 문물(文物)을 이해하는 데 도움이 된다. 『주역(周易)』 「계사전(繫辭傳)」 하(下)에 나오는 다음의 내용을 주목하면 좋겠다. "도유변동고왈효(道有變動故曰爻) 효유등고왈물(爻有等故曰物) 물상잡고왈문(物相雜故曰文) 문부당고길흉생언(文不當故吉凶生焉)." 도(道)에는 변동이 있으므로 효(爻)라 하고[道有變動故曰爻], 효(爻)에는 등급이 있으므로 물(物)이라 하며[爻有等故曰物], 물(物)은 서로 섞여 있으므로 문(文)이라 하고[物相雜故曰文], 문(文)이 마땅치 않으므로 길흉(吉凶)이 생긴다[文不當故吉凶生焉].

물상잡고왈문(物相雜故曰文)에서 문(文)은 삼라만상이 드러나 있는 모습 즉 무늬를 말한다. 이러한 천지의 무늬[文]를 따라서 인간의 문물제도가 생겨난다고 보는 것이 동양적 인문관(人文觀)이다. 특히 문(文)이 부당(不當)하여 길흉이 생긴다고 한 부분을 주목했으면 한다. 인간이 만들어내는 문물제도에 부당성(不當性)이 끼어든다. 그래서 흥망(興亡)이 생긴다. 공자가 이러한 흥망을 모르고 외면할 리 없었을 것이다. 왜 공자가 패도(霸道)를 버리고 왕도(王道)로써 정치하라고 했겠는가? 왕도는 문물(文物)을 길(吉)하게 하지만, 패도는 흉(凶)하게 하는 까닭이 아닌가. 그러니 함부로 공자가 천(天)·성(性)을 말하지 않았다고 단언할 수는 없다.

목숨 성(性), 함께 여(與), 하늘 천(天)

제14장

【문지(聞之)】
자로유공유문(子路唯恐有聞)

【원문(原文)】

子路는 有聞이오 未之能行하야서 唯恐有聞하더라
자로   유문   미지능행   유공유문

【해독(解讀)】
　자로는 가르침을 듣고[子路有聞] 그 가르침을 미처 실천하지 못했으면[未之能行], 유독 다른 가르침을 듣기 두려워했다[唯恐有聞].

【담소(談笑)】
　자로유문(子路有聞) 미지능행(未之能行) 유공유문(唯恐有聞)
▶ 자로는[子路] 선생의 가르침을 듣고[有聞] 그 가르침을[之] 미처 실천하지 못했으면[未能行], 새로 다른 가르침을 듣기를[有聞] 몹시[唯] 두려워했다[恐].

　자로(子路)는 공자로부터 무모하리만큼 과감해서 탈이라고 꾸중을 자주 들었던 제자이다. 앞서 7장에서도 "유야호용과아(由也好勇過我) 무소취재(無所取材)"라고 꾸지람을 들은 바 있다. 그 자로의 성품을 여기서 엿볼 수 있다. "유는 용맹을 좋아하기는 나를 능가하는데[由也好勇過我], 곰곰이 따져볼 것들을 챙겨보려는 바가 없다[無所取材]"고 혼났던 자로가 왜 두려워한다[恐]는 것인가? 선생의 가르침을 실천할 수 없을까 두려워한 것이다. 물론 선생의 가르침은 덕행(德行)이다. 「안연(顏淵)」편 12장에서 "내가 승낙한 것이면 미루는 법이

없다[子路無宿諾]고 공자가 자로를 칭찬하는 까닭을 여기 14장에서 알 수 있으리라.

덕(德)이란 입으로 되는 것이 아니다. 덕은 마음과 몸이 하나 되어 행해야 이루어진다. 그래서 누구에게나 덕성(德性)은 있겠지만 덕행(德行)은 참으로 흔치 않다. 자로야말로 순진한 행동파였던 모양이다. 그러니 공자께서도 자로를 좋아했을 터이다. 의뭉하고 꿍한 인간이 못났다고 욕을 먹는 법이다.

길 로(路), 아닐 미(未), 오직 유(唯), 두려울 공(恐)

제15장

【문지(聞之)】
민이호학(敏而好學) 불치하문(不恥下問)

【원문(原文)】

子貢이 問曰 孔文子를 何以謂之文也니이고
자공   문왈 공문자   하이위지문야
子曰敏而好學하며 不恥下問이라 是以謂之文也
자왈민이호학   불치하문   시이위지문야
니라

【해독(解讀)】
자공이 물어 여쭈었다[子貢問曰]. "공문자께 어째서 문(文)이란 시호를 붙였습니까[孔文子何以謂之文也]?"

공자께서 말했다[子曰]. "총명하여 배우기를 좋아했고[敏而好學] 아랫사람에게 묻기를 부끄러워하지 않아[不恥下問] 문(文)이란 시호를 내린 것이다[是以謂之文也]."

【담소(談笑)】
자공문왈(子貢問曰) 공문자하이위지문야(孔文子何以謂之文也)
▶ 자공이 물어 여쭈었다[子貢問曰]. "공문자에게[孔文子] 어째서[何以] 문이란 시호를[文] 붙였습니까[謂之]?"
공문자(孔文子)는 위(衛)나라 대부(大夫)이다. 성은 공(孔), 이름은 어(圉), 시호(諡號)가 문(文)이라 한다.
자공이 스승께 어째서 공문자에게 문(文)이란 시호를 내렸는지 묻고 있다. 시호(諡號)의 시(諡)는 죽은 자에게 임금이 생전의 삶을 치하하여 내려주는 호칭을 말한다. 공문자가 죽어서 위나라 임금으로부터 문(文)이란 시호를 받았던 모양이다. 자공이 그 까닭을 알고자 한다. 이에 공자는 호학(好學)이라고 그 까닭을 밝힌다. 동양의 성인(聖人)들 중에서 공자가 유독 학문(學文)의 탐구를 좋아하라[好學]고 강조했던 것을 여기서도 알 수 있다.

바칠 공(貢), 물을 문(問), 클 공(孔), 무엇 하(何), 일컬을 위(謂)

민이호학(敏而好學) 불치하문(不恥下問) 시이위지문야(是以謂之文也)
▶ 재질이 총명하여[敏] 배우기를[學] 좋아했고[好], 아랫사람한테[下] 묻기를[問] 부끄러워하지 않았다[不恥]. 그래서[是以] 문이란 시호로[文] 그를[之] 일컫는다[謂].
민(敏)은 여기서 총(聰)과 같다. 총명하다[敏]. 예민하고 명민하다[敏]. 재능이 뛰어나다는 말이다. 재주가 월등하면 경박해 호학(好學)

을 꺼리는 경우가 허다하다. 하문(下問)의 하(下)는 아랫사람을 말한다. 모르면 아랫사람한테도 묻는다[下問]. 소인배는 자존심이 상한다면서 묻기를 꺼린다. 그렇듯 모르면서 아는 체하는 것이 소인배의 속임수이다. 그런 속임수가 스스로를 우둔하게 한다. 불민(不敏)한 인간이 그래서 생긴다. 왜 공자가 모르면 모른다 하고, 알면 안다 하는 것이 앎[知]이라고 했는지 알 만하다.

그러나 재주 하나만 믿고 성실히 탐구하는 일을 게을리하는 사람이 너무나 많다. 그래서 재승박덕(才勝薄德)이란 말이 생겼다. 재주가 뛰어나지만 덕이 없다[才勝薄德]. 그러면 공자가 강조하는 호학(好學)은 불가능하다. 공자의 호학은 어떤 것일까?『서경(書經)』4장에서 고요모(皐陶謨)가 밝힌 구덕(九德)을 갖춘 학문을 일컫는다고 보아도 무방하리라. 그 행유구덕(行有九德)을 참고삼아 살펴두자.

·관이률(寬而栗) : 너그럽되 위엄 있어라
·유이립(柔而立) : 부드럽되 꿋꿋해라
·원이공(愿而恭) : 진실하되 공손해라
·난이경(亂而敬) : 다스리되 공경하라
·요이의(擾而毅) : 온순하되 굳세라
·직이온(直而溫) : 곧되 온화해라
·간이렴(簡而廉) : 간략하되 세심해라
·강이색(剛而塞) : 억세되 착실해라
·강이의(彊而義) : 용맹스럽되 올발라라

이와 같은 행유구덕(行有九德)을 떠나면 호학(好學)은 성립될 수 없다. 호학(好學)의 학(學)은 진리(眞理)를 탐구하는 학문(學問)의 학(學)에 앞서 먼저 사람이 되는 길을 탐구하는 학문(學文)의 학(學)이기 때문이다. 이러한 호학이므로 공자의 말씀이 이재(利財)에 밝고 정사(政事)에 뛰어났던 자공의 속을 뜨끔하게 했을 것이다. 우리 모두 돈벌기라면 눈을 빛내지만, 사람이 되라는 구덕(九德)은 떫다고 할 테니 말이다. 이미 이 세상은 행유구덕(行有九德)을 팽개친 지 오래되었다. 그러니 공자의 호학은 저리 가버린 셈이고, 물질을 탐구해 이윤을 높이려는 학문(學問)이 기승을 부릴 뿐이다. 다시 공자가 오신다면 슬퍼하리라. 사람들이 물지(物至)에 빠져 덕을 버렸으니 말이다. 돈이 사람 잡는 현실을 일러 물지의 세상이라 한다.

> 총명할 민(敏), 좋아할 호(好), 배워 터득할 학(學), 부끄러울 치(恥)

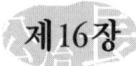
제16장

【문지(聞之)】
유군자지도사(有君子之道四)

【원문(原文)】

> 子謂子産하사대 有君子之道四焉이니 其行己也恭
> 자위자산   유군자지도사언   기행기야공
> 하며 其事上也敬하며 其養民也惠하며 其使民也義
>   기사상야경   기양민야혜   기사민야의
> 니라

【해독(解讀)】
　공자께서 자산을 평해 말했다[子謂子産]. "자산에게는 군자의 도가 네 가지 있었다[有君子之道四焉]. 그는 몸가짐을 공손히 했고[其行己也恭], 윗사람을 섬기는 데 정성을 다했으며[其事上也敬], 백성을 거두

는 데 자혜로웠고[其養民也惠], 백성을 부리는 데 의로웠다[其使民也義]."

【담소(談笑)】
자위자산(子謂子産)
▶ 공자께서[子] 자산을[子産] 평했다[謂].

자산(子産)은 정(鄭)나라의 대부(大夫)이다. 본래 이름은 공손교(公孫僑)이며 자산은 자(字)이다. 정나라의 현명한 재상이었으며, 공자가 30세 되던 해에 사망했으므로 자산의 선치(善治)를 공자가 잘 알았을 터이다. 공자의 정치사상은 주술적인 제정(祭政)을 극복하고 임금이 합리적인 법정(法政)을 이룩할 수 있도록 돕는 데 중심을 두었다. 그래서 공자는 종교와 정치를 분리하고, 인간과 귀신을 구분하며, 문물제도를 널리 이용하고 인간 중심의 인문을 존중하려고 했다. 공자가 이러한 정신을 앞서서 실천했던 자산을 칭송하고 있다.

자산은 공자가 태어나기 2년 전에 정나라의 대신이 되어 거의 30년 동안 재직했는데, 약했던 정나라를 부강한 나라로 이끈 현명한 재상이다. 자산은 춘추시대의 이름난 현재(賢宰)로 꼽힌다. 자산 이외에도 제(齊)나라의 안영(晏嬰)과 진(晉)나라의 숙향(叔向) 등 춘추시대에는 현자(賢者)들이 정치하여 평화와 문화를 꽃피우고 경제를 부흥시켰다. 군자의 정치참여를 강조했던 이들은 공자에게 좋은 본보기가 되었을 것이다.

공자가 자산의 사람됨을 극찬하고 있다. 자산은 제정(祭政)시대를 법정(法政)시대로 이끈 현재(賢宰)라고 한다. 자산은 동기(銅器)에 제정한 법을 새겨 넣게 했는데, 이로써 법을 명문화(明文化)한 시조로 불리기도 한다. 문자로 법을 기록한 것을 성문법(成文法)이라고 한다. 말하자면 자산은 법치(法治)의 단서를 제공한 셈이다. 그리고 자산은 농업 증산을 도모했고, 세금을 합리적으로 거두게 했다. 이와 같은 업적에서 보듯 자산은 비합리적이었던 주술적인 정치, 즉 제정(祭政)을 시정했던 개혁주의자로서 고대 중국사상사에서 중요한 의의를 지닌다. 공자 자신보다 앞서서 자산이 인도(仁道)를 실천에 옮긴 점을 공자가 인정하고 있는 대목이라 할 수 있다.

평가할 위(謂), 만들어낼 산(產)

유군자지도사언(有君子之道四焉)
▶ 자산에게는[焉] 군자의 도로서[君子之道] 네 가지가[四] 있었다[有].

언(焉)은 여기서 어시(於是)의 준말로 보고, 시(是)는 자산(子產)으로 바꾸어 보면 된다. 그래서 언(焉)을 '자산에게[於子產]' 정도로 새기면 된다. 유(有)는 주어를 뒤에 둔다. 사(四)가 유(有)의 주어이다.

이에 언(焉)

기행기야공(其行己也恭)
▶ 자산의[其] 몸가짐은[行己] 공손했다[恭].

여기서 기(其)는 영어의 'his'처럼 새기면 된다. 행기(行己)는 처신(處身)이란 말과 같다. 물론 행기(行己)가 마음가짐과 몸가짐을 아울러 뜻한다고 보아도 된다. 공(恭)은 경(敬)과 같다. 공(恭)은 화(和)이며, 숙(肅)이며, 봉(奉)이라고 한다. 공순하고[和], 엄숙하며[肅], 받드는[奉] 마음과 몸가짐이 곧 공(恭)이다. 그 당시 재상(宰相)이라면 현재는 국무총리격인데, 높은 벼슬자리에 있으면서도 자산은 항상 겸허하고 겸손하게 처신했다는 것이다. 이러한 공(恭)이 군자의 길이라고 밝히고 있다. 그러니 군자에게는 오만(傲慢)이란 없다. 오직 소인배만이 오만하고 건방질 뿐이다.

그 기(其), 행할 행(行), 나 기(己), 공경할 공(恭)

기사상야경(其事上也敬)
▶ 자산이[其] 윗사람을[上] 섬김에는[事] 삼가 충성을 다했다[敬].

경(敬)은 경충(敬忠)의 준말로 보면 된다. 「위정(爲政)」편 20장에서 보았던 '사민경충이권(使民敬忠以勸)'의 경충(敬忠)과 뜻이 같은 경(敬)이다. 경(敬)은 진선폐사(陳善廢邪)를 뜻한다. 선을 넓히고[陳善] 악을 빚어내는 간사함을 폐하는[廢邪] 마음가짐이 곧 경(敬)이라 한다. 이를 통해 자산이 임금을 모시는 데 삼가 정성을 다하여 정직한 마음으로 임했음을 알 수 있다. 이러한 경(敬)이 곧 군자의 길이라고 밝히고 있다. 그러니 군자한테 이만(易慢)이란 없다. 오직 소인배가 게으르고 핑계를 찾는다.

섬길 사(事), 윗사람 상(上), 공경할 경(敬)

기양민야혜(其養民也惠)
▶ 자산이[其] 백성을[民] 잘살게 하는 데는[養] 어질었다[惠].

양(養)은 여기서 육(育) 또는 목(牧)과 같다. 양민(養民)은 목민(牧民)과 같다. 양민(養民)은 백성을 먹고살게 한다는 뜻이다. 그러나 백성을 불안하게 하는 양민(養民)은 혜(惠)가 아니다. 양민을 안민(安民)으로 이끌어야 혜(惠)이다. 그래서 혜(惠)는 여기서 인(仁)과 같다. 백성의 뜻을 따라 다스린다 함이 곧 양민(養民)의 혜(惠)인 셈이다. 이러한 혜(惠)가 곧 군자의 길이라고 밝히고 있다. 어질어야 바라는 바 없이 베풀 수 있다. 소인배는 그런 베풀기를 죽기보다 더 싫어한다. 주고받기를 흥정해야지 왜 베푸느냐고 따지는 소인배는 절대 손해를 볼 수 없어 모질다.

기를 양(養), 어질 혜(惠)

기사민야의(其使民也義)
▶ 자산이[其] 백성을[民] 부림에는[使] 의로웠다[義].

사(使)는 사민역(使民役)을 떠올리면 된다. 그냥 사역(使役)이라고 한다. 백성으로[民] 하여금[使] 일을 시킨다[役]. 나라의 일을 백성에게 맡겨 시킨다는 말이다. 자산은 백성들로부터 한(恨)을 사는 부역(負役)을 피해서 백성으로 하여금 나라를 위해 일하도록 공평하게 맡겼다 한다. 그래서 그 사민(使民)을 일러 공자가 의(義)라고 밝힌 것이다. 의롭다 함은 사(私)가 없어 편애가 없다는 뜻이다. 공명하고 정대한 사민(使民)을 일러 선치(善治)라 한다. 백성의 원한을 사지 않는 다스림이야말로 정치의 의(義)일 것이다. 이러한 의가 바로 군자의 길이라고 밝히고 있다. 군자는 무친(無親)하고 소인배는 유친(有親)한다. 소인배는 패거리를 만들고 군자는 패거리를 격파한다.

이처럼 공자는 자산을 빌려 군자의 길을 네 가지로 나누어 평하고 있다. 공(恭)·경(敬)·혜(惠)·의(義). 물론 이 네 가지만 군자의 길이란 말은 아니다. 앞 장에서 참고로 보았던 고요모(皐陶謨)가 밝힌 구덕(九德) 역시 군자의 길이라 할 수 있다. 그러나 나라가 잘 되도록 다스리려면 무엇보다도 위와 같이 공자가 밝힌 네 가지 길이 곧 군자의 치도(治道)이리라.

하여금 사(使), 백성 민(民), 옳을 의(義)

제17장

【문지(聞之)】
선여인교(善與人交)

【원문(原文)】

子曰 晏平仲은 善與人交로다 久而敬之오녀
자왈 안평중 선여인교   구이경지

【해독(解讀)】
공자께서 말했다[子曰]. "안평중은 사람들과 잘 사귀었고[晏平仲善與人交], 오래 사귀어도 남들을 공경했다[久而敬之]."

【담소(談笑)】
자왈(子曰)
안평중(晏平仲)은 제(齊)나라의 대부(大夫)이다. 성은 안(晏), 이름은 영(嬰), 자(字)는 중(仲)이고 시호(諡號)가 평(平)이다. 앞에 설명한 정(鄭)나라 자산(子産)처럼 제나라를 부강하게 했던 현명한 대부였다. 공자가 시호를 붙여 안중(晏仲)을 안평중(晏平仲)으로 호칭한 것에서 안중이 사망한 다음에 평한 말씀임을 알 수 있다.

안평중선여인교(晏平仲善與人交) 구이경지(久而敬之)
▶ 안평중은[晏平仲] 사람들과 함께[與人] 잘[善] 사귀었고[交], 사권 지 오래되어도[久] 사권 사람을[之] 공경했다[敬].

공자가 대인관계를 들어 안평중을 매우 좋게 평하고 있다. 그런데 사실 공자와 안평중은 달갑지 않은 인연을 가진 사이다. 공자가 35세

무렵 제나라에 출사(出仕)하려고 했는데 재상이었던 안영의 반대로 뜻을 이루지 못했기 때문이다. 그런 안영을 두고 공자가 위와 같이 높이 평한 것을 곰곰이 생각하게 된다. 공자는 자기를 거부했던 사람을 전혀 사심(私心) 없이 대하고 있다. 안평중 같은 현명한 재상이 왜 공자를 거부했을까? 모를 일이다. 하여튼 달면 삼키고 쓰면 뱉는 짓은 소인배나 하지 공자 같은 성인은 애당초 그런 짓을 모른다.

늦을 안(晏), 다스릴 평(平), 버금 중(仲), 함께 여(與), 사귈 교(交), 오래 구(久), 공경할 경(敬)

제18장

【문지(聞之)】
거채(居蔡) 산절(山節) 조절(藻梲)

【원문(原文)】

子曰 藏文仲居蔡하되 山節하며 藻梲하니 何如其知也리오
자왈 장문중거채   산절   조절   하여기 지야

【해독(解讀)】

공자께서 말했다[子曰]. "장문중이 큰 거북을 두고[藏文仲居蔡] 기둥 끝에 산을 새기고[山節] 대들보에다 무늬를 그려넣었으니[藻梲] 어찌 현명하다 하겠는가[何如其知也]!"

【담소(談笑)】
자왈(子曰)

장문중(臧文仲)은 노(魯)나라의 대부이다. 성은 장손(臧孫), 이름은 진(辰), 자(字)는 중(仲)이고, 시호는 문(文)이다. 삼환(三桓)의 세력이 커지기 전 오랜 기간 동안 노나라를 잘 다스렸다고 한다. 공자보다 60여 년 앞선 사람이기 때문에 공자가 장중(臧仲)이라 부르지 않고 시호를 붙여 장문중(臧文仲)이라고 부르고 있다. 하지만 공자는 장문중을 비판적으로 평하고 있다. 장문중이 대부이면서도 임금처럼 행세했기 때문이다. 그런 행세가 아마도 삼환에게까지 이어졌던 모양이다. 삼환의 무도함은 「팔일(八佾)」편에서 익히 보았다.

장문중거채산절조절(臧文仲居蔡山節藻梲)
▶ 장문중이[臧文仲] 큰 거북을[蔡] 감추어두고[居], 기둥 끝에[節] 산을 새기고[山], 대들보에다[梲] 무늬를 새겼다[藻].

거채(居蔡)의 거(居)는 장(藏)과 같다. 감추어두다[居]. 채(蔡)는 대귀(大龜)를 말한다. 옛날에 천자(天子)가 큰 거북의 등을 종묘에 숨겨두고 나라에 대사(大事)가 있을 때 길흉(吉凶)을 점쳤던 일을 거채라 한다. 산절(山節)의 절(節)은 기둥머리 즉 주두(柱頭)를 뜻하고, 그 기둥머리에 산을 조각하는 일을 산절이라 한다. 다시 말해 산절은 궁궐의 기둥을 장식하는 것을 말한다. 조절(藻梲)의 절(梲)은 대들보를 뜻하고, 조(藻)는 무늬를 그려넣는 것을 말한다. 조절 역시 궁궐의 대들보를 장식하는 것을 말한다.

장문중은 대부의 신분이면서도 천자만이 할 수 있는 거채(居蔡)를 범했고, 자기 집 기둥머리에 궁궐처럼 산 무늬를 그려 넣었으며, 대들보에 무늬를 새겼다. 공자는 장문중이 대부로서 예를 어긴 것을 비판하여 어떻게 그런 장문중이 현명하겠느냐고 반문하고 있다. 비록 노나라를 오랫동안 잘 다스렸다 하지만 대부이면서 천자의 흉내를 냈으니 무례(無禮)했다는 것이다. 예(禮)를 어기면 군자일 수 없다.

감출 장(藏), 감추어둘 거(居), 거북 채(蔡), 기둥 끝 절(節),
무늬 조(藻), 대들보 절(梲).

제19장

【문지(聞之)】

미지언득인(未知焉得仁)

【원문(原文)】

子張問曰 令尹子文이 三仕爲令尹호대 無喜色하며
자장문왈   영윤자문   삼사위령윤   무희색

三已之호대 無慍色하야 舊令尹之政을 必以告新
삼이지   무온색   구령윤지정   필이고신

令尹하니 如何하니이꼬
령윤   여하

子曰 忠矣니라
자왈 충의

曰 仁矣乎이꼬
왈 인의호

曰 未知케라 焉得仁이리오
왈 미지   언득인

崔子弑齊君이어늘 陳文子有馬十乘이러니 棄而違
최자시제군   진문자유마십승   기이위

之하고 至於他邦하야 則曰 猶吾大夫崔子也라 하고
지   지어타방   즉왈 유오대부최자야

違之하며 之一邦하야 則又曰 猶吾大夫崔子也라
위지   지일방   즉우왈 유오대부최자야

하고 違之위지하니 如何여하하니꼬
子曰자왈 清矣청의니라
曰왈 仁矣乎인의호이고
曰왈 未知미지케라 焉得仁언득인이리오

【해독(解讀)】

자장이 물었다[子張問曰]. "영윤 자문은 세 번이나 출사했지만[令尹子文三仕爲令尹] 기뻐하는 표정을 짓지 않았고[無喜色], 세 번 벼슬을 그만두어도[三已之] 노여워하는 기색이 없었으며[無慍色], 물러나면서 전임 영윤의 정사를[舊令尹之政] 반드시 신임 영윤에게 알려주었으니[必以告新令尹] 영윤 자문은 어떻습니까[如何]?"

이에 공자께서 말해주었다[子曰]. "충성스럽다[忠矣]."

자장이 되물었다[曰]. "인(仁)으로 보아도 되겠습니까[仁矣乎]?"

공자께서 말했다[曰]. "아직 모르는 것이 있는데[未知] 그렇다고 해서 어찌 인을 얻었다고 하겠는가[焉得仁]!"

(이어서 또 자장이 물었다.)

"최자가 제나라 임금(장공)을 죽이자[崔子弑齊君], 진문자는 말 십 승이 있었지만[陳文子有馬十乘] 버리고 제나라를 떠나[棄而違之] 다른 나라로 갔습니다[至於他邦]. 다른 나라에 가서 말하기를[則曰] '내 나라 최자 같구먼[猶吾大夫崔子也]' 하고 그 나라를 떠나[違之] 다시 다른 나라로 갔습니다[一邦]. 그 다른 나라에 가서 또 말하기를[則又曰] '내 나라 대부 최자 같구먼[猶吾大夫崔子也]' 하고 그 나라마저 떠났다 하니[違之] 진문자는 어떻습니까[如何]?"

공자께서 대답해주었다[子曰]. "그는 청백하다[清矣]."

5 ● 공야장

자장이 되물었다[曰]. "인(仁)이라 해도 되겠습니까[仁矣乎]?"

공자께서 말했다[曰]. "아직 모르는 것이 있는데[未知] 그렇다고 해서 어찌 인을 얻었다고 하겠는가[焉得仁]!"

【담소(談笑)】
자장문왈(子張問曰)

자장(子張)은 공자의 제자로서 이미 「위정(爲政)」편 18장에서 언급한 바 있다. 자장이 사례를 들어 공자께 인(仁)을 묻고 있다. 하나의 사례(事例)만으로 인(仁)이라 할 수는 없음을 공자가 가르쳐주고 있다. 좋은 일이라도 그 한 가지로 곧 인(仁)이라고 해서는 안 된다는 것을 깨우치게 한다.

영윤자문삼사위령윤(令尹子文三仕爲令尹) 무희색(無喜色)

▶ 영윤 자문이[令尹子文] 세 번 벼슬에 나아가[三仕] 영윤에[令尹] 임명되었지만[爲], 기뻐하는 표정을[喜色] 짓지 않았다[無].

영윤 자문(令尹子文)은 초(楚)나라 대부(大夫)로 성은 투(鬪), 이름은 구(穀), 자는 오토(於菟) 또는 자문(子文)이다. 영윤(令尹)은 재상(宰相)과 같은 관직의 이름이다. 삼사(三仕)의 사(仕)는 출사(出仕)의 준말이다. 세 번 벼슬길에 나아갔다[三仕]. 희색(喜色)의 색(色)은 안색(顏色)의 준말로 보면 된다. 얼굴빛[色]. 무(無)도 유(有)처럼 주어를 뒤에 두는 동사이다.

영윤 자문은 벼슬길에 올랐다 하여 우쭐해하지 않았던 모양이다. 그렇지만 자장이 제시한 일화(逸話)만으로는 이 영윤 자문이 자산(子産)처럼 재상 노릇을 현명하게 했다고 판단하기는 어렵다 한다.

벼슬할 사(仕), 될 위(爲), 기쁠 희(喜), 얼굴빛 색(色)

삼이지(三已之) 무온색(無慍色)
▶ 세 번이나[三] 벼슬을[之] 그만두었지만[已], 노여운 기색을[慍色] 짓지 않았다[無].

이(已)는 여기서 거(去)와 같다. 버리다[已]. 이지(已之)의 지(之)는 여기서 영윤(令尹)을 가리키는 대명사와 같다. 온색(慍色)의 온(慍)은 노(怒)와 같다. 성내다[慍].

벼슬을 그만두었을 때 자문은 억울해하는 기색을 보이지 않았던 모양이다. 물론 군자는 남이 알아주지 않아도 성내지 않는다[人不知而不慍]고 앞서 「학이(學而)」편 첫 장에서 공자가 말했다. 그러나 여기의 무온색(無慍色)이 군자불온(君子不慍)과 같다고 보기는 어렵다. 여기서는 단지 벼슬을 그만두게 됐을 때 자문이 어찌했는지를 말하고 있기 때문이다.

그런데도 자장은 자문의 무희색(無喜色)과 무온색(無慍色)을 들어 그의 사람됨이 어떠냐[何如]고 묻는다. 이에 공자는 충(忠)이라고 간단히 대답해준다. 자문이 충성스러운 신하라는 대답이다. 이에 자장은 다시 자문이 어질지 않느냐[仁矣乎]고 물었다.

버릴 이(已), 그것 지(之), 성낼 온(慍)

미지(未知) 언득인(焉得仁)
▶ 깨달음에 이르지 못했는데[未知] 어찌[焉] 어짊을[仁] 얻었겠는가[得].

지(知)는 여기서 유(諭)와 같다. 깨달아 이르다[知]. 자장이 자문이 어질지 않느냐고 묻자 공자가 미지(未知)란 말로써 자문의 사람됨을 언급한 것이다. 착한 일이라 해서 그 일이 곧 인(仁)은 아니다. 안민(安民)을 떠난 인은 불가능하다. 백성을 마음 편하게 한다[安民].

여기서 공자가 밝힌 미지(未知)란 말씀이 자문은 아직 군자의 도

(道)를 다 터득하지 못했다는 말씀으로 들린다. 군자의 도를 깨달아 실천해야 비로소 인(仁)이라 할 수 있다는 것이다. 소인도 한 순간은 어질고 착할 수 있다. 그런 순간만 보고 소인을 인자(仁者)라고 할 수 없듯이, 어떤 사례나 일화를 들어 인(仁)이 아니냐고 묻지 말라는 것이다. 그러나 자장은 다시 진문자(陳文子)를 들어 인(仁)이 아니냐고 묻는다.

아닐 미(未), 깨달을 지(知), 어찌 언(焉), 얻을 득(得)

최자시제군(崔子弑齊君) 진문자유마십승(陳文子有馬十乘) 기이위지(棄而違之)
▶ 최자가[崔子] 제나라 임금을[齊君] 죽이자[弑], 말 십승을[馬十乘] 갖고 있었던[有] 진문자는[陳文子] 그 십승을 버리고[棄] 제나라를[之] 떠났다[違].

최자(崔子)는 제(齊)나라의 대부(大夫)로 성은 최(崔), 이름은 저(杼)이다. 최자는 제나라 장공(莊公)을 시(弑)했다. 시군(弑君)은 자신이 섬겼던 임금을 죽인다는 말이다. 즉 반역을 일으켜 임금을 살해하는 짓이다. 이런 꼴을 보고 제나라를 떠나버린 진문자(陳文子)의 사람됨을 자장이 공자께 묻고 있다.

진문자는 제나라의 대부였고 성은 진(陳), 이름은 수무(須無), 시호(諡號)는 문(文)이었다. 이 진문자의 사람됨을 공자가 청(淸)이라고 자장에게 말해주었다. 청백(淸白)하다. 정직하고 청렴해 맑고 맑다[淸]. 왜 공자가 진문자를 그렇게 간명하게 말했을까? 아무래도 마십승(馬十乘)이란 데서 그 실마리를 찾을 수 있을 듯하다. 대부(大夫)는 백승(百乘)의 고을을 다스리고, 제후(諸侯)는 천승(千乘)의 나라를 다스리며, 천자(天子)는 만승(萬乘)의 천하를 다스린다. 그런데 대부이면서도 진문자는 10승(乘)의 고을을 다스렸다 하니 90승을 더 탐할 수 있는 벼슬에 있었던 것이다. 여기서 승(乘)은 말 네 필이 끄는 병거(兵車)를 말한다. 마십승(馬十乘)이라 했으니 진문자는 40마리의 말과 수레[戰車] 열 대를 두었다는 말이다. 이를 통해 진문자가 다른 대부들에 비해 청렴했음을 알 수 있다.

기이위지(棄而違之)의 기(棄)는 손(損)과 같다. 버리다[棄]. 기(棄) 다음에 마십승(馬十乘)이 있다고 보고 해석하면 쉽다. 위지(違之)의 위(違)는 거(去)와 같고, 지(之)는 제나라를 받는 대명사로 볼 수 있다. 떠나간다[違].

무도(無道)한 최자를 보고 진문자가 고국을 떠나 타방(他邦)으로 갔지만, 그곳에서도 최자와 같은 대부들이 득세하는 꼴을 보고 이 나라 저 나라를 떠돌았다 한다. 이런 진문자를 어질다 해도 되겠느냐고 다시 자장이 되묻자, 공자는 영윤 자문을 두고 했던 말을 그대로 옮겨 줄 따름이다. "깨달음에 이르지 못했는데[未知] 어찌[焉] 어짊을[仁] 얻었겠는가[得]." 역시 어떤 사례를 들어 그것만으로 인(仁)이라고 할 수 없다는 말이다. 군자의 도는 한 순간 어진 일을 한다고 해서 이루어지는 길이 아니라 한다.

> 높을 최(崔), 윗사람을 죽일 시(弑), 늘어놓을 진(陳), 탈 승(乘), 버릴 기(棄), 떠날 위(違)

제20장

【문지(聞之)】
삼사이후행(三思而後行)

【원문(原文)】

季文子三思而後에 行하더니 子聞之하시고 曰再
계 문 자 삼 사 이 후   행   자 문 지   왈 재
斯可矣이니라
사 가 의

【해독(解讀)】

계문자는 세 번이나 생각해본 다음에야 실천했다[季文子三思而後行]. 공자께서 그것을 듣고서는[子聞之] 이렇게 말했다[曰]. "두 번이면 된다[再斯可矣]."

【담소(談笑)】

계문자삼사이후행(季文子三思而後行)

▶ 계문자는[季文子] 세 번[三] 생각해본[思] 다음에[而後] 실천했다[行].

계문자(季文子)는 노(魯)나라의 대부로 계손씨(季孫氏)의 3대(三代)째 인물이다. 이름은 행보(行父), 시호(諡號)가 문(文)이었다. 계문자는 학식이 깊고 충성스러웠으며 매우 신중했다 한다. 그러나 공자는 계문자가 지나치게 신중한 나머지 일을 처리하는 데 우유부단하여 오히려 좋지 않았다고 본 모양이다. 그래서 계문자에 대한 말을 듣고[子聞之] 이렇게 말했다는 것이다. "재사가의(再斯可矣)." 두 번 생각하면[再斯] 충분하다[可]. 재사(再斯)의 사(斯)는 여기서 즉(則)과 같다. 공자는 깊은 사려(思慮)만 중요한 것이 아니라 실천하는 과단성(果斷性)도 중요하다고 본 것이다.

지행(知行)이 어긋나서는 안 된다. 생각은 지행을 어긋나지 않게 하려는 과정이다. 실천이 따르지 않는 지식보다 실천으로 이어지는 지식이 더욱 소중하다고 보는 것이 공문(孔門)의 현실주의라고 하리

라. 그래서 공자가 말하는 출사(出仕)는 인도(仁道)를 실천하는 과정이 되어야 한다. 그런 벼슬하기[出仕]는 개인의 명예를 더하려는 출세(出世)가 아니다. 그러나 출사를 개인의 부귀영화를 위한 출세로 여기는 소인배들 탓으로 세상은 항상 어둡고, 또 그런 벼슬아치들이 백성을 아프게 한다. 공자가 왜 군자의 정치를 부르짖었는지 알 것이다. 정치에서 소인배를 몰아내지 않으면 안민(安民)의 인(仁)을 기대할 수 없다는 것을 널리 알리고자 공자가 천하를 돌아다녔던 것이 아닌가.

끝 계(季), 생각할 사(思), 뒤 후(後), 행할 행(行)

제21장

【문지(聞之)】
방유도즉지(邦有道則知) 방무도즉우(邦無道則愚)

【원문(原文)】

子曰 甯武子는 邦有道則知하고 邦無道則愚하니
자왈 영무자 방유도즉지   방무도즉우
其知可及也어니와 其愚는 不可及也니라
기지가급야   기우   불가급야

【해독(解讀)】
공자께서 말했다[子曰]. "영무자는 나라에 도가 있으면 아는 척했고[甯武子邦有道則知], 나라에 도가 없으면 어리석은 척했다[邦無道則愚]. 그가 아는 척한 것은 누구나 따를 수 있으나[其知可及也], 그가 어리석은 척한 것은 누구나 따를 수 없다[其愚不可及也]."

【담소(談笑)】
자왈(子曰)
공자께서 영무자(甯武子)의 처세관에 대해 말하고 있다. 영무자는 위(衛)나라의 대부였으며 성씨는 영(甯), 이름은 유(兪), 시호가 무(武)였다. 영무자는 난세(亂世)에 임해서도 어리석은 척하면서 임금을 잘 보필했다고 한다. 아마도 공자는 영무자의 이런 점을 높이 산 듯하다.

영무자(甯武子) 방유도즉지(邦有道則知) 방무도즉우(邦無道則愚)
▶ 영무자는[甯武子] 나라에[邦] 도가 있으면[有道則] 지식인 노릇을 했고[知], 나라에[邦] 도가 없으면[無道則] 어리석은 사람인 척했다[愚].

유도(有道)는 치세(治世)를 뜻하고, 무도(無道)는 난세(亂世)를 뜻한다. 바르게 다스려 백성이 편하면 유도(有道)이고, 잘못 다스려 백성이 고통스러우면 무도(無道)이다. 바른 세상에서는 지식인이 제 할 일을 할 수 있지만, 잘못된 세상에선 수난을 당하기 쉽다. 그러므로 나라가 정도(正道)로써 다스려질 때는 아는 척해도 괜찮지만, 난세에 아는 척하고 나서다간 재앙을 면하기 어렵다. 그래서 현명한 사람이 난세에서는 차라리 어리석은 척하며 세상을 등지는 경우가 있다. 현명한 사람에게 이렇게 살기는 어렵지 않을 것이다.

그러나 어리석은 척하며 숨어서 난세를 극복하기란 아무나 다 할 수 있는 일이 아닐 것이다. 영무자는 난세일 때는 어리석은 척하면서 나라가 잘 다스려지게 하려고 애썼다 한다. 그래서 공자가 영무자의 어리석음은 아무나 흉내낼 수 없다[其愚不可及]고 한 것이다. 물론 여기서 공자가 말하는 어리석음[愚]은 노자(老子)가 말하는 어리석음과 다르다. 공자의 우(愚)는 유식(有識)을 전제로 하지만, 노자의 우(愚)는 유식을 버리는 기지(棄知)를 전제로 하기 때문이다. 공자는 호학(好學)하라 하고, 노자는 절학(絶學)하라 한다. 배우기를 그만두라[絶學]. 그리고 지식을 버려라[棄知]. 이런 절학기지(絶學棄知)가 노자의 어리석음이다. 그와 달리 여기서 공자가 말하는 어리석음은 난세를 헤쳐 나가는 처세술(處世術)을 뜻한다.

나라 방(邦), 본받을 즉(則), 어리석을 우(愚)

제22장

【문지(聞之)】
비연성장(斐然成章)

【원문(原文)】

子在陳하사 曰 歸與인저 歸與인저 吾黨之小子狂
자재진   왈 귀여   귀여   오당지소자광
簡하야 斐然成章이오 不知所以裁之로다
간   비연성장   부지소이재지

【해독(解讀)】

공자께서 진나라에서 말했다[子在陳曰]. "돌아가자[歸與]! 돌아가자[歸與]! 내 고장 젊은이들은 우렁차나 치밀하지는 못하고[吾黨之小子狂簡], 아름답게 문물제도를 이루어온 편이지만[斐然成章] 문물제도를 제대로 활용할 줄 모른다[不知所以裁之]."

【담소(談笑)】
자재진왈(子在陳曰)

공자는 56세 무렵에 고향인 노(魯)나라를 떠나 13년 동안 왕도(王道)를 설파하면서 여러 나라를 돌아다녔다. 진(陳)나라는 두 번이나 들렀다 한다. 그러나 이 나라 저 나라를 두루 돌아다녀보았지만 도가 행해지지 않음을 보고, 고국(故國)으로 돌아갈 생각을 하며 진나라에서 당신의 심중을 위와 같이 읊고 있다. 한편으로는 서글퍼 보이면서도 공자가 조국에 대해 가졌던 믿음과 사랑이 절절하다. "귀여(歸與)! 귀여(歸與)!" 돌아가리라[歸與]. 여(與)는 여기서 감탄어조사이다. 돌아가리라. 이렇듯 고국을 절규하는 공자를 서글프게 한 것은 백성을 힘들게 하는 군왕들이었다.

오당지소자광간(吾黨之小子狂簡) 비연성장(斐然成章) 부지소이재지(不知所以裁之)
▶ 내 나라의[吾黨之] 젊은이들은[小子] 뜻만 크지[狂] 실천은 없이 거칠고[簡], 찬란하게도[斐然] 문물제도를[章] 이루었으나[成] 그 제도를[之] 활용해야 하는[裁] 까닭은[所以] 모른다[不知].

오당(吾黨)의 당(黨)은 여기서 향(鄕)과 같다. 내 고향[吾黨]. 소자(小子)는 젊은이들을 말한다. 광간(狂簡)의 광(狂)은 뜻이 크다는 말이고, 간(簡)은 실천은 안 하면서 거친 버릇을 말한다. 뜻하는 바는 크면서도 행함이 없고 거칠다[狂簡]. 아마도 공자의 눈에는 노나라 젊은이들이 큰 소리만 쳤지 행동이 뒤따르지 않아 믿음직스럽지 못했던 모양이다. 고국으로 돌아가[歸與] 이런 젊은이들을 군자의 길로 인도하고 싶었을 공자의 심정을 광간(狂簡)이란 말에서 엿볼 수 있다.

비연(斐然)은 찬란한 모습을 뜻하고, 성장(成章)의 장(章)은 문채(文采)를 뜻한다. 훌륭한 문물제도를 문채(文采)라고도 한다. 공자가 다른 나라들보다 당신의 고국인 노나라의 문채가 우월함을 은연중에

자부하며 노나라의 문화를 기리고 있다.

  그러나 한편으로는 노나라의 젊은이들이 찬란한 문채를 이어받아 더욱 찬란하게 이룩해야 하는[裁之] 까닭[所以]을 모른다며 안타까워한다. 재지(裁之)에서 재(裁)는 재결(裁決)과 재단(裁斷)의 뜻을 겸한 말로 보면 된다. 옳고 그름을 판단하여 결정하여[決] 단행한다[斷]는 뜻으로 재(裁)를 새기면 된다. 그리고 지(之)는 성장(成章)의 장(章)을 받는 지시어로 보면 된다.

  천하를 두루 다녀본 다음 분명 공자는 실망했을 터이다. 춘추전국시대의 어지러운 천하가 서글프게 느껴졌을 법하다. 힘을 앞세우는 패도(覇道)에만 매달리고 왕도(王道)를 저버리는 군왕들을 보고 느낀 허탈(虛脫)함을 공자는 "귀여(歸與) 귀여(歸與)"라고 읊었다. 그러나 성인은 절망하지 않는다. 공자는 노나라의 젊은이들만이라도 군자의 길로 인도하여 고국을 군자의 나라로 이끌어야 한다고 새로운 희망을 가진다. 이 장을 끝맺는 말씀에서 그러한 의지를 엿볼 수 있다. "부지소이재지(不知所以裁之)."

  공자는 고국의 젊은이들에게 노나라의 찬란한 문물제도[斐然成章]를 헤아려 성취하게 하고자 했다. 성인은 누구인가? 미래를 살 길을 열어주는 할아버지 같은 선생이다. 공자야말로 그러한 성인이다.

> 나 오(吾), 무리 당(黨), 사나울 광(狂), 쉬울 간(簡), 아롱질 비(斐), 문채 장(章), 마름질 재(裁)

제23장

【문지(聞之)】
불념구악(不念舊惡)

【원문(原文)】

子曰 伯夷叔齊는 不念舊惡이라 怨是用希니라
자 왈 백 이 숙 제   불 념 구 악   원 시 용 희

【해독(解讀)】
공자께서 말했다[子曰]. "백이와 숙제는 지난 악(惡)을 생각하지 않았다[伯夷叔齊不念舊惡]. 그래서 그 지난 악을 원망하는 일도 거의 없다[怨是用希]."

【담소(談笑)】
자왈(子曰)
공자가 백이(伯夷)와 숙제(叔齊)의 훌륭함을 간명하게 말하고 있다. 백이와 숙제는 청렴(淸廉)·결백(潔白)의 상징이라고 할 수 있다. 그러나 공자는 여기서 백이와 숙제의 인간주의를 칭송한다. 청렴해 결백한 사람은 탐욕(貪慾)을 미워한 나머지 탐욕을 부리는 사람마저 미워하기 쉽다. 왜 공자가 백이와 숙제를 칭송하는가? 악(惡)을 생각하게 하고, 사람을 생각하게 한다.

백이숙제(伯夷叔齊) 불념구악(不念舊惡)
▶ 백이와[伯夷] 숙제는[叔齊] 지난 악을[舊惡] 생각하지 않았다[不念].
　백이(伯夷)의 이름은 윤(允), 숙제(叔齊)의 이름은 치(致)로, 둘 다 고죽군(孤竹君)의 아들이다. 주(周)나라 무왕(武王)이 은(殷)나라 주왕(紂王)을 토벌하여 은나라를 멸망시키자 백이와 숙제는 수양산(首陽山)으로 들어가 산나물로 연명하다가 굶어 죽었다. 주왕이 아무리 폭군이라 한들 그 밑에 있던 신하(무왕)가 임금(주왕)을 죽이는 것은 불의(不義)라고 여기고, 주나라의 곡물을 거절하고 수양산에서 굶어 죽

은 것이다. 이런 백이와 숙제를 공자가 두둔하고 있다. 그러나 제 숙부인 비간(比干)이 바른 말을 한다고 가슴을 찢어 심장을 도려낸 주(紂)를 그대로 내버려두어야 한단 말인가? 주(紂) 같은 폭군은 천벌을 받아 마땅하다고 생각하면 굶어 죽은 백이와 숙제가 어이없어 보인다.

불념(不念)의 염(念)은 상사(常思)이다. 마음에 담아두고 늘 생각한다[念]. 구악(舊惡)은 악연(惡緣)을 떠올리면 된다. 악연을 마음에 담아두지 않는다는 말로 불념구악(不念舊惡)을 새겨들으면 된다. 그러니 구악은 옛 악이 아니라 악을 범했던 장본인을 말한다고도 볼 수 있다. 그러므로 여기서 구악은 비간을 육시(戮屍)한 주왕도 될 수 있고, 주왕을 토벌해 죽게 한 주나라 무왕도 될 수 있다. 원한에 맺혀 무왕을 용서하지 못했을 만큼 백이 숙제가 소인배일 리 없다는 말로 들려 공자가 그들을 두둔하고 있는 듯하다. 하지만 백이 숙제여! 임금도 임금 나름 아니겠는가. 주왕 같은 폭군은 백 번 죽임을 당해도 싸다는 생각을 버릴 수 없다. 주나라 무왕이 폭군을 토벌한 일을 두고 탓할 수는 없지 않겠는가.

늘 생각할 념(念), 옛 구(舊), 악할 악(惡)

원시용희(怨是用希)
▶ 그래서[是用] 백이 숙제가 원망하는 일은[怨] 드물었다[希].

시용(是用)은 시이(是以)와 같다. '이를[是] 써서[用·以]'라는 뜻을 드러내는 관용어처럼 쓰였다고 보면 된다. 여기서 시용(是用)을 '구악(舊惡)을 생각하거나 원망하지 않아서'로 새기면 문의(文意)가 잘 드러난다. 시용(是用)은 따라서, 그래서, 이럼으로써 등등의 의미로 쓰인다.

구악(舊惡)을 잊었다 함은 구원(舊怨)도 없다는 말이 아닌가. 공자는 지금 백이와 숙제를 통해 악을 미워하되 악을 범한 사람마저 미워하지 말 것이며, 죄를 미워하되 죄를 범한 사람을 미워하지 말라고 말씀하고 있다. 말하자면 백이 숙제가 수양산에 간 것은 주나라 무왕을 원망해서가 아니라 신하가 임금을 죽인 짓을 불의로 여겼기 때문이라는 것이다. 백이 숙제가 주나라를 원망하지 않았다는 말로 들으면 되리라. 무슨 일이 있어도 살아가면서 남한테 원한(怨恨) 살 짓은 하지 말라. 백이 숙제가 주나라 무왕을 미워하지 않았다는 말이 은근하게 들린다. 이처럼 성인의 말씀은 새겨볼수록 깊은 맛이 우러나온다. 그래서 성인을 만나면 누구나 철이 든다.

원망할 원(怨), 희박할 희(希)

【문지(聞之)】
숙위미생고직(孰謂微生高直)

【원문(原文)】

子曰 孰謂微生高直고 或이 乞醯焉이어늘 乞諸
자왈 숙위미생고직   혹   걸혜언   걸저
其隣而與之오녀
기 린 이 여 지

【해독(解讀)】
공자께서 말했다[子曰]. "누가 미생고를 정직하다 하는가[孰謂微生高直]? 어떤 이가 그에게 식초를 얻고자 했더니[或乞醯焉] 식초를 이웃집에서 얻어다 주었다[乞諸其隣而與之]."

【담소(談笑)】
자왈(子曰)

공자가 정직하다고 소문이 나 있던 미생고(微生高)를 평하고 있다. 미생고는 노(魯)나라 사람으로 성씨가 미생(微生)이고 이름이 고(高)이다. 공자의 말씀에서 정직(正直)과 과례(過禮)를 견주어보게 된다. 칠칠맞은 사람을 두고 우리는 오지랖 넓다고 흉본다. 남이 할 일을 일부러 도맡아 해주려는 짓은 선심(善心)을 사려는 위선(僞善)이기 쉽다. 그런 것을 잘하는 사람이 정직할 리 없다. 무엇인가 바라는 바가 있다면 마음이 정직하기 어렵다.

숙위미생고직(孰謂微生高直)
▶ 누가[孰] 미생고를[微生高] 정직하다고[直] 하는가[謂]?

숙위(孰謂)는 '누가 ~라고 하는가?' 라는 뜻의 관용어구이다. 직(直)은 정직(正直)의 준말로 보면 된다. 공자는 「옹야(雍也)」편 17장에서 "삶은 곧아야 한다[人之生也直]"고 단언한 바 있다. 아무리 사소한 것이라도 마음 속에 숨기거나 감추지 말라. 그러면 삶이 곧 직(直)이다. 정직하다고 소문난 미생고를 두고 위와 같이 반문해서 우리를 뜨끔하게 한다. 부정하면서 정직하다고 거짓말하는 무리는 사람밖에 없다. 성인은 몸 둘 바를 모르게 하여 듣는 사람을 철들게 한다.

누구 숙(孰), ~라고 일컬을 위(謂), 작을 미(微), 높을 고(高), 곧을 직(直)

혹걸혜언(或乞醯焉) 걸저기린이여지(乞諸其隣而與之)
▶ 어떤 이가[或] 미생고한테[焉] 식초를[醯] 얻으려 했다[乞]. 그래서 그의[其] 이웃한테[隣] 식초를[諸] 빌어다가[乞] 그것을[之] 주었다[與].

언(焉)을 여기서 어시(於是)로 보고 어미생고(於微生高)라고 풀어서 해석한다. 저(諸)는 여기서 지어(之於)의 준말이다. 저기린(諸其隣)은 지어기린(之於其隣)으로 풀어 새기면 된다. 물론 여기서 지어(之於)의 지(之)는 혜(醯)를 가리키고, 여지(與之)의 지(之)는 이웃에서 빌려 온 식초를 가리킨다.

걸(乞)이란 말에 가시가 있다. 구걸(求乞)한다는 말이 떠오르기 때문이다. 거지나 구걸하지 여느 사람이라면 구걸하지 않는다. 구차하게 남한테 구걸해서까지 얻어다 주려고 애쓸 것은 없지 않은가. 없으면 없다고 하는 것이 정직이다. 없으면서 있는 체하고 남의 것까지 빌어다 주는 것은 청승맞은 짓에 불과하다. 구걸을 대신할 것은 없지 않은가. 정직한 사람은 애당초 청승맞은 짓을 않는다. 요새는 그런 짓을 쇼한다고 한다. 물론 쇼는 영어의 'show'이다. 이런 쇼라면 거짓이다. 미생고(微生高)야! 우리를 눈속임할 수 있겠지만 공자 같은 성인한테는 어림없다. 성인은 위선(僞善)에 대해서만큼은 아무리 사소하다 한들 서릿발 같다.

어떤 이 혹(或), 빌 걸(乞), 식초 혜(醯), 이에 언(焉)

제25장

【문지(聞之)】
좌구명치지(左丘明恥之) 구역치지(丘亦恥之)

【원문(原文)】

子曰 巧言令色足恭을 左丘明恥之러니 丘亦恥之
자왈 교언영색주공 좌구명치지 구역치지

하노라 匿怨而友其人을 左丘明恥之러니 丘亦恥之
　　　　익원이우기인　　좌구명치지　　　구역치지
니라

【해독(解讀)】
　공자께서 말했다[子曰]. "빈말로 꾸미고 표정을 꾸며 분에 넘치게 공손한 척하는 것을[巧言令色足恭] 좌구명은 부끄러워했다[左丘明恥之]. 나 또한 그러하다[丘亦恥之]. 속에다 원한을 감춰두고서 그 사람과 친한 척하는 것을[匿怨而友其人] 좌구명은 부끄러워했다[左丘明恥之]. 나 또한 그렇다[丘亦恥之]."

【담소(談笑)】
　자왈(子曰)
　공자가 인생의 정직(正直)을 말하고 있다. 앞서 평한 미생고(微生高)와 좌구명(左丘明)을 비교하여 정직한 삶이 어떤 것인지 헤아리고, 삶의 위선이 어떤 것인지 살펴보게 한다.
　정직한 사람은 꾸밀 줄 모른다. 그래서 노자도 견소포박(見素抱樸)하라 했다. 그냥 그대로임이 곧 소박(素樸)이다. 그런 소박을 도가(道家)는 자연(自然)이라 한다. 공자 역시 마음의 자연을 잃지 말라 한다. 그러니 노공(老孔)이 마음가짐에 대하여 서로 달리한다고 말할 수는 없다. 정직한 마음과 자연스런 마음이 무엇이 다르단 말인가? 다 같다.

　교언영색주공(巧言令色足恭) 좌구명치지(左丘明恥之) 구역치지(丘亦恥之)
▶ 거짓말을 꾸미고[巧言], 표정을 꾸며 비위를 맞추고[令色], 지나치게 공손한 척하는 것을[足恭] 좌구명은[左丘明] 부끄러워했다[恥

之]. 공자께서도[丘] 똑같이[亦] 그런 짓들을[之] 부끄러워한다고 했다[恥].

좌구명(左丘明)은 성씨가 좌구(左丘)이고 이름이 명(明)이라고 알려져 있을 뿐 누구인지 모른다. 구(丘)는 공자의 이름이고, 공자의 자(字)는 중니(仲尼)이다. 따라서는 여기서 구(丘)는 '나(공자)' 라는 말과 같다. 하여튼 공자는 좌구명을 정직한 사람이라고 평하고 있다. 물론 좌구명을 빗대 공자 당신 역시 정직한 사람이라고 밝히고 있는 셈이다. 그만큼 인생에서 직(直)은 으뜸가는 덕목(德目)이다.

주공(足恭)의 주(足)는 첨(添)과 같다. 여기선 족(足)으로 읽지 않고 더 보탤 주(足)로 읽는다. 말하자면 속이려고 덧칠한다는 뜻이다. 그래서 주공(足恭)은 속으로는 불손하면서 겉으로 공손한 척 과공(過恭)을 마다 않는 속임수를 말한다. 치지(恥之)의 지(之)는 교언(巧言) · 영색(令色) · 주공(足恭)을 받는 지시어이다.

아첨하지 말라고 이미 「학이(學而)」편 3장에서 "교언영색(巧言令色) 선의인(鮮矣仁)"라고 했었다. 교언(巧言) · 영색(令色) · 주공(足恭)은 다 남을 속이고 자신을 속이는 짓이다. 아첨하지 말라. 위선을 범하지 말라. 사기치지 말라. 그래야 인생이 성실(誠實)하다. 『대학(大學)』의 각론(各論) 첫머리에 "무자기야(毋自欺也)"라는 말이 나온다. 자신을 속이지 말라[毋自欺]. 교언(巧言) · 영색(令色) · 주공(足恭)은 자기를 속이는 짓[自欺]이다. 성인은 무엇보다도 무자기(毋自欺)하라 한다.

꾸밀 교(巧), 꾸밀 령(令), 얼굴 색(色), 더할 주(足), 왼 좌(左), 언덕 구(丘), 밝을 명(明), 부끄러울 치(恥)

익원이우기인(匿怨而友其人)
▶ 원한을[怨] 감추고서[匿] 그[其] 사람과[人] 친한 척한다[友].

익원(匿怨)은 마음 속에 원한(怨恨)을 숨겨두고 있다는 말이다. 은 닉(隱匿)이란 말을 떠올리면 된다. 따라서 익원(匿怨)은 증오한다는 말이다. 우(友)는 여기서 사귄다는 뜻의 동사이다. 속으로는 미워하면서 겉으로는 친한 척하는 짓보다 더한 속임수는 없을 것이다. 마음의 겉과 속이 이렇게 달라서야 되겠는가. 그러니 원한(怨恨)은 풀어야지 맺지 말라 한다. 벗을 사귀며 사는 것이야말로 더할 바 없는 서(恕)가 아닌가. 원한은 용서하는 마음가짐을 없애버린다. 그런 마음가짐을 부끄러워할 줄 알아야 용서하고 사랑하는 마음을 누릴 수 있다. 그래서 공자는 익원(匿怨)을 부끄러워하라 한다. 앞의 23장에서 공자가 밝힌 불념구악(不念舊惡)이란 말씀이 새삼스럽다.

깊이 숨길 닉(匿), 원망할 원(怨), 사귈 우(友)

제26장

【문지(聞之)】
노자안지(老者安之) 붕우신지(朋友信之) 소자회지(少者懷之)

【원문(原文)】

顔淵季路侍러니 子曰 盍各言爾志이오
안연계로시   자왈 합각언이지

子路曰 願車馬와 衣輕裘를 與朋友共하야 敝之而
자로왈 원거마   의경구   여붕우공   폐지이

無憾하노이다
무감

顔淵曰 願無伐善하여 無施勞하노이다
안연왈 원무벌선   무시로

> 子路曰 願聞子之志하노이다
> 자로왈 원문자지지
> 子曰 老者安之하며 朋友信之하며 少者懷之니라
> 자왈 노자안지 붕우신지 소자회지

【해독(解讀)】
　안연과 자로가 공자님을 모시고 있었다[顔淵季路侍]. 공자께서 말했다[子曰]. "너희의 뜻하는 바를 각각 말해보지 않겠는가[盍各言爾志]."
　자로가 말했다[子路曰]. "수레와 말 그리고 가벼운 가죽옷을 얻고 싶고[願車馬衣輕裘] 벗과 함께 나누어 써서[與朋友共] 못 쓰게 되더라도 서운해하지 않고자 합니다[敝之而無憾]."
　안연이 말했다[顔淵曰]. "착한 일을 남에게 자랑하지 않고자 하고[願無伐善], 힘든 일을 남에게 요구하지 않겠습니다[無施勞]."
　자로가 말했다[子路曰]. "스승께서 뜻하시는 바를 듣고 싶습니다[願聞子之志]."
　공자께서 말했다[子曰]. "어른을 편안하게 하겠고[老者安之], 벗들에게 신의를 지키겠으며[朋友信之], 어린 사람들을 사랑하겠다[少者懷之]."

【담소(談笑)】
　자왈(子曰)
　서로 함께 살아가면서 인간으로서 해야 할 바가 무엇인지 살피고 그것을 이루어가려는 뜻을 간직해야 한다고 말해주려 한다. 원하는 바가 사사(私事)로운 일에 치우치면 바람직하지 않다는 것을 살펴 헤아리게 한다.
　공자의 이러한 뜻이 어찌 당신의 두 제자에게만 국한되겠는가. 공자는 우리에게 묻고 있다. 인간이라면 무엇보다 먼저 인간이 되기를 원하라 한다. 무슨 거창한 뜻을 세우기 전에 다음 세 가지 뜻을 원하라 한다. 안지(安之)·신지(信之)·회지(懷之). 살면서 이 셋을 잊지 말라 한다.

합각언이지(盍各言爾志)
▶ 너희가[爾] 뜻하는 바를[志] 각각[各] 말해보지 않겠는가[盍言]?

합(盍)은 여기서 하부(何不)를 하나로 합친 자(字)이다. 어찌 ~하지 않겠는가[盍]? 이(爾)는 여기서 영어의 'your'와 같다고 보면 된다. 안연(顔淵)과 자로(子路)에게 각자 원하는 바를 말해보지 않겠느냐고 공자가 부드럽게 묻는 모습이 절로 그려진다. 왜냐하면 "안연계로시(顔淵季路侍)"라고 광경을 묘사하고 있기 때문이다. 여기서 시(侍)는 시종(侍從)의 줄임말로 보면 된다. 선생을 따라 곁에서 모신다[侍]. 안연과 자로가 스승을 모시고 있는 광경을 떠올리며 사제간에 주고받는 문답을 들어보라고 한다.

> 반문의 어조사 합(盍), 낱낱 각(各), 말할 언(言), 너희 이(爾), 마음 가는 바 지(志)

원거마(願車馬) 의경구(衣輕裘) 여붕우공(與朋友共) 폐지이무감(敝之而無憾)
▶ 원컨대[願] 수레[車]와 말[馬], 그리고 가벼운 털옷을 얻어[衣輕裘] 벗들과 함께[與朋友] 나누어 써서[共] 그것들이 못 쓰게 되어도[敝之] 서운해하지[憾] 않겠습니다[無].

구(裘)는 피의(皮衣) 즉 가죽옷이다. 경구(輕裘)는 털옷을 뜻한다고 보면 된다. 공(共)은 여기서 공용(公用)의 준말로 보면 된다. 폐(敝)는 괴(壞)와 같다. 오래 써서 부서지고 헤져 못 쓰게 된다[敝]. 수레를 나누어 타고 가죽옷을 나누어 입고 지낼 정도의 친구를 바란다는 뜻을 계로(季路)가 위와 같이 말한 것이다. 계로(季路)와 자로(子路)는 공자의 제자인 유(由)의 자(字)이다. 자로는 성질이 급하고 학문이 얕아 자주 꾸중을 듣는 편이다. 자로다운 비유로 말하고 있다.

바랄 원(願), 수레 거(車), 옷 의(衣), 가벼울 경(輕), 가죽옷 구(裘), 함께 여(與), 벗 붕(朋), 다 공(共), 못쓰게 될 폐(敝), 서운해할 감(憾)

원무벌선(願無伐善) 무시로(無施勞)
▶ 원컨대[願] 착한 일을[善] 자랑하지 않겠고[無伐], 남에게 힘든 일을[勞] 떠맡기지 않겠습니다[無施].

벌(伐)은 긍(矜)과 같다. 자랑한다[伐]. 그러나 벌(伐)은 제 자랑을 뜻한다. 자긍(自矜)이나 자벌(自伐)은 스스로를 흉하게 만드는 못난 버릇이다. 안연이 바라는 무벌선(無伐善)은 노자의 부자벌(不自伐)과 같은 말이다. 착한 일 했노라 제 자랑하지 말라[無伐善]. 시(施)는 여기서 가(加)와 같다. 더한다[施]. 시로(施勞)는 내가 편해보려고 힘든 일을 남한테 떠맡긴다는 뜻이다. 내가 편하자고 남을 힘들게 하는 짓을 하지 않겠다 함이 곧 무시로(無施勞)이다. 무벌선(無伐善)은 겸손하기를 바란다는 말이고, 무시로(無施勞)는 남을 돕는 사람이 되고자 한다는 말이다.

자랑할 벌(伐), 착한 일 선(善), 더할 시(施), 힘든 일 로(勞)

노자안지(老者安之) 붕우신지(朋友信之) 소자회지(少者懷之)
▶ 어른을[老者] 편안하게 해드리고[安之], 벗에게는[朋友] 믿음을 지키며[信之], 어린이를[少者] 사랑하겠다[懷之].

성질 급한 자로가 스승의 뜻을 묻자 공자께서 위와 같이 두 제자에게 말해준다. 노자(老者)는 노인이라 해도 되고 어른이라 해도 된다. 공자는 지금 강조하는 말씨로 타이르고 있다. 안로자(安老者)라 말하지 않고 노자안지(老者安之)로 말해주고 있기 때문이다. 노자(老者)를 강조하고, 붕우(朋友)를 강조하고, 소자(少者)를 강조하고 있다. 회(懷)는 『이인(里仁)』편 11장의 군자회덕(君子懷德)을 상기하면 된다. 사랑하라[懷]. 사랑하는 마음을 가슴에 품어라[懷].

 안연과 자로가 장자(壯者)의 나이에 있다고 상상해보라. 그러면 왜 공자가 이 세 경우를 들어 사람이 되는 방법을 말해주었는지 짐작할 수 있으리라. 청운의 뜻을 품기 전에 먼저 사람이 되어야 한다는 것이 공자의 인도(人道)인 인본주의(人本主義)이다. 따라서 공자의 인도를 함부로 휴머니즘(Humanism)이라고 부르면 곤란하다. 나부터 먼저 사람이 되라. 그러자면 다음과 같이 하라. 어른을 편안하게 해라[安之]. 벗을 믿어라[信之]. 그리고 어린이를 사랑하라[懷之]. 공자가 인생(人生)의 직(直)을 말할 때도 이 세 가지 덕목이 앞섰을 것이다. 나만 알고 남을 모르는 냉혈한이 정직해서 무엇 하겠는가? 공자가 바라는 바는 먼저 어질고 착한 인간이 되라는 데 있다. 그래서 공자의 인도(人道)는 곧 인도(仁道)라고 하지 않는가. 나는 어진 사람인가? 그렇다면 나는 안지(安之) · 신지(信之) · 회지(懷之)의 덕목을 살펴 사는 주인이 될 수 있다. 그런 주인이 되려면 먼저「이인(里仁)」편 11장에서 말씀한 소인회토(小人懷土)부터 헐어내야 하리라.

편히 할 안(安), 벗 붕(朋), 벗 우(友), 믿을 신(信), 작을 소(少), 사랑할 회(懷)

제27장

【문지(聞之)】
오미견능견기과(吾未見能見其過)

【원문(原文)】

子曰 已矣乎라 吾未見能見其過하고 而內自訟
자왈 이의호   오미견능견기과   이내자송
者也케라
자야

【해독(解讀)】

공자께서 말했다[子曰]. "다 끝이로구나[已矣乎]! 내 여태껏 제 잘못을 살펴보고 마음 속을 스스로 책망할 수 있는 사람을 만나보지 못했다[吾未見能見其過而內自訟子也]."

【담소(談笑)】

자왈(子曰)

공자가 절망하고 있다. 사람이 되라는 말을 비웃는 인간 군상(群像)이 공자를 절망하게 한다. 어디를 가나 무도(無道)가 판치고 악(惡)이 선(善)을 짓밟는 세태(世態)를 자초하는 인간 앞에서 공자가 절망하고 있다. 자신을 탓할 줄 모르고 한사코 남만 탓하며 모질게 치닫는 인간들 앞에서 공자는 절망한다.

그렇다고 공자가 인도(仁道)를 포기한 것은 아니다. 성인은 포기하지 않는다. 그런 성인의 깊은 뜻을 미견(未見)이란 이 한마디에서 살필 수 있으리라. 지금까지는 보지 못했지만 앞으로 볼 수 있으리란 희망을 버리지 않는 성인의 모습이 참으로 눈물겹다. 왜 성인 앞에 서면 옷깃을 여미게 되는가? 절망하는 공자 앞에 서보라. 그러면 알 것이다. 자신이 얼마나 너절한 인간인지 숨길 수 없는 사실 앞에 눈감지 말라.

오미견능견기과이내자송자야(吾未見能見其過而內自訟者也)
▶ 제[其] 허물을[過] 능히[能] 살펴서[見] 마음 속으로[內] 스스로

[自] 꾸짖는[訟] 사람을[者] 내[吾] 여태껏 보지 못했다[未見].

과(過)는 건(愆)과 같다. 여기서 과(過)는 허물을 말한다. 제 허물을 살핀다[見其過]. 송(訟)은 책(責)과 같다. 꾸짖는다[訟]. 내자송(內自訟)에서 내(內)는 마음 속을 뜻하고, 자송(自訟)은 자책(自責)과 같은 말이다. 마음 속으로 내가 나를 꾸짖는다[內自訟].

여기 27장은 『중용(中庸)』 1장에서 말하는 '군자는 그가 홀로 삼가는 것[君子愼其獨]'을 살펴듣게 한다. 군자는 항상 자신의 마음 속을 살펴 부끄러워하고 뉘우치기를 마다하지 않지만, 소인은 마음 속 들여다보기를 죽기보다 더 싫어한다. 그래서 소인은 허물이 가득 차 있어도 더러운 줄 몰라 뻔뻔스럽다. 왜 인간이 인도(人道)를 벗어나는지 공자가 지적하고 있다.

공자의 내자송(內自訟)은 노자의 거심(去甚)과 불가(佛家)의 묵조(默照)와 통한다. 치우쳐 심한 나를 버려라[去甚]. 입을 다물고 자신을 자신에게 비춰보라[默照]. 내자송(內自訟)·거심(去甚)·묵조(默照) 등은 다 같은 말씀이다. 사람이 어질게 되려면 먼저 제 마음을 살펴 제가 지은 허물을 부끄러워할 줄 알아야 한다. 부끄러워함은 곧 내가 나를 꾸짖는 일이다. 그러니 신독(愼獨)하라. 남한테 조심하라 하지 말고 나부터 조심해 삼가라[愼獨].

이제 왜 공자가 "다 끝이로구나[已矣乎]" 하며 절망하는지 알 것이다. 공자가 절망하는 이 순간에 왜 하필이면 조주선사(趙州禪師)가 인간들에게 던졌던 말이 겹쳐 떠오르는지 모르겠다. "개 주둥이 닥쳐라[合取狗口]. 나를 취하면 더럽고[取我是垢], 나를 취하지 않으면 깨끗하다[不取我是淨]."

나 오(吾), 아닐 미(未), 볼 견(見), 허물 과(過), 안 내(內), 꾸짖을 송(訟)

제28장

【문지(聞之)】
불여구지호학야(不如丘之好學也)

【원문(原文)】

子曰 十室之邑에 必有忠信이 如丘者焉이어니와
자왈 십실지읍   필유충신   여구자언
不如丘之好學也니라
불여구지호학야

【해독(解讀)】

공자께서 말했다[子曰]. "열 채 정도의 작은 마을에도[十室之邑] 반드시 충성과 신의에 있어서는[必有忠信] 나와 같은 자가 있겠지만[如丘者焉], 나처럼 배우기를 좋아하지는 못할 것이다[不如丘之好學也]."

【담소(談笑)】
자왈(子曰)

공자가 호학(好學)을 독려하고 있다. 공자가 제 자랑을 하는 것이 아니다. 성인은 무슨 일이 있어도 자기 자랑을 하지 않는다. 자신을 슬기롭게 알리려고 하지 자기를 드러내거나 자기만 옳다고 주장하지 않는다. 이는 모든 성인들의 공통점이라 해도 된다. 그러니 공자가 호학을 들어 제 자랑한다고 생각하지 말라. 오히려 더욱 자극받아 인도(仁道)를 닦는 학문(學文)에 매진하기 바라는 심정에서 이야기할 따름이다.

십실지읍(十室之邑) 필유충신여구자언(必有忠信如丘者焉)
불여구지호학야(不如丘之好學也)
▶ 열 채 됨직한 마을에도[十室之邑] 나와[丘] 같이[如] 충성스럽고
[忠] 신의가 있는[信] 사람이[者] 반드시[必] 있겠지만[有], 배우
기를[學] 좋아하기는[好] 나만큼[丘] 못할 것이다[不如].

실(室)은 여기서 촌(村)과 같다. 충성스러운 사람[忠者]과 신의가 있는 사람[信者]은 곧 선한 사람을 뜻한다. 필유(必有)에 주목했으면 한다. 공자가 선하게 살려는 사람은 어디나 반드시[必] 있다고 확신하기 때문이다. 공자의 정신에서 이미 맹자(孟子)의 성선설(性善說)이 드러난다. 공자에게 맹자의 사상이 약속되어 있음을 알 수 있다. 그러나 인도(仁道)를 닦는 데 전력을 다하는 사람들이 적다고 아쉬움을 내비치는 성인의 심정을 헤아렸으면 한다. 공자의 호학(好學)은 오늘날 과학지식을 쌓는 학문(學問)이 아니라 인간이 되는 길을 찾는 학문(學文)이다. 이 둘을 반드시 분별할 것은 없지만, 학문(學問)은 과학(科學)을 연상시키므로 학문(學文)만으로 공자의 호학을 이해했으면 한다. 인간이 되는 길을 닦는 학문(學問)으로서 학문(學文)을 이해했으면 한다.

나 공구(孔丘)만큼 인도(仁道)를 닦는 이가 없다는 공자의 발언을 자랑으로 듣지 말라. 공자가 오죽하면 그런 말을 남겼겠는가. 오히려 공자의 이 말씀 앞에 우리는 부끄러울 따름이다.

집 실(室), 마을 읍(邑), 반드시 필(必), 충성 충(忠), 믿을 신(信),
~과 같을 여(如), 언덕 구(丘), 놈 자(者)

전편(前篇) 6

옹야(雍也)

입문 맨 첫 장에 나오는 인명(人名)을 따서 편명(篇名)으로 삼고 있다. 「옹야(雍也)」편은 28장(章)으로 되어 있다. 앞쪽은 「공야장(公冶長)」편처럼 인물을 평하고 있지만, 뒤쪽은 주로 인(仁)과 지(知) 그리고 군자(君子)에 관한 공자의 말씀으로 이루어져 있다. 「옹야」편을 살펴가면 왜 「공야장」편 맨 끝 장에서 "불여구지호학(不如丘之好學)"이라 했는지 새삼 헤아려 살필 수 있을 것이다. 「옹야」편은 특히 공자가 강조한 호학(好學)의 뜻을 이해하는 데 대단히 귀중한 편(篇)이다.

제1장

【문지(聞之)】

거경이행간(居敬而行簡)

【원문(原文)】

子曰 雍也는 可使南面이로다
仲弓이 問子桑伯子한대 子曰 可也 簡이니라
仲弓曰 居敬而行簡하야 以臨其民이면 不亦可乎이꼬 居簡而行簡이면 無乃大簡乎이꼬
子曰 雍之言이 然하다

【해독(解讀)】

　공자께서 말했다[子曰]. "옹(雍)은 임금으로서 남면(南面)할 만하다[雍也可使南面]."

　중궁(옹의 자)이 자상백자를 물었다[仲弓問子桑伯子].

　이에 공자께서 대답했다[子曰]. "좋다[可也]. 소탈하고 걸림이 없다[簡]."

　중궁이 거듭 물었다[仲弓曰]. "마음과 몸가짐이 공경스럽고 행동이 소탈하여[居敬而行簡] 그 백성을 대한다면[以臨其民] 좋지 않겠습니까[不亦可乎]? 몸가짐이 소탈하면서 행동마저 소탈하다면[居簡而行簡] 지나치게 소탈하지 않겠습니까[無乃大簡乎]?"

　이에 공자께서 대답했다[子曰]. "옹의 말이 옳다[雍之言然]."

【담소(談笑)】
자왈(子曰)

공자가 당신의 제자인 옹(雍)을 칭찬하고 있다. 옹은 신분은 미천했지만 인덕이 높았다고 한다. 뒤 4장(章)을 보면 공자가 옹을 달래며 신분이 미천하다고 낙담하지 말라 한다. 여기에서도 미천한 옹을 군왕감이라고 칭찬하고 있다. 「공야장(公冶長)」편 5장에서도 공자는 옹을 변호했었다.

옹은 성은 염(冉)이고 이름이 옹(雍)이며 자는 중궁(仲弓)이다. 노(魯)나라 사람으로 인덕이 높았으나 구변(口辯)이 없었다고 한다. 말을 잘해서 무엇 하겠는가. 공자는 구변은 없지만 인덕이 높은 옹을 임금감이라고 칭찬하고 있다. "가사남면(可使南面)." 남면(南面)은 군왕이 신하들로부터 정사(政事)를 듣는 자리를 말한다. 신하는 북면(北面)하고, 군왕은 남면(南面)한다고 표현한다.

자신을 가리켜 공자가 임금감이라고 칭찬하니, 옹은 스승의 속마음을 떠보려고 자상백자(子桑伯子)를 들어 묻는다. 자상백자가 누구인지는 정확하지 않다. 『장자(莊子)』에 자상호(子桑)라는 인물이 나오는데, 그렇다고 같은 인물이란 확증은 없다. 다만 자상백자는 속세를 떠나 사는 사람, 즉 은자(隱者)라고 보는 것이 일반적이다. 이런 자상백자를 들어 옹이 스승의 진의를 떠보려는 대목이 마치 선승(禪僧)들이 화두(話頭)를 두고 간화선(看話禪)의 줄다리기를 하는 모습을 떠올리게 해서 재미 있다. 이런 옹을 향해 스승은 이렇게 받아준다. "가야간(可也簡)." 자상백자는 훌륭한 분이다[可也]. 그분은 걸림 없이 소탈하다[簡]. 이렇게 공자가 옹에게 자상백자를 그냥 간명하게만 평해서 말해준다.

거경이행간(居敬而行簡) 이림기민(以臨其民) 불역가호(不亦可乎)

▶ 공경하게[敬] 살면서[居] 그[其] 백성에게[民] 다가가 이른다면[臨] 괜찮겠습니까[不亦可乎]?

거경(居敬)은 겸허하고 경건하게 산다는 말이다. 이는 곧 어질게 살려고 끊임없이 노력한다는 뜻이다.「공야장(公冶長)」편 27장에서 들었던 내자송(內自訟) 역시 거경(居敬)이다.

행간(行簡)은 걸림 없이 소탈하게 행동한다는 말이다. 간(簡)은 여기서 약(略) · 요(要) · 대(大) 등등과 같다고 보아도 된다. 이 간(簡)은 소탈해 걸림이 없다는 말로 새긴다. 행간(行簡)은 반드시 거경(居敬)을 뒤따라야 한다. 그렇지 못한 행간(行簡)은 광간(狂簡)으로 빠지기 쉽다. 뜻은 줄기차지만[狂] 경솔하고 거칠다[簡]. 광간(狂簡)은 곧 거경(居敬)을 멀리한 삶이라 할 수 있다.

이림기민(以臨其民)의 임(臨)은 이(苻)와 같다. 다가가 이르다[臨]. 중궁은 거경행간(居敬行簡)으로써 백성에게 다가가면 어떻겠느냐고 물은 것이다. 중궁은 지금 공자께 임(臨)을 묻고 있다. 여기서 임(臨)은 중요하다. 백성에게 임한다 함은 곧 백성을 다스린다는 뜻이다. 백성을 다스리자면 먼저 백성을 살펴야 한다. 그래서 임(臨)은 감(監)으로 통한다. 살펴본다[監]. 백성을 내려다보면 군림(君臨)이다. 중궁이 묻고 있는 임(臨)은 물론 군림을 뜻하는 임(臨)이 아니다. 그가 지금 스승께 묻고 있는 임(臨)은『중용(中庸)』5편에 나오는 임(臨)을 떠올리게 한다. "유천하지성(唯天下至聖) 위능총명예지(爲能聰明叡智) 족이유임야(足以有臨也)." 오직 천하의 지성(至聖)이라야[天下至聖] 총명하고 슬기로울 수 있어서[爲能以聰明叡智] 족히 임(臨)함이 있다[足以有臨也].

이러한 임(臨)은 백성이 높고 임금은 낮다는 마음으로 다가가는 것이다. 이런 마음을 지성(至聖)이라고 보아도 무방하리라. 중궁은 자상백자의 간(簡)만으로는 백성을 살피는 임(臨)이 곤란하지 않느냐고 다시 반문한 것이다.

살 거(居), 공경할 경(敬), 간명할 간(簡), 임할 림(臨)

거간이행간(居簡而行簡) 무내대간호(無乃大簡乎)
▶ 소탈하게[簡] 살고[居] 소탈하게[簡] 행동하면[行] 지나치게 소탈한 게[大簡] 아니겠습니까[無乃乎]?

무내(無乃)~호(乎)는 의문문의 형태이다. ~이 아니겠습니까[無乃~乎]. 중궁이 공자께 자상백자에 대해 묻자 그를 평하여 그냥 간(簡)이라고만 대답해주었다. 이에 중궁이 위와 같이 "거간(居簡)하고 행간(行簡)하면 간(簡)에만 치우친 것이 아닙니까"라고 반문하고 있다. 말하자면 거경(居敬)이 앞서야만 행간(行簡)이 덕성(德性)에 걸맞지 않겠느냐고 스승께 따지고 있는 셈이다. 대간(大簡)은 소탈함이 지나쳐 거칠다는 말로 이해해도 된다. 여기서 간(簡)은 광간(狂簡)의 간(簡)과도 통한다. 공경함이 없는 간(簡)은 거칠다.

「공야장(公冶長)」편 5장에서 어떤 사람이 중궁을 두고 인이불녕(仁而不佞)이라고 평했다가 공자로부터 혼난 일을 상기했으면 한다. 어질되 말주변이 없다[仁而不佞]. 스승께 반문하는 중궁을 보라. 누가 중궁이 말할 줄 모른다고 하겠는가? 스승은 제자를 향해 순순히 맞장구를 쳐준다. "옹지언연(雍之言然)." 네 말이[雍之言] 맞다[然]. 걸림 없는 행동[行簡]은 반드시 거경(居敬)을 거쳐야 한다. 공경하는 마음으로 살아야 진정 걸림 없는 행동이 가능하다는 말이다. 꽁하고 옹색한 인간들이 어찌 소탈하겠는가.

이에 내(乃), ~인가 호(乎)

제2장

【문지(聞之)】

제자숙위호학(弟子孰爲好學)

【원문(原文)】

哀公問 弟子孰爲好學이니이꼬
애 공 문 제 자 숙 위 호 학

孔子對曰 有顏回者好學하야 不遷怒하며 不貳過
공 자 대 왈 유 안 회 자 호 학   불 천 노   불 이 과

하더니 不幸短命死矣라 今也則亡하니 未聞好學
         불 행 단 명 사 의   금 야 즉 망   미 문 호 학

者也케라
자 야

【해독(解讀)】

애공이 물었다[哀公問]. "제자들 중에 누가 배우기를 좋아합니까[弟子孰爲好學]?"

공자께서 대답했다[孔子對曰]. "안회라는 제자가 있었는데 배우기를 좋아했습니다[有顏回者好學]. 안회는 노여움을 옮기지 않았고[不遷怒], 잘못을 두 번 거듭하지 않았습니다[不貳過]. 그런데 불행하게도 명이 짧아 죽고 말아서[不幸短命死矣] 지금은 없습니다[今也則亡]. 그 뒤로는 여태껏 배우기를 좋아하는 자가 있는지 들은 바가 없습니다[未聞好學子也]."

【담소(談笑)】

제자숙위호학(弟子孰爲好學)

▶ 제자들 중에서[弟子] 누가[孰] 배우기를[學] 좋아합니까[爲好]?

위와 같이 공자께 묻고 있는 애공(哀公)은 노(魯)나라 군주이다. 애공의 이름은 장(蔣)이다. 공자의 3천 제자 중 하나라는 말이 있다. 그 중에서도 뛰어난 제자를 일러 72제자라 하고, 72제자 중에서도 뛰어나게 훌륭한 제자를 공문십철(孔門十哲)이라 부른다. 그 십철(十哲) 중에서 안회(顔回)가 제일인 제자이다. 공자묘에 공자 다음으로 모셔져 있는 제자가 바로 안회이다.

차례 제(第), 누구 숙(孰), 할 위(爲), 좋아할 호(好), 배울 학(學)

유안회자호학(有顔回者好學) 불천노(不遷怒) 불이과(不貳過)
▶ 안회라는[顔回] 자가[者] 있었는데[有] 배우기를[學] 좋아했습니다[爲好]. 노여움을[怒] 옮기지 않았고[不遷], 두 번 거듭[貳] 잘못을 하지 않았습니다[不過].

공자가 누누이 말하는 호학(好學)이 어떤 경지인지 알 만하다. 지식을 쌓는 학문(學問)에 앞서 사람이 되는 길을 닦는 학문(學文)을 좋아하라는 것이 곧 공문(孔門)의 호학임을 알 수 있다. 학문(學文)의 문(文)은 사람이 되게 하는 인도(仁道)요 인도(人道)라고 새겨들어도 된다. 학문(學文)은 인간의 생활을 벗어날 수 없다. 어떻게 살 것인가를 항상 탐구하라 함이 곧 공자의 학문(學文)이다.

'불천노(不遷怒) 불이과(不貳過)' 를 들어 공자가 안회의 학문을 간명하게 말해주고 있다. 이로써 안회가 배운 바를 삶 속에서 실천했음을 알 수 있다. 노여움을 남에게 옮기지 않았다[不遷怒]. 이는 용서(容恕)하는 크나큰 마음이다. 두 번 다시 같은 잘못을 범하지 않는다[不貳過]. 이는 충실(忠實)한 크나큰 마음이다. "부자지도(夫子之道) 충서이이의(忠恕而已矣)." 공자의 도는[夫子之道] 충(忠)과 서(恕)일 뿐이다[忠恕而已矣]. 「이인(里仁)」 편 15장에 나오는 말씀이다. 충(忠)은 정성을 다함이요 서(恕)는 믿고 사랑하는 마음이다. 그런 충서(忠

恕)의 마음을 덕(德)이라고 한다. 그러니 공자가 기리는 호학(好學)의 학(學)은 덕성(德性)을 앞세우는 학문(學文)이지 지성(知性)만을 추구하는 학문(學問)이 아니다. 이런 공자의 학문(學文)을 가장 잘 실천한 제자가 곧 안회이다.

> 옮길 천(遷), 성낼 노(怒), 두 번 이(貳), 허물 과(過)

불행단명사의(不幸短命死矣) 금야즉망(今也則亡) 미문호학자야(未聞好學者也)
▶ 불행하게도[不幸] 목숨이[命] 짧아[短] 죽고 말아[死矣] 지금은[今也則] 없습니다[亡]. 배우기를[學] 좋아하는[好] 자를[者] 그 뒤로는 여태까지 들어본 바가 없습니다[未聞].

안회에 대한 공자의 회한(懷恨)이 잘 드러나고 있다. 안회의 죽음을 얼마나 안타까워하고 비통해하는지 눈에 선하게 절절하다. 3천 제자를 두었지만 안회를 능가할 제자가 없음을 안타까워하는 마음도 엿보인다. 예나 지금이나 사람들이 덕을 닦기 좋아하지 않았던 모양이다. 우리네 사는 지금에는 더더욱 안회가 있을 리 없다[今也子亡].

> 바랄 행(幸), 짧을 단(短), 목숨 명(命), 죽을 사(死), 이제 금(今), 없어질 망(亡), 아닐 미(未), 들을 문(聞))

제3장

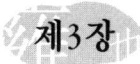

【문지(聞之)】
군자주급(君子周急) 불계부(不繼富)

【원문(原文)】

子華使於齊러니 冉子爲其母請粟한대
자화사어제   염자위기모청속
子曰 與之釜하라 請益한대 曰 與之庾하라 하니 冉
자왈 여지부   청익   왈 여지유   염
子與之粟五秉한대
자여지속오병
子曰 赤之適齊也에 乘肥馬하고 衣輕裘하니 吾
자왈 적지적제야   승비마   의경구   오
聞之也하니 君子周急이오 不繼富라 호라
문지야   군자주급   불계부
原思爲之宰러니 與之粟九百이시어늘 辭한대
원사위지재   여지속구백   사
子曰 毋하야 以與爾隣里鄕黨乎인저
자왈 무   이여이린리향당호

【해독(解讀)】

　자화가 사신이 되어 제나라로 떠나자[子華使於齊] 염자가 자화의 모친을 위해 곡식을 드리자고 했다[冉子爲其母請粟].
　공자께서 말했다[子曰]. "자화의 모친께 엿 말 너 되만 갖다 드려라[與之釜]."
　"더 드렸으면 합니다[請益]."
　이에 공자께서 말하기를 "열여섯 말을 갖다 드려라[曰與之庾]" 했는데, 염자는 80가마니의 곡식을 갖다 주었다[冉子與之粟五秉].
　이에 공자께서 말했다[子曰]. "적(赤)이 제나라로 갈 때[赤之適齊也] 살찐 말을 타고[乘肥馬], 가벼운 털옷을 입었다지[衣輕裘]. 내가 들은 바로는[吾聞之也] 군자는 다급한 사람을 도와주지[君子周急] 부유한 사람에게 더 보태주지는 않는다더라[不繼富]."
　원사가 제나라의 지방장관으로 있을 때[原思爲之宰] 그에게 곡식

구백 석을 주니[與之粟九百] 사양하므로[辭] 공자가 말해주었다[子曰].
"사양하지 말라[毋]. 이웃이나 마을 사람들한테 나누어주면 되지 않
겠는가[以與爾隣里鄕黨乎]."

【담소(談笑)】
자화사어제(子華使於齊) 염자위기모청속(冉子爲其母請粟)
▶ 자화가[子華] 제나라에[於齊] 사신으로 가자[使], 염자가[冉子]
자화의[其] 모친을[母] 위해[爲] 곡식을[粟] 드리자고 청했다
[請].

사(使)는 여기서 사신(使臣)의 준말로 보면 된다. 왕의 심부름꾼으
로 갔다[使]. 청(請)은 걸(乞)과 같다. 구해주다[請]. 속(粟)은 오곡 중
에서 껍질을 벗기지 않은 곡식을 말한다. 자화(子華)는 공서적(公西
赤)의 자(字)이다.「공야장(公冶長)」편 8장에 나왔었다.

그리고 염자(冉子)는 염유(冉有)로 이름은 유(有), 자는 자유(子有)
이다.「팔일(八佾)」편 6장에 나왔었다. 그는 노나라 대부(大夫) 계손
씨(季孫氏) 밑에서 가신(家臣)으로 있었고, 자로(子路)와 더불어 정사
(政事)에 뛰어났다고 한다.

화려할 화(華), 시킬 사(使), ~에 어(於), 가지런할 제(齊),
나아갈 염(冉), 위할 위(爲), 청할 청(請), 찧지 않은 곡식 속(粟)

여지부(與之釜) 청익(請益) 여지유(與之庾) 염자여지속오병
(冉子與之粟五秉)
▶ "그 모친께[之] 여섯 말 너 되만[釜] 갖다 드려라[與]." "더 많은
곡식을[益] 드렸으면 합니다[請]." "그 모친께[之] 열여섯 말을
[庾] 갖다 드려라[與]." 염자는[冉子] 그 모친께[之] 곡식 팔백 말
을[五秉] 갖다 주었다[與].

부(釜)는 6말[斗] 4되[升]의 용량을 말하고, 유(庾)는 16말의 용량을 말한다. 그리고 병(秉)은 16곡(斛)의 용량을 말한다. 1곡은 10말이고 1병은 16곡이니 1병은 160말이 되어 16가마니에 해당하는 용량이다. 공자가 많이 양보해서 16말[庾]을 갖다 주라고 했으나 염자는 아랑곳하지 않고 50배나 많은 곡식을 자화의 모친에게 갖다 준 것이다. 염자야, 애초부터 제 맘대로 할 일이지 왜 선생의 뜻을 물었단 말인가. 공자가 성인이 아니었더라면 사제의 인연을 끊었을 터이다. 군자불온(君子不慍)이 아니었다면 공자께서 염자에게 분풀이를 했을지도 모를 일이다. 그러나 성인 군자인 공자가 어찌 염자의 소인배 짓에 역정을 내겠는가. 선생의 뜻을 저버린 염자에게 제발 군자가 되라고 타이를 뿐이다.

줄 여(與), 지시어 지(之), 용량단위 부(釜), 더해줄 익(益), 용량단위 유(庾), 용량단위 병(秉)

자왈(子曰)

공자가 당신의 제자 염자(冉子)에게 소인이 되지 말라고 꾸짖고 있다. 팔이 안으로 굽는다는 속담을 떠올리게 한다. 소인은 팔이 안으로 굽는다면서 제 패거리 편애하기를 주저하지 않는다. 「위정(爲政)」편 14장에서 "소인비이부주(小人比而不周)"라고 했다. 비(比)는 패를 갈라 시비 거는 짓을 말한다. 소인은 그런 짓을 하느라 미운 놈 고운 놈이 생겨 무친(無親)할 수가 없다. 소인이 되지 말고 군자가 되라는 스승의 꾸중을 염자가 알아들었는지 모르겠다. 염자의 행동이 아마도 공자를 서글프게 했으리라. 바로 앞 장에서 "미문호학자(未聞好學者)"라고 했던 공자의 서글픔을 떠올리면 알 것이다. 안회와 염자를 비교해보면 공자의 호학(好學)이란 곧 군자가 되자는 구도(求道)임을 알 수 있을 것이다.

적지적제야(赤之適齊也) 승비마(乘肥馬) 의경구(衣輕裘)
▶ 적이[赤之] 제나라로[齊] 갈 때[適] 살찐[肥] 말을[馬] 타고[乘]
가벼운[輕] 털옷[裘]을 입었다[衣].

적(赤)은 자화(子華)의 이름이다. 여기서는 적지적제(赤之適齊)의 지(之)를 주목했으면 한다. 그냥 적적제(赤適齊)라 하지 않고 적지적제(赤之適齊)라고 한 것은 적(赤)이란 인물을 부각시키려는 의도가 있어서이다. 물론 여기서 지(之)는 말투를 강조하는 후치사(後置詞)로서 없어도 되지만 말투에 감정을 실어주는 구실을 한다.

사신으로 임명받아 제(齊)나라로 떠날 때 자화의 행차가 어떠했는지 지금 공자가 염자에게 비판적인 어조로 들려주고 있다. 공자는 이로써 자화가 부유하다는 사실을 염자에게 떠올려주고, 군자라면 빈부(貧富)를 어떻게 마주해야 하는지 간곡하게 말해준다.

붉을 적(赤), 갈 적(適), 탈 승(乘), 살찐 비(肥), 옷 입을 의(衣),
가벼울 경(輕), 털옷 구(裘)

오문지야(吾聞之也) 군자주급(君子周急) 불계부(不繼富)
▶ 군자는[君子] 다급함을[急] 도와주지[周] 부자한테[富] 더 보태주지는 않는다[不繼]고 나는[吾] 들어왔다[聞之].

주(周)는 여기서 조(助)와 같다. 구해주다[周]. 급(急)은 여기서 군(窘)과 같다. 군색해 딱하다[急]. 계(繼)는 소(紹)와 같다. 도와준다[繼].

공자가 당신의 주장이 아니라 들어온 바를 말해준다[吾聞之]는 데 주목했으면 한다. 성인은 자신의 주장을 앞세워 시비 걸지 않는다. 군자는 궁하여 딱한 사람을 돕지 부유한 사람을 더 부유하게 하지 않는다 한다. 부익부(富益富)하고 빈익빈(貧益貧)하는 난세(亂世)는 다 소인배들의 수작 때문에 벌어진다. 16말[庾]만 주면 된다고 한 선생의 말씀을 저버리고 800말[五秉]을 줘버린 염자의 행동은 부익부(富益富)의 수작일 뿐이다. 노자(老子)가 어째서 무친(無親)하라 했는지 알 만하다. 사사로운 짓을 말라[無親]. 왜 세상이 부정부패로 얼룩지는가? 소인배들의 수작 탓이다. 공자는 이를 뼈저리게 느꼈고, 염자는 선생의 참뜻을 저버렸다. 만에 하나라도 스승이 매정하다고 염자가 오해할까봐 스승은 원사(原思)를 들어 오해의 싹을 없애버린다.

구할 주(周), 군색할 급(急), 불려나갈 계(繼), 부유할 부(富)

원사위지재(原思爲之宰) 여지속구백(與之粟九百) 사(辭)
▶ 원사가[原思] 지방장관이[宰] 되었을 때[爲之], 원사에게[之] 곡식[粟] 구백 섬을[九百] 주자[與] 사양했다[辭].

위지(爲之)는 영어의 'become' 처럼 보면 된다. 지방장관이 되다[爲之宰]. 위지재(爲之宰)의 재(宰)는 한 고을을 맡아 다스리는 책임자를 말한다. 말하자면 도백(道伯) 같은 지위의 벼슬이다. 사(辭)는 여기서 각(却)과 같다. 받지 않고 물리치다[辭].

원사(原思)는 공자의 제자로 성씨가 원(原), 이름은 헌(憲), 자는 자사(子思)이다. 그는 공자가 노나라 사구(司寇)로 있을 때 한 고을의 장관[宰]으로 있었다. 사구는 오늘날 관직으로 치면 검찰총장에 해당한다. 원사가 나라에서 주는 곡식 구백 섬을 사양했을 때 공자가 다음과 같이 말해주었다고 염자에게 알려준다. "무(毋)하야 이여이린리향당호(以與爾隣里鄕黨乎)?" 무(毋)는 여기서 무사(毋辭)의 줄임말이다. 사양하지 말라[毋]. 그리고 그 곡식 구백 섬으로[以粟九百] 자네[爾] 이웃이나[隣] 고을 사람들한테[里鄕黨] 나누어주면 되지 않느냐[與乎]? 원사 개인에게 곡식 구백 섬을 준다고 생각해 거절하지 말고, 고을을 다스릴 지방장관한테 구백 섬을 맡긴다고 여기고 그 곡식으로 주급(周急)하라 했다는 말씀이다.

벼슬아치는 공사(公私)를 가릴 줄 알아야 한다. 왜 공자가 원사에게 사양할 것 없다고 단언했는지 염자가 알아들었을까? 염자는 자화 같은 부자 한 사람에게 나라의 곡식을 준 잘못을 뉘우쳤을까? 각자 저마다 생각해볼 일이다. 공자가 왜 세상을 안타까워하는지 우리 모두 알았으면 좋겠다. 왜 부정부패가 넌더리나게 세상을 어지럽히는지 아는가? 우리 모두 다 소인배인 탓이지 다른 까닭은 없으리라.

근원 원(原), 생각 사(思), 맡아 다스릴 재(宰), 사양할 사(辭)

제4장

【문지(聞之)】

산천기사저(山川其舍諸)

【원문(原文)】

子謂仲弓曰 犁牛之子 騂且角이면 雖欲勿用이나
자 위 중 궁 왈   이 우 지 자   성 차 각   수 욕 물 용
山川은 其舍諸아
산 천   기 사 저

【해독(解讀)】

공자께서 중궁을 불러 말했다[子謂仲弓曰]. "얼룩소 송아지가 털이 붉고 뿔이 좋으면[犁牛之子騂且角], 희생우(犧牲牛)로 쓰지 않으려 해도[雖欲勿用] 산천신(山川神)이 그 송아지를 내버려두겠는가[山川其舍諸]?"

【담소(談笑)】
자위중궁왈(子謂仲弓曰)

공자가 당신의 제자 염옹(冉雍) 즉 중궁(仲弓)을 불러 격려하고 있다. 앞 1장에서 신분이 미천해 서러웠을 중궁을 가리켜 임금감이라고 단언하지 않았던가. 신분(身分)이 아니라 자기를 얼마나 닦아 인도(仁道)를 걷느냐에 인간 됨됨이가 달려 있다고 공자가 타이르고 있다. 벼슬 따위야 얻든 말든 별 것 아니라 한다. 여기선 마치 공자가 노자(老子)처럼 옹(雍)을 대하고 있다는 생각이 든다. 사람의 세상이 버려도 자연은 너를 버리지 않을 것이란 공자의 말씀이 그렇게 들린다. 인생을 빨랫줄에 매달린 빨래처럼 여길 것 없다 한다. 아등바등 꽉 붙들어 잡고 있는 세상의 끄나풀에 매달리지 말라는 말씀이다.

이우지자(犁牛之子) 성차각(騂且角)
▶ 털이 붉고[騂] 또한[且] 뿔이 바른[角] 얼룩소[犁牛] 새끼 송아지[子].

이우(犁牛)는 얼룩소이고, 자(子)는 그 새끼를 말한다. 공자는 지금 옹에게 절묘한 비유를 들어 그의 마음에 맺힌 응어리를 풀어주고 있다. 자(子)를 옹으로, 이우(犁牛)를 공자 당신으로 비유해 어미와 새끼로 묶어서 사제(師弟) 사이의 심정을 나누고 있는 것이다. 그 새끼가 훌륭하다는 표현이 곧 성차각(騂且角)이다. 털이 붉고[騂] 곧고 바른 뿔을 가진[角] 얼룩송아지는 산천제(山川祭)의 희생(犧牲)감이 된다. 희생(犧牲)은 천지가 요구하는 제물(祭物)이다. 사람이 일을 시키다 잡아먹는 소가 아니라 천지로부터 선택받은 소를 말한다. 정성을 다해 길러[犧] 천지에 바칠 소[牲]가 있다면 그자가 바로 너 옹이라는 것이 스승(공자)의 말씀이다.

얼룩소 리(犁), 소 우(牛), 털이 붉은 소 성(騂), 또 차(且), 뿔 각(角)

수욕물용(雖欲勿用) 산천기사저(山川其舍諸)

▶ 비록[雖] (인간들이 희생(犧牲)으로) 쓰지 않으려 해도[勿用] 산천이[山川] 그 송아지를[其] 내버려두겠는가[舍諸].

절망하지 말고 인도(仁道)를 펴가라고 옹을 격려하고 있다. 인간 세상이 알아주지 않을지언정 옹이 임금감인 것을 하늘이 알고 땅이 안다는 말로 공자가 옹을 격려하고 있다. 사람들이 알아주지 않아도 화내지 않는다[人不知而不慍]고 『논어(論語)』첫머리에 말한 뜻을 헤아릴 수 있으리라.

공자가 사람들에게 칭송을 들으려고 인도(仁道)를 주창했겠는가. 인간이라면 걸어가야 할 길[道]이므로 인도를 떠나지 말라 했을 뿐이다. 그러니 "세상이 서운하게 한다고 서러워 마라. 나(공자)도 너(옹)처럼 세상이 몰라주지 않느냐? 그래도 인도를 널리 펴기 위해서는 포기할 수 없는 일 아니겠느냐?" 이렇듯 제자를 안타까워하는 모습이 눈에 보이는 듯하다. 그리고 왜 공자가 인간이 인간의 길을 넓힐 수 있다[人能弘道]고 확신했는지 알 만하다. 성인은 절망하지 않는다. 항상 미래를 밝게 본다.

비록 수(雖), 하고자 할 욕(欲), 쓸 용(用), 버릴 사(舍), 어조사 저(諸)

제5장

【문지(聞之)】
기심삼월불위인(其心三月不違仁)

【원문(原文)】

> 子曰 回也는 其心이 三月不違仁이오 其餘 則日
> 月至焉而已矣니라
> 자왈 회야 기심 삼월불위인 기여 즉일
> 월 지 언 이 이 의

【해독(解讀)】

공자께서 말했다[子曰]. "안회는 그의 마음이 서너 달이 가도 인(仁)을 어기지 않는다[回也其心三月不違仁]. 그러나 다른 사람들은 하루나 한 달에 한 번쯤 인을 어기지 않을 뿐이다[其餘則日月至焉而已矣]."

【담소(談笑)】

자왈(子曰)

공자가 제자들이 당신의 도(道)를 그치지 않고 줄기차게 실천하기 바라는 마음을 간절히 드러내고 있다. 가엽게 여기는 마음으로 불쌍한 이를 한 번 도왔다고 해서 어진 사람이 되는 것은 아니라는 말이다. 항상 어진 마음을 떠나지 말아야 인(仁)을 어기지 않는 것이라고 말하고 있다.

「이인(里仁)」편 15장에서 "내 도는 하나로 관통해 있다[吾道一以貫之]"고 했고,「위령공(衛靈公)」편 2장에서도 "나는 하나로 관통해 있다[予一以貫之]"고 단언했었다. 일(一)은 무엇을 뜻하는가? 그 하나는 바로 인(仁)이요 인도(仁道)이다. 따라서 관지(貫之)의 지(之)는 인으로 새겨도 되고 인도로 새겨도 된다. 어진 마음을 떠난 적이 없다는 것이 곧 공자의 관지(貫之)라고 여기면 그만이다. 인자(仁者)란 누구인가? 어진 일을 한다고 되는 것이 아니라 항상 어진 마음으로 항상 어진 일을 해야 인자이다. 이를 지금 공자가 설파하고 있다.

회야기심삼월불위인(回也其心三月不違仁)
▶ 안회는[回也] 그의[其] 마음이[心] 서너 달을 두고서도[三月] 인(仁)을 어기지 않는다[不違].

회(回)는 공자의 제자인 안회(顔回)의 이름이다. 바로 앞 2장에서 이 안회를 두고 불천노(不遷怒)라고 평했던 것을 떠올리면 여기서 불위인(不違仁)의 속뜻을 알 수 있다. 어짊[仁]을 어기지 않는다[不違仁] 함이나, 노여움[怒]을 옮기지 않는다[不遷怒] 함이나 다 같은 측은(惻隱)의 마음이기 때문이다.

한 가지 일을 어질게 했다 해서 어진 사람은 아니다. 항상 어진 마음으로 살아야 어진 사람[仁者]이라 한다. 그래서 지금 세상에서 인자(仁者)를 만나기 어렵다. 간간이라도 인자가 될 수 있다는 것을 다행스럽게 여길지 모르지만 공자가 그 정도에 만족할 리 없다. 안회처럼 항상 어진 마음으로 살라. 이런 삶을 충서(忠恕)라 한다. 어진 마음을 충실히 해라[忠恕].

어길 위(違)

기여즉일월지언이이의(其餘則日月至焉而已矣)
▶ 그[其] 나머지 사람들은[餘] 하루나[日] 한 달 정도[月] 인(仁)을 어기지 않다가[至焉] 그러기를 그치고 말 뿐이다[而已矣].

지언(至焉)의 언(焉)은 인(仁)을 받는 지시어로 보아도 된다. 인(仁)을 어기지 않는다[至焉]. 그리고 이(已)는 지(止)와 같다. 인(仁)을 그친다[已]. 물론 이이의(而已矣)는 강조하는 종결어미로 '~일 뿐이다' 라는 뜻의 관용어구이다.

하루에 한 순간 한 번만이라도 착한 마음을 베풀어 어진 사람이 될 수 있으면 이 세상은 그만큼 사는 맛이 더하리라. 왜 날마다 세상이 모질어지고 사나워지는가? 우리 마음이 어질기를 마다한 탓에 세상이 거칠어지는 것이지 본래 이 세상이 거친 때문은 아니지 않는가. 풀숲에 숨은 독사 때문에 세상이 무서운 게 아니라 오로지 사람 탓에 세상이 무섭다. 사람만 어질면 세상은 절로 어질어진다. 그래서 공자는 인도(仁道)를 벗어나지 말라[不違仁] 한다.

나머지 여(餘), 곧 즉(則), 이를 지(至), 이 언(焉), 그칠 이(已)

제6장

【문지(聞之)】
유야과(由也果) · 사야달(賜也達) · 구야예(求也藝)

【원문(原文)】

季康子問 仲由는 可使從政也與이꼬
子曰 由也果하니 於從政乎에 何有리오
曰 賜也는 可使從政也與이꼬
曰 賜也達하니 於從政乎에 何有리오
曰 求也는 可使從政也與이꼬
曰 求也藝하니 於從政乎에 何有리오

【해독(解讀)】
계강자가 물었다[季康子問]. "중유로 하여금 정치를 하게 해도 되겠습니까[仲由可使從政也與]?"

공자께서 말했다[子曰]. "유는 과단성이 있으니[由也果] 정치를 시켜도[於從政乎] 무슨 걱정이 있겠습니까[何有]?"

계강자가 물었다[曰]. "자공으로 하여금 정치를 하게 해도 되겠습니까[賜也可使從政也與]?"

공자께서 말했다[曰]. "자공은 통달했으니[賜也達] 정치를 시켜도[於從政乎] 무슨 걱정이 있겠습니까[何有]?"

계강자가 물었다[曰]. "염구로 하여금 정치를 하게 해도 되겠습니까[求也可使從政也與]?"

공자께서 말했다[曰]. "구는 재주가 풍부하니[求也藝] 정치를 시켜도[於從政乎] 무슨 걱정이 있겠습니까[何有]?"

【담소(談笑)】
계강자문(季康子問)

계강자(季康子)는 노(魯)나라 대부(大夫)로, 「팔일(八佾)」편 1장에서 공자가 팔일무어정(八佾舞於庭)을 들어 그 무례(無禮)함을 질타했던 계손씨(季孫氏)이다. 팔일무(八佾舞)는 천자의 무(舞)이다. 대부가 천자인 척했으니 얼마나 무례한가. 그런 자가 공자께 공자의 제자인 유(由)와 사(賜), 그리고 구(求)로 하여금 정치를 하게 해도 되겠느냐고 묻고 있다. 이에 공자는 보란 듯이 당신의 제자를 추천하고 있다.

중유가사종정야여(仲由可使從政也與)
▶ 중유로[仲由] 하여금 정치에 종사하게 할 수 있겠는지요[可使從政也與]?

가사중유종정야여(可使仲由從政也與)인데 중유(仲由)를 강조하고자 문장 앞에 두었다. 종정(從政)은 정치에 참여한다는 말이다. 임금이 정치하게 할 때는 위정(爲政)이라 하고, 대부가 정치하게 할 때는 종정(從政)이라 한다. 그러니 위정(爲政)이면 임금의 신하가 되는 것이고, 종정(從政)이면 대부의 신하가 되는 셈이다.

> 버금 중(仲), 말미암을 유(由), 하여금 사(使), 따를 종(從), 다스릴 정(政), 의문어조사 여(與)

유야과(由也果) 어종정호(於從政乎) 하유(何有)
▶ **자로야말로[由也] 용감하니[果] 정치를 시키는 데[於從政] 무슨 걱정이 있겠습니까[何有]?**

유야과(由也果)의 과(果)는 과감(果敢)의 줄임말로 새기면 된다. 과단성이 있어서 용감하다[果]. 유(由)는 공자의 제자인 자로(子路)의 이름이고, 중유(仲由)는 자(字)이다. 그는 공문(孔門)에서 가장 용감하였다. ~에 걱정할 것 없다[何有於]. 하유(何有)는 관용어이다.

공자가 계강자에게 당신의 제자를 소개하는 데 적극적임을 위의 말투에서 느낄 수 있다. 그냥 유(由)라 하지 않고 유야(由也)라고 강조하는 어조사 야(也)를 붙이고, 하유어종정호(何有於從政乎)를 뒤집어 어종정호(於從政乎)를 앞에 쓴 것 등등이 다 어감을 강조하여 적극적인 의사를 나타내는 말투이다. 적당히 소개하는 게 아니라 제자의 특성을 딱 지적해 능력을 밝히고 있다. 제자를 사랑하는 스승의 모습이 뚜렷하지만, 등용시켜 달라고 청탁하지는 않는다. 무도(無道)한 세도(勢道) 밑에 무슨 인재가 있겠느냐고 반문하는 듯 느껴지기도 한다.

> 용감할 과(果), 어조사 어(於), 어조사 호(乎)

사야달(賜也達) 구야예(求也藝)
▶ **사야말로[賜也] 통달했고[達], 구야말로[求也] 재주가 있습니다[藝].**

사(賜)는 공자의 제자인 자공(子貢)의 이름이다. 공문에서 가장 이

재(利財)에 밝았던 제자로 공자가 주유(周遊)할 때 뒷바라지를 다했다. 구(求)는 공자의 제자인 염유(冉有)의 이름이다. 염유는 육예(六藝)에 뛰어났다.

자공은 통달했으므로 정사(政事)를 볼 수 있고, 염유 역시 재주가 많으므로 정사를 잘 처리할 수 있다며 공자가 당신의 제자를 적극적으로 소개하고 있다. 요새로 말하면 경제 분야에는 자공이 탁월할 것이고, 문화 분야에는 염유가 탁월할 것이란 의견을 강력하게 개진하고 있다. 능력을 따져 분명하게 제자를 소개하고 있으니 공자가 자기 제자를 편애한다고 입방아를 찧을 수 없다. 편애는 소인배나 하는 짓일 뿐 성인은 그런 짓을 모른다. 다만 세도가에게 유능한 인재라는 사실을 알려줄 뿐, 등용해 달라고 애걸하지 않는다. 공자의 이런 마음을 다음 장에서 제자를 통해 짐작할 수 있을 것이다.

베풀 사(賜), 통달할 달(達), 구할 구(求), 재주 예(藝)

제7장

【문지(聞之)】
오필재문상의(吾必在汶上矣)

【원문(原文)】

季氏使閔子騫으로 爲費宰한대 閔子騫曰 善爲我
계씨사민자건   위비재   민자건왈 선위아
辭焉하라 如有復我者인대 則吾必在汶上矣로리라
사언   여유부아자   즉오필재문상의

【해독(解讀)】

계씨가 민자건으로 하여금 비재(費宰)로 삼으려고 하자[季氏使閔子騫爲費宰] 민자건이 말했다[閔子騫曰]. "제발 나를 위해 거절해 주십시오[善爲我辭焉]. 만약 다시 나를 부른다면[如有復我者] 나는 반드시 문수 강가에 있을 것입니다[則吾必在汶上矣]."

【담소(談笑)】

민자건왈(閔子騫曰)

계강자(季康子)는 노(魯)나라의 대부(大夫)로, 임금인 소공(昭公)을 쫓아내는 등 거침없이 세도를 부렸던 삼환(三桓) 중에서도 가장 사나웠던 계손씨(季孫氏)이다. 이 계씨가 민자건(閔子騫)에게 비(費)라는 고을의 책임자[宰]가 되어 달라고 하자 민자건이 사정없이 거절한다. 민자건은 공자의 제자로 성은 민(閔), 이름은 손(損), 자(字)는 자건(子騫)이다. 덕행(德行)이 높다고 알려져 있다.

바로 앞 장에서 공자는 제자인 유(由)와 사(賜)와 구(求)를 강력하게 추천했었는데 이 장에서 민자건은 세력가인 계씨의 천거를 거절한다. 아마도 무도(無道)한 세도(勢道)를 용납할 수 없었기 때문이리라. 그런데 왜 공자는 유(由)와 사(賜)와 구(求)가 정치를 할 수 있다고 적극적으로 대응했는지 여러 모로 생각해보게 된다. 제자가 이렇듯 무시하는데 스승인 공자가 어찌 무도한 세도가에게 연연하겠는가. 그러니 앞 서 본 공자의 적극성에는 무모한 세도가를 정신차리게 하려는 속뜻이 있다고 해석할 수 있으리라. 하여튼 민자건의 거절이 통쾌하다.

선위아사언(善爲我辭焉) 여유부아자(如有復我者) 즉오필재문상의(則吾必在汶上矣)

▶ 나를[我] 위해[爲] 그 일을[焉] 거두는 것이[辭] 좋을 것입니다

[善]. 그런 일로[如] 나를[我] 다시 부르는[復] 일이[者] 있다면[有則], 나는[吾] 반드시[必] 문수강[汶] 위에[上] 있을 것이오[在].

여기서 선(善)은 호(好)와 같다. ~하는 편이 좋다[善]. 언(焉)은 위비재(爲費宰)를 받는다. 부(復)는 재(再)와 같다. 다시 또[復]. 복(復)으로 읽지 않고 부(復)로 발음한다. 문(汶)은 노나라와 제나라 사이에 있다는 강 이름이다. 문(汶)이라고 한 것에서 강(江)보다는 내[川]에 가까운 듯하다. 문수(汶水)라고 하면 대천(大川)을 말한다.

계씨가 요청하는 등용을 민자건이 단호하게 거부하고 있다. 무도한 대부 밑에서 벼슬아치 노릇을 할 수 없다고 경고하는 태도가 단호하다. 자건은 안회(顔回), 백우(伯牛)와 더불어 공문(孔門)에서 덕행으로 이름난 제자이다. 왜 단호하다 하는가? 문상(汶上)이란 한마디로 알 수 있다. 문상(汶上)은 물을 건너간다는 뜻이니, 노나라를 떠나 제나라로 가버리겠다는 표현이다. 무도한 세도가 밑으로 들어가느니 차라리 조국을 떠나겠다는 자건이다.

자건은 왜 떠난다고 하는가? 본래 도(道)가 서면 덕(德)은 절로 따른다. 도와 덕은 둘이 아니라 하나이기 때문이다. 그래서 도덕(道德)은 불일(不一)이라 하지 않는가. 따로이기를 고집하지 않는다[不一]. 그러니 무도(無道)라면 곧 부덕(不德)이다. 용감했던 자로, 이재에 밝았던 자공, 재주가 많았던 염유 등등은 세도가 밑에서 벼슬을 할지라도 덕행을 몸소 일삼는 자건이 무도한 계씨를 등지는 것은 당연하다. 무도하면 덕은 반드시 떠나기 때문이다.

좋을 선(善), 위할 위(爲), 사양할 사(辭), 이에 언(焉), 같을 여(如), 다시 부(復), 반드시 필(必), 물 이름 문(汶)

제8장

【문지(聞之)】
사인야이유사질야(斯人也而有斯疾也)

【원문(原文)】

伯牛有疾이어늘 子問之하실새 自牖로 執其手하사
백우유질   자문지   자유   집기수
曰 亡之러니 命矣夫라 斯人也而有斯疾也할져 斯
왈 망지   명의부   사인야이유사질야   사
人也而有斯疾也할져
인야이유사질야

【해독(解讀)】

백우가 병에 걸리자[伯牛有疾] 공자께서 문병을 가서[子問之] 남창 너머로 백우의 손을 잡고[自牖執其手] 말했다[曰]. "이럴 리가 있는가[亡之]! 운명이라 한다지만[命矣夫]! 이 사람이 이런 병에 걸리다니[斯人也而有斯疾也]! 이 사람이 이런 병에 걸리다니[斯人也而有斯疾也]!"

【담소(談笑)】

백우유질(伯牛有疾)

백우(伯牛)는 공자의 제자이다. 성씨는 염(冉), 이름은 경(耕), 자(字)가 백우(伯牛)이고 노(魯)나라 사람이다. 안회(顔回)·자건(子騫)과 함께 덕행(德行)으로 이름이 높았다 한다. 그 백우가 몹쓸 병에 걸려 공자가 문병을 간 광경을 떠올려보라. 안회는 요절했고 백우는 문둥병에 걸렸다. 덕행이 뛰어난 제자들이 왜 이렇단 말인가? 아마도

이런 심정이 공자의 가슴에 사무쳤을 터이다. 그래서 공자의 말씀이 마치 운명을 한탄하고 있는 듯 느껴진다. "명의부(命矣夫)."

자유집기수(自牖執其手)
▶ 남창[牖] 너머로[自] 백우의[其] 손을[手] 잡았다[執].

백우가 몹쓸 병(문둥병)에 걸려 사람을 만나지 않으려 했다 한다. 그래서 공자가 창 너머로 백우의 손을 잡았다는 것이다. 그럴 법도 하다. 하늘처럼 모셨던 스승 앞에 문둥병에 걸린 몰골을 보여 스승의 가슴을 아프게 하고 싶지 않았을 백우의 마음을 능히 짐작할 수 있지 않은가. 스승도 그런 제자의 충심을 헤아렸으리라. 하여튼 창문을 사이에 두고 "이 사람아[斯人也] 이 사람아[斯人也]" 한탄하는 공자를 어느 누가 멀리할 수 있겠는가. 왜 공자를 두고 가장 인간적인 성인이라 하는지 알 만하리라. 불가(佛家)의 『아함경(阿含經)』에서 죽을 병에 걸린 이의 손을 부여잡고 "살려낼 힘이 없는 내가 원망스럽다"고 흐느끼는 석가(釋迦)도 백우의 손을 부여잡은 공자와 같은 심정이었으리라. 하지만 생사(生死)가 있는 것을 슬퍼한들 어이 하겠는가. 어쩔 수 없는 명(命) 앞에 처연(悽然)해하는 인간이 애달프다.

~로부터 자(自), 남쪽으로 낸 창 유(牖), 잡을 집(執), 손 수(手)

망지(亡之) 명의부(命矣夫) 사인야이유사질야(斯人也而有斯疾也)

▶ 이럴 수가 없어[亡之]! 아무리 운명이라 하지만[命矣夫]. 이[斯] 사람한테[人] 이런[斯] 병이[疾] 걸리다니[有]. 이[斯] 사람한테[人] 이런[斯] 병이[疾] 걸리다니[有].

망(亡)은 여기서 실(失)과 같다. 없어지다[亡]. 망지(亡之)의 지(之)는 백우를 가리키는 지시어이다. 명(命)은 운명(運命)이고, 부(夫)는 안타까움을 드러내는 어조사로 보면 된다. 사(斯)는 여기서 차(此)와 같다. 사민(斯民)의 사(斯)와 같다. '이 백성[斯民]'이라고 하면 친밀감이나 안타까움이 묻어난다. 이 사(斯)가 공자의 안타까운 심정을 절절이 드러내고 있다. 사인(斯人)의 사(斯)는 '백우가 유덕(有德)하기 이를 데 없다'는 속뜻을 헤아리게 하고, 사질(斯疾)의 사(斯)는 '그런데 왜 이 몹쓸 병'에 걸렸느냐고 절규하는 스승의 마음이 묻어난다. 백우를 향한 스승의 안타까움이 절절하다.

없어질 망(亡), 내릴 명(命), 어조사 부(夫), 이 사(斯), 병 질(疾)

제9장

【문지(聞之)】
일단사(一簞食) 일표음(一瓢飮) 재루항(在陋巷)

【원문(原文)】

子曰 賢哉라 回也여 一簞食와 一瓢飮으로 在陋
자왈 현재   회야   일단 사   일표음   재루
巷을 人不堪其憂어늘 回也不改其樂하니 賢哉라
항   인불감기우   회야불개기락   현재
回也여
회야

【해독(解讀)】
공자께서 말했다[子曰]. "어질구나[賢哉] 안회여[回也]! 한 그릇 밥을 먹고[一簞食] 한 쪽박 물을 마시며[一瓢飮] 누추한 곳에 살면[在陋巷]

사람들은 그 괴로움을 견디지 못하거늘[人不堪其憂], 안회만은 그렇게 사는 즐거움을 버리지 않으니[回也不改其樂] 어질구나[賢哉] 안회여[回也]!"

【담소(談笑)】
자왈(子曰)
안회(顔回)의 안빈낙도(安貧樂道)를 공자가 칭송하고 있다. 어진 사람이라야 가난해도 마음 편히 여기며 삶을 즐길 수 있다. 보통 사람들은 그런 낙도(樂道)를 누릴 수 없으니 그것은 안빈(安貧)을 한사코 멀리기 때문이다. 스승이 바라는 인도(仁道)를 벗어나지 않고 몸소 행동으로 실천했던 안회를 공자가 더할 바 없이 칭송하고 있다.

현재회야(賢哉回也)
▶ 어질구나[賢哉] 안회야[回也].
현(賢)은 덕을 행하는 사람을 말한다. 지식이 아무리 많아도 현자(賢者)가 될 수 없다. 덕(德)을 행하는 사람이라야 현자이다. 안회야말로 현자임을 강조하면서 감탄하는 마음이 잘 드러나 있다. 회야현재(回也賢哉)라 하지 않고 안회가 현자임을 감탄하고 강조하는 말투로 바꾸어 공자가 칭송하고 있다. 이는 칭찬이 아니라 칭송이다. 스승이 제자를 칭찬하는 경우는 흔해도 칭송하는 경우는 거의 없다.

어질 현(賢), 어조사 재(哉)

일단사(一簞食) 일표음(一瓢飮) 재루항(在陋巷) 인불감기우(人不堪其憂)
▶ 한 대그릇[一簞] 밥과[食] 한 쪽박의[一瓢] 물을 마시며[飮] 좁은[陋] 골목에서[巷] 살면[在], 사람들은[人] 그[其] 욕됨을[憂]

견디지 못한다[不堪].

　일단사(一簞食)의 사(食)는 먹거리를 말한다. 먹거리 사(食), 먹일 사(食), 먹을 식(食)으로 뜻에 따라 음이 다르다. 식모(食母)라는 말이 있는데 실은 사모(食母)라고 해야 맞다. 누항(陋巷)은 좁은 골목이란 말이다. 달동네 골목을 생각하면 된다. 기우(其憂)의 우(憂)는 욕(辱)과 같다. 욕되고 수치스러움[憂] 때문에 가난을 견딜 수 없다[不堪].

　일단사(一簞食)·일표음(一瓢飮)·재루항(在陋巷)은 안빈낙도(安貧樂道)의 표본이다. 사실 안빈낙도는 가난을 즐기라는 게 아니다. 가난을 욕되게 생각하지 말라는 것이다. 가난을 피해보려고 수작부리지 말라 함이다. 부지런히 살되 마음 편히 살기를 바라는 삶이 곧 안빈낙도의 삶이다. 그러니 안빈낙도를 게으름뱅이의 삶이라고 여기지 말라. 오히려 덕을 행하기에 분주한 삶이라고 생각하라.

　그러나 범인(凡人)은 모두 가난을 욕되게 생각한다. 가난하면 마음이 편치 않다. 그래서 가난을 피해보려고 별별 짓을 마다하지 않는다. 한사코 나를 취하려고 발버둥친다. 나를 취하면 더럽다[取我是咎]. 그러나 나를 버리면 깨끗하다[不取我是淨]. 대인은 그런 줄 알지만 소인은 그런 줄 모른다. 이러니 범인이 가난을 견디지 못하는 까닭을 알리라. 취아(取我) 탓이다. 그래서 범인한테는 가난이 죽기보다 더 싫은 치욕인 것이다.

> 대그릇 단(簞), 먹일 사(食), 바가지 표(瓢), 마실 음(飮), 있을 재(在), 좁을 루(陋), 거리 항(巷), 견딜 감(堪), 욕될 우(憂)

회야불개기락(回也不改其樂)
▶ 안회야말로[回也] 그[其] 즐거움을[樂] 바꾸지 않는다[不改].
　여기서 개(改)는 역(易)과 같다. 바꾸어버린다[改]. 기락(其樂)의 기(其)는 일단사(一簞食)·일표음(一瓢飮)·재루항(在陋巷)을 가리키는 지시어로 보면 된다. 따라서 기락(其樂)은 안빈낙도를 즐기는 삶을 말한다. 이런 안빈낙도는 곧 현자의 삶이요 성인의 삶이다. 공맹(孔孟) 쪽에선 안빈낙도라 하고, 노장(老莊) 쪽에선 천류천사(天鬻天食)라 한다. 하늘이 키워주고[天鬻] 하늘이 먹여준다[天食]. 아무래도 안빈낙도는 유가적(儒家的)이라기보다는 도가적(道家的)인 편이다.

성현은 안빈낙도(安貧樂道) 즉 천류천사(天鬻天食)의 삶을 즐기지만, 우리네 소인배들은 그런 삶을 죽기보다 더 싫어한다. 성현은 불모(不謀)하고, 불착(不斲)하며, 무상(無喪)하고, 불화(不貨)의 삶을 누린다. 수작을 부리지 말라[不謀]. 꾸미고 다듬지 말라[不斲]. 잃어버릴 것이란 하나도 없다[無喪]. 돈에 매달려 발버둥치지 말라[不貨]. 이 네 가지가 덕행의 바탕이요 안빈낙도와 천류천사의 방편이다. 진실로 마음이 자유로운 사람은 누구인가? 따지고 보면 가난을 두려워하지 않는 자이다. 그런 분이 곧 성현(聖賢)이요 군자(君子)요 대인(大人)이다. 가난해질까 봐 두려워 쩔쩔매고 마음을 옹색하게 붙들어 매는 사람은 누구인가? 범인(凡人)이요 중인(衆人)이요 소인(小人)이다. 우리는 안회 앞에 고개를 들 수 없다. 우리는 너무도 탐욕스럽게 인생을 꾸려가고 있기 때문이다. 아무리 안회를 칭송한다 한들 부질없는 짓인 줄 공자도 알았으리라. 그래서 현재회야(賢哉回也)라고 절규했으리라.

바꿀 개(改), 즐거울 락(樂)

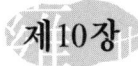

제10장

【문지(聞之)】
역부족자(力不足者) 중도이폐(中道而廢)

【원문(原文)】

> 冉求曰 非不說子之道언마는 力不足也로이다
> 염구왈 비불열자지도   역부족야
> 子曰 力不足者는 中道而廢하나니 今女는 畵이로다
> 자왈 역부족자 중도이폐   금여 획

【해독(解讀)】

염구가 말했다[冉求曰]. "선생님의 도를 기뻐하지 않는 것이 아니라[非不說子之道] 힘이 모자라서입니다[力不足也]."

공자께서 말했다[子曰]. "힘이 모자란 사람은[力不足者] 도중에 그만두지만[中道而廢], 지금 자네는 스스로 선을 그어놓고 힘이 부족하다 함이네[今女畵]."

【담소(談笑)】

염구왈(冉求曰)

앞서 3장에서 자화(子華)의 모친에게 곡식[粟]을 턱없이 많이 주어 꾸중을 들었던 염구(冉求)가 스승께 변명하다가 자신의 속내를 들키고 있다. 「선진(先進)」편 21장에서 "염구는 미적거리기만 한다[求也退]. 그리 말고 과감히 하라[而先之]"고 충고를 들은 바 있는 염구가 왜 16말[庾]만 주라던 스승의 말을 어기고 800말[五秉]이나 주어버리는 짓을 했는지 여기서 그 이유를 짐작해볼 수 있다. 소극적이어서 적극성이 모자란다고 꾸중들었던 염구가 오기를 부렸던 것은 아닌가 싶다. 하여튼 스승과 제자 사이는 일방적이어선 안 된다는 생각을 하게 한다. 서로 마음을 나누어야 한다. 그래서 스승은 제자를 버리지 않고 정진하라고 타이르며 재촉하는 것이다.

비불열자지도(非不說子之道) 역부족야(力不足也)
▶ 스승의[子] 도를[道] 기뻐하지 않는 것이[不說] 아니라[非] 힘이[力] 모자라서입니다[不足].

열(說)은 여기서 열(悅)과 같다. 마음 속으로 기뻐한다[說]. 자지도(子之道)의 자(子)는 부자(夫子)의 준말로 공부자(孔夫子)를 뜻한다. 역(力)은 공자의 인도(仁道)를 실천하는 힘으로 보면 된다.

공자는 앞서 당신의 제자 염구를 일러 다재다능하다[求也藝]고 평했었다. 아무리 재주가 있어도 어진 사람이 되는 것은 아님을 여기서 알 수 있다. 염구가 스승께 아뢰는 모습이 재승박덕(才勝薄德)한 인간형을 떠올리게 한다. 재주가 앞서면 덕이 없다 한다. 그래서 노자(老子)는 말했다. "지식을 버려라[棄知]." 그러나 공자는 지식을 닦으면서 유덕행(有德行)을 실천하라 한다. 덕을 삶으로써 실천하라[有德行]. 그런데 지금 염구는 선생께 자신의 힘이 모자라 유덕행(有德行)을 실천하지 못한다고 아뢰고 있다.

아닐 비(非), 기뻐할 열(說), 힘 력(力), 충분할 족(足)

역부족자(力不足者) 중도이폐(中道而廢) 금여획(今女畫)
▶ 힘이[力] 모자라는[不足] 사람은[者] 중도에[中道] 그만두지만[廢], 지금[今] 자네는[女] 스스로 끊고 있네[畫].

폐(廢)는 여기서 지(止)와 같다. 그만둔다[廢]. 여(女)는 여(汝)와 같다. 너 또는 자네[女]. 획(畫)은 절(截)과 같다. 끊어버리다[畫].

인도(仁道)를 넓힐 능력이 있으면서도 그 능력을 발휘하려는 뜻을 펴지 않는 것 아니냐고 염구의 속을 콕콕 찌르고 있다. 본래 스승은 제자의 속을 들여다보는 눈썰미가 있는 법이다. 염구야 변명하지 마라. 이렇게 공자가 다그치고 있다.

하지만 재주 많은 염구가 어수룩한 사람이 되기를 바라겠는가. 덕행을 일삼는 사람은 남들이 보기에 어리석어 보인다. 그래서 도가(道家)에선 우고도(愚故道)라고 한다. 어리석으면 도에 가깝다[愚故道]. 도(道)의 드러남이 곧 덕(德)이다. 그러니 도덕(道德)이라 함은 도가 덕이요 덕이 도라는 말이다. 앞 장에서 보았던 안회의 안빈낙도(安貧樂道)는 유가적이라기보다는 도가적이다. 공문(孔門)에서 덕행이 뛰어났던 안회(顔回)·백우(伯牛)·자건(子騫)은 우고도(愚故道)를 멀리하지 않았던 현자(賢者)들인 셈이다. 재주가 앞섰던 염구가 어찌 인도(仁道)를 편히 갈 수 있겠는가? 유식한 사람은 넘쳐나지만 후덕한 사람은 없어진 세상에서 우리 모두 인도와는 담을 쌓고 성현을 비웃으며 살고 있다. 왜 우리가 성인(聖人)을 비웃는가? 우리 범인(凡人)들은 성인의 불모(不謀)·불착(不斲)·무상(無喪)·불화(不貨)를 증오하기 때문이다. 소인배는 도모하지 말라[不謀] 하면 벌컥 화를 내고, 다듬고 꾸미지 말라[不斲]는 말에도 화를 낸다. 잃을 것이란 하나도 없다[無喪] 하면 의심부터 하고, 돈벌이에 급급하지 말라[不貨] 하면 죽일 듯이 핏대를 올린다. 염구가 왜 인도(仁道)을 끊으려 했는지 알 수 없지만, 지금 우리가 덕행을 팽개치고 인도를 마다하는 까닭은 분명하다. 안빈낙도가 죽기보다 더 싫은 것이다.

그만둘 폐(廢), 이제 금(今), 너 여(女), 끊을 획(畫)

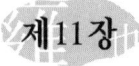
제11장

【문지(聞之)】
위군자유(爲君子儒) 무위소인유(無爲小人儒)

【원문(原文)】

子謂子夏曰 女爲君子儒오 無爲小人儒하라
자위자하왈 여위군자유   무위소인유

【해독(解讀)】

공자께서 자하에게 말했다[子謂子夏曰]. "너는 군자다운 선비가 될 일이지[女爲君子儒] 소인 같은 선비는 되지 마라[無爲小人儒]."

【담소(談笑)】

자위자하왈(子謂子夏曰)

자하(子夏)는 「학이(學而)」 편 7장에서 친인(親仁)을 역설하며 인(仁)을 가까이하기[親仁]를 아는 사람은 글자를 몰라도 학자(學者)라고 말했었다. 자하의 성씨는 복(卜), 이름은 상(商)이고, 자(字)는 자하(子夏)이다. 공자의 제자로서 공자보다 44세 연하였다. 자유(子游)와 더불어 문학(文學)에 뛰어난 문하생이었다. 이런 자하에게 공자가 군자다운 선비[君子儒]가 되라고 한다. 이로 미루어 보건대 자하에게는 군자다운 선비 기질이 부족한 듯하다. 스승은 제자에게 등불이다. 현명한 사람은 스승의 등불을 꺼뜨리지 않을 줄 안다. 아마도 자하가 스승을 염려스럽게 했던 모양이다.

여위군자유(女爲君子儒)

▶ 너는[女] 군자다운[君子] 선비가[儒] 되라[爲].

유(儒)는 여기서 사(士)와 같다. 유가(儒家)는 선비가 되어 백성을 편안하게 하려는 뜻을 펴라고 한다. 그래서 유가는 수기치인(修己治人)하되, 그 치인(治人)을 안인(安人)으로 이끄는 뜻을 펴라 한다. 사람을 다스리는 일[治人]은 백성 위에 군림(君臨)함을 뜻하는 게 아니라 백성과 함께하는 안인(安人)을 뜻한다. 사람의 마음과 몸을 편안하게 하라[安人]. 군자는 인자(仁者)이다. 인자라야 사람을 편안하게 한다. 그러니 군자유(君子儒)가 되라 함은 백성을 편안하게 하는 어진 선비가 되라는 말씀이다. 자하여, 스승을 실망시키지 말라.

될 위(爲), 선비 유(儒)

무위소인유(無爲小人儒)
▶ 소인 같은[小人] 선비가[儒] 되지 말라[無爲].

공자는 군자와 소인을 자주 대비한다. 공자는 주이불비(周而不比)면 군자요, 화이부동(和而不同)이면 군자라고 했다. 그리고 군자는 주급(周急)하고, 계부(繼富)는 결코 하지 않는다 했다. 군자라면 곤궁한 사람을 돕되[周急] 부유한 사람에게 보태주는 짓[繼富]은 하지 않는다고 염구(冉求)를 면박했던 일을 상기하면 소인배 같은 선비가 어떤 유형인지 알 수 있을 것이다.

군자는 두루 통하려 하되 패를 갈라 시비하지 않는다[周而不比]. 군자는 서로 마음을 열고 어울리되 패거리를 만들지 않는다[和而不同]. 그러나 비이부주(比而不周)하면 소인이요, 동이불화(同而不和)하면 소인이요, 주급(周急)을 마다하고 계부(繼富)하면 소인이다. 사친(私親)하면 소인이고, 무친(無親)하면 군자이다. 미운 놈 고운 놈 가려 팔이 안으로 굽는다고 여기면[私親] 누구든 소인이 된다. 한결같이 고루고루 울어도 함께 울고 웃어도 함께 웃는 순간이면[無親] 누구든 군자가 된다. 그래서 군자는 안인(安人)을 넓히고, 소인은 안인(安人)을 파괴한다. 여기서 왜 공자가 소인 같은 선비[小人儒]가 되지 말라 하는지 알겠다. 그러나 소인유(小人儒)들이 득실거리고, 군자유(君子儒)는 있어도 왕따를 당해 바보가 되는 세상에서 공자가 아무리 외친들 무슨 소용이 있겠는가. 성현(聖賢)을 생각하면 서글플 뿐이다.

~하지 말라 무(無)

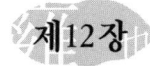

【문지(聞之)】
여득인언이호(女得人焉爾乎)

【원문(原文)】

子游爲武城宰러니 子曰 女得人焉爾乎아
자 유 위 무 성 재　　　　자 왈 여 득 인 언 이 호
曰 有澹臺滅明者하니 行不由徑하며 非公事어든
왈　유 담 대 멸 명 자　　　행 불 유 경　　　비 공 사
未嘗至於偃之室也하나이다
미 상 지 어 언 지 실 야

【해독(解讀)】
　자유가 무성이란 고을의 책임자가 되었을 때[子游爲武城宰] 공자께서 말했다[子曰]. "자네는 좋은 사람을 구했는가[女得人焉爾乎]?"
　자유가 아뢰었다[曰]. "담대멸명이란 자가 있습니다[有澹臺滅明者]. 좁은 지름길을 마다하며[行不由徑], 공무가 아니면[非公事] 제 방에 오지 않습니다[未嘗至於偃之室也]."

【담소(談笑)】
자유위무성재(子游爲武城宰)

자유(子游)는 공자의 제자로 「위정(爲政)」편 7장에서 나왔었다. 성씨는 언(言), 이름은 언(偃), 자(字)가 자유(子游)이다. 자하(子夏)와 더불어 공문(孔門)에서 문학(文學)이 뛰어났다 한다. 여기서 문학은 인문(人文), 즉 인간이 성취한 문물제도에 관한 지식을 뜻한다. 무성(武城)은 노(魯)나라의 고을 이름이다. 무성재(武城宰)의 재(宰)는 무성이란 고을을 다스리는 책임자를 말한다. 오늘날로 치면 고을 크기에 따라 도백(관찰사)도 되고 시장도 되고 군수도 되는 직책이다.

여득인언이호(女得人焉爾乎)
▶ 자네는[女] 좋은 사람을[人] 얻었는가[得焉爾乎]?

여(女)는 여기서 너 여(汝)와 같고 자유(子游)를 가리킨다. 득인(得人)의 인(人)은 그냥 사람이란 뜻이 아니라 알맞고 좋은 사람이란 뜻이다. 좋은 사람을 얻었다[得人]. 그러니 득인(得人)은 득인(得仁)으로 봐도 된다. 어진 사람을 얻다[得仁]. 언이호(焉爾乎)는 세 글자 모두 어조사로서 묻는 말투에 간절한 느낌을 실어준다. 지금 공자는 무성이란 고을의 책임자가 된 제자 자유에게 고을을 다스리는 일에 주변 사람을 잘 두어야 한다는 속뜻을 담아 간곡히 묻고 있다.

얻을 득(得), 어조사 언(焉), 어조사 이(爾), 의문어조사 호(乎)

유담대멸명자(有澹臺滅明者) 행불유경(行不由徑) 비공사(非公事) 미상지어언지실야(未嘗至於偃之室也)

▶ 담대멸명이라는[澹臺滅明] 이가[者] 있습니다[有]. 좁은 샛길을[徑] 말미암지 않고[不由] 살며[行], 두루두루 위하는[公] 일이[事] 아니면[非] 일찍이[嘗] 제 방을[於偃之室] 찾지[至] 않았습

니다[未].

　행(行)은 여기서 살아간다는 뜻으로 볼 수 있다. 불유경(不由徑)의 경(徑)은 소로(小路)라는 뜻이다. 좁은 사잇길[徑]. 유(由)는 여기서 종(從)과 같다. 말미암다[由]. 따라서 불유경(不由徑)은 샛길을 가지 않는다는 말이다. 군자는 큰 길을 간다[君子由大路]. 다만 소인이 좁은 샛길을 간다[小人由小路]. 군자대로행(君子大路行)이란 속담을 기억하면 된다. 공(公)은 공평(公平)의 줄임말로 보면 된다. 모두에게 이롭게 하는 것을 공(公)이라 하고, 나한테만 이롭게 하는 것을 사(私)라고 한다. 공사(公私) 중에서 대인은 공(公)을 택하고, 소인은 사(私)를 택한다. 미상(未嘗)은 시험삼아서도[嘗] 하지 않는다[未]는 뜻의 관용어이다.

　담대멸명(澹臺滅明)은 노나라 무성(武城) 사람이다. 담대(澹臺)가 성씨이고 이름이 멸명(滅明), 자는 자우(子羽)였다고 한다. 성씨와 이름이 군자유(君子儒)를 연상하게 해 마치 소설 속의 등장인물 같다는 생각마저 든다. 담대(澹臺)란 담박한 집이라는 뜻이니 성씨 자체가 청렴한 사람의 집이란 느낌을 주고, 멸하여 밝다[滅明]는 이름은 노자(老子)의 사기(舍己)를 연상하도록 만들기 때문이다. 자기를 버려라[舍己]. 그러면 자기를 멸(滅)하여 절로 자신이 밝아진다[明]. 멸명(滅明)이란 이름이 이러한 뜻을 갖고 있어서 군자 같은 선비[君子儒]의 이미지가 떠오른다. 그렇다고 담대멸명이 군자유(君子有)를 의인화(擬人化)한 인물은 아니다. 그는 노나라 무성이란 고을에 실존했던 인물로 알려져 있다.

　스승이 득인(得人)을 묻자 자유가 스승께 담대멸명에 대해 아뢰고 있다. 이 담대멸명으로 인해 11장에서 밝힌 군자유(君子儒)의 선비상이 어떤 것인지 다시금 살피게 된다.

담박할 담(澹), 높고 평평한 곳 대(臺), 없어질 멸(滅), 밝을 명(明),

말미암을 유(由), 지름길 경(徑), 다 공(公), 일 사(事), 아닐 미(未), 일찍이 상(嘗), 이를 지(至), 넘어질 언(偃), 방 실(室)

제13장

【문지(聞之)】
맹지반불벌(孟之反不伐)

【원문(原文)】

子曰 孟之反은 不伐이로다 奔而殿하야 將入門할새
자왈 맹 지 반   불벌   분 이 전   장 입 문
策其馬 曰 非敢後也라 馬不進也라 하니라
책 기 마 왈 비 감 후 야   마 부 진 야

【해독(解讀)】
공자께서 말했다[子曰]. "맹지반은 제 공을 자랑하지 않았다[孟之反不伐]. 싸움에 져 후퇴하자 맨 뒤에서 적을 막았고[奔而殿], 성문에 가까이 이르자[將入門] 말을 채찍질하면서[策其馬] 이렇게 말했다 한다[曰]. '일부러 처져 오려던 것이 아니었는데[非敢後也] 말이 달리려 하지 않았다[馬不進也].'"

【담소(談笑)】
자왈(子曰)
성현(聖賢)은 다 같이 자벌(自伐)을 싫어하는 모양이다. 노자(老子)도 제 자랑하는 사람[自伐者]은 밝지 못하다[不明]고 말한 바 있다. 제

자랑하기 좋아하는 사람은 바보라는 말이다. 대인은 자명(自明)하지만 소인은 그런 짓[自明]을 비웃는다. 스스로를 밝힌다[自明]. 불가(佛家)에선 이를 두고 묵조(默照)라고 한다. 제 자랑하지 말라[不自伐]. 현명한 사람[賢者]이 될 수 있는 비밀이 무엇보다 먼저 부자벌(不自伐)에 있기 때문이다. 부자벌(不自伐)하면 부자시(不自是)한다. 자기만 옳다고 고집하지 말라[不自是]. 현명(賢明)한 사람이 되기 위하여 공자는 수기(修己)하라 하고, 맹자는 수기(守己)하라 한다. 현명한 사람이 되기 위하여 나를 닦아라[修己]. 현명한 사람이 되기 위하여 나를 지켜라[守己]. 현명한 사람이어야 인자(仁者)가 되고, 인자라야 인도(仁道)를 넓히는 군자가 될 수 있지 않겠는가. 공자는 지금 제 자랑을 하지 않는[不自伐] 맹지반을 들어 현자가 되는 급소를 헤아려 살피게 한다.

맹지반불벌(孟之反不伐)
▶ 맹지반은[孟之反] 자신의 공치사를 하지 않았다[不伐].

불벌(不伐)의 벌(伐)은 공(功)과 같다. 공치사하다[伐]. 불벌(不伐)을 부자벌(不自伐)과 같은 뜻으로 보면 된다. 공치사란 본래 자기를 앞세워 자랑하는 짓이기 때문이다. 노자(老子)는 어느 누구보다 부자벌(不自伐)하라고 한다. 그래서 잘난 척하지 않기[不敢爲先]를 가리켜 자신의 소중한 삼보[三寶, 검(儉)·자(慈)·불감위선(不敢爲先)]라고 했다. 공자도 같은 생각을 했던 셈이다. 성인은 두루 통하는 법이니 이상하게 여길 일은 아니다. 노자와 공자가 서로 다르다고 입방아를 찧는 것은 후학들의 말다툼일 뿐, 노(老)·공(孔)이 서로 시비(是非)를 걸었던 것은 아니다.

맹지반(孟之反)은 노나라 대부로 성씨가 맹(孟), 이름은 자측(子側)이고, 자(字)가 지반(之反)이다. 노나라 애공(哀公) 11년에 이웃 제(齊)나라와 전쟁이 벌어졌다. 그 전쟁에서 노나라가 패하여 후퇴할 때, 맹지반은 맨 뒤에서 적을 막으면서 성문으로 들어왔다고 한다.

맏 맹(孟), 되돌릴 반(反), 공치사할 벌(伐)

분이전(奔而殿) 장입문(將入門) 책기마(策其馬)
▶ 싸움에 패하여 물러나자[奔] 맨 뒤에서 적군을 막아 아군을 무사히 후퇴하게 하고[殿], 막 성문에[門] 들어설 무렵에야[將入] 자기의[其] 말에[馬] 채찍질을 했다[策].

분(奔)은 여기서 패주(敗走)를 뜻한다. 패하여 달아나다[奔]. 전(殿)은 후군(後軍)을 뜻한다. 패하여 후퇴할 때, 쫓아오는 적군을 막아서 아군이 안전하게 후퇴하도록 하는 것이 곧 전(殿)이다. 아군이 성 안으로 무사히 들어가도록 끝까지 적군과 대항하다 가장 나중에 아슬아슬하게 성문으로 들어오는 광경이 눈 앞에 펼쳐지는 듯 묘사가 마치 영화의 한 장면 같다. 전(殿)을 맡았던 맹지반에 대해 칭찬이 자자했을 터이다. 그러나 맹지반은 덩달아 우쭐해하지 않았다 한다. 이런 맹지반에 대해 공자가 '불벌(不伐)'이 한마디로 간명하게 정곡을 찔러 평한 것이다.

패하여 물러날 분(奔), 뒤끝 전(殿), 막 ~하려 할 장(將), 들 입(入), 채찍질할 책(策)

비감후야(非敢後也) 마부진야(馬不進也)
▶ 용감해[敢] 뒤에 남은 것이[後] 아니라[非] 말이[馬] 달려주지 않았다[不進].

자신을 향한 칭송이 자자하자 맹지반이 위와 같이 겸손하게 처신했다는 것이다. 공자가 이런 맹지반의 처신을 불벌(不伐)의 본보기로 삼은 셈이다. 자신이 용감해 맨 뒤에 처져서 적군을 막은 것이 아니라 자신이 타고 있던 말이 달려주지 않아 그렇게 됐다고 얼버무리고 말았다 하니, 맹지반은 공치사를 싫어했음을 알 수 있다.

공치사가 싫어 멀리하는 사람은 대인(大人)이다. 공(功)을 다투는 일은 소인배들이 탐하는 짓이다. 논공행상(論功行賞)이란 소인들의 잔치이지 대인은 그런 잔치에 말려들지 않는다. 까마귀 싸우는 골에 백로야 가지 말라 하지 않던가. 공자가 제 자랑을 멀리한 맹지반을 불벌(不伐)의 본보기로 이야기하며 새삼 우리를 부끄럽게 한다. 하기야 공을 다투는 일이 먹이를 놓고 으르렁거리는 짐승들의 짓과 무엇이 다르겠는가. 그러나 지금은 불벌(不伐)하면 밀리고 자벌(自伐)해야 출세한다는 세상이라 너도나도 다 뻔뻔스럽기만 하니, 맹지반 같은 인간형은 이제 멸종됐다고 할 수밖에 없다. 누가 대인을 멸종하게 했는가? 소인배들이 그렇게 했다.

용맹스러울 감(敢), 뒤 후(後), 나아갈 진(進)

제14장

【문지(聞之)】

축타지녕(祝鮀之佞) 송조지미(宋朝之美)

【원문(原文)】

子曰 不有祝鮀之佞이며 而有宋朝之美면 難乎免
자왈 불유축타지녕   이유송조지미   난호면
於今之世矣니라
어금지세의

【해독(解讀)】

공자께서 말했다[子曰]. "축타의 웅변은 없고[不有祝鮀之佞] 송조의 미모만 있다면[而有宋朝之美] 오늘과 같은 세상을 벗어나기 어렵다[難乎免於今之世矣]."

【담소(談笑)】
자왈(子曰)

난세(亂世)를 구하는 경우와 그렇지 못하는 경우를 말하고 있다. 군왕이 무도(無道)해도 그 밑에 현명한 선비[賢士]가 벼슬하고 있으면 난세를 구하고, 그렇지 못하면 난세를 구할 수 없음을 경고하고 있다. 그래서 치자(治者)에게는 득인(得人)의 복이 있어야 한다.

불유축타지녕(不有祝鮀之佞) 이유송조지미(而有宋朝之美) 난호면어금지세의(難乎免於今之世矣)
▶ 축타의[祝鮀] 웅변이[佞] 없고[不有] 송조의[宋朝] 미모만[美] 있다면[有], 지금의 난세를[於今之世] 면하기[乎免] 어렵다[難].

축(祝)은 여기서 종묘를 맡은 제관(祭官)을 뜻한다. 영(佞)은 재(才)와 같다. 말재간이 뛰어나다[佞]. 난호면(難乎免)의 호(乎)와 면어금(免於今)의 어(於)는 목적어 앞에 붙는 의미 없는 어조사이다.

축타(祝鮀)는 제관 타(鮀)를 말한다. 타(鮀)는 이름이고 자는 자어(子魚)인데 위(衛)나라 대부로 구변(口辯)이 좋았다고 한다. 송조(宋朝)는 송(宋)나라의 공자(公子)로, 이름이 조(朝)이고 얼굴이 잘생긴 미남이었다 한다. 이 조(朝)는 위(衛)나라 영공(靈公)의 부인인 남자(南子)와 정을 통한 적이 있었고, 남자의 도움으로 위나라의 대부에 올랐다 한다.

공자는 타(鮀)의 언변[佞]과 조(朝)의 미모[美]를 견주어 난세를 이야기하는 중이다. 언변이 난세를 치세(治世)로 바꿀 수는 없겠지만 모면하게는 할 수 있다는 생각이다. 그러나 미모를 이용하면 난세를 더욱 부채질한다는 생각이 든다. 난세를 치세로 옮기려면 인도(仁道)를 벗어나서는 안 된다. 타(鮀)의 영(佞)이란 교언(巧言)이므로 인(仁)에서 멀다. 『논어(論語)』의 편자(編者)가 공자의 똑같은 말씀을 두 번 반복한 것이 곧 '교언영색 선의인(巧言令色 鮮矣仁)'이다. 특히 교언을 멀리하라는 충고는 『논어』에서 네 번이나 되풀이된다. 이만큼 교언은 인(仁)과 거리가 멀다. 축타의 영(佞)은 교언이다. 그리고 송조(宋朝)의 미(美)는 영색(令色)이다. 따라서 면어금지세(免於今之世)의 면(免)은 난세를 어렵사리 모면할 수 있다는 뜻이지 난세를 치세로 바꿀 수 있다는 것은 아니다. 인도(仁道)가 아니면 어찌 살기 힘든 세상[亂世]을 살기 좋은 세상[治世]으로 옮길 수 있겠는가. 인도를 벗어난 세상은 항상 밤새 안녕하냐는 인사를 주고받아야 하는 살얼음판이다.

빌 축(祝), 모래무지 타(鮀), 말 잘하는 녕(佞), 송나라 송(宋), 아침 조(朝), 어려울 난(難), 어조사 호(乎), 면할 면(免), 어조사 어(於), 종결어미 의(矣)

제15장

【문지(聞之)】
수능출불유호(誰能出不由戶)

【원문(原文)】

子曰 誰能出不由戶리오마는 何莫由斯道也오
자왈 수능출불유호　　　　　하막유사도야

【해독(解讀)】

공자께서 말했다[子曰]. "누가 문을 지나지 않고 방을 나갈 수 있겠는가[誰能出不由戶]? 그러하거늘 어찌하여 선왕의 도를 따르지 않는가[何莫由斯道也]?"

【담소(談笑)】

자왈(子曰)

이 장의 말씀은 『중용(中庸)』의 첫머리를 생각나게 한다. "도야자불가수유리야(道也者不可須臾離也) 가리비도야(可離非道也)." 도라는 것은[道也者] 잠시라도 떠날 수 없는 것이므로[不可須臾離也] 떠날 수 있다면 도가 아니다[可離非道也].

방에 들어오고 나가려면 반드시 문을 통해야 하듯이 누구든 인도(仁道)를 거치게 마련임을 공자는 확신한다.

수능출불유호(誰能出不由戶) 하막유사도야(何莫由斯道也)
▶ 어느 누가[誰] 방문을[戶] 통하지 않고[不由] 나올 수 있겠는가[能出]? 그런데 어찌하여[何] 선왕의 도를[斯道] 따르지 않는가[莫由]?

수(誰)는 숙(孰)과 같다. 영어의 의문사 'who'와 같다. 유호(由戶)의 유(由)는 경(經)과 같이 '거친다'는 뜻이고, 유사도(由斯道)의 유(由)는 종(從)과 같이 '좇는다'는 뜻이다. 호(戶)는 당(堂)과 실(室)을 통하게 하는 반문(半門)을 뜻한다. 사도(斯道)는 선왕(先王)의 도(道), 즉 인도(仁道)를 말한다.

방으로 들어가려 해도 문을 통해야 하고, 나오려고 해도 문을 지나야 한다. 이처럼 출입을 하려면 문이 있어야 한다. 여기서 공자는 인도(仁道)를 방문에 비유하고 있다. 인도는 삶이란 방을 출입(出入)하는 문과 같다고 말한다. 인도를 버리면 방의 벽을 허물고 방에 들어

오거나 나가야 하리라. 벽을 허물면 방은 망가진다. 이처럼 인도를 버리면 삶이 망가진다. 그러니 누구든 인도를 벗어날 수 없다. 이런 인도를 넓히는 공자야말로 삶[生]을 낙관(樂觀)하는 성인이다.

누구 수(誰), 날 출(出), 말미암을 유(由), 문 호(戶), 않을 막(莫), 이 사(斯)

제16장

【문지(聞之)】

문질빈빈(文質彬彬)

【원문(原文)】

子曰 質勝文則野요 文勝質則史니 文質彬彬然
자왈 질승문즉야   문승질즉사   문질빈빈연
後에 君子니라
후   군자

【해독(解讀)】

공자께서 말했다[子曰]. "바탕이 겉꾸밈보다 두드러지면 거칠고[質勝文則野], 겉꾸밈이 바탕보다 두드러지면 간사하다[文勝質則史]. 바탕과 겉꾸밈이 잘 어우러진 다음에야 군자이다[文質彬彬然後君子]."

【담소(談笑)】
자왈(子曰)

군자가 왜 강교(强矯)한지를 말하고 있다. 이 장의 말씀을 대하면 『중용(中庸)』 2편 9장이 떠오른다. "군자화이불류(君子和而不流) 강재교(强哉矯) 중립이불기(中立而不倚) 강재교(强哉矯)" 군자는[君子] 서로 어울리되[和] 흐트러지지 않으니[不流] 강하여라[强] 바로잡는구나[矯]! 가운데[中] 서서[立] 기울어지지 않으니[不倚] 강하여라[强] 바로잡는구나[矯]!

군자가 왜 강한 주인[强者]이 되고 뒤틀린 것을 바로잡는 주인[矯者]이 되는지 헤아리게 한다. 그 이유에 대해 공자는 이렇게 말했다. "관유이교(寬柔以敎) 불보무도(不報無道)." 군자는 너그러움과[寬] 부드러움[柔]으로써 가르치고[敎], 무도(無道)하다 하여 보복하지 않는다[不報]. 이러한 『중용』의 말씀을 되새기면서 이 장을 살펴들으면 성인의 간절함이 울려온다.

질승문즉야(質勝文則野) 문승질즉사(文勝質則史) 문질빈빈(文質彬彬)

▶ 바탕이[質] 무늬를[文] 무시하면[勝則] 거칠고[野], 무늬가[文] 바탕을[質] 무시하면[勝則] 번듯하기만 하다[史].

여기서 질(質)은 박(樸)과 같다. 질(質)은 자연의 것이다. 그래서 꾸민 것이 하나도 없다. 그냥 그대로의 본바탕이다. 본질(本質)·소질(素質)·실질(實質)·질박(質樸) 등등 바탕과 알맹이를 질(質)로써 뜻할 수 있다. 그러니 여기서 질(質)을 내용(內容)으로 이해해도 무방하다.

문(文)은 문(紋)과 같다. 문(文)은 사람의 것이다. 사람이 꾸며낸 것이기 때문이다. 문식(文飾)·장식(裝飾)·외모(外貌)·화미(華美)·현상(現象) 등등 겉모양을 문(文)으로써 뜻할 수 있다. 그러니 문(文)

을 여기서 형식(形式)으로 이해해도 무방하다.

　야(野)는 여기서 다듬지 않아 촌스럽고 거칠다는 말이다. 보기 좋은 떡이 먹기도 좋다는 속담에 대한 공자의 아쉬움이 내재되어 있다고 보아도 된다. 사(史)는 다듬고 꾸며 겉만 화사할 뿐이란 의미다. 그 뜻이 빛 좋은 개살구 같다는 속담을 떠올린다고 보면 무방하다.

　승(勝)은 이긴다는 말이다. 승부(勝負)라는 말을 떠올리면 좋겠다. 승(勝)은 한쪽으로만 치우치는 짓을 뜻한다. 여기서는 중립(中立)을 어기는 짓을 말한다. 중립은 중용을 말한다. 중용(中庸)·중립(中立)·불의(不倚)는 다 같은 뜻이다.

　넘치지도 말고 모자라지도 말라. 이런 마음가짐과 몸가짐을 관유(寬柔)라 한다. 지금 공자가 군자는 관유하므로 강자(强者)요 교자(矯者)라고 역설하고 있다. 관유하라. 이는 곧 상대를 받아들이라는 뜻이다. 대립하지 말라, 상대를 무시하지 말라 함이다. 이런 모습을 가리켜 빈빈(彬彬)이라 한다. 문질(文質)이 잘 알맞게 어울려 빛나는 모습이 빈빈이다. 이런 빈빈은 중용의 모습이요 중립의 모습이다.

　군자는 내용[質]만 앞세워도 안 되고 형식[文]만 앞세워도 안 된다는 것이 공자의 군자관(君子觀)이자 유가(儒家)의 군자관이다. 유가의 군자는 인도(仁道)의 문화인(文化人)이다.

　이런 군자관을 도가(道家)는 비웃는다. 도가의 입장에서 문(文)이란 인간을 구속하는 인위(人爲)에 불과하기 때문이다. 그래서 도가의 군자는 도덕(道德)의 자연인(自然人)이다. 이런 도가의 군자는 자연인으로서 견소포박(見素抱樸)할 뿐이다. 자연을[素] 살펴[見] 그 자연을[樸] 안는[抱] 사람이 군자라는 것이다. 도가의 군자는 문화란 것[文]에서 떠나버린다. 그래서 노장(老莊)의 후예(後裔)들은 질(質)을 촌스럽다[野]고 여기는 유가를 간사하다[史]며 비웃고 비난한다. 그렇다고 도가가 중용을 부정한다는 말은 아니다. 도가 역시 우저용(寓諸庸)을 강조한다. 중용에[諸庸] 머물러라[寓]. 물론 도가의 중용이란 자연을 벗어나지 말라 함이다.

그러나 공자가 이 장에서 말하는 문질빈빈(文質彬彬)의 중용은 자연과 문화의 어울림을 의미한다. 이렇듯 공맹의 중용과 노장의 중용은 서로 다르다. 도가의 군자는 문화를 부정하되 자연만을 긍정하고, 유가의 군자는 문화를 긍정하되 자연을 무시하지 말라고 한다. 그러니 서로 다른 군자관(君子觀)을 불러낼 수밖에 없다.

> 바탕 질(質), 이길 승(勝), 무늬 문(文), 촌스러울 야(野), 빛날 사(史), 알맞아 빛날 빈(彬)

제17장

【문지(聞之)】
인지생야직(人之生也直)

【원문(原文)】

> 子曰 人之生也直하니 罔之生也는 幸而免이니라
> 자 왈 인 지 생 야 직   망 지 생 야   행 이 면

【해독(解讀)】
공자께서 말했다[子曰]. "인생이란 곧아야 한다[人之生也直]. 곧지 않고 사는 것은[罔之生也] 요행으로 모면해가는 것이다[幸而免]."

【담소(談笑)】
자왈(子曰)

이 장은 맹자(孟子)의 성선설(性善說)이 어떻게 비롯되었는지를 생각하게 한다. 공자가 '직(直)'이란 단 한마디로 인생(人生)을 해석하고 있다. 그런데 직(直)으로 사람을 해석하는지 삶을 해석하는지 아리송하다. 곧은 사람이 산다는 말인지 사람의 삶이 곧다는 것인지 알쏭달쏭하게 들린다. 본래 성인은 무 자르듯이 말하지 않는다. 그러면 말이 모가 나 많은 의미를 두루 아우를 수 없는 까닭에 성인은 두루두루 통하게 말한다. 소인배의 말은 좁아 외곬으로 파고들지만, 성인의 말씀은 여러 갈래로 메아리친다.

인지생야직(人之生也直) 망지생야행이면(罔之生也幸而免)
▶ 참으로 인생이란[人之生] 곧다[直]. 곧지[之] 않은[罔] 인생은[生] 요행으로[幸] 모면해가는 것이다[免].

인지생(人之生)은 어감이 인생(人生)을 강조한 듯 느껴진다. 그래서 그냥 인생이 아니라 '참으로 인생이란[人之生]' 이렇게 뜻을 새기면 좋을 듯하다. 직(直)은 정직(正直)을 떠올리면 된다. 정도(正道)를 벗어나지 않음이 곧 정직이다. 유가(儒家)의 정도는 곧 인도(仁道)를 말한다. 인도를 벗어나지 말아야 곧은 인생이 된다는 말이다. 곧은 사람이 곧게 산다는 뜻으로 인지생야직(人之生也直)을 헤아리면 무난하리라.

정직하지 못한 사람이 정직하게 산다는 말은 성립되지 않는다. 그러니 인간이 본래부터 곧아[直] 삶을 정직하게 산다고 보는 편이 옳다. 왜냐하면 생(生)이란 천명(天命)이기 때문이다. 삶은 하늘로부터 물려받았다[天命]는 것이다. 여기서 공자가 말하는 직(直)은 천명을 어기지 말라는 뜻이다. 하늘은 결코 편애(偏愛)하지 않는다. 그러니 하늘을 섬겨라[事天]. 그것이 곧 천명을 지키는 길이다. 하늘을 우러러 한 점 부끄럼 없이 살라. 이러한 삶이 곧 직(直)이다. 그러니 인지생야직(人之生也直)의 직(直)을 두고 인(人)을 풀이하느니 생(生)을 풀이하느니 여러 가지 설이 있지만 시비를 따질 것은 없다고 본다. 그냥 인생을 직(直)으로 본다고 여기면 그만이기 때문이다.

망지생(罔之生)의 망(罔)은 여기서 무(無)와 같고, 지(之)는 직(直)을 받는 지시어이다. 말하자면 망지(罔之)를 생(生)을 꾸미는 형용사구로 보고 곧음이[直] 없다[罔之]고 풀이한다. 따라서 망지생(罔之生)이란 부정직한 인생을 말한다.

부정직한 인생은 요행으로 벌을 모면할 뿐 반드시 벌을 받게 된다는 속뜻이 행이면(幸而免)에 숨어 있다. 하늘을 속이면 숨을 데가 없다 하지 않는가. 길흉이란 어김없이 찾아오는 법이다. 그래서『주역(周易)』「계사전(繫辭傳)」에서 이렇게 말한 것이다. "문부당고길흉생언(文不當故吉凶生焉)." 여기서 문(文)은 사람의 짓이라고 좁혀 보아도 된다. 사람의 짓이란 마땅치 못하므로[不當] 좋은 일[吉]과 안 좋은 일[凶]이 생긴다는 뜻이다. 부정직한 짓을 저지르고 길하다 좋아하지 말라. 부정직한 삶은 반드시 흉하게 되어 험해진다는 것이 천벌(天罰) 아닌가. 아무도 천벌을 면할 수 없다 한다. 이 얼마나 엄한 발언인가. 그러니 선(善)을 저버린 채 살지 말라.

곧을 직(直), 없을 망(罔), 요행 행(幸), 모면할 면(免)

제18장

【문지(聞之)】
지지자(知之者)・호지자(好之者)・낙지자(樂之者)

【원문(原文)】

子曰 知之者는 不如好之者오 好之者는 不如樂
자왈 지지자   불여호지자   호지자   불여락
之者니라
지자

【해독(解讀)】

공자께서 말했다[子曰]. "알기만 하는 사람은 좋아하는 사람만 못하고[知之者不如好之者], 좋아하는 사람은 즐기는 사람만 못하다[好之者不如樂之者]."

【담소(談笑)】

자왈(子曰)

이 장은 『예기(禮記)』 제19조(條)「악기(樂記)」에 나오는 열지(說之)를 생각나게 한다. 공자가 즐거워하기[說之]의 차원을 새겨보게 하기 때문이다. 낙지(樂之)와 열지(說之)는 같은 말이다.

알아내기[知之]에 그치지 말라는 것이다. 알아낸 것을 좋아하라 한다. 좋아하기[好之]로 그치지 말라 한다. 좋아하는 것을 즐김[樂之]이 가장 윗길이라고 한다. 그리고 그 즐김을 누리라 한다. 억지로 못 죽어 사는 삶보다 더 참혹한 것은 없으리라. 인생(人生)을 말했던 17장의 바로 뒤를 잇는 말씀으로 느껴져 삶을 다시 한번 돌아보게 된다.

지지자불여호지자(知之者不如好之者) 호지자불여락지자(好之者不如樂之者)

▶ 그것을[之] 안다는[知] 사람은[者] 그것을[之] 좋아하는[好] 사람만[者] 못하고[不如], 그것을[之] 좋아하는[好] 사람은[者] 그것을[之] 즐기는[樂] 사람만[者] 못하다[不如].

지지(知之)·호지(好之)·낙지(樂之)의 지(之)는 모두 지시어다. 영문법에서 말하는 부정대명사(不定代名詞)와 같다. '그 어떤 것'이라고 새기면 된다. 사람들은 바로 그 어떤 것이 구체적으로 무엇인지 따지고 결정하고 싶어한다. 사람들은 이것은 이것이고 저것은 저것이라고 단정해서 정답을 찾아내 결정하기 좋아한다. 하나 더하기 하나는 둘이란 것만 좋아하고, 하나를 알면 둘을 알라는 말은 싫어한다. 그래서 사람들은 결정·결단·정리 등등을 좋아한다. 그러나 성인의 말씀은 판결문이 아니다. 씹을수록 그 맛이 묘해지는 감초의 단맛 같다. 그래서 성인은 지정사(指定詞)보다 부정사(不定詞)를 더 좋아한다. 여기서 지(之)가 바로 그런 부정사인 셈이다.

이 지(之)를 인생을 뜻하는 대명사로 보아도 틀리지 않다고 본다. 그래서 지지자(知之者)를 '인생을 아는 사람'으로 새기고, 여기 18장의 말씀을 이렇게 헤아려도 무방하리라 생각한다. '산다는 일을 즐겨라.' 물론 산다는 일이 인도(仁道)를 벗어나서는 안 된다. 그러니 '인도를 즐겨라' 이렇게 바꾸어 말해도 된다. 인도를 넓혀가라. 이를 공자는 인능홍도(人能弘道)라 한다.

인도(仁道)는 결정되어 있는 길이 아니라 인간이 저마다 날마다 넓혀가야 하는 길이다. 서양의 실존주의 철학자들이 실존(實存)은 본질(本質)에 앞선다고 했는데, 이는 공자의 인능홍도(人能弘道)를 해석한 것이나 다를 바 없다. 공자가 실존적인 성인임을 새삼 알게 되리라. 사람은 결정된 존재(being)가 아니라 날마다 닦아 형성해가는 실존(becoming)이라는 게 바로 공자의 수기(修己)요 일신(日新)이니 공자야말로 실존적 성인이라 할 수 있다. 그러므로 공자가 말하는 낙지자(樂之者)를 이렇게 새겨도 되리라. '인도(仁道)를 즐기는 사람.' 어진 길[仁道]을 걸어가라. 그 길을 안다고 만족하지 말라. 그 길을 좋아하라. 그 길을 좋아하는 것으로 만족하지 말라. 그 길을 즐겨라. 낙(樂)이란 본래 문질빈빈(文質彬彬)을 누리는 삶이다. 안팎[內外]이 두루 어울려 하나됨[彬彬]이 곧 낙(樂) 아닌가. 이 낙지자(樂之者)를 누구쯤으로 여기면 될까? 바로 군자일러라. 그래서 군자의 인도(仁道)를 일러 낙도(樂道)라 한다.

알 지(知), 그것(지시어) 지(之), 같을 여(如), 좋아할 호(好), 즐거워할 락(樂)

제19장

【문지(聞之)】
중인이상가이어상야(中人以上可以語上也)

【원문(原文)】

子曰 中人以上은 可以語上也어니 中人以下는
자왈 중인이상   가이어상야   중인이하
不可以語上也니라
불가이어상야

【해독(解讀)】
　공자께서 말했다[子曰]. "중급이 넘는 사람한테는 깊은 이치를 말해줄 수 있지만[中人以上可以語上也], 중급 아래인 사람한테는 깊은 이치를 말해줄 수 없다[中人以下不可以語上也]."

【담소(談笑)】
　자왈(子曰)
　호학(好學)에 사람마다 차이가 있다고 말한다. 심오한 이치를 이야

기해줄 때 이해할 수 있는 사람이 있고 그렇지 못한 사람이 있다는 것이다. 이처럼 공자는 사람의 교육능력을 차별한다. 이 점에서 공자는 노자(老子)와 다르다. 노자는 만물을 차별하지 말라 한다. 노자는 사람도 별난 존재가 아니고 만물의 하나라고 여기지만, 공자는 사람을 중심에 두고 모든 것을 밝히려 한다. 그러나 노자는 자연을 중심에 두고 만물을 하나로 본다. 이를 위일(爲一)이라 한다. 공자에게는 이러한 위일(爲一)이 없다. 사람마저 호학(好學)에 차이가 있다고 밝히는 공자는 참으로 현실적인 성인이다. 공자의 호학(好學)에는 평준화란 없다.

중인이상가이어상야(中人以上可以語上也) 중인이하불가이어상야(中人以下不可以語上也)
▶ 중급 이상인 사람한테는[中人以上] 심오한 이치를[上] 말해줄 수 있으나[可以語], 중급 아래인 사람한테는[中人以下] 심오한 이치를[上] 말해줄 수 없다[不可以語].

중인(中人)은 범인(凡人)을 말한다. 어(語)는 여기서 고(告)와 같다. 말해주다[語]. 어상(語上)의 상은 『주역(周易)』「계사전(繫辭傳)」에 나오는 다음의 말을 떠올리면 이해하는 데 도움이 된다. "형이상자위지도(形而上者謂之道) 형이하자위지기(形而下者謂之器)." 형이상자를 도(道)라 하고[形而上者謂之道], 형이하자를 기(器)라고 한다[形而下者謂之器]. 어상(語上)의 상(上)을 형이상자(形而上者)와 같은 뜻으로 보아 도(道)라고 해도 무방할 것이다.

형이상자(形而上者)는 심오한 것을 뜻한다. 이 상(上)을 도라고 여겨도 된다. 공자가 항상 주장하는 호학(好學)은 이 도를 배우고 닦아 행하라는 부탁이다. 물론 그 도란 인도(仁道)이다. 그러나 사람은 배우고 닦아 행하는 데 저마다 능력의 한계가 있다고 분명하게 말한다. 이 얼마나 현실적인 성인인가. 사람의 능력은 다양하다는 사실을 인정하는 공자에게 교육의 평준화란 없다.

뒤에 가서 보게 될「양화(陽貨)」편 3장도 호학(好學)의 차별을 분명히 한다. "유상지여하우불이(唯上知與下愚不移)." 아무리 해본들[唯] 상지(上知)와 하우(下愚)는 바뀌지 않는다[不移]. 하나를 배워 알면 열을 터득해 아는 이가 상지(上知)요, 하나를 알면 그 하나만 고집하는 이가 하우(下愚)이다. 이렇게 사람의 능력을 차별하여 상하(上下)를 정해둔 공자를 내몰지 말라. 사실을 사실대로 인정하고 대처하라 할 뿐, 상자(上者)가 하자(下者)를 공손히 위해야지 멸시하라는 것이 아니기 때문이다.

> 가운데 중(中), 위 상(上), 말할 어(語)

제20장

【문지(聞之)】
인자선난이후획(仁者先難而後獲)

【원문(原文)】

> 樊遲問知 子曰 務民之義요 敬鬼神而遠之면 可
> 번 지 문 지 자 왈   무 민 지 의   경 귀 신 이 원 지   가
> 謂知矣니라
> 위 지 의
> 問仁 曰 仁者先難而後獲이면 可謂仁矣니라
> 문 인   왈 인 자 선 난 이 후 획   가 위 인 의

【해독(解讀)】

번지가 지혜에 대하여 묻자[樊遲問知] 공자께서 말해주었다[子曰]. "사람이 지켜나갈 도의에 힘쓰고[務民之義], 귀신을 존경하되 멀리하면[敬鬼神而遠之] 지혜라 할 수 있다[可謂知矣]."

번지가 인(仁)을 묻자[問仁] 대답해주었다[曰]. "인자(仁者)는 어려움을 남보다 앞장서서 치르고 보답은 남보다 뒤에 받으면[仁者先難而後獲] 어질다고 할 수 있다[可謂仁矣]."

【담소(談笑)】

자왈(子曰)

번지(樊遲)는 공자의 제자이다. 이름은 수(須)이고 노(魯)나라 사람이다. 공문(孔門)에서 지(知)라고 하면 오늘날 말하는 지식(知識)이 아니라 지혜(知慧)를 뜻한다. 사람 되기를 배우는 것을 지혜라고 한다. 그러니 공자의 호학(好學)이란 지혜 배우기를 좋아하라는 뜻이다. 번지가 스승에게 그런 지혜를 묻고, 이어서 인(仁)을 묻고 있다. 공자가 대답해주는 내용을 잘 살피면 묻는 제자의 사람됨을 짐작할 수 있다. 아마도 번지는 백성을 위해 엄청 애써야 할 자리에 있었던 모양이다. 백성을 위해 힘쓰는 것이 지혜이고 논공(論功)을 멀리하는 것이 인이라는 공자의 대답으로 보아 번지는 아무래도 아쉬운 점이 있는 제자였나 보다.

무민지의(務民之義) 경귀신이원지(敬鬼神而遠之) 가위지의(可謂知矣)

▶ 사람이[民] 지켜야 할 도리에[義] 힘쓰고[務], 귀신을[鬼神] 공손히 대하되[敬] 그것을[之] 멀리하면[遠] 지라고[知] 할 수 있다[可謂].

민지의(民之義)는 민의(民義)를 강조하는 말씨다. 민의는 곧 인의

(人義)를 말한다. 사람이 마땅히 지켜야 할 도리(道理)가 곧 민의이다. 『예기(禮記)』「예운(禮運)」편에 인의가 10가지로 기술되어 있다. 부자(父慈)·자효(子孝)·형량(兄良)·제제(弟悌)·부의(父義)·부청(婦聽)·장혜(長惠)·유순(幼順)·군인(君仁)·신충(臣忠)이 그것이다. 이를 인의십자(人義十者)라고 한다. 공자가 번지에게 이 십자(十者)를 위해 애쓰라고 한다.

귀신(鬼神)은 여기서 미신(迷信) 또는 주술(呪術)로 보면 된다. 물론 귀신은 천지(天地)의 혼[氣運]을 말한다. 땅의 혼이 귀(鬼)요 하늘의 혼이 신(神)이다. 그러나 공자 당시에 제정(祭政)이 이루어지던 점을 감안해 여기서는 주술을 뜻한다고 보면 된다. 그리고 원지(遠之)는 불가원(不可遠) 불가친(不可親)이란 말로 새기면 된다. 적당히 거리를 유지하면서 주술과 싸울 것 없다는 뜻이다.

공자가 말하는 지혜가 얼마나 현실적이고 실용적인가를 살피게 한다. 요즘 말하는 상아탑의 지식이나 탁상공론 따위 지식이 아니라 현실적으로 적용되는 삶의 지혜임을 새삼 알게 된다.

> 힘쓸 무(務), 옳을 의(義), 공경할 경(敬), 귀신 귀(鬼), 귀신 신(神), 멀리할 원(遠)

인자선난이후획(仁者先難而後獲) 가위인의(可謂仁矣)
▶ 어진 이는[仁者] 남보다 앞서[先] 어려운 일을 치르고[難] 남보다 뒤에[後] 보답을 받으면[獲] 어질다 할 수 있다[可謂仁矣].

난(難)은 간(艱)과 같다. 어렵고 힘든 일[艱難]을 말한다. 획(獲)은 득(得)과 같다. 얻어 받는 것[獲得]이다. 남을 밀어내고 저 먼저 받아낸 것은 얻을 획(獲)이라 발음하지 않고 더러울 확(獲)이라고 발음하는 재미있는 글자이다. 이 때 확(獲)은 더러울 오(汚)와 같다. 그러나 남들이 다 혜택을 본 다음 맨 뒤에 받는 보답이라면 더러울 게 전혀 없다. 그런 얻음이 곧 후획(後獲)이다. 어진 사람은 무엇보다 먼저 남을 사랑한다. 이런 행위가 진정한 봉사이리라. 남을 사랑하며 돕는 삶이 곧 선난후획(先難後獲)이다.

번지는 『논어(論語)』에서 스승께 세 번에 걸쳐 인(仁)을 묻는다. 그 질문에 공자는 본장(本章)과 「안연(顔淵)」편 22장에서는 애인(愛人)이라고 답해주었고, 「자로(子路)」편 19장에서는 버릴 수 없는 것[不可棄]이라고 답해주었다. 이처럼 성인은 한가지로만 대답하지 않고 이렇게 저렇게 때에 따라 알맞게 답해준다. 따라서 공자의 응답에는 항상 자신을 향해 스스로 반문해보라는 속뜻이 있다고 생각된다. 여기서는 아마도 번지에게 이렇게 자문해보라는 속셈이 있는 듯하다. "번지야 너는 선난(先難)하고 후획(後獲)하는가? 남보다 먼저 얻어 가지려고 한 적은 없는가?" 성인의 응답은 반문(反問)을 담고 있다고 보아도 된다. 그래서 성인의 응답은 우리를 부끄럽게 하여 뉘우치게 하는 묘한 힘을 발휘한다.

먼저 선(先), 어려울 난(難), 얻어낼 획(獲)

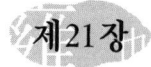

제21장

【문지(聞之)】
지자요수(知者樂水) 인자요산(仁者樂山)

【원문(原文)】

子曰 知者樂水하고 仁者樂山이니 知者動하고 仁者
자왈   지자요수   인자요산   지자동   인자

靜하며 知者樂하고 仁者壽니라
정   지 자 락   인 자 수

【해독(解讀)】

공자께서 말했다[子曰]. "슬기로운 사람은 물을 좋아하고[知者樂水], 어진 사람은 산을 좋아한다[仁者樂山]. 슬기로운 사람은 움직이고[知者動] 어진 사람은 조용하며[仁者靜], 슬기로운 사람은 즐기고[知者樂] 어진 사람은 수(壽)를 누린다[仁者壽]."

【담소(談笑)】

자왈(子曰)

이 장(章)을 대하면 노자(老子)의 곡신불사(谷神不死)란 말이 떠오른다. 공자가 말하는 인자(仁者)가 곡신(谷神)을 연상시키기 때문이다. 곡신은 만물을 두루 안는 텅 빈 골짜기를 뜻한다. 하여튼 여기서 공자는 시인(詩人)이 되어 지자(知者)와 인자(仁者)를 읊고 있다. 지자는 현실적이고 인자는 이상적이다. 사물의 득실(得失)을 냉철하게 생각하는 지자는 항상 시공(時空)에 따라 유동적인 입장을 취한다. 그래서 지자는 쉼 없이 의식을 형성한다. 그러나 인자는 사물의 득실을 떠나 만물과 더불어 변함없이 사랑하면서 존재한다. 지자는 현실에 적응하는 지성(知性)을 갖추고 실존하기를 바라지만, 인자는 항상 온갖 것들을 너그럽게 받아들이고 용서하는 덕성(德性)을 지니고 존재하기를 바란다. 지자는 선악(善惡)을 가려 분별하지만, 인자는 선악을 분별하려 하지 않는다. 인자는 만물과 더불어 동고동락(同苦同樂)한다. 그래서 성인은 모두 인자이다. 지자로서 성인은 없다. 성인은 모두 다 인자일 뿐이다. 그래서 성인은 불사(不死)한다. 인자의 입장에서 본다면 노자와 공자를 가릴 필요가 없다. 다만 공자가 지자를 긍정(肯定)하는 성인이라면, 노자는 지자를 부정(否定)하는 성인이다.

지자요수(知者樂水) 인자요산(仁者樂山)
▶ 슬기로운[知] 사람은[者] 물을[水] 좋아하고[樂], 어진[仁] 사람은[者] 산을[山] 좋아한다[樂].

요(樂)는 여기서 호(好)와 같다. 이런 뜻일 때는 낙(樂)이나 악(樂)이 아니라 요(樂)로 읽는다. 지자(知者)는 물에, 인자(仁者)는 산에 비유하고 있다. 물은 동적(動的)이고 산은 정적(靜的)이다. 물은 현실에 따라 적응한다. 흘러가는 물길을 보라. 비탈이면 폭포가 되고 들판이면 유유히 흘러가는 물. 이처럼 물은 제 모습을 현실인 주변 환경에 맡긴다. 그러나 산은 변함없이 그냥 그대로 같은 모습이다. 지자는 변화(變化)하고 인자는 여일(如一)하다. 지자는 항상 쉴 새 없이 의식(意識)하고 인자는 한결같이 만물을 사랑한다.

슬기로울 지(知), 좋아할 요(樂), 물 수(水), 어질 인(仁), 뫼 산(山)

지자동(知者動) 인자정(仁者靜) 지자락(知者樂) 인자수(仁者壽)
▶ 슬기로운 사람은[知者] 활동하고[動] 어진 사람은[仁者] 정숙하며[靜], 슬기로운 사람은[知者] 즐기고[樂] 어진 사람은[仁者] 목숨을 누린다[壽].

수(水)에 비추어 지자동(知者動)의 동(動)을 유추하면 되고, 산(山)에 비추어 인자정(仁者靜)의 정(靜)을 유추하면 된다. 동(動)을 활동(活動)으로 새기고, 정(靜)을 정숙(靜淑)으로 새겨도 된다. 『주역(周易)』「계사전(繫辭傳)」에 "동정유상(動靜有常) 강유단의(剛柔斷矣)"라는 말이 있다. 동(動)과 정(靜)에는 변함없는 것[常]이 있어[有] 굳셈

[剛]과 부드러움[柔]이 판단된다[斷矣]. 그러니 지자동(知者動)의 동(動)을 강(剛)으로 새기고, 인자정(仁者靜)의 정(靜)을 유(柔)로 새겨도 좋다. 지자(知者)는 사물을 향해 굳세고, 인자(仁者)는 목숨을 향해 부드럽다. 목숨이 사물에 앞선다는 깊은 뜻을 노자(老子)는 유약승강강(柔弱勝剛强)이라 했다. 부드럽고 약한 것이[柔弱] 굳세고 강한 것[强剛]을 이긴다[勝]. 목숨이 물질을 이긴다는 말로 들어도 된다.

　지자락(知者樂)의 낙(樂) 역시 수(水)에 비추어 유추하고, 인자수(仁者壽)의 수(壽) 또한 산(山)에 비추어 유추하면 된다. 온갖 곳을 지나 흘러가는 물을 상상해보라. 그 물길이 변화를 떠올리게 해준다. 지자는 온갖 변화를 사물(事物)에서 즐긴다. 그러니 지자락(知者樂)이 아닌가. 여기서 낙(樂)이란 변화무쌍한 사물을 즐긴다는 뜻으로 들어도 된다. 그러나 산은 멈추어 제 모습을 누린다. 그러니 인자수(仁者壽)가 아닌가. 수(壽)는 목숨을 즐긴다는 뜻으로 새겨들어도 된다. 지자는 사물을 즐기고, 인자는 목숨을 즐긴다. 목숨을 즐기는 일이 사랑하는 일 아닌가. 인자수(仁者壽)의 수(壽)를 그냥 인도(仁道)라고 새겨도 된다. 인자란 누구인가? 변함없이 사랑하는 길[仁道]을 걷는 분이다. 인자수(仁者壽)의 수(壽)는 천명(天命)을 다 누린다는 말로 들어도 된다. 그러니 100살을 살았다 하여 수를 다했다 말할 수는 없다. 험하고 흉한 삶을 100년 동안 살았던들 인자수(仁者壽)의 수(壽)라고 할 수는 없다. 수(壽)를 누려라. 이는 어질게 살라 함이다.

음직일 동(動), 고요할 정(靜), 즐거워할 락(樂), 목숨 수(壽)

제22장

【문지(聞之)】
노일변(魯一變) 지어도(至於道)

【원문(原文)】

子曰 齊一變이면 至於魯하고 魯一變이면 至於道
자왈 제일변   지어로   노일변   지어도
나라

【해독(解讀)】
공자께서 말했다[子曰]. "제나라를 변화시키면[齊一變] 노나라처럼 될 것이고[至於魯], 노나라를 변화시키면[魯一變] 도에 맞는 나라가 되리라[至於道]."

【담소(談笑)】
자왈(子曰)

공자가 개혁을 강조하고 있다. 『예기(禮記)』에서 공자는 "내 노(魯)나라를 버리고 어디로 간단 말인가[吾捨魯何適邪]"라고 했다. 당신의 조국 노나라가 문화의 나라임을 자부했던 공자를 통해 어떠한 나라가 진정 강한지를 따져보게 된다.

제(齊)나라는 지금의 산동(山東) 지방을 중심으로 하여 부국강병(富國强兵)에 매달렸던 나라였고, 노(魯)나라는 예악(禮樂)과 덕으로써 다스리고자 노력했던 작은 나라였다. 제나라는 현명한 재상으로 이름 높았던 안영(晏嬰)이 있어서 부유하고 강력한 군사력을 유지하고 있었다. 그러나 공자는 힘으로 강한 나라는 패도(覇道)의 나라일

뿐 왕도(王道)의 나라는 아니라고 말한다. 노나라는 공자의 조국이다. 공자는 노나라의 문물제도를 자랑스러워했지만, 당시 노나라는 군신(君臣)의 사이가 문란해져 그 도의(道儀)가 쇠하고 있었다. 그러나 노나라의 시조 주공단(周公旦)이 폈던 치세(治世)의 유풍(遺風)은 아직 많이 남아 있었다.

▶ 제일변지어로(齊一變至於魯) 노일변지어도(魯一變至於道)
▶ 제나라를[齊] 변화시키면[一變] 노나라같이[於魯] 될 것이고[至], 노나라를[魯] 변화시키면[一變] 도에 맞는 나라가[於道] 될 것이다[至].

여기서는 지어도(至於道)의 도(道)를 깊이 생각해보아야 한다. 공자가 보기에 제나라는 패도(覇道)의 나라였다. 힘으로 세상을 다스리는 길[覇道]을 떠나 인도(仁道)를 실현하는 왕도(王道)로써 나라를 다스려야 한다는 것이 공자의 이상(理想)이다. 아마도 공자는 제나라는 그런 이상에서 멀고, 그래도 노나라는 그런 이상에 좀 가깝다고 생각한 듯하다. 그러니 제나라가 패도를 버리고 왕도의 나라가 되려면 먼저 노나라처럼 바뀌어야 하고, 노나라 역시 왕도의 국가로 바뀌어야 한다는 것이다.

공자는 『주역(周易)』의 궁즉변(窮則變)을 온고지신(溫故知新)으로 해석한 성인이 아닌가. 변화를 거부하는 성현은 없다. 난세(亂世)를 치세(治世)로 변화시키기 바라고, 패도를 왕도로 변화시키기 바란 성인이 곧 공자 아닌가. 왕도(王道)의 왕(王)은 왕(往)과 같다고 한다. 노자(老子) 역시 왕(王)을 공내왕(公乃王)이라고 말했다. 민심(民心)이 걸림 없이 오고가게 하는 길을 왕도라 한 셈이다. 민심이 자유롭게 왕래하는 길이 곧 왕도란 말이다. 공자는 이를 위해 중국 천하를 돌아다녔다. 그러나 천하는 성인을 절망하게 했다.

변할 변(變), 이를 지(至)

제23장

【문지(聞之)】
고불고(觚不觚)

【원문(原文)】

子曰 觚不觚면 觚哉觚哉아
자 왈 고 불 고   고 재 고 재

【해독(解讀)】
공자께서 말했다[子曰]. "고에 모가 없다면[觚不觚] 어찌 고이겠나 어찌 고이겠나[觚哉觚哉]!"

【담소(談笑)】
자왈(子曰)
제 모습이란 것을 생각해보게 한다. 제 모습이 있어야 제 정신이 있는 법. 그러니 내용과 형식은 둘이 아니라 하나이다. 이를 군자의 모습으로 보아 문질빈빈(文質彬彬)이라고 했다. 겉과 속이 잘 어우러져야 한다는 게 문질빈빈(文質彬彬) 아닌가. 형식이 망가지면 내용이 망가지는 경우를 잊지 말라 한다. 예악(禮樂)이 바로 문물제도의 형식과 내용을 뜻하니 예악이 없는 국가를 나라라 할 수 있느냐고 반문한다. 공자는 문화 제일주의를 표방하는 성인임을 절절하게 드러낸다.

고불고(觚不觚) 고재고재(觚哉觚哉)

▶ 고(觚)라고 하는 술잔에 모가 없다면[不觚] 어찌 고라 하겠나[觚哉] 어찌 고라 하겠나[觚哉]!

고(觚)는 예기(禮器)의 일종으로 모가 난 술잔을 말한다. 또한 고(觚)는 모난 것을 뜻하기도 한다. 고재(觚哉)란 표현에서 반드시 모가 있어야 하는 술잔인 고에 모가 없다[不觚]면 과연 그것이 고이겠느냐고 반문하는 느낌이 묻어난다.

손가락이 잘려나가 본래의 모습을 잃어버린 손을 불인(不仁)이라고 말하기도 한다. 마찬가지로 모가 없는 고(觚)라면 그것은 불인(不仁)의 고(觚)에 불과하다 하겠다. 불인이 어찌 예기(禮器)가 될 수 있겠는가. 여기서 고(觚)는 예악(禮樂) 또는 예의(禮儀)를 비유하는 하나의 이미지로 볼 수 있다. 문물제도가 엉망이라면 그것이 어찌 나라이겠느냐고 반문하는 속뜻이 있다고 보아도 된다. 바로 앞 22장에서 나라의 참된 모습을 말했으니 그런 속뜻을 여기 23장에서 더욱 다져두고자 한 말씀인 듯하다. 나라도 나라 나름이지 나라 같지 않은 나라가 지금 세상에도 있다.

모가 난 술잔 고(觚)

제24장

【문지(聞之)】
불가함(不可陷) 불가망(不可罔)

【원문(原文)】

宰我問曰 仁者는 雖告之曰井有仁焉이라도 其從
재아문왈 인자 수고지왈정유인언 기종
之也로소이꼬
지야
子曰 何爲其然也리오 君子可逝也언정 不可陷也며
자왈 하위기연야 군자가서야 불가함야
可欺也언정 不可罔也니라
가기야 불가망야

【해독(解讀)】

　재아가 물었다[宰我問曰]. "인자에게 만일 우물에 사람이 빠졌다고 하면[仁者雖告之曰井有仁焉] 그 말대로 곧장 따릅니까[其從之也]?"
　공자께서 말했다[子曰]. "어찌 그렇게 하겠느냐[何爲其然也]? 군자는 가더라도[君子可逝也] 속임수에 걸려들지 않을 것이며[不可陷也], 속을 수는 있겠지만[可欺也] 속임수를 모를 리 없을 것이다[不可罔也]."

【담소(談笑)】

자왈(子曰)

　인자(仁者)의 참모습을 말하고 있다. 인자는 우유부단하지 않다. 인자는 무작정 너그럽지도 않고 맹목적으로 사람을 사랑하는 것도 아니다. 인자는 악한 사람과 선한 사람을 분명히 알아보고 선한 사람을 사랑할 뿐, 악한 사람은 벌을 내려 착한 사람으로 고치려고 한다. 사리(事理)를 냉철하게 판단하여 인도(仁道)를 위해 현명하게 처리하는 당사자이다. 그러니 인자는 세상의 속임수에 말려들지 않는다는 것이다.
　모르고 속는 것이 아니라 알고 속아주는 사람을 대인(大人)이나 군자(君子)라고 한다. 속인 사람이 다시는 그런 짓을 못하게 하려고 딱 한번 속아주고 그런 사람을 곧게 고치려고 한다. 공자가 말하는 인자는 냉철하지 우유부단하게 미적거리지 않는다.

인자(仁者) 수고지왈(雖告之曰) 정유인언(井有仁焉) 기종지야(其從之也)
▶ 어진 사람한테[仁者] 우물에[井] 사람이[仁] 빠졌다고[有] 알린다면[雖告之曰], 어진 사람은[其] 그 말을[之] 따라 우물에 들어갑니까[從]?

위와 같이 재아(宰我)가 공자께 물었다. 재아는 웅변에 능한 공자의 제자로「공야장(公冶長)」편 10장에 나왔었다. 수(雖)는 여기서 가정법으로 쓰이고 있다. 만약 ~이라면[雖]. 고지왈(告之曰)의 지(之)는 정유인언(井有仁焉)을 받는 지시어이다. 정유인(井有仁)의 인(仁)은 여러 설이 있지만 인(人)과 같다고 보면 좋겠다. 그래서 우물 속에 사람이 빠졌다[井有仁]는 뜻으로 새기면 알맞을 것이다. 기종지야(其從之也)의 기(其)는 인자(仁者)를 받고, 종지(從之)의 지(之)는 고지(告之)의 지(之)와 같다고 보면 된다.

인자(仁者)는 그저 어질고 너그럽기만 하냐고 묻고 있다. 공자가 말하는 인자는 노자(老子)의 절학무우(絶學無憂)를 마다한다. 배우기를 끊어버리면 걱정거리가 없다[絶學無憂]. 그래서 공자는 어떻게 그럴 수 있겠느냐[何爲其然也]고 재아의 물음을 부정한다.

비록 수(雖), 알릴 고(告), 우물 정(井), 따를 종(從)

군자가서야(君子可逝也) 불가함야(不可陷也) 가기야(可欺也) 불가망야(不可罔也)
▶ 군자가[君子] 우물로 가보기는 하겠지만[可逝] 함정에 빠질 리

없고[不可陷], 순간이나마 속았다 해도[可欺] 속임수에 넘어갈 리 없다[不可罔].

서(逝)는 여기서 행(行)과 같다. 그래서 우물로 간다는 뜻이다. 망(罔)은 무(誣)와 같다. 속임수에 말려든다[罔].

인자(仁者)는 어질면서 슬기로운 분이다. 그런 인자가 곧 군자이다. 군자는 언제나 신중하고 삼가 행한다. 그래서 인자라야 사람을 좋아할 수도 있고 싫어할 수도 있다고 하는 것이다. 「이인(里仁)」편 3장을 돌이켜보라. "오로지 인자만이 사람을 좋아할 수도 있고 싫어할 수도 있다[惟仁者能好人能惡人]." 선악(善惡)을 분명히 가려 호오(好惡)를 분명히 한다는 말이다. 공자의 인자는 인간의 문화생활을 긍정하기 때문이다. 만일 노장(老莊)의 지인(至人)이라면 선악의 분별 따위는 하찮게 여기고 자연으로 돌아가 살라 할 것이다. 이렇듯 공맹(孔孟)의 인자는 시비를 사리(事理)에 따라 살피고, 노장의 지인은 아예 시비 따위를 떠난다. 그래서 도가(道家)는 유가(儒家)의 인자를 비웃어버린다. 하지만 세상에선 공맹의 인자가 더 절실하다.

갈 서(逝), 빠질 함(陷), 속을 기(欺), 속일 망(罔)

제25장

【문지(聞之)】
박학어문(博學於文) 약지이례(約之以禮)

【원문(原文)】

子曰 君子博學於文이오 約之以禮면 亦可以弗畔
자왈 군자박학어문   약지이례   역가이불반
矣夫인저
의 부

【해독(解讀)】

공자께서 말했다[子曰]. "군자는 글을 널리 배우고[君子博學於文] 예로써 단속해야[約之以禮] 비로소 어긋나지 않는다[亦可以弗畔矣夫]."

【담소(談笑)】

자왈(子曰)

군자를 밝히고 있다. 『대학(大學)』의 각론(各論)「성의(誠意)」에 나오는 구절을 떠올리게 한다. "군자필신기독야(君子必愼其獨也)." 군자는[君子] 반드시[必] 자기[其] 홀로를[獨] 삼간다[愼]. 게으른 군자란 없고 느슨한 군자란 없다는 말이다. 정성을 다하여 사는 이가 본래 군자라는 말이다. 그러니 지금 세상에 군자가 없다는 말이 나온다. 소인(小人)은 남한테 성실히 하라 하고 자신은 적당히 게으름을 피운다. 공자가 군자는 스스로에게 엄하다고 밝혀준다.

군자박학어문(君子博學於文) 약지이례(約之以禮) 역가이불반의부(亦可以弗畔矣夫)
▶ 군자는[君子] 육경 속에 있는 선왕의 도를[文] 널리[博] 배우고[學] 예로써[以禮] 자신을[之] 단속해야[約] 비로소[亦] 어긋나지 않을 수 있다[可以弗畔].

문(文)은 학문(學文)의 문(文)이다. 그 문(文)은 육경(六經) 즉『시경(詩經)』·『서경(書經)』·『예기(禮記)』·『악경(樂經)』·『역경(易經)』·『춘추(春秋)』에 있는 선왕(先王)의 도(道)와 문물제도를 일컫고 문화 전반을 망라한다. 공자의 온고(溫故)는 결국 학문(學文)의 문(文)에 매진하라는 것이다. 박학어문(博學於文)은 호학(好學)과 같은 말이다.

이례(以禮)는 『예기(禮記)』의 치례이치궁(致禮以治躬)을 떠올리게 한다. 예를 다하여[致禮] 몸을 다스린다[治躬]. 약지(約之)의 약(約)은 여기서 치(治)와 같다. 다스려 단속한다[約]. 불반(弗畔)의 불(弗)은 불(不)과 같고, 반(畔)은 배(背)와 같다. 어겨 어긋난다[畔]. 어긋나지 않는다[弗畔].

무엇에 어긋나지 않는다 하는가? 인도(仁道)에 어긋나지 않는다는 뜻이리라. 군자는 인도를 삶으로써 실천하는 주인이다. 그러한 실천을 위하여 성의(誠意)를 다해야 한다. 학문(學文)에 성의를 다하고 예(禮)에 성의를 다해야 한다. 그러니 군자는 반드시 그 홀로를 삼간다[必愼其獨]. 자신에게 엄격하면서 남에게 관대한 사람을 보았는가? 보았다면 바로 그 사람이 군자일레라.

> 넓을 박(博), 글 문(文), 단속할 약(約), 비로소 역(亦), 아니 불(弗), 배반할 반(畔)

제26장

【문지(聞之)】
여소부자(予所否者) 천염지(天厭之)

【원문(原文)】

子見南子하신대 子路不說이어늘 子矢之曰 予所否
자견남자   자로불열   자시지왈 여소부
者인댄 天厭之 天厭之시리라
자   천염지 천염지

【해독(解讀)】

공자께서 남자를 만났다 하여[子見南子] 자로가 싫어했다[子路不說]. 공자께서 단호히 말했다[子矢之曰]. "내가 한 일이 잘못이라면[予所否者] 하늘이 미워할 것이야[天厭之]. 하늘이 미워할 것이야[天厭之]."

【담소(談笑)】

자견남자(子見南子) 자로불열(子路不說)

▶ 공자께서[子] 남자를[南子] 만나자[見] 자로가[子路] 좋아하지 않았다[不說].

견(見)은 회견(會見)의 줄임말로 보고 새긴다. 직접 찾아가 만나본다[見]. 열(說)은 설(說)로 읽지 않고 열(說)로 읽는다. 열(說)은 열(悅)과 같다. 마음 속으로 기뻐한다[說].

자로(子路)는 성질이 급했던 공자의 제자이고, 남자(南子)는 위(衛)나라 영공(靈公)의 부인으로 위나라의 실세(實勢) 노릇을 했다. 앞 14장의 송조지미(宋朝之美)란 구절을 기억할 것이다. 송나라 공자(公子) 조(朝)의 미모에 반해 정을 통했던 여인이 바로 남자이다. 한마디로 남자는 행실이 지저분했다고 할 수 있다. 이런 여인을 스승께서 왜 만나셨느냐고 자로가 역정을 냈던 모양이다. 공자가 위령공(衛靈公)을 만나려 해도 먼저 자신을 만나주지 않으면 불가능하다며 남자가 방해했다는 이야기가 『사기(史記)』「공자세가(孔子世家)」에 나

온다. 이렇듯 공자는 정치적인 이유로 남자를 만날 수밖에 없었던 것이다. 그러나 자로는 오해받기 쉬운 지저분한 여자를 왜 만났느냐고 역정을 냈다. 이에 공자는 시지(矢之)란 한마디로 제자의 걱정을 씻어주었다.

만나볼 견(見), 길 로(路), 기뻐할 열(說)

자시지왈(子矢之曰)

성질 급한 자로(子路)가 공자께서 남자(南子)를 만난 일에 대해 불쾌해하자 공자께서 아주 단호하게 잘라 말했음을 '시지(矢之)'란 말로써 알 수 있다. 단호하게 말함을 시지(矢之)라고 한다. 맹세코 말한다[矢之]. 자로가 불쾌하게 여긴 이유는 평이 나쁜 남자 따위를 만나 스승께 누가 될세라 걱정했기 때문이다. 자로의 이러한 심정을 공자가 말끔히 씻어주기 위하여 시지(矢之)한 셈이다. 시지(矢之)는 성인이 좀처럼 쓰지 않는 말투일 것이다. 그러나 이 대목의 시지(矢之)는 사제(師弟) 사이에 오가는 따뜻함을 느끼게 한다. 이렇듯 공자의 말씀은 빈틈없이 절묘하다.

맹세코 말할 시(矢)

여소부자(予所否者) 천염지(天厭之) 천염지(天厭之)
▶ 내가[予] 잘못한 것이라면[所否者] 하늘이[天] 내 잘못을[之] 미워하리라[厭]. 하늘이[天] 내 잘못을[之] 미워하리라[厭].

부(否)는 여기서 위(違)와 같다. 틀리다[否]. 염(厭)은 여기서 오(惡)와 같다. 미워하다[厭]. 여기서 염(厭)은 염오(厭惡)의 줄임말인 셈이다. 이 염(厭)은 뜻이 엉뚱하게 달라져 헷갈리게 하는 글자이다. 편안할 염(厭)으로 안(安)과 같기도 하고, 싫어할 염(厭)으로 혐(嫌)과도 같고, 넉넉할 염(厭)으로 족(足)과도 같고, 가득 찰 염(厭)으로 만(滿)과도 같고, 아름다울 염(厭)으로 미(美)와도 같다. 또 발음이 암(厭)일 때는 막힐 암(厭)으로 폐(閉)와 같고, 빠질 암(厭)으로 익(溺)과 같다. 또 발음이 엽(厭)일 때는 모을 엽(厭)으로 합(合)과 같고, 덜어낼 엽(厭)으로 손(損)과 같으며, 축축할 엽(厭)으로 습(濕)과도 같고, 마를 엽(厭)으로 건(乾)과도 같으며, 끊을 엽(厭)으로 절(絶)과도 같고, 업신여길 엽(厭)으로 모(侮)와도 같다. 이처럼 이 염(厭)이란 글자는 앞뒤 문맥을 잘 살펴 음(音)과 뜻을 헤아려야 하는 괴팍할 만큼 변덕스러운 글자이다. 그러니 천염지(天厭之)의 염(厭)을 오(惡)와 같다고 단정해버리면 안 된다는 생각이다.

그래서 여소부자(予所否者)를 여소여부자(予所與否者)로 넓혀 새기면 공자의 심중을 헤아릴 수 있으리라 본다. '내가[予] 잘못한 것[所否者]'인지 '내가[予] 잘한 것[所與者]'인지 두 가지로 새겨들으면 오히려 여기 26장에 숨겨진 공자의 심정을 절절하게 헤아릴 수 있으리란 생각이다. '만일 내가 잘못했다면[予所否者] 하늘이 내가 한 짓을 싫어할 것이고[天厭之], 만일 내가 잘했다면[予所與者] 하늘이 내가 한 짓을 좋아할 것이다[天厭之].' 이렇듯 나름대로 살펴 새기면 천염지(天厭之)의 염(厭)은 오(惡)도 되고 족(足)도 될 수 있다.

이처럼 성인의 말씀은 이리저리 두루 생각해보게 한다. 그러니 성질 급한 자로여, 스승의 깊은 뜻을 헤아려볼 일이지 역정부터 냈단 말인가. 공자는 남자(南子)가 행실이 나쁜 여인인 줄 알지만, 하늘에 한 점 부끄럼 없이 영공(靈公)을 만나 왕도를 설(說)하기 위하여 거쳐가야 할 장애물 정도로 여기지 않았겠는가. 보통 스승이었다면 자로는 혼쭐이 났을 터이다. 이미 공자는 『논어(論語)』 첫머리에 "군자는 남들이 몰라주어도 화내지 않는다[人不知而不慍]"고 말씀해두었다.

나 여(予), 아닐 부(否), 미워할 염(厭)

제27장

【문지(聞之)】

중용지위덕야(中庸之爲德也)

【원문(原文)】

子曰 中庸之爲德也 其至矣乎인저 民鮮久矣니라
자왈 중용지위덕야   기지의호   민선구의

【해독(解讀)】

공자께서 말했다[子曰]. "중용이란 바로 덕이다[中庸之爲德也]. 그것은 지극하고 지극하여라[其至矣乎]! 사람들이 이를 소홀히 한 지 너무도 오래되었구나[民鮮久矣]."

【담소(談笑)】

자왈(子曰)

공자가 중용(中庸)이 얼마나 지극한 덕인지를 말하며, 그 덕을 실천하는 사람들을 보기 어렵게 된 세태를 안타까워하고 있다. 도가(道家) 역시 중용을 떠나서 살지 말라[寓諸庸] 한다. 동양은 시비(是非)를 겨루기로 보지 않고 서로 왕래(往來)할 수 있는 길로 볼 뿐이다. 도가의 우저용(寓諸庸)이나 유가의 이순(耳順)은 서로 같은 뜻으로 보아도 된다. 다들 역지사지(易地思之)로 돌아가라는 사고(思考)를 터주기 때문이다. 남의 입장으로 돌아가 생각해보라[易地思之]. 그러면 중용은 비롯된다.

중용지위덕야(中庸之爲德也) 기지의호(其至矣乎)
▶ 중용은[中庸] 바로 덕이며[爲德], 그 덕은[其] 더할 바 없이 지극하다[至矣乎].

중용지위덕(中庸之爲德)의 지(之)는 공자가 중용(中庸)이란 덕(德)을 힘주어 강조하고 있다는 느낌을 자아낸다. 의호(矣乎)는 감탄하는 어미라고 보면 된다. 말하자면 지의호(至矣乎)의 지(至)를 더할 바 없이 강조하려는 감탄의 어미다.

공자는 중용을 극치의 덕이라고 밝힌다. 중용(中庸)·중화(中和)·중정(中正) 등은 다 같은 말씀이다. 그런데 이 중용이란 낱말은『논어(論語)』에서 한 번밖에 나오지 않는다. 그러나 주자(朱子)가『예기(禮記)』의 한 편(篇)이었던 이「중용」을 따로 뽑아내 유가의 가장 중요한 덕목(德目)으로 삼고 유가의 사서[(四書,『논어(論語)』·『맹자(孟子)』·『대학(大學)』·『중용(中庸)』]의 하나로 삼았다. 아마도 주자는 공자의 뜻을 헤아려 그렇게 했을 것이다. 공자가 덕의 극치(極致)라고 했으니, 유가가 중용을 으뜸가는 덕목으로 삼는 것은 지극히 당연하다. 중용은 완벽한 선(善)이므로 성인도 철저히 따르기가 어렵다고 한다. 그러니 다음과 같은 공자의 안타까움이 어쩔 수 없는 일인지도 모른다.

가운데 중(中), 쓸 용(庸), 큰 덕(德), 이를 지(至)

민선구의(民鮮久矣)
▶ 중용을 지키려는 사람들이[民] 거의 없어진 지[鮮] 오래이다[久].

선(鮮)은 여기서 소(少)와 같다. 많지 않고 적어져서 거의 없다[鮮]. 민선(民鮮)을 그대로 새기면 사람들이[民] 적어졌다[鮮]는 뜻이리라. 그런데 어떤 사람들이 적어졌단 말인가? 중용의 덕에 의지해 살아가는 사람들이 적어졌다는 말이겠다. 중용을 멀리하는 사람들은 넘쳐나지만, 중용을 가까이하는 사람들은 줄어들어 거의 없다는 말씀으로 민선(民鮮)을 헤아려 들어야 할 것이다.

중용을 가까이하는 사람이 거의 없어진 지 오래되었다고 공자가 한탄하고 있다. 이것을 요순(堯舜)시대 이전에나 사람들이 중용으로 살았을까 그 뒤로는 사람들이 중용의 덕을 멀리하고 살아간다는 말로 이해해도 무방하리라. 하물며 지금 사람들이야 물어 무엇 하겠는가. 너도나도 밀리면 진다는 초조감에 저마다 제 몫을 더 크게 하려고 아우성치며 경쟁하는 지금 세상에서 중용은 바보짓이라고 비웃을 사람들이 백이면 백이리라. 그렇다고 중용이란 덕이 사라졌다는 말은 아니다. 사람들이 버렸을 뿐, 여전히 중용이란 덕은 사람을 편안하게 해주는 힘을 발휘한다. 살아가면서 서로 마음 편하게 살고 싶은가? 그렇다면 치우치지 말라는 중용의 일깨움을 기억해두었으면 한다.

백성 민(民), 적을 선(鮮), 오래 구(久)

제28장

【문지(聞之)】
기욕립이립인(己欲立而立人) 기욕달이달인(己欲達而達仁)

【원문(原文)】

子貢曰 如有博施於民 而能濟衆한댄 如何니이꼬
자공왈 여유박시어민 이능제중 여하
可謂仁乎이꼬
가위인호

> 子曰 何事於仁이리오 必也聖乎인저 堯舜도 其猶
> 자왈 하사어인   필야성호   요순   기유
> 病諸시니라 夫仁者는 己欲立而立人하며 己欲達而
> 병저   부인자   기욕립이립인   기욕달이
> 達人이니라 能近取譬면 可謂仁之方也已니라
> 달인   능근취비   가위인지방야이

【해독(解讀)】

　자공이 물었다[子貢曰]. "만약 백성들에게 널리 베풀고[如有博施於民] 많은 사람들을 구제할 수 있다면[而能濟衆] 어떻겠습니까[如何]? 인(仁)이라 해도 되겠습니까[可謂仁乎]?"

　공자께서 말했다[子曰]. "어찌 인(仁)이라고만 하겠느냐[何事於仁]. 틀림없이 성(聖)이라 하겠다[必也聖乎]. 요순도 그리하지 못해 걱정했다[堯舜其猶病諸]. 본래 인이란[夫仁者] 내가 일어서고 싶다면 남도 일어서게 해주고[己欲立而立人], 내가 이루고 싶다면 남도 이루게 하는 것이다[己欲達而達人]. 내 입장을 비추어 남의 입장을 알아줄 수 있음이[能近取譬] 바로 인을 실천하는 방책이라고 하겠다[可謂仁之方也已]."

【담소(談笑)】

　여유박시어민(如有博施於民) 이능제중(而能濟衆) 여하(如何) 가위인호(可謂仁乎)

▶ 만일[如有] 백성에게[於民] 널리[博] 베풀고[施] 많은 사람들을[衆] 구제할 수 있다면[能濟] 어떻겠습니까[何如]? 인이라 해도 되겠습니까[可謂仁乎]?

　위와 같이 자공(子貢)이 공자께 인(仁)이란 것을 물었다. 여유(如有)는 '만약 ~하면'이란 뜻의 관용어이다. 시(施)는 여기서 설(設)과

여(與)와 같다. 베풀고 주다[施]. 제(濟)는 구제(救濟)의 줄임말로 본다. 빈곤이나 어려움에서 건져준다[濟]. 민(民)은 백성 즉 국민을 말하고, 중(衆)은 다수(多數)를 말한다.

자공은 공자의 제자이다. 위(衛)나라 사람이면서 언어(言語)에 뛰어나 노(魯)와 위(衛) 사이의 외교를 잘 처리했다 한다. 이미 「학이(學而)」편 10장에서부터 나왔었다.

넓을 박(博), 베풀 시(施), 구제할 제(濟), 무리 중(衆)

자왈(子曰)

자공의 물음에 대하여 인(仁)이란 말로만 하는 되는 게 아니라 구체적인 행동으로 옮겨야 함을 강조하고 있다. 인은 도(道)이면서 동시에 기(器)라는 것이다. 도(道)는 근본으로 통하고, 기(器)는 실용적인 방도를 일컫는다. 생존의 근본으로서 그리고 살아가는 방편으로서 인을 강조하고 있다.

자공이 밝힌 박시어민(博施於民)과 능제중(能濟衆)에 대해 공자는 백성에게 널리 베풀어주고[博施於民] 가난한 사람들을 구제해주는[能濟] 일을 실천함이 곧 인(仁)이요 성(聖)이라고 대답한다. 성(聖)이란 무엇인가? 인을 실천하는 방책을 찾아내 일깨워주는 일이 아닌가. 그래서 공자는 자공의 말을 듣고 이렇게 말해준 것이다. "어찌 인(仁)이라고만 하겠는가[何事於仁]. 틀림없이 성(聖)이라 할 것이다[必也聖乎]."

부인자(夫仁者) 기욕립이립인(己欲立而立人) 기욕달이달인(己欲達而達人)
▶ 모름지기[夫] 인이란[仁] 것은[者] 자기가[己] 서고[立] 싶으면[欲] 남도[人] 서게 하고[立], 자기가[己] 이루고[達] 싶으면[欲]

남도[人] 이룩게 한다[達].

부(夫)는 여기서 기(其)와 같다. 기(己)는 자기(自己)의 줄임말로 보면 된다. 이 기(己)는 자신(自身)을 뜻하고 사(私)와 같다.

공자의 수기(修己)란 말을 떠올렸으면 한다. 나를[己] 닦아라[修]. 이는 인(仁)을 멀리하려는 나를 버리고 인을 실천하는 당사자가 되도록 나를 닦으라는 말이기 때문이다. 앞 20장에서 번지(樊遲)가 인을 물었을 때, "어려운 일을 남보다 먼저 하고 보답받을 일은 남보다 뒤에 하라[先難而後獲]. 그러면 인이라 할 수 있다[可謂仁矣]"고 한 가르침과 다를 바 없다.

아마도 자공은 출세욕이 남달리 강했던 모양이다. 공자는 제자의 성품에 따라 걸맞게 가르쳤던 성인(聖人)이다. 성인은 사람 따라 가르치지 획일적인 가르침을 펴지 않는다. 그래서 성인보다 나은 선생은 없다는 것이다.

저 부(夫), 자기 기(己), 바랄 욕(欲), 설 립(立), 다다를 달(達)

능근취비(能近取譬) 가위인지방야이(可謂仁之方也已)

▶ 가까운 자기를 통해[近] 남의 처지를 알아차릴[取譬] 수 있음이[能] 바로 인을 이룩하는 방법이라고[仁之方] 할 수 있을 뿐이다[可謂也已].

근(近)은 자기(自己)를 비유해 말한 것이다. 비(譬)는 여기서 유(喩)와 같고 효(曉)와도 같다. 비유해 깨닫다[譬]. 취비(取譬)는 나를 통해 남을 비춰볼 줄 안다는 말이다. 방(方)은 술(術)과 같다. 곧 술법(術法)이다. 인(仁)을 실천하는 방법[仁之方]. 야이(也已)는 이이의(而已矣)와 같이 강조형 종결어미다.

역지사지(易地思之)와 공자의 이순(耳順)이란 말이 생각난다. 남의 입장으로 돌아가 생각해본다[易地思之]. 남이 하는 말을 그냥 그대로 듣는다[耳順]. 내가 하고 싶으면 남이 하게 하고, 내가 하고 싶지 않으면 남에게 시키지 말라는 것이다. 이렇게만 하면 사람이 모질 수도 없고 맹랑할 수도 없다. 남을 돕고 남을 용서하고 남을 이해하는 마음가짐과 행동이 바로 어짊[仁]이 아닌가. 남이야 죽든 말든 나만 살면 그만이라는 인간은 결국 저도 못살게 되고 만다. 인(仁)이면 서로 살 수 있지만, 불인(不仁)이면 너도나도 다 살 수 없음을 알라 한다. 이미 공자는 「공야장(公冶長)」편 3장에서 이렇게 절규한 바 있다. "사람이란 것이 어질지 못하다면[人而不仁] 예란 무엇이며[如禮何], 악이란 무엇이겠는가[如樂何]?" 그래서 「안연(顔淵)」편 22장에서 번지(樊遲)가 인(仁)을 묻자 "남을 사랑하라[愛人]"고 한 것이 아닌가.

> 능할 능(能), 가까울 근(近), 취할 취(取), 비유할 비(譬), 방법 방(方), 이미 이(己)

전편(前篇) 7

술이(述而)

입문 맨 첫 장(章)에 나오는 '술이(述而)'를 따서 편명(篇名)으로 삼고 있다. 「술이(述而)」편은 37장으로 되어 있어 긴 편이다. 주로 공자의 뜻과 행동을 밝히면서 아울러 현자(賢者)와 군자(君子) 그리고 인자(仁者) 등이 덕(德)을 어떻게 행하는지 살펴보게 한다. 이 「술이」편은 『논어(論語)』에서 꼭 새겨두어야 할 말씀[語錄]들을 가장 많이 담고 있으며, 공자가 왜 성인(聖人)인가를 살필 수 있게 하는 대목으로 보아도 된다.

제1장

【문지(聞之)】
술이부작(述而不作)

【원문(原文)】

子曰 述而不作하며 信而好古를 竊比於我老彭하노라
자왈 술이부작   신이호고   절비어아노팽

【해독(解讀)】
　공자께서 말했다[子曰]. "본받았지 짓지 않았고[述而不作], 옛것을 믿고 좋아했다[信而好古]. 나를 노팽에 비하고 싶다[竊比於我老彭]."

【담소(談笑)】
　자왈(子曰)

　공자가 「위정(爲政)」편 10장에서 말했던 온고이지신(溫故而知新)을 다시금 헤아려보게 한다. 그리고 공자의 호학(好學)에 담긴 뜻이 무엇인지를 살펴보게 한다. 그 뜻은 곧 인문정신의 확대이며 문화유산에 대한 관심과 애정이라는 것을 일깨워준다.
　선대(先代)의 문물제도를 본받아[述] 현재에 알맞도록 하라는 것이 공자의 부작(不作)인 셈이다. 이는 곧 군자의 소명(召命)이요 사명(使命)이다. 군자는 인문정신의 확대와 그 실천을 몸소 하는 당사자이다. 왜 군자는 그렇게 하는가? 인도(仁道)를 구체적으로 실현해야 하기 때문이다. 이 장(章)은 동양의 학문정신을 간명하게 드러내준다고 보아도 된다.

술이부작(述而不作) 신이호고(信而好古)

▶ 이어 좇아 밝혔지[述而] 멋대로 짓지 않으며[不作], 옛것을[古] 믿고[信] 좋아했다[好].

술(述)은 여기서 속(續)·계(繼)·순(循)·진(陳) 등을 한데 묶은 회의(會意)로 새겨야 한다. 그래서 술이(述而)의 술(述)은 '이어서[繼續] 좇아[循] 밝힌다[陳]'는 뜻으로 넓게 보아야 한다. 그렇다면 무엇을 이어서 좇아 밝힌다 하는가? 공자가 왜 호학(好學)을 강조하는지 짐작해보면 이해에 도움이 되리라 여겨진다. 왜냐하면 호학(好學)의 학(學) 다음에 올 목적어와 술이(述而)의 술(述) 다음에 올 목적어의 내용은 같을 것이기 때문이다.

그 내용을 짐작해보기 위해「팔일(八佾)」편 14장을 떠올려보면 좋을 것이다. "주감어이대(周監於二代) 욱욱호문재(郁郁乎文哉) 오종주(吾從周)." 나는[吾] 주(周)를[周] 따르겠다[從]. 왜 공자가 주나라를 따르겠다 했는가? 주나라가[周] 2대를[於二代] 살펴 본받았다[監]는 까닭이다. 여기서 2대(二代)는 하(夏)·은(殷) 두 나라를 말한다. 이를 통해 술이부작(述而不作)에 담긴 공자의 뜻을 알아차릴 수 있을 것이다. 다시 말해 술이(述而)의 술(述) 다음과 호학(好學)의 학(學) 다음에 올 목적어는 선대의 문물제도(文物制度), 즉 문화유산으로서 전반적인 전통일 것이다.

부작(不作)의 작(作) 역시 조(造)·성(成)·시(始)·사(事)·흥(興)·위(爲) 등을 한데 묶은 회의(會意)로 새겨야 한다. 그러니 부작(不作)의 작(作)은 '짓고[造], 이루고[成], 비롯하고[始], 일하고[事], 일어나고[興], 한[爲]다'는 뜻으로 넓게 새겨야 한다. 작(作)은 지을 작(作) 또는 만들 주(作)로 읽고, 주(做)와 같다. 따라서 부작(不作)의 작(作)을 주(做)와 같다고 보아도 안 될 것은 없을 듯하다. 내 멋대로 짓고 만들지 않았다[不作]. 그러므로 술이부작(述而不作)은 전승된 것을 이어 좇아 해석했지[述而] 내 멋대로 짓거나 만들지 않았다[不作]고 해석하면 될 것이다. 공자의 이러한 술회를 이해하는 데『사기(史記)』「공자세가(孔子世家)」의 내용을 들어보면 도움이 된다.

공자는 만년에 육경(六經)을 수찬(修撰)했다 한다. 육경을 다듬고 고쳐 만들었다[修撰]는 것이다.『서경(書經, 尙書)』과『예기(禮記)』를 서술했고,『시경(詩經)』을 선집(選集)으로 폈으며,『악경(樂經)』을 바로잡았고,『역경(易經)』을 풀이했으며,『춘추(春秋)』를 지었다 한다. 그러니 공자의 호학(好學)은 곧 육경을 배우라는 당부로 볼 수 있다. 여기의 술이불작(述而不作)을 공자가 선대의 문물제도를 잘 살펴 본받아[監] 육경을 이루어냈다는 뜻으로 이해해도 무방할 것이다. 동시에 생존의 흐름인 시공(時空)은 단절될 수 없다는 인문정신(人文精神)을 새겨보게 한다.

신이호고(信而好古)는 신고(信古)와 호고(好古)로 보면 된다. 고(古)는 선대의 문물제도 내지 육경의 정신이라고 보아도 좋고, 그냥 아언(雅言)의 세계라고 보아도 된다. 그러한 옛것[古]을 믿고[信] 좋아했다[好]고 술회하는 공자는 요샛말로 하면 전통주의자라고 말할 수 있을 것이다. 그러나 과거의 것을 그대로 물려받자고 하는 수구주의자(守舊主義者)는 결코 아니다. 신고(信古)는 호고(好古)이지 집고(執古)는 아니기 때문이다.

만일 공자가 수구주의자였다면『예기(禮記)』「대학(大學)」에 탕왕(湯王)의 반명(盤銘)을 포함시키지 않았을 것이다. 그 반명은 이러하다. "순일신(苟日新)이면 일일신(日日新)하고 우일신(又日新)하라." 진실로[苟] 날로[日] 새로워지면[新] 나날이[日日] 새로워지고[新] 또한[又] 날로[日] 새로워진다[新].

그리고『역경(易經)』의 역(易)에 대해「계사전(繫辭傳)」하(下)에서 다음과 같이 말하지도 않았을 것이다. "역(易)이란 궁즉변(窮則變)하고 변즉통(變則通)하며 통즉구(通則久)한다." 역(易)이란 쉼 없는 변화를 말한다. 그래서 통한다[通]는 것이다. 통해야 오래간다[久] 한다.

여기서 구(久)는 미래를 향해 통해 있어야 한다는 뜻이다. 그러니 미래를 만들어가야 한다는 것이 '주감어이대(周監於二代)'에 담긴 속뜻이라 하겠다.

그러므로 술이부작(述而不作) 신이호고(信而好古)의 학문정신이 과거의 것에만 매달리느라 미래를 무시한다고 말하지 말라. 공자야말로 이상주의자가 아닌가. 이상주의자는 현재에 안주하기를 거부한다. 더 나은 현실을 위해 현실을 새롭게 변화시키려고 한다. 공자의 인도(仁道)가 바로 그런 길이요, 왕도(王道)가 곧 보다 나은 미래를 향한 길이 아닌가. 그러니 온고(溫故)를 말뚝처럼 여겼던 조선조의 유생들은 공자의 이상(理想)을 미래(未來)로 해석하려 하지 않았던 셈이다. 그러니 공자의 호학(好學)정신을 낡았다 하지 말라.

밝힐 술(述), 지을 작(作), 믿을 신(信), 좋아할 호(好), 옛 고(古)

절비어아노팽(竊比於我老彭)
▶ 사사로우나[竊], 나를[於我] 노팽에[老彭] 비하고자 한다[比].

여기서 절(竊)은 사(私)와 같다. '몰래 그윽이 속으로 말하지만' 이렇게 겸손을 드러내는 말이다. 다시 말해 절(竊)은 겸손을 표현하는 말이다. 비어아(比於我)의 어(於)는 목적어 앞에 붙는 의미 없는 조사이다. 노팽(老彭)은 상(商, 殷)나라의 현명한 대부(大夫)로서 고사(故事)를 잘 정리하여 진술했다는 설이 있다. 노팽을 두 사람으로 보아 노(老)를 노자(老子)로 보고, 팽(彭)을 팽조(彭祖)라고 하는 주장도 있다. 이렇게 나누어 보지 말고 그냥 앞의 주장을 따르는 것이 좋겠다는 생각이다. 절(竊)이란 이 한마디가 창작했노라 우쭐해하는 예술가를 부끄럽게 하고, 일가(一家)를 이루었노라 목에 힘을 주는 학자를 부끄럽게 한다.

사사로울 절(竊), 비할 비(比), 나 아(我), 늙을 로(老), 성씨 팽(彭)

제2장

【문지(聞之)】
묵이지지(默而識之)

【원문(原文)】

子曰 默而識之하며 學而不厭하며 誨人不倦이
자왈 묵이지지   학이불염   회인불권
何有於我哉오
하유어아재

【해독(解讀)】
　공자께서 말했다[子曰]. "묵묵히 알아두고[默而識之] 배우기를 싫어하지 않으며[學而不厭], 남을 깨우치게 하기에 지치지 않는다[誨人不倦]. 그밖에 다른 일이 나에게 있겠는가[何有於我哉]?"

【담소(談笑)】
자왈(子曰)
　공자가 당신의 학문(學文)하는 태도를 밝히고 있다. 묵묵히 온고(溫故)하여 육경(六經)을 새겨 기록했고, 지신(知新)하는 데 게으름을 피우지 않았으며, 제자들을 일깨우는 일에 매진했음을 밝히고 있다. 익히고 배우고 가르치는 일이 곧 당신이 존재하는 까닭이라 한다. 부귀(富貴) 영화(榮華)는 성인에게 하잘 것이 없다.

묵이지지(默而識之)
▶ 조용히[默而] 기록하며 새겼다[識之].

묵(默)은 유(幽)와 같다. 말없이 공손하고 조용히 한다[默]. 지(識)는 여기서 기(記)와 같다. 기록하며 새겨두다[識]. 지지(識之)의 지(之)는 부정(不定)목적어이다. 여기서는 선대가 남겨놓은 것들이라고 보면 된다. 남들이 알아주든 말든 아랑곳하지 않고 공자가 온고(溫故)했음을 알 수 있다. 육경을 마련한 심경이 이러했다고 헤아려도 틀리지 않으리라.

묵묵할 묵(默), 기록할 지(識)

학이불염(學而不厭)
▶ 배우고 터득하기에[學而] 싫어하지 않았다[不厭].

학(學)은 여기서 효(效)와 각(覺)과 같다. 본받아 배우고[效] 터득한다[覺]. 불염(不厭)의 염(厭)은 오(惡)와 같다. 염(厭)이란 자(字)는 여러 갈래의 뜻으로 사용됨을 이미 앞에서 보았다. 여기서는 싫어한다[厭]는 뜻으로 새긴다. 배우는 일을 게을리하지 않았다 한다. 공자께서 당신의 호학(好學)을 장담하고 있다.

배우고 터득할 학(學), 싫어할 염(厭)

회인불권(誨人不倦)
▶ 남들을[人] 가르치는 데[誨] 게을리하지 않았다[不倦].

회(誨)는 교(敎)와 훈(訓)과 같다. 가르쳐[敎] 깨우치게 한다[訓]는 뜻으로 유(諭)와도 통한다. 가르쳐 일깨운다[誨諭]. 불권(不倦)의 권(倦)은 해(懈)와 피(疲)와 같다. 게을리하고[懈] 고달퍼한다[疲]. 회인(誨人)의 인(人)은 애인(愛人)의 인(人)처럼 남들 모두를 말한다.

공자는 3천 제자만 가르치고자 한 것은 아니다. 인류 전체를 회유(誨諭)하여 인도(仁道)를 걷게 하려는 이상(理想)을 간직하지 않았던가. 그러니 어찌 남들을 가르쳐 일깨우는 일을 게을리하거나 고달퍼했겠는가. 그래서 공자는 당당하게 이렇게 말할 수 있는 성인이다. "나한테 그 외에 또 무엇이 있겠는가[何有於我哉]?" 하유(何有)는 무엇이[何] 있겠는가[有] 하고 보통의문문을 이끄는데, 여기서는 끝에 재(哉)를 더하여 더 강하고 호소력 있는 감탄의문문이 되었다. 공자는 그렇게 반문으로써 단언한다. 성인의 말씀은 항상 우리네 정수리를 친다.

가르칠 회(誨), 게으를 권(倦)

제3장

【문지(聞之)】
덕지불수(德之不修)

【원문(原文)】

子曰 德之不修와 學之不講과 聞義不能徙하며
자왈 덕지불수   학지불강   문의불능사
不善不能改는 是吾憂也니라
불선불능개   시오우야

【해독(解讀)】
공자께서 말했다[子曰]. "덕을 닦지 못함과[德之不修], 학문을 익히지 못함과[學之不講], 의(義)를 듣고도 실행하지 못함과[聞義不能徙],

선하지 못한 것을 고치지 못함이[不善不能改] 나의 걱정거리다[是吾憂也]."

【담소(談笑)】
자왈(子曰)

　공자께서 당신 자신을 자책(自責)하다니 우리가 몸 둘 바를 모르겠다. 소인은 자신을 되돌아볼 줄 모르지만, 대인은 늘 자신을 살펴 부끄러워하고 뉘우친다. 하물며 성인이야 더 말할 게 없다. 그렇더라도 공자 같은 성인이 자책하고 나서다니. 참으로 우리가 못났음을 뼈저리게 느끼게 한다. 지금 공자께서 자신의 능력이 모자람을 걱정하고 있으니 우리는 참으로 부끄러워 할 말이 없다. 이 장(章)이 마치 우리를 고문하고 있는 형장(刑場)처럼 느껴진다.

덕지불수(德之不修)
▶ 덕을[德] 닦아 실천하지 못했다[不修].

　수(修)는 원래의 닦는다는 뜻에 행(行)을 합친 뜻으로 보면 된다. 닦아 실천한다[修]. 공자께서 강조해서 말하고 있다. 평범한 어조로는 불수덕(不修德)이라고 하면 된다. 그것을 덕(德)을 강조하고자 앞에 썼다. 그럴 때 지(之)는 그냥 의미 없이 붙는다. 무엇보다 덕을 떠나 살아선 안 된다는 것을 강조하고 있다. 어찌 공자를 두고 부덕(不德)하다 하겠는가. 공자가 이렇게 자책하늘 우리는 얼마나 부끄러워해야 할까? 그래서 공자의 자책 앞에 우리 자신이 괴롭고 부끄러울 뿐이다.

큰 덕(德), 닦을 수(修)

학지불강(學之不講)
▶ 배운 것들을[學] 익히고 연구하지 못했다[不講].

학(學)은 여기서 강(講)의 목적어인데 강조하고자 앞으로 옮겼다. 배운 것[學]. 강(講)은 여기서 습(習)과 구(究)와 같다. 익히고 연구하여 해석하다[講].

학(學)을 강조하고 있다. 호학(好學)하라는 경고인 셈이다. 불강학(不講學)은 자책(自責)하는 모습을 통해 학문(學文)에 정진하라고 우리를 일깨우는 뜻으로 볼 수 있다. 여기서도 공자의 자책 앞에 우리 자신이 괴롭고 부끄러울 뿐이다.

익힐 강(講)

문의불능사(聞義不能徙) 불선불능개(不善不能改)
▶ 옳음을[義] 듣고도[聞] 실행으로 옮기지 못했고[不能徙], 선하지 않은 것을[不善] 고치지 못했다[不能改].

사(徙)는 천(遷)과 같다. 옮긴다[徙]. 개(改)는 경(更)과 같다. 고친다[改]. 문의(聞義)는 의(義)를 듣고 배웠다는 뜻이다. 들은 의를 옮긴다 함은 곧 행동으로 옮긴다는 뜻이다. 그러니 공자는 여기서 의를 알면서도 행동으로 옮기지 못했음을 자책하고 있다. 그리고 불선(不善)을 고치지 못했음을 자책한다. 불의(不義), 불선(不善) 앞에 단호했던 성인(聖人)이 바로 공자 아닌가. 허다한 군왕 앞에서 공자가 당당했던 것은 의(義)와 선(善)에 대한 확신 때문이었다. 성인은 모두가 무외(無畏)의 주인이다. 성인에게 두려울 것이란 없다[無畏].

그런데 왜 공자가 자책하는가? 온 천하에 의가 행해지고 선이 퍼지도록 하려는 이상(理想)을 이루지 못했기 때문이리라. 모든 군왕들이 좋아하는 패도(霸道)는 불의를 마다하지 않고, 불선을 두려워하지 않는다. 공자는 그런 패도를 왕도(王道)로 옮겨야 함을 알면서도 당신이 직접 행동으로 옮길 수 없으니 안타까워했을지 모른다. 우리는 어떤가? 의를 듣기는커녕 불의에도 무감각하고, 불선을 보고도 모른 척하는 형편이니 공자의 자책 앞에 몸 둘 바를 모를 지경이다.

들을 문(聞), 옳을 의(義), 옮길 사(徙), 고칠 개(改)

시오우야(是吾憂也)
▶ 나는[吾] 위의 것들을[是] 근심한다[憂].

여기서 시(是)는 우(憂)의 목적어로 새기면 된다. 그리고 이 시(是)는 위 내용을 다 받는 지시어로 보면 된다.

공자께서 근심하는 것이란 인간이 사는 세상을 위한 일이지 사사로운 일은 아닐 터이다. 덕이 널리 행해지도록 하고, 배움을 널리 권장하며, 의(義)로써 불의(不義)를 막고, 선(善)으로써 불선(不善)을 막는 것이 세상을 이끌어 갈 사람들이 반드시 솔선해야 하는 사명들이다. 공자는 당신의 자책을 통해서 우리로 하여금 그러한 사명을 뼈저리게 느끼게 한다. 성인의 자책은 따지고 보면 우리를 비춰볼 수 있는 거울임을 어느 날에나 우리가 깨우칠 수 있을까. 갑자기 불가(佛家)의 묵조(默照)란 말씀이 떠오른다. 묵묵히[默] 자신을 떠올려보라[照]. 하여튼 공자의 말씀을 듣기가 참으로 민망스럽다.

이것 시(是), 나 오(吾), 근심할 우(憂)

제4장

【문지(聞之)】
자지연거(子之燕居)

【원문(原文)】

子之燕居에 申申如也하시며 夭夭如也러시다
자 지 연 거   신 신 여 야   요 요 여 야

【해독(解讀)】
공자께서 댁에서 쉬고 계실 때[子之燕居] 마음은 너그러이 온화하고[申申如也] 즐거운 듯 보였다[夭夭如也].

【담소(談笑)】
자지연거(子之燕居)
▶ 공자께서[子] 댁에서 편안히[燕] 쉬고 계셨다[居].

자(子)는 공자를 말한다. 연거(燕居)는 조정에서 물러나 집에서 쉬고 있다는 말이다. 그렇지만 조정에서 물러나 낙향해 있다는 뜻이어서 안거(安居)와는 다른 느낌을 자아낸다. 안거는 도가적인 삶을 뜻하는 편이다. 그러므로 이 연거라는 말로 미루어 공자가 조정에 나갈 뜻을 완전히 버리지는 않았다고 짐작해볼 수 있다. 패도(覇道)를 일삼는 군왕들에게 왕도(王道)를 주창하는 공자는 달갑지 않았을 것이다. 그렇더라도 공자는 왕도의 치세로 세상을 널리 구하겠다는 생각을 버린 적이 없었다. 하지만 성인으로서 왕도를 주창할 뿐 자신의 영달을 위해서 그리한 것이 아니니 우리를 숙연하게 한다.

편안할 연(燕), 거주할 거(居)

신신여야(申申如也) 요요여야(夭夭如也)
▶ 마음이 너그러이 온화한[申申] 듯하고[如也], 얼굴빛이 환해 즐거운[夭夭] 듯했다[如也].

신신(申申)은 마음이 온화한 모습을 나타내는 관용어이고, 요요(夭夭)는 얼굴빛이 너그러워 온화한 모습을 나타내는 관용어로 보면 된다. 공자가 조정에서 물러나 정치란 것을 그만두고 집에서 편안히 쉴 때의 모습을 묘사하고 있다. 다시 조정에 나가고자 하면 절치부심(切齒腐心)하고 와신상담(臥薪嘗膽)할 터이다. 그러나 소인이 그렇게 용쓸 뿐, 공자 같은 성인은 벼슬자리에 연연하지 않는다. 공자 같은 성인이 벼슬을 탐내며 조정에 들어갔겠는가? 조정을 왕도(王道)로 이끌어 세상에 인도(仁道)를 펴려는 뜻을 위해 조정에 들어가는 공자를 군왕들이 좋아할 리 없었을 것이다. 절이 싫으면 중이 떠나는 법. 조정을 떠난 공자의 모습이 어떠했는지 눈으로 보는 듯하다.

낯살 펼 신(申), 같을 여(如), 낯빛이 온화할 요(夭)

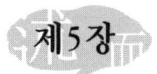

제5장

【문지(聞之)】
오불복몽견주공(吾不復夢見周公)

【원문(原文)】

子曰 甚矣라 吾衰也여 久矣라 吾不復夢見周公
자왈 심의   오쇠야   구의   오불복몽견주공
이로다

【해독(解讀)】
공자께서 말했다[子曰]. "참으로 매우[甚矣] 내가[吾] 늙었구나[衰

也]! 오래도록[久矣] 주공을[周公] 꿈에서나마[夢] 다시[復] 볼 수 없었으니[不見]!"

【담소(談笑)】
자왈(子曰)
살아온 여정을 돌이켜보는 중이다. 공자는 평생 주공(周公) 단(旦)을 인간의 이상형으로 존경했다. 치열하게 인도(仁道)를 주창했던 젊은 시절의 공자를 주공이 꿈에 나타나 격려하곤 했던 걸까? 꿈 속에서 주공을 다시 만날 수 없다는 공자의 한탄을 성인의 절망이라 할까 아니면 좌절이라 할까? 너무도 인간적인 성인을 할아버지처럼 가깝게 느끼게 해준다.

심의(甚矣) 오쇠야(吾衰也)
▶ 몹시도[甚矣] 나는[吾] 늙었구나[衰也]!

심(甚)은 여기서 우(尤)와 같다. 더욱 몹시[甚]. 쇠(衰)는 노(老)와 같다. 늙었다[衰]. 심(甚)을 앞에 써서 늙음에 대한 심정이 강하게 드러난다. 평범하게 말한다면 오심쇠야(吾甚衰也)일 것이다. 공자의 말씀은 항상 극적인 데가 있다. 늙어서 후회하지 말고 젊어서 해야 할 일을 다하라는 속뜻이 숨어 있는 셈이다. 물론 공자가 후회하고 있다는 것은 아니다. 인도(仁道)를 펴고자 치열하게 인생을 바친 공자가 무엇을 후회하겠는가. 다만 성인도 늙어가는 현실은 피할 수 없다 할 따름이다.

몹시 심(甚), 늙을 쇠(衰)

구의(久矣) 오불복몽견주공(吾不復夢見周公)
▶ 오래도록[久矣] 나는[吾] 주공 단(旦)을[周公] 다시는[復] 꿈에

[夢] 뵙지 못했다[不見].

구(久)를 강조하고 있다. 아마도 공자는 꿈 속에서 자주 주공 단(旦)을 뵈었던 모양이다. 그만큼 공자가 주공 단을 존경했다는 말이리라. 주공(周公)은 이름이 단(旦)이고 주나라 문왕(文王)의 아들이며, 무왕(武王)의 제(弟)이자 공자의 고국인 노(魯)나라의 시조이다. 그는 주대(周代) 문화의 기초를 닦고 덕치(德治)를 펼쳤던 위대한 치자(治者)이면서 위대한 사상가였다. 또한 인간의 이성(理性)을 바탕으로 학문과 도덕을 발전시켜 사회를 개명(開明)하게 하는 동시에 인간 윤리의 기틀을 마련했다. 그래서 공자는 주공 단을 치자(治者)의 이상형으로 삼았다. 공자가 당신의 고국을 자부했던 것은 주공 단 때문도 있었을 터이다.

오래 구(久), 다시 복(復), 꿈 몽(夢), 볼 견(見), 두루 주(周),
공변될 공(公)

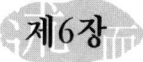

제6장

【문지(聞之)】
지어도(志於道) 거어덕(據於德)

【원문(原文)】

子曰 志於道하며 據於德하며 依於仁하며 游於
자왈   지어도   거어덕   의어인   유어
藝니라
예

【해독(解讀)】

공자께서 말했다[子曰]. "도에 뜻을 두고[志於道], 덕을 지키며[據於德], 인을 의지하고[依於仁], 예에 노닐어라[游於藝]."

【담소(談笑)】
자왈(子曰)

군자(君子)가 되는 방법을 네 가지로 나누어 밝히고 있다. 군자를 대인(大人)으로 생각해도 될 것이다. 『논어(論語)』는 군자가 되는 길잡이라고 여겨도 무방하다. 『논어』에서 군자는 셀 수 없이 자주 언급된다. 그 중에서도 이 6장과 겹쳐 생각할 수 있는 부분이 「계씨(季氏)」편 6장의 세 가지 과실[三愆]과 7장의 세 가지 두려움[三畏]일 것이다. 『대학(大學)』을 보면 "군자필신기독(君子必愼其獨)"이란 구절이 있다. 왜 군자라면 반드시[必] 제 자신을[其獨] 삼가라[愼] 하는가? 군자는 끊임없이 수기(修己)해야 하는 당사자이기 때문이다. 자기를[己] 군자가 되게 닦으려면[修] 도(道)·덕(德)·인(仁)·예(藝)를 잊어선 안 될 것이고, 또한 삼건(三愆)과 삼외(三畏)를 잊어선 안 되리라. 여기 「술이(述而)」편 6장과 「계씨」편 6~7장을 함께 묶어 공자의 말씀을 들으면 좋을 것이다.

지어도(志於道)
▶ 도에[於道] 뜻을 두라[志].

지(志)는 여기서 뜻 지(志)도 되고 기억할 지(志)도 된다. 마음이 가는 바[心之所之]도 지(志)요, 잊지 않고 기억하기[記憶]도 지(志)다. 따라서 지어도(志於道)는 도를 잊지 말고 마음 속에 간직하라는 말씀으로 들으면 된다.

『중용(中庸)』1편 1장을 참고하면 좋을 것이다. "천명지위성(天命之謂性)이요 솔성지위도(率性之謂道)요 수도지위교(修道之謂敎)이다. 도야자(道也者) 불가수유리야(不可須臾離也)이다. 가리(可離)면 비도야(非道也)이다." 천명을 일러 성(性)이라 하고[天命之謂性], 성에 따름을 일러 도(道)라 하며[率性之謂道], 도를 닦는 것을 일러 교(敎)라 한다[修德之謂敎]. 도라는 것은[道也者] 잠시라도 (마음에서) 떠날 수 없다[不可須臾離也]. 떠날 수 있다면[可離] 그런 것은 도가 아니다[非道也].

『중용』을 주자장구(朱子章句)라 하지만, 본래『중용』은『대학(大學)』과 함께 공자가 펴냈다는『예기(禮記)』의 편(篇)들로 들어 있었다. 이것을 주자(朱子)가 따로 묶어 유가(儒家)의 사서(四書) 즉『논어(論語)』·『맹자(孟子)』·『대학(大學)』·『중용(中庸)』으로 펴냈다 하니,『중용』과『대학』의 내용을 공자의 말씀이라고 새겨들어도 안 될 것은 없다. 그래서 나는『대학』에 나오는 일신(日新)이나 무자기(毋自欺) 등등의 말씀을 그냥 공자의 말씀이라고 여기고 소개하는 경우가 허다했다. 하여튼 지어도(志於道)의 뜻을 새기려면『중용』1편의 「도(道)와 중화(中和)」장(章) 첫머리를 떠올려야 할 것이다.

뜻 지(志), 어조사 어(於), 길 도(道)

거어덕(據於德)
▶ 덕에[於德] 의지하라[據].

거(據)는 여기서 의(依)와 장(杖)과 같다. 짚고[杖] 의지하다[據]. 덕(德)을 일러 통윤리자(通倫理者)라고 한다. 윤리(倫理)의 윤(倫)은 유(類)와 같다. 만물을 묶어 그냥 윤(倫)이라고 한다. 그러니 윤리란 만물이 누리는 마땅한 까닭이라고 보면 된다. 그 까닭이 곧 이치(理致)라 하니 윤리란 만물이 저마다 존재하는 이치를 말한다. 그러니 만물에 두루 통하는 것이 곧 덕이라 한다. 덕은 만물을 차별하지 않는다. 덕은 시비(是非)를 넘어 서로 어울리고[和] 두루 아우르는[周] 벗이라고 비유해도 된다. 그것을 팽개치지 말고 지켜내라 함이 곧 거어덕(據於德)이리라.

욕(欲)은 태산처럼 무거우나 덕(德)은 터럭처럼 가볍다 한다.『시경(詩經)』「대아(大雅)」「증민(烝民)」을 보면 덕을 이렇게 노래한다. "덕유여모(德輶如毛)." 덕이란[德] 가볍기가[輶] 터럭[毛] 같다[如]. 노자(老子)가 일손(日損)하라 한 것도 결국 덕에 의존하라는 말이다. 덕은 나를 터럭처럼 가볍게 하고, 욕은 나를 돌덩이처럼 무겁게 한다. 사람이 부덕(不德)할 줄 알지 사람이 아닌 다른 것들은 모두 덕을 떠나지 않는다고 한다. 왜 그렇단 말인가? 우리 모두 따져볼 일이다.

의지할 거(據), 큰 덕(德)

의어인(依於仁)
▶ 인을[於仁] 의지해 따라라[依].

의(依)는 여기서 의(倚)와 순(循)과 같다. 의지해 따라라[依].『논어(論語)』를 인(仁)의 경전이라고 불러도 되리라.『논어』에서 50여 번 넘게 인에 관한 말씀이 나오니 말이다. 그 중에서 가장 적중한 말씀은「안연(顔淵)」편 22장에서 번지(樊遲)에게 대답해준 것이리라. "애인(愛人)." 남들을[人] 사랑하라[愛]. 여기에 인의 모든 뜻이 포함돼 있다고 생각한다. 나를 위해서 남을 사랑하라는 게 아니고 남을 위해서 남을 사랑하라 한다. 이러고 보면 인은 곧 덕(德)을 실천하는 일인 셈이다.

의지할 의(依), 어질 인(仁)

유어예(游於藝)
▶ 육예(六藝)에[於藝] 노닐어라[游].

유(游)는 유(遊)와 통한다. 노닐다[游]. 예(藝)는 여기서 육예(六藝)를 말한다. 예(禮)·악(樂)·사(射)·어(御)·서(書)·수(數)를 육예라 한다. 군자는 전인(全人)이지 어느 한 가지에 매달리는 전문가(專門家)가 아니다. 삶을 누릴 줄 모르면 군자가 아니다. 외곬으로 빠져 있다면 소인이다. 군자는 대인이 아닌가. 대인은 걸림이 없어야 한다. 그러자면 인생을 두루두루 터득해야 한다. 그렇다고 군자를 팔방미인이라고 하지 말라. 군자눌언(君子訥言)이라 하지 않는가. 군자는 입이 무겁다[訥言]. 하나만 알고 다 아는 양 건방떠는 자를 소인이라 한다. 소인은 색안경을 쓰고 인생을 마주하지만, 군자는 안경 따위를 쓰지 않는다. 그래서 군자는 초록은 동색이란 말을 떠나 산다. 군자는 군이불당(群而不黨)한다. 모두 어울려 살되[群而] 패거리를 짓지 않는다[不黨]. 육예에 노닐어라[游於藝]. 이는 어느 한 분야에 얽매인 전문가로 살지 말고 전인(全人)으로 살라 함이다. 그러나 제 전공만 앞세운 꽉 막힌 벽창호들 탓에 세상이 소인배의 소굴 같다.

노닐 유(游), 재주 예(藝)

【문지(聞之)】
오미상무회언(吾未嘗無誨焉)

【원문(原文)】

子曰 自行束脩以上은 吾未嘗無誨焉이로다
자왈 자행속수이상   오미상무회언

【해독(解讀)】

공자께서 말했다[子曰]. "속수의 예 이상을 행한 사람들에게[自行束脩以上] 내 일찍이 가르쳐주지 않은 바가 없다[吾未嘗無誨焉]."

【담소(談笑)】
자왈(子曰)

교육자로서 배우겠다는 사람이면 누구든 거절하지 않고 가르쳤음을 밝히고 있다. 신분에 따라 사람을 가려서 가르치는 성인은 없다. 성인은 사람을 차별하지 않는다. 스승에 대한 예만 갖추면 되지 물질적으로 저울질하지 않았노라 단언한 것으로 보아 공자 당신의 시대에도 교육비를 많이 요구하는 사례가 있었던 모양일까?

자행속수이상(自行束脩以上) 오미상무회언(吾未嘗無誨焉)
▶ 속수의 예[束脩] 이상을[以上] 행한 사람들에게[自行] 내[吾] 일찍이[嘗] 가르치지[誨] 않은 바가 없다[未無].

자(自)는 여기서 유(由)와 같다. ~부터[自]. 속수(束脩)는 말린 육포 10두름을 묶은 예물(禮物)을 말한다. 이것은 옛날에 가르침을 청할 때 스승께 바쳤던 예물이다. 신분에 따라 그 예물이 달랐지만 이 속수가 가장 낮은 것이었다. 상(嘗)은 여기서 증(曾)과 같다. 일찍이[嘗]. 미무(未無)는 이중 부정, 즉 강한 긍정으로 새기면 된다. 회(誨)는 교(敎)와 같다. 가르쳐 일깨워준다[誨].

가르침을 청할 때 예만 갖추면 누구든 가르쳐 깨닫도록 했음을 공자가 미상무회언(未嘗無誨焉)이라고 이중 부정 미무(未無)를 써서 강하게 단언하는 것에 주목했으면 한다. 성인이 이렇듯 강한 어조를 구사할 때는 깊은 속뜻이 숨어 있게 마련이다. 아마도 당시 교육비를 많이 요구했던 모양이다. 공자 당신 때에도 요새처럼 지나치게 많은 책거리를 요구하는 강사들이 많았던 것일까? 하여튼 어조로 보아 공자께서 돈을 밝히는 교육자들을 나무라고 있다는 생각이 든다.

~부터 자(自), 행할 행(行), 묶을 속(束), 육포 수(脩), 일찍이 상(嘗), 가르칠 회(誨)

제8장

【문지(聞之)】
불분불계(不憤不啓)

【원문(原文)】

子曰 不憤이어든 不啓하며 不悱어든 不發호되 擧
자왈 불분   불계   불비   불발   거
一隅에 不以三隅反이어든 則不復也니라
일우   불이삼우반   즉불복야

【해독(解讀)】
공자께서 말했다[子曰]. "알고 싶어 분발하지 않으면[不憤] 깨우쳐주지 않고[不啓], 표현을 못해 더듬거리지 않으면[不悱] 말을 거들어주지 않는다[不發]. 한 모서리를 가르쳐주어[擧一隅] 나머지 세 모서리를 알아차리지 못하면[不以三隅反] 더는 가르치지 않는다[則不復也]."

【담소(談笑)】
자왈(子曰)
어떻게 제자를 가르치는지 밝히고 있다. 결코 암기교육을 하지 않았음을 선언하고 있다. 공자가 늘 강조한 호학(好學)을 살펴듣게 한

다. 학문(學文)을 스스로 해야지 남의 것을 배워 그대로 외어 답습하지 말라 함이 곧 호학임을 여기서 알아차릴 수 있다.

호학(好學)으로 이끄는 방법을 세 갈래로 밝히고 있다. 「위정(爲政)」 편 15장을 다시 음미해보았으면 한다. "학이불사즉망(學而不思則罔) 사이불학즉태(思而不學則殆)." 배우되[學而] 제가 생각하지 않으면[不思] 터득하지 못해 어둡고[則罔], 제멋대로 생각만 하고[思而] 배우지 않으면[不學] 위태롭다[則殆]. 학문은 스스로 해야 함을 강조하고 있다.

불분불계(不憤不啓)
▶ 배우려고 몸부림치지 않으면[不憤] 더는 가르치지 않는다[不啓].

분(憤)은 분발(憤發)의 준말로 여기고 새기면 된다. 미처 모르는 바를 억울해 못 견딘다[憤]. 계(啓)는 개(開)·도(導)와 같다. 일깨워 이끌어주다[啓]. 여기서 계(啓)는 계몽(啓蒙)의 준말로 여기고 새기면 된다.

하나라도 더 배우려고 분발하지 않으면 더 가르치려 하지 않는다는 것이다. 모름지기 부지런히 배워야지 게으름을 피우면 안 된다는 말씀이다. 「공야장(公冶長)」 편 10장을 다시금 살펴보았으면 한다. 낮잠을 자고 있는 제자 재아(宰我)를 향하여 공자가 이렇게 말했다. "휴목불가조야(朽木不可雕也)." 썩은 나무로는[朽木] 조각할 수 없다[不可雕]. 게으른 자를 왜 팽개쳐버리는지 알겠다. 말을 강물로 끌고 갈 수는 있지만 물을 억지로 먹일 수는 없는 법 아닌가. 성인은 억지를 부리지 않는다.

괴로워할 분(憤), 가르칠 계(啓)

불비불발(不悱不發)
▶ 뜻을 알지만 말을 못하는 경우가 아니면[不悱] 말을 거들어주지 않는다[不發].

비(悱)는 미언(未言)과 같다. 입 안에 말이 뱅뱅 돌지만 말이 생각나지 않는 경우를 비(悱), 즉 미언(未言)이라 한다. 발(發)은 여기서 발명(發明)의 준말로 여기고 새기면 된다. 알맞은 말을 찾아 도와준다[發].

촉새라고 욕먹는 사람들이 많다. 입이 가벼워 못 참는 입보다야 비(悱)가 낫다. 하지만 스스로 표현해야지 남의 말을 따라 하면 사람도 앵무새처럼 된다. 성인은 조롱에 앵무새를 넣고 기르지 않는다.

표현 못할 비(悱), 찾아낼 발(發)

거일우(擧一隅) 불이삼우반즉불복야(不以三隅反則不復也)
▶ 한 모서리를[一隅] 들어 말해주고[擧] 그 한 모서리로써[以] 나머지 세 모서리를[三隅] 생각하지 못하면[不反] 다시 가르치지 않는다[不復也].

거(擧)는 여기서 언(言)과 같다. 들어 말하다[擧]. 반(反)은 여기서 사고(思考)와 같다. 생각해낸다[反]. 위의 말을 줄여 그냥 거일반삼(擧一反三)이라고 한다.

하나를 알면 둘을 알라는 속담이 비롯된 말씀이다. 「공야장(公冶長)」편 9장에서 자공(子貢)이 안연(顔淵)을 두고 "문일이지십(聞一以知十)"이라고 하자, 공자께서 맞장구를 치듯이 "너와 나는[吾與女] 안회만 못하고 말고[弗如也]"라며 찬탄하던 모습을 떠올리면 이 말씀의 속뜻이 새삼스럽게 다가온다.

훌륭한 선생은 제자들을 닮은꼴로 만들지도 않고 정원의 꽃나무처럼 가꾸어주지도 않는다. 훌륭한 스승은 제자로 하여금 들판에서 스스로 살도록 강요한다. 하물며 공자 같은 성인이야 두말할 것 없다. 창조적인 두뇌를 길러내자고 아우성치기 전에 공자의 교육태도를 먼저 천착(穿鑿)해야 하리라. 그러니 공자를 두고 낡은 성인이라고 하지 말라. 성인불사(聖人不死)란 말은 거짓말이나 치레로 하는 말이 아니다.

> 들어 말할 거(擧), 모서리 우(隅), 생각해낼 반(反)

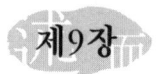

제9장

【문지(聞之)】
곡즉불가(哭則不歌)

【원문(原文)】

> 子食於有喪者之側에 未嘗飽也러시다 子於是日
> 자 식 어 유 상 자 지 측   미 상 포 야   자 어 시 일
> 에 哭則不歌러시다
>   곡 즉 불 가

【해독(解讀)】
　공자께서 상(喪)을 입은 상주 옆에서 식사할 때에는[子食於有喪者之側] 배불리 먹은 적이 없었고[未嘗飽也], 공자께서 초상날에 곡을 하면 종일토록 노래를 부르지 않았다[子於是日哭則不歌].

【담소(談笑)】
자식어유상자지측(子食於有喪者之側) 미상포야(未嘗飽也)
▶ 공자께서[子] 상을 입은 사람[有喪者] 곁에서[側] 식사할 때[食] 배부르도록 먹은 적이란 없다[未嘗飽].

식(食)은 여기서 식사(食事)의 준말로 여기고 새기면 된다. 유상자(有喪者)는 꼭 상주(喪主)라고만 할 것 없이 상가(喪家)의 가솔들이라고 생각하면 된다. 포(飽)는 포식(飽食)의 준말로 여기고 새기면 된다.

상가(喪家)에서는 예(禮)를 차리지 않으면 안 된다는 내용이다. 상가에서의 예를 먹거리에 대한 절제로 설명하는 공자의 심려(心慮)가 절묘하다. 공자는 지금 인간은 죽음에 장엄하게 임해야 한다는 장례(葬禮)를 말하고 있다. 먹거리를 들고 나온 다음에 누구든 상을 당하면 곡을 올리고 노래를 부르지 않았다[哭則不歌]고 한 것이 왜 절묘한지 잘 생각해보면 마음 속에 느껴지는 바가 있을 것이다. 술잔을 돌리면서 상가를 고스톱 치는 장소쯤으로 여기는 무례한(無禮漢)들이 많기 때문이다. 누구의 죽음이든 죽음은 장엄하다. 슬퍼하면서 천명(天命) 앞에 공손하고 겸허하게 장례를 다하라는 뜻이리라.

먹을 식(食), 잃을 상(喪), 옆 측(側), 일찍이 상(嘗), 배불리 먹을 포(飽)

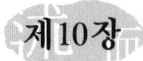
제10장

【문지(聞之)】
용지즉행(用之則行) 사지즉장(舍之則藏)

【원문(原文)】

子謂顔淵曰 用之則行하고 舍之則藏을 唯我與爾
자위안연왈 용지즉행 사지즉장 유아여이
有是夫인저
유시부
子路曰 子行三軍이면 則誰與시리이꼬
자로왈 자행삼군 즉수여
子曰 暴虎憑河하여 死而無悔者를 吾不與也니
자왈 포호빙하 사이무회자 오불여야
必也臨事而懼하여 好謀而成者也니라
필야림사이구 호모이성자야

【해독(解讀)】

　공자께서 안연에게 말했다[子謂顔淵曰]. "세상이 나를 써주면 내 뜻을 펴고[用之則行] 나를 버리면 물러나 숨는 짓을[舍之則藏] 자네와 나만이 할 수 있을 거야[唯我與爾有是夫]."

　그러자 자로가 물었다[子路曰]. "스승께서 삼군을 부리신다면[子行三軍] 어떤 사람과 더불어 하시겠습니까[則誰與]?"

　공자께서 말했다[子曰]. "맨주먹으로 범을 치고 맨발로 강을 건너며[暴虎憑河] 죽어도 뉘우치지 않을 자와는[死而無悔者] 내 더불어 같이하지 않겠네[吾不與也]. 반드시 일을 앞에 두고 두려워하면서[必也臨事而懼] 신중히 도모하기 좋아해 그르치지 않고 성공하는 자와 더불어 함께하겠네[好謀而成者也]."

【담소(談笑)】

자위안연왈(子謂顔淵曰)

　공자와 안연 그리고 자로 이 셋이 자리를 같이하고 있는 장면을 상상하면서 여기 10장을 새겼으면 한다. 공자의 수많은 제자들 중에서 덕행을 다하려 노력한 제자를 들라면 안연(顔淵)·백우(伯牛)·염옹(冉雍) 이 셋이 떠오른다. 셋 중에서도 단연 안연이 으뜸일 것이다. 공자께서 안연이 당신보다 낫다고 칭송하는 대목이 『논어(論語)』에 여러 번 나온다. 안연의 덕행을 짐작하기 쉬운 대목이 아마도 「옹야(雍也)」편 2장이리라. "불천노(不遷怒) 불이과(不貳過)." 노여움을[怒] 옮기지 않고[不遷], 잘못을[過] 거듭하지 않는다[不貳]. 무슨 일이 있어도 화풀이를 하지 않았다는 것이다. 그러니 안연이 남을 탓할 리 없었을 것이다.

덕(德)이란 물고기한테는 물 같은 것이고 나비한테는 꽃 같은 것이다. 그래서 덕은 어쩔 수 없이 도가적(道家的)이다. 공자는 지금 유가적인 모습과 더불어 도가적인 모습이 엿보이는 말씀을 하고 있다고 생각해도 된다. 물론 공자가 도가적인 삶으로 돌아가라고 하는 것은 아니다. 유가는 낙향했다가 언제든지 다시 기회가 오면 다시 출사(出仕)하는 것을 부정하지 않는다. 물론 도가는 출사 그 자체를 비웃는다. 그러나 유가는 출사를 인도(仁道)를 넓히려는 뜻을 실행하는 길로 여긴다.

용지즉행(用之則行) 사지즉장(舍之則藏) 유아여이유시부(唯我與爾有是夫)
▶ 세상이 나를 알아주어[之] 써주면[用] 곧[則] 내 뜻을 실천하고[行], 세상이 나를[之] 버리면[舍] 곧[則] 숨는다[藏]. 이런 태도는[是] 오로지[唯] 자네와[與爾] 나한테만[我] 있을 것일세[有夫].

용지(用之)의 지(之)는 여기서 일종의 부정(不定)목적어 구실을 한다. 사지(舍之)의 지(之)도 마찬가지다. 그렇지만 지(之)를 '나를' 이라고 새기면 좋겠다. 유시(有是)의 시(是)는 용지즉행(用之則行)과 사지즉장(舍之則藏)을 가리키는 지시어이다.

용지즉행(用之則行)의 행(行)은 『중용(中庸)』 1편 3장을 떠올렸으면 한다. "자왈(子曰) 도지불행야(道之不行也) 아지지(我知之). 지자과지(知者過之) 우자불급야(愚者不及也) 도지불명야(道之不明也) 아지지의(我知之矣). 현자과지(賢者過之) 불초자불급야(不肖者不及也). 인막불음식야(人莫不飮食也) 선능지미야(鮮能知味也)." 그 뜻은 다음과 같다. 도를[道] 쓰지 않음을[不行] 나는[我] 알고 있다[知之]. 안다는 사람은[知者] 도를 과용하고[過之], 어리석은 사람은[愚者] 도에 미치지 못한다[不及]. 도를[道] 밝히지 않음을[不明] 내가[我] 안다[知之]. 현명한 사람은[賢者] 도를 지나치게 밝히고[過之], 못난 사람은[不肖者] 미치지 못한다[不及].

용지즉행(用之則行)의 행(行)을 위에 인용한 도지불행(道之不行)의 행(行)과 같다고 보면 좋겠다. 행(行)은 용(用)과 같다. 곧 용도(用道)를 말한다. 도(道)를 활용하라[用]. 이러하므로 용지즉행(用之則行)의 행(行)은 「위령공(衛靈公)」편 28장에 있는 인능홍도(人能弘道)를 생각나게 한다. 사람은 인도(仁道)를 넓힐 수 있다[人能弘道]. 이는 곧 뜻을 펴라는 말씀이다. 비위나 맞추면서 영달을 위해 벼슬자리에 나가지 말라 함이다.

사지즉장(舍之則藏)의 사(舍)는 사(捨)와 같다. 버린다[舍]. 사지(舍之)는 인도를 넓히려는 뜻을 펴지 못하게 한다는 뜻으로 새겨들었으면 한다. 장(藏)은 가슴에 품어둔다고 새기면 좋겠다. 인도를 넓히겠다는 뜻을 버리지 않고 마음 속에 간직하면서 물러난다는 말이다. 그러니 공자가 도가적인 언사를 할지라도 그 속뜻은 항상 뜻을 펴기 위하여 다시 출사할 준비를 해두라는 말로 새겨들어야 한다.

쓸 용(用), 곧 즉(則), 실천할 행(行), 버릴 사(舍), 숨을 장(藏), 오직 유(唯), 너 이(爾), 이 시(是)

포호빙하(暴虎憑河) 사이무회자(死而無悔者) 오불여야(吾不
與也) 필야림사이구(必也臨事而懼) 호모이성자야(好謀而成者
也)
▶ 호랑이를[虎] 맨손으로 때려잡고[暴] 강을[河] 맨발로 건너가다
[憑] 죽어도[死] 뉘우칠 줄 모르는[無悔] 자와는[者] 내[吾] 더불
어 함께하지 않겠다[不與]. 반드시 꼭[必也] 일에[事] 임해서는[臨]
두려운 마음을 지니고[懼] 신중히 도모하여[謀] 일을 다 해내는[成]
사람을[者] 좋아한다[好].

포(暴)는 맹(猛)과 같다. 사납다[暴]. 빙(憑)은 의(依)와 같다. 기댄
다[憑]. 회(悔)는 오(懊)와 개(改)와 같다. 뉘우쳐 고친다[悔]. 회(悔)는
후회(後悔)의 준말로 여기고 새기면 된다. 불여(不與)의 여(與)는 동
사로 함께한다[與]는 뜻이다. 임(臨)은 감(監)과 같다. 살펴보다[臨].
구(懼)는 공(恐)과 신(愼)과 같다. 두려워하고 조심한다[懼]. 모(謀)는
계(計)와 같다. 도모(圖謀)의 준말로 여기고 새기면 된다. 모이성자
(謀而成者)는 사(事)를 보충해 모사이성사자(謀事而成事者)로 새기면
쉽다. 일을[事] 잘 꾀하여[謀] 그 일을[事] 성공시키는[成] 사람[者]. 한
문에서는 목적어가 사정없이 삭제된다. 그러니 보충해가며 문맥을
살피면 속뜻이 우러나와 생각하는 버릇이 두터워진다.

포호빙하(暴虎憑河)라는 표현은 『시경(詩經)』 「소아(小雅)」 「소민
(小旻)」에 있는 맨 끝 시련(詩聯)에 나온다. "불감포호(不敢暴虎) 불
감빙하(不敢憑河) 인지기일(人知其一) 막지기타(莫知其他) 전전긍긍
(戰戰兢兢) 여림심연(如臨深淵) 여리박빙(如履薄氷)." 맨주먹으로 호
랑이를 잡지 못하고[不敢暴虎] 맨발로 걸어선 황하를 건너지 못한다
[不敢憑河]. 그런 줄 다 알고 있지만[人知其一] 그 외 여러 다른 일은
모른다[莫知其他]. 두렵게 여기고 조심하라[戰戰兢兢]. 깊은 물을 만나
듯[如臨深淵] 엷은 얼음을 밟는 듯[如履薄氷]. 공자는 『논어(論語)』
「태백(泰伯)」편 3장에서도 이 시의 맨 끝 시구인 여림심연(如臨深淵)

여리박빙(如履薄氷)을 원용한다.

  포호빙하(暴虎憑河)는 앞 뒤 가릴 줄 몰라 만용을 부린다는 말이다. 만용을 부리면 죽기 쉽다. 그런 만용을 부리고도 뉘우칠 줄 모르는 자와는 일을 함께하지 않겠다고 공자가 자로에게 잘라 말한다. 공자가 안연(顔淵)을 칭찬하자 옆에 있던 자로(子路)가 샘이 났던 모양이다.

  안연은 덕행이 뛰어났지만 자로는 용맹이 뛰어났다. 그래서 자로가 삼군(三軍)을 통솔하는 자리에 스승이 계신다면 누구를 쓰겠느냐고 물었던 것이다. 당연히 용맹스러운 자로를 쓰겠다는 말을 듣고 싶었을 터이다. 그러나 스승은 포호빙하(暴虎憑河)를 들어 자로를 꾸짖고, 일을 신중히 살펴 두려워하고 조심하며 잘 도모하여 성공시키는 자를 쓸 것이라고 대답한다. 한마디로 용맹스런 자로가 혼쭐이 나고 있다. 공자는 제자를 아끼되 살펴 깨우치게 한다. 이런 스승을 선생이라 하고, 지식만 전수하려는 스승을 훈장이라 한다. 공자야말로 빼어난 선생이 아닌가.

맨손으로 칠 포(暴), 호랑이 호(虎), 맨발로 강을 건널 빙(憑),
물 하(河), 죽을 사(死), 뉘우칠 회(悔), 살펴볼 림(臨), 두려워할 구(懼),
좋아할 호(好), 일을 논의할 모(謀)

제11장

【문지(聞之)】
부이가구야(富而可求也)

【원문(原文)】

子曰 富而可求也인댄 雖執鞭之士라도 吾亦爲
자왈 부이가구야   수집편지사   오역위
之어니와 如不可求인댄 從吾所好하리라
지   여불가구   종오소호

【해독(解讀)】

공자께서 말했다[子曰]. "재물을 구해 가져도 떳떳한 것이라면[富而可求也] 채찍을 들고 임금의 길을 트는 천직이라도[雖執鞭之士] 내가 하겠지만[吾亦爲之], 구해 가져 부당한 것이라면[如不可求] 내가 좋아하는 바를 따라 좇겠다[從吾所好]."

【담소(談笑)】

자왈(子曰)

공자가 바라는 안빈낙도(安貧樂道)가 무엇인지를 헤아리게 한다. 무도(無道)한 경우라면 안빈(安貧)을 따르겠지만, 유도(有道)한 경우라면 부귀(富貴)를 버리고 안빈을 고집할 것 없다 함이 공자의 낙도(樂道)이다. 도가 없다면[無道] 안빈이 낙도이겠지만, 도가 있다면[有道] 부귀도 낙도가 될 수 있다는 것이다. 이처럼 공자는 현실적이다. 군자가 부귀를 무조건 멀리하는 것은 아니다. 정정당당한 부라면 귀한 것이니 자랑스러워하라. 그러나 더러운 부라면 목숨을 걸고 멀리하라. 이렇게 하면 군자의 부귀라 한다.

부이가구야(富而可求也) 수집편지사(雖執鞭之士) 오역위지(吾亦爲之)

▶ 재물을[富] 구해 가져도 마땅하다면[可求], 채찍을[鞭] 쥐고[執] 임금의 길을 트는 천직[士]일지라도[雖] 나[吾] 역시[亦] 그 천직

이라도 해서 재물을 벌겠다[爲之].

    부(富)는 여기서 재물(財物)을 뜻한다. 가구(可求)는 구해 가져도 나쁘지 않다는 뜻이다. 이러한 가구(可求)는 반드시 유도(有道)를 전제로 한다. 집편지사(執鞭之士)는 임금의 길을 터 안내하는 가장 낮은 직책을 말한다. 위지(爲之)의 지(之)는 편집지사(執鞭之士)를 받는 지시어이다. 임금의 길을 트는 낮은 벼슬아치가 된다[爲之].

    군자는 빈둥거리며 얻어먹고 살아가는 식객이 아니다. 당당히 벼슬을 해 인도(仁道)를 넓히려는 이상을 실현하면서 당당하게 재물을 취하는 적극적인 행동이다. 오로지 의(義)를 밝히면서 부(富)를 의의 대가로 여기면 당당하다. 공자께서 직업에 귀천이 없다고 말한 셈인데 왜 조선조의 사대부들은 신분과 직업에 귀천을 두어 백성을 애달프게 했는지 묻고 싶다. 조선조의 허다한 유생들이 저 세상에 가서 공자 앞에서 혼쭐이 났을 터이다.

부유할 부(富), 구할 구(求), 비록 수(雖), 잡을 집(執), 채찍 편(鞭), 할 위(爲)

여불가구(如不可求) 종오소호(從吾所好)
▶ 구해 가져서[求] 부당한[不可] 것이라면[如] 내가[吾] 좋아하는[好] 바를[所] 좇겠다[從].

    여기서 불가(不可)는 불의(不義)한 경우일 것이다. 불의는 곧 무도(無道)로 통한다. 공자는 다른 성인들과 달리 인생의 희로애락(喜怒哀樂)을 소중히 여긴다. 물론 공자는 현실적이지만, 그 현실이 인도(仁道)를 벗어나서는 안 된다고 매우 엄격하게 말한다.

    공자는 군자와 부(富)를 여러 방향에서 말하고 있다. 「이인(里仁)」편 9장에서는 "사지어도(士志於道) 이치오의오식자(而恥惡衣惡食者) 미족여의야(未足與議也)"라 했고, 16장에서는 "군자유어의(君子喩於

義) 소인유어리(小人喩於利)"라 했다. 그리고 「태백(泰伯)」편 13장에서는 "방유도(邦有道) 빈차천언(貧且賤焉) 치야(恥也) 방무도(邦無道) 부차귀언(富且貴言) 치야(恥也)"라 했다. 나라에[邦] 도가[道] 있다면[有] 가난하고[貧] 천한 것이[賤] 부끄럽고[恥也], 나라에[邦] 도가[道] 없다면[無] 부유하고[富] 귀한 것이[貴] 부끄럽다[恥也].

공자가 빈천과 부귀를 어떻게 여기는지 분명히 알 수 있다. 이로써 공자가 좋아하는 바[吾所好]가 어떤 경지인지 알 만하고, 유가의 안빈낙도와 도가의 안빈낙도가 왜 다른지 알 만하다.

같을 여(如), 좇을 종(從), 바 소(所), 좋아할 호(好)

제12장

【문지(聞之)】
자지소신(子之所愼)

【원문(原文)】

子之所愼은 齊戰疾이러시다
자 지 소 신   제 전 질

【해독(解讀)】
공자께서 가장 신중하게 여긴 것은[子之所愼] 재계와 전쟁과 질병이었다[齊戰疾].

【담소(談笑)】

자지소신(子之所愼) 제전질(齊戰疾)

▶ 공자께서[子] 삼가 생각한[愼] 바는[所] 재계와[齊] 전쟁[戰], 그리고 질병이었다[疾].

신(愼)은 여기서 근(謹)과 사(思)와 같다. 삼가 생각한다[愼]. 제(齊)는 재계(齋戒)의 재(齋)와 같다. 조상께 제사를 올리기 전에 목욕재계(沐浴齋戒)하고 몸과 마음을 근신하는 일을 제(齊)라고 한다. 그러니 제(齊)란 조상을 모시는 예(禮)이며 동시에 온고(溫故)의 정신(精神)이다. 공자는 그 정신을 앞에서 신이호고(信而好古)라고 말한 바 있다. 전쟁과 질병은 목숨을 빼앗는 무서운 재앙이다. 이런 재앙이 일어나면 인도(仁道)를 펼 세상을 망가뜨리기 때문에 공자도 가장 신중하게 여겼던 것이다.

공자는 생사(生死) 중에서 생(生)을 중시한 성인이다. 다음 20장에서 공자는 "불어괴력난신(不語怪力亂神)"이라 하는가 하면, 「선진(先進)」11장에서는 "미지생(未知生) 언지사(焉知死)"라고 한다. 이상해 믿을 수 없는 것[怪]·폭력[力]·난동[亂]·귀신[神] 등을 말하지 않겠다[不語]. 삶도[生] 미처 다 모르는데[未知] 어찌[焉] 죽음을[死] 알겠는가[知]. 이처럼 공자는 생을 소중히 했다. 제(齊)를 신중히 하고 전쟁(戰爭)과 질병(疾病)을 신중히 생각하는 것은 그렇지 못할 경우 삶이 불행해지기 때문이다. 이처럼 공자는 살기 좋은 세상을 소망한 성인이다.

바 소(所), 삼갈 신(愼), 심신을 가다듬을 재(齊), 전쟁 전(戰), 병 질(疾)

제13장

【문지(聞之)】

자재제문소(子在齊聞韶)

【원문(原文)】

子在齊聞韶하시고 三月不知肉味하사 曰 不圖爲
자 재 제 문 소   삼 월 부 지 육 미   왈   부 도 위
樂之至於斯也오라
락 지 지 어 사 야

【해독(解讀)】

공자께서 제나라에 있을 적에 소(韶)를 들으시고[子在齊聞韶] 석 달 동안이나 듣고 배우느라 고기 맛까지 잊었다[三月不知肉味]. 그리고 말했다[曰]. "낙이 이런 경지에까지 이르리라고는 생각하지 못했다[不圖爲樂之至於斯也]."

【담소(談笑)】

자재제문소(子在齊聞韶) 삼월부지육미(三月不知肉味)

▶ 공자께서[子] 제(齊)나라에 계셨을 때[在] 소(韶)라고 하는 음악을[韶] 들으시고[聞], 석 달 동안이나 듣고 배우느라[三月] 고기 맛마저[肉味] 잊었다[不知].

소(韶)는 순(舜)임금의 무악(舞樂)을 말한다. 「팔일(八佾)」편 25장에서 공자는 이미 이 소를 찬탄한 바 있다. "진미의(盡美矣) 우진선야(又盡善也)."

공자는 예악(禮樂)을 인간이 생존하기 위한 조건으로 보았다. 특히 악(樂)에 대해서는 『예기(禮記)』 「악기(樂記)」에서 이렇게 밝힌다.

"부악자상성자(夫樂者象成者)." 무릇[夫] 악이란[樂者] 성공을[成] 본뜨는[象] 것이다[者].

상성(象成)의 성(成)은 목적한 바를 이루어냈음[成功]을 말한다. 더할 바 없이 선미(善美)를 이루어냈다 함이 곧 진선(盡善)이요 진미(盡美)이다. 공자가 이러한 소(韶)를 석 달 동안이나 줄곧 온 정성으로 경청했다는 것은 시가무(詩歌舞)를 그만큼 소중히 했다는 말이다. 시가무는 악(樂)의 본바탕이다.

있을 재(在), 들을 문(聞), 악곡 이름 소(韶), 고기 육(肉), 맛 미(味)

부도위락지지어사야(不圖爲樂之至於斯也)
▶ 낙이[樂] 이루어짐이[爲] 이렇듯[於斯] 지극함을[至] 생각하지 못했다[不圖].

부도(不圖)는 관용어이다. 뜻하지 않았다[不圖]. 위락(爲樂)은 낙(樂)으로 이루어진다[爲]는 뜻이다. 소(韶)가 더할 바 없는 선미(善美)의 시가무로 어우러짐을 말하고 있다. 공자가 새삼 소의 덕음(德音)을 찬탄하고 있다.

덕치(德治)란 바로 이런 악(樂)을 떠날 수 없다. 악(樂)으로써 직기(直己)하고, 진덕(陳德)하며, 동기(動己)하고, 천지응언(天地應焉)하기 때문이다. 나를[己] 곧게 하고[直], 덕을[德] 넓히며[陳], 나를[己] 감동하게 하여[動], 천지가[天地] 나의 감동과[焉] 하나 된다[應]. 왜 악(樂)이 덕치의 근간인지 알 수 있고, 왜 공자가 악(樂)을 소중히 하고 강조하는지 알 만하다.

꾀할 도(圖), 이를 지(至), 이 사(斯)

제14장

【문지(聞之)】

구인이득인(求仁而得仁)

【원문(原文)】

冉有曰 夫子爲衛君乎아
염유왈 부자위위군호

子貢曰 諾다 吾將問之호리라 入曰 伯夷叔齊何
자공왈 낙   오장문지   입왈 백이숙제하

人也이꼬 曰 古之賢人也니라 曰 怨乎이꼬 曰
인야   왈 고지현인야   왈 원호   왈

求仁而得仁이어니 又何怨이리오
구인이득인   우하원

出曰 夫子不爲也시리라
출왈 부자불위야

【해독(解讀)】

염유가 물었다[冉有曰]. "스승께서 위나라 군주를 위해 일하실까[夫子爲衛君乎]?"

자공이 말했다[子貢曰]. "글쎄[諾]. 내가 여쭈어보겠네[吾將問之]."

들어가 스승께 물었다[入曰]. "백이와 숙제는 어떤 사람입니까[伯夷叔齊何人也]?"

공자께서 말해주었다[曰]. "옛날의 현인이지[古之賢人也]."

자공이 다시 물었다[曰]. "그분들은 원망했던가요[怨乎]?"

공자께서 말해주었다[曰]. "그분들이 인(仁)을 구하다가 인을 얻었거늘[求仁而得仁], 또 무엇을 원망한단 말인가[又何怨]?"

자공이 나와서 말했다[出曰]. "스승께서는 위나라 임금을 돕지 않을 것이다[夫子不爲也]."

【담소(談笑)】
부자위위군호(夫子爲衛君乎)
▶ 스승께서[夫子] 위(衛)나라 임금을[君] 위해서 일하실까[爲乎]?

　공자의 제자 염유(冉有)가 동문(同門)인 자공(子貢)에게 근심스럽게 묻고 있다. 스승의 방 바깥에서 방 안에 혼자 계시는 스승의 의중을 몰라 걱정하는 두 제자의 모습이 눈에 보이는 듯하다. 이 대화를 통해 그들이 스승을 모시고 위(衛)나라에 와 있다는 사실을 알 수 있다.

　당시 공자가 찾아갔을 무렵, 위나라는 우둔한 임금 영공(靈公)과 간사하고 음탕한 영공의 부인 남자(南子) 탓에 혼란스럽고 암울한 상황이었다. 영공의 태자 괴외(蒯聵)가 남자를 살해하려다 실패한 뒤 위나라 밖으로 망명했고, 영공이 죽자 괴외의 아들 첩(輒)이 왕위를 이어 출공(出公)이라 했다. 그러나 망명 중이던 괴외가 출공을 인정하지 않고 진(晉)나라의 후원을 얻어 위나라를 공격해 들어왔다. 이렇게 되어서 16년 동안이나 괴외와 출공 부자(父子)는 서로 항쟁하게 되었다.

　염유와 자공은 이런 위나라에서 공자가 어떤 태도를 취할지 궁금했던 것이다. 그래서 염유가 묻자 자공이 스승의 의중을 떠보겠다고 들어가 스승께 다음과 같이 물었다 한다. "백이숙제하인야(伯夷叔齊何人也)?" 백이와[伯夷] 숙제는[叔齊] 어떤[何] 분이었습니까[人乎]? 그러자 공자가 대답해주었다. "고지현인야(古之賢人也)." 옛날의[古之] 현인이다[賢人]. 그러자 자공이 다시 물었다. "원호(怨乎)?" 그분들은 원망했던가요[怨乎]? 여기서 원(怨)에 숨어 있는 속뜻을 잘 헤아려야 할 것이다.

일할 위(爲), 나라 이름 위(衛), 임금 군(君)

구인이득인(求仁而得仁) 우하원(又何怨)
▶ 어짊을[仁] 찾고자 하다가[求] 그것을[仁] 얻어 구했거늘[得], 또 [又] 무엇을[何] 원망했겠느냐[怨]?

구(求)는 여기서 색(索)과 같다. 찾아내다[求]. 원(怨)은 한(恨)과 같다. 남을 못마땅하게 여기고 탓하다[怨]. 원(怨)은 원망(怨望)의 준말로 여기고 새기면 된다.

자공이 왜 공자께 백이숙제(伯夷叔齊)를 물어 스승의 심중을 떠보려 했을까? 백이와 숙제는 왕위를 서로 양보했다는 고사(故事)로 유명한 상(商)나라의 현자(賢者)들이다. 이들은 고죽군(孤竹君)의 두 아들로 백이의 이름은 윤(允)이고, 숙제의 이름은 지(智)이다. 고죽군이 죽어가면서 숙제에게 임금의 자리를 이으라고 부탁했다. 고죽군이 죽어 숙제가 형 백이에게 왕위를 양보하려고 하자, 백이는 아버지의 명령에 따라야 한다면서 고죽국을 떠났다. 이에 숙제도 임금의 자리를 버리고 떠나버렸다.

『사기(史記)』「백이숙제열전(伯夷叔齊列傳)」에 다음과 같은 고사가 있다. "서백(西佰) 창(昌)이 노인들을 잘 돌본다는 말을 듣고 창에게 갔다. 창은 주(周)나라 문왕(文王)을 말한다. 그러나 그들이 도착하자 문왕은 죽고, 그의 아들 무왕(武王)이 상나라 주왕(紂王)을 징벌하려고 했다. 주나라는 상나라에 속한 제후국이었다. 말하자면 주나라 무왕은 상나라 주왕의 제후로서 주왕의 신하였던 셈이다. 결국 무왕은 주왕을 공격하여 불에 타 죽게 하고야 말았다. 이런 말을 전해들은 백이와 숙제는 불충(不忠)·불효(不孝)라며 주나라 곡식을 먹는 것마저 수치라 여기고 수양산(首陽山)으로 들어가 고사리를 캐어 먹고 살다가 그만 굶어 죽고 말았다."

이 때문에 백이와 숙제를 수양군자(首陽君子)라고 부르게 되었고, 백이와 숙제가 임금의 자리를 서로 사양하는 일을 두고 형우제공(兄友弟恭)이란 고사성어(古事成語)가 생겼다. 형은[兄] 아우를 벗으로 삼고[友], 아우는[弟] 형을 받든다[恭]. 이러한 백이와 숙제의 고사를 헤아리면 자공이 스승께 백이와 숙제를 빗대 그들이 원망했느냐고 물었던 속셈을 알 수 있으리라.

공자가 백이와 숙제를 현인(賢人)이라고 부르고 그들이 이미 인(仁)을 찾아[求] 그 인을 얻었다[得]고 말했으니, 자공은 위나라의 두 부자(父子)가 왕위 때문에 서로 전쟁하는 꼴을 두고 이렇다저렇다 누구를 탓할 것이 없다는 스승의 심증을 확인할 수 있었다. 그래서 자공은 스승의 방을 나서면서 염유에게 말했다[出日]. "부자불위야(夫子不爲也)." 스승께서는[夫子] 위나라 임금을 도와 일하지 않을 것이다[不爲].

불인(不仁)을 불인(不仁)이라 꼬집으면 불인을 저지른 자가 오히려 인(仁)을 짓밟는 세상인 것을 공자가 모를 리 있겠는가. 위나라 왕위를 인정할 수 없다고 전쟁을 하자는 아비 괴외(蒯聵)나, 왕위를 내놓을 수 없다고 제 아비와 전쟁을 하는 첩(輒)을 두고 어느 쪽이 마땅하고 어느 쪽이 못마땅하다고 시비를 벌이고 흥정을 붙이겠는가. 이런 시비에는 어떤 성인군자(聖人君子)도 개입할 수 없음을 공자가 모를 리 없었을 것이다. 분명 공자는 위나라를 떠났으리라. 절이 싫으면 중이 떠난다는 속담이 새삼스럽다.

찾아 구할 구(求), 어질 인(仁), 얻을 득(得), 원망할 원(怨)

제15장

【문지(聞之)】
반소사(飯疏食) 음수(飮水) 곡굉이침지(曲肱而枕之)

【원문(原文)】

子曰 飯疏食에 飮水하고 曲肱而枕之라도 樂亦
자왈 반소사 음수   곡굉이침지   낙역
在其中矣니 不義而富且貴는 於我如浮雲이니라
재기중의   불의이부차귀   어아여부운

【해독(解讀)】

　공자께서 말했다[子曰]. "거친 밥을 먹고[飯疏食] 물을 마시며[飮水] 팔꿈치를 굽혀 베개를 삼아도[曲肱而枕之], 즐거움은 바로 그 가운데 있다[樂亦在其中矣]. 의롭지 못하게 부유하고 귀한들[不義而富且貴] 나에게는 뜬구름 같은 것이다[於我如浮雲]."

【담소(談笑)】

자왈(子曰)

　공자가 안빈낙도(安貧樂道)란 무엇인지를 말하고 있다. 낙도(樂道)는 심신이 편안해야 한다. 그러자면 무엇보다 의(義)로써 살아야 한다. 불의(不義)가 낙도를 파괴하는 유혹을 만들어낸다. 그래서 공자는 불의로 얻은 부(富)와 귀(貴)라면 천(賤)하고 부끄러운 것[恥]이라고 이미 말한 바 있다. 「이인(里仁)」편 5장을 돌이켜보면 알 수 있다. "부여귀(富與貴) 시인지소욕야(是人之所欲也) 불이기도득지(不以其道得之) 불처야(不處也)." 부귀라는 것은[是] 사람이[人] 바라는[欲] 바[所]이지만, 정도로써[以其道] 그것을[之] 얻지 않았다면[不得] 누리지 말라[不處].

　그렇다면 무엇이 의(義)란 말인가? 인도(仁道)를 실천하는 것이 의라고 한다. 인도를 실천하는 것이 진정한 낙도(樂道)임을 설파하는 중이다.

반소사(飯疏食) 음수(飮水) 곡굉이침지(曲肱而枕之) 낙역재기중의(樂亦在其中矣)
▶ 거친[疏] 밥을[食] 먹고[飯] 물을[水] 마시며[飮] 팔굽을[肱] 굽혀[曲] 베개를 삼아도[枕之], 즐거움이[樂] 역시[亦] 그[其] 가운데[中] 있다[在].

소사(疏食)는 채식과 곡식으로 차린 밥을 말한다. 여기서 사(食)는 식(食)이 아니라 사(食)로 발음한다. 먹을 식(食), 먹거리 사(食). 소(疏)는 채소(菜蔬)의 소(蔬)와 같다고 보아도 된다. 즉 푸성귀[菜蔬]란 뜻이다. 소사(疏食)는 요샛말로 하면 자연식(自然食)이다. 자연이 준 것을 먹는다 함이 소사(疏食)이다.

위와 같으니 공자가 말하는 낙(樂)이란 도가(道家)의 낙(樂)과 근본적으로 다를 게 없다. 유가(儒家)에서 권장하는 출사(出仕)는 어쩔 수 없이 낙을 앗아가게 마련이다. 벼슬을 하면서 마음 편하기를 바랄 수는 없기 때문이다. 그래도 출사하여 인도를 펴면서 낙도(樂道)를 누리라 하는 공자는 적극적인 성인이다.

먹을 반(飯), 거칠 소(疏), 먹거리 사(食), 마실 음(飮), 급힐 곡(曲), 팔굽 굉(肱), 베개 침(枕), 즐거울 락(樂), 또 역(亦), 있을 재(在), 가운데 중(中)

불의이부차귀(不義而富且貴) 어아여부운(於我如浮雲)
▶ 의롭지 않게[不義] 부하고[富] 귀함은[貴] 나한테는[於我] 뜬구름[浮雲]과 같다[如].

의롭다면 얼마든지 부귀를 누려라. 이미 공자는 앞서 11장에서 천한 벼슬을 하더라도 올바르게 부를 축적해 누리는 것은 얼마든지 마땅하다 했다. 부귀(富貴) 그 자체를 부정하는 것이 아니라 부귀를 노리는 인간의 욕망(慾望)을 두려워하라고 말한다. 욕망은 불의(不義)

를 불러오고 불인(不仁)을 자초한다. 인의(仁義)에 어긋나지 않는 부귀라면 많을수록 해로울 게 없다. 인의의 부귀는 나만을 위한 것이 아니라 세상 모두를 위한 것이기 때문이다. 왜 나라가 부패한 벼슬아치들로 몸살을 앓는가? 인의의 부귀를 마다하고 불의와 불인의 부귀에 눈이 멀어버린 탓이다. 공자는 이를 괴로워한 성인이다.

재물 부(富), 귀할 귀(貴), 어조사 어(於), 나 아(我), 뜰 부(浮), 구름 운(雲).

제16장

【문지(聞之)】

오십이학역(五十以學易)

【원문(原文)】

子曰 加我數年하야 五十以學易이면 可以無大過
자왈 가아수년   오십이학역   가이무대과
矣니라
의

【해독(解讀)】

공자께서 말했다[子曰]. "앞으로 내 몇 년 더 살아서[加我數年] 쉰 살이 되면 주역을 배워[五十以學易] 큰 잘못 없이 살다가 갈 수 있으리라[可以無大過矣]."

【담소(談笑)】
자왈(子曰)

공자가 왜 쉰 살에 지천명(知天命)이라 했는지 알 만하다. 천명(天命)을 알았다[知天命] 함은 곧 『주역(周易)』의 세계를 터득해 깨우쳤다는 말과 같은 뜻임을 이 장(章)을 보고 짐작할 수 있다.

『주역』의 64괘(卦)는 곧 천지의 말씀이다. 『주역』은 그 말씀을 살펴 인간의 길흉(吉凶)을 밝혀놓은 경(經)이다. 『주역』「십익(十翼)」「계사전(繫辭傳)」하(下)에서 역(易)은 다음처럼 풀이되고 있다. "역지위서야(易之爲書也) 광대실비(廣大悉備)하여 유천도언(有天道焉)하고 유인도언(有人道焉)하며 유지도언(有地道焉)하다. 겸삼재이양지(兼三才而兩之)라 고(故)로 육(六)이다. 육자(六者)는 비타야(非他也)이고 삼재지도야(三才之道也)이니 도유변동(道有變動)이라 고왈효(故曰爻)이고 효휴등(爻有等)이라 고왈물(故曰物)이며 물상잡(物相雜)이라 고왈문(故曰文)이고 문부당(文不當)이라 고(故)로 길흉생언(吉凶生焉)한다."

『사기(史記)』를 보면 공자가 만년에 『주역』의 해석을 돕기 위해 「십익」을 저술했다고 돼 있다. 계사전(繫辭傳)이란 『주역』의 내용을 묶어서 풀어놓았다는 말이다. 공자가 그것을 묶었다고 생각해도 틀릴 것은 없다. 그러니 「계사전」을 『주역』에 관한 공자의 말씀이라고 여겨도 무방하리라.

위의 말씀을 잘 살펴둘수록 좋다. 왜냐하면 동양적 사고방식(思考方式)의 근원을 살펴보게 하기 때문이다. 그래서 좀 길다 싶지만 풀어두고 싶다. "『역(易)』이란 책의 경지는[易之爲書也] 넓고 커서 다 갖추고 있다[廣大悉備]. 하늘의 도도 있고[有天道焉], 사람의 도도 있으며[有人道焉], 땅의 도도 있다[有地道焉]. 이 셋[天地人]을 겸하여 둘로 곱한다[兼三才而兩之]. 그래서 육이 된다[故六]. 육(六)이란 것은 다름이 아니라[六者非他也] 천지인의 도이다[三才之道也]. 도(道)에는 변동이 있다[道有變動]. 그래서 효라 한다[故曰爻]. 효(爻)에는 등급이 있다[爻有等]. 그래서 물건(物件)이라 한다[故曰物]. 물건은 서로 섞인다[物相雜]. 그래서 무늬라 한다[故曰文]. 무늬는 다 같지 않다[文不當]. 그래서 좋은 것 나쁜 것이 생긴다[故吉凶生焉]."

가아수년(加我數年) 오십이학역(五十以學易) 가이무대과의(可以無大過矣)
▶ 내가[我] 몇 살을[數年] 더 먹어[加] 쉰 살이 되어[五十] 역을[易] 본받아 깨우쳐 터득하면[學] 큰 허물[大過] 없이 살아갈 수 있을 것이다[可以無].

학역(學易)의 학(學)은 여기선 효(效)와 같고 각(覺)과도 같다. 그래서 본받아 배워[效] 터득해 깨우친다[覺]는 뜻이다. 과(過)는 건(愆)이나 월(越)과 같다. 허물을 짓고[愆] 넘치면[越] 과(過)이다. 물론 과오(過誤) 또는 과실(過失)의 준말로 여기고 새기면 된다.

대과(大過)를 이해하기 위해서는 『중용(中庸)』 1편 1장에 나오는 다음의 내용을 살피면 좋을 것이다. "도야자불가수유리야(道也者不可須臾離也)이므로 가리비도야(可離非道也)이다. 시고(是故)로 군자계신호기소불도(君子戒愼乎其所不睹)하고 공구호기소불문(恐懼乎其所不聞)이다. 막현호은(莫見乎隱)이며 막현호미(莫顯乎微)이므로 고(故)로 군자신기독야(君子愼其獨也)이다." 도라는 것은[道也者] 잠깐이라도[須臾] 떠날 수 없으므로[不可離] 떠날 수 있다면[可離] 도가[道] 아니다[非]. 이러하므로[是故] 군자는[君子] 그가[其] 보이지 않는[不睹] 바를[乎所] 삼가며[戒愼], 그가[其] 들리지 않는[不聞] 바를[乎所] 두려워한다[恐懼].

위와 같은 역(易)의 풀이에서 대과(大過)를 살필 수 있다고 본다. 어떻게 하면 대과를 범하지 않을까? 잠시라도 도(道)를 떠나지 말라 한다. 도를 떠나지 않는 삶은 어떤 삶일까? 하늘을 우러러 한 점 부끄러움 없게 사는 일이리라. 우리네 소인에게는 그런 삶이란 하늘에 별 따기인 것을 안다. 그러나 삼재(三才, 天地人)의 당부를 안다[知天命]는 성인에게는 쉬운 일이다. 왜 성인은 도를 떠나지 않기가 쉽단 말인가? 성인은 자신을 엄하게 다스리고 남을 너그럽게 맞이하기 때문이다. 자신을 엄히 한다 함은 곧 남이 보지 않을 때일수록 자신을 삼가고[慎獨], 남이 듣지 않을 때일수록 자신을 두려워한다[恐懼]는 뜻이다. 그러기 위해서는 무엇보다 날마다 삶에 성의(誠意)를 다해야 하리라.

성의는 곧 무자기(毋自欺)를 말한다. 내가 내 자신을 속이지 말라[毋自欺]. 자신에 대해 이보다 더 엄한 경고는 없으리라. 『대학(大學)』의 각론(各論) 첫머리를 가보라. 그러면 바로 이 무자기(毋自欺)란 말로부터 시작한다. 무자기(毋自欺)는 비록 『대학』에 나오지만, 나는 이를 공자의 말씀으로 여기고 대과(大過)를 막는 가장 튼튼한 성채로 여기고 있다. 분명 공자는 나이 오십에 지천명(知天命)하여 무자기(毋自欺)의 삶을 누리고, 일흔에 이르러 이순(耳順)할 줄 알았다고 술회(述懷)하지 않았는가. 남의 마음을 말 그대로 믿어준다[耳順] 함은 무자기(毋自欺)가 전제되어야 가능하지 않겠는가. 이렇게 가이무대과(可以無大過)를 새겨들어도 될 터이다. 그러니 삶의 길흉을 함부로 원망해서는 안 된다. 어찌 허물을 저지르고 살면서 길(吉)하기를 바라는가? 이렇게 공자가 반문하고 있다.

더할 가(加), 나 아(我), 셀 수(數), 해 년(年), 바꿀 역(易), 허물 과(過)

제17장

【문지(聞之)】
자소아언시서(子所雅言詩書)

【원문(原文)】

子所雅言은 詩書 執禮 皆雅言也러시라
자 소 아 언   시 서   집 례   개 아 언 야

【해독(解讀)】
　공자께 바른 말씀이란[子所雅言] 『시경』과 『서경』이었고[詩書], 예를 집행하는 데도 항상 『시경』과 『서경』이었다[執禮皆雅言也].

【담소(談笑)】
자소아언시서(子所雅言詩書)
▶ 공자께서[子] 떳떳하고 바른[雅] 말로 삼은[言] 바는[所] 『시경』과[詩] 『서경』이었다[書].

　공자가 아언(雅言)으로 『시경(詩經)』과 『서경(書經)』을 삼았다고 밝힌다. 아언(雅言)의 아(雅)는 여기서 상(常)과 정(正)과 같다. 그래서 떳떳하고[常] 바르다[正]는 뜻이다. 이처럼 아(雅)를 상(常)이라고 본 것은 주자(朱子)의 관점인데 이것이 틀렸다는 주장도 있다. 그러나 주자가 틀렸다고 볼 수도 없다. 상(常)이란 변덕이 없음을 뜻하니, 그릇됨이 없다는 말로 보아 얼마든지 떳떳하다[常]는 뜻으로 새길 수 있기 때문이다. 아언을 정음(正音) 또는 표준어라고 보는 것 역시 상(常)과 통한다. 그러므로 아언은 상(常)과 정(正)을 아우르고 언제 어디서나 두루두루 통하는 말씀을 뜻한다고 보는 것이 옳을 듯싶다. 사

투리는 한 지역에서만 통하는 말이니 공자께서는 어디서나 통할 아언, 즉 표준이 되는 말씀으로 『시경』과 서경을 삼았다고 밝혀놓은 것이다.

떳떳하고 바를 아(雅), 시경 시(詩), 서경 서(書)

집례개아언야(執禮皆雅言也)
▶ 예도를[禮] 지켜 행할 때에도[執] 마찬가지로[皆] 『시경』과 『서경』의 말씀을 썼다[雅言].

집례(執禮)의 집(執)은 수(守)와 같다. 지켜 행한다[執]. 개아언(皆雅言)의 개(皆)는 동(同)과 같다. 한가지로 다 같이[皆]. 공자가 『시경(詩經)』과 『서경(書經)』의 바른 말씀[雅言]을 본으로 삼아 예도(禮道)를 지켜 행했다[執禮]는 것이다.

아언(雅言)을 성현의 말씀이라고 이해해도 무방하다. 아언은 각비(覺非)의 말씀이기 때문이다. 조선조(朝鮮朝) 말기 다산(茶山)선생의 『아언각비(雅言覺非)』 서문의 말씀을 새겨보면 좋을 듯하다. "학자하(學者何) 학야자각야(學也者覺也). 각자하(覺者何) 각야자각기비야(覺也者覺其非也). 각기비나하(覺其非奈何) 우아언각지이(于雅言覺之爾)." 배움이란 무엇인가[學者何]? 배움이란 깨우치는 것이다[學也者覺也]. 깨우침이란 무엇인가[覺者何]? 깨우침이란 그릇됨을 깨닫는 것이다[覺也者覺其非也]. 그릇됨을 깨닫는다 함은 어떤 것인가[覺其非奈何]? 바른 말에서 이를 깨달아야 할 따름이다[于雅言覺之爾].

이를 통해 아언을 잘 이해할 수 있을 것이다. 공자가 집례(執禮)의 그릇됨이 없는 상도(常道)를 밝히는 것은 정치의 근간이 곧 집례(執禮)이기 때문이다. 오늘날 정치가 뻔뻔스러운 것은 예(禮)를 버린 탓이다. 자화자찬(自畵自讚)하는 정객들을 보라. 비례(非禮), 결례(缺禮), 무례(無禮) 등등 너절하고 추잡하고 꼴불견이다.

지킬 집(執), 예도 례(禮), 한가지로 같을 개(皆)

제18장

【문지(聞之)】
발분망식(發憤忘食) 낙이망우(樂以忘憂)

【원문(原文)】

葉公이 問孔子於子路어늘 子路不對한대
섭공   문공자어자로   자로불대
子曰 女奚不曰 其爲人也 發憤忘食하며 樂以忘
자왈 여해불왈 기위인야 발분망식   낙이망
憂하야 不知老之將至云爾오
우   부지로지장지운이

【해독(解讀)】

섭공이 자로에게 공자의 사람됨을 물었으나[葉公問孔子於子路] 자로가 대답하지 않았다[子路不對].

이에 공자께서 말했다[子曰]. "자네는 어찌 다음과 같이 말해주지 않았는가[女奚不曰]. '그의 사람됨은[其爲人也] 학문에 발분하면 밥 먹는 일마저 잊어버리고[發憤忘食], 학문을 즐기는 일로 걱정을 잊어버리며[樂以忘憂] 늙어가는 것마저도 알지 못합니다[不知老之將至云爾].'"

【담소(談笑)】
자왈(子曰)

섭공(葉公)이 자로(子路)에게 공자가 어떤 사람이냐고 물었던 모양이다. 자신의 스승을 두고 제자가 이러쿵저러쿵 말할 리 없음을 몰랐던 것인가. 섭공은 초(楚)나라 섭현(葉縣)의 장(長)이고, 성씨는 심(沈), 이름은 저량(諸梁), 자(字)는 자고(子高)이다.

섭공이란 자는 속이 작았던 모양이다. 큰 사람은 사람을 뒤에서 떠보지 않는다. 사람을 의심하고 저울질하려고 뒤에서 떠보는 짓은 소인이 하는 짓이다. 그래서 자로가 입을 다물었던 것이리라. 공자는 이런 제자가 대견했던 모양이다. 공자의 어조가 친근하게 들리기 때문이다. "여해불왈(女奚不曰)." 여기서 해(奚)가 따뜻하고 은근한 느낌을 자아낸다. 말해줄 것이지 어째서[奚] 말해주지 않았느냐는 반문에서 스승의 따뜻함이 느껴진다.

기위인야(其爲人也) 발분망식(發憤忘食) 낙이망우(樂以忘憂) 부지로지장지운이(不知老之將至云爾)

▶ 그의[其] 사람됨이란[爲人] 결기를 낼 일이[憤] 생기면[發] 식사마저[食] 잊어버리고[忘], 그 일로써[以] 즐기는 데[樂] 근심마저[憂] 잊으며[忘] 늙음이[老] 닥쳐오는지도[將至] 알지 못한다고[不知] 말일세[云爾].

발분(發憤)의 발(發)은 흥(興)과 같다. 일어나다[發]. 분(憤)은 결기(結氣)를 낼 일을 뜻한다. 무슨 일이 있어도 뜻하는 바를 성취하려는 마음가짐을 말한다. 따라서 여기서의 분(憤)은 분노(憤怒)의 성낼 분(憤)이 아니다.

공자가 분발(憤發)할 일은 무엇보다 인도(仁道)를 넓히려는 학문(學文)일 것이다. 공자가 말하는 학문은 구도의 실천이다. 그러니 위와 같은 공자의 말씀은 현실에 안주하지 않고 뜻한 바 이상(理想)을 실현하기 위하여 성의(誠意)를 다해 진력하는 성인의 모습을 마주하게 한다. 왜 성인 앞에 무릎을 꿇어야 하는지 알 만하다.

일으킬 발(發), 결낼 분(憤), 잊을 망(忘), 먹을 식(食), 근심 우(憂), 막 ~하려는 장(將), 이를 지(至)

제19장

【문지(聞之)】
아비생이지지자(我非生而知之子)

【원문(原文)】

子曰 我非生而知之者라 好古하여 敏以求之者也
자왈 아비생이지지자 호고 민이구지자야
로라

【해독(解讀)】
 공자께서 말했다[子曰]. "나는 태어나면서부터 저절로 잘 아는 사람은 아니다[我非生而知之者]. 옛것을 좋아하여[好古] 부지런히 찾아 배우려고 한 사람이다[敏以求之者也]."

【담소(談笑)】
 자왈(子曰)
 인도(仁道)를 넓히는 학문(學文)은 천재의 몫이 아님을 말하고 있다. 공자 당신도 천재가 아니라고 밝힌다. "아비생이지지자(我非生而

知之者)." 나는[我] 태어나면서[生而] 절로 모든 것들을[之] 알아버리는[知] 사람이[者] 아니다[非]. 이는 공자 당신도 여느 사람과 마찬가지로 노력해야 배워 알 수 있다는 말이다.「계씨(季氏)」편 9장을 보면 공자는 사람의 재능을 생지(生知)·학지(學知)·곤지(困知)·하우(下愚) 등 넷으로 나누었다고 한다. 공자는 당신의 재능이 학지(學知)에 속한다고 겸허하게 밝히고 있는 셈이다. 이로써 공자는 당신께서 매진하라는 인능홍도(人能弘道)의 학문(學文)이 누구나 할 수 있는 몫임을 깨닫게 해준다.

학문(學文)을 이룩하기 위해 노력하라. 이미 바로 앞 장에서 역설하지 않았는가. "발분망식(發憤忘食)." 뿐만 아니라 이「술이(述而)」편 1장을 학문에 대한 자신의 뜻을 전하는 "술이부작(述而不作) 신이호고(信而好古)"로 시작하지 않는가. 한눈팔지 말고 학문(學文)에 매진하라. 학문(學文)의 문(文)을 인간이 인도(仁道)를 넓혀가는 일[人能弘道]로 이해해도 된다. 요새는 그런 일을 그냥 문화(文化)라고 한다. 공자를 문화주의를 신봉하는 성인이라고 불러도 된다.

호고(好古) 민이구지자야(敏以求之者也)
▶ 옛것을[古] 좋아하여[好] 부지런히[敏] 옛것을[之] 찾아 구하는[求] 사람이다[者].

호고(好古)를 강조하고자 앞에 썼다고 보면 된다. 이것을 이(以) 앞이나 뒤에 쓰면 보통 말투가 된다. 호고(好古)는 온고(溫故)와 같은 말이다. 물론 호고(好古)는 지신(知新)으로 이어진다고 볼 수 있다. 호고(好古)는 결코 집고(執古)가 아니기 때문이다. 호고(好古)의 호(好)는 옛 것만[古] 고집한다[執]는 뜻이 아니라 학문을 일구어가는 공자의 마음가짐을 뜻한다.

앞 2장으로 돌아가 다시 살펴보라. "묵이지지(默而識之) 학이불염

(學而不厭) 회인불권(誨人不倦)." 묵묵히 말없이[默而] 옛것을[之] 배워 익힌다[識]. 배우기에[學而] 싫증을 내지 않는다[不厭]. 그리고 남들을[人] 가르쳐 일깨우는 데[誨] 게으름을 피우지 않는다[不倦].

이 2장은 공자의 호학(好學)과 호고(好古)의 호(好)뿐만 아니라 구지(求之)의 속뜻까지도 잘 새겨두게 한다. 본래 군자눌언(君子訥言)이라 했으니 공자 같은 성인이 구변(口辯)을 앞세울 리 없다. 묵묵히 인도(仁道)를 넓혀갈 뿐이다. 오로지 소인배들만 제 자랑을 일삼고[自伐] 저만 옳다[自是] 한다.

좋아할 호(好), 재빨리 할 민(敏), 구할 구(求)

제20장

【문지(聞之)】
괴력난신(怪力亂神)

【원문(原文)】

子不語怪力亂神이러시다
자 불 어 괴 력 란 신

【해독(解讀)】
공자께서는 괴이(怪異)·폭력(暴力)·난동(亂動)·귀신(鬼神) 등에 관해서는 말하지 않았다[子不語怪力亂神].

【담소(談笑)】
자불어괴력난신(子不語怪力亂神)

▶ 공자께선[子] 괴이나[怪] 폭력이나[力] 난동이나[亂] 귀신에[神] 관해서는 말하지 않았다[不語].

괴(怪)는 기(奇)와 이(異)와 같다. 괴(怪)는 상(常)을 파괴한다. 이상(異常)한 것은 기이(奇異)한 것, 즉 괴(怪)이다. 물론 괴(怪)는 새로운 것을 바라는 마음으로 이어지기도 한다. 요새는 창의력(創意力)이라 하지만 본래는 지괴(志怪)라고 했다. 상식(常識)보다 지괴를 앞세우려는 요즘은 괴(怪)를 신사고(新思考, idea)로 보려고 한다. 공자가 괴이한 것을 말하지 않았다[不語怪] 함은 지신(知新)보다 온고(溫故)에 무게를 두었기 때문이리라. 이로써 공자의 문화정신은 호고(好古)·술이(述而)·부작(不作)임을 알 수 있다. 그러나 공자의 이러한 문화 전통주의는 미래성이 결핍되어 있다는 점에서 비판의 여지가 있다. 하여튼 공자는 괴(怪)를 말하지 않았다[不語怪].

역(力)은 폭력(暴力)이나 무력(武力)의 준말로 볼 수 있다. 그래서 노자(老子)는 역(力)을 승인자(勝人者)라고 했다. 남을[人] 이기는[勝] 것[者]. 이런 역(力)은 덕(德)을 멀리한다. 노자는 또한 강(强)을 자승자(自勝者)라고 했다. 자기를[自] 이기는[勝] 것[者]. 그러니 덕은 강(强)이지 역(力)이 아니다. 역(力)은 부덕(不德)으로 통한다. 그러니 공자는 역(力)을 말하지 않았다[不語力].

난(亂)은 혼(混)과 문(紊), 그리고 음(淫)과 같다. 혼란(混亂)·문란(紊亂)·음란(淫亂) 등등을 생각하면 된다. 난(亂)은 불치(不治)를 뜻한다. 다스리지 않음이 곧 혼란이요 문란이요 음란이다. 이런 불치(不治)를 난륜(亂倫)이라 한다. 난(亂)이 불치(不治)라면, 치(治)는 불란(不亂)이다. 공자는 치(治)를 말했지 난(亂)을 말하지 않았다. 그러니 공자는 난(亂)을 말하지 않았다[不語亂].

신(神)은 귀신(鬼神)의 준말로 여기고 새기면 된다. 귀신은 하늘의 기운[神]과 땅의 기운[鬼]을 말한다. 그러니 귀신은 곧 천지의 참모습[情]을 뜻한다. 그러한 참모습을 노자는 기(氣)라고 했다. 공자는 천도(天道)와 지도(地道)보다는 인도(人道)를 중심으로 사람의 도[人道]를 강조한다. 인도(仁道)란 곧 사람이 어질고 슬기롭게 살아야 한다는 인도(人道)가 아닌가. 공자가 귀신을 언급하지 않았다[不語神] 함은 천지를 빌려 세상을 다스리려 했던 제정(祭政)을 타파하고 인간의 이성으로 치세(治世)를 펼쳤던 주공(周公)의 정치사상과 문물제도를 떠올리게 한다. 동시에 사람의 세상은 사람이 다스려야 한다는 것이 바로 공자의 수기치인(修己治人)임을 깨닫게 한다. 그러니 공자는 신(神)을 말하지 않았다[不語神].

그렇다고 해서 공자가 귀신을 부정했던 것은 아니다. 공자든 노자든 다 같이 사천(事天)을 앞세운다. 하늘을 섬겨라[事天]. 『중용(中庸)』3편 5장을 보면 귀신에 관한 공자의 관점이 나와 있다. "자왈(子曰) 귀신지위덕(鬼神之爲德) 기성의호(其盛矣乎) 시지이불견(視之而弗見) 청지이불문(聽之而弗聞) 체물이불가유(體物而不可遺)." 공자께서 말했다[子曰]. 귀신의[鬼神之] 덕됨은[爲德] 성대하도다[盛矣乎]. 그것을[之] 보려고 해도[視] 보이지 않고[弗見] 그것을[之] 들어 보려 해도[聽] 들리지 않지만[弗聞] 만물의[物] 본체라[體] 버릴 수 없다[不可遺].

이처럼 귀신을 떠나 살 수 있는 것은 하나도 없다고 말한다. 귀신은 곧 천지(天地)이기 때문이다. 다만 공자는 천지를 빙자해 주술(呪術)을 빌려 인간을 어리석게 만들려고 하지 않았을 뿐이다.

> 말할 어(語), 기이할 괴(怪), 힘쓸 력(力), 어지러울 란(亂), 귀신 신(神)

제21장

【문지(聞之)】

삼인행필유아사언(三人行必有我師焉)

【원문(原文)】

子曰 三人行에 必有我師焉이니 擇其善者而從之요
자왈 삼인행   필유아사언   택기선자이종지
其不善者而改之니라
기불선자이개지

【해독(解讀)】

공자께서 말했다[子曰]. "세 사람이 함께 길을 가면[三人行] 반드시 그 가운데 내 스승이 있다[必有我師焉]. 그 중에서 좋은 점을 택하여 그 점을 따르고[擇其善者而從之], 좋지 못한 점이 있다면 그 점을 고친다[其不善者而改之]."

【담소(談笑)】

자왈(子曰)

수기(修己)를 어떻게 하는지에 대해 말하고 있다. 수기는 무엇보다 나를 선한 사람이 되게 하는 일이다. 사람 사는 세상이 곧 수기의 교실임을 알려준다. 어차피 세상에는 선(善)과 불선(不善)이 함께 존재한다. 선을 넓히고 불선을 없애자 함이 공자의 수기(修己)요 맹자의 수신(守身) 아닌가. 주경(主敬)이란 말 역시 선하게 살라 함이다. 그러기 위해서는 스승을 모실 줄 알아야 한다. 스승은 선생이다. 나로 하여금 사람이 되게 하는 분이 스승이고, 나로 하여금 유식하게 하는 분이 훈장(訓長)이다.

훈장은 학교 교실에 있다. 그러나 스승은 세상 어디에나 있다는 것이다. 그런 말씀이 곧 삼인행필유아사언(三人行必有我師焉)이다. 세[三] 사람이[人] 함께 가면[行] 그 중에 나를 사람이 되게 하는 내[我] 스승이[師] 반드시[必] 있다[有].

선한 사람은 그로 인해 나를 선하게 하니, 내가 그 분을 따르면 선생을 모시는 일이다. 불선(不善)한 사람은 그를 보고 나를 그런 사람이 되지 않게 경고해주니 나로 하여금 불선을 범하지 않게 하는 계기가 된다. 이 또한 스승을 모시는 일이다. 다만 우리가 스승을 모실 줄 모를 뿐이다.

택기선자이종지(擇其善者而從之) 기불선자이개지(其不善者而改之)

▶ 그 중에서[其] 좋은 점을[善者] 골라서[擇] 그 좋은 점을[之] 따르고[從], 좋지 않은 점을[不善者] 찾아 그 좋지 않은 점을[之] 고친[改].

택(擇)은 선(選)과 같다. 선택(選擇)이란 말을 떠올리면 된다. 선자(善者)는 장점(長點)과 같고, 불선자(不善者)는 단점(短點)과 같다. 사람은 누구든 장단점이 있게 마련이다. 그러니 좋은 점[善者]은 살리고 나쁜 점[不善者]은 가려 고친다면 세상 사람들 모두가 나로 하여금 사람이 되게 하는 거울 구실을 한다. 앞 2장으로 되돌아가 공자의 권학(勸學)정신을 살펴보자. "학이불염(學而不厭) 회인불권(誨人不倦)." 배우는 데[學而] 싫증을 내지 않고[不厭], 사람을[人] 가르쳐 일깨우는 데[誨] 게으름을 피우지 않는다[不倦]. 그러니 배워 일깨울 생각만 있으면 세상이 바로 사람이 되게 하는 교실이요 거울인 셈이다.

가릴 택(擇), 좋을 선(善), 따를 종(從), 고칠 개(改)

제22장

【문지(聞之)】
천생덕어여(天生德於予)

【원문(原文)】

子曰 天生德於予시니 桓魋其如予何리오
자왈 천생덕어여　　　환퇴기여여하

【해독(解讀)】
공자께서 말했다[子曰]. "하늘이 덕을 나에게 점지하였거늘[天生德 於予] 환퇴 같은 자가 나를 어찌하겠는가[桓魋其如予何]?"

【담소(談笑)】
자왈(子曰)
 운명(運命)을 말하고 있다. 내 목숨은 하늘의 것이지 내 것이 아니라는 것이 동양적 운명관(運命觀)이다. 그래서 인명(人命)은 재천(在天)이라 한다. 사람의 목숨[人命]은 하늘에 달려 있다[在天]. 사람의 목숨은 사람이 소유하는 것이 아니라는 말이다. 내 목숨은 내 것이 아니라는 말이다. 내 목숨은 하늘이 빌려준 것이고, 내 목숨은 내가 하늘로부터 받은 명(命)이라 한다.
 이는 곧 미래를 낙관(樂觀)하라는 의미다. 하늘은 항상 무사(無私)하기 때문이다. 하늘은 어떤 목숨을 편애(偏愛)하지 않으니 걱정할 것 없다는 뜻이다. 그래서 사천(事天)하라 하지 않는가. 하늘의 뜻을 섬겨라[事天]. 이처럼 천명(天命)사상은 숙명론(宿命論)이 아니다. 선(善)이 승리한다는 믿음이 곧 천명사상이기 때문이다. 하늘[天]의 시

킴[命]은 선(善)이지 불선(不善)이 아니니 겁내지 않아도 된다. 이렇게 공자가 단언하고 있다. 공자가 쉰 살에 천명을 알았다[知天命]고 한 사실이 새삼스럽다. 불가(佛家)에서도 성인을 무외(無畏)의 주인이라고 한다. 공자 같은 성인은 두려워하지 않는다[無畏].

천생덕어여(天生德於予) 환퇴기여여하(桓魋其如予何)
▶ 하늘이[天] 나에게[於予] 크나큰 사명을[德] 점지하였거늘[生], 환퇴가[桓魋] 나를[予] 어찌 하겠는가[如何]?

여기서 천(天)은 온갖 목숨을 주재한다는 뜻이다. 즉 천(天)이 생사(生死)를 주관한다는 것이다. 생덕(生德)의 생(生)은 날 때부터 부여했다는 뜻이고, 덕(德)은 큰 소명(召命)이라고 보면 된다.

하늘이 준 큰 소명을 가진 내 목숨을 환퇴(桓魋)가 어찌지 못할 것이라고 단언하고 있다. 하늘이 공자에게 부여한 소명은 인도(仁道)를 세상에 넓히라는 천명이리라. 환퇴는 송(宋)나라 사마(司馬)이다. 사마는 병조판서로서 오늘날 국방부장관에 해당한다. 송나라의 병권을 쥐고 있던 환퇴가 나무를 뽑아 공자를 압사시키려 했다는 이야기가 『사기(史記)』「공자세가(孔子世家)」에 나온다.

| 큰 덕(德), 나 여(予), 푯말 환(桓), 몽둥이 퇴(魋), 같을 여(如) |

제23장

【문지(聞之)】
오무은호이(吾無隱乎爾)

【원문(原文)】

子曰 二三子는 以我爲隱乎아 吾無隱乎爾로라
자왈 이삼자 이아위은호 오무은호이
吾無行而不與二三子者니 是丘也니라
오무행이불여이삼자자 시구야

【해독(解讀)】
공자께서 말했다[子曰]. "자네들은 내가 무엇인가를 숨기고 있다고 여기는가[二三子以我爲隱乎]? 나에게 숨기는 것이라곤 없다네[吾無隱乎爾]. 내가 행하는 데 자네들과 더불어 하지 않는 바란 없다네[吾無行而不與二三子者]. 그러함이 바로 나 구일세[是丘也]."

【담소(談笑)】
자왈(子曰)

자신은 신비로운 사람이 아니라고 제자들에게 솔직하게 밝히고 있다. 공자의 학덕(學德)이 너무나 깊어 그 끝을 점칠 수 없었던 제자들이 아마도 공자를 신비롭게 보려 했던 모양이다. 그러나 공자 같은 성인이 사교(邪敎)의 교주(敎主) 노릇을 하겠는가. 그런 교주라면 신비롭게 보이려고 사기를 치는 법이다. 사기를 칠 때는 무엇이든 숨기는 것[隱]이 있다. 하지만 공자는 나한테는 숨길 것이라곤 하나도 없다고 단언한다. 이 장은 공자의 삶이 밖으로 드러나는 그대로임을 잘 보여준다. 공자는 인생이직(人生而直)이라고 단언한다. 삶이란[人生] 곧다[直].

오무은호이(吾無隱乎爾) 오무행이불여이삼자자(吾無行而不與二三子者)
▶ 나한테는[吾] 아끼는 것이라곤[隱] 없다네[無]. 내가 하는 일치고

[行] 자네들과[二三子] 함께하지 않는[不與] 것이란[者] 나한테는[吾] 하나도 없어[無].

무(無)는 주어를 뒤에 두는 동사이다. 마치 영어의 'There is no'와 같다고 보면 된다. 은(隱)은 장(藏)과도 같고 사(私)와도 같다. 나만 위해 아껴둔다[隱]. 이(爾)는 완곡한 느낌을 주는 어조사이다. 행(行)은 행동(行動)·행위(行爲)의 준말로 여기면 된다. 그래서 '생각하고 행동하는 모든 것'이란 뜻으로 새기면 좋을 것이다. 불여(不與)는 불행여(不行與)로 새기는데, 여기서 여(與)는 이(以)와 같다고 볼 수 있다. ~과 더불어 함께[與]. 이삼자(二三子)는 복수의 형태인데 자네들[二三子]이라는 뜻이다.

은(隱)을 잘 새겨야 한다. 여기서는 마음 속에 숨기거나 감추어둔 것을 말한다. 남 모르게 감추고 숨겨둔 마음을 사(私)라고 한다. 남들에게 감추거나 숨길 것이 없는 마음을 무심(無心)이니 허심(虛心)이니 무욕(無慾)이니 정(淨)이니 공(公)이라고 한다. 무사(無私)·무친(無親)·무기(無己)란 말들은 결국 마음 속에 사(私)가 없음을 뜻한다.

성인은 누구인가? 결단코 사(私)가 없는 선생을 성인이라 한다. 진정한 공인(公人)은 따지고 보면 성인(聖人) 군자(君子)밖에 없다. 말로는 공인이라 하면서 속셈은 사심(私心)으로 꽉 차 있는 인간들이 세상에 득실거리는 것을 공자가 모를 리 없다. 여기 23장은 조주선사의 말을 새삼 생각나게 한다. "합취구구(合取狗口)." 개 주둥이 닥쳐라[合取狗口]. 공자는 지금 우리들에게 사(私)를 버리라고 은근하게 타이르며 폐부를 찌른다. "오무은(吾無隱)." 나한테는[吾] 숨겨 아껴둔 것이라곤[隱] 하나도 없다[無]. "시구야(是丘也)." 나 공자는[丘] 바로 그런 사람일세[是]. 성인은 영원히 당당하다.

나 오(吾), 아낄 은(隱), 어조사 이(爾), 더불어 여(與)

7 ● 술이

제24장

【문지(聞之)】
문행충신(文行忠信)

【원문(原文)】

子以四教하시니 文行忠信이니라
자 이 사 교   문 행 충 신

【해독(解讀)】
공자께서는 네 가지를 가르쳤다[子以四教]. 학문과 덕행과 충성과 신의였다[文行忠信].

【담소(談笑)】
자이사교(子以四教) 문행충신(文行忠信)
▶ 공자께서는[子] 네 가지를[四] 가르쳤다[教]. 학문[文]·덕행[行]·충성[忠]·신의[信]였다.
　여기서 교(教)는『중용(中庸)』1편 1장에서 밝힌 대로 새기면 된다. "수도지위교(修道之謂教)." 도를[道] 닦는 것을[修] 일러[謂] 교(教)라고 한다[教]. 이렇듯 도를 닦는 일이 교(教)이다. 공자가 말하는 수도(修道)는 인도(仁道)를 넓히는 일이다. 그 인도를 어떻게 넓혀야 하는가? 여기 24장은 이에 대한 해답을 짐작하게 해준다.
　문(文)은 여기서 학문(學文)의 준말로 새기면 된다. 문을[文] 배워 터득해 깨우쳐라[學]. 문(文)은 앞서의 아언(雅言)을 떠올리면 된다. 공자가 아언으로 삼은 경(經)이『시경(詩經)』과『서경(書經)』이라고 한다. 어디 이 두 경전뿐이겠는가. 성현의 말씀이라면 모두 다 문

(文)으로 여기면 된다. 성현의 말씀을 듣고 깨치면 그 일이 곧 수도(修道)이다. 학문은 수도하는 것이지 지식을 쌓는 것이 아님을 공자가 가르쳐준다.

행(行)은 여기서 덕행(德行)의 준말로 새기면 된다. 덕을[德] 행동으로 옮겨라[行]. 덕은 인도(仁道)를 몸소 실천하는 일이다. 덕행은 신독(愼獨)과 같이해야 한다. 『양화(陽貨)』편 14장에 이런 말씀이 있다. "도청이도설(道聽而塗說) 덕지기야(德之棄也)." 길을 가다[道] 듣고[聽] 그 길로[塗] 이야기하는 것은[說] 덕을[德] 버리는 짓이다[棄]. 깊이 생각하고 신중하게 행동하지 않으면 덕행은 불가능하다. 왜 군자가 홀로 자신을[獨] 삼가는지[愼] 알 만하다. 덕은 아는 것이 아니라 행하는 것임을 공자가 가르쳐준다.

충(忠)은 여기서 충성(忠誠)의 준말로 새기면 된다. 정성을[誠] 다함이 곧 충(忠)이다. 정성을 다하라[忠]. 정성스럽게 하라[誠之]. 이것이 곧 충(忠)이다. 그러므로 충(忠)은 성(誠)을 다하는 것이다. 정성을 다하는 것이 곧 사람의 도[人道]일 터이다.

『중용(中庸)』 4편 1장의 성(誠)을 살펴보라. "성지자(誠之者) 택선이고집지자야(擇善而固執之者也) 박학지(博學之) 심문지(審問之) 신사지(愼思之) 명변지(明辯之) 독행지(篤行之)." 정성어림이란[誠之者] 선을[善] 가려[擇] 그 선을[之] 굳게[固] 잡는[執] 것[者]이다. 무슨 일이 있어도 선한 사람이 되라. 이것이 택선(擇善)이다. 무슨 일이 있어도 결단코 불선(不善)하지 말라. 이 또한 택선(擇善)이다. 바로 택선(擇善)을 정성스럽게 함을 충(忠)이라 한다. 택선을 널리 배워라[博學之]. 택선을 소상히 들어두라[審問之]. 택선을 신중히 생각하라[愼思之]. 택선을 밝게 분별하라[明辯之]. 택선을 두텁게 행하라[篤行之]. 이 모두가 충(忠)을 말한다. 그러면 수우필명(雖愚必明)이며 수유필강(雖柔必强)이다. 어리석어도[雖愚] 반드시[必] 현명해지며[明], 비록 유약해도[雖柔] 반드시[必] 강해진다[强]. 충(忠)은 정성어림[誠之者]이라고 공자가 가르쳐준다.

신(信)은 신의(信義)의 준말로 여기면 된다. 의(義)를 믿는 일이 신(信)이다. 의라고 지켰다가 그것이 의가 아님을 깨달았을 때 그 불의(不義)를 버리는 것 또한 신(信)이다. 선을 제외하면 맹목적으로 고집할 것은 하나도 없다는 믿음이 곧 신(信)인 셈이다.

『맹자(孟子)』「이루장구(離婁章句)」하(下)편 11장에 이런 말이 있다. "대인자언불필신(大人者言不必信) …… 유의소재(惟義所在)." 대인은[大人者] 말을 했다 해서[言] 반드시[必] 그 말을 지키지는[信] 않고[不] …… 오로지[惟] 의가[義] 있어야 따른다[所在]. 의라면 지키고 불의라면 지키지 말라 함이 곧 신(信)이다. 공자는 신의(信義)의 신(信)을 가르쳤다.

위와 같은 문(文)·행(行)·충(忠)·신(信)을 공자 사교(四敎)라 한다. 공자는 이 네 가지[四]를 가르쳐[敎] 인도(仁道)를 넓히는 사람을 일궈내려고 했다. 그리고 택선(擇善)하라 가르쳤고, 선(善)을 고집(固執)하라 가르쳤다. 택선고집(擇善固執), 이것은 곧 진덕(陳德)하고 폐사(廢邪)하라 함이다. 덕을 넓혀라[陳德]. 그리고 불선(不善)을 없애라[廢邪]. 이는 곧 홍덕(弘德)하라 함이 아닌가. 덕을 넓혀라[弘德]. 이 또한 공자의 인능홍도(人能弘道)가 아닌가. 그러니 공자의 사교는 능력을 써먹기 위한 지식 교육을 뜻하지 않는다. 선한 사람이 되라. 이것이 공자의 사교이다. 우리는 이 사교를 잊어버리고 산다. 그래서 우리가 험하다.

가르칠 교(敎), 충성 충(忠), 믿을 신(信)

제25장

【문지(聞之)】

성인오부득이견지의(聖人吾不得而見之矣)

【원문(原文)】

子曰 聖人을 吾不得而見之矣어든 得見君子者면
斯可矣니라
子曰 善人을 吾不得而見之矣어든 得見有恒者면
斯可矣니라 亡而爲有하며 虛而爲盈하며 約而爲
泰니 難乎有恒矣니라

【해독(解讀)】

　공자께서 말했다[子曰]. "성인을 내가 만나볼 수 없다[聖人吾不得而見之矣]. 군자라도 만나볼 수 있다면[得見君子者] 좋겠다[斯可矣]."

　공자께서 말했다[子曰]. "선인을 내가 만나볼 수 없다[善人吾不得而見之矣]. 한결같은 사람이라도 만나볼 수 있다면[得見有恒者] 좋겠다[斯可矣]. 없어도 있는 듯하고[亡而爲有] 비어도 가득한 듯하며[虛而爲盈] 가난해도 태연해야 하나니[約而爲泰], 한결같기란 어려운 일이다[難乎有恒矣]."

【담소(談笑)】
자왈(子曰)

성인(聖人)과 군자(君子)를 말하고, 선인(善人)과 유항자(有恒者)를 말하고 있다. 성인과 선인이 같은 말이고, 군자와 유항자가 같은 말이다. 세상이 소인배(小人輩)로 가득함을 안타까워하는 심중이 그대로 드러나고 있다. 유가(儒家)는 성인을 최고의 인간상으로 꼽고, 도가(道家)는 진인(眞人)을 최고의 상(像)으로 삼는다.

『장자(莊子)』「즉양(則陽)」편에 "중니지진려(仲尼之盡慮) 위지전지(爲之傳之)"라 했다. 공자가[仲尼] 생각을[慮] 없애고[盡], 그렇게 하기를[爲之] 선생으로 삼았다[傳之]. 생각을 끊어버리기[盡慮]는 한결같기[有恒] 위한 필수 조건이다. 공자는 지금 어찌하면 택선(擇善)하는 사람이 될 수 있는지 성인과 군자를 들어 절절하게 말하고 있다. 여기 25장은 24장의 사교(四敎)가 목적하는 바를 생각해보게 한다.

성인오부득이견지의(聖人吾不得而見之矣) 득견군자자(得見君子者) 사가의(斯可矣)
▶ 성인을[聖人] 나는[吾] 만나볼 수 없다[不得而見]. 군자라도[君子] 만나볼 수 있다면[得見] 그것만으로도[斯] 좋겠다[可].

성인(聖人)을 강조하고자 맨 앞에 썼다. 견지(見之)의 지(之)는 맨 앞으로 나간 성인을 가리키는 대명사로 보고 없는 듯 새기면 된다. 득견군자자(得見君子者)의 자(者) 역시 없는 듯 보아도 되는 조사인데 문맥에 맞게 연결해주는 구실을 한다. 사가(斯可)는 앞의 내용을 긍정하는 관용어로 본다.

성인은 태어나면서부터 유덕(有德)한 분이고, 군자는 끊임없이 학덕(學德)을 닦아 자기를 선하게 성취해가는 분이다. 유가와 도가가 성인을 다 같이 우러러보지만, 도가는 유가의 군자를 별로 높게 쳐주지 않는다. 그러니 유가와 도가의 공통점은 바로 이 '성(聖)' 한 글자에 농축돼 있다고 보아도 틀리지 않을 것이다.

성(聖)은 무슨 뜻인가? 통어만물(通於萬物)이란 뜻이다. 만물에[於萬物] 두루 통한다[通]. 이를 한마디로 덕(德)이라 한다. 그래서 성덕(聖德)이라 한다. 성(聖)은 곧 덕(德)이다. 그렇다면 군자는 누구인가? 성인을 본받아 먼저 자기를 선하게 한 다음 세상을 선하게 하려는 사람이다. 공자가 이런 군자라도 만났으면 좋겠다고 푸념한다. 왜 그런 푸념을 하겠는가? 우리가 성인을 우습게 보는 까닭이리라.

성인 성(聖), 얻을 득(得), 볼 견(見), 그것 사(斯), 좋을 가(可)

득견유항자(得見有恒者) 사가의(斯可矣)

▶ 한결같은 이를[有恒者] 만나볼 수 있다면[得見] 그것만으로도[斯] 좋겠다[可].

항(恒)은 구(久)와 상(常)과 같다. 변덕 없이 한결같다[恒]. 자신의 세숫대야[盤]에 일신(日新)이라 새기고 날마다 수덕(修德)하여 성군이란 이름을 듣는 탕왕(湯王) 역시 등항(登恒)이란 분을 선생으로 모실 수 있었기 때문이 아닌가. 장자(莊子)의 후학(後學)들까지도 탕왕을 이렇게 묘사하고 있다. "탕득기어사문윤등항(湯得其御司門尹登恒) 위지전지(爲之傳之) 종사이불유(從師而不圍) 득기수성(得其隨成)." 탕왕이[湯] 어사문윤[御司門尹] 등항을[登恒] 스승으로 모시고[爲之傳之] 선생을[師] 따라[從] 걸림 없게 하여[不圍] 성군이란 이름을[隨成] 누린다[得].

유가(儒家)가 말하는 한결같기[有恒]와 도가(道家)가 뜻하는 유항(有恒)은 서로 다르다. 먼저 공자의 뜻은 이러하다. "망이위유(亡而爲有) 허이위영(虛而爲盈) 약이위태(約而爲泰)." 없어도[亡] 있는 듯이 하라[爲有]. 있고 없음을 두고 변덕부리지 말라. 그러면 한결같다[恒]. 여기서 망(亡)은 무(無)와 같다. 이렇듯 유가는 있고[有] 없음[無]을 분별한다. 그러나 도가는 유무(有無)를 분별하지 않는다. 이렇듯 유가와 도가는 유무 즉 허영(虛盈)에 대한 관점이 서로 다르다.

비어도[虛] 가득한 듯이 하라[爲盈]. 허(虛)는 없음이다. 그래서 허무(虛無)라 한다. 유무(有無)와 허영(虛盈)은 같은 말이다. 영(盈)은 있음이다. 유가는 영(盈)을 이루라 하지만, 도가는 그것을 버리라고 한다. 그래서 유가는 위학일익(爲學日益)하라 하고, 도가는 위도일손(爲道日損)하라 한다. 배우고 배워 날마다 더하라[爲學日益]. 도를 따라 날마다 덜어내라[爲道日損]. 이처럼 유가는 유(有)를 따르고, 도가는 무(無)를 따른다.

가난해도[約] 태연히 하라[爲泰]. 약(約)은 절약(節約)의 준말로 새기면 된다. 절약은 빈(貧)으로 통한다. 가난해 쪼들린다고 궁상떨지 말라 함이요, 부유하다고 교만하지 말라 함이다. 항상 태연히 하라[爲泰]. 이는 덕(德)을 잃지 말라는 말씀이다.

그러나 유항(有恒)에 대한 이와 같은 공자의 뜻을 도가는 팽개쳐버리라 한다. 『노자(老子)』 19장을 보면 이런 말이 나온다. "절성기지(絶聖棄智) …… 절인기의(絶仁棄義) …… 절교기리(絶巧棄利) …… 견소포박(見素抱樸) 소사과욕(少私寡欲)." 성인을 끊어버리고[絶聖] 지식 따위를 버려라[棄智]. 인을 끊어버리고[絶仁] 의를 버려라[棄義]. 꾸미기를 끊어버리고[絶巧] 이롭기를 버려라[棄利]. 자연을 찾아[見素] 자연에 안겨라[抱樸]. 그러면 사사로움이 줄고[少私] 욕심이 줄어든다[寡欲].

도가는 유가가 긍정하는 성지(聖智)·인의(仁義)·교리(巧利)를 부정한다. 유가에서 말하는 성인은 인의(仁義)를 넓히는 분이고, 도가에서 말하는 성인은 자연(自然)을 따르는 분이다. 이처럼 성인(聖人)이 서로 다르니 유항(有恒)도 서로 다르다. 인의를 한결같이 하라 함이 유가의 유항자(有恒者)이고, 자연을 한결같이 하라 함이 도가의 무위자(無爲者)이다. 그러나 유가와 도가의 견해가 다르긴 하지만 인간이 한결같기란 참으로 어렵다는 공자의 말씀은 부정할 수 없을 것이다. "난호유항의(難乎有恒矣)." 한결같기란[有恒] 어렵다[難]. 성인 군자는 한결같이 인도(仁道)를 걷고, 소인배는 유리한 지름길을 가려는 속셈으로 계속 변덕을 부린다.

항(恒)

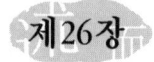

【문지(聞之)】
자조이불강(子釣而不綱)

【원문(原文)】

子釣而不綱하시며 弋不射宿이러시다
자 조 이 불 강　　　　익 불 석 숙

【해독(解讀)】
　공자께서 낚시질은 했지만 그물질은 하지 않았고[子釣而不綱], 주살로 새를 잡기는 했지만 앉아 있는 새는 쏘지 않았다[弋不射宿].

【담소(談笑)】
　자조이불강(子釣而不綱) 익불석숙(弋不射宿)
▶ 공자께서[子] 낚시질은 했지만[釣] 그물질은 하지 않았고[不綱], 주살을 날려 새 사냥은 했지만[弋] 멈춰 있는 새를 쏘아 잡지는 않았다[不射宿].

강(綱)은 망(網)을 이끄는 줄이다.『서경(書經)』「반경(盤庚)」상(上)에 이런 말이 나온다. "약망재강(若網在綱) 유조이불문(有條而不紊)." 만일[若] 그물에[網] 벼리가[綱] 있다면[在] 조리가[條] 있어서[有] 헝클어지지 않는다[不紊]. 여기서 말하는 벼리가 바로 강(綱)이다. 그물질을 할 때 그물을 물에 던졌다가 끌어올리는 끈이 벼리다. 그러므로 불강(不綱)은 그물질을 하지 않는다는 뜻으로 새기면 된다. 익(弋)은 오늬에 줄을 매어 쏘는 화살이다. 새 사냥에 쓰는 주살이 익이다. 석숙(射宿)에서는 석(射)을 주의해야 한다. 여기서는 화살을 쏘는 사(射)가 아니라 쏘아 맞춰 가질 석(射)으로 읽는다. 그리고 숙(宿)은 지(止)와 같고, 숙조(宿鳥)의 준말로 새기는 것이 통설이다. 앉아 있는 새를 숙조라 한다.

필요에 따라 땀 흘린 만큼만 거두어들였지 탐욕스럽게 공짜를 바라지 않았음을 밝히고 있다. 공자 같은 성인이 어찌 사욕(私欲)을 부리겠는가. 얼마나 인간적인 성인인가. 공자는 신선(神仙)처럼 행세하지 않았다. 평범한 사람이 정직하게 삶을 이어가듯이 공자도 일상생활을 그렇게 누렸다. 공자는 당신이 성인이라고 과시하지 않았다.

낚시질할 조(釣), 그물을 버리는 줄 강(綱), 주살 익(弋),
맞춰 잡을 석(射), 멈출 숙(宿)

제27장

【문지(聞之)】
택기선자이종지(擇其善者而從之)

【원문(原文)】

子曰 蓋有不知而作之者아 我無是也로라 多聞하야
자왈 개유부지이작지자   아무시야   다문
擇其善者而從之하며 多見而識之 知之次也니라
택기선자이종지   다견이지지 지지차야

【해독(解讀)】

공자께서 말했다[子曰]. "알지 못하면서 행하는 자가 더러 있지만
[蓋有不知而作之者] 나에게는 그런 일이란 없다[我無是也]. 많이 들어
보고[多聞] 그 중에서 좋은 점을 골라 따르고[擇其善者而從之], 많이
살펴보고 잘 알아본다[多見而識之]. 이런 것이 슬기에 버금가는 것이
다[知之次也]."

【담소(談笑)】

자왈(子曰)

「위정(爲政)」편 17장에서 자로(子路)에게 해주었던 말씀을 떠올
리게 한다. "아는 것을 안다 하고[知之爲知之] 모르는 것을 모른다
한다[不知爲不知]. 이것이 아는 것이다[是知也]." 알 수 있는지 알 수
없는지를 분명히 하라는 말씀이다. 모르면서 아는 체 허세부리지 말
라 한다. 모르면서 아는 체하여 어리둥절하게 만드는 사람은 팔방미
인 소리는 들어도 어느 것 하나 제대로 아는 게 없다. 허풍 떨지 말
라 한다.

개유부지이작지자(蓋有不知而作之者) 아무시야(我無是也)
▶ 대체로[蓋] 알지도 못하면서[不知] 알지 못하는 것을[之] 해버리
는[作] 사람이[者] 있다[有]. 나에게[我] 그런 일이란[是] 없다[無].

개유(蓋有)는 '대체로 많이 있다'는 뜻의 관용어이다. 작지(作之)

의 지(之)는 알지 못하는 것[不知]을 받는 부정대명사이다. 무(無)는 주어를 뒤에 둔다.

공자는 지지(知之)와 부지(不知)를 분명히 하라 한다. 『대학(大學)』각론(各論)의 첫머리를 상기해보라. "소위성기의자(所謂誠其意者) 무자기야(毋自欺也)." 이른바[所謂] 마음 속의 것을[意] 정성스럽게 한다는[誠] 것은[者] 스스로를[自] 속이지 않는다 함이다[毋欺].

지(知)는 마음 속의 것[意]에 속한다. 아는 것과 모르는 것을 분명히 분간하고 있으면 현명하고, 그렇지 못하면 어리석다. 부정직한 인간이 되지 말라는 뜻이다. 모르면 모른다고 하라. 모름을 아는 것이 안다는 것보다 더 소중한 줄 알라 한다.

대략 개(盖), 지을 작(作)

다문택기선자이종지(多聞擇其善者而從之) 다견이지지(多見而識之) 지지차야(知之次也)

▶ 많이[多] 들어서[聞] 그[其] 좋은 점을[善者] 골라[擇] 그 점을[之] 따라 하고[從], 많이[多] 살펴보고[見] 그것을[之] 잘 기억해 둠이[識] 앎에[知] 버금가는 것이다[次].

다문(多聞)의 문(聞)은 21장의 "삼인행필유아사(三人行必有我師)"라는 말씀을 상기해보면 좋을 것이다. 세 사람이[三人] 함께 가도[行] 그 중에는 반드시[必] 내[我] 스승이[師] 있다[有]. 세상 사람들의 마음을 잘 살펴 들어보라는 말씀이다.

다견(多見)의 견(見)은 「계씨(季氏)」편 2장의 "천하유도즉예악정벌자천자출(天下有道則禮樂征伐自天子出)"이란 말씀을 상기해보면 좋을 것이다. 세상에[天下] 도가[道] 있다면[有則] 예악과[禮樂] 정벌이[征伐] 천자로부터[自天子] 나온다[出]. 천하에 도(道)가 없으면 대부(大夫)나 가신(家臣)들이 설치고 백성의 원성이 들끓는다는 말이다.

왜 많이 듣고[多聞] 많이 살펴봐야[多見] 하는지 그 까닭을 짐작할 수 있을 것이다.

선자(善者)는 장자(長者)와 같이 좋은 점[善者]을 뜻한다. 지지(識之)의 지(識)는 지(誌)·기(記)와 같다. 잘 알아서 새기고 기억한다[識之]. 지지차야(知之次也)를 다견이지지(多見而識之)를 가리키는 지시어 시(是)를 더해 시지지차야(是知之次也)로 고쳐 새기면 문의(文意)가 쉽게 드러난다. 따라서 지지차야(知之次也)를 '다견(多見)과 지지(識之)가 아는 것[知] 다음으로 중요한 것[次]이다' 라고 새기면 된다.

지지차(知之次)의 차(次)는 아(亞)와 같다. 버금 차(次). 버금은 다음이란 말이므로 두 번째를 뜻한다. 그러니 다문(多聞)과 다견(多見)은 지(知)의 두 번째 방편이란 뜻이다. 그렇다면 첫 번째 방편은 무엇일까? 호학(好學)과 호고(好古)를 떠올리면 짐작할 수 있으리라. 학문(學文) 즉 문(文)을 배우는 일(學)이 지(知)의 첫 번째 방편이다. 그러므로 학문을 다하면서 세상 물정을 널리 살펴 듣고[聞] 널리 살펴보라[見]. 책상물림에 만족하면서 호학을 공론(空論)으로 삼지 말고, 호학한답시고 세상의 참모습[情]을 모르는 사람이 되지 말라는 뜻이리라. 이는 공자의 교육관(敎育觀)이라 할 수 있다.

> 많을 다(多), 들을 문(聞), 고를 택(擇), 좋을 선(善), 따를 종(從), 볼 견(見), 기억해둘 지(識), 버금 차(次)

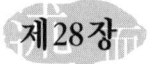

제28장

【문지(聞之)】
인결기이이진(人潔己以進) 여기결야(與其潔也)

【원문(原文)】

互鄕難與言이러니 童子見커늘 門人惑한대
호 향 난 여 언　　　　동 자 견　　　　　문 인 혹
子曰 與其進也요 不與其退也니 唯何甚이리오
자 왈　여 기 진 야　　불 여 기 퇴 야　　유 하 심
人潔己以進이어든 與其潔也요 不保其往也니라
인 결 기 이 진　　　여 기 결 야　　불 보 기 왕 야

【해독(解讀)】

　호향 사람들과 더불어 말하기가 어려웠다[互鄕難與言]. 공자께서 호향의 한 젊은이를 만나주자[童子見] 제자들이 당황했다[門人惑].
　이에 공자께서 말했다[子曰]. "그 젊은이의 향상을 도와주되[與其進也] 그의 퇴보를 내버려두지 않겠다[不與其退也]. 너무 심하게 할 것은 없지 않느냐[唯何甚]. 사람이 자기 자신을 깨끗이 하고 나아가면[人潔己以進] 그 나아감을 도와주면 되지[與其潔也] 지나간 일로 꺼릴 게 없다[不保其往也]."

【담소(談笑)】
자왈(子曰)

　공자께서 호향(互鄕)이란 고을에 머물렀는데 그 곳 사람들이 고집 스럽고 텃세가 심해 자기 마음에 찾아온 공자 일행을 심하게 냉대했던 모양이다. 그런데 그 고을의 한 젊은이가 공자의 가르침을 받고자 찾아왔다. 그러자 공자는 그 젊은이를 선뜻 받아들였다. 더불어 함께 말을 나누기 어려운 호향의 젊은이를 가르치려는 스승을 보고 제자들이 황당하게 생각했다. 그런 제자들에게 앞으로의 일이 중요하지 지나간 일을 두고 이러쿵저러쿵해서 무얼 하겠느냐고 타이르고 있다. 회인불권(誨人不倦)이라던 공자의 말씀이 새삼스럽다. 사람을[人] 가

르쳐 깨우치게 하는 데[誨] 게으름을 피우거나 멈추지 않는다[不倦]. 성인은 본래 사람을 가리지 않는다. 사람을 가려 호오(好惡)를 매기는 짓은 소인들이나 한다.

▶ 여기진야(與其進也) 불여기퇴야(不與其退也) 유하심(唯何甚)
그가[其] 나아가고자 하니[進] 도와준 것이지[與] 그가[其] 물러서고자 함을[退] 도와주는 것이 아니다[不與]. 너무[唯] 심하게 할 게[甚] 뭐 있겠느냐[何]?

여(與)는 허(許)와 시(施)와 같다. 허락하고 베풀어준다[與]. 진(進)은 여기서 진보(進步)의 준말로 새기고, 퇴(退)는 퇴보(退步)의 준말로 여기면 된다. 유하심(唯何甚)은 너무 심하게 하지 말라는 속뜻의 관용어이다.

여기 진(進)이란 한마디에서 공자의 교육관이 잘 드러난다. 진(進)은 배우려는 뜻이 있어서 자기발전을 하고자 한다는 의미로 새겨볼 수 있다. 그러면 공자가 제자를 둠에 선별하지 않았음을 알 수 있다. 성인은 사람을 신분이나 빈부 따위로 차별하지 않는다. 성인은 만물을 하나로 볼 뿐 여럿으로 나누어 보려고 하지 않는다. 이를 대일(大一)이라 한다. 그러니 조선조(朝鮮朝)의 유생(儒生)들은 공자의 참뜻을 그대로 본받았다고 할 수 없다. 공자 같은 성인에게 무슨 반상(班常)이 있겠는가. 배워서 자기를 발전시키려는 뜻만 있으면 그자가 누구든 공자는 가르치고자 했다. 이런 뜻을 공자는 이미 회인불권(誨人不倦)이라고 하지 않았던가. 사람을[人] 가르치는 데[誨] 게으름을 피우지 않았다[不倦].

베풀어줄 여(與), 나아갈 진(進), 물러설 퇴(退), 오로지 유(唯), 지나칠 심(甚)

인결기이진(人潔己以進) 여기결야(與其潔也) 불보기왕야(不保其往也)

▶ 자신을[己] 깨끗이 하고[潔] 나가면[進] 그[其] 깨끗이 함을[潔] 도와주려는 것이지[與] 그[其] 과거를[往] 보증해주려는 것은 아니다[不保].

결(潔)은 청(淸)과 정(淨)과 같다. 깨끗이 하라[潔]. 보(保)는 우(佑)와 같다. 도와주다[保]. 여기서 보(保)는 여(與)와 같은 뜻으로 새겨도 된다. 왕(往)은 거(去)와 같다. 왕진(往進)은 왕래(往來)와 같다. 왕(往)은 과거요, 내(來)는 미래가 아닌가. 공자가 신이호고(信而好古)한다 함은 옛것에 매달려 있음을 뜻하는 게 아니다. 지신(知新)함에 왜 새것[新]을 아는 것[知]이 절실한지 알려면 온고(溫故)해야 한다는 뜻이다. 옛것[故]을 살피는 일[溫]이 지신(知新)의 바탕을 이루어준다는 말씀이다. 그러니 공자가 복고주의(復古主義)를 주창한다고 말하지 말라.

결기(潔己)·수기(修己)·결신(潔身)·수신(守身) 등은 다 같은 말씀이다. 자기 자신을 정갈하게 깨끗이 하라[潔己]. 따지고 보면 호학(好學)하고 다문(多聞)하고 다견(多見)하여 자신을 발전시켜가라는 게 결기요, 수기요, 수신이요, 결신이다. 결기는 진보(進步)와 같다.

아마도 호향(互鄕)의 동자(童子)는 공자의 인도(仁道)를 걷고 싶었던 것 같다. 호향난여언(互鄕難與言)의 난(難)을 인도를 가르쳐주기 어렵다는 뜻으로 새기면 왜 공자가 호향의 젊은이[童子]를 만나주었는지 알 수 있을 것이다. 그 동자가 공자의 가르침을 받고자 하는 뜻을 보였기 때문이 아니겠는가. 그렇다면 불보기왕(不保其往)의 왕(往)을 어떻게 해석해야 할까? 공자의 인도(仁道)를 멀리하려던 때라고 새기면 되겠다. 그러니 공자가 만나준 동자는 결기(潔己)하고 싶었고, 공자는 그 동자를 도와 베풀었던 것이다. 성인은 한량없이 너그럽다는 사실을 우리가 모를 뿐이다.

깨끗이 할 결(潔), 자신 기(己), 도울 보(保), 옛 왕(往)

제29장

【문지(聞之)】

인원호재(仁遠乎哉)

【원문(原文)】

子曰 仁遠乎哉아 我欲仁이면 斯仁이 至矣니라
자왈 인원호재   아욕인   사인   지의

【해독(解讀)】

공자께서 말했다[子曰]. "인(仁)은 멀리 있는 것일까[仁遠乎哉]? 내가 인을 바라면[我欲仁] 인은 바로 나에게 와 있다[斯仁至矣]."

【담소(談笑)】

자왈(子曰)

남이 시킨다고 해서 인도(仁道)를 실천하는 것이 아님을 말하고 있다. 앞 장(章)에서 말한 결기(潔己)의 뜻이 여기서 드러난다. 결기란 인기(仁己)인 셈이다. 나를[己] 어질게 하라[仁]. 「위정(爲政)」편 4장으로 돌아가보라. "나는 열다섯 살에 학문(學文)에 뜻을 두었다[吾十有五而志于學]." 인도를 넓히는 것은 내 스스로이지 남이 시켜서 부역(負役)하는 것이 아니다. 복종(服從)으로는 인도가 넓혀지지 않음을 간곡하게 밝히고 있다.

인원호재(仁遠乎哉)
▶ 인(仁)은[仁] 멀리 떨어져 있는 것일까[遠乎哉]?

호재(乎哉)는 의문어조사이다. ~일까[乎哉]? 즉 호재(乎哉)에는 그렇지 않다는 반문의 속뜻이 있다고 볼 수 있다. 인(仁)은 나에게 멀리 있지 않다는 속뜻을 담고 반문한 것이 곧 인원호재(仁遠乎哉)이다. 인(仁)은 곧 인도(仁道)가 아닌가. 인(仁)은 곧 도(道)라는 게 인도(仁道)가 아닌가. 인도는 어진 도라는 말이 아니라 인(仁)이 곧 도(道)이라는 말이다. 그러므로 인(仁)은 멀리할 수 없는 길이다. 왜냐하면 도야자불가수유리야(道也者不可須臾離也)이기 때문이다. 도라는 것은[道也者] 한 순간이라도[須臾] 떨어질 수 없는 것이다[不可離]. 이는 『중용(中庸)』 1편 1장에 있는 말씀이다. 여기서 도(道) 대신에 인(仁)을 넣어도 된다. 인야자불가수유리야(仁也者不可須臾離也). 이런 말씀을 하고 있는 중이다.

어질 인(仁), 멀리 떨어질 원(遠)

아욕인(我欲仁) 사인지의(斯仁至矣)
▶ 내가[我] 어질기를[仁] 바라면[欲] 그[斯] 어짊이[仁] 나에게 와 있다[至].

아욕인(我欲仁)의 욕(欲)을 잘 새겨야 한다. 성인은 본래 바라는 것이 없다. 그런데 성인이 바란다고 단언하니 왜 바라는지 깊이 생각해 보아야 한다. 욕(欲)은 여기서 기원(期願)의 원(願)과 같다. 단단히 결심하고 바란다[願]는 뜻의 욕(欲)이다. 불가(佛家)에서는 이런 기원을 용맹정진(勇猛精進)이라고 한다. 어질겠다고 마음먹고 그 마음가짐을 행동으로 옮기면 어질지 못할 사람이란 없다는 속뜻이 바로 아욕인(我欲仁)에 담겨 있다. 인(仁)을 안다고 말만 하지 말고 그 인을 실천하는 것이 아욕인(我欲仁)이다.

그리고 사인지(斯仁至)의 지(至) 또한 잘 새겨야 한다. 지(至)는 도래(到來)의 도(到)와 같다. 물론 여기서 사(斯)는 '내가 바라는 바로 그것'이란 뜻이다. 그러니 사인(斯仁)은 '내가 바라는 어짊[仁]'이란 뜻이다. 내가 어질기를 바라면 곧 어짊이 나에게 두루두루 미친다 함이 곧 지(至)다. 생각마다 어질고 행동마다 어질게 된다 함이 여기서의 지(至)인 셈이다. 내가 어진 사람이 되기를 바라는 그 순간 바로 나는 인(仁)을 행동으로 옮기는 어진 사람이 된다는 뜻이 이 지(至)에 담겨 있다.

성인은 말을 아끼고 대신 한량없는 속뜻을 담아둔다. 이런 말솜씨를 무언(無言)이라 한다. 말이[言] 없다[無]. 이는 입을 다물고 속으로 말하게 하는 수법이지 말을 하지 않는다는 뜻이 아니다. 사인지의(斯仁至矣). 이런 말씀은 성인이 남긴 무언인 셈이다. 그 말씀이 내 입을 닫고 내 속으로 많은 것을 생각해보게 하기 때문이다. 성인은 나에게 속으로 네 자신에게 말해보라 하지 내가 조잘대기를 바라지 않는다. 성인의 말씀은 침묵(沈默)하라 한다. 침묵은 내가 나하고 속으로 말하는 것이 아닌가. 사인지의(斯仁至矣)란 한마디 말씀이 나에게 반문해보라고 한다. "나는 인자(仁者)가 되고 싶은가?" 되고 싶다면 누구나 될 수 있는 것이 바로 인자임을 공자께서 사인지의(斯仁至矣)란 말씀을 통해 우리에게 들려주고 있다.

나 아(我), 하고자 할 욕(欲), 이것 사(斯), 두루두루 이를 지(至)

제30장

【문지(聞之)】
구유과(苟有過) 인필지지(人必知之)

【원문(原文)】

陳司敗問 昭公이 知禮乎이꼬 孔子曰 知禮시니라 孔子退커늘 揖巫馬期而進之曰 吾聞君子는 不黨이라 하니 君子도 亦黨乎아 君取於吳하니 爲同姓이라 謂之吳孟子라 하니 君而知禮면 孰不知禮리오 巫馬期以告 子曰 丘也幸이로다 苟有過이어든 人必知之오녀

【해독(解讀)】

진나라의 사패가 물었다[陳司敗問]. "소공은 예를 알았습니까[昭公知禮乎]?"

공자께서 말했다[孔子曰]. "알았소[知禮]." 그리고 공자께서 자리를 떴다[孔子退].

무마기에게 예를 갖춰 다가가 말했다[揖巫馬期而進之曰]. "내가 듣기로는 군자는 편들지 않는다고 하던데[吾聞君子不黨] 군자도 역시 편을 들어주는지요[君子亦黨乎]? 소공은 오나라에서 부인을 취했습니다[君取於吳]. 노나라와 오나라는 동성(同姓)이라서[爲同姓] 오맹자라고 했는데[謂之吳孟子], 소공이 예를 안다면[君而知禮] 어느 누가 예를 모른다고 하겠는지요[孰不知禮]?"

무마기가 사패의 말을 공자께 아뢰었다[無馬期以告]. 그러자 공자께서 말했다[子曰]. "나는 참으로 행복하구나[丘也幸]. 잘못이 있으면[苟有過] 남이 반드시 그 잘못을 알아내는구나[人必知之]."

【담소(談笑)】
공자왈(孔子曰)

성인은 시비(是非)를 하지 않는다. 상대가 시비를 걸면 그냥 시빗거리를 되받아줄 뿐이다. 그렇게 하여 입을 막는 것이다. 진(陳)나라 사패(司敗)가 공자께 "소공지례호(昭公知禮乎)?" 하고 물었다. 이런 질문은 시비를 가려보자는 속셈에서 나왔다. 성인이 시비 거는 일을 할 리 없음을 사패가 몰랐던 것이다. 사패(司敗)는 오늘날 법무장관에 해당하는 벼슬이다. 또한 그는 성인이란 부정(否定)하기를 멀리하는 것도 몰랐던 모양이다. 시비하는 마음은 항상 옳음과 그름을 놓고 따지려 한다. 시빗거리로 옳으냐고 하면 그냥 옳다 해버리고 그르냐고 하면 그냥 그르다고 해버리는 성인의 마음을 읽지 못하는 것이 지자(知者)의 약점이다. 진나라 사패가 어찌 성인의 속마음을 읽을 수 있었겠는가. 공자가 왜 사패와 맞장구를 치지 않았는지 곰곰이 생각해보게 한다.

오문군자부당(吾聞君子不黨) 군자역당호(君子亦黨乎)
▶ 군자는[君子] 한쪽 편을 들지 않는다고[不黨] 나는[吾] 들었습니다[聞]. 그런데 군자도[君子] 역시[亦] 제 편이라고 편들어주는 것인가요[黨乎]?

공자가 사패(司敗)한테 "지례(知禮)"라고 한마디 던져주고 나가버렸다. 성인이 사패와 어찌 시비를 따지겠는가. 그러자 진나라 사패가 무마기(無馬期)한테 위와 같이 말했다. 무마기는 공자의 제자로 성씨가 무마(無馬)이고, 이름은 시(施), 자(字)는 기(期)이다. 당(黨)은 당파(黨派)의 준말로 새기면 된다. 내 편 네 편으로 편을 갈라 내 무리를 편드는 짓을 당(黨)이라 한다. 군자부당(君子不黨)은 평소 공자가 주장한 바이다. 사패가 이같이 시비를 걸고 나온 것은 공자가 "군자는 주이불비(周而不比)한다"고 『위정(爲政)』편 14장에서 말했고, 『자로

(子路)』편 23장에서 "군자는 화이부동(和而不同)한다"고 말했기 때문이리라.

> 나 오(吾), 들을 문(聞), 무리 당(黨)

군취어오(君取於吳) 위동성(爲同姓) 위지오맹자(謂之吳孟子)
▶ 소공이[君] 오나라에서[於吳] 부인을 취했습니다[取]. 소공과 부인의 성이 같아[爲同姓] 그 부인을[之] 오맹자라고[吳孟子] 했습니다[謂].

취(取)는 여기서 부인을 얻었다는 뜻의 취(娶)와 통한다. 위동성(爲同姓)은 다음의 고사(故事)를 알면 이해하기 쉽다. 노(魯)와 오(吳)는 본래 주(周)를 시조로 하는 같은 희(姬)씨인데도 불구하고 소공(昭公)이 자기와 성씨가 같은 오나라 여인과 결혼했다는 것이다. 이런 까닭에 진나라 사패가 공자의 고국인 노나라 임금 소공을 시빗거리로 삼은 것이다.

공자는 소국(小國)이었던 진나라를 두 번에 걸쳐 방문했다고 한다. 그 때에도 같은 성씨끼리는 혼인하지 않는 게 예(禮)였다. 그래서 소공은 그 부인이 죽자 희(姬)라는 성씨 대신에 휘명(諱名)으로 오맹자(吳孟子)라 했다. 일이 이러한데도 노나라 소공이 예를 알고 지키는 임금이냐고 진나라 사패가 공자의 제자 앞에서 빈정대고 있다. "군이지례(君而知禮) 숙부지례(孰不知禮)." 소공이[君] 예를[禮] 안다면[知] 어느 누구인들[孰] 예를[禮] 모르겠는가[不知]? 그런데 공자가 "소공은 예를 안다[知禮]" 대답했으니 사패가 보기에 군자도 별수없이 팔이 안으로 굽는다고 공자에 대해 입방아를 찧은 것이다. 그러자 무마기가 사패의 험담을 공자께 아뢰었다. 무마기도 스승의 심중을 헤아리지 못했던 모양이다.

취할 취(取), 나라 이름 오(吳), 한가지 동(同), 성씨 성(姓),
이를 위(謂), 맏이 맹(孟).

구야행(丘也幸) 구유과(苟有過) 인필지지(人必知之)
▶ 나 공자는[丘] 정말 행복하다[幸]. 진실로[苟] 잘못이[過] 있으면
[有] 남이[人] 반드시[必] 나에게 허물이 있음을[之] 알려주는구
나[知].

구(丘)는 공자(孔子)의 이름이다. 공(孔)은 성(姓)이고, 자(子)는 높
임말로 선생이란 뜻이다. 공자의 자(字)는 중니(仲尼)다. 구행(丘幸)
이라고 하면 평범한 말인데, 구야행(丘也幸)이라고 하여 강한 어조가
느껴진다. 그래서 공자가 사패의 험담을 진실로 반가워한다는 것을
알 수 있다. 그리고 이 구야행(丘也幸)이란 구절에서 공자가 노나라
소공의 취처(娶妻)가 비례(非禮)라는 사패의 견해에 동감하고 있음을
짐작할 수 있다.

그런데 왜 공자는 그런 사패한테 "소공이 예를 알아 지켰다[知禮]"
고 응대했을까? 성인은 시빗거리를 버리기 때문인 듯하다. 당신의 나
라 임금을 두고 다른 나라의 관료와 왈가왈부하는 것은 성인이 할 짓
이 아니라는 말이다. 부지례(不知禮)인 줄 알면서도 지례(知禮)라고
응대한 성인의 심중을 어떻게 헤아리면 될까? 앞서 28장의 "유하심
(唯何甚)"이라 했던 공자의 심중을 빌려 새겼으면 한다. 한사코 심하
게 할 게 무엇인가[唯何甚]. 비례(非禮)인 줄 알았으면 되었지 그것을
시빗거리로 삼을 것은 없다는 뜻이었으리라. 시비를 가까이하면 소
인(小人)이요 시비를 멀리하면 대인(大人)의 이웃은 된다.

언덕 구(丘), 운이 좋을 행(幸), 진실로 구(苟), 허물 과(過),
반드시 필(必).

제31장

【문지(聞之)】
필사반지(必使反之) 이후화지(而後和之)

【원문(原文)】

子與人歌而善이어든 必使反之하시고 而後和之
자 여 인 가 이 선   필 사 반 지   이 후 화 지
러시다

【해독(解讀)】
공자께서 남과 더불어 노래를 부르다가 남이 잘 부르면[子與人歌而善] 반드시 그로 하여금 노래를 다시 부르게 하고[必使反之], 그런 뒤에야 그와 맞추어 불렀다[而後和之].

【담소(談笑)】
자왈(子曰)

공자가 『시경(詩經)』을 편수(編修)했던 까닭을 알 만하다. 공자는 다른 성인들과 달리 시가무(詩歌舞)에 대해 이해가 깊었다. 앞서 본 「공야장(公冶長)」편 14장에서 배움을 좋아하는 데 주저함이 없고[敏而好學], 아랫사람에게 묻기를 수치로 여기지 않는다[不恥下問]고 말했지 않은가. 배워야 할 것이라면 열심히 배워라. 이것이 공자의 가르침 중 하나일 것이다. 예악(禮樂)을 치세(治世)의 방편으로 삼자던 공자가 남과 더불어 노래 부르기를 좋아한 것은 너무나 자연스럽다. 여기 31장을 보면 공자가 얼마나 인간적인 성인인지 다시금 확인할 수 있다. 본래 성인은 권위 따위를 모른다. 못난 인간이 목에 힘 주고

과시하려 한다. 이 장을 보면 노자의 말씀인 화광(和光)이 떠오른다. 밝되 눈부시지 않다[和光].

자여인가이선(子與人歌而善) 필사반지(必使反之) 이후화지(而後和之)

▶ 공자께서[子] 남과[人] 함께[與] 노래 부르다가[歌] 남이 노래를 더 잘하면[善] 반드시[必] 상대로 하여금[使] 다시 노래를 부르게 하고[反之], 그런 다음[而後] 함께 같이 불렀다[和之].

이 장(章)의 말씨는 따뜻한 대화의 분위기를 자아내면서 사람들이 함께 어울려 노래하는 모습을 눈에 선하게 보여준다. 이선(而善)은 이인선가(而人善歌)의 준말이고, 필사반지(必使反之)는 필사인반지(必使人反之)의 준말이며, 이후화지(而後和之)는 이후자여인화지(而後子與人和之)의 준말이다. 이와 같이 줄여 말한 것은 다정한 대화의 맛을 내기 위해서이다. 어느 어족(語族)의 말씨든 문장보다 대화의 맛을 낼 때는 일반적으로 같은 말의 반복을 피하고 생략하기를 좋아한다. 여기서 여인가(與人歌)는 남과 함께 합창한다는 말이다. 반지(反之)의 반(反)은 복(復)과 같고, 지(之)는 가(歌)를 받는 지시어로 볼 수 있다. 다시 한다[反]. 화지(和之)의 지(之) 역시 그런 지시어이다.

왜 공자는 반드시 남으로 하여금 다시 노래 부르게 했을까? 당신보다 남이 노래를 더 잘 불렀기 때문이었으리라. 소인은 저보다 나으면 샘을 내지만, 대인은 자신보다 나은 자를 만나면 선생으로 모시고 배우고자 한다. 앞서 21장에서 "삼인행(三人行) 필유아사(必有我師)"라고 했음을 상기하면 여기서 공자가 왜 그렇게 하는지 알 수 있을 것이다. 세 사람이[三人] 함께 가면[行] 반드시[必] 내[我] 선생이[師] 있다[有]. 다시금 「공야장(公冶長)」편 14장의 말씀이 새삼스럽다. "민이호학(敏而好學) 불치하문(不恥下問)." 형편 따라 배운다는 말은 허튼 소리다. 배울 수 있다면 때와 장소를 가리지 말고 배워라.

이 장은 공자가 호학(好學)을 실천하는 데 얼마나 철저한가를 다시 보게 한다.

함께 여(與), 노래 부를 가(歌), 잘할 선(善), 시킬 사(使),
다시 할 반(反), 뒤 후(後), 어울릴 화(和)

제32장

【문지(聞之)】
궁행군자(躬行君子)

【원문(原文)】

子曰 文莫吾猶人也아 躬行君子는 則吾未之有得
자왈 문막오유인야   궁행군자   즉오미지유득
호라

【해독(解讀)】
공자가 말했다[子曰]. "학문이라면 내 남만 못하겠는가[文莫吾猶人也]? 군자답게 몸소 실천하는 데는[躬行君子] 아직 충분히 이르지 못했다[則吾未之有得]."

【담소(談笑)】
자왈(子曰)
성인은 자명(自明)하다 한다. 지금 공자는 수기(修己)하라, 결기(潔己)하라는 말씀을 하고 있다. 공자의 말씀을 독백(獨白)으로 듣지 말

라. 우리를 향해 때로는 당부하고 때로는 꾸짖는 말씀이라고 여기면 누구든 공자를 만나뵙고 자신을 찾는다. 내가 나를 찾아 밝히려면 내 자신의 장단점을 알아두라는 당부로 이 장의 말씀을 들었으면 한다. 성인에게는 등잔 밑이 어둡다는 속담이 통하지 않는다. 오히려 성인의 등잔 밑은 더 밝다. 다만 범부(凡夫)들이 그런 속담을 빙자해 잔꾀를 부릴 뿐이다.

문막오유인야(文莫吾猶人也) 궁행군자(躬行君子) 즉오미지유득(則吾未之有得)
▶ 학문이라면[文] 내가[吾] 남만[人] 못하겠는가[莫猶]? 군자이기를[君子] 몸소[躬] 실천하는[行] 일이라면[則] 나한테는[吾] 아직 이루지 못한 면이 있다[未之有得].

막(莫)~야(也)는 불(不)~호(乎)와 같은 관용구이다. ~아니겠느냐[莫~也]? 유(猶)는 여기서 사(似)와 같은 뜻이다. 같다[猶]. 궁행(躬行)은 몸소 실천한다는 뜻이다.

말로만 군자(君子) 타령 하지 말라 한다. 군자로서 살라 함이 궁행군자(躬行君子)이리라. 공자가 이처럼 자겸(自謙)하니 할 말이 없다. 범부는 오만(傲慢)하고 성인은 겸손(謙遜)하다는 말이 실감난다. 성인은 스스로를 낮추고 살기를 마다하지 않는다. 그래서 노자(老子)도 사람들이 자기를 소라고 부르면 소가 될 터이고, 말이라고 부르면 말이 될 터라고 했구나 싶다. 공자를 두고 군자가 아니라고 한다면 군자는 없다. 우리네 범부를 향해 공자가 이렇게 말하고 있다. "자기 자신을 밝혀라[修己]." 다음 33장에서 성인의 뜻은 더욱 분명해진다.

못할 막(莫), 같을 유(猶), 몸 궁(躬), 아닐 미(未), 얻을 득(得)

제33장

【문지(聞之)】
약성여인(若聖與仁)

【원문(原文)】

子曰 若聖與仁은 則吾豈敢이리오 抑爲之不厭하며
자왈 약성여인 즉오기감   억위지불염

誨人不倦은 則可謂云爾已矣니라
회인불권   즉가위운이이의

公西華曰 正唯弟子不能學也로소이다
공서화왈 정유제자불능학야

【해독(解讀)】

공자께서 말했다[子曰]. "성인과 인자와 같은[若聖與仁] 일이라면 내 어찌 감히 할 수 있겠는가[則吾豈敢]? 고작해야 배워 따라하기를 싫어하지 않고[抑爲之不厭], 남들을 가르치는 데 게으리하지 않았다고[誨人不倦] 말할 수 있을까 할 뿐이다[則可謂云爾已矣]."

공서화가 말했다[公西華曰]. "바로 그러함을 제자들이 본받아 하지 못합니다[正唯弟子不能學也]."

【담소(談笑)】
자왈(子曰)

성인의 자명(自明)함이 한결 더 분명하게 드러난다. 겸허(謙虛)한 공자를 보라. 성인(聖人)은 자신을 일러 성인이라 하지 않는다. 인자(仁者) 역시 자신을 일러 스스로 인자라고 하지 않는다. 그래서 세상이 성인을 잘 알아보지 못하고, 인자가 인자인지 모른다. 성인의 삶과 인자의 삶을 배워 흉내냈을 뿐이라는 공자를 보라. 얼마나 호학(好學)하고 얼마나 수기(修己)하면서 삶을 마주하는지 여실히 보여준다. 이래서 성인을 두고 세상의 거울이라고 하지 않는가. 그 거울은 항상 맑고 밝다. 다만 소인들이 그 앞에 서서 자기를 들여다보기 꺼릴 뿐이다. 그래도 성인은 열심히 거울을 닦고 있음을 여기 33장에서 깨우치게 해준다.

약성여인(若聖與仁) 즉오기감(則吾豈敢)
▶ 인자와 성인과 같은[若聖與仁] 일이라면 내가 어찌 감히 행하겠는가[則吾豈敢]?

약(若)은 여(如)와 같다. ~과 같다[若]. 성여인(聖與仁)에서 성(聖)은 성인(聖人)의 준말로 보고, 인(仁)은 인자(仁者)의 준말로 보면 된다. 기감(豈敢)은 '어찌 감히 ~하겠느냐'는 뜻의 관용어이다. 공자는 어찌 감히 자신이 성인이나 인자이겠느냐고 당신을 낮춘다. 세상이 성인이라고 불러줄 뿐 성인은 자기 스스로를 성인이라고 생각하지 않는다. 이미 32장에서도 공자의 그런 마음가짐을 보았다.

같을 약(若), 곧 즉(則), 어찌 기(豈), 감히 할 감(敢)

억위지불염(抑爲之不厭) 회인불권(誨人不倦) 즉가위운이이의(則可謂云爾已矣)
▶ 고작해야[抑] 성인과 인자를[之] 본받아 하기를[爲] 싫어하지 않았고[不厭], 사람들을[人] 가르치는 데[誨] 지치지 않았다[不倦]. 그런 일이라면 [則] 말할 수[可謂云] 있을 뿐이다[爾已矣].

억(抑)은 여기서 전어(轉語) 구실을 한다. 내용을 바꾸어 말하려고 할 때 사용하는 낱말[轉語]이다. 고작해야[抑]. 이이의(爾已矣)는 이이의(而已矣)와 같이 강조하는 종결어미다. ~할 뿐이다[爾已矣]. 여기

33장은 앞의 2장을 다시금 살펴보게 한다. 특히 2장과 33장은 공자의 생활을 관류하는 뜻이 잘 드러나 있는 편이다.

위지불염(爲之不厭)은 2장의 학이불염(學而不厭)과 같은 말이다. 위지(爲之)의 지(之)는 앞에 나온 약성여인(若聖與仁)을 받는 지시어라고 보면 된다. 공자가 강조하는 학(學)은 문(文)을 배워 터득해 깨우치는 일이다. 물론 공자가 말하는 문(文)은 아언(雅言)이다. 성인(聖人)과 인자(仁者)의 말씀이 아언이다. 1장에서 공자는 신이호고(信而好古)라고 말한 바 있다. 그 고(古)라는 것도 주공(周公) 단(旦)의 문물제도뿐만 아니라『시경(詩經)』,『상서(尙書)』등에 있는 아언을 말하기도 한다. 공자는 이런 학(學)을 싫증낸 일이 없노라 단언하고 있다.

회인불권(誨人不倦)은 2장에서 그대로 한 말씀이다. 회(誨)는 유(諭)와 같다. 가르쳐 일깨운다[誨]. 이 회(誨)는 교훈(敎訓)을 아우르는 말이다. 사람들을 가르쳐 일깨우는 일에 지치지 않았다고 단언하는 공자를 보라. 이는 교육자라기보다는 성직자란 생각이 앞선다. 수기(修己)하고 결기(潔己)하도록 사람을 가르치는 일은 직업인으로서는 불가능하다. 공자는 회인(誨人)을 하늘이 내린 덕으로 여긴다. 앞 22장에 돌아가 보라. "천생덕어여(天生德於予)." 하늘이[天] 나에게[於予] 덕을[德] 점지했다[生]. 공자는 회인(誨人)을 성의(誠意)로써 다했다. 성의는 곧 무자기(毋自欺)가 아닌가. 내가 내 자신을 속이지 않는다[毋自欺]. 그래서 공자는 내놓고 말할 수 있다[可謂云]고 단언한다[爾已矣].

또한 억(抑), 할 위(爲), 싫어할 염(厭), 가르칠 회(誨), 지칠 권(倦), 말할 운(云)

제34장

【문지(聞之)】
구지도구의(丘之禱久矣)

【원문(原文)】

> 子疾病이시어늘 子路請禱한대 子曰 有諸아
> 자 질 병   자 로 청 도   자 왈 유 제
> 子路對曰 有之하니 誄曰 禱爾于上下神祇라 하더이다
> 자 로 대 왈 유 지   뇌 왈 도 이 우 상 하 신 기
> 子曰 丘之禱久矣이라
> 자 왈 구 지 도 구 의

【해독(解讀)】

공자께서 병을 앓으니[子疾病] 자로가 기도를 올리자고 했다[子路請禱].

공자께서 말했다[子曰]. "그런 것도 있느냐[有諸]?"

이에 자로가 아뢰었다[子路對曰]. "네 있습니다[有之]. 뇌문에 보면 이런 말이 있습니다[誄曰]. '위로는 천신에게 빌고 아래로는 지기에게 빈다[禱爾于上下神祇].'"

이에 공자께서 말했다[子曰]. "나는 하늘에 빈 지 오래이다[丘之禱久矣]."

【담소(談笑)】
자왈(子曰)

천지신명(天地神明)에 담긴 참뜻을 제대로 헤아리라고 말한다. 앞서 33장에서 공자의 성의(誠意)를 살필 수 있었다. 인간이 저마다 정

성을 다하고 노력할 수 있는 만큼 다 하는 삶이 신(神)의 도움을 받는 삶이라 말하고 있다. 공자는 살아오면서 늘 천지(天地)에 빌며 성의(誠意)를 다했는데 새삼스럽게 병을 고쳐달라고 비는 것이 무슨 말이냐고 반문한다. 그런 기도는 요행을 바라는 것이다. 공자는 요행을 인정하지 않는다. 요행이란 본래 사욕(私慾)이기 때문이다. 그래서 공자는 인간의 지(知)란 귀신(鬼神)을 경이원지(敬而遠之)하라 한다. 귀신을 공경하되[敬而] 그 귀신이란 것을[之] 멀리하라[遠]. 이는 요행을 바라고 귀신한테 빌붙어 의지하지 말라 함이다. 땅의 기운 귀(鬼)와 하늘의 기운 신(神)은 결코 어느 누구도 편애(偏愛)하지 않음을 알라 함이다. 천지무친(天地無親)이란 말이다. 천지에는[天地] 사사로움 이란[親] 없다[無]. 그러니 복을 빈다고 복을 줄 귀신은 없다. 복 받을 삶은 스스로 자기가 만들기 때문이다.

유제(有諸)
▶ 그런 것도[之] 있는가[有乎]?

유제(有諸)의 제(諸)는 어조사이다. 의문문이면 지호(之乎)의 준말로 보고, 긍정문이면 지어(之於)의 준말로 본다. 여기서는 의문문일 때의 어조사 제(諸)로 새긴다.

공자가 병을 얻어 앓게 되자 제자인 자로(子路)가 아뢰었다. "청도(請禱)." 귀신께 빌기를[禱] 간청했다[請]. 그러자 공자가 자로에게 그런 것도 있느냐[有諸]고 물었다. 유제(有諸)는 유지호(有之乎)의 준말인데 지(之)는 도(禱)를 받는 지시어이다. 따라서 유제(有諸)는 유도호(有禱乎)로 새기면 된다.

스승의 반문을 듣자 자로는 기도를 올리는 일이 있다[有之]고 아뢰면서 뇌문(誄文)에 있는 말을 예로 들었다. "뇌왈(誄曰) 도이우상하신기(禱爾于上下神祇)." 기도를 올리는 글[誄文]에 말하기를[曰], 위로는[上] 천신[神]과 아래로는[下] 지기에[于祇] 병을[爾] 빈다[禱]고 합니다.

도이(禱爾)의 이(爾)는 기(其)와 같다. 여기서는 자질병(子疾病)을 받는 지시어라고 보면 된다. 뇌(誄)는 뇌문(誄文) 즉 기도문을 말한다. 신(神)은 천(天)의 기운(氣運)이고, 기(祇)는 지(地)의 기운이다. 신기(神祇)와 귀신(鬼神)은 같은 말이다. 스승을 걱정하는 자로의 마음이 절절하다.

어조사 제(諸)

구지도구의(丘之禱久矣)
▶ 나야말로[丘] 하늘에 빈 지[禱] 오래이다[久].

구(丘)는 공자의 이름이다. 공자가 늘 빌면서 살았다고 밝힌다. 말하자면 천지신명(天地神明)으로 살았다는 말이다. 천지의 신기(神祇) 앞에 자신을 밝히면서 학이불염(學而不厭)하고 회인불권(誨人不倦)하며 결기(潔己)하기를 성의(誠意)로써 다했다는 것이다. 그런데 왜 새삼 병을 핑계삼아 빌려 하느냐고 제자를 타이르며 걱정하지 말라 한다. 그 따뜻함이 사제(師弟) 사이에 무럭무럭 피어오른다. 성현이 다 친할아버지 같지만, 특히 공자의 말씀을 들으면 마치 내 어릴 적 할아버지 무릎에 앉았던 시절이 새삼 떠오른다.

성인(聖人)을 두고 철인(哲人)이니 사상가(思想家)니 말하지 말라. 철인이나 사상가는 주자(朱子)나 플라톤(Plato)이지, 공자나 소크라테스(Socrates)는 그보다 훨씬 윗길인 인간의 최고봉이다. 인간으로서 성인은 천지(天地)에 버금간다. 그러니 공자를 어렵다 하지만 말고 할아버지라 여기고 만나보라. 그러면 참으로 심광체반(心廣體胖)의 참뜻을 누구나 나름대로 체험할 수 있으리라. 주자가 공자를 8할쯤 터득했다 하자. 그리고 나는 1할쯤 터득했다 하자. 주자의 8할을 샘낼 이유가 없다. 내 스스로 터득한 1할이 나에게는 더욱 소중하고 크다. 남이 씹어준 고기는 이미 맛이 다 빠져버려 그것을 먹다가는 괜히 살만 찐다. 오죽하면 살찐 돼지라고 하는가. 그러나 공자를 할아버지로 만나면 누구나 날씬해지리라. 왜냐하면 누구나 마음이 넓어지고[心廣] 몸이 편안해진다[體胖]는 처방을 성인(聖人) 할아버지로부터 받을 수 있기 때문이다.

언덕 구(丘), 빌 도(禱), 오래 구(久)

제35장

【문지(聞之)】
사즉불손(奢則不孫) 검즉고(儉則固)

【원문(原文)】

子曰 奢則不孫하고 儉則固니 與其不孫也든 寧
자왈 사즉불손   검즉고   여기불손야   영
固니라
고

【해독(解讀)】
공자께서 말했다[子曰]. "사치스러우면 거만하고[奢則不孫] 검소하면 고루하지만[儉則固], 그래도 거만함보다는 차라리 고루함이 낫다[與其不孫也寧固]."

【담소(談笑)】
자왈(子曰)
다시금 『대학(大學)』이 밝히는 성의(誠意)와 일신(日新)을 상기시키고 있다. 성의(誠意)로써 날마다 새롭게 살라[日新]. 그러자면 마음가짐과 몸가짐을 겸허(謙虛)하게 하라. 겸허는 자기를 낮추어[謙] 마음을 텅 비게 하라[虛] 함이다. 그러자면 마음 속[意]을 정성스럽게[誠] 해야 한다는 것이다. 지극히 정성어린 모습을 일러 허(虛)니 정(正)이니 정(淨)이니 무(無)이니 한다. 허심(虛心)도 지극한 정성(精誠)이요, 정심(正心)·정심(淨心)·무심(無心) 등도 다 정성이다. 그러자면 무엇보다 불손(不孫)을 멀리하라. 성인은 회초리를 들지 않고도 우리 마음을 사무치게 한다. 다만 우리가 성인의 말씀을 외면하려는 것이 탈이다.

사즉불손(奢則不孫) 검즉고(儉則固) 여기불손야녕고(與其不孫也寧固)
▶ 사치하면[奢則] 거만하기 쉽고[不孫], 검소하면[儉則] 고루하기 쉽다[固]. 그래도 거만함[不孫]보다는[與其] 고루함이[固] 차라리 낫다[寧].

사(奢)는 부귀(富貴)로 영화(榮華)를 누린다는 뜻이다. 손(孫)은 여기서 손(遜)과 같다. 자기를 낮추고 사양하는 마음가짐이 손(孫)이다. 검(儉)은 박(樸)과 같다. 검소(儉素)의 준말로 여기면 된다. 부귀영화를 멀리한다 함이 검소(儉素)이다. 여기(與其)~녕(寧)은 관용어구이다. ~하느니보다는 차라리 ~해라[與其~寧].

노자(老子)는 첫 번째 보물로 검(儉)을 꼽았다. 그러나 공자는 그것을 노자처럼 높이 사지는 않는 듯하다. 하여튼 성인의 보물은 금은(金銀)이 아니다. 성인은 마음을 편안하게 하는 것을 보물이라고 한다.

고(固)는 고루(固陋)의 준말로 새기면 된다. 고루(固陋)와 고집(固執)은 같은 뜻이다. 하나의 말뚝에 자기를 묶는 짓이 고루함이다. 고집불통(固執不通)이란 말을 상기해보라. 물도 고이기만 하면 썩는다. 변동(變動)이 없으면 살아남는 것은 없다. 그래서 『주역(周易)』은 역

(易)을 일러 도(道)라고 한다. 도유변동(道有變動)이라 하지 않는가. 도에는[道] 변동이란 것이[變動] 있다[有]. 역(易)은 곧 변동을 말한다. 변동(變動)·변통(變通)·궁즉변(窮則變) 모두 고집(固執)하지 말라는 뜻이다. 고집하면 고루(固陋)하다. 통하지 못해 꽉 막혀 답답하다[固陋].

공자가 검소(儉素)만을 고집하지 않는 것은 호학(好學)을 먼저 두기 때문이다. 검소하라 함은 결국 자연을 닮아 살라는 것이지 문화생활을 넓혀가라는 뜻이 아니다. 이런 점에서 공자는 검(儉)을 고루하기 쉽다고 본 것이다. 성인은 모두 다 변통(變通)하여 자재(自在)하라 한다. 성인의 세계에는 이념(理念)이란 말뚝이 없다. 항상 자재(自在)하며 일신(日新)한다. 그러니 성인은 자유롭고 걸림이 없다. 불가(佛家)의 무애(無碍) 역시 자유자재(自由自在)로 변통하라는 뜻 아닌가.

사치할 사(奢), 공손할 손(孫), 검소할 검(儉), 고루할 고(固)

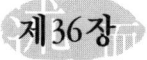

제36장

【문지(聞之)】
군자탄탕탕(君子坦蕩蕩)

【원문(原文)】

子曰 君子는 坦蕩蕩이요 小人은 長戚戚이니라
자왈 군자　　　탄탕탕　　　소인　　　장척척

【해독(解讀)】

공자께서 말했다[子曰]. "군자는 평정하고 넓으며 너그럽고[君子坦蕩蕩], 소인은 항상 겁내고 두려워한다[小人長戚戚]."

【담소(談笑)】
자왈(子曰)

다시금 군자(君子)와 소인(小人)을 견주어 말하고 있다. 이미 군자는 화이부동(和而不同)하고 주이불비(周而不比)하지만, 소인은 동이불화(同而不和)하고 비이부주(比而不周)한다고 강조한 바 있다. 군자는 인의(仁義)로써 살고 소인은 명리(名利)로써 산다.

군자는 왜 탕탕(蕩蕩)하고 소인은 척척(戚戚)하겠는가? 명리 탓이다. 명리를 버리면 탕탕하고 매달리면 척척하다. 탕탕은 나를 가볍게 하고 척척은 무겁게 한다. 공자는 군자의 모습을 가리켜 탕탕(蕩蕩)이라 했고, 장자(莊子)는 그 모습을 가리켜 허실(虛室)이라 했다. 소인의 마음은 꽉 들어찬 방과 같고, 군자의 마음은 텅 빈 방[虛室]과 같다는 것이다. 그래서 군자는 항상 마음이 가볍지만 소인배는 항상 마음이 무겁다. 그러니 명리를 곰곰이 생각해보라 한다.

군자탄탕탕(君子坦蕩蕩) 소인장척척(小人長戚戚)
▶ 군자는[君子] 너그러우며[坦] 넓고 크지만[蕩蕩], 소인은[小人] 늘[長] 걱정하고 근심한다[戚戚].

탄(坦)은 관(寬)과 같다. 너그럽다[坦]. 탕(蕩)은 광(廣)과 대(大)와 같다. 넓고 크다[蕩]. 장(長)은 상(常)과 같다. 늘 항상[長]. 척(戚)은 우(憂)와 같다. 근심하고 걱정한다[戚].

군자의 마음과 소인의 마음을 대비하고 있다. 왜 군자의 마음가짐은 탕탕(蕩蕩)할까? 인(仁)으로써 마음이 편안하기 때문이다. 왜 소인은 척척(戚戚)할까? 욕(慾)으로써 마음이 불안하기 때문이다. 군자는 무사(無私)하다 한다. 본래 사(私)를 버리면 누구나 탕탕하게 마련이다. 그러나 소인은 자기를 얽어매는 사(私)를 버리지 못한다. 공자는 지금 우리를 향해 "너는 군자를 그리워하느냐"고 반문하고 있다. 나만 잘 되면 그만이라는 사람이라면 누구든 소인이다. 나만 살면 된다는 생각보다 더한 불인(不仁)은 없다. 탕탕(蕩蕩)은 인자(仁慈)한 덕이지만, 척척(戚戚)은 불인(不仁)하기 때문이다.

> 평평할 탄(坦), 넓고 큰 탕(蕩), 늘 장(長), 근심할 척(戚)

제37장

【문지(聞之)】
공이안(恭而安)

【원문(原文)】

> 子는 溫而厲하시며 威而不猛하시며 恭而安이러시다
> 자   온이려   위이불맹   공이안

【해독(解讀)】
공자께서는[子] 온화하시되 엄숙하고[溫而厲], 위엄이 있으시되 무섭지 않으며[威而不猛], 공손하시되 편안하게 한다[恭而安].

【담소(談笑)】
온이려(溫而厲) 위이불맹(威而不猛) 공이안(恭而安)
▶ 온화하시면서[溫而] 엄숙하시고[厲], 당당하시면서[威而] 무섭지

않으시며[不猛], 공손하시면서[恭而] 편안하게 하신다[安].

 온(溫)은 온화(溫和)의 준말로 새기면 좋다. 여(厲)는 엄(嚴)과 같다. 엄숙하다[厲]. 위(威)는 여기서 위세(威勢)의 준말로 새기면 된다. 당당하다[威]. 맹(猛)은 오(惡)와 같다. 사나워 무섭다[猛]. 공(恭)은 공손(恭遜)의 준말로 보면 된다. 치우치지 않고 중정(中正)의 성품을 간직한 공자를 밝히고 있다. 제자들이 스승을 받들어 추앙하는 까닭이기도 하다. 공자는 순(舜)임금이 바라던 바 그대로의 성품을 간직한 셈이다.

 『서경(書經)』 2장 「순전(舜典)」에 이런 말씀이 나온다. "직이온(直而溫)하며 관이율(寬而栗)하며 강이무학(剛而無虐)하며 간이무오(簡而無傲)하게 하라." 순임금이 기(蘷)에게 전악(典樂)의 관직을 임명하면서 이렇게 인간의 성품을 가르치라고 당부했다 한다. 곧되[直而] 온화하고[溫], 너그럽되[寬而] 위엄 있으며[栗], 굳세되[剛而] 포학하지 않고[無虐], 단순하되[簡而] 오만하지 않게 하라[無傲].

 성품이 이러하다면 무상탈륜(無相奪倫)하고 신인이화(神人以和)한다고 순임금은 밝혔다. 서로[相] 질서를[倫] 잃는 일이[奪] 없고[無], 그렇게 하여[以] 신과 인간이[神人] 어울린다[和]. 공자는 순임금을 성인으로 삼았다. 여기 「술이(述而)」편 마지막 장에서 공자의 제자들이 스승을 찬미한다고 상상해보라. 그러면 공자가 얼마나 신비로운 성품으로 회인(誨人)했는지 알 수 있을 것이다. 공자의 가르침[誨人]은 실로 우리로 하여금 신인이화(神人以和)를 일깨워 인도(仁道)를 걷게 한다.

따뜻할 온(溫), 엄숙할 려(厲), 위엄 위(威), 무서울 맹(猛),
공손할 공(恭), 편안할 안(安)

전편(前篇) 8

태백(泰伯)

입문 맨 첫 장(章)에 나오는 '태백(泰伯)'을 따서 편명(篇名)을 삼고 있다. 「태백(泰伯)」편은 21장으로 되어 있다. 주로 덕(德) 이 무엇인지를 밝히고, 현인(賢人)과 군자(君子)의 모습을 밝히 는 내용이 많다. 그래서 요(堯)·순(舜)·우(禹) 등 성왕과 현인 들을 칭송하고 예악(禮樂)을 언급하기도 한다. 특히 "증자유질 (曾子有疾)"로 시작하는 3장은 인간의 생사가 얼마나 장엄한가 를 절절하게 체험할 수 있다. 「태백」편은 부지런히 학문(學文) 함으로써 입신(立身)할 수 있다는 유가(儒家)의 목표를 분명히 하면서, 수도(守道)가 위정(爲政)임을 논하여 어떻게 정치할 것 인가를 밝히는 매우 유가적인 내용이다.

제1장

【문지(聞之)】

삼이천하양(三以天下讓)

【원문(原文)】

子曰 泰伯은 其可謂至德也已矣로다 三以天下讓하되 民無得而稱焉이오녀
자왈 태백 기가위지덕야이의 삼이천하양 민무득이칭언

【해독(解讀)】

공자께서 말했다[子曰]. "태백은 덕이 지극히 높다고 말할 수 있다[泰伯其可謂至德也已矣]. 세 번에 걸쳐 천하를 양보했지만[三以天下讓], 세상 사람들은 미처 몰라 그 일을 칭송하지 않았다[民無得而稱焉]."

【담소(談笑)】

자왈(子曰)

태백(泰伯)이란 인물을 빌려 지덕(至德)을 해석하고 있다. 유가(儒家)는 덕(德)과 예(禮)가 서로 불가분의 관계라 하고, 도가(道家)는 덕이란 예를 떠나 있다고 한다. 물론 여기서 예는 주례(周禮)를 뜻한다. 이처럼 덕에 대한 유가와 도가의 관점은 서로 다르다. 도가는 그냥 그대로일수록 덕에 가깝다고 본다. 포박(抱樸)하라. 그러면 덕행(德行)이다. 이렇게 도가는 주장한다. 자연을[樸] 떠나지 말라[抱]. 그러나 유가는 이렇게 주장한다. 예를 지켜라. 그러면 덕행이다. 유가는 예를 사양지심(辭讓之心)이라고 해석한다. 사양(辭讓)하는 마음이 예라는 말이다. 사양은 양보하여 물려주는 마음이다. 이는 욕심을 버린다는 뜻이다. 즉 덕이란 바로 욕심을 버리는 데서 비롯된다는 것이다. 공자는 이런 버림을 남들이 보란 듯이 하면 진정한 덕이 아니라고 밝힌다. 좋은 일일수록 오른손이 했으면 왼손이 모르게 하라 하지 않는가. 덕은 쇼도 아니고 이벤트도 아니다. 생색을 낼수록 덕은 엷어져 없어지고 만다.

태백기가위지덕야이의(泰伯其可謂至德也已矣)
▶ 태백이란[泰伯] 그 분이야말로[其] 지극한[至] 덕을 갖추었다고[德] 말할 수 있다[可謂].

위(謂)는 여기서 영어 'to be called'와 같은 구실을 한다고 보면 쉽다. 기(其)는 앞의 태백(泰伯)을 강조하는 지시어로서 여기서는 '태백이란 그 분'이란 강한 어조를 내기 위해 쓰였다. 지덕(至德)의 지(至)는 여기서 극(極)과 같다. 더할 바 없이 지극하다[至]. 야이의(也已矣)는 단언하는 말투의 종결어미다.

태백(泰伯)은 주(周)나라를 세우기 전의 현인(賢人)이다. 태백의 아버지 고공(古公)은 은(殷)나라의 제후(諸侯)였고 태백은 그의 장자(長子)였다. 고공에게는 태백(泰伯)·중옹(仲雍)·계력(季歷) 등 세 아들이 있었는데, 막내 역(歷)의 아들인 손자 창(昌)이 비범함을 알고 그를 후계자로 삼기 위해 아들 역을 세자(世子)로 정했다. 그러자 부왕(父王)의 속뜻을 알아챈 태백은 중옹과 함께 남쪽의 오월(吳越)로 가서 머리를 깎고 몸에 문신을 하고 숨어살았다. 그래서 아무 탈없이 역을 거쳐 창에게로 왕위가 세상 모르게 물려지도록 했다. 그렇게 하여 왕위에 올랐던 창이 주나라를 세운 문왕(文王)이다.

「팔일(八佾)」편 14장을 상기해보라. 거기서 공자는 단언했다. "아 종주(我從周)." 공자의 유가(儒家)는 하은(夏殷)을 거쳐 주나라의 문화를 이어받았기에 성립이 가능했다고 본다. 그래서 유가는 특히 주나라의 제도로서 예(禮)를 중시하게 되었다. 사람을 중심으로 사람답게 살자는 것이 예이다. 그런 주나라를 열게 한 현인이 태백인 셈이다. 그러니 공자가 태백을 두고 더할 바 없는 덕[至德]을 갖춘 분이라고 칭송함은 당연한 일이다.

클 태(泰), 맏 백(伯), 이를 위(謂), 지극할 지(至), 큰 덕(德)

삼이천하양(三以天下讓) 민무득이칭언(民無得而稱焉)
▶ 세 번에 걸쳐[三以] 천하를[天下] 양보했으나[讓], 백성에게는[民] 세 번에 걸친 사양을[焉] 칭송할 기회가 없었다[無得而稱].

양(讓)은 여기서 겸(謙)과 같다. 갖지 않고 남에게 넘겨준다[讓]. 겸양(謙讓)은 내 욕심을 버린 마음 즉 허심(虛心)이다. 여기의 삼(三)을 이렇게 해명하는 설(說)도 있다. "고공(古公)이 죽자 약(藥)을 구하러 갔던 태백(泰伯)이 역(歷)으로 하여금 상주(喪主)를 보게 하려고 돌아오지 않은 게 일양(一讓)이고, 역이 왕위에 오른 뒤에도 오지 않았으니 이것이 이양(二讓)이며, 상을 다 치른 뒤에도 머리를 깎고 숨었으니 이것이 삼양(三讓)이다." 이렇게 정현(鄭玄)이 삼(三)에 대하여 토를 달았다. 하여튼 태백이 세 번에 걸쳐 세상 모르게 임금의 자리를 막내 동생 역에게 물려주었다는 고사(故事)는 사양하는 마음의 극치인 셈이다.

득(得)은 여기서 획득(獲得)의 준말로 새기면 좋다. 곧 얻었다는 뜻이다. 무엇을 얻었다는 말인가? 태백이 세 번에 걸쳐 왕위를 양보했다는 정보를 얻었다는 말이다. 그러니 여기서 무득(無得)은 그런 정보가 백성에게 없었다는 뜻이다. 그래서 백성들에게는 태백을 칭송할 기회가 없었다[無稱焉]고 새기면 된다.

칭언(稱焉)의 언(焉)은 여기서 어시(於是)의 줄임이다. 물론 어시(於是)의 시(是)는 앞의 삼이양(三以讓)을 가리킨다고 보면 된다. 민무(民無)의 무(無)는 유(有)처럼 주어를 뒤로 받는다. 득이칭언(得而稱焉)을 주어라고 여기고 새기면 된다.

온 백성이 나서서 칭송이 자자하면 이미 현인(賢人)의 덕행(德行)은 아니다. 자기에 대한 칭송을 자자하게 만드는 짓은 정치가들이 잘 하는 쇼이다. 현인에게는 쇼란 것이 없다. 현인이 제일 멀리하는 것이 자벌(自伐) 아닌가. 제 자랑하지 말라[不自伐]. 현인은 이를 반드시 지킨다. 공치사란 본래 소인이 하는 짓이다. 이제 공자가 태백의 덕행을 왜 지극하다 하는지 그 까닭을 알 만하다. 생색내지 말라.

넘겨줄 양(讓), 얻을 득(得), 칭찬할 칭(稱)

제2장

【문지(聞之)】
군자독어친(君子篤於親) 즉민흥어인(則民興於仁)

【원문(原文)】

子曰 恭而無禮則勞하고 愼而無禮則葸하고 勇而
자왈 공이무례즉로   신이무례즉사   용이
無禮則亂하고 直而無禮則絞니라 君子篤於親 則
무례즉란   직이무례즉교   군자독어친 즉
民興於仁하고 故舊不遺 則民不偸니라
민흥어인   고구불유 즉민불투

【해독(解讀)】
공자께서 말했다[子曰]. "공손하되 예가 없으면 헛수고하고[恭而無

禮則勞], 신중하되 예가 없으면 두렵게 되며[愼而無禮則葸], 용감하되 예가 없으면 난폭하게 되고[勇而無禮則亂], 정직하되 예가 없으면 강퍅하게 된다[直而無禮則絞].

군자가 부모에게 독실하면[君子篤於親] 백성이 인덕을 일으키고[則民興於仁], 옛 벗을 버리지 않으면[故舊不遺] 백성이 야박해지지 않는다[則民不偸]."

【담소(談笑)】
자왈(子曰)

예(禮)를 밝히고 있다. 예가 없이는 덕(德)도 없음을 밝히고 있다. 『예기(禮記)』「곡례(曲禮)」에 이런 말씀이 있다. "인유례즉안(人有禮則安) 무례즉위(無禮則危) 고왈불가불학야(故曰不可不學也). 부례자(夫禮者) 자비이존인(自卑而尊人)." 사람에게[人] 예가[禮] 있다면[有則] 편안하고[安], 예가[禮] 없다면[無則] 위태롭다[危]. 그래서[故] 예를 배우지[學] 않을 수 없다고[不可不] 한다[曰].

공자가 말하는 예는 『예기』에서 설명하는 예의 정신과 다르지 않다. 왜 공자가 이처럼 예를 강조하는가? 『예기』「곡례」에 있는 말을 상기하면 알 것이다. "도덕인의비례불성(道德仁義非禮不成)." 도덕인의는[道德仁義] 예가 아니면[非禮] 이루어지지 않는다[不成]. 또한 『논어(論語)』「헌문(憲問)」편 44장에 있는 말씀을 보아도 도움이 될 것이다. "수기이안인(修己而安人)." 자기를[己] 닦아[修] 남을[人] 편안하게 해야 한다[安]. 안인(安人)함이 곧 덕행(德行)이요 선행(善行)이다. 예는 이 안인(安人)을 위한 실천이다. 그런데 이미 공자 당신의 시대에 주나라가 융성했을 때 완성되었던 예제(禮制)가 사라졌기 때문에 이처럼 예를 강조한 것이다. 왜냐하면 예를 떠나서는 유가의 도덕(道德)인 인의(仁義)는 이루어지지 않기 때문이다.

공이무례즉로(恭而無禮則勞)
▶ 삼가 조심해도[恭而] 예가[禮] 없다면[無則] 헛고생이다[勞].

공(恭)은 여기서 공경(恭敬)의 준말로 새기면 된다. 삼가 받들어 모시는 마음가짐[恭敬]이다. 노(勞)는 여기서 도로(徒勞)나 고로(苦勞)의 준말로 새기면 된다. 헛고생[徒勞], 헛수고[苦勞].

나를 낮추고[自卑] 남을 높이는[尊人] 마음가짐이 없다면 아무리 공경하려 해도 될 리가 없다는 말씀이다. 삼가 조심하는 척하지 말라. 그러면 성의(誠意)를 버리는 짓이다. 자기를 속이는 짓[自欺]이 어찌 예(禮)이겠는가. 겉으로 공손한 척 말라. 상대를 거슬리게 할 뿐이다.

삼가 조심할 공(恭), 힘쓸 로(勞)

신이무례즉사(愼而無禮則葸)
▶ 삼가 조심해도[愼而] 예가[禮] 없으면[無則] 두렵게 된다[葸].

신(愼)은 여기서 근(謹)과 같다. 신근(愼謹)의 준말로 여기며 된다. 말과 행동을 조심하라[愼]. 사(葸)는 구(懼)와 같다. 두렵게 된다[葸]. 자기를 낮추는 마음가짐[自卑]에서 비롯된 신근(愼謹)이어야 마음이 편안하다. 겉으로 조심하는 척 말라. 이는 거짓이다.

삼갈 신(愼), 두려울 사(葸)

용이무례즉란(勇而無禮則亂)
▶ 날쌔게 결단력이 있어도[勇而] 예가[禮] 없으면[無則] 바르지 못하게 된다[亂].

용(勇)은 용감(勇敢), 용기(勇氣)의 준말로 새기면 된다. 난(亂)은 난폭(亂暴)의 준말로 새기면 된다. 바르지 못한 언행과 행동으로 설친다[亂暴].

용기란 무엇인가? 이에 대한 해답은 「위정(爲政)」편 24장에 있다. "견의불위(見義不爲) 무용야(無勇也)." 의를[義] 보고도[見] 의를 위해 나서지 않으면[不爲] 용기가[勇] 없는 것이다[無]. 그리고 「양화(陽貨)」편 24장에도 이런 말씀이 있다. "오용이무례자(惡勇而無禮者)." 군자는 용감하되[勇而] 예가[禮] 없는[無] 것[者]을 미워한다고 공자가 자공(子貢)에게 말해준다. 여기서 인의(仁義)를 떠나면 곧 무례(無禮)함을 알 수 있을 것이다.

과감할 용(勇), 어지러울 란(亂)

직이무례즉교(直而無禮則絞)

▶ 정직하되[直而] 예가[禮] 없으면[無則] 딱하게 된다[絞].

직(直)은 정직(正直)의 준말로 보면 된다. 정직이 지나쳐 외곬으로 빠져 몰인정하게 곧기만을 고집한다면 이 역시 예(禮)에 어긋난다. 예에 어울리는 정직은 『서경(書經)』 2장 「순전(舜典)」에 잘 언급돼 있다. "직이온(直而溫)." 따뜻한 마음[溫]과 함께하는 곧은 마음[直]이어야 예라는 것이다. 인의(仁義)를 떠난 정직은 각박하다.

곧을 직(直), 묶일 교(絞)

군자독어친(君子篤於親) 즉민흥어인(則民興於仁)

▶ 군자가[君子] 부모에게[於親] 도타우면[篤則] 백성은[民] 어진 마음을[於仁] 일으킨다[興].

독(篤)은 여기서 후(厚)와 같다. 도탑다[篤]. 독어친(篤於親)의 독(篤)은 독효(篤孝)의 준말로 보아도 된다. 도탑게 효도한다[篤孝]. 흥(興)은 거(擧)와 같다. 흥어인(興於仁)의 어(於)는 목적어 앞에 그냥 있는 토씨라고 보면 된다. 인(仁)을 일으킨다[興].

도타운 마음이 곧 인(仁)이다. 효(孝)야말로 으뜸가는 인이다. 이 말씀은 군자가 어진 마음으로 부모를 편안하게 하면 백성도 따라서 효심을 일으키게 된다는 뜻이다. 그래서 군자는 백성의 거울이라 한다. 하지만 요새는 그 거울이 깨져버린 것 같아서 불효(不孝)가 판친다.

도타울 독(篤), 어버이 친(親), 일으킬 흥(興)

고구불유(故舊不遺) 즉민불투(則民不偸)
▶ 옛 친구를[故舊] 잃지 않으면[不遺則] 백성은[民] 야박해지지 않는다[不偸].

고구(故舊)와 고우(故友)는 같은 말이다. 오랜 친구[故舊]. 유(遺)는 유기(遺棄)나 유실(遺失)의 준말로 새기면 된다. 잃어버리다[遺]. 투(偸)는 여기서 박(薄)과 같다. 투박(偸薄)의 준말로 새기면 된다. 야박하다[偸].

『논어(論語)』맨 처음에 나오는 구절을 기억해보라. "유붕자원방래(有朋自遠方來) 불역락호(不亦樂乎)." 벗이[朋] 있어[有] 멀리서[自遠] 찾아오니[方來] 또한[亦] 즐겁지 않은가[不樂乎]?

사람과 사람이 서로 믿고 정성을 다하는 마음이 우정(友情) 아닌가. 우정보다 더 훈훈한 마음가짐은 없다. 군자가 우정어린 삶을 본보기로 보여주면 백성도 덩달아 훈훈한 마음가짐으로 삶을 이루고자 하리란 공자의 낙관론(樂觀論)이 물씬 배어나온다. 오순도순 동고동락(同苦同樂)하며 함께 어울려 사는 세상이 곧 공자가 바라는 인의(仁義)가 살아 있는 치세(治世) 아닌가. 내가 선(善)하면 우리가 선하고, 우리가 선하면 나라가 선하며, 나라가 선하면 천하가 선하다 함이 공자의 이상(理想)이다. 고구(故舊)를 그런 세상의 이미지라고 여기면 되겠다. 군자는 온 세상을 가정(家庭)으로 여기고 소인(小人)은 세상을 싸움터로 여긴다는 생각이 나서 인생의 명암(明暗)

이 교차한다.

옛 고(故), 오래 구(舊), 잃어버릴 유(遺), 야박할 투(偸)

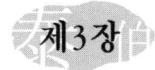

제3장

【문지(聞之)】

계여족(啓予足) 계여수(啓予手)

【원문(原文)】

曾子有疾하사 召門弟子 曰 啓予足하며 啓予手
증자유질   소문제자 왈 계여족   계여수
하라 詩云 戰戰兢兢하야 如臨深淵하며 如履薄氷
     시운 전전긍긍   여림심연   여리박빙
이라 하니 而今而後에야 吾知免夫와라 小子아
         이금이후   오지면부   소자

【해독(解讀)】

　증자가 병을 앓자[曾子有疾] 제자들을 불러 말했다[召門弟子曰]. "내 발을 펴보아라[啓予足]. 그리고 내 손을 펴보아라[啓予手]. 『시경(詩經)』에 이런 말씀이 있느니라[詩云]. '전전긍긍하여[戰戰兢兢] 깊은 못가에 서 있는 듯이 하고[如臨深淵] 얇은 얼음 위를 걷듯이 하라[如履薄氷].' 이제부터는[而今而後] 내 면하게 되었음을 알리라[吾知免夫]. 자네들아[小子]!"

【담소(談笑)】
증자(曾子) 왈(曰)

증자(曾子)는 공자의 제자이고, 특히 효도(孝道)로 이름이 높았다. 그 증자가 제자들을 불러놓고[召門弟子] 임종을 앞둔 마지막 말을 남기고 있다. 집으로[門] 제자들을[弟子] 불러들였다[召].

제자들에게 남기는 증자의 유언이 참으로 절절하고 상징적이다. 내 몸을 내 것이라고 생각하지 말라. 내 몸은 부모로부터 물려받았기 때문이다. 부모가 바로 천지(天地)다. 그러니 부모로부터 물려받은 몸을 잘 간수했다가 천지로 고스란히 되돌려주는 것이 지극한 효(孝)임을 알라 한다. 그러니 효는 천명(天命)에 응하는 일이다. 2장에 이어 바로 3장에 효도로 이름났던 증자를 등장시키다니『논어(論語)』의 짜임새는 치밀하다. 유가(儒家)든 도가(道家)든 불가(佛家)든 다 죽음을 장엄(莊嚴)하다 한다. 왜 죽음이 장엄하단 말인가? 천지로부터 받은 생(生)을 다시 천지로 되돌려주기 때문이다. 생을 되돌려주기를 일러 사(死)라고 한다. 이 3장은 생(生)을 사(死)로 이어주는 장면이 절절하고 장엄하게 펼쳐진다.

계여족(啓予足) 계여수(啓予手)
▶ (이불을 걷어내고) 나의[予] 발을[足] 펴보고[啓], 내[予] 손도[手] 펴보아라[啓].

계(啓)는 여기서 개(開)와 같다. 열어보다[啓]. 계족(啓足)은 발바닥을 잘 살펴보라는 뜻이고, 계수(啓手)는 손바닥을 잘 살펴보라는 뜻이다. 이는 곧 몸 전체를 잘 살펴보라는 뜻이다. 수족(手足)과 신체(身體)는 같은 말로 쓰인다.

왜 증자는 자신의 손과 발을 펴보라 하는가? 몸이란 살아온 확실한 흔적이 아닌가. 그러니 그 흔적을 잘 살펴보라, 그리고 흉터가 없는지 살펴보라 함이 아닌가. 몸을 상처내면 그 상처가 곧 불효(不孝)임을 아느냐고 증자가 묻고 있다. 불효는 더할 바 없는 부덕(不德)이다. 왜냐하면 『효경(孝經)』에 보면 "부효덕지본야(夫孝德之本也)"라 했기 때문이다. 무릇[夫] 효는[孝] 덕의[德] 근본이다[本].

불효는 또한 불인(不仁)이다. 왜냐하면 효제야자위인지본(孝弟也者爲仁之本)이기 때문이다. 부모의 마음을 편안하게 받들어 모시고[孝] 형이 아우를 아끼는[弟] 것이[者] 인을[仁] 실천하는[爲] 근본이다[本]. 그래서 내가 해야 할 첫 효도는 내 몸을 잘 간수하는 데 있다 한다. 내 몸을 험하게 하면 내 부모가 걱정하기 때문이다. 부모를 근심 걱정하게 하면 제일 큰 불효라는 것이다. 그래서 이렇게 말한다. "신체발부(身體髮膚) 수지부모(受之父母) 불감훼상(不敢毀傷) 효지시야(孝之始也)." 몸의[身體] 털끝[髮] 살갗도[膚] 부모로부터[父母] 받은 것이니[受] 감히[敢] 함부로 하여[毁] 상하게 해선 안 된다[不傷]. 이것이 효의[孝] 시작이다[始].

이 말을 이상하게 듣지 말라. 내 몸이 내 것이 아니라 부모로부터 물려받은 것임을 잊지 말라 한다. 내 몸은 내 부모의 마음이라고 여기라는 뜻이다. 그러나 지금은 모두들 나는 나라고 하면서도 그게 불효인 줄 모른다. 너희들[小子] 불효하지 말라. 이를 전해주려고 증자는 제자들로 하여금 "계여족(啓予足)하고 계여수(啓予手)하라"며 유언하고 있다. 죽음 앞에 절절하고 장엄하다.

열어볼 계(啓), 나 여(予), 발 족(足), 손 수(手)

전전긍긍(戰戰兢兢) 여림심연(如臨深淵) 여리박빙(如履薄氷)
▶ 두려워 떨며[戰戰] 삼가고[兢兢], 깊은[深] 못가에[淵] 서 있는[臨] 듯이 하며[如], 얇은[薄] 얼음 위를[氷] 걷는[履] 듯이 한다[如].

『시경(詩經)』「소아(小雅)」「소민(小旻)」편 마지막 연(聯)의 시구

(詩句)이다. "불감포호(不敢暴虎) 불감빙하(不敢馮河) 인지기일(人知其一) 막지기타(莫知其他) 전전긍긍(戰戰兢兢) 여림심연(如臨深淵) 여리박빙(如履薄氷)." 맨주먹으로 호랑이를 잡지 못하고[不敢暴虎], 맨발로 강을 건너지 못한다[不敢馮河]. 누구나 이런 줄 알지만[人知其一] 다른 일은 모른다네[莫知其他]. 두렵게 여기고 조심하라[戰戰兢兢]. 깊은 못을 앞에 둔 듯[如臨深淵], 얇은 얼음을 밟는 듯[如履薄氷].

막지기타(莫知其他)의 기타(其他)는 무엇을 뜻하는가? 전전긍긍(戰戰兢兢)할 줄 모른다는 말이다. 증자는 내 몸을 그렇게[戰戰兢兢] 보살피라고 한다. 그렇게 함이 곧 효(孝)의 출발이기 때문이리라. 그래서 "너희들아[小子], 자네들 족적(足迹)을 살펴보라" 하고 말한 것이다. 효도하는가? 불효하는가? 손바닥을 펴 가슴에 얹고 반문해보라고 한다. 이 얼마나 절절한가. 부모를 편안하게 하고 싶은가? 그렇다면 삼가 살라. 아아! 그래서 2장에서 "신이무례즉사(愼而無禮則葸)"라고 했구나. 불효를 두려워하라[葸].

두려워 떨 전(戰), 삼갈 긍(兢), 임할 림(臨), 깊을 심(深), 못 연(淵), 밟을 리(履), 얇을 박(薄), 얼음 빙(氷).

오지면부(吾知免夫)

▶ 나는[吾] 그러기를[夫] 벗으려는 줄[免] 안다[知].

면(免)은 여기서 탈(脫)과 같은 뜻이다. 벗어나다[免]. 부(夫)는 기(其)와 같다. 제[夫]. 여기서 부(夫)는 앞서의 "전전긍긍(戰戰兢兢) 여림심연(如臨深淵) 여리박빙(如履薄氷)"하는 마음가짐으로 살아온 삶을 가리킨다. 따라서 지면부(知免夫)는 임박한 임종을 뜻한다.

죽음에 임하는 증자의 모습을 상상해보라. 제자들에게 "내 발을 펴보라[啓予足]. 내 손을 펴보라[啓予手]"고 임종을 앞두고 증자가 유언하는 모습을 상상해보라. 정성을 다해 효도(孝道)하려고 노력했던 삶이라는 짐을 이제부터 벗으려 함을 안다[知免夫]고 제자들[小子]에게 고하는 증자를 상상해보라. 예로써 살아온 삶을 속절없이 보내고, 동시에 속절없이 죽음을 맞이하는 증자를 상상해보라. 시종상습(始終相襲)이란 이를 두고 한 말이리라. 처음과[始] 끝은[終] 서로[相] 반복한다[襲]. 생사일여(生死一如)일러라. 삶과[生] 죽음은[死] 하나[一] 같다[如]. 그런 생사의 사이를 조심조심 살펴 살라는 게 '계여족(啓予足) 계여수(啓予手)'이리라. 효도하라. 그러면 예로써 생사를 누리는 삶이다.

벗어날 면(免), 저 부(夫)

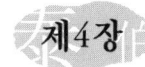

【문지(聞之)】
동용모(動容貌) · 정안색(正安色) · 출사기(出辭氣)

【원문(原文)】

曾子有疾이어늘 孟敬子問之러니
증 자 유 질   맹 경 자 문 지
曾子言曰 鳥之將死에 其鳴也哀하고 人之將死에
증 자 언 왈 조 지 장 사   기 명 야 애   인 지 장 사
其言也善이니라 君子所貴乎道者三이니 動容貌
기 언 야 선   군 자 소 귀 호 도 자 삼   동 용 모
에 斯遠暴慢矣며 正安色에 斯近信矣며 出辭氣에
   사 원 포 만 의   정 안 색   사 근 신 의   출 사 기
斯遠鄙倍矣니 邊豆之事 則有司存이니라
사 원 비 패 의 변 두 지 사 즉 유 사 존

【해독(解讀)】

증자가 병으로 앓아 눕자[曾子有疾] 맹경자가 문병을 왔다[孟敬子問之].

증자가 일러 말했다[曾子言曰]. "새가 죽음을 앞두고선[鳥之將死] 그 울음소리가 애처롭고[其鳴也哀], 사람이 죽음을 앞두고선[人之將死] 그 말씨가 착합니다[其言也善]. 군자에게는 예도를 소중히 할 바가 세 가지 있습니다[君子所貴乎道者三]. 몸가짐을 예로써 하면[動容貌] 사나움이나 오만함을 멀리할 것이고[斯遠暴慢矣], 얼굴 표정을 예로써 바르게 하면[正顔色] 신의를 가까이할 것이며[斯近信矣], 말하기를 예로써 하면[出辭氣] 천함이나 어긋남을 멀리할 것입니다[斯遠鄙倍矣]. 제기(祭器)를 챙길 일이라면[籩豆之事] 전담자에게 맡기십시오[則有司存]."

【담소(談笑)】

증자언왈(曾子言曰)

문병하려고 찾아온 맹경자(孟敬子)에게 증자(曾子)가 군자의 예(禮)를 말해준다. 여기서 군자는 지배자(支配者)를 의미한다. 맹경자는 노나라 대부(大夫) 중손씨(仲孫氏)이고, 이름은 건(捷), 자(字)는 의(儀), 경자(敬子)는 시호(諡號)이다. 노나라에서 세도를 부렸던 삼대부(三大夫) 중 하나이다. 스승 공자가 멀리했던 세도가에게 임종을 앞둔 증자가 왜 군자에 대해 역설하는지 생각해보게 한다. 군자와는 거리가 멀었던 맹경자에게 죽음을 앞둔 사람의 말은 선하다고 다짐한 다음 군자의 예(禮)를 밝히는 증자의 뜻을 잘 헤아려야 하겠다.

조지장사(鳥之將死) 기명야애(其鳴也哀) 인지장사(人之將死) 기언야선(其言也善)

▶ 새가[鳥] 죽으려 할 때는[將死] 그[其] 울음이[鳴] 애처롭고[哀],

사람이[人] 죽으려 할 때는[將死] 그[其] 말이[言] 착하다[善].

장(將)은 여기서 즉(卽)과 같다고 본다. 막 ~하려고 한다[將]. 죽음을 앞둔 새의 울음은 애처롭고[哀], 죽음을 앞둔 사람의 말은 착하다[善]. 여기서는 애(哀)와 선(善)을 겹쳐 생각하게 된다. 죽음 앞에선 슬픔[哀]과 착함[善]이 교차한다는 암시라고 이해하고 싶다. 착하게 살지 못했던 삶이 슬프면서도, 죽음이 그런 삶을 후회하게 하므로 죽음을 앞둔 자의 말은 선하다고 증자가 맹경자에게 단언하는 것 아닌가. 아마도 증자는 맹경자에게 이렇게 퍼붓고 싶었을 터이다. 악한 지배자가 되지 말고 선한 지배자가 되라.

새 조(鳥), 곧 장(將), 죽을 사(死), 울 명(鳴), 슬플 애(哀), 착할 선(善)

군자소귀호도자삼(君子所貴乎道者三)

▶ 군자에게는[君子] 따르기를[道] 소중히 할 바가[所貴] 셋 있다[三].

도(道)는 여기서 종(從)과 같이 보았으면 한다. 좇아 따르다[道]. 도의(道義)라는 말을 떠올리면 좋겠다. 올바름을[義] 따른다[道]. 여기서 도는 예의(禮義)를 따른다는 뜻으로 새기면 된다. 소귀호도(所貴乎道)의 호(乎)는 의미 없는 어조사로 그냥 목적어 앞에 붙는데, 이것이 어감을 강조하는 맛을 낸다. 따라야 함을[道] 소중히 할[貴] 바[所]. 지배자가 지켜야 할 도리(道理)를 지키지 않았기에 죽음을 앞둔 증자가 세도만 부리는 맹경자에게 세 가지를 들어 일침을 가하고 있다.

소중히 할 귀(貴), 어조사 호(乎), 좇을 도(道)

동용모(動容貌) 사원포만의(斯遠暴慢矣)

▶ 예로써 몸가짐을[容貌] 행한다[動]. 이는[斯] 사나움과[暴] 오만

8 ● 태백

함을[慢] 멀리하게 해준다[遠].

　동(動)은 여기서 행동(行動)의 준말로 본다. 동용모(動容貌)는 동용모이도(動容貌以道)로 여기고 새기는 것이 좋다. 바로 앞에서 도(道)를 언급했기에 생략한 것이니, 이도(以道)를 붙여서 새기면 뜻을 이해하기 쉽다. 물론 이도(以道)의 도(道)는 예도(禮道)의 준말로 여기면 된다. 포(暴)는 포악(暴惡)의 준말로, 만(慢)은 오만(傲慢)의 준말로 보면 된다.

　증자의 이러한 발언을 통해 당시 위정자(爲政者)로서 노나라의 삼대부(三大夫)가 어떻게 행동했는지 짐작할 수 있을 것이다. 증자는 맹경자에게 포악하지 말고 오만하지 말라고 말하고 있다. 위정자여 착하고 겸손하라.

> 행동 동(動), 몸가짐 용(容), 걸 모(貌), 이 사(斯), 멀 원(遠),
> 사나울 포(暴), 오만할 만(慢)

정안색(正顏色) 사근신의(斯近信矣)
▶ 예로써 얼굴 표정을[顏色] 바르게 한다[正]. 이는[斯] 믿음을[信] 가까이하게 해준다[近].

　정(正)은 방정(方正)의 준말로 여기면 된다. 곧고 바르다[正]. 정안색(正顏色)을 나누어 정색(正色)이라고도 하고, 정안(正顏)이라고도 한다. 선(善) 앞에 온화하고 악(惡) 앞에 엄정한 표정이 바로 정안색(正顏色)이리라. 근신(近信)은 믿음을 얻는다는 뜻이다.

　위정자로서 맹경자는 읽을 수 없는 표정을 짓고 사람을 의심하려고 했던 모양이다. 맹경자야 사람을 믿어라. 그래야 사람들이 너를 믿어준다. 증자가 이렇게 말하고 있다.

> 바를 정(正), 얼굴 안(顏), 가까울 근(近), 믿을 신(信)

출사기(出辭氣) 사원비패의(斯遠鄙倍矣)

▶ 예로써 말의[辭] 어감을[氣] 낸다[出]. 이는[斯] 인색해 보기 흉한 짓을[鄙倍] 멀리하게 해준다[遠].

사(辭)는 여기서 언(言)과 같다. 언사(言辭)의 준말로 새기면 된다. 말하다[辭]. 기(氣)는 기미(氣味)의 준말로 본다. 여기서는 어감(語感)을 말한다. 비(鄙)는 비린(鄙吝)의 준말로 보면 된다. 인색하다[鄙]. 패(倍)는 배(倍)로 발음하지 않고 패(倍)로 발음한다. 패(倍)는 보기가 흉할 정도로 딱한 짓을 뜻한다. 인색하여 보기가 딱한 짓을 비패(鄙倍)라 한다.

맹경자가 하는 짓이 인색하고 보기 딱했던 모양이다. 맹경자여 넉넉하고 의젓하게 살아라. 대부이면서 변두(邊豆) 가리는 일마저 간섭하려고 드는가? 증자는 다음과 같이 말하며 맹경자의 속좁은 행동을 꼬집는다. "변두지사(邊豆之事) 즉유사존(則有司存)." 제기를[邊豆] 다루는 일이라면[事則] 제사의 일거리를 맡은 자가[有司] 있습니다[存].

변두(邊豆)의 변(邊)은 대나무로 만든 제기(祭器)이고, 두(豆)는 나무로 만든 제기이다. 유사(有司)한테 맡길 일을 맹경자가 했던 모양이다. 군자불기(君子不器)라고 했다. 여기서 기(器)는 기능인을 말한다. 군자는 한 가지 일을 전담(專擔)하는 기능인이 아니다. 제사(祭祀)는 제사를 전담하는 전문가의 말을 들어라. 맹경자여 독불장군 노릇을 그만두라. 이처럼 죽음을 앞둔 증자가 맹경자를 향해 선한 사람이 되어 달라고 당부하고 있다.

날 출(出), 말씀 사(辭), 기운 기(氣), 더러울 비(鄙), 보기가 딱할 패(倍)

제5장

【문지(聞之)】

유약무(有若無)・실약허(實若虛)・범이불교(犯而不校)

【원문(原文)】

曾子曰 以能問於不能하며 以多問於寡하며 有若
증자왈   이능문어불능   이다문어과   유약
無하며 實若虛하며 犯而不校니라 昔者吾友 嘗從
무   실약허   범이불교   석자오우 상종
事於斯矣이니라
사어사의

【해독(解讀)】

증자가 말했다[曾子曰]. "유능하지만 그렇지 못한 이에게 물었고[以能問於不能] 많이 알면서도 아는 것이 별로 없는 이에게 물었으며[以多問於寡], 지녔으나 없는 듯했고[有若無] 가득했으나 빈 듯했으며[實若虛], 험한 일을 당하고서도 맞대어 다투지 않았다[犯而不校]. 옛날에 내 친구 하나가[昔者吾友] 그렇게 살았었다[嘗從事於斯矣]."

【담소(談笑)】

증자왈(曾子曰)

죽음을 앞두고 증자(曾子)가 벗을 빌려 군자의 삶을 말하고 있다. 여기서 증자의 말은 「술이(述而)」편 25장에 있는 공자의 말씀을 떠올리게 한다. "선인을 내 만나볼 수 없다[善人吾不得而見之矣]. 한결같은 사람이라도 만나볼 수 있다면[得見有恒者] 좋겠다[斯可矣]. 없어도 있는 듯하고[亡而爲有], 비어도 가득한 듯하며[虛而爲盈], 가난해도

태연해야 하나니[約而爲泰], 한결같기란 어려운 일이다[難乎有恒矣]."
한결같은 사람은 분명 후덕(厚德)한 사람이다. 증자는 지금 한 후덕한 벗을 들어 듣는 우리를 명리(名利)에 따라 변덕을 부리는 놈들이라고 혼내고 있다. 죽음을 앞둔 증자의 추억이 우리를 꼼짝 못하게 한다.

이능문어불능(以能問於不能) 이다문어과(以多問於寡)

▶ 유능하면서도[以能] 유능하지 않은 사람에게[於不能] 물어보고[問], 많이 알면서도[以多] 그렇지 않은 사람에게[於寡] 물어본다[問].

이능(以能)의 능(能)은 능력(能力)의 준말로 보면 된다. 능력이 있으면서도[以能]. 여기서 이능(以能)은 주어도 생략돼 있고 목적어도 생략돼 있다. 『논어(論語)』의 어법(語法)으로 보면 무방하다. 문맥을 살펴서 생략된 것을 보충해 새겨보라. 그러면 생각이 깊어져 체험의 폭이 깊고 넓어진다. 능(能)의 목적어를 무엇으로 보충할까? 학문(學文) · 덕행(德行) · 예악(禮樂) 등등 인도(仁道)를 넓히는 것이라면 무엇이든 다 해당된다. 딱 꼬집어 하나만을 고집할 이유가 없다. 현명한 사람은 정오(正誤)의 결정을 내리는 법이 없다.

이다(以多) 역시 이능(以能)과 같은 구실을 한다. 다(多) 뒤에 학식(學識) 등을 보충해 새겨보라. 그래서 다(多)를 배워서[學] 아는 것[識]이 많다고 헤아리면 된다. 성현의 말씀을 체험하면 내 생각이 뿌리를 내릴 수 있는 살진 흙을 얻는다. 그 흙을 남한테서 빌리지 않으려면 체험하기를 즐겨야 한다. 여기 증자의 말씀씨가 우리로 하여금 체험해보라 한다. 증자는 지금 「공야장(公冶長)」편 15장에 있는 공자의 말씀을 떠올리게 한다. "총명하여 배우기를 좋아했고[敏而好學], 아랫사람한테 묻기를 부끄러워하지 않았다[不恥下問]."

잘할 능(能), 물을 문(問), 많을 다(多), 적을 과(寡)

유약무(有若無) 실약허(實若虛) 범이불교(犯而不校)
▶ 있는 것도[有] 없는 것[無] 같고[若], 가득한데도[實] 빈 것[虛] 같고[若], 험한 꼴을 당해도[犯而] 맞받아 따지려 들지 않았다[不校].

범(犯)은 여기서 침범(侵犯)의 준말로 여기면 된다. 남한테 당하다[犯]. 교(校)는 보(報)와 같다. 맞받아준다[校]. 유(有)와 무(無)는 주어를 뒤에 두는데 여기서는 생략돼 있다. 무슨 내용을 보충해 새기면 좋을까? 덕(德)을 보충해 새기면 될 것이다. 그리고 무엇이 그득하고[實] 무엇이 비었단[虛] 말일까? 역시 덕이라고 여기고 새기면 된다. 후덕(厚德)한데 그렇지 않은 듯이 한다면 그런 분은 겸손(謙遜)하여 성의(誠意)를 다하려는 사람이리라. 그런 분이 시비(是非) 가리기를 하겠는가? 후덕한 사람은 그럴 줄을 모른다. 그래서 후덕한 모습을 가리켜 시비하지 않는다고 한다.

여기 범이불교(犯而不校)는 증자 자신이 「이인(里仁)」편 15장에서 "부자지도(夫子之道) 충서이이의(忠恕而已矣)!"라고 말했던 까닭을 잘 밝혀주고 있다. 스승의[夫子] 도는[道] 충서일[忠恕] 따름이다[而已矣]. 정성을 다함이 충(忠)이요 너그럽게 용서함이 서(恕)이다. 이런 충서(忠恕)는 덕을 떠나서는 구현될 수 없는 인도(仁道)의 모습이다. 대인은 용서할 줄 알지만 소인은 앙갚음할 줄만 안다. 나는 어느 쪽인가? 증자가 지금 반문해보라 한다. 참으로 오금이 저린다.

있을 유(有), ~듯할 약(若), 없을 무(無), 가득할 실(實), 빌 허(虛), 침노할 범(犯), 갚을 교(校)

석자오우(昔者吾友) 상종사어사의(嘗從事於斯矣)
▶ 옛날[昔者] 내 한 벗이[吾友] 일찍이[嘗] 이 같은 삶을[事於斯] 실천했다[從].

종사(從事)는 정성을 다해 일한다는 뜻이다. 정성을 다해 실천한다

[從事]. 어사(於斯)의 사(斯)는 앞에 있는 유약무(有若無)·실약허(實若虛)·범이불교(犯而不校)를 가리키는 지시어이다. 어(於)는 말과 말을 잇는 토씨라고 여기면 된다.

왜 증자는 속 시원하게 벗의 이름을 밝히지 않았을까? 공자가 부러워할 만큼 덕으로 살았던 사람이 딱 하나 있다. 안회(顔回)가 바로 증자의 옛 벗이라고 단정해도 된다. 공자가 안연(顔淵)을 소개했던 「옹야(雍也)」편 2장과 「선진(先進)」편 6장을 다시 한번 살펴보라. 그리고 「선진」편 8장에서 안회의 죽음 앞에서 통곡하는 공자를 만나보라. "희(噫) 천상여(天喪予) 천상여(天喪予)." 아아[噫] 하늘이[天] 나를[予] 망치는구나[喪]. 하늘이[天] 나를[予] 망치는구나[喪]. 안회야말로 증자가 그리워할 만한 벗이 아닌가.

> 옛 석(昔), 일찍이 상(嘗), 따를 종(從), 일 사(事), 이 사(斯), 종결어미 의(矣)

제6장

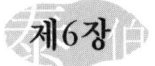

【문지(聞之)】
군자인야(君子人也)

【원문(原文)】

曾子曰 可以託六尺之孤하며 可以寄百里之命이오
증자왈 가이탁육척지고 가이기백리지명
臨大節而不可奪也면 君子人與아 君子人也니라
임대절이불가탈야 군자인여 군자인야

【해독(解讀)】
증자가 말했다[曾子曰]. "어린 고아를 맡길 수 있고[可以託六尺之孤], 백리 사방의 국운을 맡길 수 있으며[可以寄百里之命], 존망(存亡)의 큰 일을 당해서도 꺾이지 않는다면[臨大節而不可奪也] 군자다운 사람이라고 할 수 있을까[君子人與]? 군자다운 사람이다[君子人也]."

【담소(談笑)】
증자왈(曾子曰)
죽음을 앞둔 증자가 굳고 씩씩하게 어떤 것이 군자다운가를 밝히고 있다. 군자가 되기 위한 절대요건이 충신(忠信)임을 밝히고 있다. 이처럼 증자는 예(禮)에 철저했다. 효(孝)에 철저한 증자는 사회생활에서도 철저했던 것이다. 효는 집안에서 지켜야 할 예이고, 충신은 집밖에서 지켜야 할 예가 아닌가. 내가 성의(誠意)를 다하면[忠] 세상이 나를 믿어준다[信]. 그러니 충신(忠信)의 충(忠)을 복종, 순종 따위로 여기지 말라. 소인은 충이 큰마음인 줄 모른다. 아마도 이런 까닭에 묻고 나서 증자 자신이 대답해주는 것이려니 싶다. 임종의 자리에서 하는 말은 하늘도 받아들인다.

가이탁육척지고(可以託六尺之孤) 가이기백리지명(可以寄百里之命) 임대절이불가탈야(臨大節而不可奪也)
▶ 어린 임금을[六尺之孤] 맡길 수 있고[可以託], 사방 백리 나라의 명운을[百里之命] 맡길 수 있으며[可以寄], 나라의 큰 일을[大節] 마주해서도[臨而] 기가 꺾여 굽히지 않는다[不可奪].

탁(託)은 기탁(寄託)의 준말로 보면 된다. 기(寄) 역시 그렇게 보면 된다. 믿고 부탁해 맡긴다[寄託]. 육척지고(六尺之孤)의 육척(六尺)은 어리다는 말이고, 고(孤)는 고아(孤兒)의 준말로 본다. 단, 여기서는 고(孤)를 외로운 어린 임금이라고 새기는 것이 통례이다. 백리지명

(百里之命)은 제후(諸侯)의 명운(命運)이란 말이다. 백리(百里)는 제후, 즉 작은 나라를 뜻한다. 임(臨)은 이(莅)와 같다. 마주하다[臨]. 대절(大節)은 생사 또는 나라의 안위가 걸린 큰 일을 뜻한다. 탈(奪)은 여기서 탈기(奪氣)의 준말로 보면 좋을 것이다. 기(氣)가 꺾여 굽힌다[奪].

　외로운 어린 임금을 맡아 성군이 되도록 할 수 있다면 그런 일이야 말로 군자가 할 일이라 한다. 군왕의 명을 받아 제후로서 백성이 마음 편히 살 수 있게 한다면 그런 일이야말로 군자가 할 일이라 한다. 나아가 생사 앞에서나 나라의 존망이 걸린 큰 일 앞에서 지조나 절개를 잃지 않고 굽히지 않는다면 그런 용기야말로 군자의 몫이라고 한다. 집안에서는 효성을 다하고 집밖에서는 충신(忠信)을 다하는 이야말로 군자다운 인간[君子人]이라고 증자는 서슴없이 말한다. 증자의 이 말은「안연(顔淵)」편 4장에 있는 공자의 말씀을 떠올리게 한다. "군자불우불구(君子不憂不懼)." 군자는[君子] 걱정하지도 않고[不憂] 겁내지도 않는다[不懼].

> 맡길 탁(託), 자 척(尺), 외로울 고(孤), 맡길 기(寄), 목숨 명(命),
> 임할 림(臨), 절개 절(節), 뺏을 탈(奪)

제7장

【문지(聞之)】
사불가이불홍의(士不可以不弘毅)

【원문(原文)】

曾子曰 士不可以不弘毅니 任重而道遠이니라 仁
증자왈   사불가이불홍의   임중이도원   인
以爲己任이니 不亦重乎아 死而後已니 不亦遠乎아
이위기임   불역중호   사이후이   불역원호

【해독(解讀)】

증자가 말했다[曾子曰]. "선비라면 반드시 넓고 꿋꿋해야 한다[士不可以不弘毅]. 맡은 바 일이 무겁고 갈 길이 멀다[任重而道遠]. 인(仁)을 자기의 맡은 일로 삼고 있으니[仁以爲己任] 그 또한 무겁지 않겠는가[不亦重乎]. 죽고 나서야 멈춰야 할 터이니[死而後已] 그 또한 멀지 않겠는가[不亦遠乎]."

【담소(談笑)】

증자왈(曾子曰)

죽음을 앞두고 선비의 길을 말하고 있다. 3장에서 7장까지는 증자의 간곡한 유언이라고 생각해도 무방하다. 유언은 꼭 지켜야 할 말이 아닌가. 지금 증자는 제자들 앞에서 선비의 마음가짐을 말하고, 선비가 맡은 사명을 밝히고 있다. 증자는 이를 두 마디로 간명하게 말한다. "홍의(弘毅)." 마음가짐을 넓게 하고[弘] 꿋꿋하게 하라[毅]. 꽁생원이 선비가 되었다간 백성이 골탕을 먹는다.

사불가이불홍의(士不可以不弘毅) 임중이도원(任重而道遠)

▶ 선비는[士] 반드시 마음가짐이 넓어야 하고[不可以不弘], 반드시 꿋꿋해야 한다[不可以不毅].

불가이불(不可以不)은 영어의 'can not but'과 같다. ~하지 않을 수 없다[不可以不]. 홍(弘)은 대(大)와 같다. 넓고 크다[弘]. 의(毅)는

여기서 강의(剛毅)의 준말로 보면 된다. 특히 홍의(弘毅)를 터득하기 위해서는 「자로(子路)」편 27장에 있는 공자의 말씀을 떠올리면 좋다. "강의목눌근인(剛毅木訥近仁)." 강직하고[剛] 꿋꿋하며[毅] 소박하고[木] 말이 별로 없음은[訥] 인에[仁] 가깝다[近]. 선비는 항상 인(仁)에 가까워야 하기 때문이다.

임(任)은 임무(任務)의 준말로 보면 된다. 맡아 열심히 해야 할 일[任]. 중(重)은 막중(莫重)의 준말로 보면 된다. 매우 중요하다[重]. 임무가 막중하다 할 때의 중(重)이다. 선비라면 죽을 때까지 백성을 대해야 할 임무가 있으므로 증자가 도원(道遠)이라고 한 것이다. 막중한 임무를 수행해가야 할 길이[道] 멀다[遠]. 자신의 임종을 앞두고 하는 말이다. 이 얼마나 엄숙하고 장엄한 당부인가.

선비 사(士), 넓을 홍(弘), 굳셀 의(毅), 맡을 임(任), 무거울 중(重), 길 도(道), 멀 원(遠).

인이위기임(仁以爲己任) 불역중호(不亦重乎) 사이후이(死而後已) 불역원호(不亦遠乎)
▶ 인으로[仁以] 자기의[己] 임무를[任] 삼아야 하니[爲] 그 또한[亦] 막중하지 않은가[重乎]! 죽은[死] 뒤에나[而後] 버릴 것이니[已] 그 또한[亦] 멀지 않은가[遠乎]!

위(爲)는 여기서 성(成)과 같다. 이루어 삼다[爲]. 위기임이인(爲己任以仁)에서 이인(以仁)을 앞에 써서 인(仁)을 강조하고 있다. 불인(不仁)이면 선비가 될 자질이 없음을 강조한다고 보면 된다.

선비는 백성을 위해 임금을 섬겨야 한다. 선비가 임금에게 충성(忠誠)한다는 것은 결국 백성을 어질게 대하여 세상을 편안하게 하는 일이 아닌가. 그러니 선비의 임무는 인(仁)으로써 삼아야 한다. 이 얼마나 막중한가. 그런 막중한 임무를 선비는 죽을 때까지 지고 가야 한다. 그래서 죽어서야 그 짐을 벗을 수 있다 함이 곧 이(已)다. 여기서 이(已)는 거(去)와 같다. 버리다[已].

자네들은[小子] 젊으니 그 짐을 버리자면 아직 많은 인생이 남아 있지 않은가. 증자는 임종을 앞두고 젊은 제자들을 향해 선비로서 갈 길이 또한 멀다[亦遠]고 환기시키며 어진 선비가 되라고 한다. 이 얼마나 엄숙하고 장엄한가. 군자는 삶을 즐겁게 하고 죽음을 장엄하게 한다는 데에는 공맹(孔孟)과 노장(老莊)이 따로 없다. 어찌 증자가 예외이겠는가.

또한 역(亦), 이를 위(爲), 버릴 이(已)

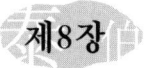

【문지(聞之)】
흥어시(興於詩)

【원문(原文)】

子曰 興於詩하며 立於禮하며 成於樂이니라
자 왈 흥 어 시   입 어 례   성 어 락

【해독(解讀)】
공자께서 말했다[子曰]. "시로써 일으키고[興於詩], 예로써 세우며[立於禮], 악으로써 완성시킨다[成於樂]."

【담소(談笑)】
자왈(子曰)

인간의 완성도를 높이는 방편을 밝히고 있다. 유가(儒家)는 인간의 품위(品位)를 인정하고 자기 수양을 강조한다. 이것이 도가(道家)와 다른 점이다. 도가는 인간 역시 자연이므로 그냥 그대로 두자고 한다. 그러나 유가는 인간에게 자신을 탁마(琢磨)하라고 한다. 어떻게 갈고 닦으라[琢磨] 하는가? 그 비법으로 공자가 세 가지를 들고 있다. 시(詩)·예(禮)·악(樂)이 그것이다. 이들의 상관(相關)은 『예기(禮記)』 제29 「중니한거(仲尼閒居)」에서 공자께서 밝힌 오지(五至)를 새삼 떠올려 헤아리게 한다.

자하왈(子夏曰) 감문하위오지(敢問何謂五至).
공자왈(孔子曰) 지지소지(志之所至) 시역지언(詩亦至焉), 시지소지(詩之所至) 예역지언(禮亦至焉), 예지소지(禮之所至) 악역지언(樂亦至焉), 악지소지(樂之所至) 애역지언(哀亦至焉) 애락상생(哀樂相生) 시고(是故) 정명목이시지(正明目而視之) 불가득이견야(不可得而見也) 경이이청지(傾耳而聽之) 불가득이문지(不可得而聞之) 지기색호천지(志氣塞乎天地) 차지위오지(此之謂五至).

자하가 물었다[子夏曰]. "감히 묻겠습니다[敢問]. 오지란[五至] 무엇입니까[何謂]?"
공자가 답했다[孔子曰]. "뜻이[志] 이르는[至] 데에[所] 시가[詩] 또한[亦] 그 지(志)에[焉] 이르고[至], 시가[詩] 이르는[至] 데에[所] 예가[禮] 또한[亦] 그 시에[焉] 이르며[至], 예가[禮] 이르는[至] 데에[所] 악이[樂] 또한[亦] 그 예에[焉] 이르고[至], 악이[樂] 이르는[至] 데에[所] 애가[哀] 또한[亦] 그 악에[焉] 이르러[至] 슬픈 일[哀]과 즐거운 일[樂]이 서로[相] 생긴다[生]. 이런[是] 까닭에[故] 눈을[目] 바르고[正] 밝게 해[明] 그 생김을[之] 보려 해도[視] 결코 볼 수 없고[不可得而見], 귀를[耳] 기울여[傾] 그 생김을[之] 들으려 해도[聽] 결코 들을 수 없지만[不可得而聞], 마음이 가는 바[志] 기운은[氣] 천지에[天地] 충만하다[塞]. 이를[此之] 다섯 이름이라[五至] 한다[謂]."

이러한 오지(五至)를 살피고 이 8장의 말씀을 새기면 체험하는 기운(氣運)을 더욱 깊고 넓게 누릴 수 있을 것이다.

흥어시(興於詩)
▶ 시로써[於詩] 일으킨다[興].

홍(興)은 여기서 거(擧)와 같다. 일으키다[興]. 무엇을 일으킨단 말인가? 여기서는 홍(興)의 목적어가 빠져 있다. 왜 빠져 있을까? 성인은 하나라고 딱 꼬집어 결정해두지 않는다. 스스로 생각하도록 이끌기 때문이다. 성인은 암기하기를 바라지 않는다. 터득하기를 바라기 때문이다. 하여튼 여기서는 홍(興)을 자홍(自興)의 준말로 여기면 좋겠다. 자기를[自] 일으킨다[興]. 어시(於詩)의 시(詩)는 『시경(詩經)』의 시(詩)를 말한다고 보는 것이 통설이지만, 꼭 그렇게 봐야만 하는 것은 아니다. 어디 『시경』의 시만 사무사(思無邪)이겠는가. 시라면 다 생각에[思] 악한 것이라곤[邪] 없다[毋]는 것이 분명하기 때문이다. 공자가 시를 정치적·문화적으로 중시한 것은 시가 체험하게 하는 사무사(思無邪) 때문이 아닌가.

여기서 홍(興)을 이해하기 위해서는 『서경(書經)』「순전(舜典)」에 나오는 말이 조금은 도움이 된다. "시언지(詩言志) 가영언(歌永言)." 시는[詩] 마음 가는 바를[志] 말하고[言], 노래는[歌] 그 말을[言] 부른다[永]. 시언지(詩言志)를 잘 새겨보면 홍(興)이 곧 언지(言志)의 지(志)를 일으킨다는 것을 알 수 있다. 마음이 느끼고 생각하면 말이 일어난다. 말이 일어남을 요새는 상상(想像)이라고 한다. 상상하는 사람은 마음이 절로 넓어지고 깊어진다. 이는 터득해가는 마음이 누리는 선물이다. 그러니 흥어시(興於詩)를 이렇게 터득하면 좋겠다. 시로써 상상한다[興於詩].

일으킬 흥(興), 시경 시(詩)

입어례(立於禮)
▶ 예로써[於禮] 세운다[立].

입(立)은 여기서 건(建)이나 수(樹)와 같다. 스스로 자라서 큰 나무가 된다[樹]는 뜻을 함께 생각해보면 좋겠다. 세운다[立]. 입(立) 역시 목적어가 빠져 있다. 여기서는 입(立)을 자립(自立)의 준말로 보았으면 한다. 자기를[自] 세운다[立]. 그렇다면 자기를 어떻게 세운단 말인가? 유가(儒家)가 왜 예(禮)를 강조하는지 『예기(禮記)』를 살펴보면 성인(聖人)의 속뜻을 얼마간 헤아릴 수 있을 것이다.

『예기』「곡례(曲禮)」상(上) 첫머리에 다음의 말씀이 있다. "무불경(毋不敬) 엄약사(儼若思) 안정사(安定辭) 안민재(安民哉)." 마음가짐에는 공경하지 않음이[不敬] 없어야 하고[毋], 몸가짐은 사려 깊듯이[若思] 의젓하며[儼], 말하기를[辭] 편안히 하고[安] 분명히 하여[定] 사람들을[民] 편안하게 한다[安哉].

그리고 이런 내용도 참고가 될 것이다. "예불유절(禮不踰節) 불침모(不侵侮) 불호압(不好狎)." 예는[禮] 알맞음을[節] 넘지 않고[不踰], 남을 얕보는 짓을[侮] 범하지 않으며[不侵], 버릇없는 짓을[狎] 멀리한다[不好].

이제 왜 성인이 예로써[於禮] 세운다[立] 했는지 짐작할 수 있을 것이다. 누가 이런 예를 낡았다고 하겠는가. 지금 보면 조선조가 정치적으로 예론(禮論)을 이용한 점은 낡은 것이지만, 예의 본래(本來)는 낡을 수 없다. 예의 본래를 알면 누구든 예를 얕보지 못하리라.

설 립(立), 예도 례(禮)

성어락(成於樂)
▶ 시가무(詩歌舞)로써[於樂] 이룬다[成].

성(成)은 여기서 필(畢)과 같다. 다 이루다[成]. 자성(自成)의 준말로 여기면 된다. 자기를[自] 이룬다[成]. 악(樂)은 음악이라고 해석하는 것이 통설이지만, 여기서는 시가무(詩歌舞)로 이해하는 편이 낫다는 생각이다. 본래 악이란 시가무를 통칭하는 말이기 때문이다.『예기(禮記)』「악기(樂記)」의 결론을 보면 알 수 있다.

열지고언지(說之故言之) 언지부족고장언지(言之不足故長言之) 장언지부족고차탄지(長言之不足故嗟歎之) 차탄지부족(嗟歎之不足) 고부지수지무지(故不知手之舞之) 족지도지야(足之蹈之也).

즐거움을 누리고자 한다[說之]. 그래서[故] 말한다[言之]. 그리해도[言之] 그 목마름이 가시지 않는다[不足]. 그래서[故] 말을 길게 뽑아 부른다[長言之]. 그리해도[長言之] 그 목마름이 가시지 않는다[不足]. 그래서[故] 울부짖어본다[嗟歎之]. 그리해도[嗟歎之] 그 목마름이 가시지 않는다[不足]. 그래서[故] 자기도 모르게[不知] 손을 흔들어[手之] 춤을 추고[舞之] 발을 들어 추다가[足之] 동동거리며 춤을 춘다[蹈之].

언지(言之) → 장언지(長言之) → 차탄지(嗟歎之) → 수지무지(手之舞之) → 족지도지(足之蹈之)로 상승하는 열지(說之)의 표현이 악(樂)임을『예기』「악기」에서 결론지어 밝히고 있다. 이처럼 악이란 시가무를 하나로 묶은 것을 뜻한다고 볼 수 있다. 그러니 이러한 악으로써[於樂] 자기를 이룬다[成]고 성어락(成於樂)을 새기면 된다.

하지만 이러한 악(樂)을 서양이 말하는 음악(音樂, music)처럼 여겨서는 안 된다. 왜냐하면 악은 목숨의 즐거움을 누리고자 함[說之]이기 때문이다. 그래서 악이란 것은[樂也者] 하늘에서 비롯돼[出於天] 인간에게 머문다[寓於人] 하고, 악이란[樂者] 천지의 가르침이고[天地之命] 목숨을 편안케 하는 벼리다[中和之紀]라고 하지 않았는가.

그래서 공자는 『예기』 「악기」에서 이렇게 말했다. "거오어여(居吾語汝) 부악자(夫樂者) 상성자야(象成者也)." 이리 오라[居]. 내가[吾] 너희에게[汝] 말해주겠다[語]. 무릇[夫] 악이란[樂者] 이루어놓은 바를[成] 본받는다[象]. 상성자(象成者)에서 성(成)은 사람의 성공(成功)이 아니라 하늘의 성공이다. 그래서 악을 이렇게도 말한다. "악자천지지화야(樂者天地之和也)." 악이란[樂者] 천지의[天地] 어울림이다[和]. 천지의 어울림[天地之和]이 보여주는 극치가 목숨[性成]이 아닌가. 만물의 목숨이 누리는 바 열지(說之)를 악이 표현하는 덕(德)이라고 한다. 그래서 악을 두고 이렇게 말하는 것이다. "악자덕지화야(樂者德之華也)." 악이란[樂者] 덕의 표현이다[德之華]. 덕이란 목숨(天命·性命)이 드러난 모습[性之端]이 아닌가.

이제 성어락(成於樂)의 성(成)을 나름대로 헤아려 새겨볼 수 있을 것이다. 악이 표현하는 덕으로써 자기를 이루어낸다[自成]고 성어락(成於樂)을 나름대로 터득할 수 있으리라. 악(樂)이 덕(德)을 표현한다 함을 일러 시(詩)의 언지(言之)요→가(歌)의 장언지(長言之)·차탄지(嗟歎之)요→무(舞)의 수지무지(手之舞之)·족지도지(足之蹈之)라고 말한다. 그러니 악으로써[於樂] 완성한다[成] 함은 시가무(詩歌舞)로써 내 삶(목숨·性命)이 누리고 싶은 바[說之]를 마음껏 말할 수 있다[言之]는 뜻이다. 여러분! 이러한 악(樂, 詩歌舞)과 벗하려 노력하는가? 그렇지 않다면 당신은 목숨이 바라는 바 즐거움[說之]을 잃어버리고 사는 것이다. 악(樂)을 떠난 삶은 미완성이다. 당신의 삶을 완성하고 싶은가? 그렇다면 공자의 성어락(成於樂)이란 말씀에서 성(成)을 잘 새겨보라.

이룰 성(成), 시가무(詩歌舞) 악(樂)

제9장

【문지(聞之)】
민가사유지(民可使由之)

【원문(原文)】

子曰 民은 可使由之요 不可使知之니라
자왈 민 가 사 유 지 불 가 사 지 지

【해독(解讀)】
공자께서 말했다[子曰]. "백성으로 하여금 좇아 따르게 할 것이지[民可使由之] 알게 할 것이 아니다[不可使知之]."

【담소(談笑)】
자왈(子曰)
백성으로부터 신임(信任)받는 길을 알려주고 있다. 어떻게 하면 남들이 나를 믿게 할 수 있는가를 밝히고 있다. 충신(忠信)을 은근하게 말해 곰곰이 새겨 터득하게 하는 말솜씨가 우리네 속내를 뜨끔하게 한다. 뒤에 이어지는 「헌문(憲問)」편 29장을 살펴보면 여기 9장의 속뜻을 짐작할 수 있는 실마리가 잡힐 듯싶다. 하기야 불가(佛家)에서도 자주 "개 주둥이 닥쳐라[合取狗口]"라고 말한다. 왜 군자눌언(君子訥言)인지 헤아리게 한다.

민가사유지(民可使由之)

▶ 백성으로[民] 하여금[使] 그것을[之] 좇아 따를[由] 수 있게 한다[可].

민(民)을 강조하고자 맨 앞으로 끌어냈다. 흔히 하는 표현대로라면 가사민유지(可使民由之)이다. 사(使)는 여기서 영(令)과 같다. ~으로 하여금[使]. 유(由)는 종(從)과 같다. 좇아 따르다[從]. ~을 말미암아 좇아 따르게 한다 함이 여기서의 유(由)이다. 유지(由之)의 지(之)는 이른바 어떤 그 무엇을 나타내는 지시어로 보면 된다.

여기서 이 지(之)가 암시하는 바를 곰곰이 새겨 나름대로 터득해야 공자의 속내를 짐작해볼 수 있다는 생각이다. 이 지(之)를 군자의 행동이라고 풀어보면 어떨까. 백성으로[民] 하여금[使] 군자의 행동을[之] 좇아 따를 수 있게 한다[由可]는 말씀으로 새겨도 될 듯하다.

백성 민(民), 하여금 사(使), 좇아 따르게 할 유(由)

불가사지지(不可使知之)

▶ 백성으로 하여금[使] 그것을[之] 알 수 없게 한다[知不可].

민(民)이 생략되었다고 보면 된다. 여간해서는 이미 나온 말을 반복하지 않는 게 『논어(論語)』 어록의 특징이다. 이는 물론 한문(漢文) 문장(文章)의 속성이기도 하다. 우리 말 역시 한번 나온 것은 생략하지 않는가. 말은 생략하기를 좋아한다. 경상도 사투리에 '왜카노'는 '왜 그렇게 하느냐'를 줄인 말이다. 그러니 생략하는 데 유별난 의미가 있는 게 아니라 그저 말하는 습성이려니 여기면 그만이다.

위의 말씀을 그냥 그대로 들으면 공자가 사람을 차별하는 게 아니냐고 오해할 수도 있다. 그러나 공자는 군자의 입장에서 말하고 있을 뿐 백성을 무시하고 따돌리라고 이렇게 말하는 것은 아니다. 공자께서 어찌 그럴 리가 있겠는가. 백성은 곧 하늘이라는 생각이 왕도(王道)의 시작이고 인도(仁道)의 표지가 아닌가. 군자로서 생색내지 말라는 뜻으로 새겨들으면 오해는 사라지리라.「헌문(憲問)」편 29장의 말씀을 새겨듣기 바란다. "군자치기언(君子恥其言) 이과기행(而過其行)." 군자는[君子] 자기의[其] 말이[言] 자기의[其] 행동보다[行] 지나침을[過] 부끄러워한다[恥]. 그래서 군자눌언(君子訥言)이라 하지 않는가. 군자는[君子] 말을 입 밖으로 내기를 싫어한다[訥言]. 군자라면 인도(仁道)를 행동으로 실천해 보여주어야지 말로 지껄여 지식을 알려주려 하지 말라는 말씀으로 불가사지지(不可使知之)를 새겨듣고 나름대로 체험하면 된다. 그러니 오해할 것 없다.

본래 군자란 백성 속에서 나오지 하늘에서 떨어지는 게 아니다. 군자(君子)와 민(民)을 분별한다 하여 사람을 차별하는 것은 아니라는 말이다. 당신도 군자가 되고 싶다면 군자가 될 수 있다. 그러나 군자가 되려는 사람은 없고 너도나도 소인이 되기를 바라는 세상이니 공자가 군자에게 자중하라 했으리라. 소인배가 샘을 내면 무엇이든 '왕따'를 시킨다. 그래서『성경(聖經)』에도 "왼손이 한 일을 오른손이 모르게 하라"는 말씀이 있다.

제10장

【문지(聞之)】
호용질빈(好勇疾貧)

【원문(原文)】

子曰 好勇疾貧이 亂也요 人而不仁을 疾之已甚
자왈 호용질빈   난야 인이불인   질지이심
이 亂也니라
  난야

【해독(解讀)】
　공자께서 말했다[子曰]. "용맹을 좋아하면서 가난을 미워하면[好勇疾貧] 난동하게 되고[亂], 사람이면서[人而] 어질지 못함을[不仁] 지나치게[已甚] 미워해도[疾] 난동하게 된다[亂]."

【담소(談笑)】
자왈(子曰)
　호용(好勇)을 경계하라고 말하고 있다. 공자가 바라는 진정한 용(勇)은 의(義)를 실천하는 과감한 행동이다. 그래서「위정(爲政)」편 24장에서도 "견의불위(見義不爲) 무용(無勇)"이라고 단언했다. 의를 [義] 보고서도[見] 실천하지 않으면[不爲] 용기란[勇] 없는 것이다[無]. 그러나 아무리 용감해도 무례(無禮)면 만용(蠻勇)에 불과할 뿐이다. 공문(孔門)에서 이재(理財)에 밝기로 으뜸이었던 자공(子貢)이 공자께 군자도 싫어하는 것이 있느냐고 물었을 때 이렇게 대답해주었다. "유오(有惡) …… 오용이무례자(惡勇而無禮者)."군자에게도 싫어하는 것이[惡] 있다[有]. 용맹하지만[勇而] 예가[禮] 없는[無] 것을[者] 싫어한다[惡]. 이처럼 의를 떠난 용(勇)을 경계하라 한다. 여기서는 가난 [貧]과 불인(不仁)을 연결지어 용(勇)을 밝히고 있다.

호용질빈(好勇疾貧) 난야(亂也)
▶ 용맹을[勇] 좋아하되[好] 가난을[貧] 미워하면[疾] 난리가 난다[亂].
　질(疾)은 여기서 투(妬)와 원(怨)과 같다. 미워하고 원망한다[疾]. 질빈(疾貧)의 질(疾)은 질투(疾妬)의 준말로 여기면 된다. 난(亂)은 혼란(混亂)의 준말로 보면 된다. 세상을 어지럽힘이 난(亂)이다. 난리(亂離)가 나면 모든 게 불안(不安)하다. 가난을 미워하다가는 만용이 빚어지기 쉽다. 백성이 제일 싫어하는 것이 가난이다. 그러니 백성을 가난으로부터 벗어나게 하는 것이 위정자(爲政者)가 해야 할 급한 일이다.

> 좋아할 호(好), 용맹스런 용(勇), 싫어하고 원망할 질(疾),
> 가난할 빈(貧), 어지러울 란(亂)

인이불인(人而不仁) 질지이심(疾之已甚) 난야(亂也)
▶ 사람이면서[人而] 어질지 못하더라도[不仁] 너무[已] 심하게[甚] 그러함을[之] 미워하면[疾] 난동이 난다[亂].

　인이불인(人而不仁)의 이(而)는 절절한 어감(語感)을 자아내는 어조사이다. 질지(疾之)의 지(之)는 불인(不仁)을 대신하는 지시어이다. 이(已)는 여기서 너무하다는 뜻이고, 불인(不仁)은 소인이 범하는 짓을 말한다.
　소인은 자기를 칭찬해주면 좋아하고 꾸짖으면 곧 화를 낸다. 이렇듯 소인은 너무 심하게 꾸짖으면 만용을 부린다. 어찌 소인의 불인(不仁)을 미워만 해서야 되겠는가. 그러니 불인을 범한 소인배를 너무 심하게 몰아부치지 말라 한다. 막다른 골목에 몰린 생쥐가 고양이한테 덤빈다 하지 않는가. 자신의 불인을 미워해야지 남의 불인을 빌미로 함부로 심하게 미워하지 말라는 말씀이다. 방귀뀐 놈이 화낸다는 속담처럼 불인이 만용으로 돌변함을 알라.

> 너무 이(已), 지나칠 심(甚)

제11장

【문지(聞之)】
여유주공재지미(如有周公才之美)

【원문(原文)】

子曰 如有周公才之美오도 使驕且吝이면 其餘는
자왈 여유주공재지미   사교차린   기여
不足觀也已니라
부족관야이

【해독(解讀)】

공자께서 말했다[子曰]. "비록 주공과 같은 훌륭한 재능이 있다 해도[如有周公才之美] 교만하고 인색하면[使驕且吝] 그 나머지는[其餘] 볼 만한 것이 없다[不足觀也已]."

【담소(談笑)】

자왈(子曰)

아무리 재능이 있다 해도 충서(忠恕)를 떠난 것이라면 별 볼일 없는 재주임을 말하고 있다. 재주만 앞서고 덕이 없는 사람은 방정맞다고 남의 입에 오르내리기 쉽다. 그런 사람은 틀림없는 소인(小人)이다. 식자(識者)로서 소인배가 되지 말라는 말씀이다. 또한 부귀영화(富貴榮華)를 과시하려고 하면 교만(驕慢)하게 마련이고, 불인(不仁)하여 탐욕스러우면 인색(吝嗇)하게 마련이다. 남이야 죽든 말든 내 배만 부르면 그만이란 심술이 곧 인색함이다. 이런 인간은 언급할 필요가 없다 한다.

여유주공재지미(如有周公才之美) 사교차린(使驕且吝) 기여부족관야이(其餘不足觀也已)

▶ 만약 주공과 같은[周公] 뛰어난 재능[才之美] 있다 한들[如有] 잘난 체하면서[驕且] 인색하다면[吝] 그[其] 나머지는[餘] 살펴볼 것도 없느니라[不足觀也已]!

여유(如有)는 '만약 ~이 있다 해도'란 뜻의 관용어이다. 주공(周公)은 공자가 이상적으로 여기는 성군(聖君)으로서 주(周)나라 문왕(文王)의 아들이며 노(魯)나라의 시조이다.

재지미(才之美)의 재(才)는 재능(才能)의 준말로 보면 되고, 미(美)는 여기서 훌륭하다는 뜻이다. 재지미(才之美)는 곧 훌륭한 재능[才之美]을 뜻한다. 교차린(驕且吝)의 교(驕)는 교만(驕慢)의 준말로 새기고, 인(吝)은 인색(吝嗇)의 준말로 새긴다. 차(且)는 '그리고 또'라는 뜻이다.

못난 인간형은 어떤 것인가? 충서(忠恕)를 버린 인간형이리라. 모질고 매정한 사람보다 더 못난 인간은 없다. 성의를 다하고[忠] 마음이 넓고 깊어 너그러운[恕] 사람이 자신을 과시할 리 없다. 어진 사람은 학식이 높기보다는 덕이 도탑다. 어진 사람을 눈여겨볼 것이지, 재주만 믿고 건방떠는 인간은 보잘 것이 없다고 성인이 단언하고 있다. 성인이 그렇다고 말하면 틀림없이 그러하다. 그러니 교만하고 인색한 인간은 못난 인간이다.

만약 여(如), 두루 주(周), 재주 재(才), 잘난 체할 교(驕), 인색할 인(吝), 나머지 여(餘), 살펴볼 관(觀)

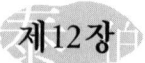

제12장

【문지(聞之)】
삼년학(三年學) 부지어곡(不至於穀)

【원문(原文)】

子曰 三年學에 不至於穀을 不易得也니라
자왈 삼년학   부지어곡   불이득야

【해독(解讀)】
공자께서 말했다[子曰]. "3년간 학문을 하고[三年學] 벼슬에 마음을 두지 않기란[不至於穀] 쉽지 않다[不易得也]."

【담소(談笑)】
자왈(子曰)
인간을 있는 그대로 살펴 저마다 능력에 따라 스스로를 따져보게 한다. 이런 일은 성인이 아니면 하기 어렵다. 치우치지 않아야 하기 때문이다. 공자는 지극히 이상적이지만, 동시에 지극히 현실적인 균형을 유지하고 있는 매우 인간적인 성인이다. 인간을 이상적으로만 몰아가지 않는 공자가 오히려 우리를 부끄럽게 하지 않는가. 염불에는 뜻이 없고 젯밥에만 눈독들인다는 속담이 떠오른다. 공자가 왜 호학(好學)하라 하는가? 높은 관직을 얻어 많은 녹을 받기 위하여 학문에 정진하라고 하는 것인가? 분명 아니란 것을 알리라. 이 말씀이 우리네 약점을 콕콕 찔러 아프게 한다.

삼년학(三年學) 부지어곡(不至於穀) 불이득야(不易得也)
▶ 3년 동안[三年] 배우고[學] 벼슬에[於穀] 마음을 두지 않기란[不至] 쉽지 않다[不易得].

지어곡(至於穀)의 지(至)는 도(到)와 같다. 이르다[至]. 그런데 지어(至於) 다음에 오는 내용에 따라 뜻을 새기는 것이 자연스러울 때가 많다. 여기서는 '~에 마음을 둔다[至於~]'는 정도로 새긴다. 지어차

(至於此)를 연상하면 좋겠다. 일이 이 지경이 되고 말았다[至於此]. 불이득(不易得)은 득(得)을 잘 새겨야 한다. 얻는다[得]고 한다면 무엇을 얻는단 말인가? 이를 잘 생각해야 공자의 속내가 드러난다. 불이(不易)는 쉽지 않다는 뜻이다. 무엇을 얻기가[得] 쉽지 않다[不易]고 하는지를 생각해보면, 벼슬에 뜻을 두지 않고 학문에만 매진하는 사람을 얻기가 쉽지 않다는 속뜻임을 짐작할 수 있을 것이다.

공자는 지금 염불에는 뜻이 없고 젯밥에만 눈독들이는 그런 부류가 흔할 뿐, 학문에만 매진하는 사람을 만나기 어렵다고 실토하고 있다. 어찌 공문(孔門)의 제자들만 부끄럽겠는가? 벼슬길에 오르기 전에 먼저 사람다운 사람이 되라는 말씀이다. 공자께서 "군자다운 사람이 되라[君子人]"고 한 증자(曾子)를 격려하는 듯하다. 요새 취업 따라 학과의 인기가 달라지는 대학 풍토를 꼬집는 것 같아 부끄럽다. 사람이 되는 학문(學文)을 멀리하지 말라.

이를 지(至), 벼슬 곡(穀), 쉬울 이(易), 얻을 득(得)

제13장

【문지(聞之)】
방유도(邦有道) 빈차천언치야(貧且賤焉恥也)

【원문(原文)】

子曰 篤信好學하며 守死善道니라 危邦不入하며
자왈 독신호학   수사선도   위방불입
亂邦不居니라 天下有道則見하고 無道則隱이니라
난방불거   천하유도즉현   무도즉은

邦有道에 貧且賤焉이 恥也며 邦無道에 富且貴
방유도   빈차천언   치야   방무도   부차귀
焉이 恥也니라
언   치야

【해독(解讀)】
　공자께서 말했다[子曰]. "굳게 믿고 배우기를 좋아하고[篤信好學], 목숨을 걸고 도를 드높여라[守死善道]. 위태로운 나라에는 들어가지 말고[危邦不入], 어지러운 나라에서 살지 말라[亂邦不居]. 천하에 도가 있다면 드러내고[天下有道則見], 도가 없다면 숨어라[無道則隱]. 나라에 도가 있는데[邦有道] 가난하고 비천하다면[貧且賤焉] 부끄러운 것이고[恥也], 나라에 도가 없는데[邦無道] 부유하고 고귀하다면[富且貴焉] 부끄러운 것이다[恥也]."

【담소(談笑)】
　자왈(子曰)
　『중용(中庸)』 첫머리에 있는 말뜻을 깨닫게 한다. "도야자(道也者) 불가수유리야(不可須臾離也)." 도라는 것은[道也者] 잠시라도[須臾] 떠날 수 없는 것이다[不可離]. 도(道)를 떠나 살지 말라. 도를 떠나 살 생각을 결코 하지 말라. 성인이 단호하게 말할 때는 귀를 기울여라. 결코 손해볼 게 없다.

　독신호학(篤信好學) 수사선도(守死善道)
▶ 오로지[篤] 믿고[信] 배우기를[學] 좋아하라[好]. 죽음으로[死] 지켜[守] 도를[道] 좋아하라[善].

　오로지 믿어라[篤信]. 무엇을 그렇게 믿으란 말인가? 바로 도(道)이다. 배우기를 좋아하라[好學]. 무엇을 그렇게 배우란 말인가? 바로 도이다. 수사(守死)는 사수(死守)와 같다. 죽음으로[死] 지킨다[守]. 무엇을 지키라 하는가? 바로 도이다. 그리하여 선도(善道)하라. 도를[道] 좋아하라[善]. 선도의 선(善)은 호(好)와 같다. 좋아하다[善]. 도를 좋아해야 잠시라도 도를 떠나지 않을 게 아닌가. 그래야 도를 드높일 수 있지 않겠는가. 그래서 공자가 인능홍도(人能弘道)라고 한 것이 아닌가. 사람이[人] 도를[道] 넓힐 수 있다[能弘].

대인은 도를 좋아해 항상 가까이하고 살지만, 소인은 도를 싫어해 멀리하며 살려고 한다. 도는 소사과욕(少私寡欲)하라 하기 때문이다. 내 것을[私] 적게 하여[少] 내가 바라는 바를[欲] 적게 한다[寡]. 내 욕심이 크면 나는 작아지고 내 욕심이 작으면 나는 커진다는 비밀을 대인은 알지만 소인은 모른다. 그래서 소인은 도를 멀리하고 무서워한다. 도가 무서우니까 멀리 두고 살려는 게 소인의 심술(心術)이다. 그런 심술을 버려라.

오로지 독(篤), 믿을 신(信), 좋아할 호(好), 지킬 수(守), 죽음 사(死), 좋아할 선(善)

위방불입(危邦不入) 난방불거(亂邦不居)
▶ 위태로운[危] 나라이거든[邦] 들어가지 말고[不入], 무질서한[亂] 나라이거든[邦] 머물러 살지 말라[不居].

위(危)는 위태(危殆)의 준말로 보고 새기면 된다. 기울어져 미래가 없다[危]. 난(亂)은 혼란(混亂)의 준말로 새기면 된다. 질서가 무너져 난동한다[亂].

이런 나라는 무도(無道)하게 마련이다. 나라에 도가 없으면 위태롭고[危] 혼란스럽다[亂]는 말이다. 그런 나라에는 들어가도 안 되고, 살아서도 안 된다. 왜 그렇단 말인가? 도를 멀리하게 마련이기 때문이다. 도를 멀리하다 보면 인간은 불인(不仁)하고 무례(無禮)하게 마련이다. 그러니 위태로운 나라에는 들지도 말고, 혼란스러운 나라에는 머물러 살지도 말라 한다. 이 역시 잠시라도 도를 떠나 살지 말라는 뜻이다. 물론 공자가 말하는 도는 인도(仁道)이다.

위태로울 위(危), 나라 방(邦), 어지러울 란(亂), 머물러 살 거(居).

천하유도즉현(天下有道則見) 무도즉은(無道則隱)
▶ 천하에[天下] 도가 있다면[有道] 곧[則] 드러내고[見], 도가 없다면[無道] 곧[則] 숨어라[隱].

현(見)은 여기서 현(顯)과 같다. 나타나 드러나다[見]. 은(隱)은 장(藏)과 같다. 감춰 숨다[隱]. 천하에 도가 있다면 숨어 살지 말고 출사(出仕)하라 한다. 여기서 현(見)은 자신의 능력을 발휘해 백성을 편안한 길로 인도하라는 말로 들어도 된다. 그러나 천하에 도가 없어 모질 때에는 함부로 드러내 자신을 자랑하지 말라 한다. 불인(不仁)이 인자(仁者)를 얼마든지 해치는 세상이 곧 무도(無道)한 세상 아닌가. 불인이 판치는 세상에서 벼슬한다는 것은 결국 불인을 범하고 마는 꼴이다. 그러니 출사를 거두고 몸을 드러내지 말라는 게 곧 은(隱)의 속뜻이다. 세상을 얕보고 함부로 까불지 말라.

드러날 현(見), 곧 즉(則), 숨을 은(隱).

방유도(邦有道) 빈차천언(貧且賤焉) 치야(恥也)
▶ 나라에[邦] 도가 있는데[有道] 가난하고[貧] 또[且] 천하면[賤] 부끄럽다[恥].

빈(貧)은 빈곤(貧困)의 준말로 보고 새기면 된다. 차(且)는 우(又)처럼 보면 된다. 또[且]. 천(賤)은 비천(卑賤)의 준말로, 치(恥)는 치욕(恥辱)의 준말로 여기고 새기면 된다.

도가 있는 세상에서는 부지런하고 성실하면 누구나 빈곤을 면할 수 있고 자신에게 당당할 수 있다. 그럼에도 불구하고 자신이 게을러 가난하고 비천하게 군다면 그런 삶은 부끄럽기 짝이 없으리라. 여기의 이 말씀은 삶에 성의(誠意)를 다하라는 뜻이다. 정성을 다해 삶을 어질게 이끌면 그보다 더한 홍도(弘道)는 없다.

가난할 빈(貧), 또 차(且), 비천할 천(賤), 어조사 언(焉), 부끄러울 치(恥)

방무도(邦無道) 부차귀언(富且貴焉) 치야(恥也)
▶ 나라에[邦] 도가 없는데[無道] 부유하거나[富] 또는[且] 고귀하면[貴] 부끄럽다[恥].

부(富)는 부유(富裕)의 준말로, 귀(貴)는 고귀(高貴)의 준말로 여기고 새기면 된다. 도가 없는 세상에서 부자가 되었다 함은 도를 어기고 재물을 탐한 것이 분명하다. 부정부패가 극심한 세상에서 잘 산다 함은 결국 삶을 더럽히고 썩게 하는 짓을 저질러왔음이 분명하다. 관리가 장사꾼보다 더 잘 사는 나라를 보라. 거기서는 부정부패가 세상을 난도질한다. 썩은 세상에서 부귀는 부패 그 자체보다 더 썩은 것이니 어찌 부귀가 부끄럽지 않겠는가. 그러나 소인(小人)은 이런 말을 하면 웃기는 소리 말라며 본래 똥 묻은 개가 겨 묻은 개를 비웃는 법이라고 윽박지른다. 뇌물을 받아 잘 산다는 고관(高官)이 부러운가? 그렇다면 당신도 도둑놈의 아류이기를 자청하는 꼴이다. 이 얼마나 부끄러운가. 부끄럽게 살기를 두려워하라. 그러면 인도(仁道)가 곧바로 나를 안내한다.

부유할 부(富), 귀할 귀(貴)

제14장

【문지(聞之)】

불모기정(不謀其政)

【원문(原文)】

> 子曰 不在其位하얀 不謀其政이니
> 자 왈 부 재 기 위   불 모 기 정

【해독(解讀)】

공자께서 말했다[子曰]. "그 자리에 있지 않으면[不在其位] 그 자리가 맡는 정사를 논의하지 않는다[不謀其政]."

【담소(談笑)】

자왈(子曰)

제 할 일을 다하면 그뿐, 남의 일에 이래라저래라하지 말라 한다. 남을 간섭하다 보면 결례(缺禮)를 범하게 되고, 심하면 비례(非禮)나 무례(無禮)를 범하게 된다. 저마다 맡은 바를 다하면 순리(順理)는 절로 된다. 그러면 사는 일마다 편안하다. 그러나 시샘을 일삼는 소인은 긁어 부스럼 만들기를 마다하지 않는다. 그러지 말라 한다.

부재기위(不在其位) 불모기정(不謀其政)
▶ 그[其] 자리에[位] 있지 않으면[不在] 그 자리가 맡은[其] 정사를[政] 의논하지 말라[不謀].

위(位)는 직위(職位)의 준말로, 정(政)은 정사(政事)의 준말로 여기고 새기면 된다. 모(謀)는 모의(謀議)의 준말로 여기고 새기면 된다.

불모(不謀)하라. 이는 남의 일에 개의치 말라 함이다. 자기 일에 정성을 다하는 사람은 한눈팔지 않는 법이다. 콩팔칠팔 남의 말하기 좋아하는 사람치고 제 앞가림 잘하기 어렵다. 남이 자기를 간섭하는 것은 바라지 않으면서 왜 자기는 남을 간섭하려고 덤비는가? 이렇게 자문(自問)해보라 한다.

있을 재(在), 자리 위(位), 정사를 의논할 모(謀), 바를 정(政)

제15장

【문지(聞之)】
관저지란(關雎之亂)

【원문(原文)】

子曰 師摯之始에 關雎之亂이 洋洋乎 盈耳哉라
자왈 사지지시 관저지란 양양호 영이재

【해독(解讀)】
공자께서 말했다[子曰]. "노나라 악사 지(摯)가 연주한 사시(四始) 중에[師摯之始] 「관저」의 가락이[關雎之亂] 넘쳐흐르듯 해[洋洋乎] 귀에 가득 차게 들렸다[盈耳哉]."

【담소(談笑)】
자왈(子曰)

시(詩)의 악(樂)을 밝히고 있다. 그러나 말씀이 아리송해서 이런저런 설을 낳게 한 장(章)이다. 그렇긴 하지만 공자가 『시경(詩經)』의 시들을 어떻게 즐겼는지 알 수 있게 해준다. 요새처럼 시를 글로써 읽지 않고 시가(詩歌)로 들었음을 분명히 밝히고 있기 때문이다. 특히 영이(盈耳)란 말씀을 깊이 새겨듣고 곰곰이 헤아리게 한다. 앞 8장에서 흥어시(興於詩)하여 성어락(成於樂)이라 하지 않았는가. 공자의 시관(詩觀)과 악관(樂觀)은 둘이 아니라 하나임을 살피게 해준다.

사지지시(師摯之始) 관저지란(關雎之亂) 양양호(洋洋乎) 영이재(盈耳哉)
▶ 노나라의 악사[師] 지가[摯] 연주한 사시(四始) 중에서[始] 관저의[關雎] 가락이[亂] 넘쳐나듯 아름다워[洋洋乎] 귀를[耳] 가득 채웠다[盈].

사지(師摯)의 사(師)는 노(魯)나라의 악장(樂長)인 태사(太師)를 말한다. 지(摯)는 그 태사의 이름이다. 시(始)는 사시(四始)의 준말로 보면 된다.

『시경(詩經)』은 풍(風)·소아(小雅)·대아(大雅)·송(頌)으로 나누어져 있다. 풍의 맨 처음 것이 「관저(關雎)」이고, 소아의 맨 처음 것이 「녹명(鹿鳴)」이며, 대아의 맨 처음 것이 「문왕(文王)」이고, 송의 맨 처음 것이 「청묘(淸廟)」이다. 그래서 「관저」를 풍의 시(始), 「녹명」을 소아의 시(始), 「문왕」을 대아의 시(始), 「청묘」를 송의 시(始)라 하여 이들을 묶어 사시(四始)라고 한다. 사지지시(師摯之始)의 시(始)를 그 사시(四始)로 여기고 읽으면 된다.

관저지란(關雎之亂)의 난(亂)은 악장(樂章), 즉 가락이란 뜻이다. 양양호(洋洋乎)는 넘쳐남이 매우 아름답다는 표현이다. 공자는 그렇게 아름다운 가락을 어떻게 체험했는가? 그 해답은 이러하다. "영이(盈耳)." 귀를 가득 채웠다[盈耳]. 아마도 흥어시(興於詩)의 흥(興)이 겨웠을 터이다. 흥겨워라. 무엇이 흥겹다는 말일까? 이에 대한 해답은 아마도 『예기(禮記)』「악기(樂記)」의 결론이 안성맞춤이겠다. "열지(說之)." 삶이 즐겁다[說之].

스승 사(師), 손으로 잡을 지(摯), 처음 시(始), 빗장 관(關), 물수리 저(雎), 풍류가락 란(亂), 넘쳐날 양(洋), 가득 찰 영(盈), 귀 이(耳), 어조사 재(哉)

제16장

【문지(聞之)】
광이부직(狂而不直)

【원문(原文)】

子曰 狂而不直하며 侗而不愿하며 悾悾而不信을
자왈 광이부직   통이불원   공공이불신
吾不知之矣로라
오 부 지 지 의

【해독(解讀)】

공자께서 말했다[子曰]. "방자하면서 부정직하고[狂而不直], 무식하면서 성실하지 못하며[侗而不愿], 무능하면서 미덥지 못함을[悾悾而不信] 나도 어찌해야 할지 모르겠다[吾不知之矣]."

【담소(談笑)】
자왈(子曰)

가르칠 수 있는 사람이 있는가 하면 그렇지 못한 사람도 있음을 한스럽게 말하고 있다. 말을 강으로 끌고 갈 수는 있어도 억지로 물을 먹일 수는 없는 일임을 공자 같은 성인이 모를 리 없다. 아무리 어진 사람이 되라 한들 자기가 그럴 뜻이 없다면 소용없는 일이니 공자는 그 점을 서글퍼 하고 있다. 못된 송아지 엉덩이에 뿔난다는 속담을 새삼스럽게 한다.

광이부직(狂而不直) 통이불원(侗而不愿) 공공이불신(悾悾而不信)
▶ 방자하면서[狂而] 곧지 못하고[不直], 무식하면서[侗而] 성실하지 못하며[不愿], 어리석어[悾悾而] 미덥지 못하다[不信].

광(狂)은 광분(狂奔)의 준말로, 부직(不直)의 직(直)은 정직(正直)의 준말로 여기고 새기면 된다. 통(侗)은 여기서 무지(無智)와 같은 뜻이다. 원(愿)은 근(謹)과 같다. 삼가 공손하며 성실하다[愿]. 공(悾)은 성(誠)과 같은 뜻으로 많이 쓰이지만 여기서는 무지모(無知貌)와 같이 새긴다. 어리석은[無知] 모습[貌]. 불신(不信)의 신(信)은 신뢰(信賴)의 준말로 여기고 새기면 된다.

천하에 몹쓸 인간형을 밝히고 있다. 이 따위 인간이라면 공자 같은 성인도 어떻게 해야 할지 모르겠다고 실토한다. "오부지지의(吾不知之矣)." 나는[吾] 그런 인간형을[之] 알지 못하겠다[不知]. 공자가 구제할 길이 없다는 이런 인간형은 불가(佛家)의 일천제(一闡提)라도 구제하지 못할 것이다. 망나니 같은 인간들을 어이하리. 그런 인간들 탓에 공자가 안타까이 서글퍼 하고 있다.

미쳐 날뛸 광(狂), 곧을 직(直), 무식할 통(侗), 성실할 원(愿),
어리석을 공(悾), 믿을 신(信)

제17장

【문지(聞之)】
학여불급(學如不及)

【원문(原文)】

子曰 學如不及이오 猶恐失之니라
자왈 학여불급   유공실지

【해독(解讀)】
공자께서 말했다[子曰]. "학문은 아무리 좇아도 미치지 못하는 듯이 하라[學如不及]. 그래도 역시 배우기를 놓칠세라 겁이 난다[猶恐失之]."

【담소(談笑)】
자왈(子曰)

뉘우쳐도 이미 늦었음을 깨우치라 한다. 젊어 노세라고 장담하지 말라. "오늘 배우지 못해도 내일이 있지 않느냐고 말하지 말라[勿謂今日不學而有來日]." 이는 주자(朱子)의 말이다. 공자의 말씀을 잘 풀이한 셈이다.

학여불급(學如不及) 유공실지(猶恐失之)
▶ 아무리 해도 좇아 미칠 수 없는[不及] 듯이[如] 배워라[學]. 그렇게 해도[猶] 배우기를[之] 놓칠세라[失] 겁이 난다[恐].

학(學)을 학문(學文)의 준말로 여기고 새기면 된다. 문(文)을 배워라[學]. 학문(學文)의 문(文)은 성현(聖賢)이 밝힌 인도(人道)를 말하고 인도(仁道)를 뜻한다. 급(及)은 종(從)과 같다. 따라 미치다[及]. 실지(失之)의 지(之)는 학(學)을 가리키는 지시어이다. 배우기를 잃는다[失之].

쉼 없이 학문(學文)하라 함이 곧 공자의 호학(好學)이다. 학문이 아무리 해도 다할 수 없는 경지임을 알라 한다. 앞에서 한 3년 배우고 나면 모두 벼슬에 뜻을 두게 된다고 한 말씀을 떠올렸으면 한다. 배우고 배워도 끝없는 것이 학문(學文)임을 알라 한다.

좇아 미칠 급(及), 그래도 유(猶), 두려울 공(恐), 잃을 실(失)

제18장

【문지(聞之)】
순우지유천하야(舜禹之有天下也)

【원문(原文)】

子曰 巍巍乎 舜禹之有天下也 而不與焉이어
자왈 외외호 순 우 지 유 천 하 야 이 불 여 언

【해독(解讀)】

공자께서 말했다[子曰]. "위대하고 위대하도다[巍巍乎]! 순과 우가 천하를 얻자[舜禹之有天下也] 현인들에게 맡겼다[而不與焉]."

【담소(談笑)】

자왈(子曰)

왜 순(舜)과 우(禹)가 성왕(聖王)인지 밝히고 있다. 18장부터 21장까지는 모두 요(堯)·순(舜)·우(禹)를 찬미하는 장(章)들로 엮고 있다. 이들은 모두 천하를 소유하지 않고 덕이 있는 사람을 찾아 물려주었다. 현명한 선비를 등용해 정사(政事)를 맡겨 백성을 편안하게 살 수 있도록 한 것이다.

요·순·우 임금을 이상으로 하는 유가의 정치사상은 한마디로 대동(大同)이라고 부를 수 있다. 군(君)·신(臣)·민(民)이 모두 다 같다 함이 곧 대동(大同)이다. 신분이란 본래 저마다 맡은 능력을 말하는 것이지 인간의 본성을 차별하는 게 아니다. 그러니 반상(班常)으로 나누어 양반이 천하를 뜻대로 하려던 조선조는 공자의 뜻을 따랐던 게 아니다. 오히려 공자를 서글프게 했을 것이다. 왜 공자가 요·순·우를 찬미하는지 새겨볼 일이다.

외외호(巍巍乎) 순우지유천하야(舜禹之有天下也) 이불여언(而不與焉)

▶ 높고 크도다[巍巍乎]! 순임금과 우왕에게[舜禹] 천하가[天下] 있게 되자[有] (천하를 현자들에게 맡기고) 천하에[焉] 간여하지 않았다[與].

외외호(巍巍乎)는 위대함에 감탄하는 관용어로 보면 된다. 순우지유천하야(舜禹之有天下也)는 순우유천하야(舜禹有天下也)에서 순우(舜禹)를 강조하는 어조이다. 앞에서 외외호(巍巍乎)라고 찬미하는 대상이 순우(舜禹)임을 밝혀 공자의 심중을 헤아리게 한다. 성인(聖人)이 성군(聖君)을 찬미하고 있음을 체험하게 해준다. 따라서 불여언(不與焉)의 여(與)는 간여(干與)의 준말로, 언(焉)은 어시(於是)의 줄임으로 새기면 된다. 불여언(不與焉)은 여기서 불여어시(不與於是)인 셈이다. 물론 어시(於是)의 시(是)는 천하(天下)를 받는 지시어이므로 불여언(不與焉)은 불여어천하(不與於天下)로 고쳐 새긴다. 천하의 일에[焉, 於天下] 간여하지 않았다[不與]. 천하의 일이란 곧 정사(政事)를 말한다.

본래 성군은 치세(治世)를 자신이 맡지 않는다. 어질고 현명한 신하(臣下)들에게 맡기는 일을 할 뿐이다. 이처럼 성군은 천하를 찾는 것이 아니라 천하에 숨어 있는 현자(賢者)들을 찾아내 세상을 다스리게 하여 백성을 편안하게 한다. 이를 일러 성군의 덕치(德治)라 한다. 성군이 덕치를 엮어내는 길을 왕도(王道)라 한다. 공자는 지금 왕도를 찬미하고 있다. 우리네 역대 대통령들은 이런 왕도에서 벗어난 탓에 권좌에서 물러나기만 하면 험한 꼴을 당하거나, 심하면 쇠고랑을 차는 경우가 빚어졌다. 왕도란 임금의 길이 아니라 오히려 민주시대에 치자(治者)가 걸어가야 하는 길이다. 그러니 공자가 찬미하고 있는 순우(舜禹)를 옛날 일로 돌리지 말라.

> 높고 클 외(巍), 순임금 순(舜), 하우씨 우(禹), 참여할 여(與), 이에 언(焉)

제19장

【문지(聞之)】
요지위군야(堯之爲君也)

【원문(原文)】

> 子曰 大哉라 堯之爲君也여 巍巍乎 唯天이 爲大
> 자왈 대재 요지위군야 외외호 유천 위대
> 이어늘 唯堯則之하시니 蕩蕩乎 民無能名焉이로다
> 유요칙지 탕탕호 민무능명언
> 巍巍乎 其有成功也여 煥乎 其有文章이여
> 외외호 기유성공야 환호 기유문장

【해독(解讀)】

공자께서 말했다[子曰]. "위대하도다[大哉]! 요께서 임금이 됨이여[堯之爲君也]! 높고 크도다[巍巍乎]! 오직 하늘만이 그토록 크거늘[唯天爲大] 오로지 요께서는 하늘을 본받아 크나니[唯堯則之] 넓고 넓도다[蕩蕩乎]! 백성이 그 넓음을 이름지어 부를 수 없도다[民無能名焉]! 높고 크도다[巍巍乎]! 요임금의 공적이여[其有成功也]! 빛나도다[煥乎]! 요임금의 문물제도여[其有文章]!"

【담소(談笑)】

자왈(子曰)

요임금을 더할 바 없이 찬송(讚頌)하고 있다. 요임금의 업적[成功]과 문물제도[文章]를 더할 바 없이 찬양하고 있다. 성인이 왜 이렇게까지 감탄하는가? 요임금을 하늘에 버금가는 성왕으로 보기 때문이다. 그래서 공자가 요(堯)를 남김없이 찬미하고 있다. 마치 노자(老子)가 만물을 일구어내는 도(道)를 보고 찬송하듯이 공자가 요임금을 찬송하고 있다.

여기「태백(泰伯)」편 19장에서 공자가 성인으로서 드러내는 찬미(讚美)는『노자(老子)』21장에서 노자가 마주하는 황홀(恍惚)을 연상시킨다. 노자는 이렇게 찬탄한다. "공덕지용(孔德之容) 유도시종(唯

道是從) 도지위물(道之爲物) 유황유홀(唯恍唯惚) 홀혜황혜(惚兮恍兮)." 크나큰 덕의[孔德之] 작용인[容] 이것은[是] 오로지[唯] 도만을[道] 따르고[從], 도가[道之] 물이[物] 됨은[爲] 오로지 황홀하고[唯恍唯惚] 황홀하여라[惚兮恍兮]!

공자는 요임금을 찬미하고 노자는 도(道)를 찬미한다. 공자는 인간의 극치를 찬미하고 노자는 자연의 극치를 찬미한다. 인간의 극치가 성왕(聖王)인 셈이고, 자연의 극치가 공덕지용(孔德之容)이 따르는 도 아닌가. 성왕은 백성을 하나로 보고 도는 만물을 하나로 본다. 성인이 찬송하고 찬미하며 황홀해하는 것을 주목하면 성인의 핵심을 알아차릴 수 있다. 왜 공자가 요임금을 더할 바 없이 찬송하는지 곰곰이 생각해보면 공자 정신의 핵을 파악할 수 있다는 말이다.

대재(大哉) 요지위군야(堯之爲君也)
▶ 크도다[大哉]! 요가[堯] 임금이[君] 됨이여[爲]!

대(大)는 천(天)을 묘사하는 말로 보면 된다. 대동(大同) · 대일(大一) · 대덕(大德) 등에서 대(大)는 다 '하늘 같다'는 뜻이다. 요지위군(堯之爲君)은 요위군(堯爲君)을 강조하려는 어조이다. 성군이므로 요(堯)를 찬미한다는 공자의 마음이 잘 드러나게 하는 어조가 곧 요지위군(堯之爲君)의 지(之)다. 물론 이 지(之)는 어감(語感)을 드러낼 뿐 뜻은 없다.

감탄어조사 재(哉), 요임금 요(堯), 될 위(爲), 임금 군(君)

유천위대(唯天爲大) 유요칙지(唯堯則之)
▶ 오로지[唯] 하늘만이[天] 크고[爲大], 오로지[唯] 요임금만이[堯] 하늘을[之] 본받아 크다[則].

칙지(則之)의 지(之)는 천(天)을 받는 지시어이다. 하늘을 본받는다

이는 크다[大]는 말이다. 크다 함은 곧 공자의 입장에서 보면 인도(仁道)일 것이고, 노자의 입장에서 보면 도덕(道德)일 것이다. 공자의 천(天)은 인도로써 체험되는 경지이고, 노자의 천(天)은 도덕으로써 체험되는 경지다. 인도(仁道)는 인도(人道)의 극치인 셈이고, 도덕은 자연의 극치인 셈이다. 공자는 사람을 천(天)에 비유하지만, 노자는 사람도 추구(芻狗)에 불과하다 한다. 즉 천(天)은 사람과 지렁이를 하나로 볼 뿐 분별하지 않는다는 것이다. 공자는 사람을 선택된 존재로 보고, 노자는 사람도 만물 중의 하나[芻狗]일 뿐이라고 한다. 이처럼 노공(老孔)은 사람을 달리 보지만, 하늘마저 달리 보는 것은 아니다.

오로지 유(唯), 본받을 칙(則), 이것 지(之)

탕탕호(蕩蕩乎) 민무능명언(民無能名焉) 환호(煥乎) 기유문장(其有文章)
▶ 크고 크도다[蕩蕩乎]! 백성이 그것에[焉] 이름지어 부를[名] 수 없구나[無能]! 찬란하여라[煥乎]! 요임금의[其] 온갖 문물제도가[文章] 갖추어져 있구나[有]!

탕(蕩)은 여기서 대(大)와 같다. 탕탕호(蕩蕩乎)는 관용어로 보면 된다. 무능(無能)은 불가능(不可能)하다는 말보다 단언하는 의미가 더 강하다. 성인이 단언하면 무슨 내용이든 틀림없이 그렇다. 명언(名焉)의 명(名)은 명명(命名)의 준말로 여기고 새기고, 언(焉)은 어시(於是)의 줄임으로 보면 된다.

요임금의 크나큰 성덕(成德)을 이루 형언할 수 없다고 공자가 단언하고 있다. 문장(文章)은 문물제도, 즉 문화(文化)를 말한다. 공자는 문화를 인도(仁道)의 한 모습으로 보지만, 노자는 요순(堯舜)을 대수롭지 않게 여긴다. 이렇듯 노장(老莊)은 문화를 버려야 할 것으로 본다. 문장의 면에선 노공(老孔)이 서로 다르다. 그렇다고 공자가 문화만 긍정하고 자연을 부정하는 것은 아니다. 이미 문질빈빈(文質彬彬)이라고 하지 않았는가. 문화와[文] 자연은[質] 서로 짝하여 어울린다[彬彬]. 공자는 시비를 존중하되 시(是)냐 비(非)냐 둘로 쪼개자는 것이 아니라 시비를 가리는 균형을 갖자 한다. 중용(中庸)을 하늘의 뜻으로 여김이 곧 유가(儒家)가 말하는 성의(誠意)가 아닌가. 그러니 공자가 문장을 찬미한다 해도 그것이 자연을 외면하자는 뜻은 아니다.

> 클 탕(蕩), 이름지을 명(名), 이에 언(焉), 빛날 환(煥), 문채 장(章)

제20장

【문지(聞之)】
순유신오인(舜有臣五人) 이천하치(而天下治)

【원문(原文)】

> 舜有臣五人 而天下治니라
> 순유신오인 이천하치
> 武王曰 予有亂臣十人호라
> 무왕왈 여유란신십인
> 孔子曰 才難이 不其然乎아 唐虞之際 於斯爲盛
> 공자왈 재난 불기연호 당우지제 어사위성
> 하니 有婦人焉이라 九人而已니라 三分天下에 有其
> 유부인언 구인이이 삼분천하 유기
> 二하사 以服事殷하시니 周之德은 其可謂至德也
> 이 이복사은 주지덕 기가위지덕야
> 已矣로다
> 이 의

【해독(解讀)】

순임금께는 신하 다섯이 있어서[舜有臣五人] 천하가 잘 다스려졌다[而天下治].

무왕이 말했다[武王曰]. "나한테는 열 명의 훌륭한 신하가 있다[予有亂臣十人]."

공자께서 이에 대해 말했다[子曰]. "인재를 얻기가 어렵다[才難]. 그렇지 않느냐[不其然乎]! 당우 이후로는[唐虞之際] 주나라에 인재가 많았다 하지만[於斯爲盛], 부인이 한 분 있었으니[有婦人焉] 아홉 명뿐인 셈이다[九人而已]. 천하를 세 등분하여[三分天下] 삼분의 이를 차지하고서도[有其二] 은나라에 복종하며 섬겼으니[以服事殷], 주나라의 덕이란[周之德] 참으로 지극한 덕이라 할 수 있다[其可謂至德也已矣]."

【담소(談笑)】

공자왈(孔子曰)

『상서(尙書)』 즉 『서경(書經)』 「순전(舜典)」 「태서(太誓)」에 나오는 내용을 들어 주(周)나라의 덕치(德治)를 칭송하고 있다.

순(舜)임금에게는 다섯 명의 신하가 있었다. 토목치수(土木治水)를 맡은 사공(司空) 우(禹), 농사(農事)를 맡은 후직(后稷) 기(棄), 문교민정(文敎民政)을 맡은 사도(司徒) 설(契), 법을 맡은 사구(司寇) 고요(皐陶), 그리고 수렵(狩獵)을 맡은 백익(伯益) 등이 그 다섯 신하로서 순임금을 잘 보좌했다.

그리고 무왕(武王)의 신하 열 명 중에는 문왕(文王)의 후(后)인 태사(太似)가 포함된다. 문왕은 무왕의 형이므로 태사는 무왕의 형수라 할 수 있다. 이 여인을 제외하면 무왕에게는 아홉 명의 훌륭한 신하가 있었던 셈임을 환기시켜, 공자는 인재를 얻기가 얼마나 어려운가를 말하고 있다.

여유란신십인(予有亂臣十人)
▶ 나에게는[予] 훌륭한[亂] 신하가[臣] 열 사람[十人] 있다[有].

난신(亂臣)의 난(亂)은 여기서 치(治)와 같다. 난리(亂離)를 다스리는 신하를 난신(亂臣)이라고 한다. 난(亂)을 다스린다[亂]. 간신(奸臣)과 난신(亂臣)을 혼동하지 말아야 한다. 여기서 난신은 충신(忠臣)을 뜻한다.

무왕한테는 동생인 주공단(周公旦)·소공석(召公奭)·태공망(太公亡)·필공(畢公)·영공(榮公)·태전(太顚)·굉요(閎夭)·산의생(山宜生)·남궁괄(南宮适)·문왕(文王)의 후(后)인 태사(太似) 등 열 명의 신하가 있었다. 문왕은 무왕의 형이므로 문왕의 후(后)인 태사는 무왕의 형수가 된다.

나 여(予), 다스릴 란(亂)

재난(才難) 불기연호(不其然乎)
▶ 인재를[才] 얻기가 어렵다[難]. 그렇지 않은가[不其然乎]!

재(才)는 인재(人才)의 준말로 여기고 새기면 된다. 본래 재(才)는 능력(能力)과 덕행(德行)을 겸비한 인재를 말한다. 그런 인재를 얻기가 어렵다[才難]. 난재(難才)를 강조하기 위해 재(才)를 앞으로 끌어냈다. 불연호(不然乎)는 관용어로서 그렇지 않느냐고 반문하는 말투이다. 불기연호(不其然乎)의 기(其)는 앞의 재난(才難)을 받는 지시어이다.

인재 재(才), 어려울 난(難), 그럴 연(然)

당우지제(唐虞之際) 어사위성(於斯爲盛)
▶ 당과 우[唐虞] 이후로[際] 주나라에[於斯] 인재들이 많았다[爲盛].

당(唐)은 요(堯)의 국호이고, 우(虞)는 순(舜)의 국호이다. 제(際)는 여기서 '이후(而後)' 란 뜻으로 새기면 된다. 원래 제(際)는 사이를 말한다. 시공의 간격을 두루 뜻함이 제(際)이다. 어사(於斯)의 사(斯)는 주나라를 받는 지시어로 보면 문맥이 통한다. 위성(爲盛)은 무성하다는 의미인데, 무엇이 무성하다는 말인지 따져보면 인재가 많다는 풀이가 가능할 것이다. 인재가 많았다는 주나라도 겨우 열 명이 있었다 한다. 여기에 공자는 인재를 얻기가 얼마나 어려운가를 강조하기 위하여, 그 열 명 중에 하나는 왕의 형수뻘임을 상기시켜 열 명이 아니라 아홉 명임을 밝히고 있다.

공자는 주나라를 성군이 다스린 모범으로 삼았다. 그래서 공자는 "나는 주나라를 따른다[我從周]"고 단언했다. 주나라가 하(夏) · 은(殷) 대의 문물제도를 잘 살펴 인간에 의한 문치(文治)의 기틀을 마련했다고 보았던 것이다. 그 문치를 덕치(德治)로 이끌었다고 보고 공자는 다음과 같이 찬미(讚美)했다. "주지덕(周之德) 기가위지덕야이의(其可謂至德也已矣)." 주나라의 덕은[周之德] 정말로[也已矣] 지극한[至] 덕이라고[德] 할 수 있다[可謂]. 야이의(也已矣)는 강조하며 단언하는 종결어미다.

> 나라 이름 당(唐), 나라 이름 우(虞), 사이 제(際), 이것 사(斯), 무성할 성(盛)

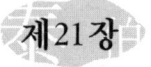

【문지(聞之)】
우(禹) 오무간연의(吾無間然矣)

【원문(原文)】

> 子曰 禹는 吾無間然矣로다 菲飮食 而致孝乎鬼
> 자왈 우 오무간연의 비음식 이치효호귀
> 神하시며 惡衣服 而致美乎黻冕하시며 卑宮室而盡
> 신 악의복 이치미호불면 비궁실이진
> 力乎溝洫하시니 禹는 吾無間然矣로다
> 력호구혁 우 오무간연의

【해독(解讀)】

　공자께서 말했다[子曰]. "우에 대하여[禹] 나는 비난할 꼬투리가 없다[吾無間然矣]. 음식을 간단하게 먹었지만[菲飮食] 귀신을 지성껏 모셨고[而致孝乎鬼神], 좋은 의복을 싫어했지만[惡衣服] 제복인 불면은 더없이 아름답게 했으며[而致美乎黻冕], 궁궐의 거실은 조촐하게 했지만[卑宮室] 논밭에 물 대는 도랑에는 전력을 다했다[而盡力乎溝洫]. 우에 대하여[禹] 나는 한마디도 비난할 수 없다[吾無間然矣]."

【담소(談笑)】

자왈(子曰)

　우(禹)를 칭송하고 있다. 공자는 왜 우임금을 칭송하는가? 무사(無私)하기 때문이다. 스스로를 엄격하게 다스리면서 백성 모두를 이롭고 편안하게 하려는 다스림이 곧 덕치(德治)다. 덕으로 다스린다 함은 곧 인도(仁道)를 말한다. 우임금을 들어 치자(治者)가 벗어나선 안 될 인도를 밝히고 있다. 자기를 빛내고자 백성을 등치는 정치꾼들은 고개를 들지 못할 것이다.

우오무간연의(禹吾無間然矣)

▶ 우에 대하여[禹] 나에게는[吾] 비난할 것이[間然] 없다[無].

우(禹)는 하(夏)나라를 세운 왕으로서 순(舜)임금을 보좌했던 다섯 현신(賢臣) 중 하나이다. 치수(治水)로 업적을 남겼다. 공자는 순임금이 아들에게 임금의 자리를 대물림하지 않고 우에게 양위(讓位)한 고사(故事)를 높이 샀다.

간(間)은 간(閒)의 속자(俗字)이다. 사이, 틈새라는 말이다. 간연(間然)하다 함은 허물을 찾아 시비를 걸 데가 없다는 뜻으로 새기면 된다. 우왕을 두고 이렇다저렇다 시비 걸 수 없노라 공자가 단언하고 있다. 그리고 공자는 우왕이 왜 성왕(聖王)인가를 밝혀 후세의 정치꾼들을 부끄럽게 하고 있다.

하우씨 우(禹), 나 오(吾), 사이 간(間), 그럴 연(然)

비음식(菲飮食) 이치효호귀신(而致孝乎鬼神) 악의복(惡衣服) 이치미호불면(而致美乎黻冕) 비궁실(卑宮室) 이진력호구혁(而盡力乎溝洫)

▶ 먹는 것이[飮食] 보잘 것 없었다[菲]. 그러나[而] 천지의 기운을[乎鬼神] 극진히[致] 모셨다[孝]. 옷가지를[衣服] 누추하게 입었다[惡]. 그러나[而] 제복은[乎黻冕] 더없이[致] 아름답게 했다[美]. 궁궐의 방들은[宮室] 초라했다[卑]. 그러나[而] 논밭에 물을 대는 도랑은[乎溝洫] 온 힘을 다해 살폈다[盡力].

비(菲)는 여기서 박(薄)과 같다. 보잘 게 없어 박하다[菲]. 밥상이 보잘 것 없었다[菲飮食]. 여기서 이(而)는 영어의 'but' 처럼 보면 된다. 치(致)는 극(極)과 같다. 극진히 모신다[致孝]. 여기서는 천지에 제사를 정성껏 올렸다는 말이다. 호귀신(乎鬼神)에서 호(乎)는 목적어 앞에 붙는 어조사이고, 귀(鬼)는 땅[陰]의 기운을 말하고, 신(神)은 하늘[陽]의 기운이라고 보면 된다. 불면(黻冕)은 슬갑 즉 조정에서 입는 제복이고, 구혁(溝洫)은 논밭으로 물을 끌어들이고 내는 도랑 즉 관개시

설을 말한다.

  우왕이 공사(公私) 중에서 사(私)는 가볍게 여기되, 공(公)은 무겁게 여기고 정성을 다했음을 들어 공자가 우왕을 칭송하고 있다. 정치를 어찌하면 되는가? 우왕을 본받아 사(私)를 엷게 하고 공(公)을 도탑게 하면 된다. 그러나 그 반대의 짓을 하면서 정치한다고 설치니 어느 백성이 정객(政客)을 존경하겠는가? 요새 정치꾼들은 비난받아 마땅한 것들이 너무나 많다. 아마도 공자 당신의 시대에도 그랬던 모양이다. 어느 날에나 정치(政治)란 것이 정치(正治)로 될까?

> 보잘 것 없는 비(菲), 마실 음(飮), 먹을 식(食), 극진할 치(致),
> 누추할 악(惡), 슬갑 불(黻), 면류관 면(冕), 누추할 비(卑), 다할 진(盡),
> 도랑 구(溝), 도랑 혁(洫).

전편(前篇) 9

자한(子罕)

입문 맨 첫 장(章)에 나오는 '자한(子罕)'을 따서 편명(篇名)을 삼고 있다. 「자한(子罕)」편은 30장으로 되어 있으며, 공자(孔子)의 덕행을 밝히고 있다. 뿐만 아니라 이 「자한」편에는 호학(好學)에 관한 공자의 뜻이 잘 드러나 있다. 특히 21~23장(章)에 걸쳐 공자는 줄곧 미래적(未來的)이며 탐구적(探究的)이고 모험적(冒險的)인 학문정신을 절규하다시피 한다. 이를 통해 공자가 말하는 온고지신(溫故知新)의 정신은 온고(溫故)보다 지신(知新)에 무게중심을 두고 있음을 새삼 확인시켜준다. 만일 우리가 이 점을 간과하지 않았더라면 학문정신의 전통을 오늘처럼 상처내지 않았을 것이다.

바로 앞 「태백(泰伯)」편에서 요(堯)·순(舜)·우(禹) 등을 다루고 곧 이어 이 편에서 공자의 덕행을 펼치는 것에서 『논어(論語)』를 펴낸 뜻이 엿보인다고 할 수 있다. 왜 공자를 성인으로 여기고 마주해도 되는지 이 「자한」편에서 이해할 수 있을 것이다.

제1장

【문지(聞之)】

자한언리(子罕言利)

【원문(原文)】

子罕言利하시며 與命하시며 與仁이러시다
자 한 언 리   여 명   여 인

【해독(解讀)】

공자께서는 명(命)과 인(仁)과 더불어 이(利)를 말하는 경우가 드물었다[子罕言利與命與仁].

【담소(談笑)】

자한언리(子罕言利) 여명(與命) 여인(與仁)
▶ 공자께서는[子] 천명과[命] 인과[仁] 함께[與] 이익을[利] 말하는 일이 드물었다[罕言].

한언(罕言)의 한(罕)은 여기서 희(希)와 같다. 드물다[罕]. 명(命)은 천명(天命)이나 운명(運命)의 준말로, 인(仁)은 인도(仁道)의 준말로 여기고 새기면 된다.

공자의 언행(言行)을 간명하게 밝히고 있다. 공자는 확신이 없는 말은 하지 않는다. 제자가 죽음을 물었을 때, 삶도 다 모르는데 죽음을 어찌 알겠느냐고 반문했을 만큼 함부로 말하지 않는다. 공자가 욕심을 사납게 하는 이(利)를 어찌 천명(天命)과 결부시켜 말하겠는가? 욕심이 사나우면 제 명대로 못 산다는 사실을 공자가 어찌 몰랐겠는가. 사나운 욕심이 모질다는 것을 공자가 어찌 몰랐겠는가. 모질면 불인(不仁)이게 마련이다. 이(利)는 사람을 모질게 한다. 그런 이(利)를 곁들여 인(仁)을 말할 리 없었으리라. 공자가 우리를 향해 이(利)를 탐하지 말라고 한다.

드물 한(罕), 이익 리(利), 함께 여(與), 목숨 명(命), 어질 인(仁)

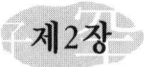

제2장

【문지(聞之)】
오하집(吾何執)

【원문(原文)】

達港黨人曰 大哉라 孔子여 博學而無所成名이로다
달항당인왈   대재   공자   박학이무소성명
子聞之하시고 謂門弟子曰 吾何執고 執御乎아 執
자문지   위문제자왈 오하집   집어호   집
射乎아 吾執御矣로리라
사호   오집어의

【해독(解讀)】

달항 마을 사람들이 말했다[達港黨人曰]. "위대하도다[大哉]! 공자여[孔子]! 박학하면서도 이름을 내지 않았으니[博學而無所成名]!"

공자께서 이런 말을 들으시고[子聞之] 제자들을 불러 말했다[謂門弟子曰]. "내가 무엇을 맡아야 할까[吾何執]? 수레 모는 일을 맡을까[執御乎]? 활을 쏘는 사수가 될까[執射乎]? 내 마부를 맡아 이름을 내리라[吾執御矣]!"

【담소(談笑)】
대재공자(大哉孔子) 박학이무소성명(博學而無所成名)
▶ 위대하도다[大哉]! 공자여[孔子]! 박학하면서도[博學而] 이름을[名] 내는 바가[所成] 없으니[無].

위와 같이 달항(達巷)이란 마을의 사람들이 공자를 치하했다. 당인(黨人)이란 말로 미루어 달항(達巷)이 500가호(家戶)의 큰 마을임을 알 수 있다. 당인(黨人)의 당(黨)이 500가호를 나타내기 때문이다. 성명(成名)은 어느 한 분야에서 일가(一家)를 이루었다는 의미다.

성인(聖人)은 한 분야에만 정통한 전문가가 아니다. 그러니 공자가 무슨 성명(成名)을 이루었겠는가. 성명이란 한 분야에서 일가를 일구어 이름을 낸다 함이니, 그런 명성(名聲)은 전문가들이 바라는 바이지 성인은 성명 따위에 아랑곳하지 않는다. 달항 사람들은 그 점을 알고 공자를 무소성명(無所成名)이라 표현함으로써 지덕(至德)의 성인으로 칭송하고 있다. 모든 인간이 제 이름을 날리고 싶어하지만 오로지 성인만 그러기를 마다한다.

감탄어조사 재(哉), 넓을 박(博), 바 소(所), 이룰 성(成), 이름 명(名)

오하집(吾何執) 집어호(執御乎) 집사호(執射乎) 오집어의(吾執御矣)
▶ 내가[吾] 무엇을[何] 잡아야 할까[執]? 마부의 일을[御] 잡을까[執]? 사수의 일을[射] 잡을까[執]? 내가[吾] 어를[御] 맡아보리라[執]!

달항 사람들이 당신을 칭송한다는 말을 전해듣고[子聞之] 제자들을 불러들여 말한[謂門弟子曰] 내용이 위와 같다. 문지(聞之)의 지(之)는 달항 사람들의 말을 가리키는 지시어이다. 문제자(門弟子)의 문(門)은 공문(孔門)의 준말로 새기면 된다. 공자 당신의 제자들[門弟子]을 말한다. 달항 사람들이 당신을 일러 성인(聖人)이라고 칭송한다는 말을 전해듣고 공자께서 농담으로 맞받으며 제자들로 하여금 건방떨지 못하게 하고 있다. 제자들에게 공자가 이렇게 묻는 광경을 상상해보라. "말이 끄는 수레의 마부가 될까[執御乎]? 아니면 활을 쏘는 사수가 될까[執射乎]? 마부와 사수 중에서 차라리 나는 마부가 되어 이름을 내리라[吾執御矣]."

집어호(執御乎)의 집(執)은 여기서 보(補)와 같다. 잡다[執]. 이는 어떤 일을 맡아 함을 의미한다. 어(御)는 사마(射馬)와 같다. 말을 잘 다루어 수레를 잘 끌게 하는 마부(馬夫)를 뜻한다. 호(乎)는 의문어조사이다. 사(射)는 사수(射手)의 준말로 여기고 새기면 된다.

여기서는 맨 끝 말씀인 오집어의(吾執御矣)에 많은 뜻이 함축돼 있다는 생각이다. 어(御)를 그냥 마부로만 볼 게 아니란 생각이다. 어(御)는 대(待)와 같다. 모신다[御]. 통(統)과도 같다. 다스린다[御]. 진(進)과도 같다. 나아간다[御]. 주(主)와도 같다. 주장한다[御]. 이런 여러 가지 뜻이 함축된 어(御)를 잘 새겨보면 왜 공자가 사수[射]보다는 마부[御]가 되리라 했는지 이해할 수 있으리라.

농담조로 하는 말이지만 말 속에 침(針)이 들어 있는 편이다. 제자들에게 이름을 드날리고[成名] 싶거든 한 가지 직종에서 전문가로 설 수 있는 직업인이 되라 한다. 그렇지 않고 세상을 다스리는 군자가 되고 싶거든 성명(成名) 따위에 연연하지 말라며 침을 놓고 있다. 여러분은 인기 스타가 되고 싶은가? 그렇다면 무대 위의 배우가 되라. 배우는 자기가 맡은 배역으로써 관객의 환호를 끌어내지 못하면 무대를 떠나야 한다. 그러나 공자가 바라는 군자에게는 어떤 배역이 정해지지 않는다. "어진 사람이 되는 길, 즉 인도(仁道)를 넓히는 일에 온몸을 던져라." 이런 속뜻을 농담에 실어 공자가 침을 놓고 있다고 상상해도 된다.

성인은 칭찬받는다고 우쭐해하지 않는다. 오히려 칭찬을 거추장스러워할 뿐이다. 왜 성인은 숨는다고 하는가? 노자(老子)도 불감위선

(不敢爲先)이라 한다. 남 앞에 잘난 듯 나서지 않는다[不敢爲先]. 오로지 소인이 불감위선(不敢爲先)을 무시하고 나를 좀 알아달라 과시할 뿐이다. 부자벌(不自伐)하라. 노자의 말이다. 제 자랑하지 말라[不自伐]. 지금 공자가 노자와 같은 생각을 체험하게 한다.

무엇 하(何), 잡을 집(執), 마부 어(御), 쏠 사(射)

제3장

【문지(聞之)】
오종중(吾從衆)

【원문(原文)】

子曰 麻冕이 禮也어늘 今也純하니 儉이라 吾從衆
자왈 마면   예야   금야순   검   오종중
하리라 拜下禮也어늘 今拜乎上하니 泰也라 雖違衆
      배하례야   금배호상   태야   수위중
이나 吾從下하니라
    오종하

【해독(解讀)】

　공자께서 말했다[子曰]. "삼으로 만든 면관이 예법에 맞지만[麻冕禮也] 지금은 명주로 만든 면관을 쓰는 것은 검소하게 하기 위해서이다[今也純儉]. 나도 여러 사람들대로 따르겠다[吾從衆]. 당 아래에서 절하는 것이 예법에 맞거늘[拜下禮也] 지금은 당 위에서 절하다니 교만이다[今拜乎上泰也]. 비록 여러 사람과 어긋나지만[雖違衆] 나는 당 아

래에서 절하는 것을 따르겠다[吾從下]."

【담소(談笑)】
자왈(子曰)
예법에 융통성을 보이면서도 예(禮)에서 어긋남을 엄하게 말하고 있다. 검(儉)은 예를 따르는 몸가짐이지만, 태(泰)는 예를 벗어난 몸가짐이다. 예에서 어긋나지 않는 변화는 따르지만, 예에서 벗어난 변화는 따르지 않는다고 분명히 말하고 있다. 그러니 개혁도 예를 따라 하라는 것이다. 사람이 되게 하는 개혁을 해야지 사람을 버리게 하는 개혁은 하지 말라 함이다. 지금 세상은 분명 공자께 청개구리 같은 짓을 마다 않고 있는 편이다.

마면례야(麻冕禮也) 금야순검(今也純儉) 오종중(吾從衆)
▶ 삼실로 만든 면류관은[麻冕] 예법에 맞다[禮]. 그러나 지금은[今也] 명주실인데[純] 검약하기 위해서이다[儉]. 나도[吾] 명주실 면류관을 쓰는 대중을[衆] 따른다[從].

마면(麻冕)의 면(冕)은 면류(冕旒), 즉 면류관(冕旒冠)을 말한다. 옛날에 임금 또는 대부(大夫)들이 조례(朝禮)나 제례(祭禮) 때 입던 정복(正服)에 맞춰 쓰던 관이 면류관이다. 이 관은 겉은 검고 속은 붉으며, 위에는 장방형의 판이 놓이고 그 판 앞으로 끈[旒]을 늘여 옥(玉)을 매달았다. 임금이 쓰는 모자는 12류(旒), 제후(諸侯)는 9류, 상대부(上大夫)는 7류, 하대부(下大夫)는 5류를 달았다고 한다.

마면례(麻冕禮)의 예는 주례(周禮)를 말한다. 주나라 예법에서는 면류관의 유(旒)를 마사(麻絲)로 만들게 했다. 그러나 공자가 살던 때에는 마사 대신에 잠사(蠶絲)로 만들어 달게 했다. 순(純)은 여기서 명주실[蠶絲]을 말한다. 마사보다 잠사가 더 검약하다 한 것은 마사 즉 삼실을 가늘게 쪼개 섬세하게 만들기 위해서 엄청난 공력(功力)이든 탓으로 보인다. 공자는 검약하기 위해서는 주례를 고집할 것이 아니라 마사 대신에 잠사를 사용하도록 예법을 고쳐서 융통성 있게 활용하자고 강조하고 있다. 어긋남이 없다면 성인은 고집하지 않는다. 특히 불가(佛家)에서는 고집하지 않음을 일러 불일(不一) 또는 무주(無主)라고 한다. 다만 공자는 그 변화가 무례(無禮)나 비례(非禮)로 어긋나는 것을 경계할 뿐이다. 사(奢)를 버리고 검(儉)을 따라 함이 곧 예이다. 사치스러움을 버리고 검소함을 택한다면 성인은 언제라도 긍정한다.

삼 마(麻), 면류관 면(冕), 이제 금(今), 명주실 순(純), 검소할 검(儉), 따를 종(從), 무리 중(衆)

배하례야(拜下禮也) 금배호상태야(今拜乎上泰也) 수위중(雖違衆) 오종하(吾從下)
▶ 당 아래에서[下] 절하는 것이[拜] 예법이지만[禮], 지금은[今] 당에 올라[上] 절하니[拜] 태만하다[泰]. 비록[雖] 사람들과[衆] 어긋나지만[違], 나는[吾] 당 아래에서[下] 절하기를 따르겠다[從].

하(下)는 당하(堂下)의 준말로 여기고, 상(上)은 당상(堂上)의 준말로 여기고 새긴다. 당하는 사당(祠堂)의 뜰을 말하고, 당상은 사당 안을 뜻한다.

사당에서의 배례(拜禮)는 사당 밖에서 올리는 것이 주례(周禮)에 맞는데 공자 당시에는 사당 안에서 올리는 것으로 바뀌었다는 말이다. 공자는 당(堂) 안에서 배례하는 것은 제사를 올리는 마음이 정성스럽지 못하고 교만한 데서 비롯되었다고 보았다. 교만(驕慢)·오만(傲慢)·태만(怠慢) 등은 비례(非禮)이다. 공자는 사람들이 따르는 시류(時流)일지라도 예가 아니면[非禮] 따르지 말라 한다. 앞서「팔일(八佾)」편 14장에서 공자는 "오종주(吾從周)"라고 했다. 예만큼은 주나라 예법을 따른다 함이다. 주나라 예법을 뿌리로 삼아 예(禮)냐 비례(非禮)냐를 가름하라 함이다.

20세기 한국인은 조선조(朝鮮朝)의 예를 살펴 가늠하지 못했다. 다시 말해 조선조의 예를 살펴 버릴 것은 무엇이고 택할 것은 무엇인지 살피는 일을 하지 않았다. 그래서 지금 우리는 예(禮)와 무례(無禮), 예(禮)와 결례(缺禮), 예(禮)와 비례(非禮)를 가름하지 못하고 가늠하지도 못한다. 우리는 지금 본래면목(本來面目)을 잊고 산다. 무례가 무례인 줄 모르는데 어떻게 예를 따져 묻겠는가. 우리는 지금 모두 무례한(無禮漢)이기를 마다 않는 꼴이다. 그래서 이제는 오만(傲慢) 불손(不遜)을 자신감이라고 부추기며 살려 한다.

절 배(拜), 태만할 태(泰), 비록 수(雖), 어길 위(違)

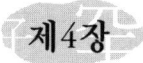

제4장

【문지(聞之)】
자절사(子絶四)

【원문(原文)】

子絶四러시니 母意하며 母必하며 母固하며 母我러시라
자 절 사   무 의   무 필   무 고   무 아

【해독(解讀)】
공자께서는 네 가지를 끊었다[子絶四]. "자의(恣意)가 없고[毋意], 기필(期必)이 없으며[毋必], 고집이 없고[毋固], 아집이 없다[毋我]."

【담소(談笑)】

자절사(子絶四) 무의(毋意) 무필(毋必) 무고(毋固) 무아(毋我)
▶ 공자께서는[子] 네 가지를[四] 근절했다[絶]. 억지부리는 것이 없고[毋意], 무슨 일이 있어도 꼭 그렇게 돼야 한다는 것도 없으며[毋必], 이렇지 않으면 안 된다고 고집부리는 것도 없고[毋固], 나를 드러내 앞세우는 것도 없다[無我].

절사(絶四)의 절(絶)은 근절(根絶)의 준말로 여기고 새기면 된다. 무의(毋意)의 무(毋)는 여기서 무(無)와 같다. 없다[毋]. 의(意)는 자의(恣意)의 준말로 여기고 새기면 된다. 뜻이 방자하다[意]. 필(必)은 기필(期必)의 준말로 여기고 새긴다. 억지로 관철하다[必]. 고(固)는 고집(固執) 또는 집착(執着)의 준말로 여기고 새긴다. 한 가지에 억지를 부린다[固]. 아(我)는 아집(我執)의 준말로 여기고 새기면 된다. 자기를 앞세운다[我].

자절사(子絶四)는 『노자(老子)』 24장의 내용을 연상시킨다. "자현자불명(自見者不明) 자시자불창(自是者不彰) 자벌자불공(自伐者無功) 자긍자부장(自矜者不長)." 자기를[自] 드러내는[見] 사람은[者] 현명하지 못하다[不明]. 자기만[自] 옳다고 주장하는[是] 사람은[者] 남이 편들어주지 않는다[不彰]. 자기를[自] 자랑하는[伐] 사람에게는[者] 돌아가는 공이[功] 없다[無]. 자기를[自] 자랑스럽다고 과시하는[矜] 사람은[者] 오래가지 못한다[不長].

이런 『노자』 24장의 내용과 자절사(子絶四)가 무관하지 않음을 알 수 있을 것이다. 성인은 다른 데가 별로 없다. 공자든 노자든 사람 됨됨이를 매기는 데는 별 차이가 없는 셈이다. 자절사(子絶四)가 성인의 품성을 짐작하게 해준다. 소인은 방자한 뜻을 버리지 못하고 억지를 무릅쓰기를 마다하지 않으며, 옹고집을 부리면서 자기만 소중하다는 듯 으스대기 좋아한다. 이 얼마나 꼴불견인가. 그래서 자절사(子絶四)는 우리 모두를 부끄럽게 하고 초라하게 한다.

끊을 절(絶), 네 가지 사(四), 없을 무(毋), 뜻 의(意), 굳을 고(固), 나 아(我)

제5장

【문지(聞之)】
문왕기몰(文王旣沒) 문부재자호(文不在玆乎)

【원문(原文)】

子畏於匡이러시니 曰 文王旣沒하시니 文不在玆乎아
자외어광   왈 문왕기몰   문부재자호
天之將喪斯文也진댄 後死者 不得與於斯文也
천지장상사문야   후사자 부득여어사문야
어니라 天之未喪斯文也시니 匡人其如予何리오
       천지미상사문야   광인기여여하

【해독(解讀)】

공자께서 광(匡)이란 땅에서 위태로운 지경에 처했을 때[子畏於匡] 말했다[曰]. "문왕은 이미 죽어 없지만[文王旣沒] 문화는 여기 나에게 남아 있지 않는가[文不在玆乎]? 하늘이 문왕이 남긴 문화를 없애려 했다면[天之將喪斯文也] 후세 사람들이[後死者] 그 문화를 함께할 수 없었을 것이다[不得與於斯文也]. 하늘이 아직 문왕의 문화를 없애지 않았으니[天之未喪斯文也], 광 땅의 사람인들 나를 어찌하겠나[匡人其如予何]?"

【담소(談笑)】
자외어광(子畏於匡)
▶ 공자께서[子] 광이란 고을에서[於匡] 위협을 받았다[畏].

외(畏)는 여기서 외축(畏縮)의 준말로 여기고 새기면 된다. 두려운 일로 몸을 움츠린다[畏]. 광(匡)은 위(衛)나라의 한 지명(地名)이다. 이 광이란 고장은 노(魯)나라와 구원(舊怨)이 있었다. 노나라 사람 양호(陽虎)가 광에 침입해 난폭(亂暴)한 짓을 저지른 일이 있는데, 그 때 양호의 어자(御者)였던 안각(顏刻)이 공자의 제자가 되어 광 땅에 동행했다. 거기다 공자의 모습이 양호와 비슷해서 광 사람들이 다시 양호가 침입해 온 것으로 알고 공자 일행을 5일간이나 포위하고 위협했다 한다. 이 고사(故事)를 떠올리면서 자외(子畏)의 외(畏)를 상상하면 된다. 공자의 일행들이 광인(匡人)의 위협을 두려워하여 몹시 위축되어 겁먹고 있었던 모양이다. 이런 모습을 보고 공자가 두려워할 것 없다고 하늘[天]을 빌려 말하고 있다.

하늘이 무너져도 솟아날 구멍이 있다는 속담은 소인의 것이지 성인의 것은 아니다. 여기서 공자가 하늘을 빌려 말한 것은 그런 요행(僥倖)을 바라서가 아니다. 광 사람들이 무모한 집단이 아니라 문화의 집단이리라 믿었기 때문이다. 이 얼마나 문화를 확신하는 낙관(樂觀)인가. 성인은 절망하거나 낙담하지 않는다. 성인은 본래가 어질 뿐인데 무엇 때문에 미래를 겁내고 두려워하겠는가.

협박할 외(畏), 바를 광(匡)

문왕기몰(文王旣沒) 문부재자호(文不在玆乎)
▶ 문왕은[文] 이미[旣] 돌아가고 없지만[沒], 문왕이 남긴 문화는[文] 여기 나한테[玆] 있지 않는가[不在乎]?

몰(沒)은 여기서 사(死)와 같다. 죽었다[沒]. 문부재(文不在)에서 문

(文)은 문장(文章)의 준말로 새기면 된다. 문물제도(文物制度) · 문장(文章) · 예의(禮儀) 등은 요샛말로 하면 문화(文化)에 해당하는 말들이다. 자(茲)는 차(此)와 같다. 이에 또는 여기에[茲]. 부(不)~호(乎)는 완곡하게 반문하는 말씨다. ~하지 않느냐[不乎].

앞서「술이(述而)」편 22장에서 공자는 이렇게 말했다. "천생덕어여(天生德於予) 환퇴기여여하(桓魋其如予何)." 하늘이[天] 나에게[於予] 덕을[德] 점지하였거늘[生] 환퇴가[桓魋] 나를[與] 어찌하겠는가[如何]?

문왕이 남긴 문화의 힘을 공자는 확신하고 있다. 문왕은 죽고 없지만 문왕이 남긴 문화의 힘이 공자 당신한테까지 이어져 있듯 어찌 광 땅의 사람들이라고 그 문물제도를 모르겠는가. 문물제도를 갖춘 사람들이 어찌 야만적으로 우리를 두렵게 하겠는가. 그럴 리 없으니 제자에게 안심하라 한다. 이처럼 공자는 문화를 낙관적으로 믿었다. 그러한 성인의 믿음이 틀리다고 말하지 말라. 문화가 잔인해서가 아니라 인간이 잔인한 탓에 피로 물든 사건들이 문화 속에 끼여 있을 뿐이니 말이다.

> 이미 기(旣), 명이 끝날 몰(沒), 있을 재(在), 이에 자(茲),
> 의문어조사 호(乎)

천지장상사문야(天之將喪斯文也) 후사자부득여어사문야(後死者不得與於斯文也)
▶ 하늘이[天] 문왕의[斯] 문화를[文] 없애려고 했다면[將喪] 문왕이 죽고 난[死] 뒤의[後] 사람들이[者] 문왕의[斯] 문화를[文] 함께 누릴 수 없을 것이다[不得與].

천지(天之)의 지(之)는 강조하려는 어조사이므로 없다고 봐도 된다. 사문(斯文)의 사(斯)는 문왕을 받는 지시어이다. 문왕이 남긴 문화[斯文]. 문왕이 문화를 남겼기에 후세 사람들이 그 문화를 함께 나누며 누리지 않느냐고 제자들에게 다짐해주고 있다. 이런 공자가 무엇을 두려워하겠는가. 불가(佛家)에서도 무외(無畏)를 크나큰 보시(普施)로 삼는다. 두려워 겁먹은 이를 안심시키는 것이야말로 자비이듯, 공자는 지금 무외(無畏)의 성인으로서 겁에 질린 제자들을 안심시키고 있다. "천지미상사문야(天之未喪斯文也) 광인기여여하(匡人其如予何)." 하늘이[天] 문왕의[斯] 문화를[文] 아직 없애지 않았으니[未喪] 광 땅[匡] 사람들[人] 그자들이[其] 나를[予] 어찌하겠는가[如何]? 난폭한 양호가 아니라 문화적인 공자임을 결국 광 사람들이 알게 되리라고 확신하며 일행을 안심시킨다. 성인은 확신을 갖고 사람들을 편안하게 한다. 무외(無畏)의 공자여!

~하려 할 장(將), 없앨 상(喪), 이 사(斯), 얻을 득(得), 함께할 여(與)

제6장

【문지(聞之)】
군자다호재(君子多乎哉) 불다야(不多也)

【원문(原文)】

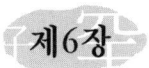

大宰問於子貢曰 夫子는 聖者與아 何其多能也오
대재문어자공왈 부자 성자여 하기다능야
子貢曰 固天縱之將聖이요 又多能也시니라
자공왈 고천종지장성 우다능야
子聞之曰 大宰知我乎아 吾少也賤이라 故多能鄙
자문지왈 대재지아호 오소야천 고다능비

事오니 君子多乎哉아 不多也니라
사   군자다호재   불다야
牢曰 子云 吾不試 故로 藝라 하시니라
노왈 자운 오불시 고   예

【해독(解讀)】

대재가 자공에게 물었다[大宰問於子貢曰]. "공자는 정말 성인이지요[孔子聖者與]! 성인이어서 정말로 다능하지요[何其多能也]."

자공이 대답했다[子貢曰]. "이미 하늘이 선생을 앞으로 성인이 될 자리에 두었고[固天縱之將聖], 또한 다양하게 능통하십니다[又多能也]."

공자께서 이를 전해듣고 말했다[子聞之曰]. "대재가 나를 알까[大宰知我乎]? 내 어려서 천했어[吾少也賤]. 그래서 사소한 일들에 매우 능통했었지[故多能鄙事]. 군자는 능통한 자일까[君子多乎哉]? 군자는 능통하지가 않아[不多也]."

자장이 덧붙였다[牢曰]. "선생님께서 말씀하시기를[子云] 제가 등용되지 않았으니[吾不試] 재주가 있다고 하셨습니다[故藝]."

【담소(談笑)】

부자성자여(夫子聖者與) 하기다능야(何其多能也)

▶ 공자는[夫子] 성인이지요[聖者與]! 성인이어서[其] 정말로[何] 유능하지요[多能].

부자(夫子)는 공자를 일컫는 말이다. 성자(聖者)는 여기서 성인(聖人)을 비틀어 한 말이다. 여(與)는 감탄어조사이고, 하(何)는 여기서 단순한 의문사라기보다는 감탄의 어감을 자아낸다. 기(其)는 앞의 내용을 받아 '그런데' 정도로 풀이한다.

위와 같이 대재(大宰)가 자공(子貢)에게 공자에 대하여 물었다. 대재는 관직 이름으로 오늘날 수상에 해당한다. 공자를 성인이라고 칭찬하자 자공이 대재의 말에 맞장구를 친다.

선생 부(夫), 성인 성(聖), 감탄어조사 여(與), 어찌 하(何), 많을 다(多), 능할 능(能)

고천종지장성(固天縱之將聖) 우다능야(又多能也)
▶ 이미[固] 하늘이[天] 선생을[之] 성인이[聖] 될[將] 자리에 두었고[縱], 또한[又] 다양하게[多] 능통하시지요[能].

대재의 말에 위와 같이 자공이 자신의 선생을 칭송하고 있다. 고(固)는 여기서 이연(已然)과 같다. 이연(已然)은 '이미'란 뜻이다. 이미[固]. 종(縱)은 여기서 치(置)와 같다. 자리에 두다[縱]. 자공이 자신의 스승이 성인임은 하늘의 뜻이라고 단언하는 느낌이 '고(固)'이 한 자(字)로 드러난다. 여기서 이미[固]는 의심할 여지없이 사실이란 어감을 풍긴다. 그리고 우(又)라는 말 역시 그런 느낌을 자아낸다. 대재와 자공 둘 다 공자가 성인이고 다능하다는 데 동의하고 있다.

이미 고(固), 들 종(縱), 앞으로 장(將), 또 우(又)

대재지아호(大宰知我乎) 오소야천(吾少也賤) 고다능비사(故多能鄙事) 군자다호재(君子多乎哉) 불다야(不多也)
▶ 대재가[大宰] 나를[我] 알 것인가[知乎]? 내가[吾] 어렸을 적에는[少] 천했어[賤]. 그래서[故] 보잘 것 없는[鄙] 일들로[事] 유능했었지[多]. 그런데 군자가[君子] 다양하게 능통하단 말인가[多乎哉]? 군자는 수완 좋은 그런 사람이 아니다[不多也].

소(少)는 젊었을 때를 말한다. 천(賤)은 비천(卑賤)의 준말로 보면 된다. 공자가 젊었을 적 자신을 낮추어 한 말이다. 비사(鄙事)는 잡다

한 일거리를 말한다. 공자가 젊어서는 군자의 몫을 못했노라 실토하고 있다. 그러나 호학(好學)을 게을리하지 않아 지금까지도 군자의 몫을 다하려고 노력하고 있음을 제자에게 넌지시 알린다. 그렇다고 공자 당신이 이미 성인이라고 자처하지는 않는다. 성인은 부자벌(不自伐)한다 하지 않는가. 성인은 무슨 일이 있어도 자기 자랑을 하지 않는다[不自伐]. 지금 공자는 겸손하게 자공을 대하면서 짚어줄 것은 짚어주고 있다. 공자는 대재와 자공이 나눈 다능(多能)이란 말을 거두어들이게 하고 있다. 공자가 자공에게 반문하는 말을 새겨보라. "군자는[君子] 다양하게 능통하단 말인가[多乎哉]?" 군자는 잡다한 일에 능력을 발휘하는 사람이 아님을 이렇게 밝혔다. "군자불기(君子不器)." 군자는 기능인이 아니다[君子不器]. 공자가 자공에게 들려주는 말씀을 듣고 자장이 끼어들어 스승의 말씀에 담긴 속뜻을 일깨운다.

알 지(知), 나 아(我), 나 오(吾), 작을 소(少), 천할 천(賤), 까닭 고(故), 비루할 비(鄙), 일 사(事)

노왈(牢曰) 자운(子云) 오불시(吾不試) 고예(故藝)
▶ 자장이 말했다[牢曰]. "내가[吾] 등용되지 않았을 때[不試] 스승께서[子] 일러주셨다[云]. '등용되지 않았으니까[故] 너는 재주가 있다[藝].'"

노(牢)는 공자의 제자인 자장(子張)의 이름이다. 성씨는 금(琴)이고 자(字)는 자개(子開)이다. 시(試)는 여기서 용(用)과 같다. 등용되다[試].

자장이 등용시험에 떨어졌을 때 공자가 하신 말씀을 곰곰이 새겨둘 일이다. "고예(故藝)." 등용시험에 떨어졌으니까[故] 재주가 있다[藝]. 이 말은 언뜻 들으면 맞지 않는 듯하다. 그러나 생각해보자. 잡다한 지식의 유무를 물어 능력을 따지는 등용시험 따위로 어찌 인재를 식별할 수 있겠는가? 공자가 자장에게 해준 예(藝)를 어떻게 새기면 될까? 다재다능(多才多能)하면서도 군자의 면목이 무엇인지 너(자장)는 알고 있노라고 격려해준 말씀이리라. 그러니 선생께서 자공을 꾸짖는 것이 아님을 알 수 있겠다. 성인은 꾸짖기를 모른다. 다만 나무랄 일이 있으면 타일러 나무라지 성인은 추궁하지 않는다. 성인은 사람을 항상 칭찬해주어 살맛을 누리게 하는 분이다.

무리 로(窂), 이를 운(云), 쓸 시(試), 재주 예(藝).

제7장

【문지(聞之)】
아고양단이갈언(我叩兩端而竭焉)

【원문(原文)】

子曰 吾有知乎哉아 無知也로다 有鄙夫問於我호되
자왈 오유지호재   무지야   유비부문어아
空空如也라도 我叩其兩端而竭焉하노라
공공여야   아고기량단이갈언

【해독(解讀)】
　공자께서 말했다[子曰]. "나한테 아는 게 있겠는가[吾有知乎哉]? 아는 게 없다[無知也]. 그러나 나에게 묻는 무식한 사람이 있어서[有鄙夫問於我] 정성으로 물어오면[空空如也] 나는 내 아는 것을 다 털어내 그에게 가르쳐줄 뿐이다[我叩其兩端而竭焉]."

【담소(談笑)】

자왈(子曰)

「술이(述而)」편 19장의 말씀을 떠올리게 한다. 거기서 공자는 이렇게 실토했다. "아비생이지지자(我非生而知之者) 호고민이구지자야(好古敏以求之者也)." 나는[我] 태어나면서[生而] 절로 모든 것들을[之] 알아버리는[知] 사람이[者] 아니다[非]. 옛것을[古] 좋아하고[好], 부지런히[敏] 옛것을[之] 찾아 구하는[求] 사람이다[者].

이처럼 공자는 일신(日新)의 삶을 실천하고 있다고 말한다. 공자 당신이 아는 게 없다[無知也]고 실토하는 것을 오만이라고 여기지 말라. 안다고 하면 자신을 모르는 짓으로 통한다. 오히려 모른다고 하면 자신을 아는 길로 통한다. 성인은 항상 자명등(自明燈)을 밝힌다. 남을 비추자는 등(燈)이 아니라 자기를 비추는 등[自明燈]을 밝힌다. 그래서 불가(佛家)에서도 묵조(默照)란 말이 생겼고, 노자(老子) 역시 한사코 자명(自明)하라 하지 않는가. 그러니 공자의 무지야(無知也)를 두고 비아냥거리는 소리라고 치부하지 말라. 진정 겸허하게 하는 말씀으로 들어야 한다. 그러면서도 묻는 이가 있다면 모든 노력을 아끼지 않고 알려준다고 하는 공자를 보라. 공자여! 당신은 틀림없이 온 인류의 선생이다. 그래서 교(敎)는 무엇보다 사람 되는 길을 가르치는 데 정성을 다해야 한다고 밝힌다. 이 장의 맨 마지막 말씀은 엄숙하다 못해 장엄하게 들린다.

오유지호재(吾有知乎哉) 무지야(無知也)

▶ 나한테[吾] 아는 게[知] 있겠는가[有乎哉]? 아는 게[知] 없다[無].

호재(乎哉)는 완곡한 의문문을 만든다. ~있겠는가[乎哉] 정도로 이해하면 된다. 무지야(無知也)의 야(也)는 무지(無知)를 분명하게 한다.

성인은 겸허하기 때문에 자기를 자연스럽게 낮춘다. 특히 도가(道

家)에서 자기를 낮추라고 한다. 그래서 노자(老子)는 사기(舍己)하라 하고, 장자(莊子)는 무기(無己)하라 한다. 자기를[己] 버려라[舍]. 자기를[己] 없애라[無]. 공자 같은 성인에게 어찌 앎을 과시하고자 하는 자기(自己)가 있겠는가. 이제 무지야(無知也)의 참뜻을 헤아릴 수 있음 직하다.

있을 유(有), 없을 무(無)

유비부문어아(有鄙夫問於我) 공공여야(空空如也) 아고기량단이갈언(我叩其兩端而竭焉)
▶ 모자란 자가[鄙夫] 나에게[於我] 진심으로[空空如] 묻는 일이[問] 있다면[有] 나는[我] 그[其] 물음에 대해 모든 것을[兩端] 다 알게[叩] 그에게[焉] 가르치기를 다할 것이다[竭].

비부(鄙夫)는 생각하기가 얕은 사람, 즉 소인(小人)을 말한다. 공(空)은 여기서 핍(乏)과 같다. 없다[空]. 그러므로 공공여(空空如)는 생각하는 바가 없는 모습을 말한다. 진정 몰라 참으로 알고 싶어하는 모습[空空如]. 고(叩)는 여기서 계(啓)와 같다. 가르쳐 알게 하다[叩]. 양단(兩端)은 본말(本末)과 같고, 처음과 끝이란 뜻이다. 양단(兩端)은 '통틀어 모두 다'라고 새기면 된다. 갈(竭)은 여기서 진(盡)과 같다. 전력을 다한다[竭]. 갈언(竭焉)의 언(焉)은 어시(於是)의 줄임으로 보는데 고양단(叩兩端)을 대신하는 지시어이다. 이에[於是] 다한다[竭] 함이 갈언(竭焉)이다. 그러므로 여기서 갈언(竭焉)은 모조리 알게 하는 데 전력을 다한다는 뜻이다.

"유비부문어아(有鄙夫問於我) 공공여야(空空如也) 아고기량단이갈언(我叩其兩端而竭焉)"이란 말씀이 공자의 교(敎)를 헤아려 터득하게 하는 요점이라고 보면 된다. 이 말씀을 이렇게 새겨들어도 무방하리라. "소인(小人)일지라도 진실로 배워 대인(大人)이 되고자 한다면 온 정성을 다해 그를 가르쳐 소인을 대인으로 바꾸어야 한다."

성인은 사람에게 지식을 전파하려고 하지 않는다. 성인은 오로지 사람 되는 길을 찾아 안내하려고 할 뿐이다. 공자의 교(敎)를 그래서 군자(君子)의 가르침[敎]이라고 하지 않는가. 이러한 교(敎)를 밝히면서 왜 공자가 당신은 "아는 게 없다[無知也]"고 하는지 곰곰이 살펴볼 일이다. 지식이 사람 되게 하는 것은 아님을 알라는 말씀이 아닌가.

> 비천할 비(鄙), 물을 문(問), 없을 공(空), 같을 여(如), 알게 할 고(叩), 두 량(兩), 끝 단(端), 다할 갈(竭).

제8장

【문지(聞之)】
봉황부지(鳳凰不至)

【원문(原文)】

> 子曰 鳳凰不至하며 河不出圖하니 吾已矣夫인저
> 자왈 봉황부지   하불출도   오이의부

【해독(解讀)】

공자께서 말했다[子曰]. "봉황새도 오지 않고[鳳凰不至] 황하에서 도문도 나오지 않으니[河不出圖] 다 틀렸구나[吾已矣夫]!"

【담소(談笑)】
자왈(子曰)
　공자가 난세(亂世) 앞에서 탄식한다. 성군(聖君)을 그리워하고 덕치(德治)를 갈망하는 마음이 절절하다. 공자가 어느 새 시인이 되어 버린 듯하다. 상징적인 탄식이 얼마나 숙연하게 하는가. 공자 당신이 아무리 발버둥쳐본들 성군이 나타나지 않으니 덕으로써 세상을 구하는 일이 난감하다 탄식하는 모습을 보라. 성인은 불안한 세상을 안타까워할 뿐 자기 한 몸을 돌보지 못한다고 한탄하지 않는다.

봉황부지(鳳凰不至) 하불출도(河不出圖) 오이의부(吾已矣夫)
▶ 봉황새도[鳳凰] 오지 않고[不至] 황하에서[河] 도문도[圖] 나오지 않으니[不出] 아아[吾] 다 틀렸구나[吾已矣夫]!

　봉황(鳳凰)은 성왕(聖王)이 덕치를 베풀면 등장한다는 암수 한 쌍인 상상의 새이다. 봉(鳳)은 수컷 새이고 황(凰)은 암컷 새로 깃털과 날개가 아름답다고 한다. 하(河)는 황하(黃河)의 준말로, 도(圖)는 도문(圖紋)의 준말로 보면 된다. 그냥 하도(河圖)라고도 한다. 성왕이 등장하면 이 황하에서 팔괘(八卦)를 새긴 도문이 나온다는 것이다. 그러면 성왕은 그 도문을 법으로 삼아 덕치를 베푼다고 한다. 복희(伏羲) 때에 용마(龍馬)가 황하에서 이 도문을 등에 업고 나왔다는 전설이 있다. 봉황과 하도는 모두 성왕과 덕치를 상징한다.

　오이의부(吾已矣夫)는 공자께서 곧 난세를 탄식하는 말씀이다. 여기서 오(吾)는 이오(伊吾)의 준말로 보아도 되는데, 이 이오(伊吾)를 이오(咿唔)라고 써도 된다. 중얼거릴 오(吾). 중얼거리는 모습을 이오(伊吾)라 한다.

　공자께서 홀로 탄식하는 모습을 상상해보라. 이의부(已矣夫)는 다 틀렸다고 탄식하는 어조(語調)이다. 여기서 이(已)는 거(去)와 같다. 다 틀렸으니 버린다[已]. 그러나 공자는 세상이 다 틀렸다고 제자들에게 외치는 것이 아니라 난세 앞에 아픈 마음을 드러내듯 독백하고 있다. 홀로 탄식하는 성인의 모습을 상상해보면 난세를 살아가는 모든 이들 역시 가슴이 저려 올 것이다. 공자의 시대정신은 통절하고 줄기차다.

수컷 새 봉(鳳), 암컷 새 황(凰), 이를 지(至), 물 하(河), 나올 출(出), 그림 도(圖), 웅얼거릴 오(吾)

제9장

【문지(聞之)】
자견자최자(子見齊衰者)

【원문(原文)】

子見齊衰者와 冕衣裳者와 與瞽者하시고 見之에
자견자최자   면의상자   여고자   견지
雖少나 必作하시며 過之必趨러시라
수소   필작   과지필추

【해독(解讀)】
공자께서 상복을 입은 사람을 보거나[子見齊衰者] 관복을 차려 입은 사람이나[冕衣裳者] 장님이나[與瞽者] 이들을 보면[見之] 나이 어린 사람일지라도[雖少] 반드시 일어나셨고[必作], 그들을 지나갈 적엔 반드시 총총히 걸으셨다[過之必趨].

【담소(談笑)】
자견자최자(子見齊衰者) 면의상자(冕衣裳者) 여고자(與瞽者) 견지(見之) 수소필작(雖少必作) 과지필추(過之必趨)
▶ 공자께서[子] 상을 당한 사람이나[齊衰者] 관복을 입은 사람[冕衣裳者], 그리고 장님을[與瞽者] 보면[見] 연하일지라도[雖少] 반드시[必] 일어나셨고[作], 그들을[之] 지나치려면[過] 반드시[必] 엿보지 않고 빨리빨리 가셨다[趨].

자최자(齊衰者)의 자최(齊衰)는 상복(喪服)을 말한다. 자최(齊衰)를 제쇠(齊衰)로 읽기 쉬워서 주의해야 한다. 면의자(冕衣者)의 면(冕)은 예관(禮冠)을 말하고, 면의상(冕衣裳)이라고 할 때의 의상(衣裳)은 대부(大夫) 등이 입는 관복(官服)을 말한다. 필작(必作)의 작(作)은 여기선 입(立)과 같다. 일어서다[作]. 필추(必趨)의 추(趨)는 엿보지 않고 빨리빨리 지나간다는 말이다.

공자가 얼마나 겸손한가를 잘 말해준다. 물론 성인인 공자가 오만하거나 방자할 리 없다. 그러나 성인은 임금이 잘못하면 엄히 나무라고, 범인(凡人)이 허물을 지으면 너그럽게 용서한다. 이처럼 강자에게 엄하고 약자에게 너그러운 것이 성인의 겸손이다. 무슨 딴 생각이 있어서 굽실거린다면 비굴한 복종이지만 진정한 겸손은 사람을 감복시킨다. 강자한테 비굴하고 약자한테 방자한 소인배들은 이런 공자를 두고 무어라 할까? 하여튼 대접해달라고 건방떨기 쉬운 우리를 부끄럽게 한다.

볼 견(見), 상복 자(齊), 상복 최(衰), 면류관 면(冕), 치마 상(裳), 소경 고(瞽), 일어설 작(作), 지나갈 과(過), 빨리 갈 추(趨)

제10장

【문지(聞之)】
부자순순연선유인(夫子循循然善誘人)

【원문(原文)】

顔淵喟然歎曰 仰之彌高하며 鑽之彌堅하며 瞻之
안연위연탄왈 앙지미고   찬지미견   첨지
在前이러니 忽焉在後로다 夫子循循然善誘人하사
재전   홀언재후   부자순순연선유인
博我以文하시고 約我以禮하시니라 欲罷不能하야 旣
박아이문   약아이례   욕파불능   기
竭吾才하니 如有所立이 卓爾라 雖欲從之나 未由
갈오재   여유소립   탁이   수욕종지   미유
也已로다
야이

【해독(解讀)】

안연이 몹시 탄식하며 말했다[顔淵喟然歎曰]. "우러러보면 더욱 높고[仰之彌高] 뚫어 파면 더욱 견고하며[鑽之彌堅], 바라보면 앞에 있는 듯하다가[瞻之在前] 홀연히 뒤에 있는 듯하다[忽焉在後]. 선생께서는 차근차근 순서대로 사람을 잘도 일깨우시고[夫子循循然善誘人], 학문으로써 나를 넓혀주시며[博我以文] 예로써 내 행동거지를 다스리게 하신다[約我以禮]. 그만 배우고 싶어도 그만둘 수 없어[欲罷不能] 이미 내 재주를 다하지만[旣竭吾才], 다시 높이 세워두는 듯하여[如有所立卓爾] 좇아 따르고 싶어도[雖欲從之] 따라 이르지 못하고 마는구나[未由也已]!"

【담소(談笑)】
안연위연탄왈(顏淵喟然歎曰)
▶ 안연이[顏淵] 감격해[喟然] 칭송한다[歎曰].

안연(顏淵)은 공자의 수제자(首弟子)로 이름은 회(回), 자(字)는 자연(子淵)이다. 공문(孔門)에서 덕행(德行)으로 으뜸이었다. 덕행이라면 공자 당신도 따를 수 없다고 했을 만큼 공자가 아꼈던 제자이다. 그 안연이 요절(夭折)하자 공자는 절망한다.「선진(先進)」편 8장에서 공자는 "하늘이 나를 망친다[天喪予]"고 탄식한다.

위연(喟然)은 슬픔이나 감격에 겨워 깊은 숨을 내쉬는 모습이다. 탄왈(歎曰) 역시 슬픔에 탄식하거나 감격에 겨워 칭송한다는 뜻이다. 안연이 공자를 더할 바 없이 칭송하고 있다.

얼굴 안(顏), 못 연(淵), 한숨 위(喟), 그럴 연(然), 칭송할 탄(歎)

앙지미고(仰之彌高) 찬지미견(鑽之彌堅) 첨지재전(瞻之在前) 홀언재후(忽焉在後)
▶ 선생의 세계를[之] 우러러볼수록[仰] 더욱더[彌] 높고[高], 그 세계를[之] 꿰뚫어보려고 할수록[鑽] 더욱더[彌] 견고하며[堅], 그 세계를[之] 찬찬히 볼라치면[瞻] 앞에[前] 있는 듯하다가[在] 속절없이[忽焉] 뒤에[後] 있는 듯하다[在].

앙지(仰之)·찬지(鑽之)·첨지(瞻之)의 지(之)는 공자의 세계 내지는 경지를 모두 가리키는 대명사로 보고 새긴다. 미(彌)는 여기서 두루두루 한다는 편(徧)이 아니라 더욱 더하다는 익(益)과 같다. 더욱 더하다[彌]. 찬(鑽)은 천(穿)과 같다. 꿰뚫어 연구하다[鑽]. 견(堅)은 견고(堅固)의 준말로 여기고 새기면 된다. 단단해 빈틈이 없다[堅]. 첨(瞻)은 첨시(瞻視)의 준말로 여기고 새기면 된다. 찬찬히 바라보다[瞻].

안연은 공자의 가르침을 알고만 있는 것이 아니다. 여기 이 글은 공자의 가르침을 생활 속에서 실천하고 있음을 숨김없이 드러내는 찬송(讚頌)이다. 덕행의 화신(化身)이란 안연이 어찌 빈말을 하겠는가. 요절했지만 안연은 행복했던 셈이다. 찬송할 스승이, 선생이 있었으니 말이다. 스승께 바치는 이 이상의 찬송은 없을 것이다.

우러러볼 앙(仰), 더할 미(彌), 높을 고(高), 뚫을 찬(鑽), 단단할 견(堅), 바라볼 첨(瞻), 있을 재(在), 앞 전(前), 갑자기 없어질 홀(忽)

부자순순연선유인(夫子循循然善誘人)
▶ 스승께선[夫子] 차근차근 자연스레[循循然] 사람을[人] 잘[善] 인도하여 나아가게 가르친다[誘].

부자(夫子)는 여기서 공자(孔子)를 말한다. 순순연(循循然)은 관용구이다. 차근차근 자연스럽게[循循然]. 선(善)은 여기서 유(誘)를 꾸며주는 부사이다. 어긋남 없게 잘[善]. 유(誘)는 인(引) · 진(進) · 교(敎)를 다 포함하는 뜻으로 보는 것이 좋다. 그냥 지식을 전수하는 것이 아니라 사람을 붙들어[引] 사람답게 나아지도록[進] 가르친다[敎]는 뜻으로 새긴다.

공자는 사람들이 '인능홍도(人能弘道)'를 깨닫고 실천하도록 당신의 가르침을 줄기차게 행동으로 옮긴 성인이다. 그런 성인의 가르침을 안연이 칭송하고 있다. 세상에서 가장 행복한 사람은 누구일까? 돈이 많거나 명성이 높은 사람이라고 여기는가. 그렇지 않음을 알기까지는 많은 시간이 걸린다. 그러나 젊어서부터 안연은 선생을 모시고 벗을 둔 자가 진정 행복하다는 것을 알고 있었다.

좇을 순(循), 잘할 선(善), 가르칠 유(誘)

박아이문(博我以文) 약아이례(約我以禮)
▶ 학문을[文] 이용해서[以] 나를[我] 넓게 하였고[博], 예로써[以禮] 나를[我] 단속해주었다[約].

박(博)은 광(廣)과 다(多)를 포함하는 뜻으로 새긴다. 넓고 많다[博]. 이문(以文)의 문(文)은 학문(學文)과 학문(學問)을 포함한다고 보고 새기면 된다. 여기서 이(以)는 용(用)과 같다. 약(約)은 검(儉)·검(檢)·서(誓)·감(減) 등을 포함한 뜻으로 보고 새긴다.

학문(學文)은 성현을 통하여 사람의 길을 터득하는 것이고, 학문(學問)은 온갖 사물(事物)의 길을 탐구하여 온갖 까닭을 일깨우는 길을 탐구하여 그 까닭을 일깨우는 세계이다. 서양도 르네상스(Renaissance) 전에는 학문(學文)이 학문(學問)을 능가했지만, 그 이후부터 줄곧 학문(學文)은 미미해져버리고 학문(學問)이 전적인 주도권을 잡고 인간의 사고를 지배해왔다. 그런 지배력이 20세기 한국을 강타해 우리도 이제는 학문(學文)의 중요성을 거의 잊어버린 상태이다. 학문(學文)을 멀리하면 할수록 인간은 모질고 잔인해진다. 이를 일러 인화물(人化物)이라고 하여 아주 예로부터 두려워했었다. 학문(學問)은 인화물을 부추기고, 학문(學文)은 인화물을 줄일 대로 줄여버린다. 인간이 돈을 목숨보다 더 가치 있게 여기는 꼴이 인화물(人化物)이다. 이를 요샛말로 하면 인간의 물질화(物質化)라고 부르리라.

약아(約我)는 예(禮)의 핵심에 이르게 한다. 그러자면 나는 먼저 검소해야 하고[儉約], 내가 나를 단속해야 하며[檢約], 내가 나를 엄히 다스릴 것을 맹세해야 하고[誓約], 내가 내 욕심 따위를 덜어내는[減約] 삶을 실천해야 한다. 이것이 곧 약아(約我)이다. 그러니 이 약(約)을 검약(儉約)·검약(檢約)·서약(誓約)·감약(減約) 등등의 준말로 여기고 새기면 된다.

약아(約我)는 곧 자비(自卑)로 이어진다. 예의 핵심은 이러하다. "자비이존인(自卑而尊人)." 내가 나를 낮춤[自卑]은 곧 내가 남을 높이는[尊시] 삶으로 이어진다. 여기서 공자가 「헌문(憲問)」 편 44장에서 밝힌 수기이안인(修己以安人)의 참뜻을 헤아릴 수 있을 것이다. 나를 닦아라[修己]. 어떻게 닦으란 말인가? 자비(自卑)가 곧 그 닦음이다. 자비를 닦음이 곧 약아(約我)인 셈이다. 그러나 오늘날 누가 이 약아(約我)를 하려고 하겠는가. 저마다 제 잘난 맛으로 사는 세상이니 말이다. 그래서 우리는 모두 무례한(無禮漢)이 되기를 마다하지 않는다. 세상이 왜 무서운지 알 만하리라.

넓을 박(博), 나 아(我), 학문 문(文), 묶을 약(約), 예법 례(禮)

욕파불능(欲罷不能) 기갈오재(旣竭吾才) 여유소립탁이(如有所立卓爾) 수욕종지(雖欲從之) 미유야이(未由也已)

▶ 그만두려 해도[欲罷] 그만둘 수 없어[不能] 이미 벌써[旣] 내[吾] 재주를[才] 다해보지만[竭], 더욱 높이 우뚝[卓爾] 세워둔[立] 바가[所] 있듯이[如有] 비록[雖] 그 가르침을[之] 따라가려 해도[欲從] 좇아 따르지 못하고 만다[未由也已].

파(罷)는 휴(休)와 같다. 파하다[罷]. 불능(不能) 뒤에 파(罷)가 생략돼 있다고 보면 된다. 갈(竭)은 진(盡)과 같다. 다하다[竭]. 여유(如有)는 '~이 있는 듯하다'는 뜻의 관용어이고, 탁이(卓爾) 역시 관용어이다. 우뚝 높이[卓爾]. 종(從)과 유(由)는 같은 뜻으로 ~을 좇다[從·由]라고 새긴다.

공자가 왜 안연을 두고 당신보다 더 훌륭하다고 했는지 알 만하다. 공자는 민이호학(敏而好學)을 바라는 성인이다. 총명하여[敏] 배우기를[學] 좋아한다[好]. 안연이 그런 점에서 으뜸가는 제자였다. 나아가 배운 것을 삶을 통하여 실제로 행하는 사람이었다. 이 안연이 요절하자 공자가 하늘을 향해 "천상여(天喪予)"라고 외친 심정을 알리라. 하늘이[天] 나를[予] 망쳤다[喪].

하고자 할 욕(欲), 그만둘 파(罷), 이미 기(既), 다할 갈(竭), 높을 탁(卓), 비록 수(雖), 좇을 종(從), 좇을 유(由)

제11장

【문지(聞之)】

오수기(吾誰欺) 기천호(欺天乎)

【원문(原文)】

子疾病이시어늘 子路使門人으로 爲臣이러니 病間曰
자 질 병   자 로 사 문 인   위 신   병 간 왈
久矣哉라 由之行詐也여 無臣而爲有臣하니 吾誰
구 의 재   유 지 행 사 야   무 신 이 위 유 신   오 수
欺오 欺天乎아 且予與其死於臣之手也론 無寧
기   기 천 호   차 여 여 기 사 어 신 지 수 야   무 녕
死於二三子之手乎아 且予縱不得大葬이나 予死
사 어 이 삼 자 지 수 호   차 여 종 부 득 대 장   여 사
於道路乎아
어 도 로 호

【해독(解讀)】

공자께서 병이 깊어 앓으니[子疾病] 자로가 문인들로 하여금 가신으로 삼아 장사를 준비했다[子路使門人爲臣].

병이 좀 차도를 보이자 공자께서 말했다[病間曰]. "오래도록[久矣哉] 유가 속여왔구나[由之行詐也]! 가신이 없는데도 가신이 있는 것처럼 했으니[無臣而爲有臣] 누구를 속이려고 한 것이냐[吾誰欺]? 하늘을

속이자는 것이냐[欺天乎]? 또한 가신들 앞에서 죽느니보다는[且予與其死於臣之手也] 차라리 너희들 앞에서 죽는 것이 낫다[無寧死於二三子之手乎]! 또한 내 비록 성대한 장례식을 치르지 못한다 해도[且予縱不得大葬] 설마 내가 길가에서 죽기야 하겠느냐[予死於道路乎]?"

【담소(談笑)】
자질병(子疾病) 자로사문인위신(子路使門人爲臣)
▶ 공자께서[子] 병이 깊어 누웠다[疾病]. 그러자 자로가[子路] 문인들로[門人] 하여금[使] 가신으로 삼았다[爲臣].

병(病)이 심하면 질병(疾病)이라 한다. 자로(子路)는 공자의 제자이고 이름은 유(由)이다. 신(臣)은 여기서 가신(家臣)을 말하는데 제후(諸侯)나 대부(大夫)만이 가신을 둘 수 있었다. 공자도 노(魯)나라의 대부를 지낸 적이 있지만 현직이 아니면 가신을 둘 수 없었다. 그런데도 자로가 문인(門人)을 시켜 가신으로 삼은 것은 잘못이다.

자질병(子疾病)은 공자가 위독함을 뜻한다. 이에 자로가 공자의 장례를 대부의 예(禮)로써 치르고자 했던 모양이다. 대부의 장례(葬禮)라면 성대하게 마련이다. 그러나 공자는 당시 대부의 현직에 있지 않았으므로 자로의 소망은 비례(非禮)라 할 수 있다.

선생 자(子), 병 질(疾), 아플 병(病), 하여금 사(使), 문 문(門), 삼을 위(爲), 가신 신(臣)

구의재(久矣哉) 유지행사야(由之行詐也) 무신이위유신(無臣而爲有臣) 오수기(吾誰欺) 기천호(欺天乎)
▶ 오래도록[久矣哉] 자로 자네가[由] 속임수를[詐] 범했구나[行]! 가신이[臣] 없는데도[無] 가신이[臣] 있는 것으로[有] 했으니 말일세[爲]. 그런데 말일세[吾] 누구를[誰] 속이려는가[欺]? 하늘

을[天] 속이려는가[欺]?

유(由)는 자로(子路)의 이름이다. 사(詐)는 사기(詐欺)의 준말로 여기고 새기면 된다. 속임수를 쓴다[行詐]. 오수기(吾誰欺)의 오(吾)는 이오(咿唔)의 준말로써 중얼거리는 어조(語調)를 나타낸다. 기(欺)는 사기(詐欺)의 준말로 보면 된다.

사제(師弟) 사이의 정이 뭉클하지만, 비례(非禮)를 범하면 절대로 안 된다고 간곡하게 말하고 있다. 예(禮)를 어기면 인도(仁道)가 무너짐을 설파하고 있다. 비례(非禮)는 곧 하늘을 속이는 짓이다. 하늘을 우러러 한 점 부끄럼 없이 사는 것이 공자가 바라는 군자(君子)의 길이 아닌가.

> 오래 구(久), 이름 유(由), 행할 행(行), 속일 사(詐), 중얼거릴 오(吾), 누구 수(誰), 속일 기(欺)

차여여기사어신지수야(且予與其死於臣之手也) 무녕사어이삼자지수호(無寧死於二三子之手乎)

▶ 또한[且] 내가[予] 가신 앞에서[於臣之手] 죽느니[死]보다는[與其] 차라리[無寧] 그냥 자네들 앞에서[於二三子之手] 죽겠네[死].

여기(與其) ~ 무녕(無寧)은 '~하느니보다는 차라리 ~하겠다'는 뜻의 관용어구이다. 공자는 죽음에 대해 언급하려 하지 않았다. 그렇다고 죽음을 가볍게 여긴 것은 아니다. 「술이(述而)」편 9장에 있는 제자 증자(曾子)의 말에서 선생(공자)의 뜻이 잘 드러난다. "신종추원(愼終追遠)." 부모님의 상을 정중하게 모시고[愼終], 조상의 혼을 충심으로 추모한다[追遠]. 그러자면 죽음을 예(禮)로써 치러야 할 것이다. 공자는 지금 죽음과 예를 연관지어 엄숙하면서도 다정하게 제자들을 타이르고 있다.

> 또한 차(且), 나 여(予), 손 수(手)

차여종부득대장(且予縱不得大葬) 여사어도로호(予死於道路乎)

▶ 또한[且] 내[予] 비록[縱] 성대한 장례를[大葬] 누리지 못한다 해도[不得] 설마 길가에서[於道路] 죽기야 하겠는가[死].

종(縱)은 여기서 수(雖)와 같다. 비록 ~할지라도[縱]. 성대한 장례(葬禮)가 중요한 게 아니라 장례가 예(禮)에서 벗어나지 않는 것이 중요하다고 공자가 절절하게 밝히고 있다. 예불망열(禮不忘說)이 아닌가. 예는[禮] 망령스럽게[忘] 기쁘게 하지 않는다[不說].

내 장례식을 성대하게 마련한다고 내 죽은 영혼이 기뻐하겠느냐고 반문하는 중이다. 내 임종을 맞이해줄 많은 제자들[二三子]이 있으면 되었지 없어야 할 가신을 내세워 내 장례를 허례(虛禮)로 치를 것은 없다고 완곡하게 타이르고 있다. 지금 공자는 자로를 꾸중하거나 나무라는 것이 아니다. 예를 밝혀 앞서 안연이 말한 약아(約我)를 몸소 보이고 있을 뿐이다. 담담하고 여유 있는 성인은 초라할 리 없으니 그냥 그대로 장엄하다.

비록 종(縱), 얻을 득(得), 장례 장(葬), 길 도(道), 길 로(路)

제12장

【문지(聞之)】
아대매자야(我待買者也)

【원문(原文)】

子貢曰 有美玉於斯하니 韞匵而藏諸이꼬 求善買
자공왈 유미옥어사   온독이장제   구선매

而沽諸이꼬
이 고 제

子曰 沽之哉라 沽之哉라 我待買者也로라
자왈 고지재   고지재   아대매자야

【해독(解讀)】

자공이 말했다[子貢曰]. "여기에 아름다운 옥이 있다면[有美玉於斯] 궤 속에 넣어 그것을 감추겠습니까[韞匵而藏諸] 아니면 좋은 값으로 사줄 사람을 찾아 그것을 팔겠습니까[求善買而沽諸]?"

이에 공자께서 말해주었다[子曰]. "팔아야지[沽之哉]! 팔고 말고[沽之哉]! 나는 사줄 사람을 기다리고 있다네[我待買者也]!"

【담소(談笑)】

유미옥어사(有美玉於斯) 온독이장제(韞匵而藏諸) 구선매이고제(求善買而沽諸)

▶ 여기에[於斯] 아름다운[美] 옥이[玉] 있는데[有] 궤 속에[匵] 넣어[韞] 그것을[諸] 감추겠습니까[藏] 아니면 좋은 값으로[善] 사줄 사람을[買] 찾아[求] 그것을[諸] 파시겠습니까[沽]?

온(韞)은 장(藏)과 같다. 감추다[韞]. 독(匵)은 독(櫝)과 같이 궤짝을 말한다. 장제(藏諸)의 제(諸)는 여기서 의문문의 끝말인 종미사(終尾詞) 지호(之乎)의 준말이다. 이것을 ~하지 않겠는가[之乎]? 지호(之乎)의 지(之)는 여기서 미옥(美玉)을 뜻하는 지시어이다.

공자의 제자인 자공(子貢)이 공자께 미옥(美玉)이 있다면 그것을 감출 것인지 아니면 팔 것인지 물어보았다. 물론 미옥(美玉)은 군자를 상징한다고 볼 수 있다. 온가(韞價)란 말을 생각하면 이해하기 더 쉽다. 학문과 재능이 뛰어나지만 세상 사람에게 알려지지 않음을 일러 온가(韞價)라고 한다. 미옥(美玉)을 온가(韞價)로 둘 것인지 아니면 세상에 내놓아 팔 것인지 자공이 공자께 물었다. 그러자 공자께서 이렇게 단언한다. "고지재(沽之哉)!"

> 여기 사(斯), 넣어 감출 온(韞), 궤 독(匵), 감출 장(藏), 의문사 제(諸), 구할 구(求), 좋을 선(善), 살 매(買), 팔 고(沽)

고지재(沽之哉) 고지재(沽之哉) 아대매자야(我待買者也)
▶ 미옥을[之] 팔아야지[沽哉]! 그것을[之] 팔고 말고[沽哉]. 나는[我] 사줄 사람을[買者] 기다리고 있다네[待].

공자의 적극적인 참여정신을 엿볼 수 있다. 유가(儒家)가 출사(出仕)를 목적으로 한다는 이유가 바로 이런 데서 드러난다. 도가(道家)는 출사를 버리고 은둔(隱遁)하라 하지만, 유가는 왜 뛰어난 재능과 학문을 숨기고 은둔해야 하느냐며 출사를 적극적으로 도모한다. 그처럼 노장(老莊)은 온가(韞價)를 바라지만, 공맹(孔孟)은 세상에 나아가 갈고 닦은 학문을 펴서 인도(仁道)를 넓히라고 한다.

그렇다고 출사를 구걸하라는 것은 결코 아니다. 「술이(述而)」편 10장에서 공자가 안연에게 해준 말을 보아도 당당한 출사를 권할 따름이다. 공자가 안연에게 한 말은 이렇다. "용지즉행(用之則行) 사지즉장(舍之則藏)." 세상이 나를[之] 쓰겠다면[用] 곧[則] 내 뜻을 실천하고[行], 나를[之] 버리겠다면[舍] 곧[則] 물러나 은둔한다[藏]. 그러니 어떻게든 한 자리 차지해보려고 음모술수를 마다하지 않았던 조선왕조의 패거리들은 공자가 바라는 출사, 즉 참여정신을 가졌던 게 아니다. 인도를 펼 수 있다면 온몸을 던져 참여하고, 인도(仁道)를 펼 수 없다면 미련 없이 권좌를 버리는 게 공자의 참여정신이다.

그것 지(之), 감탄사 재(哉), 기다릴 대(待)

제13장

【문지(聞之)】

자욕거구이(子欲居九夷)

【원문(原文)】

子欲居九夷러시니 或曰 陋커늘 如之何이꼬
자 욕 거 구 이   혹 왈 누   여 지 하
子曰 君子居之면 何陋之有리오
자 왈 군 자 거 지   하 루 지 유

【해독(解讀)】

공자께서 동쪽 오랑캐 땅에 가서 살려고 하자[子欲居九夷] 어떤 이가 말했다[或曰]. "누추할 텐데[陋] 어찌하시겠습니까[如之何]?"

공자께서 말했다[子曰]. "군자가 머물러 사는 데[君子居之] 어찌 누추함 따위가 있겠는가[何陋之有]?"

【담소(談笑)】

자욕거구이(子欲居九夷) 혹왈(或曰) 누여지하(陋如之何)

▶ 공자께서[子] 동쪽 오랑캐 땅에서[九夷] 살려 하자[欲居] 어떤 이가[或] 말했다[曰]. "누추할 텐데[陋] 어떻게[何] 사시겠습니까[如之]?"

구이(九夷)의 이(夷)는 중국 동쪽에 있는 오랑캐를 말한다. 여지하

(如之何)는 '그것을 어찌 하겠는가[如之何]'라는 뜻의 관용어구이다. 오랑캐[夷]는 여기서 문화의 후진국을 말한다고 볼 수 있다. 현토(玄兎)・낙랑(樂浪)・고려(高麗)・만식(滿飾)・부경(鳧更)・색가(索家)・동도(東屠)・왜인(倭人)・천비(天鄙) 등을 구이(九夷)라고 불렀다.

공자가 이 구이(九夷) 중에서 어느 이(夷)로 가서 살고자 했는지는 알 수 없다. 다만「공야장(公冶長)」편 6장에서 공자가 술회한 말을 떠올려보면 짐작할 수 있을 것이다. "도불행(道不行) 승부부우해(乘桴浮于海) 종아자기유여(從我者其由與)!" 인도가[道] 행해지지 않으니[不行] 뗏목을[桴] 타고[乘] 바다로[于海] 떠나가고 싶다[浮]. 나를[我] 따라나설[從] 자라면[者] 자로(子路) 너[由]뿐일 거야[與]!

욕거구이(欲居九夷)란 말씀을 인도(仁道)를 멀리하는 꼴들을 보면 떠나고 싶지만 그래도 남아서 끝까지 그 길을 넓히겠다는 공자의 결심으로 이해해도 된다. 이런 심정을 액면 그대로 듣고서 어떤 이가 구이를 누추하다[陋]고 답했던 모양이다. 거칠면서 화사하고 세련되면 무슨 소용인가? 첨단 과학문명으로 호사를 누리면서도 더할 바 없이 잔인해진 인간을 보면 차라리 순수한 인간들이 모여 사는 오지(奧地)가 그리울 때가 있지 않은가.

> 하고자 할 욕(欲), 살 거(居), 오랑캐 이(夷), 어떤 이 혹(或), 누추할 루(陋)

군자거지(君子居之) 하루지유(何陋之有)
▶ 군자가[君子] 머물러 사는 데[居之] 어찌[何] 누추함이[陋] 있겠는가[有]?

성인은 여간해서는 호된 꾸지람을 하지 않는다. 그러나 꼭 필요하다면 참지 않고 서슴없이 꾸짖는다. 지금 공자께서 혹자(或者)를 심하게 꾸짖고 있음을 다음 말씨로 짐작할 수 있다. "하루지유(何陋之

有)." 그냥 평범한 말투라면 하유루(何有陋)일 터이다. 누(陋)를 강조하기 위하여 누지유(陋之有)로 도치했다.

「태백(泰伯)」편 21장에서 왜 공자가 우왕(禹王)을 비난할 수 없다고 했던가? 우왕은 비음식(菲飮食)하고, 악의복(惡衣服)하며, 비궁실(卑宮室)하면서도 백성을 위하는 일이라면 진력(盡力)했기 때문 아닌가. 보잘 것 없이 먹고[菲飮食], 아무렇게나 입으며[惡衣服], 궁궐의 방들은 초라하게 한다[卑宮室]. 인도(仁道)를 폈던 우왕이 이렇거늘 하물며 군자(君子)가 처소(處所)의 누추함을 따져 가리겠는가. 어느 성인이든 노자(老子)의 말처럼 거사(去奢)하는 법이다. 사치스러움을[奢] 버린다[去]. 누(陋)는 사(奢)의 반대말이다. 공자가 살았던 당대에도 세상이 소인배들로 들끓었던 모양이다. 공자가 지금 이 땅에 온다면 하루가 멀다 하고 곧장 바다로 나아가 뗏목을 타고 멀리 떠나려 하리라.

제14장

【문지(聞之)】
오자위반로(吾自衛反魯) 연후악정(然後樂正)

【원문(原文)】

子曰 吾自衛反魯 然後에 樂正하야 雅頌이 各得
자왈 오자위반로   연후   악정   아송   각득
其所하니라
기 소

【해독(解讀)】
공자께서 말했다[子曰]. "내가 위나라에서 돌아온[吾自衛反魯] 뒤에

[然後] 악이 바로잡히고[樂正] 아와 송이 제 자리를 잡았다[雅頌各得其所]."

【담소(談笑)】
오자위반로(吾自衛反魯) 연후악정(然後樂正)
▶ 내가[吾] 위나라로부터[自衛] 노나라로 되돌아온[反魯] 뒤에[然後] 악이[樂] 바로잡혔다[正].

자위(自衛)의 자(自)는 ~에서부터의 뜻이다. 반(反)은 환(還)과 같이 돌아온다[反]는 뜻이다. 악(樂)은 여기서『시경(詩經)』을 가리킨다고 볼 수 있다. 그러니 악정(樂正)에서 악(樂)은 곧 시(詩)를 말한다고 보면 된다. 나아가 이 악(樂)은『예기(禮記)』「악기(樂記)」가 밝히고 있는 악(樂)으로 보면 여기서 공자가 뜻하는 바를 더 잘 짐작할 수 있다는 생각이다.

『예기』「악기」의 악(樂)은 서양의 'Music' 개념이 아니라 시가무(詩歌舞)를 하나로 묶는 악(樂)이다. 'Music'을 음악(音樂)이라고 번역하여 사용해온 탓에 우리는 그만「악기」가 밝혀놓은 음(音)과 악(樂)이 하나로서 지닌 뜻을 잊어버리고 말았다. 지금 우리는 시가무를 한마디로 줄이면 그냥 음(音)이고, 그 음(音)을 열지(說之)함을 가리켜 악(樂)이라고 하는 경지를 잘 이해하지 못한다. 이제는 음악 하면 서양의 Music이 떠오르게 돼버렸다. 그러나 악정(樂正)의 악(樂)은 '사람이 내는 여러 소리를 즐긴다'는 Music의 뜻과는 다르다.「악기」의 악(樂)을 헤아려야 악정(樂正)의 의미를 알 수 있다고 본다.

공자는 조국 노(魯)나라를 떠난 지 13년 만에 되돌아왔다. 이 때가 공자의 나이 68세였다 한다. 여러 나라를 두루 다니면서 여러 군왕에게 성군이 되어 인도(仁道)로써 덕치를 행하도록 권했지만 응하는 군왕을 만날 수 없었다. 공자는 뜻이 꺾인 채 다시 고국에 돌아왔고, 73세로 일생을 마치기까지 5년 동안『시경(詩經)』을 포함해 여러 경서

(經書)들을 정리하면서 후학을 가르치는 데 열중했다. 이러한 고사 (故事)를 생각하면서 악정(樂正)의 악(樂)과 정(正)을 헤아려야 한다.

『사기(史記)』「공자세가(孔子世家)」에 있는 내용을 함께 살피면 좋을 것이다.「공자세가」에 이런 내용이 있다. "고자시삼천여편(古者詩三千餘篇) 급지공자(及至孔子) 거기중(去其重) 취가시어례의(取可施於禮義)." 예로부터 3천여 수의 시들이 흩어진 채로 공자의 당대까지 전해져 왔는데 공자가 그 중에서 중요함을 따져 버릴 것은 버리고 예의(禮義)에 맞추어 취하였다 한다. 이러한 기록에 따라 공자가 『시경』을 엮었다는 주장이 나온 것이다.

하여튼 공자가 밝히는 악정(樂正)의 정(正)은 떠돌던 3천여 수의 시 중에서 305편을 추려 모은 『시경』을 떠올리게 한다. 『시경』에는 여러 나라의 민요라고 할 수 있는 풍(風) 160편, 왕가(王家)와 귀족(貴族)의 생활시라고 할 수 있는 아(雅) 105편, 주나라 왕실과 건국의 시조를 찬양한 송(頌) 40편이 들어 있다. 풍아송(風雅頌)이 뒤얽혀 떠돌던 3천여 수의 시가들을 풍(風)·아(雅)·송(頌)으로 나누어 정리했다는 게 악정(樂正)의 정(正)이 뜻하는 바라고 보아도 무방하다. 이제 공자의 악정(樂正)을 통하여 "아(雅)와 송(頌)이 각각 제 자리를 찾았다[雅頌各得其所]"는 공자의 말씀이 실감난다.

낙(樂)이란 무엇인가? 이 물음에 대하여 「악기」가 다음과 같이 결론을 내려주고 있다. "열지고언지(說之故言之)." 삶을 바라는 바대로 누리고 싶다[說之]. 그래서 말할 수밖에 없다[言之]. 공자가 바라는 삶의 소망은 무엇인가? 인도(仁道)를 누리는 삶이 아닌가. 그래서 공자가 다른 일을 제치고 『시경』을 정리하여 삶의 낙을 누리게 하는 시가(詩歌)들을 정리했던 것이리라.

> 나 오(吾), ~로부터 자(自), 나라 이름 위(衛), 되돌아올 반(反), 나라 이름 로(魯), 그럴 연(然), 시경의 악(樂), 바를 정(正)

제15장

【문지(聞之)】
불위주곤(不爲酒困)

【원문(原文)】

子曰 出則事公卿하고 入則事父兄하고 喪事不敢
자왈 출즉사공경   입즉사부형   상사불감
不勉하고 不爲酒困이 何有於我哉오
불면   불위주곤   하유어아재

【해독(解讀)】

공자께서 말했다[子曰]. "나가서는 나랏일을 맡아하는 높은 분들을 섬기고[出則事公卿], 들어와서는 부형을 섬기며[入則事父兄], 장사는 온갖 정성을 다해 치르고[喪事不敢不勉], 술 때문에 문란해지지 않는다[不爲酒困]. 이런 일들은 나한테 아주 쉬운 일이다[何有於我哉]!"

【담소(談笑)】
자왈(子曰)

공자 당신의 일상적인 생활을 밝히고 있다. 당연히 해야 할 일을 하고 있으니 자랑할 게 없음을 깨우치라는 뜻일까? 당연한 일을 하고서도 아주 특별한 일을 한 듯 과시하는 인간들을 나무라는 것일까? 성인은 참으로 평범하게 산다. 그렇듯 성인은 자신을 드러내지 않는다. 다만 성인의 후덕(厚德)함이 빛처럼 밝게 빛날 뿐이다. 그래서 노자(老子)가 화기광(和其光)이라고 하지 않았던가. 빛나되 눈부시지 않다[和其光]. 여기서는 공자가 꼭 그렇게 느껴져 편안한 할아버지 같다.

출즉사공경(出則事公卿) 입즉사부형(入則事父兄) 상사불감불면(喪事不敢不勉) 불위주곤(不爲酒困) 하유어아재(何有於我哉)
▶ 세상에 나가서면[出] 곧[則] 공경을[恭敬] 섬기고[事], 집안에 들면[入] 곧[則] 부형을[父兄] 섬기며[事], 상을 치르는 일은[喪事] 대충대충 하기를[不勉] 감히 범하지 않고[不敢], 술로 해서[爲酒] 곤경에 빠지지 않는다[不困]. 이런 일들이야 나한테는 아무것도 아니다[何有於我哉].

사(事)는 봉(奉)과 같다. 받들어 섬기다[事]. 상사(喪事)는 장례(葬禮)를 치르는 여러 가지 일들을 말한다. 위주(爲酒)의 위(爲)는 여기서 사(使)와 같다. ~으로 하여금[爲]. 곤(困)은 여기서 궁(窮)과 같다. 난처해지다[困].

공자께서 일상생활을 어떻게 하는지 보여주고 있다. 본래 성인은 아주 평범하게 산다. 요사스럽게 사는 사람이 소인(小人)이다. 효자(孝子)라고 과시하는 자가 있다면 그 사람은 분명 불효(不孝)를 밥 먹듯이 하는 자이리라. 평범한 일을 아주 쉽게 하는 사람에게 평범한 일은 자랑거리가 되지 못함을 다 알 것이다. 공자가 술을 좋아했지만 주정한 적은 한번도 없다고 한다. 술을 즐겼지 술에 놀아나지 않았던 것이다. 술에 걸려들어 술의 종이 된 사람들이 얼마나 많은가. 노름에 미친 사람, 여색(女色)에 빠진 사람, 아편에 걸려든 사람 등등 못난 인간들이 많다. 그런 자가 되지 말라 함이 바로 하유어아(何有於我)에 숨어 있는 뜻이 아닌가 한다.

나갈 출(出), 섬길 사(事), 공변될 공(公), 벼슬 경(卿), 들 입(入), 잃을 상(喪), 감행할 감(敢), 힘쓸 면(勉), 하여금 위(爲), 술 주(酒), 곤궁할 곤(困)

제16장

【문지(聞之)】
자재천상왈(子在川上曰)

【원문(原文)】

子在川上曰 逝者如斯夫인저 不舍晝夜로다
자 재 천 상 왈　서 자 여 사 부　　　불 사 주 야

【해독(解讀)】
공자께서 흘러가는 물가에서 말했다[子在川上曰]. "흘러가는 것들은 저 물과 같구나[逝者如斯夫]! 밤낮으로 멈추지 않는구나[不舍晝夜]!"

【담소(談笑)】
자재천상왈(子在川上曰)
▶ 공자께서[子] 흘러가는 물가에[川上] 계시면서[在] 말했다[曰].

세월을 말하고 있을까? 아니면 생사(生死)를 말하고 있을까? 흘러가는 물이 시간의 흐름을 체험하게 한다. 무엇을 체험한단 말인가? 노자(老子)는 반자(反者)라고 했지만, 공자는 되돌아오는[反] 것[者]은 말하지 않는구나! 생사가 왕래하는 것이 곧 반자(反者) 아닌가. 공자는 생(生)을 철저히 알라고 했지 사(死)에 대해서는 이렇게저렇게 말하지 않기를 바랐다. 「자한(子罕)」편 1장에서 이렇게 밝히지 않았던가. "자한언리여명(子罕言利與命)." 공자께서는 명(命)과 더불어 이(利)를 말하는 경우가 드물었다[子罕言利與命]. 여기서 명(命)은 생사(生死)를 말한다. 공자는 오로지 분명한 사실을 깨우치기를 바랐다.

있을 재(在), 내 천(川), 위쪽 상(上)

서자여사부(逝者如斯夫) 불사주야(不舍晝夜)
▶ 지나가는[逝] 것은[者] 저 흘러가는 물과[斯] 같구나[如夫]! 밤낮으로[晝夜] 멈추지 않는구나[不舍]!

서(逝)는 여기서 왕(往)과 같다. 지나가다[逝]. 여사(如斯)의 사(斯)는 천(川)을 가리키는데, 여기서 여(如)는 사(似)와 같다. ~과 같다[如]. 사(舍)는 지(止)와 같고, 사(舍) 뒤에 서자(逝者)가 생략됐다고 볼 수 있다. 지나가는 것[逝者]을 멈춘다[舍].

공자는 생사일여(生死一如)니 유생어무(有生於無)니 공즉시색(空卽是色)이니 등등의 모호한 말을 하지 않는다. 생사(生死) 중에서 생(生)을 말하고, 유무(有無) 중에서 유(有)를 말하며, 공색(空色) 중에서 색(色)을 말한다. 사실인지 거짓인지 확인할 수 있는 것을 알기도 어려운데 하물며 의심스러운 것은 이렇다저렇다 말할 게 없다는 것이다. 이런 점에서 공자는 현실주자요 실증주의자인 셈이다. 이런 성인(聖人)은 공자가 유일할 터이다. 그래서 공자는 지나가고 있는 것[逝者]만을 말하지 지나서 어디로 가는 것인지에 관해서는 말하지 않는다. 공자는 생(生)을 말하기도 벅찬데 사(死)를 어찌 말할 수 있겠느냐고 정직하게 반문(反問)하는 성인이다. 오로지 흘러가는 것은 막을 수 없다는 사실만을 알 수 있을 뿐이다. 생(生)도 잘 모르면서 사(死)를 안다고 말하지 말라 한다. 이 얼마나 정직한 성인인가.

지나갈 서(逝), 같을 여(如), 이것 사(斯), 감탄어조사 부(夫), 멈출 사(舍), 낮 주(晝), 밤 야(夜)

9 ● 자한

제17장

【문지(聞之)】
오미견호덕(吾未見好德)

【원문(原文)】

子曰 吾未見好德을 如好色者也니라
자왈 오미견호덕 여호색자야

【해독(解讀)】
공자께서 말했다[子曰]. "나는 덕을 좋아하기를 미인을 좋아하듯이 하는 사람을 아직 보지 못했다[吾未見好德如好色者也]."

【담소(談笑)】
자왈(子曰)

공자의 말씀이 「학이(學而)」편 7장에서 자하(子夏)가 했던 말을 떠올리게 한다. "현현이색(賢賢易色)." 어진 사람을[賢] 어질게 여기고[賢], 미인 따위를[色] 가볍게 여긴다[易]. 「위령공(衛靈公)」편 12장에도 똑같은 말씀이 나온다. 이처럼 성인께서 거듭하는 말씀은 뼈저리게 들어두어야 한다.

그런데 이런 설(設)도 있다. 공자가 위(衛)나라에 있을 때, 영공(靈公)이 부인 남자(南子)와 함께 수레를 타고 가다 공자를 알아보고 같이 타고 가기를 명해서 공자가 피치 못해 타고 갔다 한다. 말하자면 공자가 미색을 팔아 음탕한 짓을 일삼는 남자와 몽매한 영공을 천하게 여기고 이런 말을 했다는 것인데 이 이야기는 낭설로 여기면 그만이다. 성인께서 변변찮은 말을 두 번 거듭할 리 없다.

오미견호덕여호색자야(吾未見好德如好色者也)
▶ 미인을[色] 좋아하듯이[如好] 덕을[德] 좋아하는[好] 사람을[者] 나는[吾] 아직 보지 못했다[未見].

미(未)는 부(不)와 같다. 호색(好色)은 호색한(好色漢)을 떠올리면 된다. 미녀를 탐하는 것도 호색한이고, 미남을 탐하는 것도 호색한이다. 미녀를 탐하듯이 덕을 탐한다면 이 세상은 덕이 두터운 사람으로 넘쳐날 것이다.

공자가 말하는 호덕(好德)은 무엇일까? 인도(仁道)를 실천하는 삶이 바로 호덕이리라. 인도를 실천하려면 먼저 자비이존인(自卑而尊人)의 삶을 살아야 한다. 나를[自] 낮추고[卑] 남을[人] 높인다[尊]. 이런 삶을 후덕(厚德)하다 한다. 그러나 누가 자비(自卑)하고 존인(尊人)하려 하겠는가? 없다. 내 잘난 맛에 사는 세상에서 누가 자비(自卑)한단 말인가. 세상더러 나를 대접하고 존경하라고 소리 높이는 판국에 자칫 호덕(好德)이란 말씀을 호떡이란 말로 착각할까 두렵다.

아니할 미(未), 볼 견(見), 좋아할 호(好), 미녀 색(色)

제18장

【문지(聞之)】
지오지야(止吾止也) 진오왕야(進吾往也)

【원문(原文)】

子曰 譬如爲山에 未成一簣하야 止도 吾止也며 譬
자왈 비여위산 미성일궤 지 오지야 비

如平地에 雖覆一簣나 進도 吾往也니라
여 평 지 수 복 일 궤 진 오 왕 야

【해독(解讀)】
공자께서 말했다[子曰]. "비유컨대 산을 쌓아올리는데[譬如爲山] 흙 한 삼태기가 모자라[未成一簣] 멈추어도 내가 멈춘 것이다[止吾止也]. 비유컨대 땅을 고르는데[譬如平地] 한 삼태기의 흙을 덮어[雖覆一簣] 진척하더라도 내가 진척시킨 것이다[進吾往也]."

【담소(談笑)】
자왈(子曰)
어떠한 일이든 평계삼지 말라 한다. 잘하든 못하든 다 자신의 책임이다. 남을 탓하지 말라. 못난 사람이 조상 탓하고 세상 탓한다. 나를 닦는 것도 내가 할 일이고, 나를 뒤쳐지게 하는 것 또한 내 탓이다. 무슨 일이 있어도 평계 대지 말라 한다.

비여위산(譬如爲山) 미성일궤(未成一簣) 지오지야(止吾止也)
▶ 비유컨대[譬如] 산을[山] 모으는데[爲] 한[一] 삼태기의 흙이[簣] 모자라[未成] 쌓기를 그만두어도[止] 내가[吾] 그만둔 것이다[止也].

비여(譬如)는 관용어로 '비유하자면 ~하는 것과 같다[譬如]' 는 뜻이다. 위(爲)는 작(作)과 같다. 짓는다[爲]. 지(止)는 정지(停止)의 준말로 여기고 새긴다. 하다 말고 그만둔다[止].
산을 쌓는 일을 여러 사람이 했다고 하더라도 쌓기를 그만두었다면 남의 탓이 아니라 내 탓이라고 생각하라. 호학(好學)은 위산(爲山)과 같다는 뜻이리라. 학문을 중간에 그만두지 말라 한다.

견줄 비(譬), 지을 위(爲), 삼태기 궤(蕢), 멈출 지(止)

비여평지(譬如平地) 수복일궤(雖覆一蕢) 진오왕야(進吾往也)
▶ 비유컨대[譬如] 땅을[地] 고르는데[平] 비록[雖] 흙 한[一] 삼태기를[蕢] 덮었을지라도[覆] 그만큼 진척되는데[進] 내가[吾] 나서서 한 것이다[往也].

복(覆)은 개(蓋)와 같다. 복개(覆蓋)의 준말로 여기고 새기면 된다. 덮다[覆]. 진(進)은 여기서 척(陟)과 같은데 진척(進陟)의 준말로 여기고 새기면 된다. 진척되다[進]. 오왕(吾往)의 왕(往)은 스스로 했음을 말한다. 아무리 적게 나아가더라도 남이 시켜서 그리 된 것이 아니라 내 스스로 진전한 것이라 한다. 남보다 느리다고 시샘할 것 없다. 뱁새가 황새걸음을 시샘하다가는 제 두 다리가 찢어진다는 속담도 있다. 호학(好學)은 남과 경쟁해서 되는 일이 아니라는 말씀이리라. 성인의 말씀을 경책(警策)으로 들으면 안 좋을 게 없다.

고를 평(平), 땅 지(地), 비록 수(雖), 덮을 복(覆), 나아갈 진(進)

제19장

【문지(聞之)】
어지이불타자(語之而不惰者)

【원문(原文)】

子曰 語之而不惰者는 其回也與인저
자왈 어지이불타자   기회야여

【해독(解讀)】
공자께서 말했다[子曰]. "말해준 것을 게을리하지 않는 사람은[語之而不惰者] 안연 한 사람뿐일 거야[其回也與]."

【담소(談笑)】
자왈(子曰)

안연(顔淵)을 그리워하고 있다. 공자는 안연을 우러러보기까지 한다. 덕행(德行)이라면 당신보다 낫다고 공자는 안연을 크게 칭찬했었다. 이런 안연이 요절하자 공자는 하늘을 원망하기까지 했다. "천상여(天喪予)." 하늘이[天] 나를[予] 망쳤다[喪].

어지이불타자(語之而不惰者) 기회야여(其回也與)
▶ 말해주는 것을[語之] 게을리하지 않는[不惰] 사람은[者] 바로 그[其] 안연이야[回也與].

어지(語之)의 어(語)는 고(告)와 같다. 말해주다[語]. 타(惰)는 태(怠)와 같다. 게으르다[惰]. 타성(惰性)의 준말로 보고 새기면 된다. 회(回)는 공자의 수제자인 안연의 이름이다.

이미 앞 10장에서 스승인 공자를 칭송하는 안연의 모습을 보았다. "박아이문(博我以文) 약아이례(約我以禮)." 학문으로써[以文] 나를[我] 넓혀주셨고[博], 예로써[以禮] 나를[我] 단속해주셨다[約]. 이런 안연이 어찌 스승의 가르침을 게을리했겠는가? 또한 부지런히 정성을 다해 배우는 제자를 어느 선생이 멀리하겠는가? 공자 같은 성인도 남달리 아끼는 제자가 있는 법. 안연은 죽어서도 스승 옆에 누워 있다.

말해줄 어(語), 게으를 타(惰), 돌 회(回), 어조사 여(與)

제20장

【문지(聞之)】
미견기지야(未見其止也)

【원문(原文)】

子謂顏淵曰 惜乎라 吾見其進也요 未見其止也호라
자 위 안 연 왈 석 호   오 견 기 진 야   미 견 기 지 야

【해독(解讀)】
　공자께서 안연을 평하여 말했다[子謂顏淵曰]. "아깝다[惜乎]! 내가 보건대 그는 계속해 나아갔지[吾見其進也] 한번도 멈춘 적을 보지 못했다[未見其止也]."

【담소(談笑)】
　자위안연왈(子謂顏淵曰)
▶ 공자가[子] 안연을[顏淵] 평하여[爲] 말했다[曰].
　공자께서 안연(顏淵)을 그리워하는 심정을 밝히며 왜 그러는지 까닭을 밝히고 있다. 그 심정은 석(惜)으로 드러나고, 그 까닭은 기진(其進)이란 말로써 드러난다.

석호(惜乎) 오견기진야(吾見其進也) 미견기지야(未見其止也)
▶ 아깝도다[惜乎]. 나는[吾] 안연이[其] 진전하는 것만을[進] 보았지[見] 그가[其] 그만두는 것을[止] 보지 못했다[未見].

기진(其進)의 기(其)는 안연을 가리키는 지시어이다. 진(進)은 정진(精進)의 준말로 여기고 새기면 된다. 온힘을 다해 나아간다[進]. 지(止)는 휴지(休止)의 준말로 여기고 새기면 된다. 그만둔다[止].

요절한 안연을 두고 애석(哀惜)해하는 공자가 내 앞에 서 있는 듯하다. 안연을 두고 아까운 사람이 먼저 간다는 속담이 생겨났을까? 못된 사람일수록 명이 길다는 속담도 안연 때문에 생겼을까? 어느 세상에서든 후덕한 사람을 기린다.

아까울 석(惜), 어조사 호(乎), 볼 견(見), 그 기(其), 나아갈 진(進), 그만둘 지(止)

제21장

【문지(聞之)】
묘이불수자(苗而不秀者)

【원문(原文)】

子曰 苗而不秀者 有矣夫며 秀而不實者 有矣夫인저
자 왈 묘 이 불 수 자 유 의 부   수 이 부 실 자 유 의 부

【해독(解讀)】
공자께서 말했다[子曰]. "싹이 나도 우수하지 못한 싹이 있을 것이

고[苗而不秀者有矣夫], 우수하되 열매 맺지 못하는 싹도 있을 것이니라[秀而不實者有矣夫]!"

【담소(談笑)】
자왈(子曰)

  요절한 안연(顔淵)을 애석해하는 20장(章) 바로 다음에 공자가 이런 말을 한 것에서 요절한 안연을 염두에 두고 한 말은 아닌지 생각된다. 하여튼 천명(天命)을 헤아려 일깨워주는 말씀이라고 여기고 싶다.
  아무리 무엇을 바란다고 해도 그것이 내 뜻대로 되는 경우는 거의 없다. 그래서 순리(順理)를 터득하라 하지 않는가. 새삼 앞 4장에서 체험했던 공자의 절사(絶四)가 떠오른다. 무의(毋意)·무필(毋必)·무고(毋固)·무아(毋我). 공자께서는[子] 네 가지를[四] 근절했다[絶]. 억지부리는 것이 없고[毋意], 무슨 일이 있어도 꼭 그렇게 돼야 한다는 것도 없으며[毋必], 이렇지 않으면 안 된다고 고집부리는 것도 없고[毋固], 나를 드러내 앞세우는 것도 없다[毋我]. 공자든 노자든 성인의 입장에서 본다면 다를 리 없다. 노자는 더 간단히 이렇게 말했다. "사기(舍己)하라." 자기를[己] 버려라[舍]. 그러면 순리가 바로 따라 온다.

묘이불수자(苗而不秀者) 유의부(有矣夫)
▶ 싹이 나도[苗] 꽃을 피우지 못하는[不秀] 싹이[者] 있으렷다[有矣夫].

  유의부(有矣夫)의 의부(矣夫)는 감탄을 나타내는 종미사(終尾詞)이다. 수(秀)는 이삭이 영근다는 말이다. 꽃을 잘 피워 이삭의 열매를 여물게 한다는 뜻이다. 빼어나고 우수한 이삭을 수(秀)라고 한다. 꽃을 피우지 않고 이삭이 되는 싹은 없다. 그래서 이삭을 토화(吐華)라고도 한다. 꽃을[華] 토해내다[吐].

꽃을 빼어나게 피워야 싹은 훌륭한 이삭을 일군다. 그런데 싹이 피어난다 하더라도 잘 여문 이삭을 일구지 못하는 경우가 있음을 알라 한다. 철이 아닌데도 무서리가 내려 무더기로 져버린 풀꽃들을 본 적이 있는가? 사람도 그런 풀꽃처럼 뜬금없이 무서리를 맞는 경우가 있으렷다. 그렇다고 하지만 애달픈 마음을 어이하리. 공자 같은 성인도 안연의 요절(夭折) 앞에서 울지 않았던가.

싹이 날 묘(苗), 꽃피울 수(秀), 있을 유(有)

수이부실자(秀而不實者) 유의부(有矣夫)
▶ 꽃을 피워 이삭이 돼도[秀] 여문 열매를 맺지 못하는[不實] 이삭이[者] 있으렷다[有矣夫].

실(實)은 영글고 여문 열매를 말하고 수(秀)는 이삭 수(穗)와 같다. 열매가 달린 이삭이라도 튼실하게 여문 열매를 달고 있는 경우도 있고, 그렇지 않고 쭉정이를 달고 있는 경우도 있다. 사람도 다를 바 없다 한다. 여문 열매를 맺을 즈음 무서리가 내리면 한여름 땀 흘린 보람이 하염없이 날아가고 만다. 그렇다고 땅을 치며 통곡한들 무서리를 맞은 이삭이 여물겠는가. 사람도 이런 이삭처럼 천운(天運)을 벗어날 수 없다. 어찌 하늘이 인간이라고 편애(偏愛)하겠는가. 그래서 노자(老子)는 일찍 천지불인(天地不仁)이라 했다. 아무리 공자가 아낀 안연이라 한들 요절이란 천명(天命)을 어찌할 수 없었으리라. 공자가 이를 모를 리 없었건만 애달픈 마음을 어이할 것인가.

여문 열매를 맺을 실(實)

제22장

【문지(聞之)】
후생가외(後生可畏)

【원문(原文)】

> 子曰 後生可畏니 焉知來者之不如今也리오 四十
> 자왈 후생가외   언지래자지불여금야   사십
> 五十而無聞焉이면 斯亦不足畏也已니라
> 오십이무문언   사역부족외야이

【해독(解讀)】

공자께서 말했다[子曰]. "젊은 후배들을 두려워해야 한다[後生可畏]. 어찌 미래의 젊은이들이 지금 우리와 같지 않으리란 것을 모르는가[焉知來者之不如今也]? 그러나 마흔이나 쉰이 되어서도 이름이 나지 않으면[四十五十而無聞焉] 이 또한 두려워하기를 마다했을 뿐이니라[斯亦不足畏也已]."

【담소(談笑)】

자왈(子曰)

미래를 말하고 있다. 미래는 과거를 그대로 물려받지 않음을 알아야 한다는 것이다. 공자는 결코 완고한 보수주의자가 아니다. 공자 같은 성인이 어찌 『주역(周易)』의 궁즉변(窮則變)이란 음양의 이치를 몰랐겠는가? 『주역』을 해석하려고 「십익(十翼)」을 남긴 성인이 공자라고 하지 않는가. 지금 공자가 역사상(易思想)을 말하고 있다고 보아도 된다. 역(易)이란 생생(生生)이 아닌가. 생생(生生)은 통변(通變)이 아닌가. 이런 역을 가리켜 변화의 도[變化之道]라 한다고 공자

가 『주역』「십익」에서 말했다. "지변화지도자(知變化之道者) 기지신지소위호(其知神之所爲乎)." 변화의 도를[變化之道] 아는[知] 사람은[者] 바로 그[其] 신이[神] 하는 바를[所爲] 안다네[知乎].

이 얼마나 변화를 알라고 강조하는 성인인가. 모든 것은 변화한다. 변화하지 않는 것이란 없다. 변화란 한결같지 않음이니 달라지는 것을 가리켜 변화라 말한다. 그래서 점(占)을 치라고 한다. 점을 미신이라고 타도하지 말라. 미래를 알아보고자 하는 사려(思慮)이니 말이다. 이미 지래자(知來者)에 대해 이 책의 앞머리「호학(好學)과 지래자(知來者)」에서 의견을 나누어둔 바가 있으니 다시 한번 그 부분을 살펴주었으면 한다.

그래서 『주역』「십익」에서는 점에 대해 이렇게 말한다. "극수지래지위점(極數知來之謂占)." 온갖 일의 경우를[數] 더할 바 없이 탐구하여[極] 다가올 것들을[來] 알아냄을[知] 일러[之謂] 점이라 한다[占]. 미래를 두려워할 줄 알아야 극수(極數)하리라. 변통(變通)을 철저히 생각하는 게 극수(極數)가 아닌가. 그러니 그 변화를 두려워하라 한다.

「위정(爲政)」편 11장을 상기하게 한다. "온고이지신(溫故而知新)." 지난 것을[故] 충분히 터득해[溫] 새로운 것을[新] 알아야 한다[知]. 공자야말로 탕왕(湯王)의 반명(盤銘)을 실천한 성인이 아닌가. 탕왕은 세숫대야[盤]에 이렇게 새겨두었다[銘] 한다. "순일신(荀日新) 일일신(日日新) 우일신(又日新)." 진실로[荀] 날로[日] 새로워지면[新] 나날이[日日] 새로워지고[新] 또[又] 날로[日] 새로워진다[新].

반명(盤銘)은 『대학(大學)』의 각론(各論)「명덕(明德)」에 나오지만, 나는 일신(日新)이란 말씀을 공자의 말씀이라 여기고 새겨듣는다. 공자야말로 일신주의자(日新主義者)라고 해도 틀리지 않기 때문이다. 미래[來者]를 두려워하라. 이는 곧 미래의 주인공인 후배를 두려워하라는 뜻이다. 하여튼 성인은 과거에 묶어두려고 하지 않는다. 성인은 미래의 변화를 읽고 준비하라 한다. 그러니 공자를 완고한 보수주의

자(保守主義者)로 여기면 큰 잘못이다. 성인은 항상 과거를 미래로 잇는 중용(中庸)의 뱃사공 같다. 공자가 그런 성인이다.

후생가외(後生可畏)
▶ 미래에 태어날 사람들을[後生] 두려워해야 한다[可畏].

　후생(後生)은 뒷날 태어날 사람을 말한다. 요새는 후생(後生)이란 낱말보다 후배(後輩)란 낱말을 쓰기 좋아한다. 후생과 후배는 같은 말이다. 이 후생(後生)을 강조하고자 가외(可畏) 앞에 두었다. 강조하고 싶은 말을 맨 앞으로 내놓은 것이다. 영어에서처럼 목적어를 문장 앞으로 도치해 목적어를 강조한 셈이다. 평범한 어조라면 가외후생(可畏後生)일 것이다. 가외(可畏)의 가(可)는 여기서 의(宜)와 같고 동시에 긍(肯)과 같다. 긍정함[肯]이 마땅하다는 뜻으로 가(可)를 새기면 된다. 두려워해야 한다[可畏].

　후생가외(後生可畏), 이는 과거에 연연하거나 현재에 안주하지 말고 미래를 준비하라는 말이다. 권위주의에 빠져 자기향상(自己向上)을 게을리하지 말라는 말이다. 현재에 안주하면 나태해지고, 그러면 오만에 빠져 자기개발(自己開發)을 멀리한다. 그러면 일신(日新)을 기대하기 어렵다. 일신하라. 이를 요샛말로 하면 날마다 자기를 '업그레이드(upgrade)하라'는 뜻이다. 그러므로 후생가외(後生可畏)는 곧 자기향상으로 통하고, 이는 곧 변화(變化)를 선도(善導)하라 함이다. 그러니 공자를 어떤 이념(理念) 하나로 묶지 말라. 성인은 본래 무고(毋固)의 주인이다. 성인은 삼세(三世)를 왕래하는 사고(思考)를 하고 말하지 한시적인 발언을 하지 않는다. 미래를 두려워하라. 이는 곧 미래를 준비하라 함이다.

뒤 후(後), 날 생(生), 가히 가(可), 두려워할 외(畏)

언지래자지불여금야(焉知來者之不如今也)
▶ 미래는[來者] 지금과[今] 같지 않을 것임을[不如] 어찌[焉] 알겠는가[知]?

언(焉)은 하(何)와 같다. 여기서는 그렇지 않고선 어찌[焉]로 새기면 문맥이 이어질 것이다. 후생(後生)을 두려워하지 않으면 내자(來者)가 금자(今者)와 같지 않을 것임을 모른다는 말이다. 지금은 내자(來者)·금자(今者)란 말보다 미래(未來)·현재(現在)란 말을 쓰기 좋아한다. 미래는 현재를 그대로 물려받아 흉내내지 않는다는 것을 분명히 알라. 여기서 왜 공자가 민이호학(敏而好學)을 강조하는지 알수 있으리라.

어찌 언(焉), 올 래(來), 같을 여(如), 이제 금(今)

사십오십이무문언(四十五十而無聞焉) 사역부족외야이(斯亦不足畏也已)
▶ 마흔이나[四十] 쉰이면서[五十而] 세상에 이름이 나지 않으면[無聞], 이[斯] 또한[亦] 후생을 두려워하기를[畏] 덜한 것일 뿐이다[不足也已].

문(聞)은 여기서 영문(令聞)의 준말로 여기고 새기면 된다. 영문(令聞)·영달(令達)·명달(名達) 등은 다 같은 말이다. 세상에 이름을 내다[聞]. 사(斯)는 앞의 내용을 받는 지시어이다. 그런 것[斯]. 족(足)은 만족(滿足)의 준말로 여기고 새기면 된다. 부족외(不足畏)의 외(畏) 뒤에 후생(後生)을 더해서 새기면 속뜻이 잘 드러난다. 야이(也已)는 단언하는 말투로 쓰이는 종미사(終尾詞)이다.

마흔이나 쉰이 넘어서도 세상에 이름을 내지 못했다면 이는 곧 미래를 두려워하는 마음가짐이 부족했던 탓이라 한다. 누가 이런 말씀이 틀리다고 하겠는가. 미래를 준비하는 사람은 일신(日新)하기에 바

빠 빈둥거릴 틈이 없다. 빈둥거리면서 어찌 세상에 이름이 나기를 바라겠는가. 물론 공자가 바라는 영문(令聞)은 인도(仁道)를 실천하는 군자(君子)로서 세상에 알려진다는 뜻이지 개인의 부귀영화(富貴榮華)를 누리는 출세(出世)를 말하는 것이 아니다. 공자가 출사(出仕)하라 함은 인도(仁道)를 실천해 덕치(德治)를 펴기 위해 벼슬하라[出仕]하는 것이지 사적인 영화를 누리기 위해 벼슬하라는 게 결코 아니다. 그러니 출사(出仕)의 영문(令聞)이란 일세의 군자가 되라는 말씀이니 얼마나 준엄한 부탁인가. 그러나 이 세상 어디에도 군자가 되려고 미래를 준비하는 자는 없다.

이름날 문(聞), 어조사 언(焉), 이 사(斯), 또 역(亦), 흡족할 족(足)

제23장

【문지(聞之)】
개지위귀(改之爲貴) 역지위귀(繹之爲貴)

【원문(原文)】

子曰 法語之言은 能無從乎아 改之爲貴니라 巽與
자왈 법어지언 능무종호   개지위귀   손여
之言은 能無說乎아 繹之爲貴니라 說而不繹하며
지언 능무열호   역지위귀   열이불역
從而不改면 吾未如之何也已矣니라
종이불개   오미여지하야이의

【해독(解讀)】

공자께서 말했다[子曰]. "바른 말씀을 따르지 않을 수 있겠는가[法語之言能無從乎]? 개선함이 더욱 소중하다[改之爲貴]. 공손한 말씀을 즐거워하지 않을 수 있겠는가[巽與之言能無說乎]? 속뜻을 찾아내는 일이 더욱 소중하다[繹之爲貴]. 즐거워만 하고 속뜻을 헤아리지 못하고[說而不繹] 따르기만 하고 개선하지 못하면[從而不改] 나도 어찌해 볼 도리가 없을 뿐이다[吾未如之何也已矣]!"

【담소(談笑)】

자왈(子曰)

자기향상(自己向上)·자기혁신(自己革新)을 밝히고 있다. 차라리 자기를 혁명(革命)하라 한다. 이 얼마나 진취적인가! 남을 따라서 흉내내는 짓 하지 말라 한다. 그리고 그렇게 흉내내는 짓을 즐거워하지 말라 한다. 불가(佛家)에서 개오(開悟)란 말을 좋아하듯이 유가(儒家)에서는 일신(日新)이란 말을 좋아하고, 도가(道家)에서는 일손(日損)이란 말을 좋아한다. 자기를 게으르게 하지 말라. 그러면 미래가 없다. 이 얼마나 준엄한 자기개발(自己開發)의 추궁인가.

법어지언능무종호(法語之言能無從乎) 개지위귀(改之爲貴)
▶ 본받을 말씀인[法語] 말을[言] 따르지 않을 수 있겠는가[能無從乎]? 그러나 그 말씀을 따르는 것으로 그칠 게 아니라 고치는 것이[改] 더욱 소중하다[爲貴].

법(法)은 효(效)와 같고 정(正)과도 같다. 법어(法語)와 정어(正語)는 같은 뜻이다. 발라 본받을 말씀[法語]. 개지위귀(改之爲貴)의 지(之)는 개(改)를 강조하는 어조사이다. 종(從)보다 개(改)가 더 소중하다는 어감이 이 지(之)로써 강조되고 있다.

따르기만 할 것인가? 그러면 흉내내는 짓만 할 따름이다. 그러면 나는 내가 아니라 남의 꼭두각시나 허수아비에 불과하다. 허수아비가 되라는 법어(法語)는 없다. 법어란 제 정신을 차리게 하려고 있는 말씀이다. 제 정신을 차려라. 이는 자기를 개선(改善)하라 함이 아닌가. 자신에게 있는 잘못을 찾아 버리고 자기를 새롭게 하라 함이 아닌가. 자신을 새롭게 함이 곧 일신(日新)의 참뜻이 아닌가. 법어를 말로만 종알거리지 말고 행동으로 옮겨라. 이것이 바로 일신의 참뜻일 것이다. 그러니 개지위귀(改之爲貴)의 개(改)는 법어를 삶에서 실천하라 함이리라.

본받을 법(法), 말씀 언(言), 따를 종(從), 의문사 호(乎), 고칠 개(改), 소중할 귀(貴)

손여지언능무열호(巽與之言能無說乎) 역지위귀(繹之爲貴)
▶ 부드럽고[巽] 화목한[與] 말을[言] 기꺼워하지 않을 수 있겠는가[能無說乎]? 그런 말을 기꺼워하는 것보다 그 말을 삭여내는 것이[繹] 더욱 소중하다[爲貴].

손(巽)은 여기서 유(柔)와 같다. 부드럽다[巽]. 여(與)는 화(和)와 같다. 화목하다[與]. 손여지언(巽與之言)을 줄여 그냥 손언(巽言)이라고도 한다. 유순한 말씨가 곧 손여지언(巽與之言)이다. 손여지언(巽與之言)은 열(說)의 목적어인데 강조하고자 앞에 쓴 것이다. 역지위귀(繹之爲貴)는 역(繹)을 강조하기 위해 지(之)를 더했다고 보면 된다. 평범한 어조라면 역위귀(繹爲貴)일 것이다. 역(繹)은 여기서 이(理)와 같고 구(究)와도 같다. 궁구하여[究] 삭여낸다[理]는 뜻이다. 역(繹)을 요샛말로 풀이하면 체험하여 터득하라는 의미다.

남이 나한테 공손하게 말한다고 해서 우쭐해하지 말라 한다. 남이 자비(自卑)하여 존인(尊人)하면 나 역시 나를 낮추고[自卑] 상대를 높여준다[尊人]는 뜻을 헤아려 왜 그렇게 해야 하는지 살펴 터득하라는 것이다. 말 속의 뜻을 제대로 알지 못하고 건방을 떨면 그만큼 사람값을 못하는 법이다. 날마다 보다 나은 사람이 되라. 이것이 진정 공자가 바란 수기(修己)의 일신(日新)일 것이다.

공손할 손(巽), 부드러울 여(與), 기꺼울 열(說), 삭일 역(繹)

열이불역(說而不繹) 종이불개(從而不改) 오미여지하야이의(吾未如之何也已矣)
▶ 기꺼워만 하고[說] 뜻을 찾지 않으며[不繹] 따르기만 하고[從] 개선하지 않는다면[不改] 나로서도[吾] 어찌해볼 도리가 없을[未如之何] 뿐이다[也已矣].

여지하(如之何)는 여하(如何)에 지(之)를 덧붙여 의미를 강조하는 형태이다. 어떻게든 어찌 해보다[如之何]. 야이의(也已矣)는 말끝을 강조하는 종미사(終尾詞)로, '~이다[也]'를 '~일 뿐이다[也已矣]'로 더욱 강조하는 말투이다.

아무리 성인(聖人)일지라도 강가로 끌려온 말에게 억지로 물을 먹일 수는 없다. 아무리 가르쳐 일깨워주려 해도 제 하기 싫다면 어찌할 도리가 없다고 공자가 실토한다. 성인은 허세를 부리지 않는다. 전지전능(全知全能)하다고 과시하지 않는다. 성인은 못하면 못한다 하고 안 하면 안 한다고 분명히 밝히지 두루뭉술하게 구렁이 담 넘듯 뭉개지 않는다. 공자가 사람들을 마음대로 군자(君子)로 만들 수 있는 것은 아니라는 말이다. 공자는 지금 이렇게 반문하고 자답해주는 셈이다. "너는 제 정신을 차린 주인(主人)인가 아니면 꼭두각시인가? 주인이 되느냐 남의 허수아비가 되느냐는 전적으로 너 하기에 달려 있다."

여기서 공자의 절사(絶四) 중 하나인 무아(毋我)의 참뜻을 헤아릴 수 있다. '공자께서는 자기를 내세우지 않았다[毋我].' 공자께서는 제자들에게 이렇게 당부한 셈이다. "자네들은 절대로 공자의 꼭두각시가 되어서는 안 된다." 그러니 자기향상(自己向上)을 스스로 다하라. 이제 공자가 왜 디지털 환경에서 더욱 새롭게 되살아나는지 그 까닭을 알 수 있으리라.

어떠할 여(如), 이미 이(己)

제24장

【문지(聞之)】
주충신(主忠信)

【원문(原文)】

子曰 主忠信하며 毋友不如己者요 過則勿憚改니라
자왈 주충신   무우불여기자 과즉물탄개

【해독(解讀)】
공자께서 말했다[子曰]. "성실과 신의를 지켜라[主忠信]. 나보다 못한 자와 사귀지 말고[毋友不如己者], 허물이 있다면 서슴지 말고 고쳐라[過則勿憚改]."

【담소(談笑)】
자왈(子曰)
성실[忠]과 신의[信]를 잃거나 잊어선 안 된다고 말한다. 충신(忠信)은 군자의 마음가짐이기 때문이다. 이것이 부족하면 곧 소인(小人)이다. 그래서 공자는 「학이(學而)」편 8장에서 한 말을 여기서 되풀이하고 있다.

주충신(主忠信)
▶ 충성(忠誠)과 신의(信義)를 지켜라[主忠信].
　주(主)는 여기서 위주(爲主)의 준말로 여기고 새기는 것이 좋다. 주(主)를 친(親)과 같은 뜻으로 보아 '가까이한다'고 풀이하는 경우도 있다. 충(忠)은 충성(忠誠)의 준말로 여기고, 신(信)은 신의(信義)의 준말로 여기고 새기면 된다.
　유가(儒家)는 충(忠)을 인도(仁道)를 넓히는 기본적인 마음가짐으로 본다. 충(忠)은 불기(不欺)이니 곧 직(直)이고 갈성(竭誠)이며, 또한 무사(無私)까지 다 수렴하는 말이기 때문이다. 불기(不欺)는 『대학(大學)』의 각론(各論)에서 말하는 무자기(毋自欺)다. 마음 속에 속임수가 없음을 뜻하니 곧 곧음[直]이요, 곧은 마음을 가리켜 성의(誠意)라고 한다. 정직한 마음 그 자체를 일러 갈성(竭誠)이라 한다. 정성을 다한다[竭誠]. 정성을 다한다는 것은 철저하게 자신을 스스로 삼간다는 뜻이다. 그래서 『대학』은 첫머리에서 필신기독(必愼其獨)하라 한다. 무슨 일이 있어도 내가 나를 삼가라[必愼其獨]. 이렇듯 충(忠)은 정성을 다하는 마음가짐이다.
　신(信) 역시 인도를 넓힐 수 있는 기본적인 마음가짐이다. 신(信)은 불의(不疑)이다. 그러니 진(眞)이고, 명(明)이며, 험(驗)이고, 임(任)이며, 신(伸)이다. 무엇을 의심치 않는다[不疑] 하는가? 의(義)이다. 결코 의를 의심하지 않는 게 신(信)이다. 그 의를 참된 것[眞]으로 믿고, 그 의를 밝히며[明], 그 의를 몸소 터득하고[驗], 그 의를 맡으며[任], 그 의를 펼치는[伸] 마음가짐과 행동이 곧 신(信)이다.

지킬 주(主), 성실할 충(忠), 믿을 신(信)

무우불여기자(毋友不如己者)
▶ 나하고[己] 같지 않은[不如] 자와[者] 사귀지[友] 말라[毋].

무(毋)는 무(無)와 같다. ~하지 말라[毋]. ~같지 않다[不如]. 여기서 우(友)는 사귄다는 뜻의 동사로 쓰인다.

나보다 어질고 착한 사람과 사귀라는 말이다. 사귀는 사람을 보면 그 사람됨을 안다고 한다. 함부로 친구 따라 강남 간다 하지 말라. 도둑놈을 따라가면 도둑질을 배우고, 현자(賢者)를 따라가면 어진 삶을 본받는다. 그래서 공자는 세 사람만 있어도 그 중에 선생이 하나는 있다고 했다.

하지 말라 무(毋), 사귈 우(友), 같을 여(如), 나 기(己), 놈 자(者)

과즉물탄개(過則勿憚改)
▶ 잘못하면[過] 곧[則] 꺼리지[憚] 말고[勿] 고쳐라[改].

여기서 과(過)는 과실(過失)을 말한다. 잘못한 일[過]을 그냥 넘겨버리는 짓[失]을 괘씸하다 한다. 치우쳐 지나치고 심하면 곧 그런 것이 과(過)이다. 그런 과(過)를 고칠 줄 모르는 사람은 괘씸하다는 욕을 먹는다. 그래서 과(過)는 허물이 된다. 허물은 부끄러운 것이다. 허물인 줄 알면서도 감추거나 숨기면 부끄러움은 이내 흉이 된다. 못난 인간은 허물을 덮어보려고 잔꾀를 부리다 흉하고 험하게 된다. 소인은 허물을 숨기려 들지만, 대인은 허물을 범했으면 그 즉시 부끄러운 줄 알고 뉘우치며 고친다.

여기서 개(改)는 물론 자기향상(自己向上)으로 통한다. 수신(修身)도 자기를 고쳐가는 일[改]이다. 잘못을 부끄러워하라. 그러면 뉘우치고, 뉘우치면 새로운 나를 만난다. 주(周)나라 탕왕(湯王)의 반명(盤銘)을 기억해보라. 그 세숫대야[盤]에 새겨둔 말씀[銘]은 다음과 같다. "순일신(荀日新) 일일신(日日新) 우일신(又日新)." 진실로 날로 새로워지면[苟日新] 날마다 새로워지고[日日新], 또한 나날이 새로워진다[又日新].

일신(日新)을 나는 공자께서 말했다고 생각하고 있다. 그래서 공자께서 일신하라 했다고 자주 말하곤 한다. 공자는 온고지신(溫故知新)하라 재촉하고 지래자(知來者)를 항상 칭찬했기 때문에, 탕왕의 반명에 있었다는 일신이란 말씀을 공자가 한 말씀이라고 공언하는 버릇이 생긴 것이다. 이런 내 버릇을 무식하다 할지 모르겠지만 하여튼 나는 일신이란 말씀을 공자의 말씀으로 여기고 새긴다. 미래를 아는 자[知來者]란 누구이겠는가? 바로 일신하는 당사자이리라. 그러니 그 일신은 공자의 말이나 다를 바 없다. 일신(日新)하라. 이는 곧 물탄개(勿憚改)하라 함이다.

잘못할 과(過), ~하지 말라 물(勿), 꺼릴 탄(憚), 고칠 개(改)

제25장

【문지(聞之)】
필부불가탈지야(匹夫不可奪志也)

【원문(原文)】

子曰 三軍은 可奪帥也어니와 匹夫는 不可奪志也
자왈 삼군 가탈수야   필부 불가탈지야
니라

【해독(解讀)】

공자께서 말했다[子曰]. "삼군이라 할지라도 그 장수를 잃을 수 있으나[三軍可奪帥也], 평범한 사나이라도 뜻을 잃을 수는 없다[匹夫不可奪志也]."

【담소(談笑)】

자왈(子曰)

「태백(泰伯)」편 7장에서 증자(曾子)가 한 말을 뒷받침해주는 말씀인 듯하다. 거기서 증자는 이렇게 말했다. "사불가이불홍의(士不可以不弘毅)." 선비는[士] 뜻이 넓고[弘] 굳세지[毅] 않으면 안 된다[不可以不]. 여기서 공자는 그보다 한층 더 강조하고 있다. 선비가 아니라 필부(匹夫)라도 뜻한 바를 빼앗길 수 없다고 밝히니 말이다.

삼군가탈수야(三軍可奪帥也) 필부불가탈지야(匹夫不可奪志也)

▶ 크나큰 군사라도[三軍] 장수를[帥] 잃을 수 있지만[可奪], 변변찮은[匹] 사내라도[夫] 뜻한 바를[志] 잃을 수는 없다[不可奪].

삼군(三軍)은 대군(大軍)을 말한다. 일군(一軍)은 12,500명이다. 수(帥)는 대장을 말한다. 탈(奪)은 여기서 실(失)과 같다. 잃어버린다[奪]. 이것을 탈취(奪取)의 준말로 여기고 빼앗긴다고 새겨도 무방하다. 필(匹)은 졸(拙)과 같다. 변변찮다[匹]. 필부(匹夫)와 범부(凡夫)는 같은 말이다. 지(志)는 심지(心之) 즉 마음이 가는 바[志]를 뜻한다.

왜 사나이로서 뜻을 잃으면 안 되는가? 「태백」편 7장으로 돌아가 증자의 말을 들어보면 공자가 한 말의 참뜻을 헤아릴 수 있을 것이다. 물론 요새라면 공자께서도 필부필부(匹夫匹婦)라고 할 것이다. 남녀평등인데 왜 필부만 말하느냐고 따질 페미니즘이 있으리란 것을 공자도 미처 몰랐을 테니 시비 걸 것은 없지 싶다.

군사 군(軍), 잃을 탈(奪), 장수 수(帥), 변변치 못할 필(匹), 뜻 지(志)

제26장

【문지(聞之)】
불기불구(不忮不求) 하용부장(何用不臧)

【원문(原文)】

子曰 衣敝縕袍하야 與衣狐貉者로 立而不恥者 其
자왈 의폐온포   여의호학자   입이불치자 기
由也與인저 不忮不求면 何用不臧이리오 子路終身
유야여   불기불구   하용부장   자로종신
誦之한대
송지
子曰 是道也로 何足以臧이리오
자왈 시도야   하족이장

【해독(解讀)】

　공자께서 말했다[子曰]. "다 떨어진 솜옷을 입고서[衣敝縕袍] 여우 털옷이나 담비 털옷을 입은 사람과 함께[與衣狐貉者] 서 있어도 부끄러워하지 않을 사람은[立而不恥者] 바로 자로 자네일 거야[其由也與]! 해치지도 않으면서 탐내지도 않으니[不忮不求] 어찌 좋지 않겠는가[何用不臧]!"
　자로[子路]가 그 말씀을[之] 평생[終身] 외우려 했다[誦].
　이에 공자께서 말했다[子曰]. "그러한 도리만으로[是道也] 어찌 훌륭하다 하겠는가[何足以臧]!"

【담소(談笑)】
자왈(子曰)

성질이 급한데다 과감하기 이를 데 없는 자로(子路)를 칭찬하는 동시에 삼가는 마음가짐을 더욱 굳건히 하여 훌륭한 사람이 되라고 격려하고 있다. 『논어(論語)』에서 어느 누구보다도 자주 등장하는 제자가 바로 자로이다. 그만큼 공자께서 자로를 친근히 여겼나 보다. 사제(師弟)간의 정이 물씬 배어나오는 대목이다.

의폐온포(衣敝縕袍) 여의호학자(與衣狐貉者) 입이불치자(立而不恥者) 기유야여(其由也與)
▶ 해지고[敝] 헌 솜을 넣은[縕] 핫옷을[袍] 입고[衣] 여우 털옷이나[狐] 담비 털옷을[貉] 입은[衣] 사람과[者] 함께[與] 서 있으면서도[立而] 부끄럽게 여기지 않을[不恥] 사람은[者] 바로[其] 자로 자네일걸세[由也與]!

의(衣)는 복(服)과 같은 동사로 옷을 입다[衣]의 뜻이다. 온포(縕袍)는 헌 솜을 넣은 헌옷 즉 싸구려 옷을 말한다. 반면 호학(狐貉)은 사치스럽고 비싼 옷을 말한다. 사람들은 옷이 날개라며 겉치장에 신경쓴다. 그러나 뜻이 있어 당당한 사람은 겉치장 따위로 허세부리지 않는다. 당당한 자로라고 스승이 칭찬을 아끼지 않고 있다.

옷 입을 의(衣), 해질 폐(敝), 헌솜 온(縕), 핫옷 포(袍), 함께 여(與), 여우 호(狐), 담비 학(貉), 부끄러워할 치(恥), 감탄어조사 여(與)

불기불구(不忮不求) 하용부장(何用不臧)
▶ 시기하지도 않고[不忮] 탐내지도 않으니[不求] 어찌[何] 무슨 안 좋은 일을[不臧] 내겠는가[用]?

기(忮)는 질(嫉)과 같다. 시기하다[忮]. 구(求)는 탐(貪)과 같다. 탐내다[求]. 용(用)은 여기서 사(使)와 같다. 부리다[用].

위의 내용은 『시경(詩經)』 「패풍(邶風)」에 들어 있는 「웅치(雄雉)」의 맨 끝 두 행(行)이다. 공자가 이를 인용해 자로에게 칭찬 겸 주의를 주는 중이다. 「웅치」는 돌아오지 않는 군자를 기리면서도 원망하는 내용의 풍(風)이다. 자로가 칭찬받을 점도 있지만 경계해야 할 점도 있음을 의미한다. 그러나 성질 급한 제자는 스승이 칭찬하는 줄만 알고 죽을 때까지 명심하겠노라고 다짐한다. "자로종신송지(子路終身誦之)." 자로가[子路] 죽을 때까지[終身] 그 시행의 뜻을[之] 외우면서 살겠다[誦]고 아뢰었다.

그러자 공자께서 이렇게 타일러준다. "시도야(是道也) 하족이장(何足以臧)!" 그런[是] 도리만으로[道] 어찌[何] 족히 훌륭하다 하겠는가[足以臧]! 충신(忠信)을 지키는 일이 불기불구(不忮不求)만으로는 안 된다는 것을 타일러주고 있다. 필신독(必愼獨)하라. 반드시[必] 자신을[獨] 삼가라[愼]. 자로같이 성질 급한 사람에게는 신독(愼獨)이 시급할 것이다.

시기할 기(忮), 탐낼 구(求), 어찌 하(何), 착할 장(臧)

제27장

【문지(聞之)】
세한연후(歲寒然後)

【원문(原文)】

子曰 歲寒然後에 知松柏之後彫也니라
자왈 세한연후 지송백지후조야

【해독(解讀)】
공자께서 말했다[子曰]. "한겨울 추운 날씨를 겪은 뒤에야[歲寒然後] 소나무와 잣나무의 절개를 알 수 있다[知松柏之後彫也]."

【담소(談笑)】
자왈(子曰)
힘든 고비를 겪고 나서야 사람의 됨됨이가 잘 드러남을 알려주고 있다. 더불어 쓰면 뱉고 달면 삼킨다는 속담을 떠올리게 한다. 변덕스러운 사람도 있고 한결같은 사람도 있다. 큰 뜻을 세워 이룩하는 사람은 어려움을 당할수록 그 뜻을 굳건히 한다. 그래서 공자는 「이인(里仁)」편 15장에서 증자(曾子)에게 다음처럼 말했다. "오도일이관지(吾道一以貫之)." 그리고 「위령공(衛靈公)」편 2장에서는 자공(子貢)에게 다음과 같이 말했다. "여일이관지(予一以貫之)." 내 도는[吾道] 오로지 하나로써[一以] 관철하고 있다[貫之]. 아무리 세상이 무도(無道)하다 해도 공자는 인도(仁道)를 떠나지 않았다. 일이관지(一以貫之)의 뜻을 살펴 이 장의 말씀을 들었으면 한다.

세한연후(歲寒然後) 지송백지후조야(知松柏之後彫也)
▶ 한겨울 추운 날씨를[歲寒] 겪은 뒤에야[然後] 소나무와 잣나무의[松柏] 꿋꿋함을[後彫] 알게 된다[知].

세한(歲寒)의 세(歲)는 날씨를 말한다. 따라서 세한(歲寒)은 날씨가 추운 겨울을 뜻한다. 연후(然後)는 '~을 거친 뒤'란 뜻이다. 모진 추위를 겪고 난 다음[歲寒然後]. 후조(後彫)의 조(彫)는 여기서 조(凋)와 같다. 후조(後彫)란 겪고 난 다음[後]의 흔적[彫]이다. 그래서 조(彫)를 조(凋)와 같이 보자는 것이다.

　질풍지경초(疾風知勁草)란 말을 떠올리게 한다. 모질고 세찬 바람이[疾風] 목숨이 질긴 풀을[勁草] 알려준다[知]. 뜻이 굳센 사람은 아무리 어려운 처지에 놓여도 자신의 뜻을 굽히지 않는다. 공자가 바라는 뜻은 군자가 되는 데 있다. 어질고 착한 사람이 되려는 뜻보다 더 소중한 것은 없다. 이러한 뜻은 태평성대에 돋보이기보다는 세상이 험할 때 더 잘 드러난다고 밝히고 있다. 아무리 세상이 험해도 인도(仁道)를 벗어나지 말라 한다. 성인의 말씀 앞에서 고개를 들 수 있는 사람이 몇이나 될까? 또한 부끄럽다고 뉘우치는 사람은 몇이나 될까? 없다고 단언해도 시비 걸 사람이 없으리라.

해 세(歲), 추울 한(寒), 그럴 연(然), 뒤 후(後), 소나무 송(松), 잣나무 백(柏), 시들 조(彫)

제28장

【문지(聞之)】
지자불혹(知者不惑)

【원문(原文)】

子曰 知者不惑하고 仁者不憂하고 勇者不懼니라
자왈　지자불혹　　　　인자불우　　　　용자불구

【해독(解讀)】

공자께서 말했다[子曰]. "슬기로운 자는 미혹되지 않고[知者不惑], 어진 자는 걱정하지 않으며[仁者不憂], 용감한 자는 두려워하지 않는다[勇者不懼]."

【담소(談笑)】

자왈(子曰)

군자의 삼덕(三德)을 말하고 있다. 지(知)·인(仁)·용(勇)이 그것이다. 지자(知者)는 왜 불혹(不惑)하는가? 생각해보라 한다. 인자(仁者)는 왜 불우(不憂)하는가? 생각해보라 한다. 용자(勇者)는 왜 불구(不懼)하는가? 생각해보라 한다. 공자가 밝히는 수기이안인(修己以安人)에 이르는 과정을 살펴보게 한다. 나를[己] 닦음[修]으로써[以] 사람을[人] 편안하게 한다[安]. 안인(安人)의 인(人)을 백성(百姓)으로 보아도 된다. 나를 닦아[修己] 지자(知者)가 되고, 나를 닦아 인자(仁者)가 되고, 나를 닦아 용자(勇者)가 되라 한다.

지자불혹(知者不惑)

▶ 슬기로운 사람은[知者] 헷갈리지 않는다[不惑].

지자(知者)의 지(知)는 각(覺)과 같다. 스스로 생각해 사물의 이치를 터득한 사람이어야 나름대로 확실히 그 이치를 깨달을 수 있다. 그런 깨달음은 시비(是非)를 분명히 하므로 시(是)와 비(非)를 헷갈리게 하지 않는다. 그래서 지자는 불혹(不惑)한다. 공자는 시비의 분별(分別)을 긍정하는 편이다. 그러나 노자는 그런 분별을 부정한다. 그래서 노자는 지자불언(知者不言)이라고 했다. 여기서 불언(不言)이란 시비 걸지 않음을 뜻한다.

깨달을 지(知), 헷갈릴 혹(惑)

인자불우(仁者不憂)
▶ 어진 사람은[仁者] 근심하지 않는다[不憂].

인(仁)은 더할 바 없는 자애(慈愛)이자 덕애(德愛)라고 한다. 이해(利害)를 떠난 사랑이 자애요 덕애이다. 이런 사랑을 일러 어질다고 한다. 이를 불가(佛家)에서는 자비(慈悲)라고 한다. 한량없는 사랑이 곧 인(仁)이다. 안백성(安百姓)이 곧 인의 실천이다. 그러자면 한량없이 베풀어야 한다. 자애·덕애·자비·박애 등등이 모두 한없는 베풂이다. 사랑하되 무엇 하나 요구하지 않는다. 사랑하되 바라는 바가 없음이 곧 인(仁)이다. 베풀 뿐 요구함이 없으므로 근심거리가 생길 리 없다. 그래서 인자(仁者)는 불우(不憂)한다. 공자는 인을 으뜸의 삶으로 여기지만, 노자는 천지불인(天地不仁)을 으뜸의 삶으로 여긴다. 여기서 불인(不仁)은 자연(自然)이란 말과 같다. 노자는 천지자연(天地自然)을 따라 살라 하고, 공자는 인도(仁道)를 따라 살라 한다.

어질 인(仁), 근심할 우(憂)

용자불구(勇者不懼)
▶ 용감한 사람은[勇者] 두려워하지 않는다[不懼].

용(勇)은 용맹(勇猛)의 준말로 여기고 새기면 된다. 불인(不仁)과 불의(不義)를 결판내려는 뜻이 굳세므로 군자는 인의(仁義) 앞에 용감하다. 그러므로 공자가 말하는 용자(勇者)는 먼저 지자(知者)이면서 동시에 인자(仁者)일 것을 전제로 한다. 마치 불가(佛家)에서 말하는 무외시(無畏施)를 연상하게 하는 것이 공자의 용자불구(勇者不懼)이다. 군자는 불인과 불의를 결코 용인하지 않는다. 그래서 용자는 불구(不懼)한다. 비겁(卑怯)한 사람은 불의와 타협하고 불인을 눈감는다. 그러나 군자는 인도(仁道)를 위해서는 결단력 있게 용기를 발휘한다. 그러니 무엇을 두려워하겠는가.

용감할 용(勇), 두려워할 구(懼)

제29장

【문지(聞之)】
가여립(可與立) 미가여권도(未可與權道)

【원문(原文)】

子曰 可與共學이오도 未可與適道며 可與適道여도
자왈 가여공학   미가여적도   가여적도
未可與立이며 可與立이오도 未可與權이니라
미가여립   가여립   미가여권

【해독(解讀)】
　공자께서 말했다[子曰]. "같이 배울 수는 있어도[可與共學] 같이 도를 지켜나갈 수는 없고[未可與適道], 같이 도를 지켜나간다 해도[可與適道] 같이 일을 이룩할 수는 없으며[未可與立], 같이 일을 이룩한다 해도[可與立] 같이 일을 대의에 맞게 처리할 수는 없다[未可與權]."

【담소(談笑)】
자왈(子曰)
　사람의 능력은 저마다 다름을 말하고 있다. 다같이 함께 배운다 할지라도 터득하는 정도는 사람마다 다르다. 공자는 백인백색(百人百色)을 인정한다. 그러므로 유가(儒家)에서 주장하는 정이일기행(政以一其行)의 일(一)을 잘 해석해야 할 것이다. 다스려서[以政] 사람의 행동을[其行] 하나로 한다[一]. 똑같은 일색(一色)으로 평준화한다는 일(一)이 아님을 잘 헤아려야 한다. 사람은 저마다 남다르다는 것을 공학(共學)·적도(適道)·입(立)·권(權) 등으로 나누어 밝혀주고 있다.

그런데 이 장은 말씀을 툭툭 던지고만 있는 듯한 분위기다. 야(也)라는 종미사(終尾詞)를 써서 단언하는 느낌을 내지 않고 있으니 말이다. 청개구리 같은 우리를 나무라고 있는 게 아닌가 하는 어감(語感)이 느껴지는 장이다.

가여공학(可與共學) 미가여적도(未可與適道)
▶ 같이[共] 배우기는[學] 함께할 수 있지만[可與], 도에[道] 가기를[適] 함께할 수는 없다[未可與].

여(與)는 참여(參與)의 준말로 여기고 새긴다. 참여하다[與]. 적도(適道)의 적(適)은 지(至)와 같다. 도달하다[適]. 공학(共學)은 요샛말로 하면 함께 학교에 다니면서 배운다는 말이다.

한 학급을 생각해보자. 저마다 학력의 성취도가 다르지 않은가. 하물며 도(道)를 향해 매진할 때 사람마다 이르는 것이 다 같을 수 없음은 너무나 자명하다. 누구나 도의 경지가 어떤지 잘 안다 하더라도 실제로 도의 경지에 이르러 도인(道人)이 되는 사람은 백년에 하나일까 천년에 하나일까? 어쩌면 몇천 년에 하나나 될까? 그래서 적도(適道)의 적(適)을 왕(往)·여(如)·지(至)와 같다고 하는 게 아닌가. 누구나 다 도를 향해 가기는 간다[往]. 그런 점에서 본다면 다 같다고 할 수 있을 것이다[如]. 그러나 도에 이르러 깨우친다[至] 함은 전혀 같지 않음을 인류사(人類史)가 말해주지 않는가.

> 할 수 있을 가(可), 함께할 여(與), 같이 공(共), 배울 학(學), 아닐 미(未), 갈 적(適)

가여적도(可與適道) 미가여립(未可與立)
▶ 도에[道] 가기를[適] 함께할 수는 있지만[可與], 일을 세워 이루기는[立] 함께할 수 없다[未可與].

입(立)은 여기서 세울 건(建)과 이룰 성(成)과 같다. 일을 세워 이루다[立]. 문맥상 성취한다고 새기면 된다. 무슨 일을 계획하여 실천에 옮겨 바라던 대로 성취한다는 뜻이다. 적도(適道)의 뜻을 세워 실천하여 지도(至道)한다면 그 지도(至道)가 곧 입(立)인 셈이다. 대인(大人)이 되겠노라 뜻을 세웠다면 대인이 되는 것이야말로 공자가 바라는 입(立)이다. 그러나 사람들은 뜻을 세운 지 사흘도 못 가 변덕을 부린다. 오죽하면 작심삼일(作心三日)이란 말이 생겨났겠는가.

세워 이룰 립(立)

가여립(可與立) 미가여권(未可與權)
▶ 일을 세워 이루기는[立] 함께할 수 있어도[可與], 그 일을 따져 대처하기는[權] 함께할 수 없다[未可與].

권(權)은 권도(權道)의 준말로 여기고 새겨도 무방하다. 권도는 상도(常道)나 정도(正道)에 어긋남을 뜻한다. 수단은 옳지 않지만 결과로 보아 정도에 맞는 수단이 권도이다.

서로 뜻이 맞아서 일을 도모할 수는 있지만, 그 일을 성사시키기 위해 권도(權道)로써 추진하려 한다면 정도가 아니기 때문에 함께 일을 도모할 수 없음을 명심하라 한다. 정도(正道)라면 성공하기 위하여 함께 일할 수 있지만, 권도에 편승해 임기응변(臨機應變)의 술수를 쓴다면 그런 짓은 군자가 할 일이 아님을 명심하라 한다. 공학(共學)도 함께할 수 있고 적도(適道)도 함께할 수 있으며 입(立) 즉 거사(擧事)도 함께할 수 있지만, 권도만은 함께할 수 없음을 명심하라 한다. 이는 술수 부리지 말라 함이요, 수작 부리지 말라 함이요, 꼼수 부리지 말라 함이다. 그러나 이 세상은 언제나 잔꾀를 부리는 소인배들로 넘쳐 살기가 어렵다. 좌든 우든 서울만 가면 되지 않느냐는 심술 탓으로 살기가 어렵다. 그렇다고 세상을 탓하지 말라. 권도를 일삼으려는 우리들 탓일 뿐이다.

저울질할 권(權)

제30장

【문지(聞之)】
미지사야(未之思也) 부하원지유(夫何遠之有)

【원문(原文)】

唐棣之華여 偏其反而로다 豈不爾思리오마는 室是
당체지화   편기반이   기불이사   실시
遠而로다
원 이

子曰 未之思也언정 夫何遠之有리오
자왈 미지사야   부하원지유

【해독(解讀)】
"당체 꽃잎들이[唐棣之華] 펄펄 떨어지누나[偏其反而]. 어찌 님 생각나지 않으리오만[豈不爾思] 계신 곳이 너무 멀구나[室是遠而]."
공자께서 위의 시구를 두고 말했다[子曰]. "결코 깊게 생각하지 않음이다[未之思也]. 어찌 멀고 말고가 있을 것인가[夫何遠之有]?"

【담소(談笑)】
자왈(子曰)

시(詩)를 통해 일이관지(一以貫之)를 일깨우고 있다. 진실로 사랑한다면 사랑하는 것이 옆에 있든 멀리 있든 상관없는 것 아니겠는가. 자네들 인(仁)을 사랑하는가? 그렇다면 인을 멀다고 하지 말라. 공자는 이런 뜻을 이미「술이(述而)」편 29장에서 술회한 바 있다. "인원호재(仁遠乎哉) 아욕인(我欲仁) 사인지의(斯仁至矣)." 인은[仁] 멀리 떨어져 있는 것일까[遠乎哉]? 내가[我] 어질기를[仁] 바라면[欲] 그[斯] 어짊이[仁] 나에게 와 있다[至]. 이는 인(仁)을 안다고 말로만 하지 말고 그것을 실천하라는 뜻이다. 임이 멀리 있다고 해서 어찌 멀다 하는가? 임이 있는 곳으로 가면 되지 않겠는가. 성인의 말씀에는 빈틈이 없다.

당체지화(唐棣之華) 편기반이(偏其反而) 기불이사(豈不爾思) 실시원이(室是遠而)
▶ 산앵두[唐棣] 꽃잎이[華] 펄펄 떨어져 날리누나[偏其反而]! 어찌[豈] 임을[爾] 생각하지 않으랴만[不思], 임 계신 집이[室] 멀고 멀구나[而]!

화(華)는 여기서 화(花)와 같다. 꽃잎들[華]. 편반(偏反)은 되돌아가기로[反] 기울어진다[偏]는 뜻이니 꽃잎이 떨어져 땅으로 되돌아가는 모습을 묘사한다고 보면 된다. 기불(豈不)은 어찌 ~을 하지 않겠는가라는 뜻이다. 이(爾)는 당신이니 임 정도로 새기면 된다. 당체(唐棣)는 '임'의 이미지다. 불사이(不思爾)를 불이사(不爾思)로 하여 이(爾)를 강조하고 있다. 실(室)은 임이 계시는 집이나 처소를 말한다. 반이(反而)의 이(而)와 원이(遠而)의 이(而)는 모두 어세(語勢)를 높이려는 어미사(語尾詞)이다. 위의 시상(詩想)은 멀리 떨어져 있는 임을 그리워하는 모습이라고 볼 수 있다.

산앵두나무 체(棣), 꽃 화(華), 한쪽 편(偏), 되돌아갈 반(反), 어조사 이(而), 어찌 기(豈), 너 이(爾), 생각할 사(思), 집 실(室), 멀 원(遠)

미지사야(未之思也) 부하원지유(夫何遠之有)
▶ 진정 절절히 생각하는 게 아니다[未之思]. 어찌[夫何] 멀다 말다가[遠之] 있겠는가[有]?

위의 시(詩)를 공자가 다음과 같이 평(評)하고 있다. "미지사(未之思)." 미지사(未之思)에서는 지(之)로써 미사(未思)를 강조하려는 어세(語勢)가 느껴진다.

아는 것과 그 앎을 행하는 것을 잘 헤아리게 한다. 입만 살아 있고 실천하는 행동이 뒤따르지 않으면 차라리 모르는 것만 못함을 새겨듣게 한다. 지행(知行)이라도 지행(志行)이 하나 되지 못하면 알아서 탈이고 몰라서 약이란 속담이 생각난다. 세상에서 제일 꼴불견이 바로 허풍선이가 아닌가. 공자가 밝힌 일이관지(一以貫之)는 행동으로 책임진다는 뜻이 함께하지 않는가. 뜻만 있어서 무얼 하나. 그 뜻을 행동으로 관철하라. 그러니 임이 진정 그립다면 그리운 생각을 행동으로 옮겨라. 천만리 머나먼 길이라도 찾아가라는 말씀이다. 말쟁이가 되지 말라.

전편(前篇) 10

향당(鄕黨)

입문 이 편의 맨 첫 구절인 공자어향당(孔子於鄕黨)의 '향당(鄕黨)'을 따 편명(篇名)을 삼고 있다. 이 편은 본래 「학이(學而)」편 다음에 있었고, 모두 한 장(章)으로 이루어져 있었는데 그것을 주자(朱子)가 18장으로 나누었다는 설이 있다. 대개 18장으로 나눈 것을 따른다.

이 「향당(鄕黨)」 편에 나타나는 생활을 통하여 공자의 모습, 즉 성인의 일상생활을 알 수 있다. 공자의 다양한 모습을 그 문인(門人)들이 이 편(篇)에 기록해두었다고 보면 된다. 특히 예악(禮樂)에 대한 공자의 해석을 살펴볼 수 있으며, 그 예악을 삶에서 어떻게 실천할 것인지에 대한 공자의 생각을 엿볼 수 있게 해준다.

무엇보다 이 「향당」 편은 다른 편(篇)에 비해서 예(禮)를 중심에 두고 있으므로 현대인은 이 편의 말씀에 더욱 관심을 기울여야 한다고 본다. 많은 사람들이 세상이 갈수록 사나워진다고 걱정하는데, 그러한 징후들은 바로 비례(非禮)와 무례(無禮) 때문이라고 할 수 있다. 그러한 의미에서 이 「향당」 편은 『예기(禮記)』 제28 「중니연거(仲尼燕居)」와 제29 「중니한거(仲尼閒居)」를 필독(必讀)해보게 한다.

「중니연거(仲尼燕居)」에서 중니(仲尼)는 공자의 자(字)이다. 사람을 높여 부를 때 이 자(字)를 쓴다. 연거(燕居)는 안거(安居)와 같다. 「중니연거」는 공자의 이런 말씀으로 시작한다. "거(居)하라. 여삼인자(女三人者)야 오어여례(吾語女禮)하여 사여(使女)

로 해 이례(以禮)로 주류무편(周流無偏)케 하리라." 이리 오너라[居] 내[吾] 너희에게[女] 예를[禮] 말해주어[語] 너희로[女] 하여금[使] 예로써[以禮] 널리 베풀어[周流] 두루두루 걸림 없게 하리라[無不偏].

「중니연거」에 있는 예(禮)에 관한 한 부분을 인용해두고 싶다. "예야자(禮也者)는 이야(理也)이고 악야자(樂也者)는 절야(節也)이니 군자(君子)는 무리(無理)에 부동(不動)하고 무절(無節)에 부작(不作)하므로 불능시(不能詩)하면 어례(於禮)에 무(繆)하고 불능악(不能樂)하면 어례(於禮)에 소(素)하고 박어덕(薄於德)하면 어례(於禮)에 허(虛)한다." 예(禮)라는 것은[禮也者] 도리이고[理也] 악이라는 것은[樂也者] 절제이다[節也]. 그러므로 군자는[君子] 도리에 맞지 않으면[無理] 행동하지 않고[不動], 절도가 없으면[無節] 마음에 두지 않는다[不作]. 시를[詩] 못한다면[不能] 예에[於禮] 어긋나게 되고[繆], 악을[樂] 못한다면[不能] 예에[於禮] 섬세함이 없으며[素], 덕에[於德] 엷다면[薄] 예에[於禮] 맹랑해진다[虛]. 이를 잘 살펴보면 예란 낡을 수 없음을 알 수 있을 것이다.

그리고 「향당」편 맨 끝 18장은 예가 인륜(人倫)만의 것은 아님을 체험하게 한다. 그래서 유가(儒家)의 예가 인륜에만 국한돼 있지 않음을 깨우치게 한다. 왜냐하면 「중니한거」에서 공자가 밝히는 오지(五至)·삼무(三無)·삼무사(三無私)를 떠올리게 하기 때문이다. 이렇듯 유가의 예가 인륜에만 국한되지 않음을 체험하면서 예를 새삼 깨우치게 된다.

제1장

【문지(聞之)】

공자어향당(孔子於鄉黨) 순순여(恂恂如)

【원문(原文)】

孔子於鄉黨에 恂恂如也하사 似不能言者러시다 其
공 자 어 향 당   순 순 여 야   사 불 능 언 자   기
在宗廟朝廷하시는 便便言하사대 唯謹爾러시다
재 종 묘 조 정   변 변 언   유 근 이

【해독(解讀)】

　공자께서 고향의 마을에 계실 때는[孔子於鄉黨] 공손하고 성실함이 [恂恂如也] 마치 말할 줄 모르는 사람 같았다[似不能言者]. 그러나 종묘나 조정에 계실 때는[其在宗廟朝廷] 명석하게 말을 잘 하시되[便便言] 오로지 신중하였다[唯謹爾].

【담소(談笑)】

　공자어향당(孔子於鄉黨) 순순여야(恂恂如也) 사불능언자(似不能言者)

▶ 공자께서[孔子] 고향 마을에 계실 때는[於鄉黨] 하도 공손하고 성실해서[恂恂如] 마치 말할 줄 모르는[不能言] 사람[者] 같았다[似].

　향당(鄉黨)은 거주 호수를 일컫는 구획(區劃)을 뜻한다. 당(黨)은 5백호(戶)이고, 향(鄉)은 당의 25배 크기이므로 향당이면 12,500호에 이른다. 그러나 여기선 그런 구역을 뜻하기보다는 향리(鄉里)를 의미한다. 순(恂)은 신(信)·실(實)·공(恭) 등과 같다. 진실하고[實] 미더우며[信] 공손하다[恭]는 뜻의 순(恂)이다. 순순여야(恂恂如也)의 여

(如)는 어감을 드러내는 허사(虛辭)로 아무런 뜻이 없다. 사(似)는 초(肖)와 같다. 닮아서 같다[似].

고향 마을에서는 공자가 한없이 겸손하고 과묵했음을 밝히고 있다. 공손하고 성실할 뿐 말을 거의 하지 않았다는 것에서 바른 삶을 행동으로 보여주었음을 알 수 있다. 본래 성인(聖人)은 거울 같다 하지 않는가. 쭉정이 같은 소인배들이나 입이 가벼울 뿐이다. 오죽하면 합취구구(合取狗口)라 하겠는가. 개 주둥이[狗口] 닥쳐라[合取]. 범인(凡人)이 순순(恂恂)의 몸가짐을 하기란 하늘의 별 따기일 터이다.

고을 향(鄕), 무리 당(黨), 정성 순(恂), 그럴 여(如), 같을 사(似)

기재종묘조정(其在宗廟朝廷) 변변언(便便言) 유근이(唯謹爾)
▶ 공자께서[其] 종묘나[宗廟] 조정에[朝廷] 있을 때는[在] 해야 할 말을[言] 명쾌히 하면서도[便便] 오로지[唯] 삼가 공경하기를 다했을 뿐이다[謹爾].

종묘(宗廟)는 조선(祖先)의 영(靈)을 모시고 제사를 지내는 곳이고, 조정(朝廷)은 나랏일을 논의하고 다스리는 곳이다. 변(便)은 변(辨)과 같다. 분별하여 명쾌히 말하다[便]. 근(謹)은 신(愼)·경(敬)과 같다. 삼가 공경하다[謹]. 근이(謹爾)의 이(爾)는 이이(而已)의 준말로 보면 된다. ~일 뿐이다[爾].

공자가 제사를 올리는 자리나 나랏일을 논의하는 자리에서는 해야할 말을 다했음을 밝히고 있다. 속에 있는 말을 하지 않다가 뒤에서 쑥덕거리는 짓은 소인배나 하는 것임을 알라. 공자가 「팔일(八佾)」 편 13장에서 하신 말씀을 떠올렸으면 한다. "획죄어천(獲罪於天) 무소도야(無所禱也)." 하늘에[於天] 죄를[罪] 지으면[獲] 빌[禱] 곳이[所] 없다[無]. 이 얼마나 준엄한가. 공자가 고향 마을과 조정에서 행한 태도를 서로 비교해보면 우리가 뉘우칠 일이 너무 많으리라. 공사(公

私)를 분별할 줄 모르면 흉하고 험하게 된다. 그러니 공자가 왜 오로지 삼가고 조심했는지 헤아려볼 일이다.

> 마루 종(宗), 사당 묘(廟), 아침 조(朝), 뜰 정(廷), 말 잘할 변(便),
> 오직 유(唯), 삼갈 근(謹), 말(語尾) 이(爾)

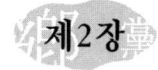

제2장

【문지(聞之)】

간간여(侃侃如) 은은여(誾誾如) 축적여(踧踖如)

【원문(原文)】

> 朝與下大夫言에 侃侃如也하시며 與上大夫言에
>   조 여 하 대 부 언   간 간 여 야   여 상 대 부 언
> 誾誾如也러시다 君在시어든 踧踖如也하시며 與與如
>   은 은 여 야   군 재   축 적 여 야   여 여 여
> 也러시다
>   야

【해독(解讀)】

  조정에서 하대부와 함께 말을 나눌 때는[朝與下大夫言] 화기애애하였고[侃侃如也], 상대부와 함께 말을 나눌 때는[與上大夫言] 정확하고 공평했으며[誾誾如也], 임금이 계시면[君在] 경건하면서도[踧踖如也] 태연스러웠다[與與如也].

【담소(談笑)】
조여하대부언(朝與下大夫言) 간간여야(侃侃如也)
▶ 조정에서[朝] 하대부와[大夫] 더불어[與] 말을 나눌 때는[言] 화기애애한[侃侃] 모습이었다[如].

조(朝)는 조정(朝廷)을 뜻한다. 해뜨기 전에 신하들이 나와 정사(政事)를 논의하고, 해가 뜨면 임금이 나와 정사를 돌보는 자리[朝廷]다. 임금이 나오기 전에 정사를 논의할 때 취했던 공자의 모습을 보여주고 있다. 간(侃)은 화(和)·낙(樂)과 같다. 화기애애하다[侃]. 간간여(侃侃如)는 간간모(侃侃貌)와 같다. 여(如)가 모습 모(貌)와 같기 때문이다. 공자는 온화한 모습으로 아랫사람들의 의견을 경청했을 것이다. 본래 성인은 불치하문(不恥下問)의 지혜가 함께하는 분이 아닌가. 아랫사람이나 동료한테 묻기를[下問] 부끄러워하지 않는다[不恥].

공자 당시 노(魯)나라에는 제후(諸侯) 밑에 경(卿)·대부(大夫)·사(士)가 있었고, 대부는 상·중·하로 나누어져 있었다. 공자는 사구(司寇)의 관직에 있었으므로 하대부(下大夫)에 속했다.

이 장(章)은 공자가 관직에 있을 무렵 몸가짐과 더불어 어떻게 언사(言事)를 행했는지 살피게 해준다. 그래서 이 장은 앞 장의 "기재종묘조정(其在宗廟朝廷) 변변언(便便言)"을 구체적으로 살펴보게 하여 사람이 살아가면서 언사가 얼마나 중요한지를 일깨워준다. 인사(人事)는 언사(言事)란 말이 있다. 말 한마디로 천냥 빚을 갚는다느니, 오는 말이 고와야 가는 말도 곱다느니, 말 속에 씨가 있다느니 등등의 속담이 왜 생겼겠는가? 그만큼 말솜씨[言事]가 인간생활을 성패(成敗)로 이끌 수 있기 때문이다. 여기 2장은 그런 말하기[言事]를 잘 헤아려 살펴보게 한다. 공자가 동료들과 얼마나 온화(溫和)했는가를 살피게 한다. 동료 사이의 언사는 간간여(侃侃如)임을 잘 새겨두라 한다. 동료나 아랫사람과 나누는 대화는 간간(侃侃)의 변변언(便便言)임을 명심하라. 그러나 소인일수록 동료한테 텃세를 부리고 윗사람한테 굽실거린다.

> 더불어 여(與), 말할 언(言), 화락할 간(侃), 같을 여(如)

여상대부언(與上大夫言) 은은여야(誾誾如也)
▶ 상대부와[上大夫] 함께[與] 말을 나눌 때는[言] 온화하고 치우치지 않는[誾誾] 모습이었다[如].

은(誾)은 화(和)·열(悅)과 같다. 화기애애하게 옳고 그름을 논의하는 모습을 은은(誾誾)이라고 한다. 간간(侃侃)의 변변언(便便言)보다 더 명석하고 확실하게 시비분별을 하려는 언사가 은은여(誾誾如)인 셈이다. 간간여(侃侃如)든 은은여(誾誾如)든 다 온화하고 화락한 말솜씨다. 다만 간간여(侃侃如)가 화기애애한 말솜씨라면, 은은여(誾誾如)는 그러면서도 논의(論議)를 분명히 하는 말솜씨다. 그러니 공자는 동료들과는 시비를 논하기보다 의견을 경청하는 쪽에서 온화한 말솜씨의 몸가짐[侃侃如]을 취했고, 윗사람들과는 화기애애하되 명석하게 논의를 거치는 말솜씨의 몸가짐[誾誾如]을 보였던 셈이다. 윗사람들과의 대화는 은은(誾誾)의 변변언(便便言)임을 명심하라. 그러나 소인일수록 아랫사람이나 동료들에게는 시비를 걸고 윗사람한테는 벙어리인 양 눈치를 살핀다.

> 온화할 은(誾)

군재축적여야(君在踧踖如也) 여여여야(與與如也)
▶ 임금이[君] 계시면[在] 경건하면서도[踧踖如] 몸가짐이 자연스러웠다[與與如].

축(踧)은 여기서 경(敬)과 근(謹)과 같다. 공경하고 삼가는 모습[踧]. 적(踖)은 경(敬)과 같다. 삼가 조심한다[踖]. 임금과의 언사는 몸가짐

10 향당

으로 드러내보인다. 그 마음가짐이 곧 축적여(踧踖如)이다. 임금이 하문(下問)하면 변변언(便便言)으로써 살펴 아뢰는 자세가 바로 축적여(踧踖如)이다. 그러면서도 몸가짐은 여여여(與與如)했으니 자연스럽게 몸가짐을 취했다는 것이다. 임금과의 대화가 축적(踧踖)의 변변언(便便言)임을 밝히고 있다. 성인은 아부하는 법이 없다. 성인에게는 임금에게 굽실거릴 까닭이 없다. 예를 갖추면 그만이다. 임금이나 대통령의 눈에 들려고 연기하는 짓은 소인배들의 몫이다.

언사(言事)로 인해 인사(人事)의 명암(明暗)이 갈릴 수 있음이 새삼스럽다. 말조심하라. 어떻게 조심하란 말인가? 간간여(侃侃如)하라. 은은여(誾誾如)하라. 축적여(踧踖如)하라. 이 세 경우를 잘 살펴 시의(時宜)에 따라 알맞게 말하면 허물을 최소화할 수 있음을 명심하라는 말씀이 새삼스럽다. 세 치 혀가 탈이라 하지 않는가.

임금 군(君), 있을 재(在), 삼갈 축(踧), 조심할 적(踖), 자연스러울 여(與)

【문지(聞之)】
군소사빈(君召使擯)

【원문(原文)】

君召使擯이시어든 色勃如也하시며 足躩如也러시다
군 소 사 빈   색 발 여 야   족 곽 여 야
擯所與立하사대 左右手러시나 衣前後襜如也러시다
읍 소 여 립   좌 우 수   의 전 후 첨 여 야

趨進_에 翼如也_{러시다} 賓退_{어든} 必復命_{하시대} 曰 賓
추 진   익 여 야   빈 퇴   필 복 명   왈 빈
不顧矣_라 하시다
불 고 의

【해독(解讀)】

임금이 공자를 불러 내빈의 접대를 맡기면[君召使擯] 공자께서 얼굴빛을 엄숙히 고치시고[色勃如也] 발걸음을 빨리빨리 하였다[足躩如也]. 내빈과 함께 서 있는 곳에서 읍할 때는[揖所與立] 양손을 좌우로 돌리며 절하고[左右手] 옷깃의 앞뒤를[衣前後] 가지런하게 하였다[襜如也]. 종종걸음으로 나가면서도 몸가짐은 단정한 그대로였다[趨進翼如也]. 내빈이 물러가면 [賓退] 반드시 임금께 다시 알려[必復命] 아뢰었다[曰]. "손님은 뒤돌아보지 않고 잘 갔습니다[賓不顧矣]."

【담소(談笑)】

군소사빈(君召使擯)

▶ 임금이[君] 공자를 불러[召] 그로 하여금[使] 내빈의 접대를 맡게 했다[擯].

빈(擯)은 내빈(來賓)을 맞이하는 일을 맡아 하는 사람이다. 말하자면 의전(儀典)을 맡는 담당자이다. 왜 임금이 공자에게 이런 일을 부탁했을까? 누구보다도 공자가 예(禮)에 밝았기 때문이었으리라. 모든 일을 예로써 하라. 왜 그러한가? 이에 대한 해답은 「위정(爲政)」편 3장에 나와 있다. "도지이덕(道之以德) 제지이례(齊之以禮)." 덕으로써[以德] 이끌고[道之], 예로써[以禮] 다진다[齊之].

여기 「향당(鄕黨)」편 3장은 임금의 소명(召命)을 통하여 공자가 어떻게 자기 자신을 다지는지 잘 보여주고 있다.

임금 군(君), 불러들일 소(召), 시킬 사(使), 접대를 맡을 빈(擯)

색발여야(色勃如也) 족곽여야(足躩如也)
▶ 얼굴을 긴장하고[色勃如] 발뒤꿈치를 들고 걸었다[足躩如].
　임금의 명(命)을 받고 예로써 갖추어야 할 몸가짐에 대해 묘사하고 있다. 얼굴은 긴장하되 화창하게 하고[色勃], 걸을 때는 뒤꿈치를 들고 사뿐한 걸음으로 소리 없이 걷는다[足躩]. 이러한 색발(色勃)과 족곽(足躩)이 내빈을 예로써 대하고자 몸가짐을 다짐하는 일[齊之]임을 알 수 있다.

얼굴 색(色), 발끈할 발(勃), 발 족(足), 발 급힐 곽(躩)

읍소여립(揖所與立) 좌우수(左右手) 의전후첨여야(衣前後襜如也)
▶ 함께[與] 서 있는[立] 데서[所] 읍할 때는[揖] 두 손을[手] 좌우로 모으고[左右] 옷을[衣] 앞뒤로[前後] 흐트러지지 않게 가지런히 한다[如].
　읍(揖)은 두 손을 모아 위로 올렸다 아래로 내려 공경을 나타내는 절을 한 다음 다시 두 손을 모은 몸가짐을 말한다. 두 손을 맞잡아 모은 채 손님을 맞이해야지 두 손을 떡 벌리고 거만하게 손님을 맞아서는 안 된다. 절할 때는 옷매무새가 흐트러지지 않게 조심해야 한다. 옷차림을 단정하게 하는 것이 곧 예로써 자기를 다지는 일임을 명심하라 한다.

공경을 나타낼 읍(揖), 손 수(手), 옷이 가지런할 첨(襜)

추진익여야(趨進翼如也)
▶ 총총히 걸어 나아가되[趨進] 흐트러짐 없이 단정하다[翼如].

추(趨)는 종종걸음을 말한다. 발바닥을 끌지 않고 사뿐하게 빨리 걷는 걸음걸이가 추(趨)이다. 진(進)은 앞서서 나아간다는 뜻이다. 손님을 안내하는 모습을 상상하면 된다. 예로써 손님을 안내하는 발걸음이 어떠한지를 알려준다.

종종걸음으로 빨리 걸을 추(趨), 나아갈 진(進), 단정할 익(翼)

빈퇴(賓退) 필복명(必復命) 왈(曰) 빈불고의(賓不顧矣)
▶ 손님이[賓] 물러갔을 때[退] 반드시[必] 결과를 아뢰어[復命] 올렸다[曰]. "손님은[賓] 뒤돌아보지 않고 잘 갔습니다[不顧]."

불고(不顧)는 임금께 손님이 만족해하고 떠났다고 아뢰는 말로 이해하면 된다. 명을 받았으면 성의를 다해 마치는 것이 예로써 신하의 도리를 다하는 것이라고 알려준다. 받은 소명을 제대로 해내지 않고 적당히 뭉개버리고 넘어가는 짓은 결국 백성을 속이는 짓이다. 녹(祿)을 먹으면 그 녹을 무서워해야 하지 않겠는가. 요샛말로는 국민이 낸 세금을 무서워하는 관리라면 자신의 소명을 다하기 위해 성의(誠意)를 다할 것이라는 말이겠다. 예(禮)로써 관리 노릇을 하라. 이것은 여전히 관료(官僚)의 사명(使命)이다. 그래서 공자께서는 관료(하대부)로서 부끄러움 없이 맡은 바 일을 다했음을 알려주고 있다.

손님 빈(賓), 물러갈 퇴(退), 반드시 필(必), 다시 복(復), 명령 명(命), 되돌아볼 고(顧)

제4장

【문지(聞之)】

입공문(入公門)

【원문(原文)】

入公門하실새 鞠躬如也하사 如不容이러시다 立不中
門하시며 行不履閾이러시다 過位하실새 色勃如也
하시며 足躩如也하시며 其言似不足者러시다 攝齊升
堂하실새 鞠躬如也하시며 屛氣似不息者러시다 出
降一等하사는 逞顔色하사 怡怡如也하시며 沒階趨
進하사는 翼如也하시며 復其位하사난 踧踖如也러시다

【해독(解讀)】

대궐문에 들어갈 때는[入公門] 몸을 굽혀 절하는 듯이 하여[鞠躬如也] 송구스러운 모습을 지었고[如不容], 설 때는 중앙을 피했으며[立不中門], 문을 지나면서 문지방을 밟지 않았다[行不履閾]. 임금이 서는 자리를 지날 때는[過位] 안색을 긴장되게 하고[色勃如也], 빠른 걸음으로 지나[足躩如也] 말을 아끼듯 과묵했다[其言似不足者]. 옷자락을 잡고 당에 오를 때는[攝齊升堂] 절하듯 몸을 굽혔고[鞠躬如也] 숨을 멈춘 듯이 했다[屛氣似不息者]. 나와서 계단을 내려올 때는[出降一等] 화락한 얼굴빛으로[逞顔色] 즐거워했으며[怡怡如也], 층계를 다 내려와서는 총총걸음이 단정했고[沒階趨進翼如也], 다시 제 자리로 돌아와서는 경건하고 조심스러웠다[復其位踧踖如也].

【담소(談笑)】
입공문(入公門) 국궁여야(鞠躬如也) 여불용(如不容) 입부중문(立不中門) 행불리역(行不履閾)

▶ 대궐 문에[公門] 들어설 때는[入] 몸을[躬] 굽혀 절하는[鞠] 듯하고[如] 송구스러운[不容] 듯하며[如], 설 때면[立] 문 가운데를 피했고[不中門], 문을 지날 때는[行] 문지방을[閾] 밟지 않았다[不履].

공문(公門)은 대궐의 가장 밖에 있는 제일 큰 문이다. 국궁(鞠躬)은 상반신을 굽혀 절하는 모양이다. 국궁(鞠躬)·흠신(欽身)·곡신(曲身) 등은 같은 말이다. 이는 대궐 문을 출입할 때의 예(禮)일 것이다. 여불용(如不容)에서 여(如)는 '~듯하다'의 뜻이고, 불용(不容)의 용(容)은 수용(受容)의 준말로 여기면 된다. 들여보내주지 않을 듯이[如不容]. 다시 말해 공자가 대궐문 출입을 송구스럽게 생각하듯 했다는 뜻이다. 이 역시 대궐문을 출입할 때의 예일 것이다. 입부중문(立不中門)은 문간에 설 일이 생기면 문 가운데 서 있지 않고 바깥으로 피해 섰다는 말이다. 이는 문간에 머물 때의 예일 것이다.

예(禮)를 갖추어 대궐문을 출입했음을 알려주고 있다. 이러한 예가 현대인에겐 어울리지 않을 수도 있다. 그러나 공자 당시의 예를 말한 것이니 시비 걸 일은 아니다. 공자가 매사(每事)에 예를 떠나지 않았다는 것을 주목하면 된다. 오늘날 자비존인(自卑尊人)의 예를 무시하는 탓에 우리가 이렇듯 고생스럽게 사는 것 아니겠는가.

들 입(入), 공변될 공(公), 문 문(門). 구부릴 국(鞠), 몸 궁(躬), 용납해 들일 용(容), 밟을 리(履), 문지방 역(閾)

과위(過位) 색발여야(色勃如也) 족곽여야(足躩如也) 기언사부족자(其言似不足者)

▶ 임금이 나와 서는 자리를[位] 지날 때는[過] 안색을[色] 신중히 하고[勃], 발을[足] 굽혀 걸으며[躩], 말이[其言] 부족한[不足] 것[者] 같이 했다[似].

과위(過位)의 위(位)는 궁궐 뜰에 나온 임금이 서도록 정해진 자리를 말한다. 그 자리를 지날 때 공자는 누군가와 말을 나누다가도 입을 다물고 과묵했다는 게 여기 부족자(不足者)의 뜻이다. 임금이 없어도 있는 듯이 몸가짐을 했다는 것이다. 없어도 있는 듯이 조심함이 곧 예(禮)가 아닌가.

자리 위(位), 얼굴 색(色), 발끈할 발(勃), 발 급힐 곽(躩), 같을 사(似).

섭자승당(攝齊升堂) 국궁여야(鞠躬如也) 병기사불식자(屛氣似不息者)

▶ 옷자락을[齊] 두 손으로 잡고[攝] 제후의 집무실에[堂] 오를 때는[升] 절하는 듯하며[鞠躬如], 숨을 멈춤이[屛氣] 숨을 쉬지 않는[不息] 사람[者] 같았다[似].

섭(攝)은 지(持)와 같다. 손으로 모아 잡다[攝]. 자(齊)는 옷자락을 뜻할 때는 제(齊)가 아니라 자(齊)로 읽는다. 승(升)은 등(登)과 같다. 오르다[升]. 당(堂)은 제후(諸侯)의 집무실을 말한다. 이 당은 다른 관사와 달리 7자[尺] 높이에 있었다고 한다. 즉 당에 오르는 층계는 계단 하나가 1자 높이였고, 이것이 일곱 계단 있었다는 것이다. 병기(屛氣)는 숨을 죽이고 가슴 조이는 모습을 나타낸다. 공자가 임금[諸侯]의 집무실에 오를 때 취했던 몸가짐의 예(禮)를 묘사하고 있다.

몰아 잡을 섭(攝), 옷자락 자(齊), 오를 승(升), 집무하는 곳 당(堂),

막을 병(屛), 숨쉴 기(氣), 숨쉴 식(息)

출강일등(出降一等) 영안색(逞顔色) 이이여야(怡怡如也) 몰계추진(沒階趨進) 익여야(翼如也) 복기위(復其位) 축적여야(踧踖如也)

▶ 나와서[出] 한 계단씩[一等] 내려오면서는[降] 얼굴빛이[顔色] 쾌적했고[逞], 층계를[階] 다 내려와서는[沒] 총총걸음으로[趨] 나아감이[進] 단정했으며[翼如], 당신의[其] 집무실로[位] 돌아와서는[復] 삼가 경건한 모습이었다[踧踖如].

영(逞)은 쾌(快)와 같다. 쾌적해하다[逞]. 이(怡)는 열(悅)·낙(樂)·화(和) 등을 두루 뜻한다. 기쁘고 즐거워 좋아하는 모습을 이연(怡然)이라고 하는데, 이이여(怡怡如) 역시 그런 모습을 말한다. 복기위(復其位)의 기(其)는 공자 당신을 가리키고, 위(位)는 공자 당신의 집무실을 말한다. 제후(諸侯)를 만나러 갈 때와 업무를 마치고 나와 집무실로 돌아오기까지 각각 몸가짐이 취하는 예(禮)를 밝혀놓고 있다. 이를 통해 공자의 삶이 예를 떠나지 않았다는 것을 알 수 있다.

본래 예자외작(禮自外作)이라 한다. 예는[禮] 겉에서부터[自外] 이루어진다[作]. 예(禮)는 몸가짐으로[自外] 자연스럽게 드러나야 한다는 뜻이다. 어떻게 하면 자연스러운 예가 되는가? 마음가짐이 진실로 자비(自卑)이어야 한다. 나를 낮추라[自卑]. 그러나 요즘 사람들은 공손한 몸가짐조차 이해(利害)를 따지며 저울질하므로 겉 다르고 속 다른 경우가 많다. 그러면 의도가 뻔히 들여다보이고 만다. 마음에 없는 공손함은 자기(自欺)다. 내가 나를 속이는[自欺] 짓보다 더한 비례(非禮)는 없다. 그런데도 지금 사람들은 무례한(無禮漢)이기를 두려워하지 않는다. 이 얼마나 무서운 세상인가.

날 출(出), 내려올 강(降), 쾌활할 영(逞), 기뻐할 이(怡), 다할 몰(沒), 종종걸음으로 빨리 걸을 추(趨), 나아갈 진(進), 단정할 익(翼). 삼갈 축(踧), 밟을 적(踏)

제5장

【문지(聞之)】
집규(執圭)

【원문(原文)】

執圭하사대 鞠躬如也하사 如不勝하시며 上如揖하사며
집규   국궁여야   여불승   상여읍
下如授하시며 勃如戰色하시며 足踧踖如有循이러
하여수   발여전색   족축축여유순
시다 享禮에 有容色하시며 私覿하실새 愉愉如也
     향례   유용색   사적   유유여야
러시다

【해독(解讀)】

규(圭)를 들어 바칠 때는[執圭] 몸을 굽혀 절하는 모습이[鞠躬如也] 이겨낼 수 없는 듯이 하고[如不勝], 규를 위로 올릴 때는 읍하듯이 하며[上如揖], 규를 내릴 때는 드리는 듯이 하면서[下如授] 표정을 삼엄하게 바꾸고[勃如戰色] 발걸음을 좁게 하여 걸음걸이를 따랐다[足踧踖如有循]. 예물을 진상할 때는[享禮] 부드러운 안색이 돌게 하고[有容色], 개인적으로 만나 뵐 때는[私覿] 즐거운 표정을 지었다[愉愉如也].

【담소(談笑)】

집규(執圭) 국궁여야(鞠躬如也) 여불승(如不勝) 상여읍(上如揖) 하여수(下如授) 발여전색(勃如戰色) 족축축여유순(足蹜蹜如有循) 향례(享禮) 유용색(有容色) 사적(私覿) 유유여야(愉愉如也)

▶ 규를[圭] 손에 받들 때는[執] 몸을[躬] 굽히는[鞠] 모습이[如也] 손에 든 규(圭)를 들어올릴 수 없는[不勝] 듯했고[如], 규를 올릴 적에는[上] 두 손 모아 읍하는[揖] 듯했으며[如], 규를 아래로 내릴 적에는[下] 물건을 건네주는[授] 듯했고[如], 긴장하여 얼굴빛이 변함은[勃] 얼굴빛이 전율하는[戰色] 듯했으며[如], 발은[足] 걸음을 좁게 옮겨[蹜蹜] 땅바닥을 끄는[有循] 듯했다[如]. 공식석상에서 예물을 올릴 적에는[享禮] 부드러운 얼굴빛을[容色] 지녔지만[有], 사사로운 자리에서 예물을 올릴 적에는[私覿] 즐겁고 유쾌한[愉愉] 듯했다[如].

집규(執圭)에서 규(圭)는 위는 둥글고 아래는 각이 진 옥(玉)으로 만든 신표(信標)를 말한다. 요새로 치면 대사(大使)가 주재국의 통치자에게 올리는 신임장(信任狀) 같은 것이다. 전색(戰色)은 황공해하는 모습이고, 축축(蹜蹜)은 발걸음을 좁게 해서 걷는 걸음걸이다. 향례(享禮)는 예물(禮物)을 바치는 일을 뜻하고, 용색(容色)은 부드러운 얼굴빛을 말한다. 사적(私覿)은 개인적으로 만나는 일이다. 유유여(愉愉如)는 즐거워하는 모습이다.

공자가 노(魯)나라 제후(諸侯)의 외교관으로 있을 때 예(禮)를 다하는 모습을 묘사하고 있다. 그 당시 외교사절이 취했던 예절(禮節)을 말한다는 설도 있다. 외교사절이 갖추어야 할 예의 형식은 달라져도 그 마음가짐은 옛날이나 지금이나 다를 바 없을 것이다.

잡을 집(執), 홀 규(圭), 구부릴 국(鞠), 몸 궁(躬), 이길 승(勝),

두 손 모을 읍(揖), 바칠 수(授), 갑자기 일어날 발(勃), 두려워할 전(戰), 종종걸음칠 축(踧), 좇을 순(循), 드릴 향(享), 예물 례(禮), 부드러울 용(容), 사사로운 사(私), 만나 뵐 적(覿), 즐거워할 유(愉)

제6장

【문지(聞之)】

군자불이감추식(君子不以紺緅飾)

【원문(原文)】

君子不以紺緅飾하시며 紅紫不以爲褻服하시며 當
군 자 불 이 감 추 식   홍 자 불 이 위 설 복   당
暑하사 袗絺綌을 必表而出之하시다 緇衣羔裘요 素
서   진 치 격   필 표 이 출 지   치 의 고 구   소
衣麑裘요 黃衣狐裘러시다 褻裘長호대 短右袂러시다
의 예 구   황 의 호 구   설 구 장   단 우 몌
必有寢衣하시니 長一身有半이러라 狐貉之厚以居
필 유 침 의   장 일 신 유 반   호 학 지 후 이 거
러시다 去喪無所不佩러시고 非帷裳이어든 必殺之러시
       거 상 무 소 불 패   비 유 상   필 쇄 지
다 羔裘玄冠으로 不以弔러시다 吉月에 必朝服而
   고 구 현 관   불 이 조   길 월   필 조 복 이
朝러시다
조

【해독(解讀)】

　공자께서는 감색 비단이나 검붉은 비단으로 꾸미지 않았고[君子不以紺緅飾], 붉은색이나 자주색으로는 평상복을 짓지 않았다[紅紫不以

爲褻服]. 여름철이면[當暑] 갈포나 굵은 갈포의 홑옷을 입었지만[袗絺綌] 반드시 겉에 다른 옷을 입고 외출했다[必表而出之]. 검정 옷에는 어린 양의 가죽옷을 받쳐 입었고[緇衣羔裘], 흰 옷에는 어린 사슴의 가죽옷을 받쳐 입었으며[素衣麑裘], 누런 옷에는 여우의 가죽옷을 받쳐 입었다[黃衣狐裘]. 평복은 길게 했으나[褻裘長] 오른쪽 소매는 짧게 했다[短右袂]. 반드시 잠옷을 입었으며[必有寢衣] 그 길이는 몸의 한배 반이나 길게 했다[長一身有半]. 앉은자리에는 여우나 오소리의 털가죽을 깔았다[狐貉之厚以居]. 상을 지내는 경우 이외에는 항상 온갖 패물을 찼으며[去喪無所不佩], 예복이나 제복의 통바지가 아니면[非帷裳] 긴 주름 대신 반드시 주름을 잘라 짧게 했다[必殺之]. 어린 양의 가죽옷이나 검은 비단 관을 쓰고[羔裘玄冠] 문상을 가는 일이 없었고[不以弔], 매달 초하루에는[吉月] 반드시 조복을 입고 조회에 나갔다[必朝服而朝].

【담소(談笑)】

군자불이감추식(君子不以紺緅飾) 홍자불이위설복(紅紫不以爲褻服) 당서진치격(當暑袗絺綌) 필표이출지(必表而出之) 치의고구(緇衣羔裘) 소의예구(素衣麑裘) 황의호구(黃衣狐裘) 설구장(褻裘長) 단우메(短右袂) 필유침의(必有寢衣) 장일신유반(長一身有半) 호학지후이거(狐貉之厚以居) 거상무소불패(去喪無所不佩) 비유상필쇄지(非帷裳必殺之) 고구현관불이조(羔裘玄冠不以弔) 길월필조복이조(吉月必朝服而朝)

▶ 공자께서는[君子] 감색이나[紺] 아청색을[緅] 써서[以] 깃을 달지 않았으며[不飾], 붉은색이나[紅] 자주색을[紫] 써[以] 평상복을[褻服] 지어 입지 않았다[不爲]. 여름에는[當暑] 가는 갈포나[絺] 굵은 갈포의[綌] 홑옷을 입었다[袗]. 반드시[必] 홑옷이 보이지 않게 웃옷을 입고[表] 집을 나섰다[出之]. 검정색[緇] 옷에는[衣]

검은 새끼양(羊)의 모피(毛皮)옷을 덧입었고[羔裘], 흰색[素] 옷에는[衣] 새끼사슴의[麑] 모피옷을 덧입었으며[裘], 황색[黃] 옷에는[衣] 여우의[狐] 모피옷을 덧입었다[裘]. 집에서 늘 입는[褻] 모피옷은[裘] 기장이 길었고[長], 오른쪽[右] 소매는[袂] (일하기 편하게 왼쪽 것에 비해) 짧았고[短] 반드시[必] 자리옷을[寢衣] 입었는데[有] 기장은[長] 신장보다[一身] 반이나[半] 더 길었다[有]. 여우나[狐] 담비의[貉] 두터운 가죽을[厚] 써서[以] 자리에 깔았다[居]. 복상(服喪)을[喪] 거치면[去] 패물을 차지 못할[不佩] 바[所] 없었고[無] (갖은 패물을 모두 착용했다.) 예복(禮服)이나 제복(祭服)이[帷裳] 아니면[非] 반드시[必] 그 복장(服裝)을[之] 잘라내 거추장스럽지 않게 했다[殺]. 검은 새끼양의[羔] 모피옷을 입고[裘] 검은[玄] 비단 관을[冠] 쓰고[以] 문상(問喪)하지 않았으며[不弔], 달마다[月] 초하루에는[吉] 반드시[必] 정장을 하고[朝服] 조회(朝會)에 나갔다[朝].

설복(褻服)은 평상복을 말한다. 진(袗)은 홑옷, 치의(緇衣)는 검은색 옷이다. 필표이출지(必表而出之)는 이런저런 설(說)들이 많은 구절이지만, 반드시 갈포 옷에 다른 옷을 걸쳐 입고 외출했다는 뜻으로 해석하는 게 문맥에 맞다고 본다.

고구(羔裘)는 어린 양의 가죽으로 지은 가벼운 옷이고, 소의(素衣)는 흰 옷이다. 예구(麑裘)는 새끼 사슴의 가죽으로 만든 옷이고, 호구(狐裘)는 여우가죽으로 만든 옷을 말한다. 설구(褻裘)는 평복(平服)이다. 장일신유반(長一身有半)은 키의 1.5배 되는 길이라는 뜻이다. 키의[一身] 길이에[長] 반이 더 있다[有半]. 호학지후이거(狐貉之厚以居)는 거이호학지후(居以狐貉之厚)를 도치한 형태인데, 거(居)는 좌(坐)와 같이 앉는 자리라고 해석한다. 호학지후이(狐貉之厚以)는 이호학지후(以狐貉之厚)로 바꿔서 새겨보면 문의(文意)가 쉽게 드러난다. 여기서 이(以)는 용(用)과 같다. ~을 이용하다[以]. 후(厚)는 털이 나 있는 가죽을 말한다. 거상(去喪)의 거(去)는 제(除)와 같다. 상(喪)을 나다[去喪]. 유상(帷裳)은 주름 잡은 치마나 바지를 말한다. 쇄지(殺之)의 쇄(殺)는 천을 잘라내 좁게 한다는 뜻이다. 현관(玄冠)은 검은 비단 모자이다. 원래 흉사(凶事)에는 흰 색을 쓰고, 길사(吉事)에는 검정색을 썼다. 길월(吉月)은 월삭(月朔), 즉 초하루를 말한다. 조복이조(朝服而朝)의 조복(朝服)은 조정(朝廷)에서 입는 정복이고, 조(朝)는 조회(朝會)에 참석한다는 뜻으로 동사 노릇을 한다.

공자가 예로써 차려 입었던 의복에 대해 설명하고 있다. 이것을 보면 공자가 사치스럽게 살았다고 볼 수도 있다. 그러나 당시에는 가죽옷이 일상화돼 있었다. 오히려 비단옷이 값이 더 나갔다. 그러니 사치스럽다고 할 것 없이 공자가 예(禮)에 따라 옷을 갖추어 입었다고 받아들이면 된다. 옷은 예에 따라 갖추어 입는 것이 좋다. 오늘날 젊은이들이 멀쩡한 새 청바지를 찢어서 구멍을 내 입고 다니는데 이런 짓은 결례(缺禮)임이 틀림없다. 결례를 자랑으로 삼는 것은 오기일 뿐이다.

> 감색 감(紺), 검붉을 추(緅), 꾸밀 식(飾), 붉을 홍(紅), 자줏빛 자(紫),
> 평상복 설(褻), 옷 복(服), 마땅 당(當), 더울 서(暑), 홑옷 진(袗),
> 가는 갈포 치(絺), 굵은 갈포 격(綌), 검은색 치(緇), 새끼양 고(羔),
> 가죽옷 구(裘), 흰 소(素), 사슴새끼 예(麑), 여우 호(狐), 짧을 단(短),
> 옷소매 몌(袂), 잠자리 침(寢), 담비 학(貉), 앉을 자리 거(居),
> 벗어날 거(去), 상 입을 상(喪), 패물 패(佩), 휘장 유(帷), 치마 상(裳),
> 천을 잘라낼 쇄(殺), 검을 현(玄), 모자 관(冠), 문상할 조(弔),
> 초하룻날 길(吉), 조회에 나갈 조(朝)

제7장

【문지(聞之)】
제필유명의(齊必有明衣)

【원문(原文)】

齊必有明衣러시니 布러라 齊必變食하시며 居必遷
재필유명의   포   재필변식   거필천
坐러시다
좌

【해독(解讀)】
　재계할 때는 반드시 깨끗한 옷을 입었고[齊必有明衣] 그 옷감은 삼베였다[布]. 재계할 때의 식사는 반드시 평소와 달리했고[齊必變食], 자리도 반드시 옮겨 앉았다[居必遷座].

【담소(談笑)】
　재필유명의포(齊必有明衣布) 재필변식(齊必變食) 거필천좌(居必遷座)
▶ 재계할 때는[齊] 깨끗한[明] 옷을[衣] 반드시[必] 입고[有], 재계할 때는[齊] 식사를[食] 반드시[必] 달리했으며[變], 거처도[居] 자리를[坐] 반드시[必] 옮겼다[遷].
　재(齊)는 재(齋)와 같다. 여기서는 재계(齋戒), 즉 제사를 올릴 때 삼가 지킨다[齊, 齋戒]는 뜻이다. 명의(明衣)는 헌 옷일지라도 빨아서 깨끗하게 마련한 옷을 말한다. 옷을 이렇듯이 했으니 목욕재계(沐浴齋戒)는 말할 것도 없다. 산재(散齋)라 하여 7일간, 그리고 치재(致齋)라 하여 엄격하게 3일간, 모두 합해 10일 동안 제사를 모시기 위

하여 주변을 청결(淸潔)히 하고 몸가짐을 조심하면서 조상을 모시라 함이 곧 재계(齋戒)이다. 이런 재계는 이제 행하는 사람이 없고, 심지어 제사상도 주문해서 유원지의 콘도 같은 데서 제사를 올리는 세상이 되었다. 이제는 어찌할 수 없을 정도로 재계의 예(禮)를 버린 지 오래이다.

재계 재(齋), 반드시 필(必), 깨끗할 명(明), 삼베 포(布), 다를 변(變), 먹을 식(食), 자리 거(居), 옮길 천(遷), 앉을 자리 좌(坐)

제8장

【문지(聞之)】

사불염정(食不厭精) 회불염세(膾不厭細)

【원문(原文)】

食不厭精하시며 膾不厭細러시다 食饐而餲아 魚餒
사불염정　　　　　회불염세　　　　　사의이애　　어뇌
而肉敗를 不食하시며 色惡不食하시며 臭惡不食하시며
이육패　불식　　　색악불식　　　　취악불식
失飪不食하시며 不時不食이러시다 割不正不食하시며
실임불식　　　불시불식　　　　　할부정불식
不得其醬不食이러시다 肉雖多나 不使勝食氣하시며
부득기장불식　　　　　육수다　불사승사기
唯酒無量하사대 不及亂이러시다 沽酒와 市脯를 不
유주무량　　　　불급란　　　　고주　　시포　　불
食하시며 不撤薑食하시며 不多食이러시다 祭於公에
식　　　불철강식　　　　부다식　　　　　제어공

> 不宿肉하시며 祭肉은 不出三日하시더니 出三日이면
> 불숙육　　　　제육　불출삼일　　　　출삼일
> 不食之矣니라 食不語하시며 寢不言이러시다 雖疏食에
> 불식지의　　식불어　　　침불언　　　　수소사
> 菜羹瓜이라도 祭하사대 必齊如也러시다
> 채갱과　　　제　　필제여야

【해독(解讀)】

　밥은 매 찧은 흰 쌀밥을 싫어하지 않았고[食不厭精], 회거리는 잘 저민 것을 싫어하지 않았다[膾不厭細]. 밥이 쉬거나 냄새가 나거나[食饐而餲] 생선이 썩어 냄새가 나거나 고기가 뭉그러지면[魚餒而肉敗] 먹지 않았다[不食]. 빛깔이 나빠도 먹지 않았고[色惡不食], 냄새가 나빠도 먹지 않았으며[臭惡不食], 알맞게 익지 않아도 먹지 않았다[失飪不食]. 먹을 때가 아니면 먹지 않았다[不時不食]. 바르게 잘라지지 않았으면 먹지 않았고[割不正不食], 간이 맞지 않아도 먹지 않았다[不得其醬不食]. 고기가 많아도[肉雖多] 밥보다 더 먹지 않았고[不使勝食氣], 오직 주량은 정하지 않았지만[唯酒無量] 주정을 부리는 일이라곤 없었다[不及亂]. 파는 술이나 육포는 먹지 않았고[沽酒市脯不食], 생강은 마다 않고 먹었지만[不撤薑食] 많이 들지는 않았다[不多食]. 나라의 제사를 도와주고[祭於公] 받아 온 고기는 밤을 넘기지 않았고[不宿肉], 집 제사에 썼던 고기는 사흘을 넘기지 않았으며[祭肉不出三日] 사흘이 넘으면 먹지 않았다[出三日不食之矣]. 식사 중에는 말하지 않았고[食不語], 잠자리에 들면 말하지 않았다[寢不言]. 조촐한 밥과 야채로 끓인 국, 오이일지라도[雖疏食菜羹瓜] 고수레하고[祭] 반드시 엄숙히 했다[必齊如也].

【담소(談笑)】

　　사불염정(食不厭精) 회불염세(膾不厭細) 사의이애(食饐而餲) 어뇌이육패불식(魚餒而肉敗不食) 색악불식(色惡不食) 취악불식(臭惡不食) 실임불식(失飪不食) 불시불식(不時不食) 할부정불식(割不正不食) 부득기장불식(不得其醬不食) 육수다불사승사기(肉雖多不使勝食氣) 유주무량불급란(唯酒無量不及亂) 고주시포불식(沽酒市脯不食) 불철강식부다식(不撤薑食不多食) 제어공불숙육(祭於公不宿肉) 제육불출삼일(祭肉不出三日) 출삼일불식지의(出三日不食之矣) 식불어침불언(食不語寢不言) 수소사채갱과(雖疏食菜羹瓜) 제(祭) 필제여야(必齊如也)

▶ 밥은[食] 매 찧은 흰쌀밥을[精] 싫어하지 않았고[不厭], 회는[膾] 잘게 저민 횟감을[細] 싫어하지 않았다[不厭]. 밥이[食] 쉬어서 쉰내가 나[饐] 밥맛이 변하거나[餲] 횟감이[魚] 상해 냄새가 나고 뭉그러져[餒] 생선살이[肉] 썩었으면[敗] 들지 않았다[不食]. 빛깔이[色] 나빠도[惡]먹지 않았고[不食] 냄새가[臭] 나빠도[惡] 먹지 않았다[不食]. 제대로 잘 익지[飪] 않은 것은[失] 먹지 않았고[不食] 철에 맞지 않는 것이면[不時] 들지 않았다[不食]. 바르지 않게[不正] 잘렸으면[割] 들지 않았고[不食] 먹거리의[其] 장맛이[醬] 맞지 않으면[不得] 먹지 않았다[不食]. 고기가[肉] 비록[雖] 많아도[多] 밥의 양보다[食氣] 더 많이 먹지 않았고[不使勝], 술이라면[唯酒] 양을 정하진 않았지만[無量] 술로 흐트러짐에[亂] 이르지는 않았다[不及]. 장터에서 파는 술이나[沽酒] 장터에서 파는 육포는[市脯] 먹지 않았다[不食]. 생강은[薑] 먹기를[食] 마다하지 않았지만[不撤] 많이[多] 먹지는 않았다[不食]. 나라의 제사를 도와주고[祭於公] 제물로 쓴 다음 선물로 받아온 고기는[肉] 그날 밤을 넘기지 않았지만[不宿], 집안 제사에 썼던 고기는[祭肉] 사흘을[三日] 넘기지 않았고[不出], 사흘을[三日] 넘

기면[出] 그것을[之] 먹지 않았다[不食]. 밥을 먹으면서[食] 말하지 않았고[不語], 잠자리에 누우면[寢] 말하지 않았다[不言]. 비록[雖] 간소한[疏] 밥[食], 야채국[菜羹], 오이라도[瓜] 먼저 고수레를 하고[祭] 반드시[必] 단정한[齊] 모습이었다[如].

사(食)는 밥 사(食)와 먹여줄 사(食), 그리고 먹을 식(食)으로 뜻에 따라 발음이 다르므로 주의해야 한다. 사의(食饐)와 사애(食餲)는 다쉰 밥을 말한다. 사기(食氣)는 주식(主食)을 뜻한다. 불사승사기(不使勝食氣)는 사(使) 뒤에 육(肉)을 덧붙여서 새기면 된다. 고기가[肉] 주식을[食氣] 이기지[勝] 못하게 한다[不使] 함은 고기보다 밥을 더 많이 먹는다는 뜻이다. 어뇌(魚餒)는 썩은 물고기, 육패(肉敗)는 썩은 고기를 말한다. 수소사채갱과(雖疏食菜羹瓜) 제(祭)에서 제(祭)는 고수레를 올린다[祀告]는 뜻이다. 신에게 알리다[祀告]. 필제여(必齊如)의 제(齊)는 여기서 엄숙할 숙(肅)과 가지런할 등(等)과 같다. 엄숙하고 단정한[齊] 모습[如]이라고 여기고 새기면 된다.

공자의 식성(食性)과 음식(飮食), 그리고 식사(食事)의 예(禮)에 대해 설명하고 있다. 공자를 까다롭다 여길지 모르겠다. 그러나 공자의 모습을 통해 위생(衛生)을 생각하고, 식사와 제례(祭禮)가 밀접함을 알 수 있다. 특히 노자의 사천(食天)을 떠올리게 한다. 밥을 먹여주는[食] 하늘[天]이란 생각과 먹거리를 주어 고마움을 표시하는 고수레[祭]는 서로 통하기 때문이다. 이렇듯 식사의 예는 궁극적으로는 사천(事天)과 통한다. 온갖 먹거리를 베풀어주는 하늘을[天] 받들어라[事]. 그래서 예(禮)와 악(樂)은 하늘에서 비롯된다고 보았다[禮樂出於天].

밥(먹거리) 사(食), 싫어할 염(厭), 잘 찧을 정(精), 생선회 회(膾), 가늘 세(細), 물고기 어(魚), 쉴 의(饐), 맛이 변할 애(餲), 생선 뭉그러질 뇌(餒), 못 쓰게 될 패(敗), 먹을 식(食), 냄새 취(臭), 잃을 실(失), 익힐 임(飪), 자를 할(割), 간장 장(醬), 넘을 승(勝), 오직 유(唯), 술 주(酒), 미칠 급(及), 혼란할 란(亂), 팔 고(沽),

저며 말린 고기 포(脯), 거들 철(撤), 생강 강(薑), 하룻밤 묵을 숙(宿), 넘을 출(出), 잠자리 침(寢), 비록 수(雖), 소박할 소(疏), 채소 채(菜), 국 갱(羹), 오이 과(瓜), 사고(祀告)할 제(祭), 고수레 제(祭)

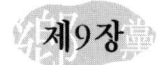

제9장

【문지(聞之)】
부좌(不坐)

【원문(原文)】

席不正이어든 不坐러시다
석 부 정   부 좌

【해독(解讀)】
자리가 단정하지 않으면[席不正] 앉지 않았다[不坐].

【담소(談笑)】
석부정(席不正) 부좌(不坐)
▶ 자리가[席] 바르지 않으면[不正] 앉지 않았다[不坐].
  부정(不正)이란 표현을 넓고 깊게 새겨야 한다. 부정(不正)의 정(正)은 정직(正直)의 준말로 새겨도 되고 평정(平正)의 준말로 여겨도 되며, 또한 정정(正定)의 준말로 보아도 되고 상정(常正)의 준말로 보아도 된다. 석(席)은 참석(參席)이란 낱말을 떠올리면 된다. 공자 홀로 계시는 자리가 아니라 여러 사람과 더불어 계시는 자리라고 이해하면 부정(不正)의 속뜻을 헤아릴 수 있을 것이다.

바른 일을 하자고 모이는 자리가 아니면 합석(合席)하지 않았다는 말로 새겨들으면 된다. 벗 따라 강남 간다고 할 때 그 벗이란 자가 부정(不正)하면 결코 동석(同席)해서는 안 될 것이다. 하물며 공자가 부정한 자리[席]에 앉을[坐] 리 있겠는가. 성인은 항상 공명(公明)하고 정대(正大)하다. 크고 밝고 맑고 떳떳하다 함이 공명정대(公明正大)가 아닌가. 오로지 소인(小人)들이 부정한 자리에 숨어서 부정한 일을 수군거릴 뿐이다.

자리 석(席), 바를 정(正), 앉을 좌(坐)

제10장

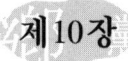

【문지(聞之)】
향인음주(鄕人飮酒) · 향인나(鄕人儺)

【원문(原文)】

鄕人飮酒에 杖者出이어든 斯出矣러시다 鄕人儺에
 향 인 음 주   장 자 출   사 출 의   향 인 나
朝服而立於阼階러시다
 조 복 이 립 어 조 계

【해독(解讀)】
마을 사람들과 술을 마실 때는[鄕人飮酒] 지팡이를 짚은 노인들이 먼저 나간 뒤에야[杖者出] 당신께서도 나갔다[斯出矣]. 마을 사람들이 악귀를 쫓는 예식을 할 때는[鄕人儺] 조복을 입고 사당의 동쪽 계단에 섰다[朝服而立於阼階].

【담소(談笑)】
향인음주(鄉人飮酒) 장자출(杖者出) 사출의(斯出矣)
▶ 고향 사람들과[鄉人] 술을[酒] 마실 때면[飮] 지팡이를 짚은[杖] 노인들이[者] 나가야[出] 공자께서도[斯] 나갔다[出].

  향인(鄉人)의 향(鄉)은 향리(鄉里)로 이해하면 된다. 행정구역을 뜻하는 향당(鄉黨)의 향(鄉)이 아니라 그냥 고향 마을을 뜻한다. 고향의 한마을 사람들[鄉人]. 장자(杖者)는 노인을 뜻한다. 사출(斯出)의 사(斯)는 바로 공자 당신을 가리킨다.

  공자가 장유유서(長幼有序)를 어길 리 없다. 나이가 아래인 사람이 나이가 더 많은 사람을 모시는 것이야말로 예(禮)의 시작이니 말이다. 인생(人生)을 소중히 하라. 이것이 예의 바람이다. 그것을 지켜나가자면 오랜 인생을 거울로 삼아라 함이 장유유서(長幼有序)이다. 늙음은 젊음의 앞이다. 그 앞을 삼가 조심하라. 그러니 노인을 보살피고 앞세우라 한다.

고향 향(鄉), 마실 음(飮), 술 주(酒), 지팡이 장(杖), 이 사(斯)

향인나(鄉人儺) 조복이립어조계(朝服而立於阼階)
▶ 고향 마을 사람들이[鄉人] 역귀를 쫓는 예식을 치를 때면[儺] 예복 차림으로[朝服] 동편의 층계에[於阼階] 서 있었다[효].

  향인나(鄉人儺)의 나(儺)는 나례(儺禮)의 준말로 보면 된다. 연말에 역귀(疫鬼)를 쫓는 마을 행사가 나례이다. 여기서 조복(朝服)은 예복(禮服)을 말한다. 조계(阼階)는 제당(祭堂)의 동편에 나 있는 층계를 말한다.

  나례를 베푸는 자리에 공자가 동편 층계에 섰다는 것이다. 여기에서 묵은 해를 잘 보내고 새해를 잘 맞이하기 바라는 공자의 소망이 느껴진다. 송구영신(送舊迎新)의 바람이 바로 나례의 소망일 터이니 말이다. 성인은 아주 평범하면서도 인생을 소중히 하라 하고 사람을 사랑하라 한다. 마을 행사에서도 엄숙하게 임하는 공자를 보라. 삼갈 줄 모르는 우리가 부끄럽다.

역귀쫓을 나(儺), 조회 조(朝), 옷 복(服), 설 립(立), 동편층계 조(阼), 계단 계(階)

제11장

【문지(聞之)】
문인어타방(問人於他邦)

【원문(原文)】

問人於他邦하실새 再拜而送之러시다 康子饋藥이어
문 인 어 타 방   재배이송지   강자궤약
늘 拜而受之曰 丘未達이라 不敢嘗이라 하시다
  배 이 수 지 왈 구 미 달   불 감 상

【해독(解讀)】
다른 나라에 있는 분에게 문안을 드리고자 사람을 대신 보낼 때는[問人於他邦] 대신 갈 사람에게 두 번 절하고 전송했다[再拜而送之]. 계강자가 약을 보내오자[康子饋藥] 공자는 엎드려 절하고 그것을 받고서 말했다[拜而受之曰]. "나는 이 약을 잘 모르니[丘未達] 감히 먹을 수가 없구나[不敢嘗]."

【담소(談笑)】

문인어타방(問人於他邦) 재배이송지(再拜而送之)

▶ 외국에 사는[於他邦] 분에게 문안을 드리고자 남을 보낼 때는[問人] 대신 가는 이에게 두 번 절하고 나서[再拜] 그를[之] 보냈다[送].

문인(問人)에서 인(人)은 지인(知人)이나 친지(親知)를 뜻하고, 문(問)은 문안(問安)의 준말로 보면 된다. 다시 말해 문인(問人)은 직접 갈 수 없어서 다른 사람을 보내 친지에게 문안을 드린다는 뜻이다. 그럴 때면 공자께서 대신 보내는 사람에게 두 번 절했다고 했는데, 이는 멀리 있는 친지에게 절을 올리는 예(禮)인 셈이다. 물론 예물(禮物)도 함께 보낸다. 그런 다음 그 사람을 보냈다 한다. 이로써 공자가 문안을 전하러 가는 사람을 통하여 문인(問人)의 예를 갖추었음을 알 수 있다. 물론 요새의 문인(問人)은 전화 한 통화면 다 끝난다. 바쁜 세상이라 그러려니 하지만 예는 어디까지나 정중해야 한다.

문안 문(問), 다를 타(他), 나라 방(邦), 다시 재(再), 절 배(拜), 보낼 송(送)

강자궤약(康子饋藥) 배이수지왈(拜而受之曰) 구미달(丘未達) 불감상(不敢嘗)

▶ 강자가[康子] 약을[藥] 보내오자[饋] 절을 올리고 나서[拜] 그 약을[之] 받고[受] 말했다[曰]. "나는[丘] 그 약을 잘 모르니[未達] 감히 먹어볼 수가 없다[不敢嘗]."

강자(康子)는 노(魯)나라의 세도가였던 계강자(季康子)를 말한다. 「위정(爲政)」편 20장을 보면 계강자의 사람됨을 잘 알 수 있다. "자왈(子曰) 임지이장즉경(臨之以莊則敬) 효자즉충(孝慈則忠) 거선이교불능즉권(擧善而敎不能則勸)." 계강자가 어떻게 하면 백성들이 자기를 존경하게 하고, 충성스럽게 하며, 부지런하게 할 수 있느냐고 공자에게 물었을 때 공자가 대답한 내용이다. 이런 것을 묻다니 계강자가 얼마나 못된 인간이었는지 충분히 짐작할 수 있다. 여기서 임지(臨之)의 지(之)는 앞에 나온 백성을 받는 대명사이다. 백성 앞에 임할 때[臨之] 정중하게 하면[以莊] 곧[則] 백성이 당신을 존경할 것이고[敬], 효도하고[孝] 자애로우면[慈] 곧[則] 당신에게 충성할 것이며[忠], 착한 사람을[善] 등용하고[擧] 능력이 부족한 사람을[不能] 가르치면[敎] 곧[則] 백성은 당신을 위하여 부지런해질 것이오[勸].

공자가 왜 이렇게 말했을까? 계강자는 백성 앞에 오만했고, 불효(不孝)와 무자비(無慈悲)를 일삼았으며, 소인배를 앞세워 백성을 짓밟는 자였다. 그런 사람이 공자께 약(藥)을 보냈다 하니, 예(禮)를 갖추어 받기는 받되 약을 보낸 심사(心事)를 알 길이 없으니 먹을 수 없다고 공손히 말한 것이다. 마땅치 않은 자가 보낸 것이라 한들 먼저 예를 갖추어 받은 다음 당신의 뜻대로 하는 공자의 행동을 살펴보라. 성인은 스스로 삼가 산다. 소인이 건방떨며 으시댈 뿐이다.

보낼 궤(饋), 약물 약(藥), 엎드려 절할 배(拜), 받을 수(受),
통달할 달(達), 맛볼 상(嘗)

제12장

【문지(聞之)】
상인호(傷人乎)

【원문(原文)】

廐焚어늘 子退朝하사 曰 傷人乎아 하시고 不問馬하시다
구분   자퇴조   왈 상인호   불문마

【해독(解讀)】

마구간이[廐] 불이 나 탔는데[焚] 공자께서[子] 퇴청해서[退朝] 물었다[曰]. "사람이[人] 다쳤느냐[傷]?" 그러나 말에 대해서는[馬] 묻지 않았다[不問].

【담소(談笑)】

구분(廐焚) 자퇴조(子退朝) 왈(曰) 상인호(傷人乎) 불문마(不問馬)

▶ 마구간이[廐] 불이 나 타버렸다[焚]. 공자께서[子] 조정에서[朝] 집으로 돌아와[退] 마구간이 타버린 것을 알고 물었다[曰]. "사람이[人] 다쳤는가[傷]?" 그러나 말에 대해서는[馬] 묻지 않았다[不問].

공자가 퇴청(退廳)해서 마구간에 화재가 난 것을 알고 혹시라도 사람이 다치지 않았는지 물었다고 한다. 그러나 마구간에 있던 말은 어찌 되었는지 묻지 않았다 한다. 공자는 사람만 중하게 여기고 말 같은 가축이나 짐승은 대수롭지 않게 여긴 게 아니냐고 반문할 수도 있으리라. 노자는 귀천(貴賤)을 부정하는 성인이지만, 공자는 귀천을 긍정하는 성인이다. 그렇다고 귀한 것이 천한 것을 무시하거나 짓밟아도 된다는 말은 아니다. 사람과 말 중에서 말보다 사람이 더 소중함을 인정하자는 것뿐이다. 분명 공자는 사람이 상하지 않았는지를 알아본 다음에 마구간의 말은 어떠한지 물었을 터이다. 그러니 사람이 화상(火傷)을 당하면 안 되고 말은 불에 타 죽어도 괜찮다는 것은 아니다. 마구간에 불이나 말이 상했을지라도 사람이 상하면 안 된다고 여긴 공자의 심정을 두고 말꼬리를 달아 시비할 것은 없으리라. 사람의 일에는 경중(輕重)이 있는 법, 먼저 중한 것부터 알아보는 것이 도리에 맞다. 이 또한 예(禮)로써 사물(事物)을 바라보는 것이다.

마구간 구(廐), 불이나 탈 분(焚), 물러갈 퇴(退), 다칠 상(傷), 물어볼 문(問)

제13장

【문지(聞之)】
군사식(君賜食) · 군사성(君賜腥) · 군사생(君賜生)

【원문(原文)】

君賜食이시어든 必正席先嘗之하시고 君賜腥이시어든
군 사 식   필 정 석 선 상 지   군 사 성
必熟而薦之하시고 君賜生이시어든 必畜之러시다 待
필 숙 이 천 지   군 사 생   필 축 지   대
食於君에 君祭시어든 先飯이러시다 疾에 君視之시어든
식 어 군   군 제   선 반   질   군 시 지
東首加朝服拖紳이러시다 君命召시어든 不俟駕行
동 수 가 조 복 타 신   군 명 소   불 사 가 행
矣러시다
의

【해독(解讀)】
임금이 음식을 하사하면[君賜食] 반드시 자리를 단정히 고치시고

먼저 그 맛을 보았고[必正席先嘗之], 임금이 생고기를 하사하면[君賜腥] 반드시 익혀서 선조의 제상에 올렸으며[必熟而薦之], 임금이 산 짐승을 하사하면[君賜生] 반드시 그 짐승을 길렀다[必畜之]. 임금을 모시고 식사할 때는[待食於君] 임금이 고수레를 한 다음에야[君祭] 먼저 맛을 보았다[先飯].

앓아 누웠을 때[疾] 임금이 문병을 오면[君視之] 머리를 동쪽으로 두고 조복을 덮고 큰 띠를 위에 놓고 맞이했다[東首加朝服拖紳]. 임금이 부르면[君命召] 수레가 마련되기를 기다리지 않고 떠났다[不俟駕行矣].

【담소(談笑)】
　군사식(君賜食) 필정석선상지(必正席先嘗之) 군사성(君賜腥) 필숙이천지(必熟而薦之) 군사생(君賜生) 필축지(必畜之)
▶ 임금이[君] 음식을[食] 내리면[賜] 반드시[必] 자리를[席] 단정히 하고 [正] 먼저[先] 공자 당신이 그 음식을[之] 맛보았고[嘗], 임금이[君] 날고기를[腥] 내리면[賜] 반드시[必] 익혀[熟] 그것을[之] 선조의 제상에 제물로 올렸으며[薦], 임금이[君] 산 짐승을[生] 내리면[賜] 그것을[之] 잘 키웠다[畜].

　사(賜)는 사송(賜送)의 준말로 여기고 새기면 된다. 임금이 신하에게 물건을 내려 보낸다[賜]. 천(薦)은 천신(薦新)이란 낱말을 떠올리면 이해하는 데 도움이 된다. 새 곡식을[新] 제물로 신(神)에게 바친다[薦]. 즉 여기서 천(薦)은 선조의 제상에 제물을 올린다는 뜻으로 이해하면 된다. 축(畜)은 원래 기를 휵(畜)으로 읽었다. 여기서는 축양(畜養)의 준말로 여기고 새기면 된다. 잘 사육한다[畜]. 공자 당시에는 임금이 내린 산 짐승은 잘 길렀다가 제물로 썼다 한다. 그러니 여기서 축지(畜之)의 뜻을 그렇게 보아도 된다.

　공자가 임금을 얼마나 정성스럽게 모셨는지를 밝히고 있다. 충신(忠

信)이 예(禮)의 골격이다. 정성을 다하는 마음이 곧 충(忠)이다. 이런 충(忠)을 떠난 예는 이해(利害)를 따라 굽실거리는 아부에 불과하다.

임금 군(君), 줄 사(賜), 자리 석(席), 맛볼 상(嘗), 생고기 성(腥), 익힐 숙(熟), 바칠 천(薦), 기를 축(畜)

대식어군(待食於君) 군제(君祭) 선반(先飯)
▶ 임금께[於君] 식사를[食] 모실 때는[待] 임금이[君] 고수레를 하고 나면[祭] 공자께서 먼저[先] 임금을 위해 음식을 먹어보았다[飯].

대(待)는 우(遇)와 같다. 대접하다[待]. 여기서 제(祭)는 음식을 들기 전에 천지(天地, 鬼神)에 고마움을 알리는 고수레를 뜻한다. 선반(先飯)은 음식을 먹어도 되는지 먼저 알아본다는 뜻이다. 임금을 모시고 함께 식사하는 예(禮)를 알려주고 있다. 이 또한 충(忠)이다.

모실 대(待), 고수레할 제(祭), 먼저 선(先), 먹을 반(飯)

질(疾) 군시지(君視之) 동수가조복타신(東首加朝服拖紳)
▶ 공자께서 앓아누웠을 때[疾] 임금께서[君] 당신의 병을[之] 살피러 오면[視] 머리를[首] 동쪽으로 하고[東] 조복을[朝服] 덮고[加] 큰 띠를[紳] 조복 위에 올려놓았다[拖].

질(疾)은 앓아눕는다는 뜻이다. 임금 앞에서 누워 있으면 비례(非禮)이다. 그 비례(非禮)를 어떻게 예(禮)로써 대신하는가를 공자가 보여주고 있다. 하기야 이러한 경우는 거의 없을 터이다. 신하를 문병하기 위해 나들이할 임금은 거의 없을 테니 말이다. 하여튼 병을 얻어 몸져 누워 있으면서도 공자는 예를 떠나지 않았다. 공자의 행동이 연거(燕居)가 무슨 뜻인지 헤아리게 해준다. 몸 편히 사는 게 연거가 아니라 예로써 사는 게 연거임을 새삼 살펴보게 한다. 연거는 안거(安居)이다. 편히 산다[燕居]. 그러니 연거를 예로써 산다는 말로 이해해도 무방함을 이 고사(故事)를 통해 깨달을 수 있다.

> 병들 질(疾), 볼 시(視), 머리 수(首), 더할 가(加), 끌 타(拖), 큰 띠 신(紳)

군명소(君命召) 불사가행의(不俟駕行矣)
▶ 임금이[君] 오라고[召] 명하면[命] 수레를[駕] 기다리지 않고[不俟] 임금께 갔다[行].

임금의 명(命)을 받는 예(禮)를 설명하고 있다. 지체 없이 임금의 명을 받드는 것이 신하의 예임을 밝히고 있다. 공자는 노(魯)나라의 사구(司寇)를 맡았다고 한다. 사구는 하대부(下大夫)의 직위로 지금으로 말하면 검찰총장에 해당되는 관직이다. 임금의 명을 신속하게 받는 것이 결국 백성을 위한 것임을 공자가 몰랐을 리 없다.

여기 13장은 임금과 신하 사이의 예가 어떻게 지켜져야 하는지 공자의 사례(事例)를 통해 구체적으로 알려주고 있다. 물론 오늘날에는 이러한 군신(君臣)의 예를 제대로 지켜야 할 이유 자체가 사라지고 없다. 국민 위에 군림하는 임금이 없어졌기 때문이다. 그러니 지금은 공자가 임금에게 보였던 예를 백성에게로 돌리면 되지 않을까 한다. 공복(公僕)이란 말은 있지만, 여전히 관존민비(官尊民卑)의 독초가 뿌리째 뽑히지 않고 있으니 어느 날에나 백성이 임금 대접을 받을까? 본래 공자는 백성을 본으로 삼았다. 그런 본을 대동(大同)이라 하지 않는가. 그래서 공자는 백성을 위해 임금을 섬겼다. 그러니 13장을 두고 공자가 아부하고 있다고 여기지 말라. 공자 같은 성인은 백성한테 아부할망정 임금한테는 아부하지 않는다.

> 명령할 명(命), 부를 소(召), 기다릴 사(俟), 수레 가(駕), 갈 행(行)

제14장

【문지(聞之)】
입태묘(入太廟)

【원문(原文)】

入太廟하사 每事問이러시다
입 태 묘   매 사 문

【해독(解讀)】
대묘에[太廟] 들어서는[入] 일일이[每事] 물어서 했다[問].

【담소(談笑)】
입태묘(入太廟) 매사문(每事問)
▶ 대묘에[太廟] 들어 제사를 올릴 때는[入] 일일이[每] 일거리를[事] 물어본 다음 했다[問].

「팔일(八佾)」편 15장을 살펴보게 하는 장(章)이다. 그 내용은 이러하다. "공자께서 대묘에 들어가[子入大廟] 일일이 물었다[每事問]. 어떤 사람이 이를 두고 말했다[或曰]. '누가 추인의 아들을 일러[孰謂鄹人之子] 예를 안다고 말했는가[知禮乎]? 대묘에 들어가더니[入大廟] 일일이 묻기만 하더라[每事問].' 공자께서 이를 전해듣고 말했다[子聞之曰]. '그렇게 하는 것이 예이다[是禮也].'"

여기서 대묘(大廟)는 노나라 주공단(周公旦)을 모신 사당(祠堂)을 말하는데 이 장의 태묘(太廟)에서 태(太)가 대(大)와 같다.

사당에서 제사를 올릴 때 안다고 척척 능숙하게 해버리다가는 비례(非禮)를 범하기 쉽다는 말씀이다. 아는 일도 물어서 황공하게 받들어 하라. 제례(祭禮)를 들어 듣는 우리로 하여금 사는 일마다 삼가게 한다. 아마도 공자는 대묘에서 제사를 올리는 경우에는 일일이 주례(周禮)를 고증(考證)하면서 예(禮)를 따랐던 모양이다. 하기야 아는 길도 물어서 가라 하지 않는가. 어디 공자가 제례를 몰라서 물었겠는가. 한 치의 실수도 있어선 안 된다는 성의(誠意) 때문이 아니었겠는가. 매사를 예에 따라 조심히 살라. 하물며 제사가 조상에게 아첨하는 짓[口給]이 되어서는 안 된다.

그래서 공자는 『예기(禮記)』 「중니연거(仲尼燕居)」에서 이렇게 말했다. "공이부중례위지급(恭而不中禮謂之給)." 공겸(恭謙)하더라도[恭] 예에[禮] 맞지 않으면[不中] 말만 앞세우는 아첨이라[給] 한다[謂之]. 위지급(謂之給)의 급(給)은 구급의 준말이다. 구급(口給)은 구변(口辯)이다. 말만 잘하는 아첨을 구급이라 한다. 말로써 겉만 번지르르하게 때우는 짓이야말로 허례(虛禮)가 아닌가. 이런 비례(非禮)를 범하지 않으려면 매사를 물어가며 제례(祭禮)를 지켜 삼가 조심하며 살라 한다. 여러분은 제사를 잘 지내고 사는가? 그렇지 않다면 조상을 버리고 사는 셈이다. 목숨을 물려준 조상을 섬겨라. 이 말씀은 낡을 수가 없다. 그런 제사를 미신으로 여기는 세상이니 사람의 목숨이 마냥 헤프게 되어간다.

> 들 입(入), 클 태(太), 사당 묘(廟), 마다 매(每), 일거리 사(事), 물어볼 문(問)

제15장

【문지(聞之)】

붕우사(朋友死) · 붕우지궤(朋友之饋)

【원문(原文)】

朋友死하야 無所歸어든 曰 於我殯이라 하시다
朋友之饋는 雖車馬라도 非祭肉이어든 不拜하시다

【해독(解讀)】

벗이 죽어[朋友死] 그가 돌아갈 곳이 없으면[無所歸] 내 집에다 빈소를 차리라고 했다[曰於我殯]. 벗들이 선물을 보내오면[朋友之饋] 비록 값비싼 말이나 수레라 할지라도[雖車馬] 제사에 올린 고기가 아니면[非祭肉] 엎드려 절하지 않았다[不拜].

【담소(談笑)】

붕우사(朋友死) 무소귀(無所歸) 왈(曰) 어아빈(於我殯)
▶ 벗이[朋友] 죽어서[死] 제 집으로 돌아갈[歸] 바가[所] 없을 때[無] 공자께서 말했다[曰]. "바로 내 집에다[於我] 빈소를 차려라[殯]."

한 선생 밑에서 배운 벗을 우(友)라 하고, 한 고향에서 태어나 함께 자란 벗을 붕(朋)이라 한다. 무소귀(無所歸)의 귀(歸)는 귀택(歸宅)의 준말로 여기고 새기면 된다. 제 집으로 돌아가다[歸宅]. 어아빈(於我殯)은 빈어아(殯於我)에서 어아(於我)를 앞에 두어 강조한 말씨다. 빈(殯)은 빈소(殯所)를 말한다. 빈소를 차린다[殯]. 옛날 중국에서는 시신(屍身)을 입관(入棺)시켜 곧장 묻지 않고 관에 넣어둔 채 적게는 수 개월 많게는 몇 년 동안 모셔 두었다. 그 자리를 빈소라 한다.

공자가 의지할 데 없는 벗이 죽으면 상(喪)을 치러주고 상례(喪禮)를 맡아 해주었음을 알 수 있다. 벗에게 이보다 더한 예우(禮遇)는 없으리라. 인간의 죽음은 장엄하다. 그러니 장례(葬禮) 역시 장엄해야 한다. 그러나 노자(老子)는 추구(芻狗)를 빗대어 장례 따위라고 비웃으며 천지불인(天地不仁)이라 했다. 천지는[天地] 인자하지 않다[不仁]. 이는 천지가 사람이라 해서 편애하지 않는다는 뜻이다. 즉 천지는 사람의 죽음과 벌레의 죽음을 달리 보지 않는다는 것이다. 천지의 입장에서 본다면 사람의 죽음이든 파리의 죽음이든 다를 바 없다 함이다. 그러나 공자는 사람의 목숨은 귀하다고 여겼다. 그러니 공자는 인명(人命)을 제사에 쓰고 난 뒤 길가에 내동댕이쳐버리는 풀강아지[芻狗]라고 여길 수 없었다. 이와 같으므로 유가(儒家)에서 보면 사람의 죽음을 다루는 장례는 장엄해야 한다. 공자의 어아빈(於我殯)이란 말씀은 장례의 극치인 셈이다.

벗 붕(朋), 벗 우(友), 죽을 사(死), 돌아갈 귀(歸)

붕우지궤(朋友之饋) 수거마(雖車馬) 비제육(非祭肉) 불배(不拜)
▶ 벗들이[朋友] 보내온 물건이[饋] 비록[雖] 값비싼 수레나[車] 말일지라도[馬] 제사에 올릴[祭] 고기가[肉] 아니면[非] 엎드려 절하지 않았다[不拜].

벗이 보내준 선물을 공손히 받되 제물(祭物)로 쓰일 것이 아니면 엎드려 절하여 받지 않았다는 것이다. 조상께 드릴 물건이라면 아무리 하찮은 것이라도 예(禮)를 다하여 소중하게 다루었다 한다. 제물이 아니면 예배(禮拜)하지 않았다는 것이다. 이처럼 공자는 제례(祭禮)를 장엄하게 했다. 조상이 나에게 물려준 목숨을 천명(天命)이라고 보는 것이 동양적 생명관이다. 공자는 그런 생명의 마지막을 예로써 장엄하게 하도록 알리고자 했을 것이다. 그러나 지금 세상에서 제례는 헌 책 속에 기록만 돼 있는 실정이다.

보낼 궤(饋), 비록 수(雖), 수레 거(車), 제사 제(祭), 고기 육(肉), 엎드려 절할 배(拜)

10 향당

제16장

【문지(聞之)】
견제최자(見祭衰者) · 견면자여고자(見冕者與瞽者)

【원문(原文)】

寢不尸하시며 居不容이러시다 見祭衰者하시고 雖狎
침불시   거불용   견제최자   수압
必變하시며 見冕者與瞽者하시고 雖褻必以貌러시다
필변   견면자여고자   수설필이모
凶服者式之하시며 式負版者러시다 有盛饌이어든
흉복자식지   식부판자   유성찬
必變色而作하시며 迅雷風烈에 必變이러시다
필변색이작   신뢰풍렬   필변

【해독(解讀)】

잘 때는 죽은 사람처럼 자지 않았고[寢不尸] 집 안에선 엄숙한 표정을 짓지 않았다[居不容]. 상복 차림을 한 사람을 보면[見祭衰者] 비록 잘 아는 사이일지라도 반드시 엄숙한 표정을 지었고[雖狎必變], 관리나 장님을 보면[見冕者與瞽者] 여러 번 볼지라도 반드시 예의를 갖추었다[雖褻必以貌]. 친상(親喪)이 아닌 상복을 입은 자에게는[凶服者] 수레의 손잡이를 잡고 절하였으며[式之], 상복을 입은 자에게도 그렇게 예를 표했다[式負版者]. 잘 차린 상이 나오면[有盛饌] 반드시 고맙다는 표정을 짓고 일어났으며[必變色而作], 천둥이나 바람이 심하고 세차도[迅雷風烈] 반드시 심상치 않은 표정이었다[必變].

【담소(談笑)】

침불시(寢不尸) 거불용(居不容) 견제최자수압필변(見祭衰者雖狎必變) 견면자여고자수설필이모(見冕者與瞽者雖褻必以貌) 흉복자식지(凶服者式之) 식부판자(式負版者) 유성찬필변색이작(有盛饌必變色而作) 신뢰풍렬필변(迅雷風烈必變)

▶ 잠자리에선[寢] 주검처럼 눕지 않았고[不尸], 집 안에선[居] 엄숙한 표정을 짓지 않았다[不容]. 친상을 당한 이를[祭衰者] 만나면[見] 비록[雖] 친한 사이일지라도[狎] 꼭[必] 엄숙한 표정으로 바꾸었고[變], 관리나[冕者] 장님을[瞽者] 만나면[見] 비록[雖] 여러 번 만났더라도[褻] 반드시[必] 몸가짐을 고쳤다[以貌]. 친상이 아닌 상복을 입은 이에게는[凶服者] 수레를 타고 가다 만나도 손잡이를 잡고 인사했으며[式之], 상을 당한 이에게도[負版者] 그렇게 했다[式]. 남의 집에서 성찬이[盛饌] 나오면[有] 반드시[必] 고마운 표정을 짓고[變色] 일어나 인사를 올렸고[作], 천둥이[雷] 심하고[迅] 바람이[風] 세차도[烈] 반드시[必] 두려운 표정을 지었다[變].

제최자(祭衰者)의 최(衰)는 상복(喪服)을 뜻한다. 상복을 뜻할 때는 쇠(衰)라고 발음하지 않고 최(衰)로 발음한다. 압(狎)은 친(親)·근(近)·안(安)과 같다. 아주 가까워 허물없는 사이[狎]. 필변(必變)의 변(變)은 변색(變色)의 준말로 여기고 새긴다. 얼굴 표정을 바꾸다[變]. 여기서 설(褻)은 여러 번에 걸쳐 자주 만나게 됨을 뜻한다. 식지(式之)의 식(式)은 여기서 수레 앞자리의 손잡이를 말한다. 수레 앞자리의 손잡이를 잡고 인사하다[式之].

공자가 일상생활에서 보여준 예절(禮節)에 대해 설명하고 있다. 공자가 얼마나 예도(禮道)로써 살았는가를 여실히 보여준다. 예(禮)를 떠나 살지 말라 한다. 우리는 왜 허물을 짓고 사는가? 결례(缺禮)·허례(虛禮)·무례(無禮)·비례(非禮)를 마다 않고 사는 까닭이 아닌가.

누워잘 침(寢), 주검 시(尸), 살 거(居), 얼굴 용(容), 볼 견(見),
상복 최(衰), 잘 알아 익숙할 압(狎), 표정을 달리할 변(變),
면류관 면(冕), 장님 고(瞽), 친한 사이 설(褻), 모습 모(貌), 흉할 흉(凶),
옷 복(服), 수레 손잡이 식(式), 질 부(負), 널 판(版), 성대할 성(盛),
먹거리 찬(饌), 일어설 작(作), 빠를 신(迅), 천둥 뢰(雷), 매서울 렬(烈)

제17장

【문지(聞之)】

승거(升車) · 거중(車中)

【원문(原文)】

升車하사 必正立 執綏러시다 車中에 不內顧하시며
 승 거   필 정 립 집 수   거 중   불 내 고
不疾言하시며 不親指러시다
 부 질 언   불 친 지

【해독(解讀)】

　수레에 오를 때는 반듯하게 서서 손잡이 끈을 잡았고[升車必正立執綏], 수레 안에서는 이리저리 둘러보지 않았으며[車中不內顧], 말을 빨리빨리 하지도 않았고[不疾言], 손수 손짓으로 가리키지 않았다[不親指].

【담소(談笑)】
승거필정립집수(升車必正立執綏) 거중불내고(車中不內顧) 부질언(不疾言) 불친지(不親指)

▶ 수레에[車] 오를 때는[升] 반듯하게[正] 서서[立] 술 달린 손잡이 끈을[綏] 잡았고[執], 수레[車] 안에서는[中] 그 안을[內] 이리저리 돌아보지 않았으며[不顧], 말을[言] 빨리빨리 하지 않았고[不疾], 손수[親] 손짓으로 가리키지 않았다[不指].

　수레를 타고 다니는 예(禮)를 설명하고 있다. 요새로 치면 교통질서를 알려주고 있다. 수레를 타는 데도 예를 생각했고, 수레 안에서도 예를 생각했다 한다. 수레 안에서도 공자는 조용히 몸가짐을 바로잡았다는 것이다. 공자가 노래를 좋아했다지만 아마도 수레 안에서는 노래를 부르지 않았을 터이다. 하물며 수레 안에서 춤을 추었겠는가. 요새 사람들이나 관광버스 안을 노래방으로 착각할 뿐이다. 차 안에서의 결례(缺禮)가 이만저만이 아니어도 도대체 부끄러워하지를 않으니, 이런 지적에 어쩌란 말이냐고 도리어 삿대질할 판이다.

오를 승(升), 수레 거(車), 잡을 집(執), 수레 손잡이 끈 수(綏), 돌아볼 고(顧), 빠를 질(疾), 손수 할 친(親), 가리킬 지(指)

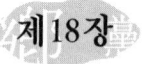

제18장

【문지(聞之)】
산량자치(山梁雌雉) 시재시재(時哉時哉)

【원문(原文)】

色斯擧矣하사 翔而後集이니라 曰 山梁雌雉는 時
색사거의   상이후집   왈 산량자치   시
哉時哉인저
재시재
子路共之한대 三嗅而作하시다
자로공지   삼후이작

【해독(解讀)】

놀라서 이에 날아올라[色斯擧矣] 빙빙 돌고 난 뒤에 도로 앉았다[翔而後集]. 이를 보고 공자께서 말했다[曰]. "산과 산 사이 다리 위에 있는 까투리가[山梁雌雉] 때를 잘 탔다 때를 잘 탔다[時哉時哉]."

자로가 그 까투리를 잡아 올렸다[子路共之]. 그러자 공자께서는 세 번 냄새를 맡고선 일어나 가버렸다[三嗅而作].

【담소(談笑)】

색사거의(色斯擧矣) 상이후집(翔而後集) 왈(曰) 산량자치시재시재(山梁雌雉時哉時哉)

▶ 놀라[色] 이에[斯] 날아올라[擧] 빙빙 공중을 돌고 난[翔] 뒤에[後] 편안히 무리로 내려앉았다[集]. 이를 보고 공자께서 말했다[曰]. "산과 산 사이 다리에 있는[山梁] 까투리가[雌雉] 때를 탔구나[時哉] 때를 탔구나[時哉]!"

색(色)은 여기서 경(驚)과 같다. 놀라다[色]. 색사거(色斯擧)의 사(斯)는 놀란 까닭이라고 풀이하는데, 날아오르는[擧] 동작을 생생하게 하는 역할을 한다. 거(擧)는 여기서 비(飛)와 같다. 날아오르다[擧]. 상(翔)은 회비(回飛)와 같은 뜻이다. 허공에서 빙빙 돌아 날다[翔]. 집(集)은 여기서 회(會)와 같다. 모인다[集]. 놀라서 날아올랐던 까투리

한 마리가 허공에 높이 날아올라 위험을 살핀 뒤, 다시 제 무리 속으로 내려앉는 모습을 상상하면 된다. 아마도 공자 일행은 산과 산 사이에 놓인 교량이 내려다보이는 능선에서 놀라 공중으로 치솟았던 까투리를 구경하고 있었던 듯하다.

여기 「향당(鄕黨)」 편 마지막 18장은 매우 시적(詩的)이다. 그래서 말씀의 뜻이 모호할 수밖에 없다. 그렇지만 이런 모호함을 두고 난해(難解)하다고 할 것까지는 없다. 정답이 무엇이냐고 따질수록 더욱더 어렵게 느껴지는 법이다. 본래 성인은 정답 찾기 따위로 사람의 지기(志氣)를 묶어두려고 하지 않는다. 성인은 천방(天放)을 제일 좋아하는 할아버지가 아닌가. 공자도 예외가 아닐 터이다. 그러니 시적으로 상상하고 체험하면 그만이다.

아마도 공자는 까투리가 사람의 기척을 느끼고 놀라 날아올라[擧] 허공을 빙빙 선회하다[翔] 다시 제 무리로 내려앉는[集] 모습을 보고 생사(生死)의 애락(哀樂)을 직감했는지 모른다. 설령 그렇지 않았다고 해도 "산량자치(山梁雌雉) 시재시재(時哉時哉)"란 공자의 말씀을 시적으로 상상하여 체험하지 못할 까닭은 없다. 성인은 사람을 말뚝에 묶어두지 않는다. 천지로 나가 걸림 없이 생사를 다하라[天放] 함이 성인의 바람이니, 공자의 말씀을 어렵다 여기지 말고 저마다 나름대로 체험하면 된다.

죽음이 두려워 높이 날아올라 살핀 다음에 안심이 되자 다시 내려앉는 까투리[雌雉]의 모습을 보고 생사의 애락을 체험할 수는 없는가? 까투리가 죽지 않고 계속 살 수 있으리라 믿고 공자가 때를 탔다[時哉]며 읊는 장면을 상상해보라. 그러면 공자가 늘 강조하는 예(禮)가 사람만의 것은 아님을 헤아릴 수 있으리라. 또한 공자가 항상 잊지 말라 하는 예는 곧 천명(天命)으로 이어지는 생사의 애락을 공겸(恭謙)으로 받드는 것은 아닌지 반문해보라. 그러면 까투리가 시상(詩象, image)으로 떠올라 내 마음을 살아서 날게 하리라. 시상(詩象)이란 무엇인가? 마음을 살아나게 하는 짓[象]이 아닌가. 생생하게 살아 숨쉬는 마음이 가는 바를 기지(氣志)라 부르지 않는가. 악(樂)이란 무엇인가? 바로 이런 기지를 누리라 함이 아닌가. 「향당」편 마지막 장에서 예(禮)를 이런 기지로 이어지게 하여 악(樂)으로 체험토록 함이 절묘하다. 예지소지(禮之所至)면 악역지언(樂亦至焉)인 까닭이다. 다시말해 예가[禮] 이르는[至] 곳이면[所] 악 또한[亦] 거기에[焉] 이른다[至]. 예만 있고 악이 없어선 아니됨을 생사를 통해 체험해보라.

여러분은 생사를 예악(禮樂)으로써 체험해본 적이 있는가? 없었다면 지금 까투리의 입장이 되어 왜 후드득 날아올라 허공을 선회해야 하는지 상상해보라. 그러기가 어렵거든 지금 여러분이 운전하고 있는 차와 아슬아슬 스쳐가는 옆 차의 관계를 상상해보라. 생사가 얼마나 가깝게 붙어 있는지 헤아릴 수 있을 것이다. 이렇게 체험을 누리다가 『예기(禮記)』 제29 「중니한거(仲尼閒居)」에서 자하(子夏)에게 밝힌 공자의 삼무(三無)를 떠올릴 수 있다면 그 체험은 더욱 넓게 확산될 수 있을 것이다. 물론 공자가 밝힌 삼무(三無)를 몰라도 아무 문제는 없을 것이다. 사족 같기는 하지만 『예기』 제19 「악기(樂記)」·제28 「중니연거(仲尼燕居)」·제29 「중니한거(仲尼閒居)」는 꼭 읽어두었으면 한다.

> 놀랄 색(色), 이에 사(斯), 오를 거(擧), 날아오를 상(翔), 뒤 후(後), 모일 집(集), 다리 량(梁), 암컷 자(雌), 꿩 치(雉), 때 시(時)

자로공지(子路共之) 삼후이작(三嗅而作)
▶ 자로가[子路] 그 까투리를[之] 잡아다 바치자[共], 공자께서 세 번이나[三] 체취를 맡은 뒤[嗅] 일어나 가버렸다[作].

공(共)은 여기서 공(供)과 같다. 바친다[共]. 공지(共之)의 지(之)는 자치(雌雉)를 받는 지시어이다. 후(嗅)는 코로 기미(氣味) 즉 체취(體

臭)를 알아보는 행위이다. 삼후(三嗅)가 세 번에 걸쳐 까투리가 살았는지[生] 죽었는지[死] 코로써 생사의 냄새를 확인해보는 공자를 상상하게 한다. 그리고 나서[而] 일어나 가버렸다[作]는 표현으로 「향당」편은 끝을 맺는다.

이 18장의 장면은 매우 시적(詩的)이면서도 극적(劇的)이다. 공자와 자로 사이에 애락(哀樂)이 걸려 있다. 공자는 "산량자치(山梁雌雉) 시재시재(時哉時哉)"라며 생사의 생(生)을 기뻐했는데, 아마도 자로는 까투리[雌雉]를 스승께서 좋아하시는 줄로만 알고 잡아다 공자께 바쳤던 것이리라. 자로한테는 생사의 예(禮)가 문제되지 않았지만 공자는 생사의 예를 즐기고 있었던 게 아닌가. 공자는 자치(雌雉)가 살아 있음을 기뻐하여 시재(時哉)를 연발했는데, 제자인 자로는 그것을 잡아서 스승을 더욱 기쁘게 하려고 했다고 상상해보라. 이 얼마나 사제(師弟)의 정(情)이 애달픈가. 세 번이나 죽어버린 자치(雌雉)의 체취를 맡아보고[嗅] 그냥 일어나 가버리는[而作] 모습을 상상해보라. 생사의 애락이란 바로 이러함이 아닌지 체험하게 하지 않는가.

특히 삼후(三嗅)라는 표현에서 삼(三)은 공자의 삼무(三無)를 떠올리게 한다. 공자가 바라는 예가 사람에게만 국한된 것이 아님을 터득하면 이 18장의 깊은 뜻을 다소나마 헤아릴 수 있고 나름대로 체험할 수 있다고 생각된다. 『예기』 제29 「중니한거」에서 공자께 자하삼무(三無)를 물었다. 이에 공자께서 말해주었다. "무성지악(無聲之樂) 무체지례(無體之禮) 무복지상(無服之喪) 차지위삼무(此之謂三無)." 소리가[聲] 없는[無] 악(樂)과, 형체가[體] 없는[無] 예(禮)와, 상복이[服] 없는[無] 상(喪) 이[此] 셋을[之] 삼무(三無)라고 한다[謂].

인간인 우리뿐만 아니라 삼라만상에 두루 통하는 악(樂)이 무성(無聲)의 악(樂)이요, 그런 예(禮)가 무체(無體)의 예(禮)이며, 그런 상(喪)이 곧 무복(無服)의 상(喪)이다. 상(喪)을 애(哀)로 보아도 된다. 특히 놀라서 푸드덕 날아오르는 까투리를 보고 공자는 그 삼무(三無)

를 체험했을 듯하다. 그런 체험을 공자는 자하에게 이렇게 설명했다. "무성지악(無聲之樂) 기지불위(氣志不違) 무체지례(無體之禮) 위의지지(威儀遲遲) 무복지상(無服之喪) 내서공비(內恕孔悲)." 무성지악(無聲之樂)은 기지가[氣志] 어긋남이 없음이고[無違], 무체지례(無體之禮)는 위의가[威儀] 강박하지 않음이며[遲遲], 무복지상(無服之喪)은 마음이 용인하고[內恕] 한없이 어여뻐 여김이다[孔悲].

무성지악(無聲之樂)·무체지례(無體之禮)·무복지상(無服之喪)의 무(無)는 무기(無己)의 무(無)요, 무아(無我)의 무(無)요, 무인(無人)의 무(無)요, 무사(無私)의 무(無)요, 무친(無親)의 무(無)라고 여기고 그 뜻을 새기면 된다. 이러한 무(無)는 걸림이 없다는 무(無)이다. 달리 말한다면 위일(爲一)의 무(無)요, 대일(大一)의 무(無)요, 천일(天一)의 무(無)요, 대화(大和)의 무(無)인 셈이다. 그러니 무성지악(無聲之樂)은 삼라만상이 두루 누리는 악(樂)인 셈이고, 무체지례(無體之禮)는 삼라만상이 두루 갖춘 예(禮)인 셈이며, 무복지상(無服之喪)은 삼라만상이 두루 거치는 상(喪)인 셈이다. 이렇게 생각하다 보면 공자의 예악(禮樂) 역시 천지(天地)와 일월(日月)로 통하고 있으니, 노자와 공자가 서로 다르다 하여 등 돌리지 않고 있음을 깨달을 수 있다.

어찌 사람의 생(生)만 소중하고 기쁘겠는가? 까투리의 생 역시 그렇다. 그래서 살아 펄펄 날아오르는 까투리가 생을 누리는 순간을 보고 공자가 "시재(時哉)"라고 감탄한 것 아닌가. 한번 그렇게 상상해 보라. 그러나 성질이 급하고 용맹스러운 자로는 스승이 그 까투리를 탐내는 줄로 알고 잡아다가 선물로 바쳤으니, 공자가 그 까투리의 주검을 이렇게 애도하는 것이다. "삼후(三嗅)." 까투리의 주검을 애도하는 공자를 상상해보라. 그러면 무체지례(無體之禮)의 참뜻을 헤아릴 수 있을 것이다. 천지일월의 입장에서 본다면 까투리의 생사와 인간의 생사가 다르지 않음을 알라 함이 이 18장에 숨어 있는 공자의 바람이라고 생각해보라. 그러면서 왜 공자가 「중니한거」에서 삼무(三無)에 뒤이어 자하에게 삼무사(三無私)를 말해주었는지 헤아릴 수 있을 것이다.

자하왈(子夏曰) 감문하위삼무사(敢問何謂三無私)
공자왈(孔子曰) 천무사복(天無私覆) 지무사재(地無私載) 일월무사조(日月無私照) 봉사삼자(奉斯三者) 이로천하(以勞天下) 차지위삼무사(此之謂三無私).
자하가 물었다[子夏曰]. "감히 묻겠습니다[敢問]. 삼무사(三無私)란[三無私] 무엇입니까[何謂]?"
공자가 답했다[孔子曰]. "하늘은[天] 사사로움이[私] 없이[無] 덮어주고[覆], 땅은[地] 사사로움이[私] 없이[無] 실어주며[載], 일월은[日月] 사사로움이[私] 없이[無] 비춰준다[照]. 이[斯] 셋을[三者, 覆·載·照] 잘 해줌으로써[奉 以] 세상을[天下] 보살펴주니[勞] 이것들을[此之] 삼무사라고 한다[謂]."

이 같은 공자의 삼무(三無)와 삼무사(三無私)를 새겨듣고 생사를 겪은 까투리와 공자 그리고 자로를 같이 상상해보라. 예(禮)란 인륜(人倫)에게만 있는 게 아니라 삼라만상으로 이어지는 것임을 터득하게 해주는 공자의 기지(氣志)가 천지에 그득함을[塞於天地] 깨우칠 수 있을 것이다. 기지란 마음이 무엇을 감동(感動)하는 기운(氣運)이다. 그런 기지는 체험하는 마음의 기운[心氣]이다. 마음을 쓰는 기운을 천지에 그득하게 넓혀라. 이것이 공자가 밝힌 오지(五至)임을 이미 「태백(泰伯)」편 8장에서 『예기』 제29 「중니한거」의 내용을 들어 살펴보았다. 여기서 다시 한번 생각해보았으면 한다.

자하왈(子夏曰) 감문하위오지(敢問何謂五至)

공자왈(孔子曰) 지지소지(志之所至) 시역지언(詩亦至焉), 시지소지(詩之所至) 예역지언(禮亦至焉), 예지소지(禮之所至) 악역지언(樂亦至焉), 악지소지(樂之所至) 애역지언(哀亦至焉) 애락상생(哀樂相生) 시고(是故) 정명목이시지(正明目而視之) 불가득이견야(不可得而見也) 경이이청지(傾耳而聽之) 불가득이문지(不可得而聞之) 지기색호천지(志氣塞乎天地) 차지위오지(此之謂五至).

자하가 물었다[子夏曰]. "감히 묻겠습니다[敢問]. 오지란[五至] 무엇입니까[何謂]?"

공자가 답했다[孔子曰]. "뜻이[志] 이르는[至] 데에[所] 시가[詩] 또한[亦] 그 지(志)에[焉] 이르고[至], 시가[詩] 이르는[至] 데에[所] 예가[禮] 또한[亦] 그 시(詩)에[焉] 이르며[至], 예가[禮] 이르는[至] 데에[所] 악이[樂] 또한[亦] 그 예(禮)에[焉] 이르고[至], 악이[樂] 이르는[至] 데에[所] 슬픔이[哀] 또한[亦] 그 즐거움(樂)에[焉] 이르러[至] 슬픔과[哀] 즐거움이[樂] 서로[相] 생긴다[生]. 이런[是] 까닭에[故] 눈을[目] 바르고[正] 밝게 해도[明] 그 생김을[之] 보려면[視] 결코 볼 수 없고[不可得而見] 귀를[耳] 기울여[傾] 그 생김을[之] 들으려 해도[聽] 결코 들을 수 없지만[不可得而聞], 마음이 가는 바[志] 기운은[氣] 천지에[天地] 충만하다[塞]. 이를[此之] 다섯 가지 이름이라[五至] 한다[謂]."

공자가 이와 같이 밝힌 오지(五至)를 이해하고 삼무(三無)와 삼무사(三無私)를 깨달으면 공자가 까투리의 주검에 세 번이나 코를 대고 그 체취를 맡았다는 삼후(三嗅)의 뜻을 더욱 잘 헤아릴 수 있고 상상하며 체험해볼 수 있을 것이다.

특히 공자의 삼무(三無)와 삼무사(三無私)를 대하면 『장자(莊子)』 제13「천도(天道)」편에 나오는 인락(人樂)과 천락(天樂)이 함께함을 알 수 있다. 거기에 이런 말씀이 있다. "여인화자(與人和者) 위지인락(謂之人樂) 여천화자(與天和者) 위지천락(謂之天樂)." 사람과[與

시] 조화되는[和] 것을[者] 인락이라[人樂] 하고[謂], 하늘과[與天] 조화되는[和] 것을[者] 천락이라[天樂] 한다[謂]. 이 천락(天樂)을 두고 장자는 "내 선생님일러라[吾師乎]"며 감탄한다. 천락은 공자의 삼무(三無)와 삼무사(三無私)를 멀리하지 않는다. 그러니 산 속에 사는 까투리 한 마리가 공자께 삼무(三無)를 일깨워주었지만, 자로는 그것을 깨우치지 못해 스승을 즐겁게 한 그 까투리를 죽이고 말았다. 생사에 대한 예(禮)가 어떠한지 알 만하다. 「향당」편 18장을 시적으로 상상하면서 체험해보라. 그러면 생사의 애락에 뭉클하리라.

바칠 공(共), 냄새 맡을 후(嗅), 일어서 갈 작(作)

사람인가를 묻는 논어 전편

펴낸곳 | 동학사
펴낸이 | 유재영
글쓴이 | 윤재근

기획 | 이화진
편집 | 나진이
본문디자인 | 송지화

1판 1쇄 | 2004년 9월 15일
1판 8쇄 | 2022년 12월 30일
출판등록 | 1987년 11월 27일 제10-149

주소 | 04083 서울 마포구 토정로 53(합정동)
전화 | 324-6130, 324-6131 · 팩스 | 324-6135
E-메일 | dhsbook@hanmail.net
홈페이지 | www.donghaksa.co.kr
www.green-home.co.kr

ⓒ 윤재근, 2004

ISBN 89-7190-154-3 04150
ISBN 89-7190-156-X 04150 (전2권)

• 잘못된 책은 바꾸어 드립니다.
• 저자와의 협의에 의해 인지를 생략합니다.